和泉市の歴史 4

信太山地域の歴史と生活

和泉市史編さん委員会◆編

刊行にあたって

一九九六（平成八）年からはじまった市史編さん事業では、和泉の地において人びとがどのように生活を築き、発展させてきたかを明らかにするという観点にたち、地域の方がたのご協力を得ながら、地域に残る多様な歴史・文化遺産の総合調査を行っています。

こうした観点や調査方法が活きるよう、市域を横山地域、松尾地域、池田地域、信太地域、府中地域に区分し、それぞれの地域の歴史的特徴を描く「地域叙述編」五巻、市域全体あるいは市域をこえて時代の特徴を示す諸テーマを取り上げた「テーマ叙述編」三巻、市域全体の歴史展開をまとめた「通史編」一巻で構成される『和泉市の歴史』全九巻の刊行をすすめています。これまでに地域叙述編三巻、テーマ叙述編一巻を刊行いたしました。

さて、このたび『和泉市の歴史』4として、「信太山地域の歴史と生活」を刊行する運びとなりました。地域叙述編の四巻目にあたります本書は、信太山丘陵をとりまく地域の人びととの、自然・文化・伝統に彩られた歴史や暮らしぶりを描き出したものです。

今、信太地域では北部リージョンセンターの建設や、信太山丘陵の自然環境保全に向けた取り組みなど、未来に向けた試みが始まっています。この時期に、「信太山地域の歴史と生活」が刊行されますことは、大きな縁《えにし》を感じるところです。本書を含めた『和泉市の歴史』が多くの市民に親しまれ、地域の歴史に学びつつ、和泉市および市民生活のよりよい未来を展望する書として活用されますことを祈念いたします。

結びになりましたが、本書の刊行に多大なご協力をいただいた史料所蔵者、諸機関、諸団体、また本書の調査執筆にあたられた市史編さん委員をはじめとする関係各位に深く感謝の意を表します。

二〇一五（平成二七）年三月

和泉市長　辻　宏康

目次

凡例

・表記は原則として常用漢字、現代仮名づかいに準拠した。ただし、地名、人名などの固有名詞、専門用語などについては、その限りではない。
・引用史料については、原則として読み下し文とし、本文中に出典を記した。
・年号表記は、和暦で示し（　）内に西暦を付したが、一八七三（明治六）年太陽暦施行以降は西暦（和暦）とした。暦年が頻出する場合は、（　）を省略した。
・氏名は、原則として敬称を略した。
・本文の写真・図・表については、部ごとにそれぞれ通し番号を付した。
・本巻で扱う歴史的事象や引用した資料のなかには、人権問題にかかわる記載もみられるが、学術的観点から、本書ではそのまま掲載した。その趣旨を理解され、利用にあたっては適切な配慮をいただきたい。

序　地域の固有性と開放性

―信太山丘陵とその周辺地域―

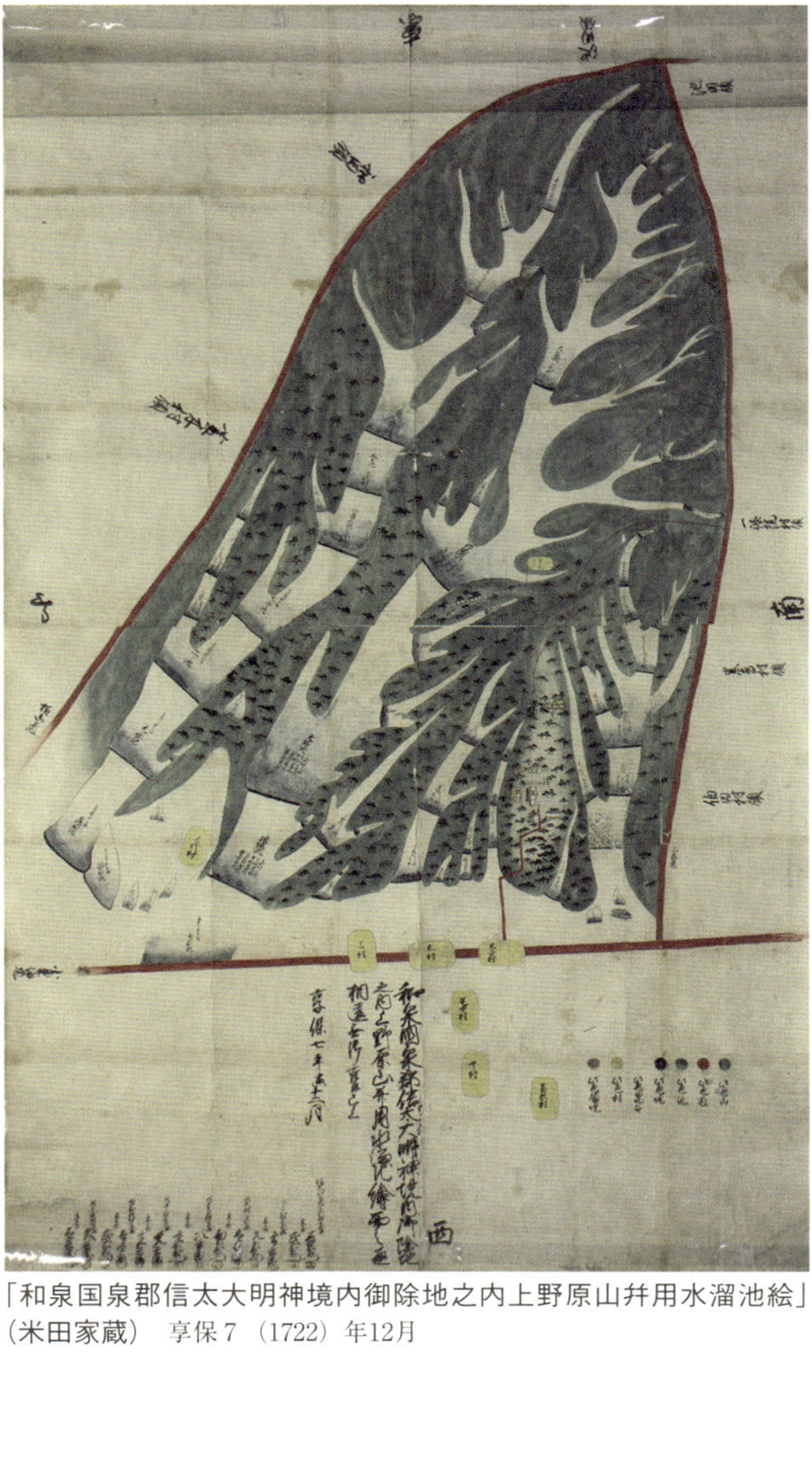

「和泉国泉郡信太大明神境内御除地之内上野原山幷用水溜池絵」
（米田家蔵）　享保７（1722）年12月

地域の固有性と開放性　―信太山丘陵とその周辺地域―

一

本巻は、『和泉市の歴史』地域叙述編の四冊目に当たる。和泉市史編さん事業における地域叙述編の位置づけについて、詳しくはこれまでの巻を参照していただきたいが、和泉市域を横山谷（横山編）、松尾谷（松尾編）、池田谷（池田編）、信太山《しのだやま》地域（信太編）、府中周辺（府中編）という地理的・歴史的に固有の性格をもつ五つの地域に分け、その地域で積み上げられてきた生活構築の歴史を総体として叙述しようというものである。本巻は、そのうち信太山地域を対象としたものである。

二

これまで刊行してきた横山編、松尾編、池田編は、山間を縫うように流れる槇尾川や松尾川で形成される谷筋の地域を対象としており、横山谷・松尾谷・池田谷という自然条件に規定された一定の歴史的・社会的まとまりのはっきりした空間であった（もちろんその内部が一様でないことは言うまでもないが）。それに対して、本巻は、信太山丘陵とその周辺に展開する村むらを対象としている（以下、本書では、これを信太山地域と表現する）。そこでは、信太山丘陵を中心に考えると、対象地域は放射状に広がり、条里制耕地が広がる海岸平野や府中地域、大鳥郡域にも連続していく開放的な性格をもっている。そのことの意味を考えるために、これまでの三巻の特徴について簡単に振り返っておこう。

①『**横山と槇尾山の歴史**』（二〇〇五年）は、古代以来の一山寺院《いっさんじいん》槇尾山《まきおさん》（施福寺《せふくじ》）の寺院社会の展開を

横山谷村むらの動向と関連させて叙述したものである。在地《ざいち》社会における寺院社会の展開を基軸に地域史を構想する機会となったが、槇尾山が深い山中に所在したことで山の問題が即自的に地域秩序を規定している側面が浮き彫りになった。

② 松尾谷には同じく古代以来の一山寺院松尾寺が所在していたが、近世以後は松尾寺とその門前（松尾寺村）が密着し、それ以外の谷内村むらとの関係が希薄になるため、**『松尾谷の歴史と松尾寺』**（二〇〇八年）は、松尾寺の寺院社会の展開を一つの軸にするとともに、村むらにおける山と人びとの生活をもう一つの軸として見ていった。松尾谷は狭い谷であり、松尾寺の寺院社会の秩序が山の用益をめぐって形成されるとともに、松尾寺と谷内村むらの関係、村と村の関係も山をめぐって形成されることに注目した。しかし、この段階では山の問題は水の問題でもあるという理解は十分ではなかった。

③ 池田谷には槇尾山や松尾寺のような古代以来の寺院社会のような軸となる宗教施設は存在していなかった。**『池田谷の歴史と開発』**（二〇一一年）での基軸をどうするかは、議論を重ねた。池田谷は槇尾川が南から北に流れ、その左岸と右岸、右岸でも谷出口に当る池田下村周辺と中流域、および谷奥の宮里《みやさと》周辺という四つの区域が地理的・社会的条件を異にし、それによって開発の進展が異なり、したがって村落社会の展開も異なった。こうした開発と村落社会の展開を主軸とし、古代以来の歴史展開が追える史料的条件に恵まれた池田下村周辺の歴史叙述を副軸とすることにした。槇尾川の水を引けない耕地を灌漑するには山間の谷を堰《せ》き止《と》めた溜池が必要であった。すなわち山はさまざまな用益の対象であると同時に水のために不可欠であった。こうして、村落社会の展開と《山と川と開発》に即した地域史を構想したのである。

横山編と松尾編は、中世史家・黒田俊雄氏の寺社勢力論に示唆を受けながら、それを中世だけに限定しない形で、古代から現在に及ぶ一山寺院を磁極として形成される地域のあり方（寺院社会論）を基軸として構想されている。これらの地域が山に囲まれた地域だったので、山と人びとの生活との関係、あるいは開発や用水に注目して、その生活構築の歴史を描いてきたのである。

信太山丘陵にも、古代以来の信太明神社《しのだみょうじんじゃ》（聖神社《ひじりじんじゃ》）が現在まで所在し、近世には境内周辺の山が除地《じょち》であった。槙尾山や松尾寺も境内（朱印地《しゅいんち》）の周辺の山は除地であった。両寺院の場合は、あくまでも寺の山であり、周辺を統合する存在でもあった。しかし、信太明神社の場合は、氏子である信太郷七ヶ村がヘゲモニーをもち、除地の山も実質的には七ヶ村の共有地であった。信太山地域の場合、一見すると、一山寺院が地域を統合する寺院社会論と同様の関係が、信太明神社と周辺村むらとの間に形成されているかのように思われるかもしれないが、まったく逆に氏子村むらが主導性をもっていたのである。これを神社社会と呼ぶとすれば、寺院社会とは決して同一には捉えられないのである。

信太山丘陵上には、古代に行基《ぎょうき》が築造した鶴田池をはじめ、多数の溜池が築造され、周辺地域の耕地を灌漑していた。信太山丘陵は草山《くさやま》・松木山《まつきやま》として用益《ようえき》されるだけでなく、周辺の地域の用水源でもあった。さらに、信太山丘陵自体が開発の対象ともなっていった。こうした信太山丘陵の多様な用益のあり方は、信太郷七ヶ村だけでなく、伯太村・黒鳥村など周辺村むらどうしの関係秩序を規定することにもなった。こうした山の用益と用水の関係、それが村落間の関係秩序を規定するという点では、横山谷、松尾谷、池田谷とも共通している。これらの視点は、これまでの巻で見出されてきたものでもあるが、開放的な性格をもつ信太山地域の状況に合わせつつ基軸となっていくであろう。

なお、信太山丘陵には、近世には伯太藩《はかたはん》の陣屋《じんや》が置かれ、近代に入ると大阪鎮台《ちんだい》の射的場《しゃてきじょう》を嚆矢《こうし》として陸軍―占領軍―米軍―自衛隊の軍事施設が置かれるなど、横山谷、松尾谷、池田谷を包み込む山とは異なる状況が見られた。これら施設の立地は、信太山丘陵が周辺集落と近接し、開放的な性格をもっていたことと表裏であり、この地域に特徴的な歴史展開をもたらすことになるであろう。

さらに、江戸時代の信太山地域にはかわた身分の南王子村が存在していた。南王子村は近代には単独で行政村「南王子村」となり、社会的な差別を受けたが、解決されるべき部落問題（同和問題）は、この地域を考えるうえで重要な課題である。江戸時代のかわた身分を考える際に、差別─被差別の関係だけでみる歴史像は、近年では不十分であるという認識は広がりつつあるが、いまだ根強く残っている。本巻では、南王子村を含む周辺地域社会構造の全体に位置づけて見ていくことにしたい。

本巻では、以上のような視点から、信太山地域の歴史展開を具体的に見ていくことにした。

三

信太山地域における生活構築の歴史をたどろうとする場合、具体的なことが分かるのは、江戸時代の初めに、信太郷七ヶ村や池上村・伯太村・黒鳥村などが形成されて以降のことで、それ以前の民衆生活については茫漠《ぼうばく》とした霧の中にある。しかし、そこに民衆の生活が存在したことはいうまでもない。それに留意して、本巻の叙述の仕方について若干のことに触れておきたい。

信太山丘陵上やその周辺には、和泉黄金塚《いずみこがねづか》古墳や大園《おおぞの》遺跡などが所在している。黄金塚古墳は三角縁神獣《さんかくぶちしんじゅう》鏡《きょう》が副葬《ふくそう》された大規模な前方後円墳である。大園遺跡からは持続的な集落遺構が検出され、時期によって首《しゅ》長居館《ちょうきょかん》や和泉宮《いずみのみや》かと想定される大規模な遺構が重なって検出されている。こうしたことの背後には、信太山地域を含む周辺一帯に対する大和王権《やまとおうけん》からの特別の位置づけがあったと考えられる。それは、この地域に信太首などの渡来人《とらいじん》が移住・定着させられたことにも表れている。

これは、横山谷や松尾谷、池田谷とは異なる位置づけである。それゆえ、古墳時代から古代にかけては、大和王権との関係に格別の比重を置いて叙述することとしたい。いうまでもなく、その背後に民衆の生活があることを忘れることなく。

平安時代に入ると、こうした王権による格別の位置づけは失われていく。中世においても、和泉国三宮である信太明神社が存在していた。そこでは、律宗僧《りっしゅうそう》の叡尊《えいそん》による授戒《じゅかい》が行われたことや、周辺宿での救済活動も記録されている。信太山丘陵の脇を通る熊野街道には、熊野詣《くまのもうで》の人びとも行きかった。また、この地域の寺院に平安時代に作られた仏像が残されており、人びとの生活が営まれていたことは間違いないが、その実態を把握することは容易ではない。それゆえ、この地域で生起した歴史の痕跡を可能な限りたどることとしたい。

なお、黒鳥村については、中世の民衆生活を垣間見《かいまみ》ることができる。黒鳥村は初発の段階（中世前期）で、信太山のうち白木谷《しらきだに》に開発の鍬を入れようとしたことがわかり、また中世後期には安明寺《あんみょうじ》を結集核とする寺座を構成しており、彼らは和泉一国の麹荷《こうじに》の販売独占権を認められていた。こうした中世の黒鳥村は、近世の黒鳥村の直接の前提であるが、本巻では詳しくは触れない。麹荷販売独占権は府中に所在していた国衙《こくが》との関係で認められたものであり、府中編で取り上げたいと思う。

近世以降、村むらの様子が具体的に見えてくる。この地域の村の成立を考えるうえで、重要な意味をもったのが、郷を単位に行われた太閤検地である。太閤検地の単位となった信太郷、上泉《かみいずみ》郷、上條《じょうじょう》郷、坂本郷などは条里制《じょうりせい》耕地の里《り》を境界として直線的に区画されていた。しかし、この周辺地域で人びとが形成していた集落と周辺耕地（村の領域）は郷の境界を跨《また》ぐことも多く見られた。こうした場合、その耕地が属している郷内の他村の庄屋が捌《さば》く「出作《しゅっさく》」という形をとった。

一七世紀を通した、「出作」の再編・解消がこの地域の近世村の成立を特質づけた。南王子村が一村立《いっそんだ》ての村請制《むらうけせい》村となることを可能にしたのも、上泉郷内の「王子村出作」が伯太村から切り分けられたことが大きい。また、黒鳥村が三つの生活共同体と微妙にずれながら、三人の領主支配に分かれる三給《さんきゅう》の村となるのも郷限りの検地によってもたらされたものである。

信太明神社の境内周辺の信太山が除地として確定するのも太閤検地によってであった。これによって信太山は信太郷七ヶ村の実質的共有となるとともに、七ヶ村の関係を規定することになる。信太山の用益は一律ではなく、神畑のように個人に分割される場合もあれば、その内部の溜池のように特定の村の用水となる場合もあった。しかし、信太明神社の除地＝信太山は、信太郷七ヶ村というまとまりで維持された。それに対して、信太山丘陵内の伯太山や黒鳥村草刈場、一条院村草刈場は、村単位に分割された。それらの境界をめぐる争論は村落間の秩序を形成することにもなった。ただし、その分割された山の開発は、他村の水利条件を阻害することもみられ、しばしば争論も惹起《じゃっき》した。

こうした信太山丘陵周辺の村むらの条件を踏まえつつ、近世における村落の展開を具体的に見ていくことにしたい。その際、伯太山に伯太藩の陣屋が置かれることで都市的状況が展開していく様子や、信太山地域全体の中での南王子村の位置づけ、信太明神社をめぐる村むらと社僧《しゃそう》・社家《しゃけ》との紛争などについて注目する。

以上のような近世における信太山地域のあり様を踏まえ、もしくはそれを初期条件として近代の信太山地域のあり方を見ていく必要があることはいうまでもない。近代については、信太山丘陵周辺を視野に置きつつも、史料的な条件から行政村たる信太村と南王子村（戦時下に町制施行し八坂町となる）に焦点を当てることとしたい。

信太明神社の除地信太山は明治三（一八七〇）年の太政官布告に基づいて上地され、国有地となる。これを新田開発しようとする堺県と、ここに大砲射的場を設置しようとする大阪鎮台の方針が交錯することになる。これ以後、陸軍、占領軍、米軍、自衛隊と続く軍用地と、それを取り巻く農民たちの用益・開発の併存する空間となり、この地域の歴史展開を特質づけることとなる。

南王子村は近世を通して人口を激増させ、都市的な様相を呈した。多数の無高《むだか》層(下層民衆)を抱え、その村内矛盾は繰り返し村方騒動を惹起した。一方、周辺の村むらは自村の田畑を耕作する労働力を南王子村に依存するようになっていく。それは、南王子村の住民の側から見れば、多数の人口を支える生業の確保という意味をもった。また、村内では雪踏《せった》の製造・販売業が発展したことも、大きな意味をもった。

近代に入っても、南王子村は人口を激増させ、集落を王子村や伯太村領内にも広げていく。また、新たな生業として硝子玉《がらすだま》製造業が発展していく。これが、多数の人口を支える生業となった。しかし、村内矛盾のあり方は近代に入っても持続した。それも村財政という点ではより深刻な側面もあった。

近世を通して南王子村は信太明神社の氏子に準ずる立場にあったが、近代に入り平等な氏子の立場を認められた。しかし、信太明神社は除地信太山を失い、その運営経費は氏子に戸別に割りかけられることとなった。信太郷の村むらの全戸数よりも南王子村の戸数のほうが多かったため、南王子村がその過半を負担することになった。これは、貧困層の多い南王子村の村財政にとっては重い負担になったのである。また、居住地域を王子村や伯太村の領域に展開させたことで、境界変更などの問題が惹起されてくる。

こうした諸問題を基盤として、村政や財政、社会運動が展開する。その具体的な様相を見ていくことも近代部分の重要な課題である。

以上のような歴史の理解の上に立って、現在の信太山地域の抱える課題を見据《みす》えることは、今後の地域のあり方を探ることと同義であろう。

ではさっそく、信太山地域の住民の生活構築の歴史に分け入っていこう。

第1部　信太山地域の歴史のはじまり

大園遺跡の遠景　左にみえるのが大野池。そこから右に広がるのが信太山丘陵。

信太山地域は和泉市の北側、大阪層群が隆起して形成された信太山丘陵とその北西の平野部を含む地域である。信太というのは、古代の渡来系氏族の「信太首」にちなんで定められた信太郷に由来する。平安時代以降には、「信太の森」として和歌に多く詠まれ、景勝地としても広く知られていた。信太の地では、岩宿時代から連綿と続く、人びとの生活の痕跡があちらこちらでみられる。信太山丘陵には、弥生時代後期の大規模高地性集落、和泉黄金塚古墳をはじめとした多くの古墳、当時の先端技術であった須恵器生産の痕跡、信太寺のような古代寺院というように、信太山地域の歴史を紐解く手がかりが数多く遺されている。また、信太山丘陵には、古代にも遡り得る聖神社が鎮座し、中世以降信太郷の中核として機能していた。一方平野部は、東西南北に走る街道の交点にあたり、海にも近いということもあって、六世紀後半以降、交通の要衝や流通の拠点として発展していき、奈良時代には和泉宮が造営されたとみられる。平安時代になって一般的な集落の域へと衰退してしまうが、一二世紀には熊野詣が隆盛し、熊野街道（小栗街道）を行き交う人びとでにぎわっていたことだろう。この第1部では、こうした信太山地域の歴史的展開をみていくことにしよう。

第1章では、信太山地域の地理的環境と岩宿時代、弥生時代の様子を概観し、信太の地の歴史の幕開けを探っていく。第2章では和泉黄金塚古墳の築造以降、古墳時代の信太における古墳や集落の展開を見通していくことにする。とくに、王権とのかかわりのなかで発展し、信太山地域を形成していく状況に注目したい。第3章では信太郷の氏族について探っていき、和泉宮の所在地や鶴田池についての検討から古代の信太郷を掘り下げていく。第4章では聖神社を核とする信太郷に視点をすえて、中世の信太山地域の歴史を描いていく。

第1章　黎明期の信太

1　信太山地域の地理的環境

丘陵と平野

本書の舞台は、和泉市域の北西部一帯であり、その過半は丘陵性台地である「信太山」に占められている。「信太山」は、地質年代の更新世《こうしんせい》末期以前に形成された、高位段丘と中位段丘、河川の浸食作用によって作られた無数の樹枝状渓谷によって分断され、複雑な地貌を呈し、上面は必ずしも平坦ではない。したがって「信太山」は丘陵性台地と呼ぶのがふさわしいが、その範囲ははっきりしているわけではない。つまり「信太山」は和泉市民が親しみを抱いている丘陵地であり、台地であるが、決して「山」ではない。

歴史的には和泉国和泉郡信太郷の境域が中心をなすに違いないが、もうすこし広い範囲が「信太山」の領域とみなされているようである。和泉平野の主要部は、ほぼ全域が、地質学上の新生代第三紀から第四紀更新世にかけて形成された大阪層群と呼ばれる幾層もの分厚い堆積層を基盤とし、おおむね南東方から北西方に傾斜しながら緩やかに高度を低くしており、形成の古い順に、高位、中位、低位段丘に区分されている。信太山丘陵の大半は高位段丘と中位段丘面からなり、その裾に広がる低位段丘面は、かなりきつく傾斜して、完新世《かんしんせい》に堆積した沖積層の下にもぐりこみ、末端は大阪湾に没している。純然たる沖積平野はごく狭小であるのが和泉平野の特色であるが、中位段丘と低位段丘との境はかなり明瞭な崖線をなし、海岸平野と丘陵性

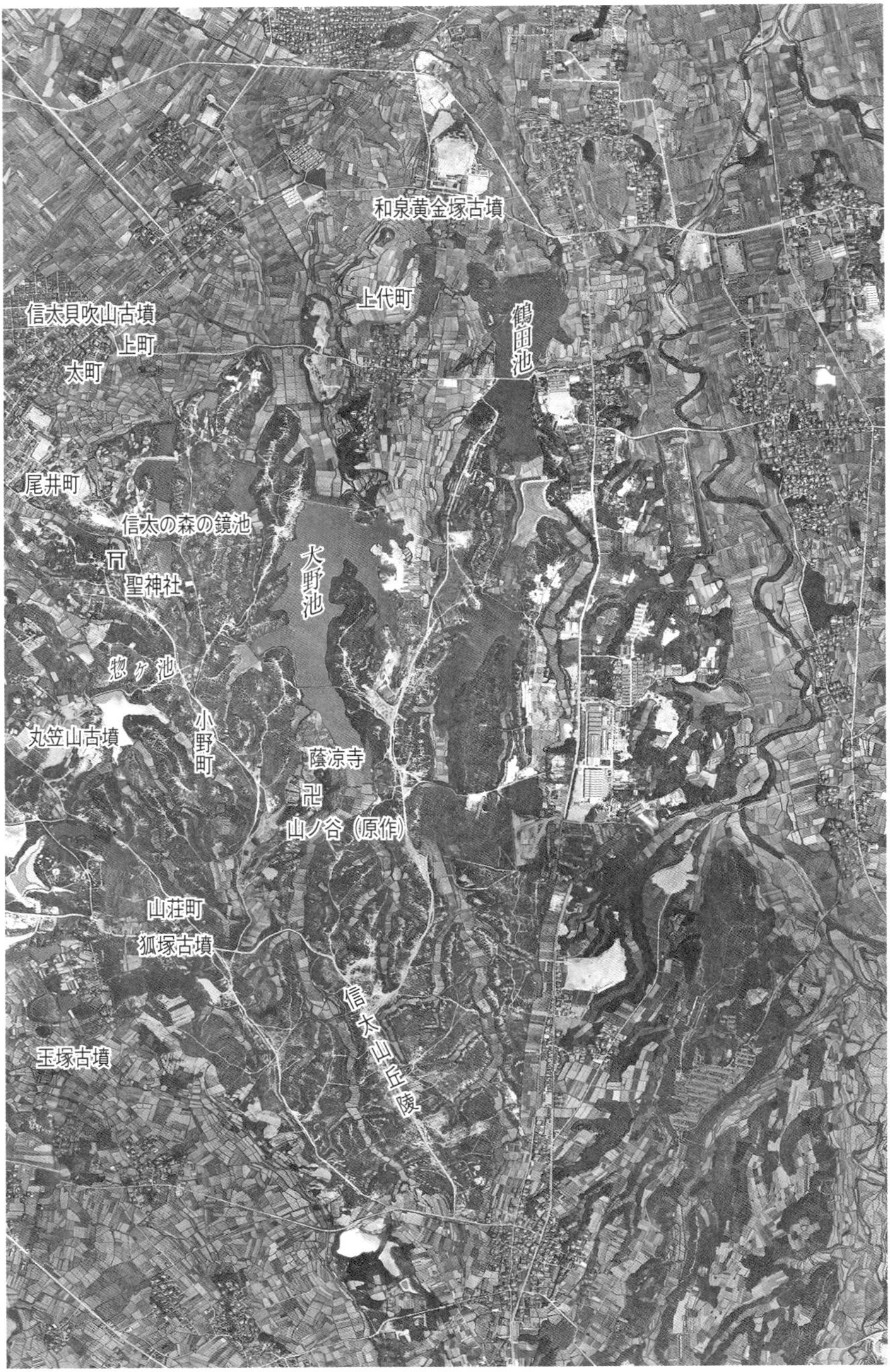
和泉黄金塚古墳
上代町
鶴田池
信太貝吹山古墳
上町
太町
尾井町
信太の森の鏡池
聖神社
惣ヶ池
丸笠山古墳
大野池
小野町
蔭涼寺
山ノ谷（原作）
山荘町
狐塚古墳
信太山丘陵
玉塚古墳

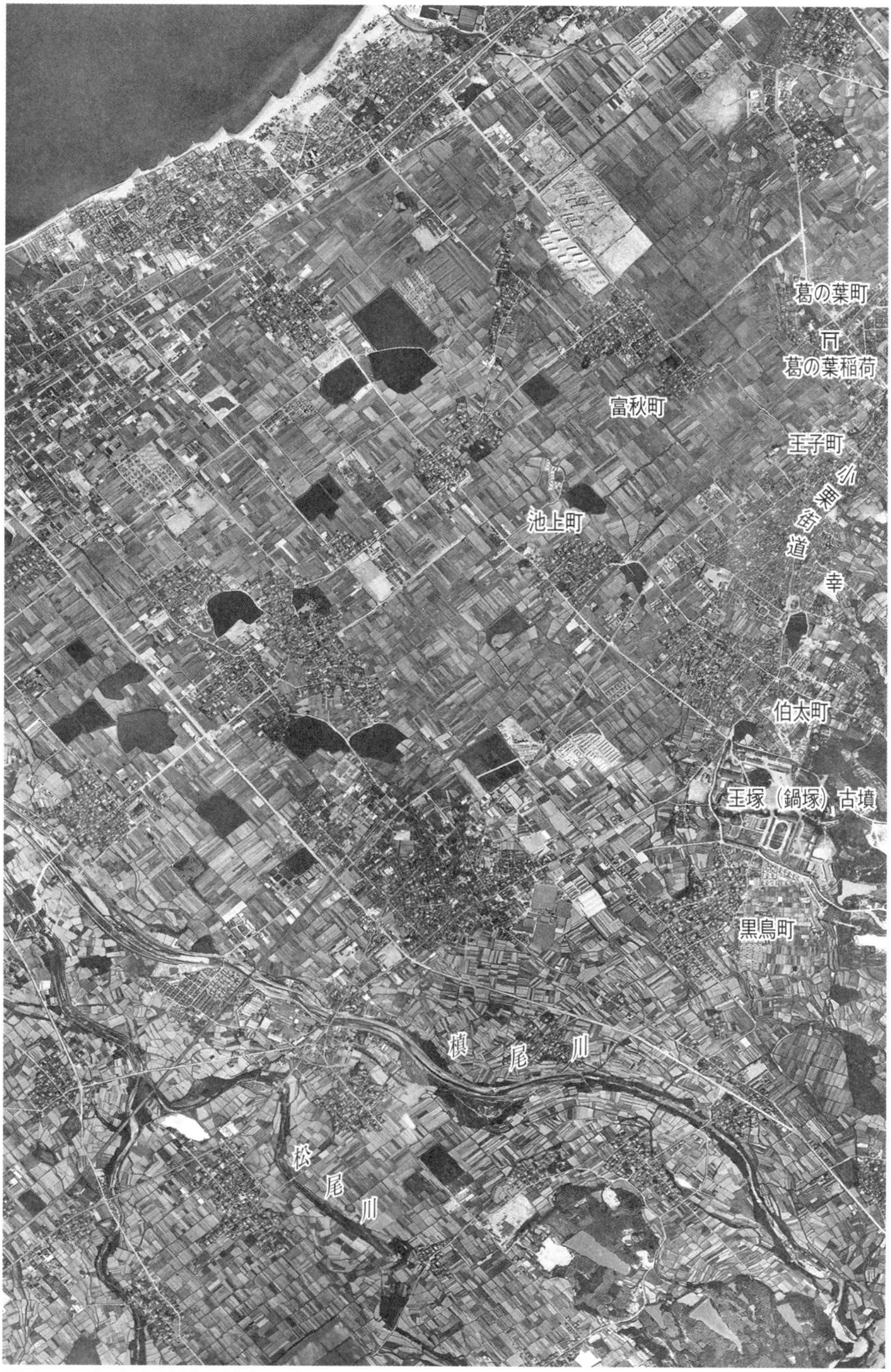

写真１　信太山地域の航空写真　1961（昭和36）年撮影（国土地理院）。

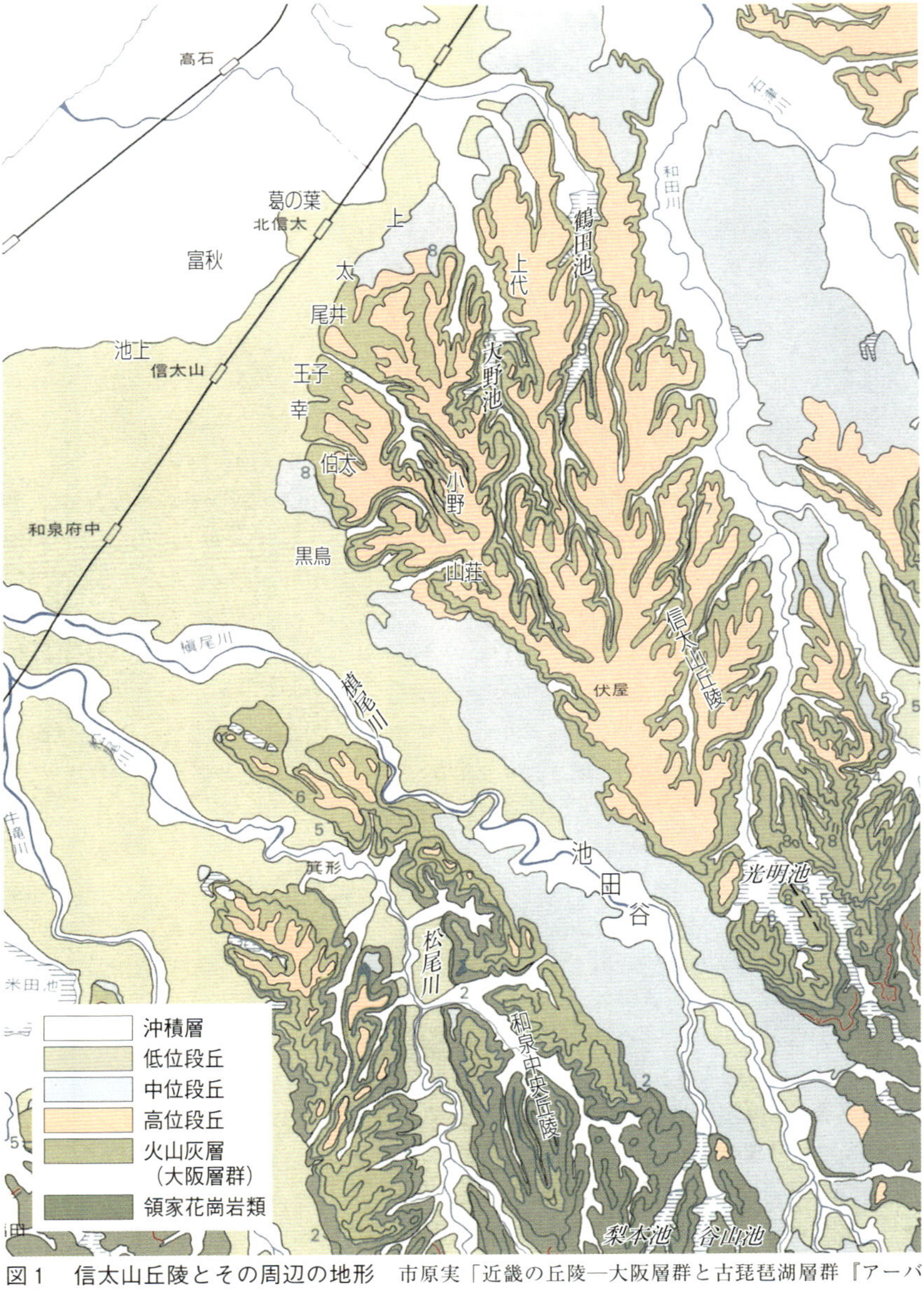

図1　信太山丘陵とその周辺の地形　市原実「近畿の丘陵—大阪層群と古琵琶湖層群『アーバンクボタ』23（久保田鉄工所、1984年）に加筆。

台地とを区分している。

また、この低位段丘を浸食して、更新世の氷期に形成され、温暖期に、その谷を土砂が埋めた数多くの埋積浅谷が、主として南東から北西方向へ走っている。海岸近くは湾岸流の作用で砂が堆積して高くなっているが、櫛の歯のように流れ下る多くの小河川に阻まれて、連続的な砂丘にはならず、断続的な砂堆列をなしている。砂堆の形成によって海岸部の標高が高くなったので、砂堆の内側には数多くの後背湿地が生まれ、それらのいくつかは、自然の良港として各時代の人びとに活用されてきたと考えられる。

信太山丘陵に広がる遺跡

陸上自衛隊信太山駐屯地の正門を入った所に、古墳時代中期の造営と推定される大円墳の王塚《おうづか》（鍋塚《なべづか》）古墳がある。その北東五〇〇メートル付近には前期の大型前方後円墳と推定される丸笠山《まるかさやま》古墳がある。これら二基の盟主墳を北端に置いて、それらから南の台地上には信太千塚《しのだせんづか》古墳群が展開しており、この群集墳の分布の南限は、和泉市阪本町付近まで及んでいる。ここにはまた、七世紀創建の坂本寺（禅寂寺）がある。王塚から北北東約三キロを隔てた段丘崖の上に、和泉市を代表する前期の前方後円墳、和泉黄金塚《いずみこがねつか》古墳がある。

この古墳から東は、大谷池から北方へ延びる谷筋が、和泉市と堺市との境界になっている。これは古代の和泉郡と大鳥郡との境界線とも、ほぼ一致しているであろう。信太山の北東限は、和泉黄金塚古墳が立地する尾根までとみるのが妥当であろう。

信太山丘陵は更新世に形成された洪積台地であるから、頂上部は平坦部分もあるが、数回繰り返された気候の変動に伴う降雨の作用によって、台地の奥深くまで幾条もの谷筋が入り込み分断されている。そのため、台地というより、丘陵と呼ぶ方がふさわしい景観を呈している。そのうち、もっとも主要な谷は惣ヶ池谷と

写真２　シリブカガシの森

大野池谷が挙げられる。

現在も灌漑用水池として機能している惣ヶ池の源流部付近の台地の最上部一帯には、弥生時代後期の大集落であった惣ヶ池遺跡が広がっている。その北西方には、和泉国五社のひとつに列した式内社の聖《ひじり》神社が鎮座している。神社の神域を北から囲むような形で惣ヶ池谷とは別の小さな谷があり、神社に接して鏡池（和泉市指定史跡）がある。

聖神社には、平安末期、後白河法皇が熊野参詣の途次、熊野街道に輿を停め、神社を遥拝した際に寄進したという扁額があり、本殿は、桃山時代建立の重要文化財である。社叢林《しゃそうりん》の一部としてシリブカガシが群生しており、古来有名であった「信太の森」の名残としても重要な文化遺産である。

現在は「北信太」駅裏に鎮座する葛《くず》の葉《は》稲荷《いなり》神社の杜《もり》の方が、クスノキの大樹（和泉市指定文化財）もあって、「信太の森」の名残ともみられているが、古代までさかのぼれる名社は聖神社である。元来は、聖神社一帯だけが、広大な「森」として残されていて、その周辺とは際立って異なった景観を呈していたのが、人びとの目をひき、「信太の森」と愛称され『枕草子』にも記録されたのであろう。清少納言が平安王朝の女官として活躍していた一〇世紀末ごろの泉北丘陵地は、樹木の皆伐が極限に達し、大半は禿山となり、荒廃著しい状況を呈していたはずである。そうなったのは、多年にわたる須恵器生産のための燃料用として樹木が利用されつくしていたからである。このことは六国史の一書『日本三代実録』に、天安三（八五九）年、窯業用燃料の確保をめぐって、和泉国と、隣国の河内国の民衆が「陶山」を奪い合ったという記事が傍証してくれる。

2　岩宿・縄文時代人の足跡

岩宿時代とは

生物学的にはヒト科に分類される人類という動物の出現は、数百万年前にさかのぼるが、それらの化石は全てアフリカ大陸で発見されており、そこが人類の発祥地であったことは今や疑いない。猿人の段階から、原人、旧人、新人への進化もアフリカ大陸を舞台として進行したらしい。新人、つまり現生人類が登場したのは、およそ二〇万年前に過ぎないという。たった二〇万年間に人類は全世界に拡散し、ほかの動物の追従を許さない驚くべき文化と文明を育てたのである。

酸性土壌が卓越した日本列島は、動物遺体が化石として残りにくい。今のところ、更新世までさかのぼれる確実な化石人骨は、沖縄県以外では発見されていない。沿海の珊瑚礁の風化に伴って形成された石灰岩が卓越する沖縄は、動物遺体の保存に適している。これまでは、沖縄本島の港川人《みなとがわじん》がよく知られていたが、近年は南の石垣島でも良好な化石人骨が発掘調査されている。ただし、それらの形質は現代日本人とは系統を異にし、東南アジア人に近似しているらしい。石灰岩は石器用に不向きであり、岩宿時代までさかのぼる石器は、沖縄からはほとんど出土していない。岩宿時代とは、日本の後期旧石器時代にあたるが、世界各地の後期旧石器文化とは異なる特色がみられるので、ここでは岩宿時代という語を用いる。

一九四八年の岩宿遺跡の発見以後、沖縄を除く日本各地からは陸続と岩宿時代の遺跡が発見され、各種の多数の石器が出土している。ただし、完新世に入ってからの火山灰層の堆積が貧弱な近畿地方では、更新世の遺跡があっても、包含層は失われ、遺構などは伴わないで石器や石片が不時発見される地点が大半であり、良好な遺跡に恵まれていない。

しかし、近畿地方一円から多数の石器が発見されているから、二万年前ごろ以降からは、かなりの数の人びとが活動していたことは明らかである。おそらく、血縁関係をもつ少数の老若男女が群をつくって、ほぼ一定した領域（テリトリー）を移動しながら、採集・狩猟生活を送っていたのであろうと推定されている。岩宿時代はそのような時代であったが、すでに、人びとは生活環境の違いを主因として、地域ごとに異なった特色ある文化を生み出していた。

東日本では、石器原料として黒耀石などがよく用いられた。石核の一端を平らに剥ぎとって平坦面（プラットフォーム）を作ったうえで、その平坦面の端に鹿角の先端などをあてがって、一定の力を加えて繰り返し圧迫すると、石核から縦長の同形同大の剥片が次つぎに生み出せる。剥片の鋭く割れた刃状部のうち、もっとも刃に適した部分以外は、細かい打撃を繰り返して刃潰しを行えば、ナイフに似た立派な刃物が完成する。これを「ナイフ形石器」と呼んでいる。さらに、刺突を主な目的として製作された石器も「ナイフ形石器」と呼ばれており、時期が下るにつれて小型化していった。

近畿から瀬戸内東部にかけては、大阪の二上山周辺や、香川県の高松市国分台付近で産出する黒灰色をしたサヌカイトの石核が母岩とされ、この石材の性質に沿った「瀬戸内技法」と呼ばれる横長に剥《は》ぎとる技法が発達する。この技法で製作されたナイフ形石器は、その最初の発見地である藤井寺市国府《こう》遺跡の名を冠して「国府型ナイフ形石器」と呼ばれている。羽曳野市翠鳥園《すいちょうえん》遺跡は、国府型ナイフ形石器を製作した人びとが周期的にキャンプして石器作りに励んだ遺構が数多く発掘調査された稀有の遺跡であり、その状態が、そのまま現地に保存されている。また、この近くの羽曳野市はさみ山遺跡からは、直径約六メートルほどの範囲をレンズ状に掘削した竪穴建物遺構が発掘されている。大型動物の骨や革を、柱や屋根材とした住居跡だと推定されている。類例がないため、断定はできないが、これほどの建物を住居としていたとすれば、定住生活とはいえないまでも、岩宿時代人は、数ヶ月間程度は、一ヶ所に居住することもあったのである。

写真3　大園遺跡から出土した旧石器

岩宿時代の大園遺跡

翠鳥園遺跡で発見されたような遺構を、研究者はブロックとかユニットと称している。せいぜい数メートル四方に石片が集中しているだけであるが、石片の散乱状態から、石器製作者が座って作業をしていた位置まで特定されることもある。こういう場所は、岩宿人の一時的なキャンプ場だったと考えられている。サヌカイトの原産地である二上山麓からやや遠い和泉地方には、南河内地域ほど良好な遺跡は知られていないなかで、大園遺跡は、唯一、ブロックないしユニット遺構と呼び得る状況で、石器や石器剥片が集中して発見された貴重な遺跡である。大園遺跡では、国府型ナイフ形石器文化が流行した期間の末期ごろを特徴づける角錐状石器がナイフ形石器に共伴して出土している。角錐状石器は、主要石器がナイフ形石器から槍先形尖頭器に替わりはじめる時期に現れる刺突用の石器で、和泉市では観音寺山遺跡、万町北遺跡でも発見されている。これらの石器とその剥片を集中して出土したブロックが、大園遺跡では三ブロック調査されている。ブロックAは九×六メートル、ブロックBは八×六メートルの広がりをもち、ブロックCは四×一メートルと小規模なものであった。石器を剥ぎとるための素材をなす母岩の石核にはサヌカイト製とチャート製のものがあり、主に小型のナイフ形石器が製作されたようである。石核や剥片の中には互いに接合する資料が認められており、この場所で石器作りが行われていたことは明らかである。しかし、日常生活を送るために不可欠な石器である削器や掻器《そうき》を欠き、火を焚いて調理などを行ったことを示す礫群や炉などの形跡もなかったので、ここは極めて短期のキャンプ地であったのであろう。

岩宿時代も末期に近づくと、ナイフ形石器も尖頭器も小型化が進み、やがて有舌尖頭器《ゆうぜつせんとうき》が開発される。このころ、土器が出現し、岩宿文化は縄文文化へと止揚されることになる。有舌尖頭器は大園遺跡のほか、大野池、伯太北、信太山、万町北遺跡でも発見されているが、今のところ、草創期の縄文土器は伴出していないので、文化の交代期の具体的な追究が、和泉地方では、今後の大きな課題として残されている。

縄文人の足跡

「信太山」とその周辺には、今のところ、明確な縄文時代の遺跡は発見されていないが、有舌尖頭器と、おそらく縄文後期と推定される横形石匙《いしさじ》一点が不時発見されている。後者は泉大津高校の生徒が「信太山」で採集した遺物として同校地歴部に保管されている。

「信太山」に限らず、和泉地方の丘陵地や台地は表層土壌が薄く、地山面が露頭している所が少なくない。こうした場所は、土器まで風化させ、消滅させてしまうこともある。石器と、その剥片だけが採集され、土器片は全く拾得されない地点が、和泉には多い。僅少とはいえ、石器が知られていることは、草創期から、この地域でも縄文人の活動がみられたことを教えてくれる。

次の弥生時代へ入っても、前期から中期までの遺跡はまだ知られていないが、弥生時代後期以降、「信太山」とその周辺の歴史は、にわかに活況を呈することになる。

3　弥生時代後期の高地性大集落　―惣ヶ池遺跡―

発見された惣ヶ池遺跡

聖神社から少し南に隔たって、惣ヶ池谷の源流部付近を南限として広がっていたのが、弥生時代後期の高地性大集落であった惣ヶ池遺跡である。遺跡の南部は自衛隊の演習地になっていたので、この遺跡の南への広がりはまだ十分には確かめられていない。遺跡の東方には惣ケ池谷より大きな大野池谷が南北に走っている。惣ヶ池谷と大野池谷とに挟まれた丘陵性台地は人家もなく、「信太山」の中でも「信太山」らしさを保っていたところであったが、一九七〇（昭和四五）年ごろ、日本住宅公団鶴山台団地に変貌してしまった。一九六五（昭和四〇）～一九六六（昭和四一）年に、臨時に組織された「信太山遺跡調査会」が事前調査を行ったが、予算も、人員も、調査期間も足りないまま不十分な調査に終わった。

惣ヶ池遺跡は、惣ヶ池谷の最奥部の東縁に沿って立地し、槙尾川左岸の和泉中央丘陵北端部を占めた観音《かんのん》寺山《じやま》遺跡に比肩する大規模な弥生時代後期の高地性集落である。遺跡の南部は自衛隊の演習場であったので未調査だが、遺跡の総面積は、およそ三万平方メートルに及ぶと推定される。

大半が未調査のうちに、団地造成工事が開始されたのは遺憾であったが、重機が掘削してできた崖面に、竪穴建物の断面を発見した中学生からの急報で、一時工事が中断され、発見された四棟だけが調査された。西側に、近接して円形平面の竪穴住居址が二棟、東に離れて方形平面で、円形のものより小ぶりの竪穴住居址が二棟発掘調査されたが、各建物とも建て替えによる切り合い関係はなかった。各住居址からは、弥生後期の土器片と小さい鉄器の断片と、住居址からはめったに発見されない淡青緑色のガラス小玉一点が出土し

写真５　惣ヶ池遺跡の円形竪穴住居址

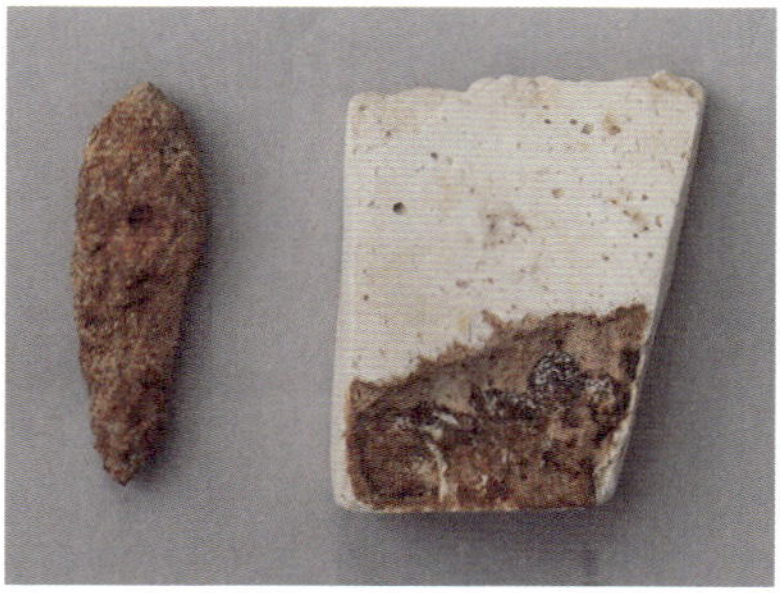

写真６　大型鉄鏃と砥石

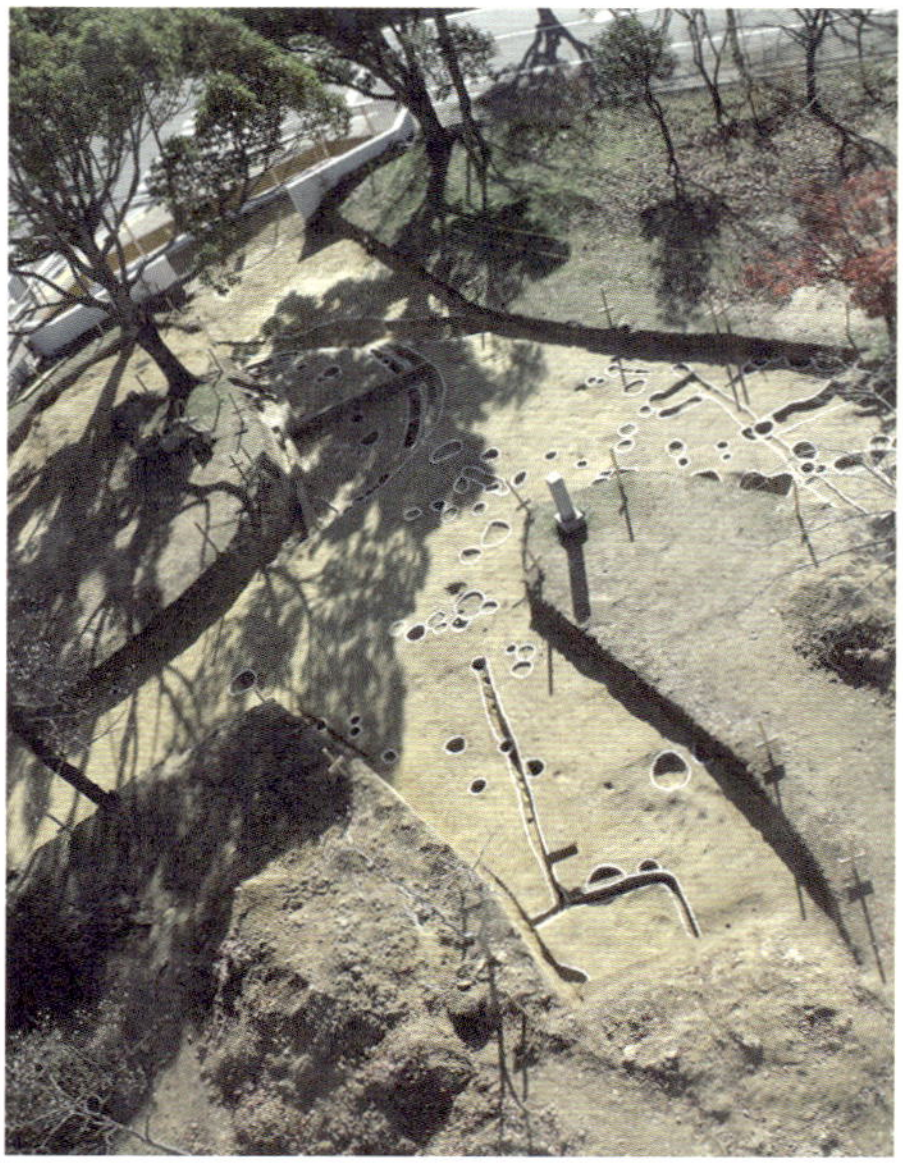

写真４　惣ヶ池遺跡調査区全景

た。床面上に、何らかの作業台であったと推定される平たい丸石が残されていた建物もあった。この調査結果が尊重され、重機の削平を免れていた区域は、当初の設計が変更され、鶴山台惣ヶ池公園として保全されることとなった。

和泉市の史跡として

二〇一三（平成二五）年には、惣ヶ池公園の改修工事にともない再調査が行われた。その結果、旧地形が良好に保たれており、新たに円形や方形の竪穴住居址四棟、土坑、ピット遺構等が認められた。公園の東南隅付近にあった円形竪穴住居址からは、大型鉄鏃、砥石、石皿などが後期の弥生土器とともに発見された。円形竪穴住居址は径が七・五メートルもある大型住居で、同心円状に床面を拡張し、改築された状況も確認できた。また、円形竪穴住居を切るように走る弥生時代の溝も確認できた。この溝は等高線をほぼ直交するように掘削されており、尾根上の居住域を区画していたと考えられる。方形住居址は、二棟が重なっており、建て替えが行われたことが明らかになった。この調査成果によって、惣ヶ池遺跡は、ごく短期間経営された一時的な集落ではなく、少なくとも二世代以上にわたって存続していたことや、おそらく鉄鍛冶などに携わる工人がいた弥生時代後期における中核的な集落であったことが明らかにされた。池上曽根遺跡が衰退期に入った時期の大集落である点も重要である。

惣ヶ池遺跡は以上のような重要性が鑑みられ、二〇一四（平成二六）年に和泉市の史跡に指定された。

図２　惣ヶ池遺跡周辺の旧地形と調査区の位置　赤は住居址。尾根上に住居址が分布している状況がみられる。青線で囲まれた部分が史跡指定範囲で現在も公園として活用されている。

第2章　大和王権の進出

1　和泉の古墳時代と信太山地域

倭国が誕生した古墳時代

一世紀に入ると、西日本諸地域で広域地域圏が形成される弥生時代後期となる。近畿地方も、大和川で結ばれる中河内・南大和を中心に、三世紀の「魏志倭人伝《ぎしわじんでん》」に「邪馬台国《やまたいこく》」と表記されるヤマト国を生み出す。最新の年代観からすると、ヤマト国は二世紀中ごろには本拠地を奈良県桜井市の纒向《まきむく》遺跡に建設し、また纒向石塚古墳というヤマト国王墓を生み出している。しかし、二世紀後葉に「倭国乱」が生じ、長年戦争が続く事態が生じた。これは軍事的決着ではなく、関係地域が休戦協定を結び、倭の代表権者を立て、それにしたがうことで争いを収束させる。すなわち初代倭国王である卑弥呼の共立である。これにより、ヤマト国を盟主とし、北部九州から瀬戸内にかけての約三〇国がしたがう倭国が誕生する。

卑弥呼は二三九（景初三）年に魏に使いを出し、「親魏倭王」に任じられ、銅鏡一〇〇枚などが下賜される。これが三角縁神獣鏡《さんかくぶちしんじゅうきょう》であり、画文帯神獣鏡《がもんたいしんじゅうきょう》をモデルに大型化したもので、形が定まるまでいくつかの試作品が作られている。そのひとつが、和泉黄金塚古墳から出土した景初三年銘鏡である。

卑弥呼は、倭国王墓である箸墓《はしはか》古墳の築造に着手する。二四七年ごろに卑弥呼は没するが、これを起点に、倭国に加わる列島諸首長が前方後円墳を築造する時代となる（古墳時代前期）。

しかし和泉地域では、四世紀中ごろまで前方後円墳が築造されることがない。和泉地域もヤマト国の一画

図３　和泉の前期古墳と関連遺跡

であったはずであるが、古墳の出現は鹿児島県や福島県より遅い。これはどうしたことか。ひとつの要因として河内の動向が関係するのかもしれない。河内はヤマト国中枢の一画であったが、前期古墳が少なく、三角縁神獣鏡もほとんどないことから、三世紀中ごろに中心的立場からはずれていくとの見方がある。これが和泉に影響している可能性があろう。河内より重視されるのは淀川流域であり、南山城から乙訓、摂津三島から神戸の海浜部にかけて有力古墳が並ぶ。三世紀中ごろから後半にかけて、倭国の枠組みが東日本へ拡大し、列島規模になる段階には、淀川流域の東西軸が重要となるのであろう。

当時の和泉も倭王権と没交渉であったわけではない。石津川河口部の下田遺跡は、王権が重視した拠点と思われ、三世紀前半に出現する。また、和泉黄金塚古墳には三世紀前葉の画文帯神獣鏡や中ごろの三角縁神獣鏡があり、信太山地域の勢力に王権側の働きかけがあったことがうかがえる。三世紀後半になると、下田遺跡では急速に布留《ふる》式土器へと転換し、王権による石津川河口部への関与が強まる。大和川や淀川の河口部である大阪北部とともに、住吉から堺にかけての地域も、瀬戸内に面する港津として重視されるのであろう。和泉の平野部でも、府中遺跡・伯太北遺跡・豊中遺跡から三世紀後半の布留式土器が出土している。

しかし、倭国の枠組みが列島規模となる三世紀後半、和泉には前方後円墳が築かれない。王権側の働きかけの希薄さか、和泉の側に王権に与しない姿勢があったのか、これはなかなか解けない難問である。

佐紀政権下における前方後円墳の出現

箸墓古墳から約一〇〇年後の四世紀中ごろ以降、和泉に前方後円墳が現れる。王権本拠地が奈良盆地東南部の纒向遺跡から、四世紀前葉に盆地北辺の佐紀遺跡に遷って以降のことである。

もっとも早いものは、岸和田市の久米田貝吹山古墳《くめだかいぶきやま》で四世紀中ごろだろう。またその西にある浄行寺古《じょうぎょうじ》墳も四世紀後半の埴輪をもつ。これに続くのが、堺市の長山古墳、岸和田市の摩湯山古墳などである。長山古墳は石津川河口部北側の海浜部に位置する。摩湯山古墳は和泉最大の前期古墳で約二〇〇メートルの規模をもつ。佐紀の五社《ごさし》神古墳の相似墳とみられ、四世紀後半のものである。また、貝塚市にある地蔵堂丸山古墳も、佐紀政権の段階の約七〇メートルの前方後円墳である。

そして和泉市には、伯太町背後の信太山丘陵に、丸笠山古墳が築造される。九六メートルの前方後円墳とされるが、前方部が失われ、後円部を含めて墳形はよくわからない。埴輪片がわずかばかり採集されている程度で時期不詳だが、やはり佐紀段階の前方後円墳と推測される。おそらく府中遺跡を本拠とした勢力の墳墓であろう。そして、信太山地域の和泉黄金塚古墳もこれらと一連のもののひとつである。後で詳しく取り上げることにする。

また古墳に関連して、この時期の埴輪が大量に集積した場所が大園遺跡の一画でみつかっている。大型の形象埴輪や大量の円筒埴輪があり、埴輪を焼いた生産地とみられ、その量と内容から、供給先であった古墳は相当な有力古墳と推測されている。和泉のなかでそれにふさわしいのは摩湯山古墳である。しかし、かなり距離が離れていることが気にかかる。

また、こうした最新の埴輪が、信太山丘陵の菩提池《ぼだいいけ》西古墳群の三号墳からみつかっている。鶴山台団地の造成に際して調査されたもので、一辺一〇メートルほどの小方墳であるが、典型的な鰭《ひれ》付円筒埴輪や船形埴

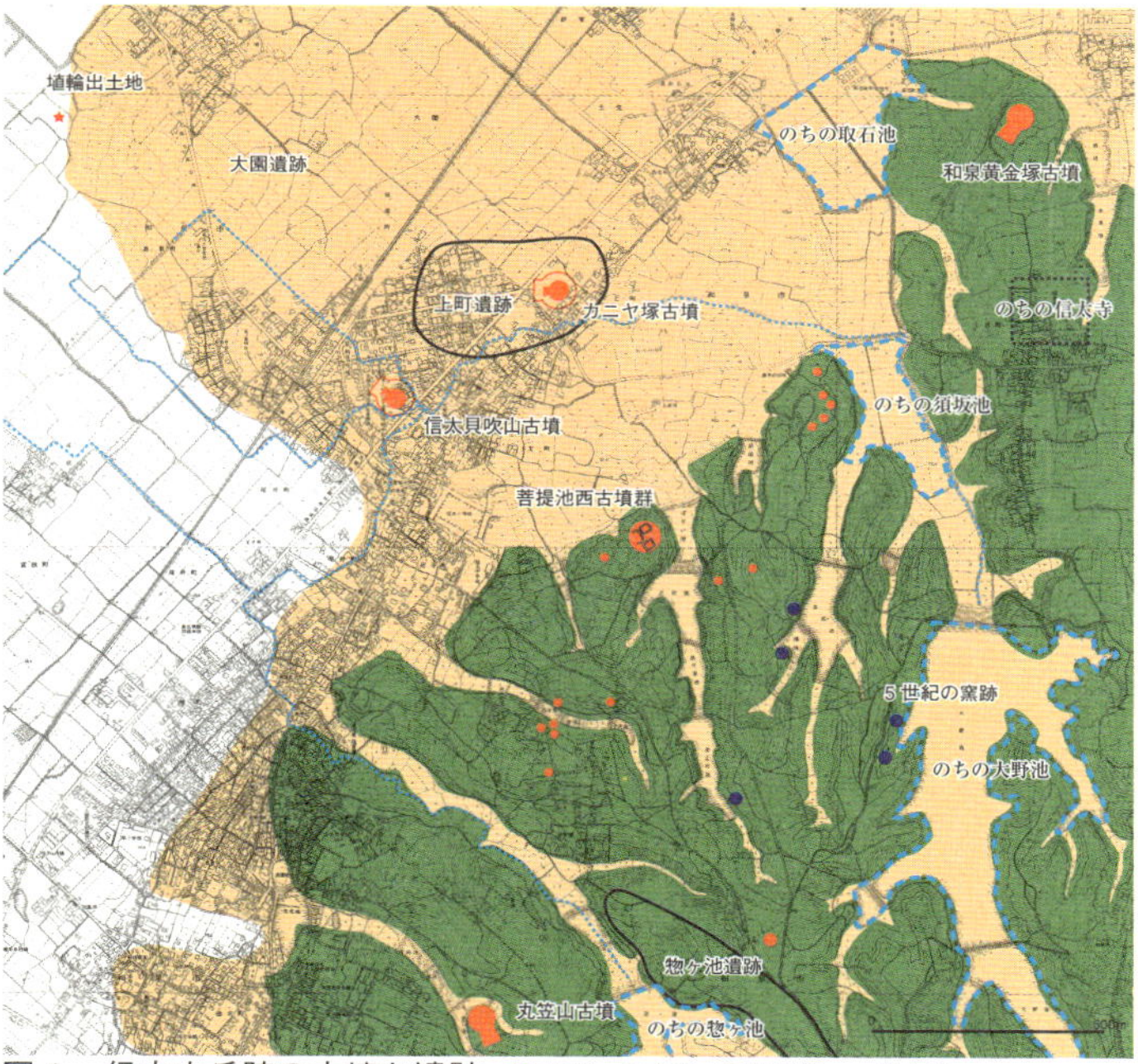

図4　信太山丘陵の古墳と遺跡　●古墳　●窯跡　○集落跡　…用水路

輪がよく知られている。大園遺跡の埴輪生産地からの供給が考えられるだろう。しかし菩提池西古墳群は小規模な方墳群で、埴輪の内容とそぐわない感は否めない。主墳があり、これに付随する小規模墳での利用であれば考えやすいが、評価は難しい。

いずれにしても、摩湯山古墳やこれにともなう馬子塚《まごづか》古墳、そして菩提池西三号墳で、佐紀後半期の最新の埴輪が用いられており、また生産地のひとつが確認できる。その需給関係や菩提池西古墳群の評価については、さらに検討が必要である。大園遺跡の埴輪集積地の位置からすると、堺市の長山古墳のように、助松あたりの海浜部に大型前方後円墳があったのではないかと憶測したくなる。

和泉における前方後円墳出現の意味

和泉の前期古墳は佐紀政権の段階に出現する。規模の大小、四世紀後半のなかの時期差はあるが、それまでなかった前方後円墳が次つぎに現れることは、四世紀中ごろ以降、和泉の重要性が急速に高まったことを示す。この時期に突然出現する巨大古墳として、明石海峡に面して築造される五色塚《ごしきづか》古墳（一九四メートル）が著名だが、

図５　朝鮮半島派兵の２つのルート

和泉における前方後円墳の出現と連動するものであろう。

また和泉のこの時期の古墳を考えるうえで、丹後のあり方もヒントになる。丹後では、網野銚子山《あみのちょうしやま》古墳（一九八メートル）、神明山《しんめいやま》古墳（約二〇〇メートル）という日本海側最大の前方後円墳が現れ、蛭子山《えびすやま》古墳（一四五メートル）をあわせ、和泉と同じく四世紀後半に巨大前方後円墳が現れる。銚子山古墳や神明山古墳は、日本海に流れ出る河川河口部の潟湖に面しており、日本海の海上交通にかかわることが明らかで、佐紀政権の強力な意向をうかがうことができる。

これらに共通するのは海上交通である。佐紀政権の時代には、オオヤマト段階に有力な古墳を築いていた首長が後退し、それに替わり、特定の新興首長が大型前方後円墳を築くようになる。また交通の要衝に現れることが共通している。それまで古墳のなかった和泉に、長山・和泉黄金塚・丸笠山・摩湯山・久米田貝吹山・地蔵堂丸山古墳が現れることは、五色塚古墳とともに、大阪湾岸の海上交通にかかわるとみられるのである。四世紀中ごろから後半に大阪湾岸の海上交通を倭王権が重視し、それにかかわる集団を取り込む政策が進められたと考えられる。その目的は半島派兵であったと思われる。丹後が日本海ルートを担うのに対し、和泉地域は畿内から瀬戸内ルートでの派兵にかかわるのであろう。住吉から堺にかけての地域が港津とみられ、和泉の諸勢力には、海上交通にかかわり、船を建造し操る技術力などが期待されたのではないだろうか。

四世紀中ごろ以降の派兵は、朝鮮半島伽耶《かや》地域の金官国の要請によるものだろう。鉄をこの地域に依存している倭にとって、金官国が伽耶諸勢力や新羅に対抗し安定を保つことは重要であり、相互の利害が一致し、傭兵派遣に踏み切ったものと思われる。さらに四世紀後半には百済からの支援要請も加わる。

和泉の遺跡にみる充実

府中遺跡群では、早くに首長居館かと思われる方形区画がみつかっているが、四世紀以降、とくに五世紀に遺跡の内容が充実してくる様相が明らかにされている（『和泉市の歴史6』）。

槙尾川の扇状地上に位置し、派生する流路が幾筋も流れていたようであるが、こうした河川を制御し、人工的な溝を掘削し、居住域を区画しての整備が進められる。内部の掘立柱建物や竪穴住居の様相の一端や、居住域北辺での祭祀跡などが明らかになっている。また、遺跡の一画（肥子地区）から韓式系土器が出土し、四世紀後半から五世紀にかけての渡来人の居住も判明している。

また、和泉市寺田遺跡（寺田町）では、四世紀後葉にさかのぼる鍛冶遺構が確認されている。和泉が四世紀後半の派兵にかかわるとすれば、携行する武器を出発地の近くで生産することは十分に考えられる。垂仁天皇の子、イニシキノイリヒコが泉南で千本の刀または剣を作ったという伝承もある。

以上のように、和泉に前方後円墳が現れる四世紀後半から五世紀にかけて、府中遺跡群をはじめ、遺跡が充実してくることがうかがえる。それは、四世紀後半以降の対外関係にかかわって和泉が重視されたことが要因であろう。また朝鮮半島にかかわるなかで、半島の先端的な技術に触れ、技術者を招聘《しょうへい》することが始まる。そのひとつが和泉における須恵器の生産である。またそれだけではなく、大阪湾の海産物の調達や、鉄器加工や馬匹《ばひつ》生産に不可欠な塩の生産を担うなど、和泉の特性が形作られていく。

写真７　和泉黄金塚古墳の墳丘（西から）

和泉平野部への陸路に面する和泉黄金塚古墳

四世紀に和泉に現れる前方後円墳のひとつが和泉黄金塚古墳である。信太山丘陵からのびる段丘上に立地し、堺市の草部の平野部まで東に約一キロメートル、西側の信太地域の上町までがほぼ等距離である。しかし、墳丘は段丘面でも西側に寄せて築造されており、被葬者の生活域はやはり西側、信太地域にあるのだろう。また、のちに古代の官道が、大鳥郡草部駅家から信太山丘陵を横切り、取石池の堤を通り信太郷に抜けるが、和泉黄金塚古墳はそのすぐ東にあり、側面をみせるように築造されている。このルートは、いくつか谷を越えるアップダウンはあるが、信太山丘陵が傾斜を減じ、比較的なだらかな段丘へ移行した部位を通るもので、石津川流域の谷平野から和泉平野に抜ける最短ルートであり、和泉黄金塚古墳の時期にも同じような陸路を推定してもいいのではないだろうか。和泉黄金塚古墳は、よく目立つ段丘上に築造されるが、生活域である信太側に寄せるとともに、このルートを意識して選地されたように思われる。

和泉黄金塚古墳の墳丘

和泉黄金塚古墳は、一九四五（昭和二〇）年に、若き森浩一が陸軍の掘った塹壕から東槨の副葬品の一部を発見し、それを契機として一九五一年に後円部の発掘調査が行われた。また、和泉市教育委員会が二〇〇一（平成一三）年度から四ヶ年にわたって墳丘の調査を実施し、二〇〇八（平成二〇）年に史跡指定された。

和泉市による発掘調査で、測量図以上には不明であった墳丘に関する成果がえられ、その復元が可能となっている。古くからの開墾による裾部の削平で不明な点もあるが、調査成果をもとに墳丘の復元を試みると、調査報告書では二段築成に復元されているが、三段築成に復元できるようにも思われる。前方部東隅角で埴輪列が検出されているが、これは墳裾部のものでなく、テラス面の埴輪と理解し、これより下に下段があり三段築成と考えてみたい。もっとも、前方部前面から埴輪列のみつかった前方部東側の側面については、下段を想定するとしてもほとんど高さはない。しかし後円部から西側斜面については、開墾で下段はほぼ削られているが、下段テラス面の高さと墳裾の標高から考えて、一メートル程度の下段斜面を想定することができる。こうして復元される墳丘規模は約一〇〇メートルである。

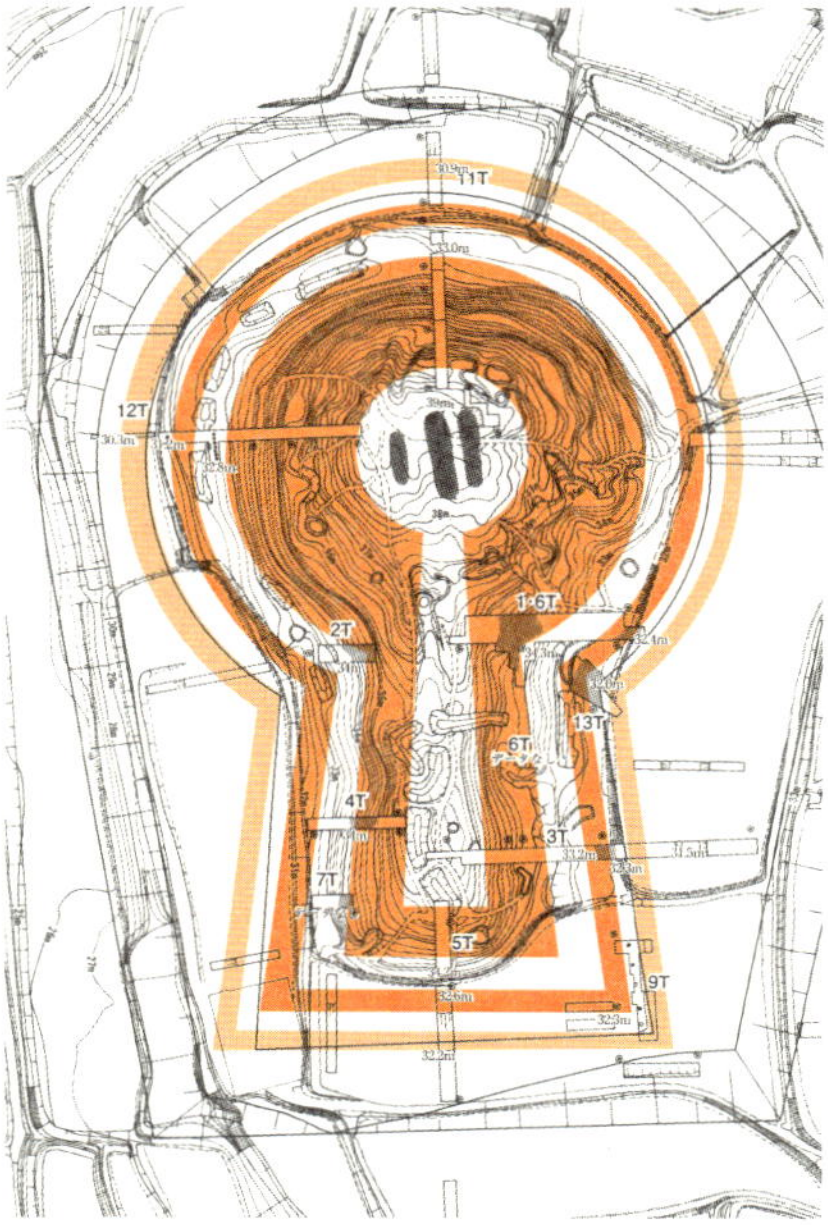

図6　和泉黄金塚古墳の墳丘（三段築成）復元案　S＝1/1,600　（岸本直文案）

埴輪は、円筒埴輪・朝顔形埴輪に加え、壺形埴輪と思われるものがあり、また鰭の破片も多く、四世紀後半に盛んに用いられた鰭付円筒埴輪が一定程度残存している。また形象埴輪として、家形・囲《かこみ》形・靫《ゆぎ》形・蓋《きぬがさ》形・甲冑形埴輪の破片が出土している。

和泉黄金塚古墳の墳丘は、佐紀古墳群にある陵山《みささぎやま》古墳に類似すると考えられてきた。しかし、こうして復元すると、前方部については、幅がやや広く、上段がいくぶん発達しているようであり、佐紀古墳群の王墓でも後半期の石塚山古墳ないし五社神古墳と対比すべきかもしれない。西側に造出をもつ可能性もある。

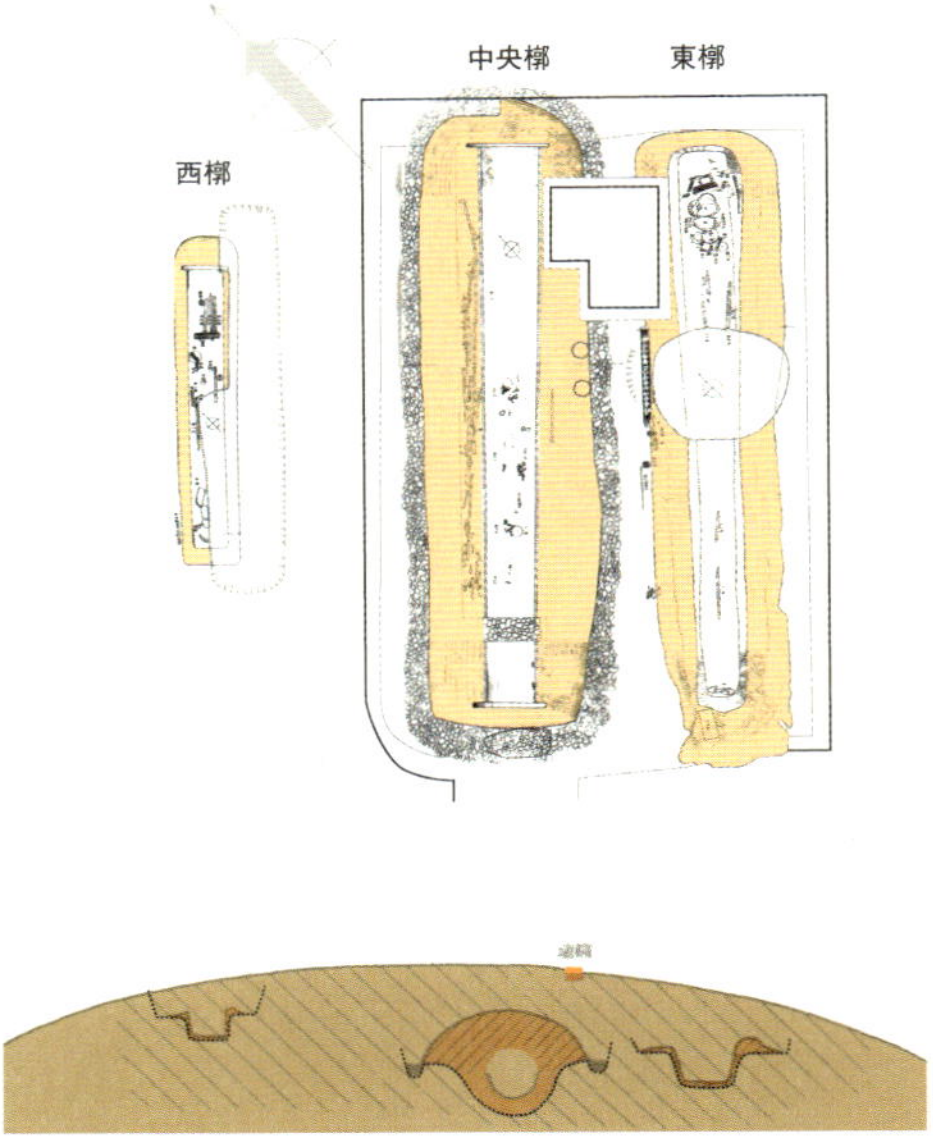

図７　３基並んだ粘土槨　『和泉黄金塚古墳』（綜藝社）をもとに作成。

三つの埋葬施設

後円部の墳頂には、中央槨・東槨・西槨と呼ぶ三つの埋葬施設があった。西槨は浅い位置にあり、追加埋葬であろう。先行する中央槨と東槨については、同時埋葬なのか、二時期になるのかは不明である。

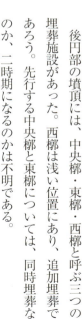

中央槨は長大な割竹形木棺（八・七メートル×径七五〜八九センチメートル）を多量の粘土で覆った粘土槨である。被覆粘土の規模は、長さ一〇メートル、幅二・五メートルに達する。棺内からは、斜縁二神二獣鏡一、石釧《いしくしろ》一、車輪石一、筒形石製品（水晶）一、滑石製勾玉・棗玉《なつめだま》・臼玉からなる玉類が出土した。そして、棺外から景初三年銘画文帯同向式神獣鏡一、刀九、剣（ヤリ）三、短剣八などが出土している。人骨等で被葬者の性別がわかる事例で副葬品の違いをみると、ほとんど共通するが、石釧・車輪石を着装するのは女性に、弓矢と甲冑は男性に限られる。中央槨の被葬者は、女性とみてよい。しかし、棺外には多数の武器がある。そうすると、棺外遺物は、被葬者の役割や性別に関係なく、埋葬時に奉献された品じななのかもしれない。

東槨は刳り抜き式の木棺であるが、中央槨とは異なり箱形で、長さ八・五メートル、幅七〇センチメートルで、中央槨ほどではないが、粘土で被覆する。棺内から、三角縁盤龍《ばんりゅう》鏡一、画文帯環状乳神獣鏡二、玉類、筒型石製品二、鍬形石一、紡錘車形石製品一、水晶製大型切子玉一、五珠銭一、刀子五、小型三角板革綴《さんかくいたかわとじ》短甲・三角板革綴衝角付冑《しょうかくつきかぶと》・頸甲《あかべよろい》・肩甲《かたよろい》・革製漆塗草摺《くさずり》という甲冑一式、剣四、刀二、斧九・鋸一・刃先五などの工具類が出土している。棺外からは巴形銅器三点を装着した革盾や、矢束を含む武器類が出土している。甲冑や弓矢（鏃《やじり》）、また鍬形石の副葬から、被葬者は男性と考えてよいだろう。

西槨は、組み合わせ式箱形木棺で、長さ四・四メートル、幅五三センチメートル、薄い粘土で被覆する。画文帯同向式神獣鏡一、玉類（滑石製大型勾玉を含む）、刀三、剣三、鉄鏃《てつぞく》一一〇、銅鏃《どうぞく》一、長方板革綴短甲・三角板革綴衝角付冑・頸甲・肩甲という甲冑一式が出土している。西槨も男性である。

近年では、同一墳丘に埋葬されるのは兄弟姉妹であり、首長権は一人が担うのでなく分掌的であったと考えられている。中央槨の女性が呪術的・宗教的首長、東槨・西槨の男性が軍事的・政治的首長であろう。

和泉黄金塚古墳の特質は、景初三年銘鏡を含む六面の鏡が三世紀前半の古い鏡群で、腕輪形石製品を含め前期古墳の様相をもつ一方、西槨・東槨の被葬者が最新の鉄製甲冑一式や、最新の鉄鏃や革盾をもつことである。古墳の年代は、埴輪や甲冑・鉄鏃から古墳時代中期初頭となる。中期の開始年代をめぐっては意見が分かれているが、ここでは従来の年代観にもとづき、四世紀末としておこう。なお、中央槨の筒形石製品一点と東槨の大型切子玉一点は水晶製で、朝鮮半島産の可能性もある。

時代の転換点にある和泉黄金塚古墳

和泉黄金塚古墳は中期初頭に位置づけられ、古市古墳群の最古の王墓である津堂城山古墳とほぼ同じ時期になる。しかし、彼らが活躍した主たる時期は、佐紀政権後半期にあたる四世紀後葉である。

津堂城山古墳の被葬者は、河内政権を樹立した人物と考えられるが、佐紀政権が河内に送り込んだ王族とみられる。塚口義信は、河内政権の始祖となるホムダワケ（応神）について、記紀では神功皇后が乳飲み子であるホムダワケを連れ九州から凱旋するさいに、異母兄であるカゴサカ王とオシクマ王が阻止しようとし

写真８　和泉黄金塚古墳に副葬された鏡

て神功側に敗北することが記されているが、これを佐紀政権内部の権力闘争を示すと考え、「四世紀末の内乱」と表現する。考古学から考えても、津堂城山古墳は河内の在地勢力とは考えられず、佐紀直属の巨大古墳と思われる。河内最古の巨大古墳であること、津堂城山古墳に始まる古墳時代中期に入ると、佐紀段階に有力古墳を築造した首長が退転し、別の首長系譜が有力古墳を築造するという変動が普遍的に生じていることから、津堂城山古墳被葬者の台頭による政権交替が考えられる。文献によるホムダワケ像は、考古学からみた津堂城山古墳の被葬者像と矛盾せず、整合的である。津堂城山古墳はホムダワケ墓ではないだろうか。応神元年は『日本書紀』の百済王関係記事から三九〇年とみられ、この年にクーデターがあったのではないだろうか。

和泉黄金塚古墳に含まれる最新式の鉄製甲冑は、佐紀段階の方形板短甲に対し技術革新がなされたもので、津堂城山古墳の被葬者のもと、河内において生まれた甲冑である可能性が指摘されている。和泉黄金塚古墳の被葬者は、佐紀政権後半を生きた人物で、佐紀政権との関係のもとに古墳を築造したと考えられるが、その一方で、河内の津堂城山古墳の王とも関係をもち、西槨と東槨の甲冑が与えられたものと考えられる。

和泉黄金塚古墳の被葬者は、前期末・中期初頭の王権内部の政変の時代を生き、佐紀の王権との関係に加え、河内方面からの働きかけを受けていたと考えられる。田中晋作は、こうした古墳を指摘し、「キャスティングボートを担った被葬者たち」と呼んでいる。和泉黄金塚古墳の東槨・西槨が、それぞれ最新の武具一式をもつことは特筆すべきことであり、古墳時代中期への転換となる政変において、津堂城山古墳の被葬者側に同調した可能性が推測される。ただし、和泉黄金塚古墳に後続する前方後円墳はなく、帆立貝形古墳になるので、必ずしもそうとはいえないのかもしれない。

なお、津堂城山古墳の王の側に立った有力豪族は、中期に大型古墳を築造した首長たちと考えられ、その代表として、奈良盆地西部の葛城氏の勢力や、備中の吉備氏の勢力がある。

葛城氏・紀氏と和泉

和泉の諸勢力は、葛城氏や紀氏の同族とされ、密接な関係にあったと考えられ、対外関係にかかわっていたことが文献から明らかにされている。既に述べたように、四世紀後半以降、和泉の諸勢力は、大阪湾岸から朝鮮半島への渡海に役割を担ったと考えられる。こうした対外関係を統括したのは、記紀に葛城襲津彦《かずらぎのそつひこ》の半島での活動が伝承されているように、葛城氏であったのだろう。そして紀氏も大きく関与し、和泉の諸勢力が葛城襲津彦や紀角宿祢《きのつののすくね》と同族と意識される関係が生まれたとみられる。

文献の明らかにしているところ、後世の氏族名で、坂本朝臣・的臣《いくはのおみ》・布師臣《ぬのしのおみ》・紀辛梶臣《きのからかじのおみ》・大家臣《おおやのおみ》・掃守《かりもり》田首《たのおびと》・丈部首《はせつかべのおびと》などの葛城襲津彦・紀角宿祢系と、佐代公《さよのきみ》・珍県主《ちぬのあがたぬし》・登美首《とみのおびと》・葛原部《くずはらべ》・茨木部《うまらきべ》・丹比部《たじひべ》・軽部《かるべ》・我孫公《あびこのきみ》などの豊城入彦《とよきいりひこ》系とされる集団が和泉にいたらしい。ただし、この二系列は、後述する根使主《ねのおみ》事件後に分化するもので、五世紀前半の時点では、和泉の諸勢力は広く葛城氏や紀氏集団と結びついていたのである。

和泉の中期前半の古墳

和泉黄金塚古墳の首長系譜は、津堂城山古墳の王による政変に与した可能性があるが、後続して有力前方

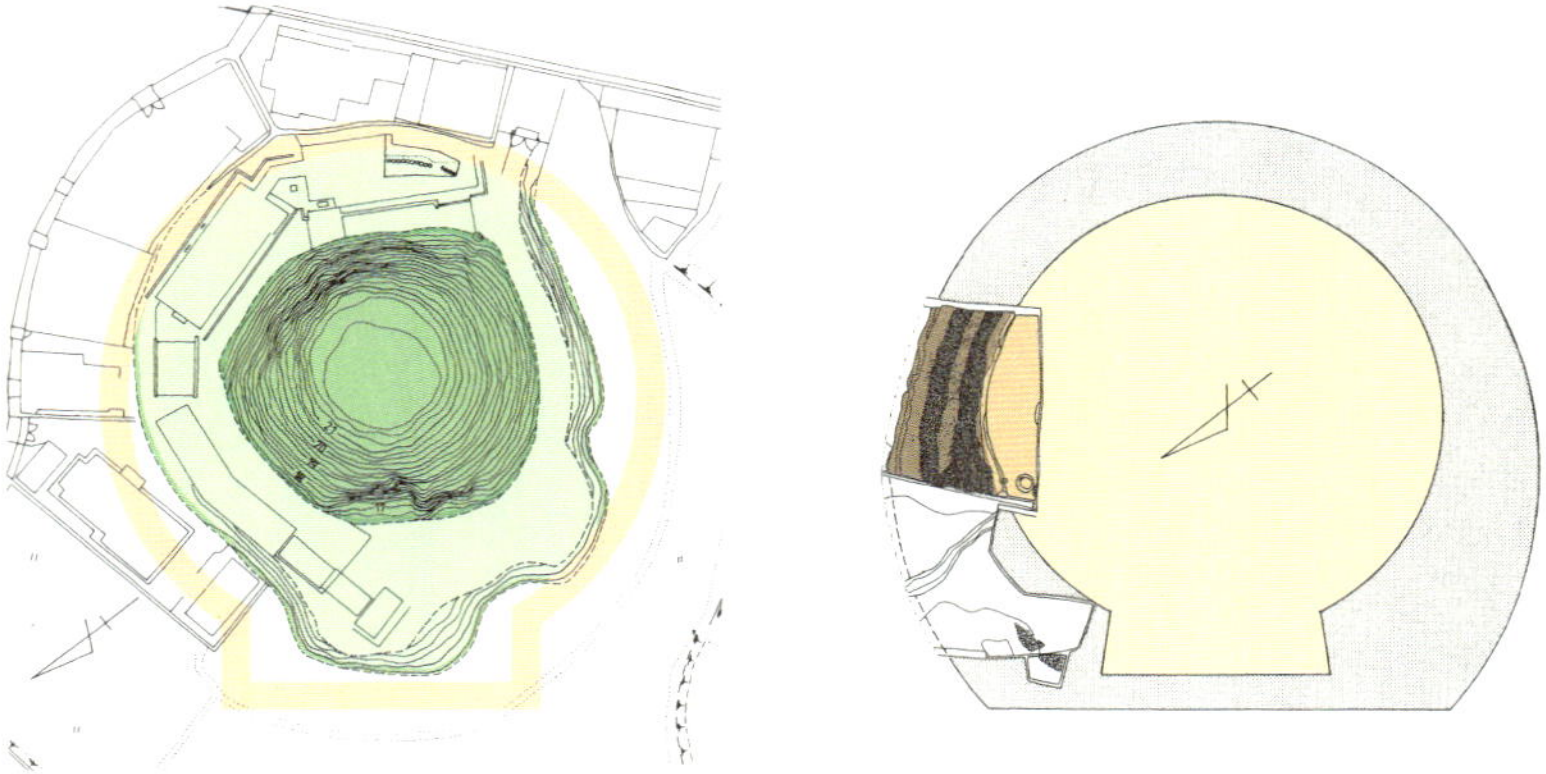

図８　信太貝吹山古墳墳丘測量図（墳丘想定図、左）とカニヤ塚古墳復元図（右）
共にＳ＝１／1,600

後円墳を築きえていない。和泉黄金塚古墳に後続する信太貝吹山古墳、さらにカニヤ塚古墳は、二代にわたって帆立貝形古墳となる。四世紀後葉から五世紀前半にかけての、三代にわたる信太地域の首長墳とみてよいだろう。前方後円墳を築きえないことは、自立した首長としての地位が制約され、位置づけを落としたものと思われる。

尾井町にある信太貝吹山古墳は、墳丘はかなり改変が大きいが、造出の付く帆立貝形古墳と推測され、円丘部の直径は約五〇メートル、墳丘長六〇メートルあまりの規模である。カニヤ塚古墳は、信太貝吹山古墳に後続するものである。墳丘は奈良時代に大きく削平されているが、発掘調査により周濠や墳丘裾部の葺石が検出されている。その円弧から円丘部の直径が約四八メートル、周濠形態から帆立貝形と考えられ、信太貝吹山古墳とほぼ同規模である。築造時期は、埴輪から、信太貝吹山古墳が五世紀前半、カニヤ塚古墳が五世紀中ごろとなる。

一方、伯太町の丸笠山古墳の系譜であるが、後続する首長墓は、自衛隊基地内にある鍋塚古墳（径約七〇メートル）、そして阪本の北にある玉塚古墳（径約五〇メートル）であろう。鍋塚古墳は大きいが、信太の系譜と同じく、前方後円墳ではなく大型円墳や帆立貝形古墳に転じている。

久米田古墳群（岸和田市）では、貝吹山古墳のあと、風吹山《かざふきやま》古墳・無名《むめい》塚《づか》古墳・持ノ木古墳が相前後して築かれ、女郎塚《じょろうづか》古墳が後続する。和泉のなかで五世紀代の古墳がもっともまとまって存在し、風吹山古墳は約七〇メートルと大きいが、やはり帆立貝形古墳に転じており、女郎塚古墳では約三〇メートルとなる。

摩湯山古墳に後続する古墳として、摩湯町の集落内にあるイナリ塚古墳が候補となるが、削り込まれた墳丘は現状で約一八メートルで、落差が著しい。貝塚市の地蔵堂丸山古墳の系譜についても、後続する時期の小型の方墳六基がみつかっているが、一〇メートル程度の規模である。

以上のように、四世紀後半にいくつもの前方後円墳を築いた和泉地域であるが、河内政権下の五世紀前半に、前方後円墳の築造を規制されながらも、ある程度の規模の首長墳を築き続けているのは、信太・府中・久米田の三集団となっている。大阪湾岸の和泉の重要性に変化はないであろうが、河内政権下においては、自立した首長としての地位を制約されていることがうかがえる。

その一方、和泉最南端の岬町に、西陵《さいりょう》古墳（約二一〇メートル）・ニサンザイ古墳（約一八〇メートル）という二〇〇メートル級の巨大前方後円墳二基、金銅装の甲冑をもつ西小山《にしこやま》古墳（約五〇メートルの帆立貝形古墳）からなる淡輪《たんのわ》古墳群が出現する。築造時期は中期前葉から前半のなかに収まるものである。西陵古墳が古く、西小山古墳とニサンザイ古墳は近似した時期と考えられている。淡輪古墳群については、泉南に地盤を置く紀氏の墳墓と考えてみたい。

允恭即位と茅渟宮

允恭《いんぎょう》即位により、河内政権内で履中系に替わり主導勢力が交替する政変が生じる。大山《だいせん》古墳は允恭墓とみている。四三七年の反正没に伴い、そのモガリをめぐって葛城氏の玉田宿禰《たまだのすくね》が倒され、履中系王統と結びつき大きな力をもっていた葛城氏に対する弾圧が始まる。允恭は茅渟宮を営み（允恭八年、四四〇年か）、しばしば日根野に猟遊する。葛城氏や紀氏が影響力をもっていた和泉を、王権がより直接的に掌握しようとする意図を読み取ることができるだろう。

允恭の子である雄略《ゆうりゃく》は、葛城氏の円大臣《つぶらのおおおみ》を倒し、履中の子であるイチノベノオシハワケを惨殺し、旧勢力への弾圧を強める。造山・作山古墳を築造した吉備氏についても同様である。

淡輪ニサンザイ古墳は允恭の時期に相当し、葛城氏を抑える一方で、紀氏はなお重用されたようである。また、信太山地域のカニヤ塚古墳、阪本町の玉塚古墳など、和泉の首長も引き続き大型円墳や帆立貝形古墳を築造している。しかし、淡輪古墳群や和泉の首長墓が存続するのは五世紀中ごろまでのことであり、以後、断絶する。允恭段階から雄略段階へ推移するなかで、和泉の諸勢力は首長墳を築造しえなくなっている。旧来の勢力が払拭され、これに替わり豊城入彦系とされる諸勢力が起用され、また新たに大伴系・物部系・中臣系という王権直属の集団が配置されていくのであろう。

根使主討伐と和泉の勢力図の一変

そして雄略一四年（四七〇年か）、根使主が討伐される事件が生じる。根使主は、後裔である坂本氏が紀角宿祢の同族とされ、また中国の使節の饗応役にあたっており、対外関係にかかわる和泉の豪族と考えられる。

允恭以降の葛城氏集団への弾圧に触れたが、紀氏集団については文献からは明瞭でない。しかし、淡輪古墳群の断絶から、五世紀後半に入るころには抑え込まれたとみられる。紀氏集団は、これにより紀ノ川北岸の紀臣系と南岸の紀直系に分裂する。紀氏集団の影響力が削がれるなかで、密接な関係をもっていた和泉の諸勢力は微妙な立場に置かれたであろう。根使主事件は、創作されたものでなく一定の史実であったとみられ、紀氏集団とつながる和泉の在来勢力に対する、王権による粛正であろう。

これにより和泉の勢力図は一変する。五世紀前半に、紀氏集団との関係のなかにあった和泉の諸勢力のなかで、有力であった代表が根使主につながる系譜であったのだろう。しかし、古墳群の断絶にみられるように、葛城襲津彦や紀角宿祢と同族関係にあった勢力はことごとく抑え込まれ、おそらく配下のような位置にあった豊城入彦系の集団が王権と結びつき台頭することになる。

　根使主とは、どこに地盤を置く人物だったのだろうか。淡輪古墳群がニサンザイ古墳で断絶すること、根使主の根が日根に通じるとすれば、ふさわしいようにも思われる。しかし『日本書紀』によれば、雄略九年（四六五年か）に雄略は紀小弓《きのおゆみ》を新羅に派遣するが戦病死し、大連である大伴室屋《おおとものむろや》に「大伴卿と紀卿等は同国近隣の間柄である」として埋葬を指示し、小弓を淡輪に葬ったという。小弓はニサンザイ古墳の次世代とみられ、それにふさわしい古墳を見いだすことはできないが、淡輪古墳群は紀氏にかかわるとみられる。

　ただし、淡輪古墳群の被葬者を紀ノ川北岸勢力とみるなら、根使主を日根の勢力と考える余地も残る。しかし、淡輪古墳群とは別に、日根に五世紀前半代の有力古墳はない。根使主は紀氏と結びついた和泉の有力豪族と考えられ、四世紀後半から五世紀前半にかけて有力古墳を築いていた系譜と考えるのが妥当であろう。そうすると、信太・府中・久米田の古墳群のいずれかが候補となる。

　允恭の茅渟宮のあと、茅渟県と日根県という王権直轄的な機関が置かれるが、中林隆之は、根使主事件を経て設定されたとみており（『和泉市の歴史6』）、合理的な理解である。茅渟県という王権拠点が置かれ、それを任される茅渟県主は、のちに和泉寺を造営する中心的氏族とみられ、府中遺跡から和泉寺跡一帯が本拠地であったのだろう。根使主事件を機に、紀氏系から茅渟県主を含む豊城入彦系へ、和泉における勢力図が一変するが、そう考えると、根使主は、茅渟県主の本拠地へと転じる府中域の有力勢力であったのではないか。根使主事件後、根使主につながる人びとが半分に分けられ、一方が茅渟県主の袋担ぎにされることは、府中域において根使主の配下にあり、事件後に茅渟県主となる勢力を王権が起用し、その下に従属させる措置と理解できる。またその後、袋担ぎとされた集団は坂本氏へと成長するが、それは阪本町一帯においてのことである。和泉でもっとも豊かな平野部から池田谷に入る地点への移配として、地理的にも無理なく理解できる。現時点では、四世紀以来、府中域において有力な地位にあったのが根使主につながる勢力で、丸笠山古墳や鍋塚古墳・玉塚古墳の首長系譜がこれにあたると考えてみたい。

こうした和泉諸勢力の浮沈は各所で生じたのであろう。それまで優位にあった勢力に替わり、その配下にあったような集団が王権に直属する形で、和泉の担ってきた役割を継承し、茅渟県および日根県が設定され、王権の直轄化に近い形態が生まれるのであろう。その決定的な転換点は雄略段階の根使主事件ではあるが、それは允恭即位の段階から始まっていると理解すべきである。

信太の旧勢力は池田朝臣か

信太山地域には、和泉黄金塚・信太貝吹山・カニヤ塚古墳という首長墓を生み出した勢力がいた。しかし、大野池の築堤、信太山丘陵を横切る水路の掘削による信太山地域の開発を推進したのは、信太首という渡来系氏族であったとみられる。旧勢力の地盤であった信太山地域において水利を一新する開発が進むなかで、旧勢力はどうなったのだろうか。

これを考えるヒントのひとつが須恵器生産である。大野池地区での須恵器生産のうち、信太側に開く大野池や鶴田池の谷筋にあった五世紀代の須恵器窯は操業を停止する。これと交替するように、池田谷南岸の谷山池地区で、六世紀以降、八世紀まで須恵器生産が行われる。谷山池地区の須恵器生産については、大野池地区から工人が移動したのではないかとの指摘がある。

池田谷では、坂本氏が太田井を掘削して段丘面の開発を進めたと考えられるが、それより谷奥でも、各所に六世紀の群集墳が現れることから、人びとの入植がうかがえる。そのなかでも、万町北遺跡は、谷山池地区での須恵器生産を統括した有力集団の居住域とみられ、背後の和泉中央丘陵上や集落背後に古墳を築造している。万町北遺跡の人びとは七世紀前半に北岸の池田下に移り、池田寺を建立する。

以上のような推移が妥当であるとすれば、和泉黄金塚古墳以来の信太の勢力は、根使主事件を転換点とし、王権に従属し、旧来の地盤から池田谷へと移され、須恵器生産を担い続けたという筋道が復元できる。また、和泉黄金塚古墳以来の勢力の末裔が、池田寺を建立した池田朝臣であったということになる。

のちに古代寺院を建立する和泉の有力氏族として、和泉寺の中心的な壇越《だんおつ》とみられる茅渟県主、坂本寺の坂本朝臣、池田寺の池田朝臣がある。坂本寺と池田寺では創建瓦を共有するが、和泉寺は異なっている。坂本寺と池田寺の創建瓦が共有されることは、当時の近隣という意味のみならず、かつて府中地域と信太山地域の有力豪族として関係をもっていたことによるのかもしれない。

2　信太山丘陵の古墳の展開

古墳時代も後期になると、中小規模の古墳が増加する。これは全国的に起こる現象で、古墳を築造できる階層が下位にまで広がったことによる。特に六世紀以降は、盟主墳を中心に中小規模の古墳が一定の墓域を形成し、群をなすように築造される「群集墳」が各地に散見される。和泉市域でも多くみられるが、特に大規模な群集墳として知られているのが一〇〇基以上で構成されている信太千塚古墳群である。

信太山丘陵には、信太千塚古墳群以外にも群集墳がみられる。信太山丘陵の北端部で、信太郷に面した丘

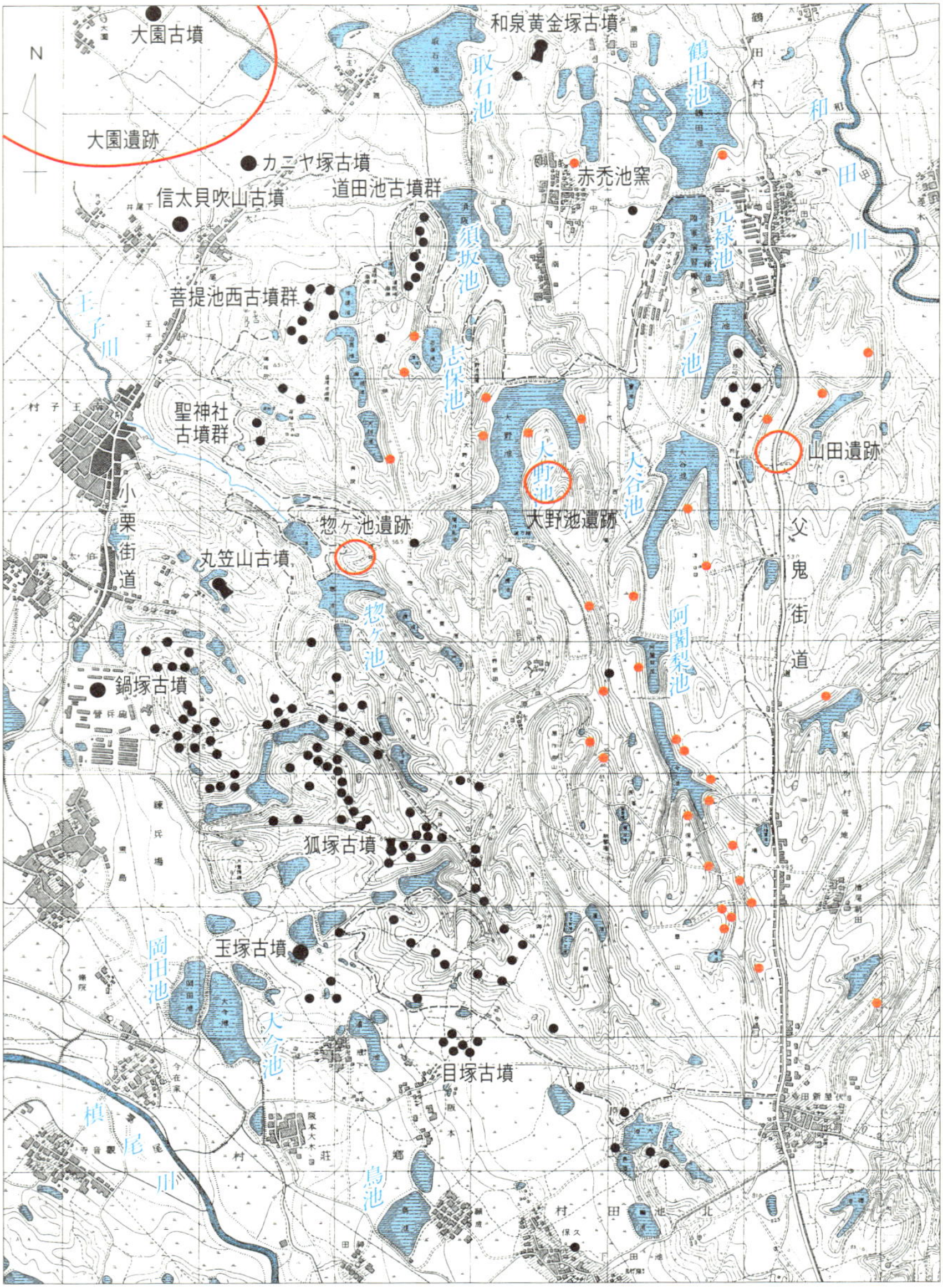

図９　信太山丘陵の遺跡の分布図　●古墳　●窯跡　○集落跡　『和泉市の歴史６』より一部加筆。

陵上にあり、信太に拠点を置く集団の墓域とみられる群集墳である。信太の群集墳は信太千塚古墳群とは異なり、四基の古墳からなる道田池《どうたいけ》古墳群、二基の古墳からなる聖神社《ひじりじんじゃ》古墳群など少数の古墳で構成されることを特徴としている。また、次郎池東《じろういけひがし》古墳、阿闍梨池《あじゃりいけ》古墳、菩提池《ぼだいいけ》古墳（これまで菩提池西古墳と呼ばれていたものであるが、菩提池西古墳群と混同するためここでは菩提池古墳とする）など単独墳が存在することも特徴のひとつである。

写真9　葛の葉地区で確認された方墳　墳丘が削平され掘立柱建物が建てられている。

信太の古式群集墳　―大園古墳群―

群集墳が盛行するのは六世紀以降であるが、五世紀後半ごろに古墳の密集傾向がみられはじめており、これを古式群集墳などと呼称している。信太で古式群集墳として知られているのが大園古墳群である。

近年、大園遺跡葛の葉地区で一二基の方墳が確認された。一辺が五メートル～一三メートル程度の小規模な古墳で、それぞれが周濠を持ち、一部では共有しているものもみられた。埋葬施設は不明であるが、周濠から出土した須恵器から、これらの方墳はおおよそ五世紀後半から六世紀前半ごろに築造されたとみられる。

そして、この方墳群の北側に位置しているのが、大園古墳である。大園古墳は全長約五三メートルの帆立貝形古墳で、和泉黄金塚古墳を始点とする信太山丘陵北部の首長系譜上に連なる。信太貝吹山古墳、カニヤ塚古墳に次ぐもので、これらの墳形を引き継いでいる。すでに墳丘が削平されており、埋葬施設については

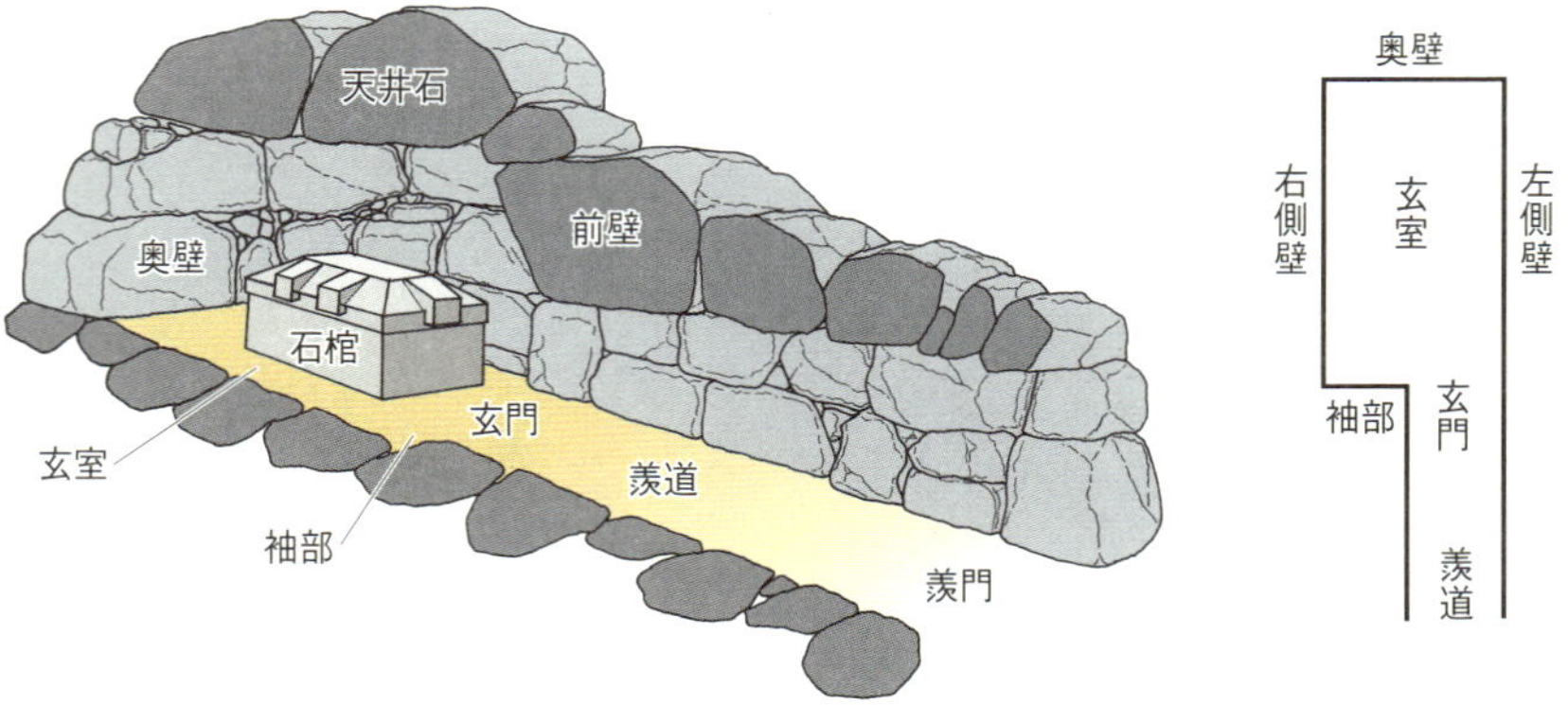

図10　横穴式石室の各部名称　近つ飛鳥博2007を一部改変。

不明であるが、周濠から人物や動物、器材など、様ざまな形象埴輪が出土している。出土した埴輪から、大園古墳は五世紀後半ごろに築造されたと考えられている。大園古墳と方墳群は、築造時期や位置関係から、ひとつの古墳群を構成しているといえ、盟主墳を中心に小規模古墳が群を成した状況は、まさに群集墳的な様相を呈しているといえよう。

横穴式石室の導入

四世紀の終わりごろ、古墳祭祀に大きな変革のときが訪れる。それは、横穴式石室という新しい埋葬施設の導入であり、死生観の変化でもあった。これまでは墳丘完成後墳頂部に土壙を掘ってその中に棺を納め、それを石材や粘土で覆うことで亡き首長を封じ込めるという埋葬方法であった。このとき墳頂部で亡き首長の霊を次期首長に移動させるという、首長権継承儀礼が執り行われるのである。それが、横穴式石室の出現で、追葬が可能になり、死者がこの世とは断絶された別の世界、いわゆる黄泉《よみ》の国で生き続けるという、他界観が発達していくのである。

横穴式石室は、四世紀後半ごろ朝鮮半島から北部九州に伝わったといわれている。石室が伝播していくなかで、五世紀後半には九州のものとは異なる「畿内型横穴式石室」が創出される。畿内型横穴式石室（以下、畿内型石室）とは、遺骸を安置する玄室《げんしつ》の平面形が長方形で平らな天井をもち、玄門《げんもん》には垂直な前

写真10　聖神社１号墳

壁が設けられ、玄室と羨道《せんどう》を明確に分離している石室のことである。初期の畿内型石室は、袖部が片側につく片袖式が主流であった。畿内型石室は、王権に取り入れられることで、五世紀末から六世紀初頭ごろには全国に広がっていった。王権は死生観や古墳祭祀を共有させることで地方の支配を強めていったのである。

和泉で最初に横穴式石室を採用したのは、百舌鳥《もず》古墳群に近い塔塚《とうづか》古墳（堺市）であった。塔塚古墳は五世紀中ごろのもので、玄室はほぼ正方形に近い平面プランをもち、非常に短小な羨道がつく。石室は基底部のみの残存であったため全体像は不明であるが、九州的な特徴を有しているといわれている。この塔塚古墳の石室は畿内でも初現期のものであり、石室の伝播にかかわるものといえる。

和泉市域に目を向けると横穴式石室が取り入れられるのは六世紀中ごろで、寺門《てらかど》一号墳（寺門町）、信太七八号墳（姫塚・伯太町）や和泉向代《むかいだい》一号墳（いぶき野）が知られている。そして、少し遅れること六世紀後半、信太の古墳にも横穴式石室が取り入れられる。横穴式石室を採用している古墳は、道田池一号墳と三号墳、聖神社一号墳である。

道田池一号墳の石室はほとんど石材が抜き取られていたようであるが、全長がおよそ九メートルで、幅の狭い細長い長方形を呈しており、玄室内には栗石が敷かれていた。攪乱がひどく、副葬品としては須恵器や鉄器片が確認されたのみである。三号墳の石室は全長が五メートルほどで、玄室の長さと幅が二：一という長方形の平面プランをもち、片袖式であったという。三号墳もほとんど石材が抜き取られていたが、遺物は比較的よく残っており、金環、琥珀製棗玉をはじめとした玉類、大刀、馬具、須恵器などが出土している。三号墳は典型的な畿内型石室といえ、一号墳も畿内型石室であったとみられる。

聖神社一号墳は現在も聖神社境内に所存している。石室は、全長が五・五メートルで、奥壁の基底石と天井石に大きな石材が用いられ、天井は一枚石である。特徴的なことは、玄門部の袖石に切れ込みのある板石が用いられていることである。このような袖石の状況や平面形態などは畿内型石室にはみられない特徴で、北部九州系の石室であると考えられる。副葬品としては須恵器が数点確認されているのみである。

このように、横穴式石室だけをみれば、王権の影響が強い道田池古墳群と北部九州とかかわりをもつ聖神社古墳群というように、信太における系譜の異なる被葬者像が浮かび上がる。ただし、道田池古墳群と聖神社古墳群は、次に述べる共通した特殊な埋葬施設をもつ古墳を含んでいる。共通点もあり、横穴式石室にみる系譜の違いもありと、それぞれの古墳の被葬者の出自や王権との関係、職掌などの相違が表れているのだろうか。

特殊な古墳　―カマド塚―

道田池古墳群と聖神社古墳群に共通する特殊な埋葬施設というのは、横穴式木芯粘土室《よこあなしきもくしんねんどしつ》のことである。これは、柱材で骨組みを組み、それを粘土で被覆して主体部を構築したもので、土器を焼くいわゆる「窯」のような構造をしている。一九五六（昭和三一）年に陶器千塚《とうきせんづか》古墳群の二一号墳が調査され、はじめてこのような構造の埋葬施設が確認された。二一号墳は火を受けており、火葬古墳ということで「カマド塚」と命名された。その後、横穴式木芯粘土室を埋葬施設にもつ古墳の発見例が増えたが、火を受けているもの、受けていないものの二者がみられた。そして、火化の有無にかかわらず、横穴式木芯粘土室という埋葬施設の共通性のみから、このような古墳が「カマド塚」と呼ばれるようになった。本来カマド塚とは陶器千塚二一号墳に対する名称であるが、ここでも横穴式木芯粘土室を埋葬施設にもつ古墳を便宜的に「カマド塚」と呼ぶことにする。

「カマド塚」は全国に四十数例知られているが、そのうち一六例が和泉にある。陶器千塚古墳群や野々井古墳群、檜尾塚原《ひのおつかはら》古墳群、牛石《うしいし》古墳群などといった泉北丘陵窯跡群にかかわる須恵器工人の墓とみられる古墳群に多くみられるという特徴がある。また、一六例のうち五例が和泉市内にあり、そのうち四例が信太山丘陵にある。信太山丘陵で「カマド塚」として知られているのは道田池二号墳と四号墳、聖神社二号墳、菩提池古墳である。

まず、道田池二号墳の埋葬施設は、南北長が三メートルの方形に近い平面プランで、周囲に上部を内傾させた丸太痕が点てんと並んでいた。床面が二面確認されており、少なくとも二度の埋葬があったようだ。出土品には須恵器、銅環、直刀、鋤先、玉類があったという。四号墳の埋葬施設は全長四・七メートルで長さと幅がおおよそ二：一の長方形を呈しており、内部は火を受けていなかった。また、埋葬施設は地面を掘りくぼめた内側に丸太を組んで構築されていた。出土品には金環、金銅装圭頭柄頭《こんどうそうけいとうつかがしら》をはじめとした多様な金属製品に、多数の須恵器があった。注目されるのは四号墳から出土している金銅装の圭頭柄頭である。

写真11　道田池４号墳の金銅装圭頭柄頭（同志社大学歴史資料館提供）

圭頭大刀は、大刀を金銅などで飾り立てる、いわゆる装飾付大刀のひとつで、六世紀後葉から七世紀前葉に盛んに製作された。また、圭頭大刀は関東を中心として東日本に多く分布しており、畿内では出土例が非常に少ない。圭頭大刀のような装飾付大刀は、所有者の地位や階層を表しているといわれており、王権の管理下で生産されたと考えられている。道田池四号墳で出土した金銅装圭頭大刀は、おそらく王権から配布されたものであろう。このような大刀を持てる被葬者として、王権の身分秩序に組み込まれた人物像が浮かび上がってくる。

聖神社二号墳の埋葬施設は東槨と西槨の二つがあり、ともに平面は長方形を呈していた。また、丸太を組んで構築し、焚口や煙出しなどを設けたその構造は、須恵器窯に似た構造である。ただし、須恵器窯と違って床面に傾斜がなく水平であった。東槨では四つの木棺に八体の遺骸が納められており、西槨では三体の遺骸が確認された。いずれも火を受けていたという。須恵器をはじめ、武器や工具などの鉄製品、耳鐶や指輪などの装飾品、紡錘車などが出土している。

最後に、菩提池古墳であるが、埋葬施設は長方形の平面プランで、柱穴や丸太材も確認されており、焚口、煙出しなどもあったという。少なくとも三体の埋葬があったようで、埋葬施設内によく焼けた壁塊が落ち込んでいたことから火を受けていたとみられる。副葬品として轡《くつわ》などの馬具、刀、鉄鏃などの武器類、紡錘《ぼうすい》車《しゃ》などが出土している。一般的に馬具は装飾的なものから簡素なものまで様ざまあり、装飾付大刀同様、所有者の階層差を表しているといわれている。菩提池古墳の馬具もやはり王権から配布されたものであり、被葬者は王権の身分秩序に組み込まれた人物であったとみられる。

信太にある「カマド塚」をみてきたが、これらの築造年代は六世紀後半から七世紀初頭ごろと考えられている。道田池四号墳のみ火を受けた痕跡がみられず、火を受けているものとそうでないものがみられる。泉北丘陵にある「カマド塚」を含めてみても、陶器千塚二一号墳が火を受けているのみで、和泉では火を受けていないもののほうが多い。全国的にみても、むしろ火を受けていないほうが多いようだ。なぜこのように火化の有無の差があるのかは現状では不明である。

信太の古墳の被葬者像

以上みてきたように、道田池古墳群や聖神社古墳群では横穴式石室を採用していることから、被葬者と王権とのつながりが看取できる。巨石の入手困難な地で石材を調達できるというのは、王権の後ろ盾があったか、王権とのつながりのなかでそれほどの力を持った人物であったといえよう。つまり、横穴式石室の導入は、六世紀後半には信太の地にも王権の地方支配体制強化の波が及んでいたことを示唆している。横穴式石室の系譜の違いから出自は異なると考えられるが、次の代になって特殊な埋葬施設である横穴式木芯粘土室が採用されていることは注目される。

横穴式木芯粘土室をもつ古墳、いわゆる「カマド塚」であるが、その被葬者はやはり須恵器生産に携わった人物であったのだろうか。この埋葬施設の構造はたしかに、須恵器窯の構造に通じるものがある。それは、聖神社二号墳や菩提池古墳のように、焚口や煙出しが作りつけられているところからもいえるだろう。つまり、このように埋葬施設の構築に明らかに窯の構築技術が用いられていることから、須恵器生産とかかわりがあるといえよう。このような特殊な埋葬施設をもち、圭頭大刀や馬具といったものを副葬していることから、被葬者は須恵器生産を介し、王権と強いつながりをもっていたことが読み取れる。

ただし、信太山丘陵での須恵器生産は五世紀から六世紀ごろがピークで、それ以降はほぼ行われておらず、カマド塚の築造時期と信太山丘陵での須恵器生産の消長とは合致しない。さらに、横穴式石室についても、六世紀後半のものであるので、現状では道田池古墳群や聖神社古墳群の被葬者と須恵器生産を結びつけるものが無いといわざるを得ない。では、信太山丘陵に墓域を構えた被葬者と須恵器生産、そして信太の関係とはいかなるものか。集落の動向や丘陵の開発と合わせて考えてみよう。

3　信太郷の開発と集落の整備

信太山地域の代表的集落　―大園遺跡―

信太山地域では先にみたように、弥生時代後期には丘陵上に惣ヶ池遺跡のようないわゆる高地性集落が営まれていたが、これは古墳時代まで継続することなく終焉した。弥生時代末から古墳時代初頭には信太山丘陵の西に広がる低位段丘上に位置する上町《かみちょう》遺跡で集落が確認されている。古墳時代前期の集落は少ないが、中期以降、上町遺跡の西に隣接する大園遺跡に集落が集約されていくことが知られている。

大園遺跡は和泉市葛の葉町、泉大津市綾井・末広町、高石市西取石町・綾園町などにまたがる大遺跡である。大園遺跡は広大であるため、便宜上、綾園地区、取石地区、葛の葉地区、綾井地区の四つの地区に分けて記述していく。

大園遺跡では、旧石器がまとまって出土していることから、信太の地における人類の足跡を非常に古くまで辿ることができる。さらに、遺構については不明なものの、弥生時代の遺物なども確認されていることから、古くから継続的に集落が営まれていた可能性を秘めている。いわゆる集落の痕跡として、弥生時代から古墳時代にかけての竪穴住居、五世紀前半の竪穴住居や土坑などがみつかっているので、少なくとも古墳時代中期までには集落が形成されていたということは確実であろう。その後も規模の大小はあるものの断絶することなく集落が営まれ、現在へと続いていくのである。

信太山丘陵のほぼ先端に近い台地上、南北に走る父鬼街道沿いに広がる遺跡がある。この遺跡は山田遺跡と呼ばれ、明治時代から広範囲にまたがる須恵器の散布地として知られていた。この遺跡は父鬼街道と東西

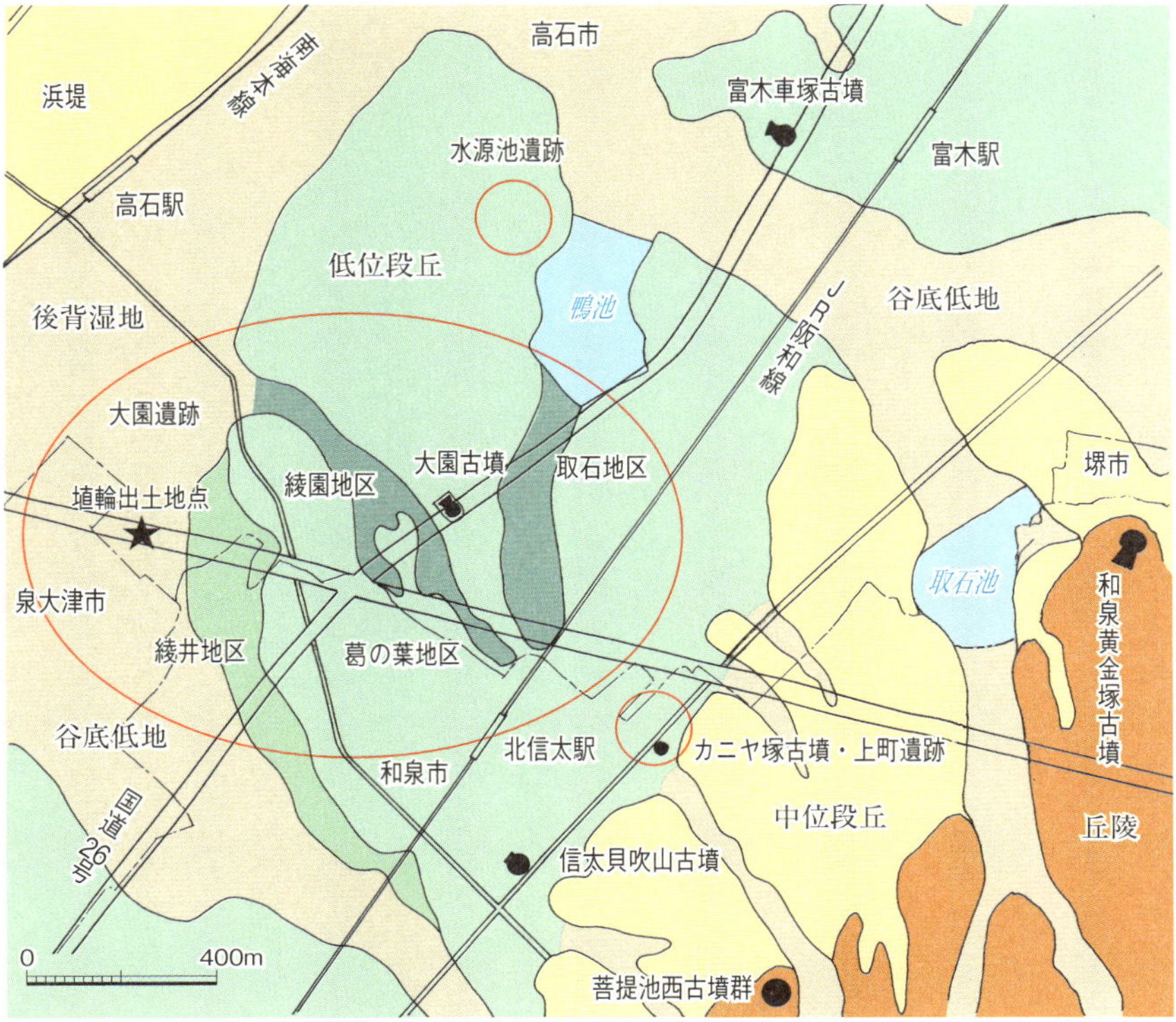

図11　大園遺跡と周辺の遺跡分布図　『和泉市の歴史６』に加筆。

に走る街道の交点にあり、東には須恵器生産地が広がり、西に行くと観音寺遺跡がある。そして信太山丘陵を下って小栗街道に合するところに上町遺跡があり、さらに西に行くと大園遺跡にあたり海へと至る。つまり、須恵器生産地からのびる道の終着点にあるのが大園遺跡なのである。

大園遺跡と埴輪生産

このような大園遺跡であるが、古墳時代にはどのような集落であったのだろうか。

大園遺跡の西端で四世紀後半の埴輪や土製品が大量に出土した土坑が確認された。出土した埴輪には円筒埴輪や朝顔形埴輪のほか、蓋《きぬがさ》形、盾形、甲冑形、船形、家形、衝立《ついたて》形といった豊富な形象埴輪がみられた。土製品には、水辺の祭祀に用いる樋を模した槽樋《そうひ》形土製品や組み合わせ式の土製棺などがみられ、埴輪も含め特殊なものが多数みられる。

槽樋形土製品に関して、これまで確認されているものの多くは大型前方後円墳にともなうもので、囲形埴輪や家形埴輪と組み合わされて用いられることが多い。そのような槽樋形土製品のなかでも、大園遺跡で出土したものは最古級のものである。槽樋は導水施設であり、いわゆる水にかかわる祭祀に用いるものであるため、そのようなものを模した土製品は権力を象徴するようなものであったのだろう。

土製棺であるが、縦横に幅広の突帯がめぐらされ、断面が曲線を描くものと平板なものがあり、蓋と身が別作りの箱形の棺であったとみられる。このような土製棺はほとんど類例がなく、大園遺跡のものと類似したものが香川県中間西井坪《なかまにしいつぼ》遺跡でみられる。この遺跡では、古墳時代前期末の円筒埴輪や器材埴輪、土製棺などの焼成を行っていた土坑が確認されている。さらに、遺跡の谷状地形になっているところからも多くの遺物が出土しており、これらが廃棄品として評価されている。大園遺跡の埴輪も、その出土状況から失敗品の廃棄と考えられており、中間西井坪遺跡の状況との類似性からも、大園遺跡での埴輪製作が指摘されている。

衝立形埴輪をみてみると、これまでに全国で一〇例ほどの出土が知られているのみで、そのうちの五例が和泉にあり、全体の半数を占めている。さらに、そのうちの二例が信太にあり、ひとつは大園遺跡、もうひとつが信太山丘陵にある菩提池西三号墳で確認されており、両者の衝立形埴輪は、表面に施されている文様が非常に似通っている。菩提池西三号墳は一辺が一〇メートルにも満たない方墳でありながら、他にも準構造船を模した船形埴輪や家形埴輪なども出土している。なぜこのような小規模な古墳で、衝立形埴輪をはじめとした多様な形象埴輪が出土しているのだろうか。

菩提池西古墳群は小規模な方墳四基以上で構成されており、すぐ近くには埴輪棺が多数確認されている。このような方墳と埴輪棺を併用した古墳群のあり方は、土師部の系譜を引く墓制であるといわれている。ま

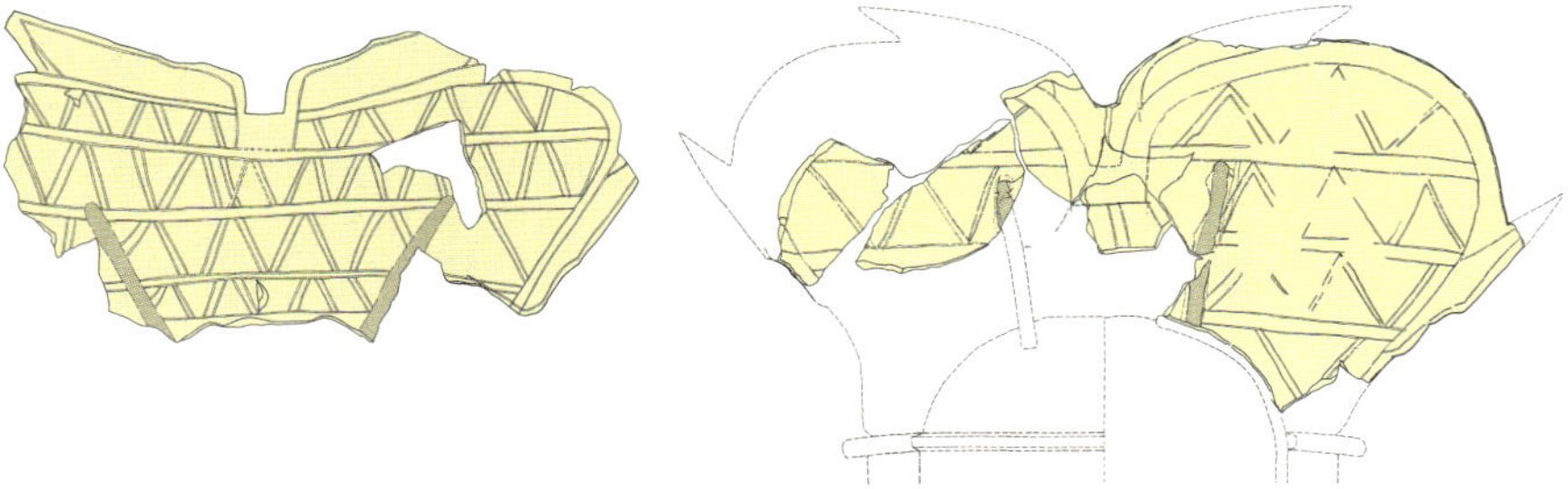

図12　大園遺跡（右）と菩提池西３号墳（左）から出土した衝立形埴輪
右：三好2013、左：泉大津高校2006を再トレース。

た菩提池西古墳群は、平野部の大園遺跡を見下ろす丘陵上に位置していることから、大園集落に住む集団の墓域であったとみられる。大園遺跡の埴輪の大量出土や菩提池西古墳群との関係から、四世紀後半の大園遺跡は、百舌鳥古墳群造営のために組織された、土師部の系譜を引く埴輪工人の集落であったといえよう。菩提池西古墳群にねむる埴輪工人たちは、自ら製作した形象埴輪の樹立が王権から許されていたのだろうか。

大園集落の展開

五世紀中ごろには、現在の国道二六号より西側、綾井、綾園地区で明確な集落が営まれるようになる。綾園地区では、掘立柱建物を溝で取り囲み、方形の区画をなしている部分が確認されている。掘立柱建物は屋と倉で構成されており、区画内には井戸や渡来系の住居形式であるといわれている大壁建物も設けられている。石製模造品や底部穿孔《せんこう》土器など祭祀にかかわるような遺物も出土していることから、この方形区画に囲繞された空間及び建物群は、特別な空間であったと考えられている。

この方形区画のところから南におおよそ一〇〇メートル圏内、綾井地区では、径一メートルにも達しようかという柱穴が複数確認されている。明確に建物として認識できたものは少ないが、部分的に溝で囲まれているような状況も確認された。出土遺物には五世紀中ごろの須恵器がみられ、このころには綾井地区に首長居館が存在していた可能性が考えられる。つまり、五世紀中ごろ以降には綾井、綾園地区一帯に首長居館を含む集落が広がっていたとみられる。大園遺跡の出土品をみると須恵器の割合が非常に高く、甑《こしき》

写真12　大園遺跡綾井地区の遺構検出状況　多くの柱穴と区画溝がみえる。写真右の大きな円形の遺構は奈良時代の井戸跡。

や長胴甕《ちょうどうがめ》などのような渡来人の存在を示す遺物も多くみられる。

先述したように、五世紀後半から六世紀前半には国道二六号の東側の葛の葉地区で大園古墳群が確認されており、集落とその外側に広がる墓域がセットで形成されるという状況が看取でき、明確な土地利用がなされていたことがわかる。

また、須恵器生産の開始期の五世紀初めごろには、信太山丘陵でも須恵器生産が開始され、わが国の須恵器生産導入に信太の首長が一端を担っていたとみられる。大園遺跡における大壁建物や韓式系土器の存在から、その首長集落の構成員に渡来人もいたことがわかる。つまり、五世紀以降の大園集落は、これまで埴輪工人が居住していた集落に王権が渡来人である須恵器工人を招来し、両者で組織された須恵器生産に係わる人びとの集落であったのだろう。いわば王権により開発された新興住宅地であったといえよう。

集落の消長

信太山丘陵での須恵器生産は、六世紀までは継続的に行われるのだが、その後終了してしまう。この信太山丘陵での須恵器生産の盛衰に呼応するように、大園集落の首長居館は解体され、集落は拡散し、東の方へと展開していく。

先にみた方墳群が確認された葛の葉地区の発掘調査で、一〇九棟の掘立柱建物が確認され、そのうち一〇〇棟が、六世紀後半〜七世紀前半までのものであった。ただし、全体では五〇〇〇基以上の柱穴が確認されており、本来なら数百棟もの建物が営まれていたことだろう。このときの調査面積は大園遺跡全体の範囲からすると約一パーセントにすぎない。それにもかかわらず、これだけの数の柱穴及び建物跡が確認されたことから、大園集落が非常に大きな集落であったことは想像に難くない。ちなみにこの建物群は大園古墳群を徹底的に破壊し建てられたものであった。

復元できた建物の規模は、ほとんどが梁間二間、桁行三間で床面積が二〇平方メートル程度であり、けっして大きな建物ではなかった。ただし、このなかの四三棟、つまりおおよそ半数が倉であったことは特筆される。大園遺跡と同時期の万町北遺跡（まなび野）では屋と倉の比率が五：一程度であったのと比べると大園遺跡の倉の比率は突出しているといえる。

大園遺跡で出土しているもののなかで、イイダコ壷や土錘《どすい》などの漁撈《ぎょろう》関連の遺物が多いことも注目される。とくにイイダコ壷は非常に多く出土している。一般的な須恵器製の釣鐘型のものが大半を占めているが、天井部や体部に穿孔しているタイプのものもみられる。時期も六世紀後半から七世紀前半ごろのものが多い。土錘は漁網の錘として用いられたものである。両先端に穿孔された棒状のものが多くみられるが、管型のものもみられ、大きさも大小さまざまである。これは、巻網や刺網など漁法にもいろいろあるため、それぞれによって使い分けていたのだろう。

また、大園遺跡で出土する須恵器のなかには、焼け歪んだものが少量ではあるが含まれていることも目を引く。焼け歪んだ須恵器というのは、一般集落で出土するものではなく、不良品であり、出荷のさいに選別されるものである。つまり、大園遺跡で須恵器の選別が行われていたということを示している。六世紀後半以降は、信太山丘陵での生産が終了しているにもかかわらず、焼け歪んだ須恵器が少量出土していることは、大園遺跡で行われていたのは最終選別だったといえる。

新しい大園集落は、倉の比率の高さや漁撈具の出土量、海に近く街道の交点にあたるという立地などから、

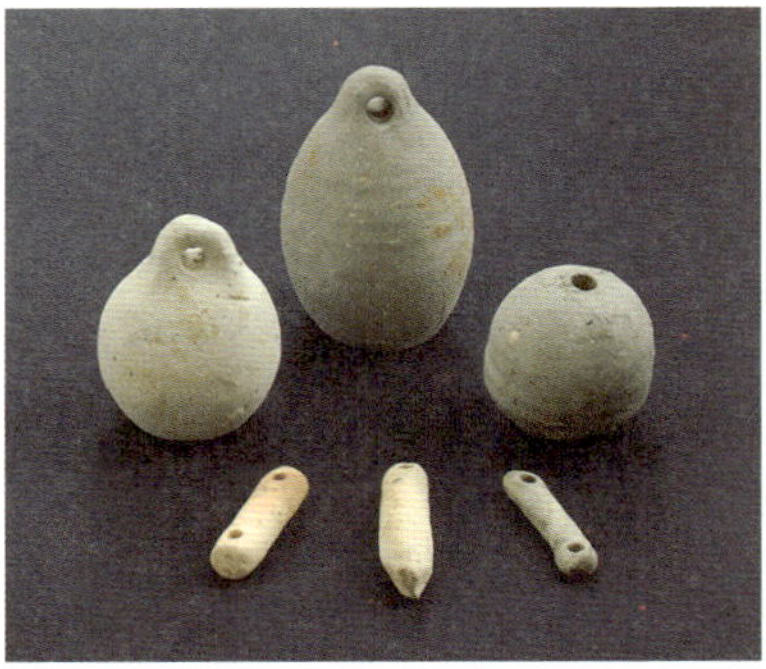

写真13　大園遺跡の漁撈具

六世紀後半以降、交易と漁撈に従事した集団が居住しており、その集団の人びとは海上交通に長けていたとみられる。また、大園集落の新たな住人は、古墳群を破壊し集落を形成していたことから、須恵器生産に従事していた集団とは異なるが、焼け歪みの土器などから須恵器の流通にはかかわっていたといえよう。大園集落は流通の拠点として、大いに栄えたのである。

これまで大園集落は七世紀初頭に一度断絶すると考えられていたが、葛の葉地区の調査で七世紀後半に属する遺物も若干確認されており、生活の痕跡が残されていたといえる。集落は規模が縮小するものの、少なくとも七世紀中葉ごろまでは継続的に営まれていたようだ。

日本書紀の持統天皇三（六八九）年八月条に、高脚海《たかしのうみ》（現在の高師浜）は以前から狩猟（漁撈）が禁止されていたという記事がある。この記事によれば、七世紀後半には、高脚海はすでに禁漁区とされていたということである。大園遺跡のイイダコ壷や土錘などが六世紀後半から七世紀前半ごろのものが多いことを考えると、七世紀中ごろに高脚海での漁が禁じられていたと考えられる。つまり、七世紀中ごろには高脚海は天皇直轄の禁漁区とされ、一般の漁が禁じられていた。七世紀前半以降の大園集落の縮小化は、この高脚海の禁漁が大きく影響していた可能性が高い。

取石池の築造

これまで集落の動向をみてきたが、ここで丘陵部に目を向けてみよう。

信太山丘陵は、五世紀以降須恵器生産の窯場として開発されてきたが、六世紀後半の志保池《しぼいけ》窯跡（大野池三二五号窯跡）や太之坊《たいのぼう》窯跡（大野池二〇〇号窯跡）がみられるものの、六世紀にはほぼ生産を終了しており、別の形で開発されることとなる。

大野池の北方で谷の入り口にあたる部分に取石池《とろす》がある。記紀によると、垂仁天皇の治世下に「日下之高津池」もしくは「高石池」が築造されたという。この「日下之高津池」もしくは「高石池」は「取石池」のことだと考えられている。また、万葉集に詠まれている歌にも取石池が登場する。それは、「妹が手を　取石の池の　波の間ゆ　鳥が音異（ねけ）に鳴く　秋過ぎぬかし」という歌である。このことから、取石池は八世紀ごろにはそこに存在していたことは確実だろう。

さらに、古事記では「取石池」とともに「狭山池《さやまいけ》」も築造されたことが記されている。狭山池は大阪狭山市に所在し、現存する日本最古のダム式溜池である。発掘調査によって狭山池最古の提体とそれに対応する樋が確認された。出土した樋管が年輪年代により六一六年に伐採されたものであることが判明し、狭山池の築造は七世紀までさかのぼることが明らかになった。取石池も古事記の記載のとおり狭山池と同時期の築造とすれば、七世紀までさかのぼる可能性があるだろう。

溜池の管理

大野池主谷の東側の丘陵尾根には、七世紀前半ごろから営まれ始めた集落と考えられている観音寺《かんのんじ》遺跡がある。この集落が、隣接する開析谷の溜池築造にかかわっているとする説もある。それは、このような丘陵尾根における集落形成の意図として、溜池の維持管理のためであったというのである。後に述べる推古朝における国家的池溝開発の遂行を考えると、平野部における耕地化とそのための溜池の築造とがセットであることは間違いなく、溜池の近くに設置された観音寺遺跡が、溜池の開発にかかわっていたというのもうなずける。観音寺遺跡の位置と時期を勘案すると、維持管理していたという池には取石池が該当しようか。

観音寺遺跡からはイイダコ壺が多数出土している。観音寺遺跡では須恵器が多数出土しているが、その約半数以上（六五点）がイイダコ壺であり、これらの多くは七世紀前半のものであった。丘陵上の集落であるにもかかわらず、イイダコ壺が一定量出土するのはどういうことなのだろうか。集落の立地から漁撈を生業としているとは考え難い。周辺を見渡せば、イイダコ壺や土錘が多数出土している大園遺跡がある。両遺跡から出土しているイイダコ壺の時期が同じころであることからも、観音寺遺跡のイイダコ壺が意味することは、大園遺跡、つまり平野部の集落との交流である。ひいては丘陵部での溜池の開発と平野部での耕地開発が一体のものとして、両者が信太郷の開発にかかわっていたということではないだろうか。

大園集落と耕地開発

このような耕地やそれにともなう溜池の開発について、推古天皇の時代に大だい的に行われたことが知られている。日本書紀の推古一五（六〇七）年是歳条に池や大溝の築造と屯倉《みやけ》の設置の記事があることから、七世紀初頭には国家的な開発が行われたといえる。これは律令国家へ向けた耕地開発と民衆の公民化への過程であり、信太山地域も例外ではなかっただろう。大園遺跡は六世紀後半から七世紀前半には、流通拠点として中央政権にとって重要な土地であった。したがって、国家的な開発が信太の地に及んでいたとすれば、中央政権がかかわっていたことは想像に難くない。

現在の大園遺跡中心部の条里をみてみると周辺と比べ不整形なように見受けられる。次章で述べられているように、八世紀における宮の存在も勘案すると、大園遺跡中心部は境界があいまいな状態が続いており、大園遺跡における耕地開発は和泉の条里成立時ではなかったといえよう。したがって、大園遺跡は、全体的に耕地化されたのは少なくとも七世紀段階ではなく、中央政権によって別の形で開発されたのだった。

信太山地域を開発した人びと

これまで大園遺跡を軸に信太における集落の展開、信太山丘陵の開発をみてきた。信太の地に集落を営み、丘陵を開発したのはどのような人びとだったのだろうか。

まず、四世紀後半ごろ大園遺跡では埴輪生産が行われていたが、これには土師部がかかわっていた。周辺には土師部の系譜を引く菩提池西古墳群のような墓域もみられる。菩提池西古墳群は、出土した形象埴輪が大園遺跡のものと類似しているので、大園集落に付属する墓域であるといえよう。このような土師部と深いかかわりをもつ埴輪製作工人が大園集落に居住していたのだが、五世紀初めごろに信太山丘陵で須恵器生産が開始される五世紀になって、王権が大園集落に渡来人を招来するのである。造墓活動の一環として王権主導のもとはじめられた須恵器生産は、在来の土師部と新来の渡来人とがかかわり展開していった。五世紀中ごろから後半には首長居館を含む集落が営まれ、その外側に墓域が設定されるという計画的な土地利用がなされていた。しかし、信太山丘陵で須恵器生産が終了する六世紀後半ごろには、これまでの集落は解体され、東方へと展開していった。集落に付属する大園古墳群が徹底的に削平され集落として再整備されるのであった。これまで須恵器生産にかかわっていた集団は南方へと生産の場を移し、替って新たな集団が入ってきたのである。このころは群集墳の盛期で須恵器の需要も拡大しているときであった。そのような須恵器の需要拡大に対応するために、王権は、広域に流通させるための拠点が必要であっただろう。そこで、海路、陸路の基点となる地に位置する大園集落は王権に注目された。そして、王権によって再編成された大園集落は、倉の多さや焼け歪みの須恵器からもわかるように、流通の拠点としての役割が与えられ発展していったので

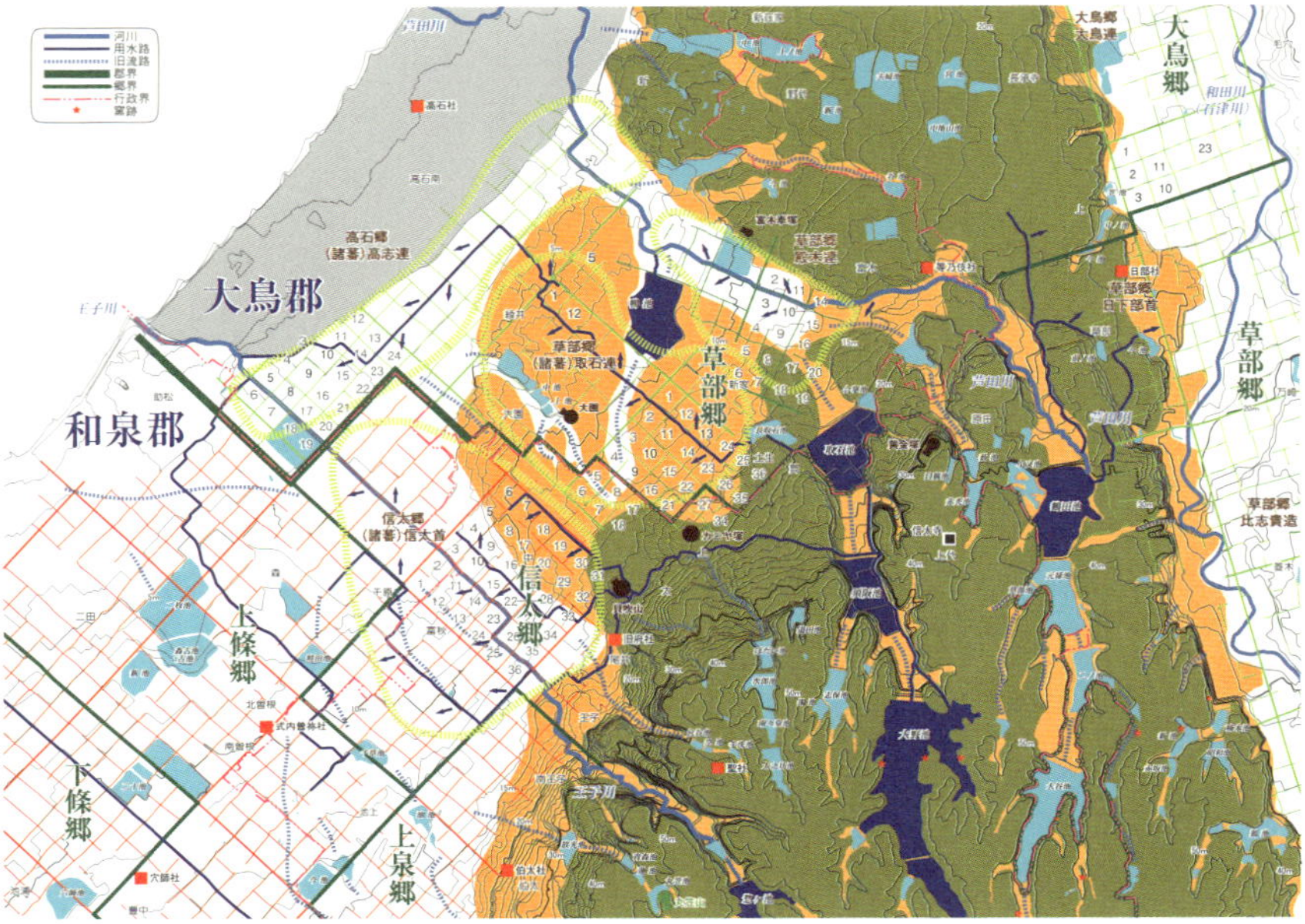

図13　信太郷とその周辺の条里　『和泉市の歴史６』より。

ある。

七世紀には律令国家へ向けた国家的な池溝開発により、信太山丘陵にも溜池が作られ、丘陵部の観音寺遺跡に集落が形成される。つまり、耕地が開発される平野部にある大園遺跡と池を管理する丘陵部にある観音寺遺跡に集落が営まれ、平野部と丘陵部の集落の住人が相互にかかわりながら信太の地を開発していったのである。七世紀後半には信太山丘陵には信太寺が創建される。信太寺は、出土した瓦に陰刻と陽刻の二種で「信太寺」とスタンプされたものがあり、古代より信太寺と呼ばれていることがわかり、信太首が造営の中心となったことは間違いない。

ちなみに、信太山地域に関連する氏族として、信太首、取石造が知られている。次章に詳しいが、両者ともに詳細は不明であるが、百済系の渡来氏族であったようだ。大園遺跡でみられる渡来系遺物のなかに、平底の壷のような百済を示す資料が少ないながらもあることから、信太を本拠地とする氏族やその祖が百済系の渡来人、つまり、信太首や取石造であった蓋然性が高まり、これらの渡来人が信太の地の開発にかかわっていたとみられる。

写真14　大園遺跡から出土した平底壷

以上のようなことを踏まえ、さらに想像をたくましくすれば、次のような想定もできよう。須恵器生産をひとつのポイントとすれば、それ以前には土師部がかかわり、その後には土師部と渡来人がかかわっていた。横穴式石室にみられる系譜の違いから二系統の渡来人であったとみられる。それは、信太首および取石造であった。彼らは交易や漁撈を生業としていたことから、高い造船技術を持ち合わせていたことだろう。これは木を加工し構造物を築造するという技術であり、寺院建築にも通じるものであっただろう。また、寺院建築は土木工事であるので、高い土木技術も有していたことであろう。信太首や取石造はこのような技術を有した氏族で、この技術を駆使し、信太の地を開発したのである。氏族名が付けられた取石池と信太寺が後にそれぞれ大鳥郡と和泉郡に属することになることから、大鳥郡側には取石造が、和泉郡側には信太首がかかわっていたと考えられる。このような開発の主体の違いが、大園遺跡をちょうど二分するように、のちの郷界ひいては郡界を規定したのだろう。

信太の地は西に海、東に丘陵という地理的環境であり、また、東西および南北に走る街道の交点でもあった。交通の要衝であり、流通の拠点であり、生産地でもありと王権にとっても重要な地であったのだろう。したがって、王権主導のもと信太の地は開発されたのであり、王権により配置された豪族がそれを担っていたのであろう。

そして、奈良時代において、次章で詳述されているように、大園集落が和泉宮へと移行するのは、古墳時代以降、常にこの地に中央政権の力が強く働いていたということであろう。

コラムⅠ　和泉黄金塚古墳と景初三年銘鏡

若き森浩一と和泉黄金塚古墳

一九四五（昭和二〇）年七月二日、一六歳の森浩一は、和泉黄金塚古墳の後円部墳頂の塹壕《ざんごう》で鉄剣片と管玉を採取する。八月二六日に、当時四八歳であった末永雅雄を訪ね、一一月一六日には末永も黄金塚古墳に足を運び、二人で西槨の短甲《たんこう》と鉄刀、東槨の革盾《かわたて》を検出している。森は翌年、同志社大学に入学する。末永は森の熱意に応えるため調査を準備した。一九五〇（昭和二五）年秋の予備調査を経て、一九五一（昭和二六）年二月二一日～三月二五日、埋葬施設を中心とする調査が、大阪府教育委員会と日本考古学協会の調査として末永をチーフに実施される。終了直後の四月、森は大阪府立泉大津高校の教諭となる（二二歳）。その後、遺物の整理が進められ、一九五四（昭和二九）年三月に、『和泉黄金塚古墳』（日本考古学報告第五冊）が刊行された。

写真15　景初三年銘画文帯同向式神獣鏡（中央槨）
以下、画像提供：東京国立博物館

中央槨棺外から出土した景初三年銘鏡

中央槨から出土した画文帯同向式神獣鏡《がもんたいどうこうしきしんじゅうきょう》には、半円方形帯の方格に一四の文字があり、冒頭に「景初三年」の年号があった。棺内にあったのは斜縁二神二獣鏡《しゃえんにしんにじゅうきょう》で、景初三年銘鏡は棺外西側から出土した。棺外遺物は、最終的に被覆粘土により埋め込まれる。棺内遺物が被葬者に帰属するものであるのに対し、棺外遺物はそれとは区別され、集団によって保持されてきた鏡なのかもしれない。

景初三年銘鏡は直径二三・八センチメートル、約一・五キログラムの大型の画文帯神獣鏡で、同向式と呼ばれる種類である。西槨出土の一面も同向式神獣鏡であるがタイプは異なる。西槨の鏡は直径一八・五センチメートル、実用的な大きさで、神像や獣像の表現はきわめて精緻である。中国で二〇〇年前後に作られたものだろう。一方の景初三年銘鏡は、大型ではあるが、神像や獣像の表現は稚拙で、構図も整っていない。十字に乳《にゅう》と呼ぶ突起を配置することや、方格の文字が外を向くことも異例であった。

写真16　斜縁二神二獣鏡（中央槨）

景初三年は卑弥呼の魏への朝貢年

中国の後漢王朝は、一八四年の黄巾《こうきん》の乱により国は乱れ、遼東地域では公孫《こうそん》氏が自立し燕王《えんおう》を名乗り、いまのピョンヤンにあった楽浪郡《らくろうぐん》にも進出する。卑弥呼はその公孫氏政権と結びついていた。後漢は二二〇年に滅び、魏・呉・蜀の三国時代となる。二三四年、蜀の諸葛亮《しょかつりょう》は遠征し五丈原《ごじょうげん》で魏軍と対峙するが、陣中に没し、蜀軍は退脚する。これで蜀の脅威がなくなると、魏軍は東方に転じ、公孫氏を二三八年に滅ぼす。卑弥呼が魏に使いを出したのは翌二三九（景初三）年のことである。卑弥呼は魏帝から「親魏倭王」に任じられ、また銅鏡一〇〇枚などが下賜され、使者は改元された翌二四〇（正始《せいし》元）年に帰国する。

和泉黄金塚古墳の鏡は、銘文の年号である景初三年が卑弥呼の朝貢年にあたり、「銅鏡百枚」を卑弥呼に与えるとの『魏志倭人伝』の記述もあるので、邪馬台国問題の重要資料となりうるものであった。

写真17　画文帯同向式神獣鏡（西槨）

邪馬台国の所在地論争

『魏志倭人伝』には、邪馬台国を盟主として北部九州の奴国《なこく》や伊都国《いとこく》を含む約三〇国がまとまる三世紀前半の倭国のことが記されている。邪馬台国が、九州の山《やま》門《と》（福岡県柳川市）であれば、倭国は九州北半部のことになり、畿内大和であれば、北部九州から瀬戸内一帯そして畿内までのまとまりが生まれていたことになる。弥生時代は北部九州が先進地であるが、前方後円墳が築かれる古墳時代には畿内が倭国の中心となっている。邪馬台国が九州なら、畿内が倭国の中心となるのは三世紀後半以降であり、畿内優位への転換がどこかの時点で生じたことになり、そこに邪馬台国東遷説が入り込む。しかし邪馬台国が畿内であれば、二世紀後葉の倭国乱を契機に、三世紀前半には北部九州から畿内におよぶ倭国ができ、それが古墳時代へ直結するという筋道になる。

江戸時代以来、『魏志倭人伝』に書かれた邪馬台国への経路などをもとに所在地論争が始まる。近代に入ると、日本で出土する中国鏡のなかに銅鏡一〇〇枚を探索する考古学的アプローチが生まれる。大正時代には魏晋代と考えられる三角縁神獣鏡が有力候補となる。三角縁神獣鏡は近畿地方を中心に数多く出土し、それが「銅鏡一〇〇枚」だとすれば邪馬台国は畿内となる。また三角縁神獣鏡には、群馬県柴崎蟹沢《しばさきかにさわ》古墳と兵庫県森尾《もりお》古墳から出土した「正始元年」銘をもつ鏡があった。そこに一九五一（昭和二六）年、黄金塚鏡が加わる。二三九年と二四〇年という連続する年号がそろい、それは卑弥呼の朝貢の年と使者の戻ってきた翌年にあたり、鏡の文様もよく類似するものであった。

しかし三角縁神獣鏡は中国から出土しない。森浩一は、黄金塚古墳の景初三年銘鏡が棺外遺物であったこと、鈕孔《ちゅうこう》の鋳張《いば》りが削り落とされていないことを観察していた。取り扱いとしてあまり重視されておらず、中国が倭国に与えたものとするには仕上げが雑であるとの疑問をもち、また中国で発掘調査が進展しても三角縁神獣鏡が出土しないことから、森は一九六二（昭和三七）年に、中国系渡来工人による国産鏡との説を学界に提出する。その後、一九八一（昭和五六）年には、中国社会科学院考古研究所の所長である王仲殊がほぼ同じ結論を発表し、国産説が有力となった。

三角縁神獣鏡研究の進展と現在の見方

景初三年銘鏡について考える材料も増えている。一九七二（昭和四七）年に島根県神原神社《かんばらじんじゃ》古墳から景初三年銘の三角縁神獣鏡が、一九八六（昭和六一）年に福知山市の広峯《ひろみね》一五号墳から景初四年銘の斜縁盤龍《ばんりゅう》鏡が、一九九七（平成九）年に高槻市の安満《あま》宮山古墳から類似する関連鏡が出土した。

一九九〇年代に三角縁神獣鏡研究は飛躍する。中国魏の領域から出土する方格規《ほうかくき》矩《く》鏡に、三角縁神獣鏡と文様や銘文あるいは製作技術上の共通点があることが判明する。こうした関連する中国鏡は、三世紀中葉から後半にかけてのもので、同じころに三角縁神獣鏡が製作されたとみてよい。画文帯神獣鏡をモデルに新たな大型鏡として創出され、画文帯などの複雑な文様でなく幾何学文からなる外区を組み合わせること、画文帯神獣鏡の構図から求心的な四神四獣鏡に定型化する過程も明らかになっている。黄金塚鏡は三角縁神獣鏡ではないが、こうした三角縁神獣鏡創出期における大型化を試みたひとつの試作品である。

写真18　画文帯環状乳神獣鏡１（東槨）

景初三年という年号を、あとになって重要な年号として入れたと考える根拠はない。また、遠来からの朝貢に対し、中国が好みに応じた下賜品を特別に製作する事例はほかにもあり、倭人が望む鏡を与えた可能性は十分ある。また、図像が稚拙であることは、中国の工房のなかでも技術的に未熟な工人が関与したことをうかがわせ、いわゆる同笵《どうはん》鏡が数多くある特徴も、中国鏡では異例だが、限られた期間で数をそろえるためと考えられる。既に三角縁神獣鏡が四〇〇面近く見つかっていることも、二三九年のあと四年おきに使者を送っており、その都度与えられたと考えれば問題はない。

一九九〇年代の三角縁神獣鏡研究は、魏から晋にかけて四〇年から最大五〇年間、倭国向けに製作されたとの見方を裏付けている。

写真19　画文帯環状乳神獣鏡２（東槨）

和泉黄金塚古墳の六面の鏡

黄金塚古墳の三つの埋葬施設からは、二世紀後葉から三世紀前葉の画文帯神獣鏡が三面、三角縁神獣鏡の試作品である景初三年銘鏡一面、二四〇年代の三角縁盤竜鏡一面、三世紀前半の斜縁二神二獣鏡一面が出土しており、三世紀前半の鏡が六面そろっている。ただしそれが副葬されたのは四世紀末葉のことである。製作から副葬まで一五〇年から二〇〇年近く開きがある。

これらの鏡は、古い時期に手に入れたものなのだろうか。三世紀以降の、画文帯神獣鏡や三角縁神獣鏡、あるいは三世紀後半以降の倭製鏡の古墳での副葬状況は、基本的には鏡の年代と整合的である。三角縁神獣鏡であれば、日本にもたらされては列島諸首長に分配され、入手した首長の死没とともに副葬されるのが一般的である。したがって、三世紀前半のうちに信太の首長の手元に渡り、持ち伝えてきたと考えるのが素直な理解である。同じように古墳の出現が遅れる地域で、古い鏡が副葬されている事例は多い。

景初三年銘鏡の意義

景初三年銘の年号鏡は、古墳時代人にとってどこまでの意味をもっていたのだろうか。景初三年や正始元年あるいは景初四年銘の鏡は、群馬県・兵庫県・山口県・島根県・京都府・宮崎県などのそう大きくない古墳から出土している。奈良県黒塚《くろつか》古墳や京都府椿井《つばい》大塚山《おおつかやま》古墳といった三〇面を超える三角縁神獣鏡をもつ有力古墳からは出土していない。ただし最近では、新たに奈良県桜井《さくらい》茶臼山《ちゃうすやま》古墳出土の小片が正始元年銘鏡であることが新たに確認されている。

写真20　三角縁盤龍鏡（東槨）

現状においては、出土古墳から考えると、配布元である倭王権側が年号鏡を特別視していたとは考えにくい。鏡の銘文は、鏡をもつことのありがたみを謳うが、受け取った側は銘文の漢字は読めず、意味はわからなかったであろう。黄金塚古墳の景初三年銘鏡については、これのみが棺外から出土し、その意味で取り扱いに何らかの差があったとみられるが、それが年号鏡であるゆえに特別に扱われたと考えることは難しい。

黄金塚古墳出土の景初三年銘鏡の意義は、正始元年銘鏡しか知られていなかったところに、卑弥呼の朝貢年そのものである年号をもつ鏡が出土したことにあり、発掘にかかわった森浩一の国産鏡説を生むなど、戦後の論争の起点となった点にある。もちろん和泉黄金塚古墳の名を全国に知らしめたことも意味深い。

コラムⅡ　信太山丘陵の須恵器生産

和泉市から堺市にかけて拡がる広大な丘陵で営まれた泉北丘陵窯跡群《せんぼくきゅうりょうかまあとぐん》（いわゆる陶邑《すえむら》窯）は、王権による百舌鳥古墳群の造墓活動の一環として開発されたもので、国内最古、最大規模の須恵器生産地であった。いくどかの変革を経て五～九世紀の五〇〇年もの間、操業が続けられ、官窯としての立場は揺らぐことはなかった。広大な窯跡群は川や谷などの地形によっていくつかの地区に区分されているが、ここでは本書のテーマである信太山丘陵（大野池地区）の須恵器生産について触れよう。

濁り池窯跡と赤禿池窯跡

大野池地区は、国内でも最古級の須恵器が生産された地域であった。なかでも濁《にご》り池窯跡（＝大野池三二六号窯跡、鶴山台）と赤禿池《あかはげいけ》窯跡（大野池二三七号窯跡、上代町）はよく知られている。濁り池窯跡は一九六五～六六（昭和四〇～四一）年に団地造成にともない信太山遺跡調査団が発掘調査し、赤禿池窯跡は一九七六～七七（昭和五一～五二）年に大阪府教育委員会、一九八三（昭和五八）年に和泉市教育委員会が調査したものである。両窯跡から出土した須恵器は「初期須恵器」と呼ばれ、朝鮮半島から最新の窯業技術が伝わったころのものである。

信太山丘陵以外では、東方の栂《とが》丘陵などにも「初期須恵器」を出土する窯跡がある。五世紀初頭に操業した栂二三二号窯跡（堺市）は国内最古の須恵器窯といわれ、その出土品は韓国の釜山の西方地域（伽耶《かや》諸国）で出土する陶質土器に似るといわれている。濁り池窯跡と赤禿池窯跡は栂二三二号窯跡より少し新しい時期の窯跡で、同時期の窯跡には大野池二三二号窯跡（堺市）が、さらに新しい五世紀前半のものには大野池三〇二号窯跡、三〇四号窯跡、二三一—I号窯跡、三一九号窯跡（いずれも和泉市）などがある。このように大野池地区では、最古級の窯跡が連続して営まれていたのである。

大野池地区以外では、石津川右岸の泉北丘陵の高蔵寺《たかくらでら》七三・八五号窯跡などが「初期須恵器」の窯跡として知られる。しかし、両地区の須恵器は高坏や蓋坏などの形態に違いがあって、同じ系譜の生産者集団とは言い難い。また、窯の構造を比較すると大野池地区では木などの骨組みに粘土を貼り付けて窯を築いたもの（地上式）が多く、高蔵寺地区などの初期須恵器窯がトンネル式の窯（半地下式）であることと異なる。このように須恵器の形や窯構造に大きな違いが認められることから、大野池地区に須恵器をもたらした渡来人は、高蔵寺地区などに須恵器をもたらした集団とは出自を異にするのだろう。

それでは大野池地区に来た須恵器工人は、朝鮮半島のどこから渡来したのか。文献研究や古代寺院の調査によると、信太山丘陵周辺に百済系の渡来人（信太首・取石造）がいたことが知られている。須恵器の形態的な特徴が百済地方に由来するという指摘もあることから、大野池地区に渡来した工人たちは百済系であった可能性が高いといえるのである。

写真21　赤禿池窯跡

須恵器生産と大園遺跡・聖神社

大野池地区の窯跡の分布をみると、最古級の窯跡が並ぶ大野池周辺（北支群）と、信太山丘陵の東を流れる和田川支流の甲斐田川沿いの支群（南支群）に分かれる。北支群は六世紀には衰退し、ほとんど操業を止めているのに対し、南支群は五世紀後半から六世紀にかけてその範囲を拡大

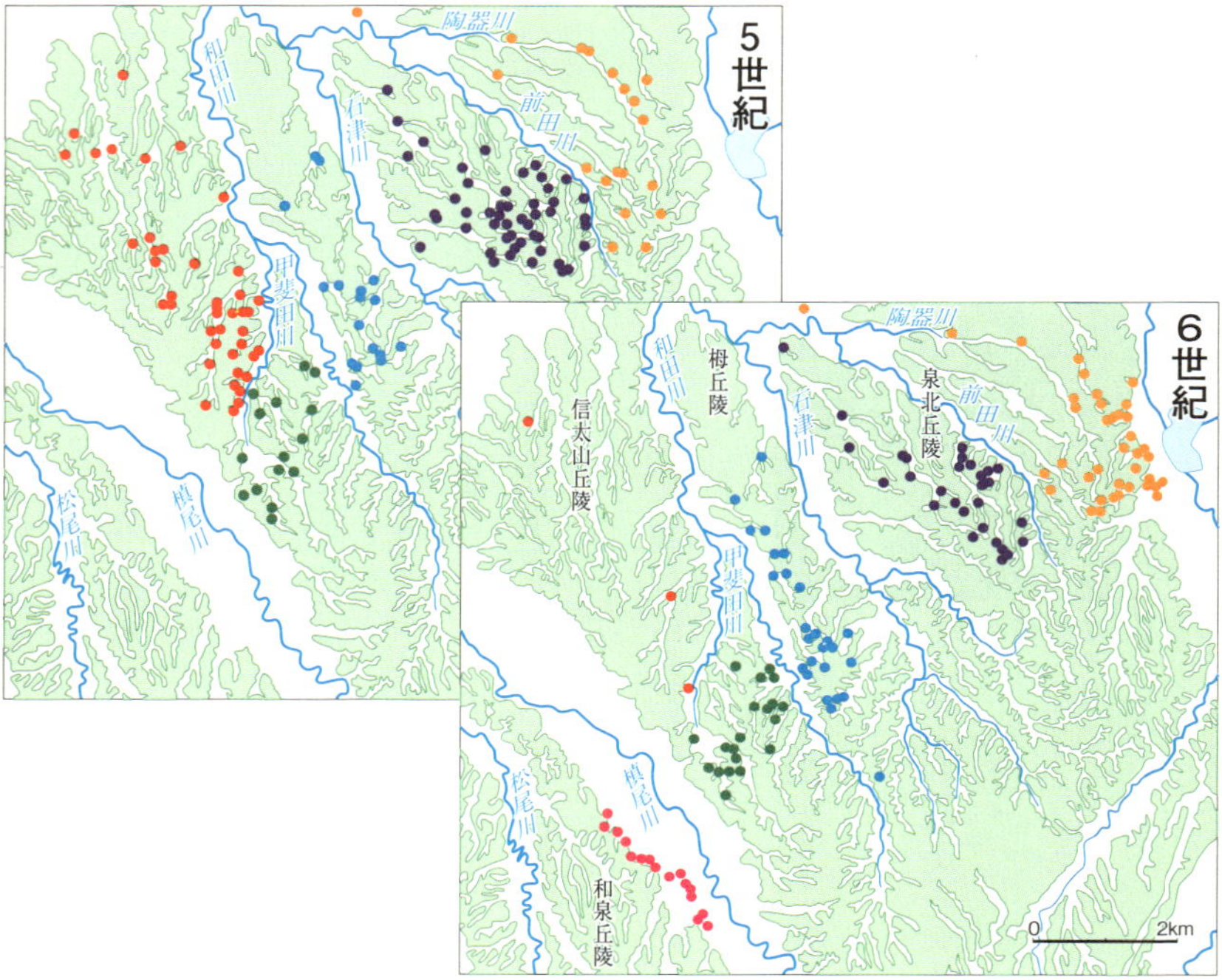

図14　泉北丘陵窯跡群における５・６世紀の窯の分布　● 大野池地区 ● 光明池地区 ● 栂地区 ● 高蔵寺地区 ● 陶器山地区 ● 谷山池地区　『和泉市の歴史６』より。

し、甲斐田川右岸に分布する光明池地区や、さらには和泉丘陵へと拡大していったようだ。それは光明池地区や和泉丘陵の谷山池地区の窯の一部に、地上式の窯構造が引き継がれていることから理解できる。

なぜ、大野池地区の須恵器工人たちは北支群での操業を放棄し、南方へと活動の場を求めたのか。その答えは薪の伐採がヒントになる。須恵器窯の操業には窯の燃料として使う大量の薪が必要で、伐採を長期間続けると森林破壊が進む。泉北丘陵窯跡群のように一〇〇年以上もの間窯業を続けると、森が一旦消滅し、後に徐々に森が復活して二次林が形成されるのである。泉北丘陵において、広葉樹林からマツ林へと自然環境が変化したことは、科学分析の結果でも裏づけられている。

荒廃した森が復活するまでは丘陵斜面の保水力が低下し、斜面が崩れ、土砂は下流域に流れ込んだことだろう。このような状況は、栂地区の下流にあたる石津川流域に当てはまり、泉北丘陵や栂丘陵では六世紀にも須恵器が生産され続けた結果、自然環境が悪化したことが想像できる。つまり石津川の下流域は土砂の流入が激しくなって、農地の安定的な管理が難しくなったのではないだろうか。ただし、六世紀前半ごろの石津川の下流域周辺は、一〇〇年近く続いた王墓（百舌鳥古墳群）の造成がすでに終わっていた。古墳の造成を担当したのは土師部《はじ》を中心とした土木工事集団で、百舌鳥古墳群周辺は彼らの居住した臨時的キャンプ地の様相となり、古代中国の陵邑《りょうゆう》のような景観であったといわれている。六世紀前半の古墳群造成事業の終了とともにその集落は姿を消し、人口の激減にともない管理する農地も縮小した。よって土砂の流入による耕地の荒廃は、さほどの影響を与えなかったのではないだろうか。

これに比べると大野池地区は北支群が六世紀に操業を止めることによって森は護られ、土砂は下流域に流れなかった。したがって、信太山丘陵の裾部に広がる大園遺跡の集落、とりわけ集落北側の水田などの農地への影響は、石津川流域に比べて格段に少なかったと推測できる。

六世紀の大園遺跡の集落は、五世紀までとは全く違う。須恵器の大量生産にともなう泉北丘陵窯跡群の歴史的な変換によって再編成されたもので、先人の古墳までも破壊するほどの再整備であった。そこに須恵器量産を企画する強力な王権の意図を垣間見ることができるが、集落の生活基盤を維持するためには農地の確保が重要であり、土砂流入を防ぐために信太山丘陵の須恵器生産を停止せざるを得なかったのだろう。大園遺跡の集落は、それほど王権にとって重要視される立場にあったのである。七世紀になると取石池も造られ、さらに農地の拡大が推進された。護られた森はやがて信太山丘陵周辺の開発に当たった集団の特別な聖地となり、ここに聖神社が創建されるのである。

第3章　古代の信太郷

茅渟《ちぬ》と呼ばれた大阪湾岸南部の和泉地方は、奈良時代の前半期は河内国の一部であった。霊亀《れいき》二（七一六）年に大鳥、和泉、日根の三郡が割《さ》かれ、和泉宮《いずみのみや》（茅渟宮《ちぬのみや》・珍努宮・珎努宮・知奴宮の別称あり）の維持、管理のために、和泉監《いずみげん》という特殊な行政区が設置された（奈1・2、番号は和泉市史紀要第11集史料編の番号を示す、以下同）。和泉監は天平《てんぴょう》一二（七四〇）年に廃止され、河内国に復することになるが（奈22）、天平宝字《ほうじ》元（七五七）年に和泉国として分国され、名実ともに独立した行政区が成立した（奈44）。

和泉国は五畿内の一つとされながらも、国の等級は下国である。成立が遅れたことにより、国分寺（国分町）は承和六（八三九）年に既設の安楽寺を昇格させたものであり（平前48）、尼寺は遂に設置されなかった。和泉国には畿内的様相と畿外的様相が同居していると言われるが、それはこのような国としての成立背景に起因している部分が大きい。

さて、本章で対象とする古代の信太郷は、和泉国の和泉郡を構成する郷のひとつで、信太山丘陵とその北西の平野部を含む地域である。古代の郷が設定されるのは七世紀末から八世紀前半であるが、当時、このあたりで一定の勢力を持っていた渡来系氏族「信太首《しのだのおびと》」にちなんで郷名が定められたと考えられている。

信太首については第四節で詳しく述べることにするが、まず第一節では『万葉集』に登場する「小竹田《しのだ》壮士《をとこ》」をてがかりとして、信太山地域に居住した可能性のある氏族について探っていきたい。また第二節では和泉宮の所在地について検討し、第三節では八世紀に信太山丘陵に築造された鶴田池を取りあげ、古代の信太郷を掘り下げていこう。

1　「小竹田壮士」と「菟原処女」

『万葉集』の三歌と伝説

『万葉集』には、「葦屋処女《あしのやのをとめ》」「菟原処女《うなひをとめ》」に関する長歌と反歌（短歌）のセットが三つ納められている。収録の順に題詞と左注のみを掲げると、

①葦屋《あしのや》の処女《をとめ》の墓に過る時に作る歌一首　短歌を并《あは》せたり（九巻一八〇一～三）

右の七首は、田辺福麻呂《たなべのさきまろ》の歌集に出づ。

②菟原処女《うなひをとめ》の墓《はか》を見《み》し歌一首　短歌を并せたり（九巻一八〇九～一一）

右の五首は、高橋連虫麻呂《たかはしのむらじむしまろ》の歌集の中に出づ。

③処女墓《をとめはか》の歌に追同《ついどう》する一首　并せて短歌（一九ノ四二一一～二）

右、五月六日に、興に依りて大伴宿祢家持《おおとものすくねやかもち》作る。

の三セットである。このうち③によると、天平勝宝《しょうほう》二（七五〇）年五月六日に、越中守であった大伴家持は、葦屋の菟原処女の伝説に関心をいだき「興に依りて」③を作ったことがわかる。

では、家持が「興」を覚えたという伝説とは、どのようなものであったのだろうか。まず①の全体は次のようなものである。題詞と左注も再度あげておこう。

①葦屋《あしのや》の処女《をとめ》の墓に過る時に作る歌一首　短歌を并せたり（九巻一八〇一～三）

古《いにしへ》の　ますら壮士《をとこ》の　相競《あいきほ》ひ　妻問《つまど》ひしけむ　葦屋《あしのや》の　菟原処女《うなひをとめ》の　奥《おく》つ城《き》を　我《わ》が立ち見れば　永《なが》き世の　語りにしつつ　後人《のちひと》の　偲《しの》ひにせむと　玉桙《たまほこ》の　道の辺《へ》近く　岩構《いはかま》へ　作れる塚《つか》を　天《あま》

雲《くも》の　そきへの極《きわ》み　この道を　行《ゆ》く人ごとに　行き寄りて　い立ち嘆《なげ》かひ　或《あ》る人は　音《ね》にも泣きつつ　語《かた》り継《つ》ぎ　偲《しの》ひ継ぎ来《く》る　処女《をとめ》らが　奥《おく》つ城所《きところ》　我《われ》さへに　見れば悲しも　古思《いにしへおも》へば

反歌

古《いにしへ》の小竹田壮士《しのだをとこ》の妻問《つまど》ひし菟原処女《うなひをとめ》の奥《おく》つ城《き》ぞこれ

語り継ぐからにもここだ恋《こひ》しきを直目《ただめ》に見けむ古壮士《いにしへをのこ》

右の七首は、田辺福麻呂の歌集に出づ。（前の四首省略）

これによると、①は「葦屋の菟原処女の奥つ城」を見て作者田辺福麻呂が感じた思いを述べることに力点がある。そのため伝説そのものについては、抽象的に「古のますら壮士」が競って「葦屋の菟原処女」を妻問いしたということしか歌われていない。

これに対して、②は、伝説の中に入り込んで歌っている。われわれは、②によって初めて伝説の内容を知ることができるのである。そこで②は、次のようなものであった。

②菟原処女《うなひをとめ》の墓《はか》を見《み》し歌一首　短歌を并せたり（九巻一八〇九～一一）

葦屋《あしのや》の　菟原処女の　八歳子《やとせこ》の　片生《かたお》ひの時ゆ　小放《をはな》りに　髪たくまでに　並び居《を》る　家にも見えず　虚木綿《うつゆふ》の　隠《こも》りて居《を》れば　見てしかと　いぶせむ時の　垣《かき》ほなす　人のとふ時　千沼壮士《ちぬをとこ》　菟原壮士《うなひをとこ》の　伏せ屋焚《た》き　すすし競《きほ》ひ　相《あひ》よばひ　しける時には　焼太刀《やきたち》の　手《た》かみ押しねり　白真弓《しらまゆみ》　靫《ゆき》取り負《お》ひて　水に入り　火にも入らむと　立ち向かひ　競《きほ》ひし時に　我妹子《わがもこ》が　母に語らく　倭文《しつ》たまき　賤《いや》しき我《わ》が故《ゆゑ》　ますらをの　争《あらそ》ふ見れば　生《い》けりとも　逢ふべくあれや　ししくしろ　黄泉《よみ》に待たむと　隠《こも》り沼《ぬ》の　下延《したは》へ置きて　うち嘆き　妹《いも》が去《い》ぬれば　千沼壮士《ちぬをとこ》　その夜夢《よいめ》に見　取り続《つつ》き追《お》ひ行《ゆ》きければ　後《おく》れたる　菟原壮士《うなひをとこ》い　天仰《あめあふ》ぎ　叫《さけ》びおらび　足ずりし　きかみたけびて　もころ

男《を》に　負《ま》けてはあらじと　かけ佩《は》きの　小大刀《をだち》取り佩《は》き　ところづら　尋《と》め行《ゆ》きければ　親族《うがら》どち
い行《ゆ》き集《つど》ひ　永《なが》き代《よ》に　標《しるし》にせむと　遠き代に　語り継がむと　処女墓《をとめはか》　中《なか》に造《つく》り置《お》き　壮士墓《をとこはか》
このもかのもに　造り置ける　故縁《ゆえよし》聞きて　知らねども　新喪《にひも》のごとも　音《ね》泣きつるかも

反歌

葦屋《あしのや》の菟原処女《うなひをとめ》の奥《おく》つ城《き》を行き来《く》と見れば音《ね》のみし泣かゆ
墓の上《うへ》の木《こ》の枝《え》なびけり聞きしごと千沼壮士《ちぬをとこ》にし依《よ》りにけらしも

右の五首は、高橋連虫麻呂の歌集の中に出づ。（前の二首省略）

これによると、②の作者高橋虫麻呂が歌った伝説とは、『万葉集（三）』（岩波文庫（二〇一四年））の口語訳を摘録すると、次のようなものであった。

「葦屋の菟原処女」は、「小放り髪に束ね結い上げる年頃まで」家に隠りきりであったが、「千沼壮士と菟原壮士が……立ち向かい争った」ので、「菟原処女が母に語ることに」「卑しい私ゆえに、ますらおが争うのを見ると　生きていたとて結婚できるとは思えません。……黄泉でお待ちしましょう」と言って「死んでしまったので、千沼壮士はその夜夢に見て、後に続いて追って行った」。「あとに残された菟原壮士」も「黄泉まで追って行ったので」、「親族たちが寄り集まり、永久に記念にしようと、遠い未来まで語り継ごうと、処女墓を中に造り置いて、壮士墓をその両側に造って置いた」。

この悲劇的な内容の伝説は、①②が詠まれた奈良時代には、葦屋の菟原地方で伝えられていたものであった。①の作者、田辺福麻呂には「敏馬《みぬめ》の浦に過る時に作る歌一首　幷せて短歌」（六巻一〇六五～六七）があり、実際に敏馬の浦に行った可能性がある。葦屋・菟原はその往復の途上にあるので、伝説にちなむ土地を実見した公算が大きい。「奥つ城を　我が立ち見れば（その墓を私が立って見ると）」「処女らが　奥つ城所　我さ

へに　見れば悲しも（その菟原処女の墓を、私もまた見ると悲しい）」（ともに一八〇一）などの表現は、これと対応する。一方、②の高橋虫麻呂も、次にあげる表現の具体性から、現地を見た可能性があると考える。

葦屋・菟原の三古墳

かれらは伝説にちなむ現地を実見し、そこで伝説のことを聞き、それらを踏まえて歌を作ったと見られる。そのことは、①の「道の辺近く　岩構へ　作れる塚（道のほとりに近く、岩を組んで作った塚）」や、②の「処女墓　中に造り置き　壮士墓　このもかのもに　造り置ける（処女墓を中に造り置いて、壮士墓をその両側に造って置いた）」のような具体的な表現からもいうことができる。

これらによると、「道の辺近く」に三つの「塚」「墓」「奥つ城」が並んでいたことになる。葦屋・菟原の地域でこれらの条件に合うものとして、西から順に次の三古墳が、多くの先行研究によってあげられてきた。

a　西求女塚《にしもとめづか》古墳
b　処女塚《おとめづか》古墳
c　東求女塚《ひがしもとめづか》古墳

まずaの西求女塚古墳は、神戸市灘区都通三丁目に所在する全長九八メートル前後、後方部の幅五〇～五二メートルの前方後方墳で、前方部は東方を向いている。葺石《ふきいし》を有するが、水をたたえた周濠はなかったらしい。後方部の中央に竪穴式石室が作られ、埋葬空間の主室と副葬品占用空間の副室に区切られていた。その石室の石材と木棺には水銀朱が塗られていた。主室には、古い段階の三角縁神獣鏡七面をはじめ合計一二面の青銅鏡、鉄槍、短剣、小札革綴冑《こざねかわとじかぶと》が納められていたとみられ、副室からは鉄剣、鉄刀、短剣、鉄鏃、ノミ、ヤリガンナなどが発見された。後方部の中央頂上部分からは、祭祀に使用された山陰地方の型式の土器

写真22　葦屋・菟原の三古墳　西求女塚古墳上空から東方面をのぞむ。　神戸市教育委員会提供。

（使用された粘土は地元のもの）が多数出土した。古墳時代最古期の三世紀中ごろから後半の築造とされている。

ｂの処女塚古墳は、神戸市東灘区御影塚町二丁目にある全長約七〇メートルの前方後方墳で、葺石を有し、前方部は二段、後方部は三段に造られていた。ａの東方約二キロメートルに位置している。前方部は南方の海に向けられている。山陰系の壷形土器や鼓型土器が出土している。ａの直後の築造とされている。

ｃの東求女塚古墳は、神戸市東灘区住吉宮町一丁目にある全長約八〇メートルの前方後円墳で、ｂの東方約一・五キロメートルにある。周濠をめぐらし、葺石をもち、埴輪は立てられていなかった。前方部を西方に向けている。明治初年に土取りと盗掘がなされ、前方部は一九〇三、四（明治三六、七）年ごろに削平された。後円部は一九五五（昭和三〇）年ごろまで残っていたようであるが、これも削平されてしまった。削平時に銅鏡六面（三角縁神獣鏡、内行花文鏡、画文帯神獣鏡）、車輪石、勾玉、鉄刀、人骨などが出土したという。四世紀後半の築造とみられている。

三古墳と伝説

これらのａｂｃ三古墳は、律令時代の山陽道の推定ルートのすぐ南側に立地している。①の「道」は、律令官人である田辺福麻呂がたどった道路であるので、山陽道である可能性が高い。②の作者高橋虫麻呂も同じく律令官人であったので、同じ道路を通ったものと思われる。とすると、推定山陽道とａｂｃ三古墳との関係は、「道」のそばに二つの「墓」があるという①②の歌の状況とうまく合うことになる。

三古墳は、六甲山南麓地域にある八基の前期古墳のうち、東群五基に属する。この東群は、ａ→ｂ→ｃ→ヘボソ塚古墳（円墳、直径三六メートル）→阿保親王塚古墳《あぼしんのうつか》（前方後方墳、全長六四メートル）の順に、西から東へと築造されていったと考えられている。これらは、ｂを除いて、いずれも三角縁神獣鏡をもち（ｂは主体部の調査が行われていないため、どのような副葬品があるのか不明）、倭王権とのつながりが想定されている。

これらの三古墳は、三世紀中ごろから四世紀後半の築造であるので、八世紀に①②③の歌群が詠まれたときには、すでに四〇〇年から五〇〇年が経過していた。その時点で三古墳の状況がどのようなものであったのかはわからないが、墓であるという認識はあったことになる。

また、②に、処女墓を中にして壮士墓を両方に造った、とあるので、ｂが前方部を海に向けているのに対して、ａとｃは前方部をそれぞれｂの方に向けているように認識できたのであろう。「岩構へ」て作った「塚」が、葺石を張った状態を示すのかわからないが、ｃの葺石の裾部には大きな石が並べられていたことと関係するのかもしれない。

このように、ａｂｃ三古墳の①②の時期における状況は、①②に歌われている状況と対応する点が多い。これについては、三古墳の状況に基づいて作られた伝説とみるか、三古墳とは別個に存在した伝説が、状況のよく合致する三古墳に結び付けられたとみるか、両方の考えが示されてきた。伝説と三古墳の状態がちょうどうまく合致するというのは不自然であるから、前者とみるのが妥当であろう。

摂津・播磨と和泉との交流

　ａとｃが真ん中のｂの方を向いていると判断できる古墳の状況から、一人の女性を二人の男性が争うというモチーフが思いつかれるのは、ありうる話であろう。そこで問題は、その男の一人がなぜ「小竹田壮士《しのだをとこ》（千沼壮士《ちぬのをとこ》）」なのか、という点である。

写真23　西求女塚古墳出土鏡　神戸市教育委員会提供。

　葦屋・菟原地方の女性をめぐって争うのであれば、二人の男性は、同じ地域か少なくとも隣接地域の男性であるのが自然である。ところが、葦屋・菟原地方の男性は一人だけで、もう一人は、隣接する地域ですらなく、遠く大阪湾の対岸の小竹田（信太）、千沼（茅渟）地方の男性とされているのである。

　千沼（茅渟）は、大阪湾南半に面する陸地を広く指す広域地名であるのに対して、小竹田（信太）は、そのうちの信太山丘陵と周辺平野部一帯を指す地名である。大阪湾北岸の葦屋・菟原地方から、大阪湾ごしに南ないし東南東方向を見わたしたとき、信太を特定して視認することは難しく、広く茅渟地方を望むことになる。このため「千沼壮士」とするのが適当である。

ところが、①が「小竹田壮士」と地域を限定しているのは、この伝説の壮士の一人が、茅渟地方の信太地域の壮士として語られていたことを意味する。

なぜこのような設定になっているのか。まず前提的、一般的状況として考えられるのは、畿内王権のテリトリーとの関係である。三～四世紀の段階では、日本列島の主要部分には、畿内の「大部族連合」を中心として各地の「大部族連合」が同盟関係を結んだ広域の同盟体が成立していた。これを「倭王権」と呼ぶこととする。この同盟体全体（倭王権）を代表するものが「倭王」であるが、畿内の「大部族連合」（畿内王権）の「大首長」がその地位に就いていた。

そこで注意されるのが、岸和田市の摩湯山《まゆやま》古墳（前方後円墳、二〇〇メートル）と神戸市垂水区の五色塚《ごしきづか》古墳（前方後円墳、一九四メートル）とが、ともに「倭王」の墓と目される奈良市山陵《みささぎ》町の佐紀陵山《さきみささぎやま》古墳（前方後円墳、二〇七メートル、垂仁天皇皇后の日葉酢媛命《ひばすひめのみこと》の陵に治定されている）と同規格の相似墳であることである。これを畿内王権のテリトリーを考える目安とすると、さらに注目すべきは、葦屋・菟原地域と信太地域とが、ともに両古墳の内側、すなわち畿内王権のテリトリー内に含まれることである。

このような相似墳が、地域勢力と中央勢力の緊密な関係を表しているとすると、摩湯山古墳や五色塚古墳を築いた勢力と倭王権とは深い関係を有していたことになる。したがって、葦屋・菟原地域と信太地域の首長とは、ともに畿内王権の構成メンバーとして、一定の交流関係を持つことが可能であったと推定できる。このことを歴史的前提として、両地域を中心として、摂津・播磨と和泉の人的・物的交流が展開したと考えることができる。

これとよく似た関係を示すのが、はるかに時代はくだるが、八世紀の行基の活動である。『行基年譜《ぎょうきねんぷ》』の「天平十三年記」は、行基集団の活動をまとめた公的文書をもとにしていると考えられているが、そこに、

船息《ふなすえ》二所

大輪田《おおわだ》船息　在摂津国菟原郡宇治

神前《こうざき》船息　在和泉国日根郡日根里、近木郷内申候

とある。船息は港のことと考えられる。大輪田船息は旧湊川河口付近、神前船息は貝塚市の近木《こぎ》川の河口付近とすると、やはり大阪湾をはさんで向かい合って位置していることになる。大阪湾北岸の西摂・東播地方沿岸部と、大阪湾南東岸の和泉沿岸部とは、長く交流関係を持ち続けてきたといえよう。

和泉国と摂津国の村主氏、布師（布敷）氏

その交流を、先行研究に学びつつ、氏族関係に注目して確かめてみよう。『新撰姓氏録《しんせんしょうじろく》』によると摂津国諸蕃《しょはん》（百済《くだら》）として「意宝荷羅支王《おおからきおう》」の後であるとする「村主《すぐり》」という氏族がいたことがわかる（表1）。この氏は「葦屋村主」と同祖とされているので、先に見た『万葉集』の「葦屋処女」の伝説の故地、菟原郡葦屋郷と関係するとみられる。ただし、摂津国諸蕃には「葦屋村主」という氏は立項されていない。

ところが和泉国諸蕃（百済）にも「村主」と「葦屋村主」の二氏がみられる。この二氏の和泉における本拠地は、今のところ明らかでない。こちらの「村主」も「葦屋村主」と同祖とされているが「大根使主《ねのおみ》」の後とされている。また、「葦屋村主」は、「百済意宝荷羅支王」の後とされているので、摂津の「村主」が同祖とする「葦屋村主」とは、この和泉の「葦屋村主」のことであろう。つまり、両地域の「村主」は同族で、ともに和泉の「葦屋村主」を祖としているのである。

この和泉の「葦屋村主」は、氏名からみて、もとは摂津の葦屋地域にいたとみるのが自然であろう。その

	種別		氏名	同祖	出自
和泉	諸蕃	百済	村主	葦屋村主	大根使主
〃	〃	〃	葦屋村主		百済意宝荷羅支王
摂津	〃	〃	村主	葦屋村主	意宝荷羅支王

表１　和泉と摂津の「村主」「葦屋村主」『新撰姓氏録』より作成。

	種別	氏名	同祖	出自
和泉	皇別	布師臣	坂本朝臣	建内宿祢男葛城襲津彦命
摂津	〃	布敷首	玉手（朝臣）	葛木襲津彦命
河内	〃	布忍首	的臣	武内宿祢
左京	〃	布師首	生江臣	武内宿祢

表２　「布師臣」「布敷首」「布忍首」「布師首」『新撰姓氏録』より作成。

同族は和泉に移って定着したが、おおもとの摂津の「葦屋村主」の方は『新撰姓氏録』編纂の九世紀ころまでには、それに登録・立項されるだけの実態を失ってしまったのであろう。

そうすると、摂津国と和泉国の「村主」と「葦屋村主」とは、かなり近い同族の関係にあったと見られる。和泉国のほうは本拠地が不明だが、菟原郡葦屋郷と和泉国との人的交流を示している。

また、『新撰姓氏録』和泉国皇別に「布師臣《ぬのしのおみ》」という氏族が見える（表2）。この氏は「坂本朝臣《さかもとのあそん》」と同祖で「建内宿祢《たけうちのすくね》の男葛城襲津彦命《かつらぎのそつひこのみこと》」の後とされている。一方、摂津国皇別には「布敷首《ぬのしきのおびと》」という氏族が見え、「玉手（朝臣）」と同祖で「葛木襲津彦命」の後という。

これらとよく似た名称の氏として、河内国皇別の「布忍首《ぬのおしのおびと》」と、左京皇別の「布師首」が見える。この両氏も、ともに「武内宿祢《たけうちのすくね》」の後とされている。武内宿祢の男が葛城襲津彦であるから、結局これら四氏は同族関係にあるとみることができる。これらの氏は、特徴的な名称からみて、『和名抄《わみょうしょう》』の摂津国菟原郡の布敷郷にゆかりの深い氏であった可能性が高い。

伝説が形成された背景

そのうち、和泉の「布師臣」について「坂本朝臣」と同祖とされていることが注意される。というのは、先に見た和泉国諸蕃の「村主」が「大根使主」の後とされているからである。「大」は美称とみなせるから、「根使主」の後ということになる。そして「根使主」は、「坂本臣が祖根使主」（『日本書紀』安康天皇即位前紀）、「根使主が後の、坂本臣と為ること、是より始れり」（同雄略天皇一四年四月条、奈前20）とあるように、坂本臣（のち坂本朝臣）の祖とされているのである。そして、『新撰姓氏録』によると、坂本朝臣は紀朝臣と同祖である。すると、和泉国諸蕃の「村主」と同皇別の「布師臣」とは関係があり、ともに紀氏系の氏族であったと考えられることになる。

紀氏（紀臣と紀直）という氏が成立する以前の段階を「紀氏集団」と呼びたいが、和泉国諸蕃の「村主」や同皇別の「布師臣」、それらの同族と考えられる諸集団は「紀氏集団」や「葛城氏集団」と密接な関係にあったと推定される。

いま、五世紀半ばごろの雄略天皇によって屈伏させられるまで「紀氏集団」と「葛城氏集団」とが連携していたとする考えに従うと（詳細は『和泉市の歴史6』第2部第3章を参照）、「村主」「葦屋村主」や「布敷首」「布師臣」という後に「氏」になっていく諸集団は、「葛城氏集団」「紀氏集団」によって大阪湾をはさんで配置されたものと考えることが許されるであろう。

以上のように、遅くとも古墳時代前期から、六甲山南麓地帯と和泉地方とはさまざまな形で交流が続いていた。「葦屋の菟原処女」の伝説がいつごろ形成されたのか定かでないが、このような交流を背景として、彼女を争った壮士の一人を「小竹田壮士（千沼壮士）」とする伝説が無理なく形成されたと考えられる。

2　元正天皇の和泉宮　―奈良時代の大園遺跡―

奈良時代前半期における和泉地域を彩るのは、元正《げんしょう》天皇と和泉宮の関係だろう。元正天皇は霊亀三（七一七）年二月、和泉宮に行幸《ぎょうこう》した（奈5）。養老三（七一九）年二月にも、また、譲位後の天平一六（七四四）年にも和泉宮を訪れている（奈7・29）。元正天皇の和泉宮に対する思い入れは相当に強かったようだが、和泉宮や、その行政府としての和泉監の実態はおろか、所在地すら明確になっていないのが現状である。

奈良時代後半の和泉国成立後の国府所在地については、平安時代以降の南海道（熊野街道）の宿営地としての繁栄から、歴史地理学的な研究も含め、府中町周辺に求める意見が強い。これを受けて、奈良時代前半の和泉宮や和泉監の所在地についても、詳細な検討を経ることなく、漠然と府中町周辺にあったと考えられてきた。しかしながら、近年の府中町の広範囲にわたる発掘調査においても、宮、監、国府を示唆する遺構は見出せない。それに対し、信太山丘陵西麓にひろがる大園遺跡周辺で、奈良時代の特殊な遺構の検出が相次いだ。ここではそれらを検討することによって、元正天皇に縁の深い和泉宮の所在地について考えてみたい。

奈良時代における大園遺跡と周辺の様相

大園遺跡は、古墳時代中期（五世紀後半）から集落が営まれ、古墳時代後期（六世紀後半）に最盛期を迎える。検出された建物個々の規模は小さいが、集落は広域に展開することから、和泉地域でも最大級の古墳時代集落といえる。しかしながら、七世紀になると徐々に集落は縮小し、八世紀初頭にふたたび集落が形成さ

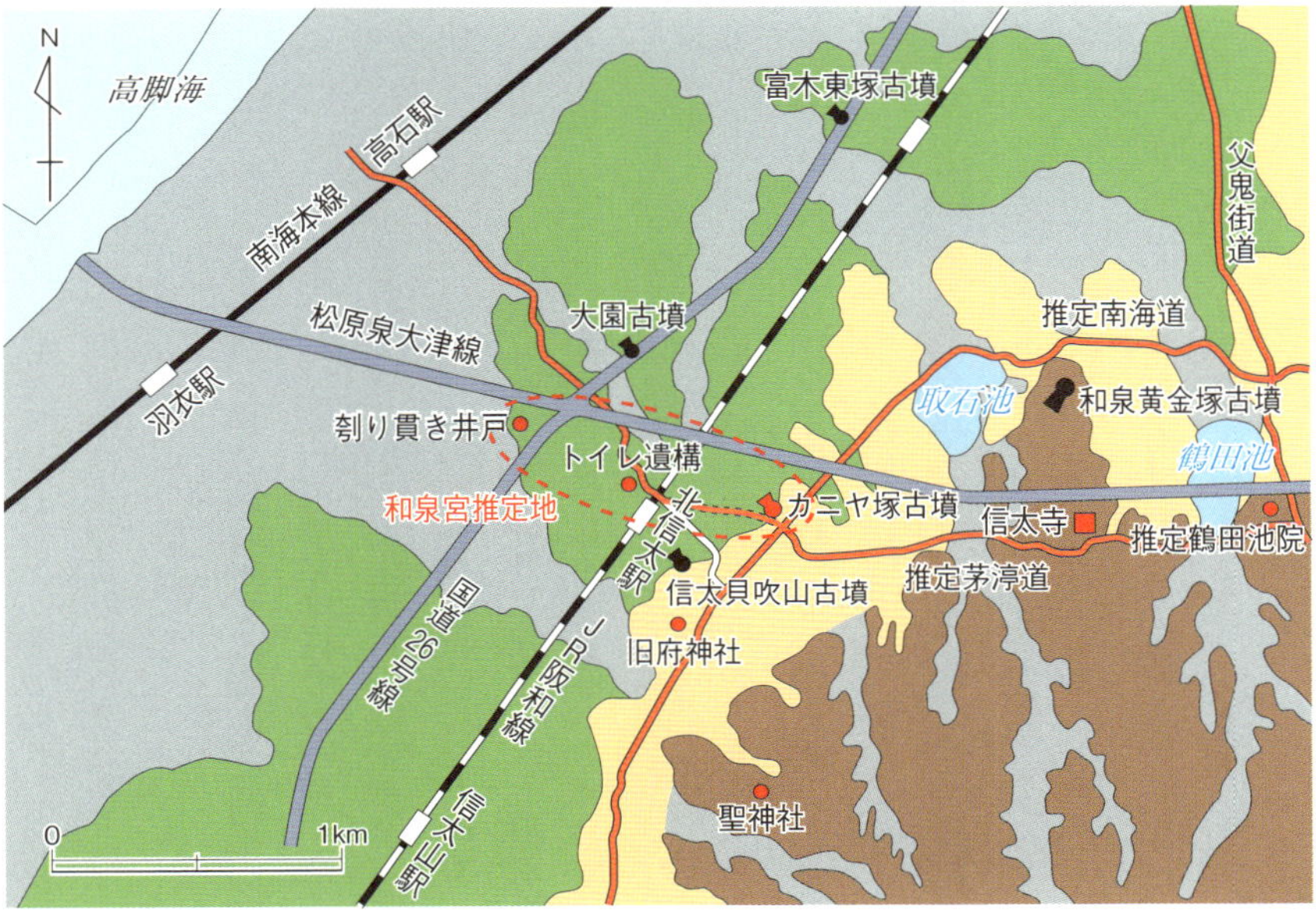

図15　和泉宮推定地と周辺の地形および遺跡分布

れるまで、半世紀あまりの無住に近い状況がみられる。このような現象は、同時期の万町北遺跡（いぶき野）などでも確認されている。前代より続く集落が七世紀に縮小するのは、水利の開発が進み、旧来の集落地が耕地化したためともいわれるが、それでは八世紀になって同じ位置にふたたび集落が形成されることの十分な説明がつかない。この現象は、古墳時代から律令国家への転換期における社会変貌のなかで考える必要があるのだろうが、その具体的要因が明らかにされているとはいい難い。

奈良時代の大園集落では、前代のような遺構の稠密さは認められないが、検出面からの深さがわずか五センチメートルという大型柱穴が広域に散見したり、奈良時代に施された整地層が薄く遺存する部分もある。これは、中世の耕地開発にともなう削平によって奈良時代の遺構の多くは消滅してしまい、一部の深い遺構のみが遺存したことを示しているのだろう。実際には、大園遺跡において大規模な奈良時代集落が展開していた可能性が高いのだろうが、残念ながらその実態は不明な点が多い。

周辺に目を向ければ、遺跡の北東には万葉集にも詠われた取石池《とろす》がある（文3）。五世紀後半以降、大園遺跡を中心に周辺が開発されるなかで築造されたと考えられるもので、遅くとも七世紀には存在し、奈良時代には歌に詠まれるまでになっていた。

大園遺跡西方の高脚海《たかしのうみ》（高師浜）は、古代において、天皇や神に供される魚介を貢納するために一般漁民の漁撈を禁じた禁漁区であり、守護人が置かれていたようだ。持統《じとう》三（六八九）年に摂津国武庫海《むこのうみ》、紀伊国那耆野《なきの》、伊賀国身野《みの》で高脚海と同様の禁漁の措置がとられていることから（奈前33）、七世紀後半には高脚海が天皇家直轄の禁漁区となっていたことがわかる。古墳時代の大園遺跡は須恵器生産に深く関わる集落とされているが、出土遺物にはイイダコ壷や土錘などの漁具が大量に見られる。禁漁区にも定められるような良好な漁場の存在を背景にしたもので、かつては高脚海における漁撈を大園遺跡の住人が担っていたのだろう。この伝統を受け、守護人は大園遺跡に置かれていた蓋然性が高い。

高脚海から大園遺跡を通り、取石池を眼下に見下ろしつつ信太山丘陵に至る道路は、大園遺跡と須恵器生産地を結ぶもので、「須恵器の道」として古墳時代後期までには整備されていた。「茅渟道」の可能性もあるこの道路は、須恵器生産の中心地であったと考えられる茅渟県陶邑《ちぬのあがたすえむら》に至り、さらには古代幹線道路であった竹之内街道に至る。そこから北上すると難波宮へ、南東に進むと大和に至る。

この道路沿いに、七世紀後半には渡来系氏族である信太氏によって信太寺が建立された。法起寺《ほっきじ》式伽藍《がらん》配置をとる信太寺は、創建時には新羅《しらぎ》系統の瓦が使われ、奈良時代の塔の再建などの大規模な改修時に使用された瓦は、平城京瓦と強い関連をもっていた。また、奈良時代後半になると、沿道には鶴田池院、大庭寺院、大野寺土塔《どとう》など、行基ゆかりの寺院も建立された。この道路が奈良時代においても重要であったことがうかがわれ、禁漁区である高脚海で獲れた魚介を天皇や神へ貢納する場合も、須恵器が調として運ばれるときも、この道路が使われたことは想像に難くない。また、大野寺土塔と信太寺の両寺から、人名かと思われる「主引」と記された瓦が出土している（平前9）。両寺を結ぶこの道路の往来を物語るものだろう。

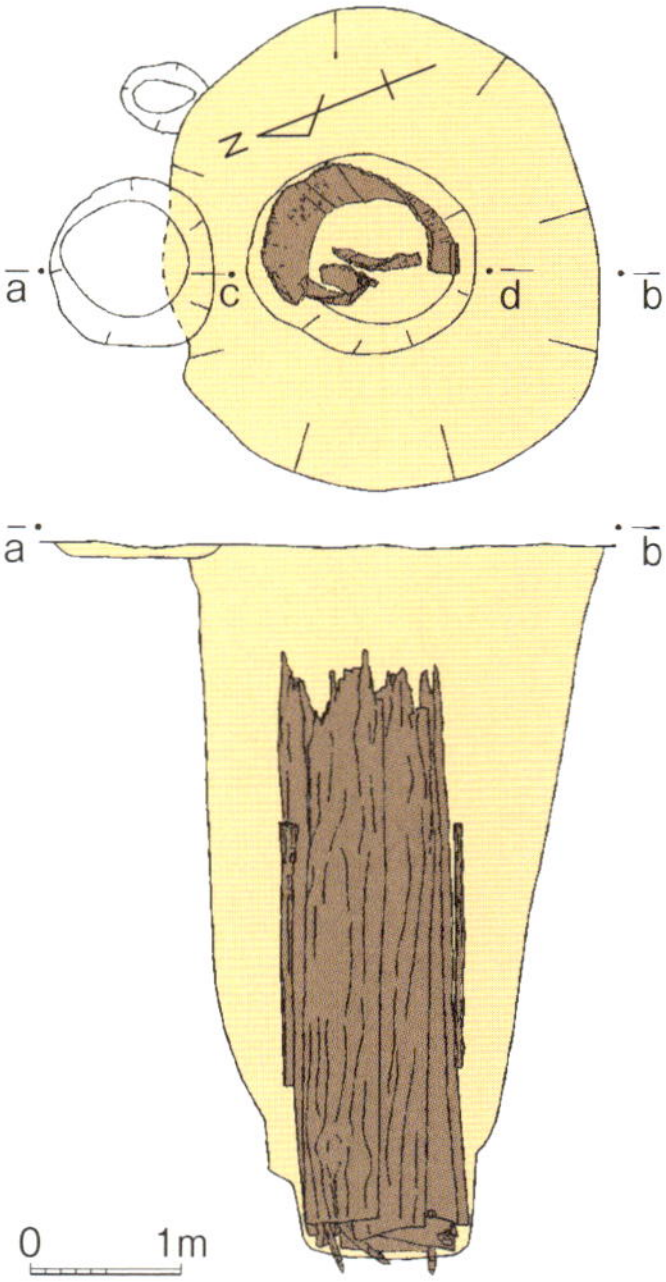

図16　井戸の実測図

写真24　大型刳り貫き井戸　全体の２分の１が露出したところ。その巨大さが想像できる。

このように信太山丘陵からその西麓一帯にかけての地域には、奈良時代の都人に当該地域を周知させるだけの歴史的背景が存在したといえるのである。

大園遺跡周辺の奈良時代の特殊な遺構

近年、大園遺跡周辺で発見された遺構は、極めて特殊なものである。奈良時代の遺構の多くが消滅したと考えられる中で、これらの特殊遺構が大園遺跡の性格の一端を示してくれるだろう。それらから奈良時代における大園遺跡の実態を考えてみよう。

巨大な刳り貫き井戸　国道二六号の西側、大園遺跡綾井地区で検出された井戸は、直径一・二メートルのヒノキの大木を縦に四分割し、内側を刳《く》り貫《ぬ》いたものが井戸枠として設置されていた（写真24）。奈良時代の刳り貫き井戸としては、国内でも最大級であった。

井戸枠は現況で四メートルあまりが遺存しており、地表面から井筒が出ていたことを考えると、全長五メートルを超える大木が用いられたようだ。井戸枠は樹皮を残したままで加工されており、転用材ではない。井戸枠の厚みは一〇センチメートル程度だったが、ここに二〇〇年ほどの年輪が刻まれていたことから、原木は樹齢一〇〇〇年を超える大木だったのだろう。産地の同定は難しいが、年輪の形成状態から考えて近辺で入手し得るものではなく、井戸枠として使用するためにはるばる運ばれたものと想像できた。

巨木の、木材として最も優秀な部分を削り取り、用材としては適さない樹皮近くの柔らかい部分のみを井戸枠として使用していることから考えても、この井戸が尋常ならざるものであったことが理解できる。

年輪年代測定により、井戸枠材は西暦七一五年に伐採されたことが明らかになった。年輪年代を測定した光谷拓実の所見によると、樹皮の状態から西暦七一五年の夏に伐採され、すぐに井戸枠に用いられた可能性が高いということであるので、その年のうちに井戸は造られたのだろう。

井戸はある時期、何らかの理由で壊れ、その機能が失われた。廃絶にあたり、木製柄杓《ひしゃく》、内外面を籠目状に墨書した土師器甕《かめ》、斎串《いぐし》などが意図的に投棄されていた。出土遺物が少なく、廃絶時期を明確にはできないが、土師器甕の所産年代から八世紀前半に廃絶したと考えられる。井戸底部からの遺物出土は極端に少なく、井戸は使用されている最中に突発的に崩壊したようで、大きな地震などが要因となった可能性が高い。記録に残るものとして天平六（七三四）年に畿内七道を襲った大地震があり、井戸の廃絶がこれに起因するとしても時期的に矛盾はない。

この井戸以外に、ほぼ同時期の所産と考えられる同規模の井戸が周辺で三基確認されている。調査範囲が限定されていることから、奈良時代の大型井戸はさらに増える可能性がある。なぜ、このように狭い範囲に複数の大型井戸が構築されたのかは不明だが、一帯から精緻な土馬なども出土しており、水に関わる何らかの祭祀がここで執り行われていた可能性が高い。

改修されたカニヤ塚古墳の周濠　カニヤ塚古墳は、大園遺跡に隣接する上町遺跡の東端に所在する。五世紀後半に築造された直径四八メートルの円丘を有す帆立貝形古墳である。

和泉地域では、中世に広範囲かつ大規模な耕地造成が行われた。これが和泉地域の全域でいっせいに実施されたものかどうかは検討の余地を残すが、大園遺跡周辺では一四～一五世紀に一帯が耕地化したようで、この時期にカニヤ塚古墳も削平されていた。

しかし、カニヤ塚古墳は中世に消滅する以前、奈良時代にすでにその姿を大きく変えていた。二〇〇一（平成一三）年にカニヤ塚古墳の周濠の約二割が調査されたが、そこでは通常の古墳周濠とは異なる様相が見てとれたのである。

通常、古墳は墳丘斜面に葺石と呼ばれる石を貼り付け、盛土の崩壊を防いでいる。ところがカニヤ塚古墳

写真25　カニヤ塚古墳の周壕

図17　カニヤ塚古墳の庭園苑池想像復元図

では、周濠の両法面にテラス状の平坦面を設け、底部を中心に左右対称に石が敷きつめられていたのである(写真25)。敷石は平坦面以下の墳丘側法面のみならず外堤側にも施されており、敷石の下には薄く水性堆積層が認められた。ここからは奈良時代の土器も出土している。これは、奈良時代になってから、周濠内を浚渫したうえで敷石が施されたことを物語っている。この改変時に墳丘の一部も削平されたようで、周濠で確認された敷石は削平で得られた葺石を再利用したものだろう。周濠からの出土遺物は少なかったが、埴輪のほか、奈良時代の陶硯や瓦片、墨書のある須恵器などが出土した。これら出土遺物の年代観から、改修は八世紀前半に実施されたものと考えられた。

カニヤ塚古墳周濠の改修は何を意図して行われたのだろうか。奈良時代における古墳周濠改変の事例としては、平城京造営にあたり破壊された市庭古墳の周濠を苑池《えんち》として利用した例や、古墳の周濠を改変した平城京松林苑跡の苑池の例がある。これらの調査例から考えると、カニヤ塚古墳の周濠が奈良時代に大改変を受け、苑池に姿を変えていた蓋然性が極めて高いといえる。

また、周濠をのぞむようにして造成された平坦部分からは一辺一メートルを測る柱掘形が検出されている。掘形の規模から考えて大口径の柱材が使われていたことは間違いない。調査区が限定されていたため、これがどのような建物になるのかは不明だが、柱の規模から考えて大型の建物になる可能性が高い。

トイレ遺構　この遺構は国道二六号線とJR阪和線に挟まれた、大園遺跡葛の葉地区で検出された。一辺一メートルほどの方形に、幅二〇～三〇センチメートルの板材を立て並べた遺構で、縦板組の井戸に見えるものであった(写真26)。板材は全長五〇センチメートルほどが遺存していたが、周辺の削平の度合いを考えても、本来の深さは一メートルを超えるものではなかった。また、底面は黄褐色粘土層の中に構築されており、少量の湧水は認められるが、井戸として機能するほどの水量はなく、深度、水量の両面から井戸とは断

写真27　トイレ遺構の木組部分

写真26　トイレ遺構の全景　写真右上がトイレ遺構。掘形の大きさがわかる。

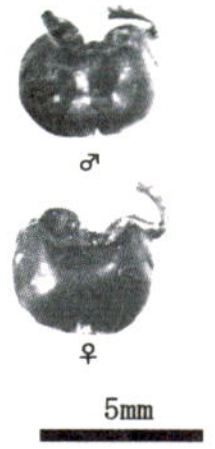

写真29　出土したマルエンマコガネ

写真28　覆土中から出土した種子類　左からウリ、ヒョウタン、モモ。

定できなかった。

遺構覆土から八世紀前半の土器や先端部が炭化した加工木片のほか、ヒョウタンやウリ、モモ等の種子類、糞食昆虫のマルエンマコガネなどの動物遺体が出土した。そして顕微鏡検査で回虫や日本住血吸虫の卵殻が確認できたことから、覆土に人糞が混入していたことがわかった。加工木片の中には用便の際に用いる籌木《ちゅうぎ》と考えられる薄いヘラ状の木製品も含まれており、本址が「トイレ遺構」である可能性が高まった。

遺構本体の大きさに比して、周囲の掘形は面積比で一〇倍を超えており、掘形の埋土にも大量の人糞を含んでいたことから、同一場所において遺構本体が造り直されていた可能性が高い。

この遺構をトイレと限定してもよいのか、あるいは、籌木の出土量が少ないことから、井戸のような形状をもつ木組み遺構の廃絶に当たり、人糞による埋め戻しが行われた結果であるのかは判断できない。しかしながら、掘形の状態から同一場所における継続性が認められる以上、トイレとして使用されていた可能性が高いのではないだろうか。

地方における古代の「トイレ遺構」は、鴻臚館《こうろかん》の前身である筑紫館（福岡県）と、東北経営の拠点であった秋田城（秋田県）で検出されているだけである。特別な官衙以外に類例をみない、特殊な遺構といえるだろう。

以上で触れた三基の遺構は、極めて特殊なものであったことがわかる。それぞれの遺構を詳細に検討するには比較する類例に乏しいが、少なくとも一般的な集落で営まれることのないものである。とくに庭園苑池やトイレ遺構などは宮都や特別な官衙でしか見られず、奈良時代の大園遺跡の周辺にはそれらに比肩し得る施設が存在したと考えるべきで、その運営には中央の意図が働いていたと想像できるのである。

奈良時代の大園遺跡の性格

時代背景も勘案しつつ、奈良時代の大園遺跡の経営に国家による力が及んでいた可能性が高いという点を重視すると、先述した遺構から想像し得るのは元正天皇の和泉宮であろう。

大園遺跡周辺に元正天皇の和泉宮が造営されていたと考えた場合、西暦七一五年に構築された井戸の存在は大きな示唆を与えてくれる。つまり、元正天皇が即位したことを契機に和泉宮の造営が命じられ、それに関連して井戸の用材が調達されたと考えられるからである。時期的に考えて、カニヤ塚古墳の庭園苑池への改変も、同時に開始された可能性が高い。

元正天皇の和泉宮が既存施設の改修なのか、新造なのかは明確ではないが、それ以前に和泉宮が正史に登場するのは允恭《いんぎょう》天皇の時代であり、宮の存在が史実であったとしても、五世紀前半という実年代を考えるとこれを改修したものとは考えにくく、元正天皇が宮の新造を命じた可能性が高い。元正天皇がここに宮を造営したのは、優良な漁場をひかえた交通路の要であり、また風光明媚な土地として、都人にもなじみの深い場所だったからだろう。ただ、即位から二年足らずで和泉宮に行幸していることを考えると、既存の施設も改修して宮の施設としたことが想像でき、それがカニヤ塚古墳の周濠の改修に現れている。河内国より三郡を割き和泉監が設置されたのも、宮の運営に供するためというより、当初は造営に要する費用を捻出するためではなかろうか。そして、一年あまりの工期を経て造営が一定の完成をみた霊亀三（七一七）年二月、元正天皇は満を持して和泉宮に行幸したのである。

その際、和泉監の長官である竪部使主石前《たてべのおみいわさき》の位階を進め、工人たちにも褒賞を与えている（奈6）。竪部氏は高句麗系の渡来氏族で、建築技術や建築彩色の技術を持った職能集団であったと考えられており、この昇位は和泉宮造営の功に対してのものであったことは想像に難くない。宮の造営はその後も継続し、栄原永遠男の考察の通り、石前が異例の昇進を続けた養老五（七二一）年ごろまでは実施されていたのだろう。

大園遺跡周辺に、元正天皇の和泉宮があった可能性は高いが、庭園や井戸、トイレ遺構のほか、宮の施設としてどのような機能が付加されていたのかはわからず、宮の具体像までもが明らかになったわけではない。ただ、遺構のあり方から、舌状に張り出した低位段丘上の、東はカニヤ塚古墳から西は刳り貫き井戸までの約一キロメートルの範囲に、宮の施設が点在していたと考えられる（図15）。

聖武天皇は神亀元（七二四）年一〇月、紀伊国行幸の際に所石頓宮《とろしのかりみや》に立ち寄っている（奈10）。所石頓宮と和泉宮との関係は定説をみないが、和泉宮が比較的広い範囲を包括していたとすると、聖武天皇の宿所がこの範囲内の、取石池が望める場所に仮設されたか、あるいは点在する施設の一部を使用したため、それを限定的に所石頓宮と呼んだ可能性があり、そうなると所石頓宮と和泉宮の関係も整合性をもつ。

しかし、大園遺跡周辺における一連の調査成果は、元正天皇が行幸した和泉宮が大園遺跡周辺にあった可能性を示唆するものの、それが行政機関としての和泉監の位置や、分国後の和泉国府の所在地までを直接的に示すものではない。監や国府の所在地の解明は、別の議論を必要とする。

奈良時代後半から平安時代前期にかけて、大園遺跡では少ないながらも遺構が検出されており、人びとの生活の営みは連綿と続いていた。しかし、それは奈良時代前半に営まれたような特殊な施設を含むものではなかった。このことは和泉国成立後の国府が、大園遺跡に置かれなかったことを物語っているのではないだろうか。つまり、和泉国府が大園遺跡周辺に置かれなかったことにより、大園遺跡は一般集落の域にまで急激に衰退したと考えられるのである。

元正天皇亡き後、仏像の移動などの記録はあるものの、和泉宮もまた歴史の表舞台から姿を消す。ここで述べた和泉宮は、まさしく元正天皇のための離宮であった。

3　古代の鶴田池

鶴田池の位置づけ

信太山丘陵に築かれた鶴田池は灌漑用溜池で、堺市草部《くさべ》に所在している。古代の行政区画では和泉国大鳥郡日下部《くさかべ》郷となる。『行基年譜』では、同池に付属する鶴田池院の所在地を「和泉国大鳥郡凡《おおよそ》山田村」と記載する（写真30）。

この池は、その北東に位置する大鳥郷・日下部郷域に灌水するため、高さ約一〇メートル、長さ約三〇〇メートルに及ぶ堤によって丘陵部の谷を塞いで築いたものである。これらの地域は瀬戸内海式気候に属し、夏場の降雨量が少ない。東には石津川の沖積平野が広がるが川の水量は少なく、西部は丘陵で水の確保が難

図18　鶴田池と周辺関係図　池や河川は明治期の様子。

しい。水田耕作地を広げるには大規模な灌漑整備が不可欠である。故に鶴田池のような谷をせきとめた溜池の重要性は論ずるまでもないだろう。

鶴田池は条里でいえば、石津川の沖積平野に復元される郡里・水合里への給水を担っていたと考えられる。この付近には笠池・中ノ池・今池などの溜池も設けられるようになるが、鶴田池はその給水を背後で支え、補う役割を果たしてきた。

この池は後述するように、八世紀前半に行基によって築造されたと考えられる。そして中世には、摂関家に奉仕する大番舎人《おおばんとねり》によって管理・支配されるようになるが、地域支配に直結する溜池の管理権をめぐり、大番舎人と現地の地頭（田代氏）との間には池司職《いけしき》をめぐる争いが繰りひろげられることとなった。また、近世には鶴田池の南方に元禄池などが相次いで築造され、貯水量や灌漑能力が大きく強化される。これらの池は一体的に「鶴田池」として把握され、草部・上《かみ》・北王子《きたおうじ》・長承寺《ちょうしょうじ》・富木《とのき》・野代《のしろ》・原田《はらだ》の七ヶ村の共同利用池とされた。

鶴田池とその灌漑域である日下部郷は、現在の行政区分では堺市に属している。しかし信太山丘陵上の溜池であり、また確実に古代までさかのぼる池でもある。前章で述べたように、郷が設定される以前、五世紀ごろの大園の集落遺跡は平野部一体に広がっていたが、七世紀以降耕地開発が進められ、その開発の主体の違いによって日下部郷と信太郷がそれぞれ置かれたのであろう。これらの意味で、信太郷の古代史を考えるにあたり、鶴田池は多くの知見をもたらしてくれる存在である。このような観点から、ここでは鶴田池を、行基・地域の人びと・古代国家の三つの視点からできるだけ多角的に考察し、古代における同池をめぐる様相を叙述してみたい。

なお二〇一四（平成二六）年現在、鶴田池に赴くにはJR阪和線鳳駅からバスに乗車し、鶴田池の恩恵を蒙ってきた「長承寺」「上」「草部」などを通過して、「山田北」の停留所で降車すればよい。今はゴルフの練習場として利用されている。

鶴田池と行基

行基は奈良時代を代表する僧侶である。民衆への布教に加え、貧者救済や灌漑整備などの社会事業を展開したこと、また聖武天皇の要請に応じて東大寺盧舎那仏《るしゃなぶつ》の造立に協力したことでもよく知られている。彼は畿内を出て活動することはなかったようだが、全国各地に行基伝承が伝わっている。それは、調庸などを運び込むために列島各地から都に集まった多くの人びとが、行基の布教に接し、その活動の恩恵に浴したことの証左であろう。とくに和泉国大鳥郡（もとは河内国）は行基の故郷であり、彼の活動の主要舞台である。したがって、この地域における彼の活動には史実が多分に含まれている。鶴田池もその確かな足跡のひとつと考えられる。

ところで、行基の活動を歴史的な事実として位置づける作業は意外なほどに難しい。というのも、彼の活動を伝える多種多様な史料の中で、歴史学的な検証に堪えうる史料が限られているからである。

　同時代史料としては、天平一二～一七（七四〇～七四五）年の間に比年される優婆塞貢進文《うばそくこうしんもん》（『大日本古文書』〔編年文書〕第二四巻三〇二頁）があげられる。これは「薬師之寺師位僧行基」を師主とする丹比大歳の得度《とくど》を推薦する内容の古文書である。ここから、行基がこの時点で薬師寺に所属し、師位僧であったことは確認できるものの、彼の活動の具体像をうかがうことはできない。また、彼の生涯を銘文に刻んだ行基骨蔵器の断片も伝存しているが、銘文全体を唐招提寺に残された『大僧正舎利瓶記《だいそうじょうしゃりへいき》』から知ることができるものの、その記述内容は簡略で具体性には欠ける。

　一方、後世の編纂物ではあるが、行基の生きた時代を叙述する『続日本紀』の記述は具体性をともなっている。天平勝宝元（七四九）年二月二日条の行基伝には、彼が「諸の要害の処に橋を造り陂《つつみ》を築」いたこと、「留止る処には皆道場を建」て、それらは「畿内には凡そ卌九処《しじゅうく》」であったことを記している。また宝亀《ほうき》四（七七三）年一一月二〇日条（奈54）では、和泉国の高渚院など行基建立の「四十九院《しじゅうくいん》」の一部を伝えている。これらの記事は史実性が高く、かつ行基の活動の様子を具体的に示している。しかしそれでもなお、彼がどの時期に、どの「橋」や「陂」、「四十九院」を築いたのか、という点については知ることができない。

　この点で行基の活動をもっとも具体的に伝える史料が『行基年譜』（奈36）である。この史料は、平安時代末期の安元《あんげん》元（一一七五）年に泉高父なる人物によって著述されたものである。彼が年譜を編さんするにあたり、次の五種類の材料を用いたことがわかっている。

①延暦《えんりゃく》二四〔三〕（八〇五〔四〕）年菅原寺牒の引用する「天平十三年記」

②皇代記

③年代記

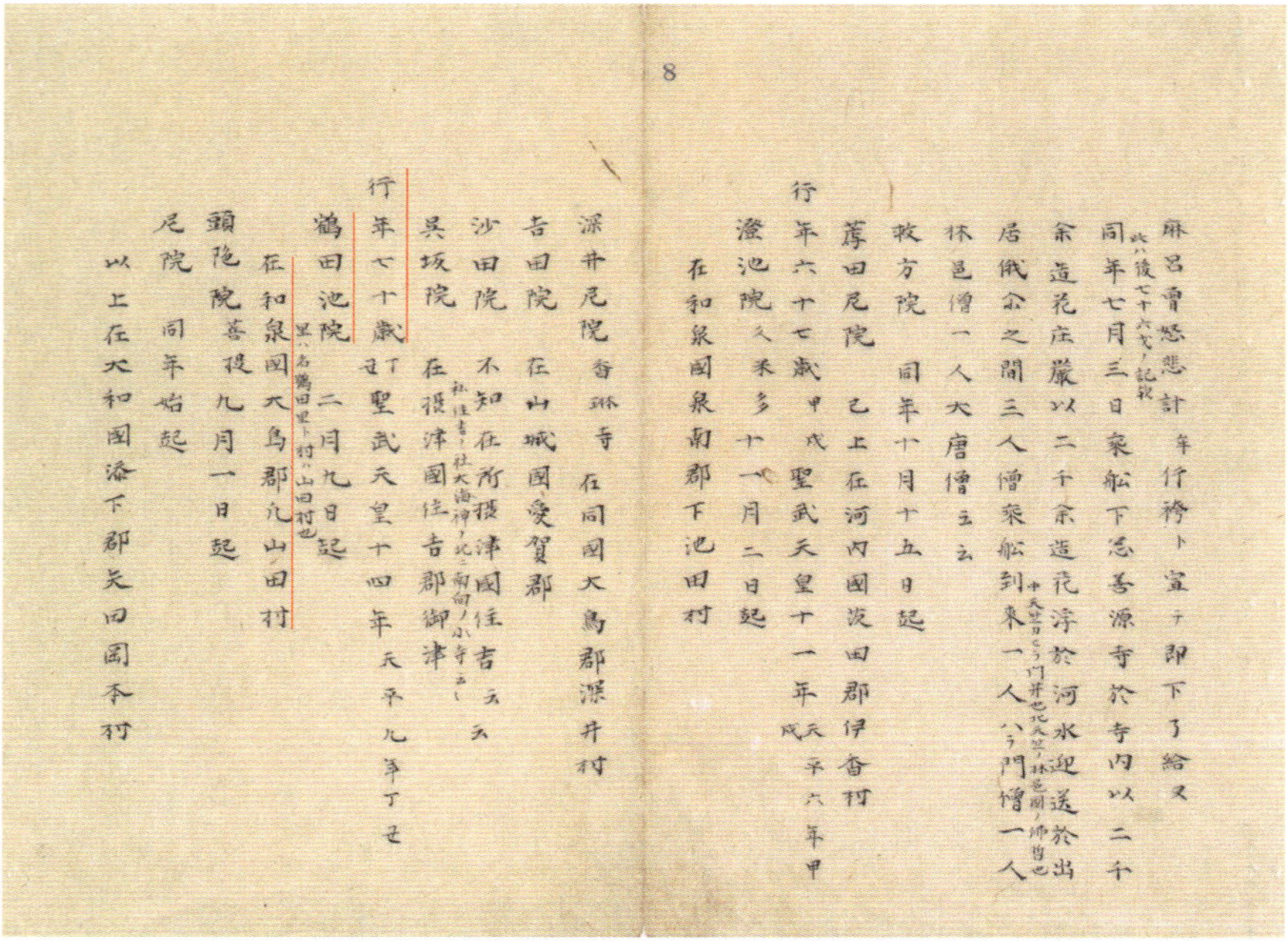
麻呂曾恐悲計年行務ト宣テ卸下了給又
同年七月三日來船下忘善源寺於寺内以二千
余道花庄嚴以二千余道花浮於河水迎送於出
居僧尓之間三人僧乘船到來一人ハ門僧一人
林邑僧一人大唐僧云云
枚方院　同年十月十五日起
薦田尼院　己上在河内國茨田郡伊香村
行年六十七歳甲戌聖武天皇十一年天平六年甲戌
澄池院又來多　十一月二日起
在和泉國泉南郡下池田村
深井尼院　香琳寺　在同國大鳥郡深井村
吉田院　在山城國愛宕郡
沙田院　不知在所摂津國住吉云云
呉坂院　在摂津國住吉郡御津
行年七十歳丁丑聖武天皇十四年天平九年丁丑
鶴田池院　二月九日起
在和泉國大鳥郡凡山田村
頭陀院菩提　九月一日起
尼院　同年始起
以上在大和國添下郡矢田岡本村

写真30　『行基年譜』（複製、大阪府立狭山池博物館蔵）　原本は徳川ミュージアム所蔵。行年七十歳の項に「鶴田池院」とみえる。

④行基の伝記（『行基菩薩伝』と『三宝絵詞』の行基伝）
⑤和泉国の行基関係遺跡の諸記録

その作成過程については、まず四十九院建立を軸に行基の事跡を年代順にまとめた史料と思われる③「年代記」によって骨格を作り、次に天皇の代替わりの年に②「皇代記」（皇室の系譜）の記述を挿入、そして④⑤によって各年次の記事を肉づけし、あわせて天平一三（七四一）年の部分に①の延暦二四（二三）（八〇五〈四〉）年菅原寺牒に引用された「天平十三年記」を配置したと考えられる。

このうち「天平十三年記」の原本は、同年に朝廷に提出された公文書であり、行基の晩年に作成されたものであると考えられている。したがって『行基年譜』は平安末期に成立したものではあるが、「十三年記」の内容に関してはその史料的価値は高い。そこには、この時までに行基が畿内各地に築いた橋、直道、池、溝、樋、船息《ふなすえ》（港）、堀、布施屋《ふせや》（交通路上に設けられた宿泊施設）がその所在地とともにまとめて記載されている。これらは実際に行基によって築造・整備されたも

写真31　土塔出土神亀４（727）年銘瓦（堺市教育委員会蔵）

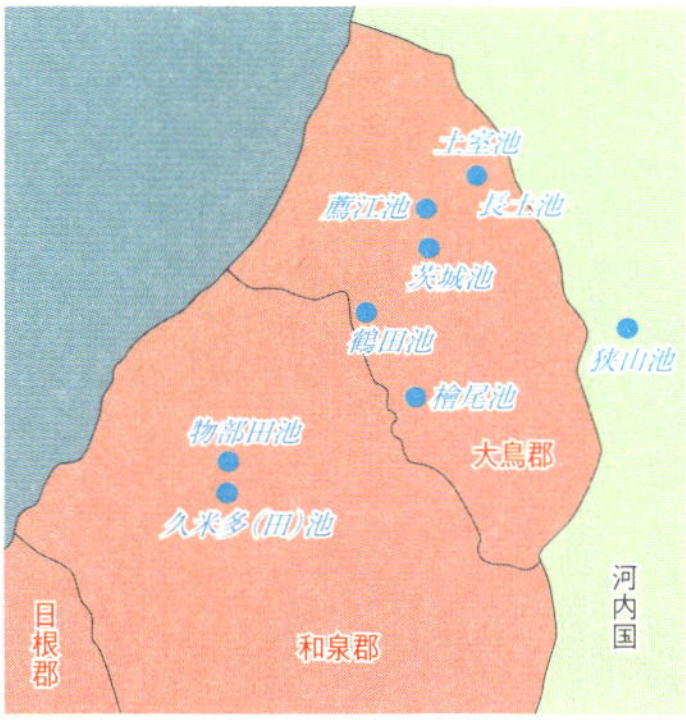

図19　行基が関与したおもな池

のと考えてよい。そしてこのなかの「池十五所」の箇所に、和泉国大鳥郡「早部郷」（日下部郷）に築造された鶴田池が登場するのである。「十三年記」の史実性を念頭におけば、鶴田池が行基によって築造されたことはほぼ間違いない。

しかし「十三年記」の記述だけでは、そこに記された諸施設がいつ造営されたのかがわからない。一方、「年代記」によったと思われる部分には、行基の年齢とともに、その年に設置された「院」や寺などが列記されている。そのなかには「檜尾池院」や「狭山池院」など、行基が築いた池に付属し、その管理も担っていたと考えられる施設が散見する。これによれば、天平九（七三七）年行基七〇歳の時に「鶴田池院」の記載があることから（写真30）、鶴田池もこのころに築造されたということになる。

「年代記」部分の史実性に関してはさまざまな見解がある。しかし、堺市大野寺の土塔の発掘調査により「神亀《じんき》四年□卯年二月□□□」と記された文字瓦が発見されたことで（写真31）、その信憑性はにわかに高まったといえる。すなわち、行基六〇歳の時の「年代記」には、大野寺と同尼院の建設が「神亀五年丁卯」（これは干支との対応から神亀四〔七二七〕年の誤りである）に始まったとあり、前出の文字瓦の記載と一致するからである。部分的な一致である可能性も否定できないが、鶴田池（院）に関しても「年代記」の伝えるように、天平九年ごろに築造された可能性はかなり高いだろう。このように鶴田池は、八世紀前半に行基によって築造されたと考えられるのである。

行基のまわりには、彼の布教を契機に仏教信仰を同じくする人びとが集まっていた。彼らを知識結《ちしき》として集団化し、財物・労働力（知識物）の提供を呼びかけることで、鶴田池のような灌漑整備事業や仏教施設の建設は進められていったのである。

行基による灌漑整備事業は、『行基年譜』にしたがえば、神亀三（七二六）年の檜尾池（院）を嚆矢《こうし》とする。この点については、養老七（七二三）年に出された三世一身法との関係性が指摘されている。古代国家はこの時期、耕地の拡大をめざしており、その一環として条件・期限つきではあるものの、自ら開墾した土地の私有を認める政策を打ち出したのである。養老元年以降、国家の弾圧を受け、平城京やその周辺での活動を断念した行基は、故郷である和泉に戻ったとされている。そこで彼は、三世一身法の発令に接し、郡司など地域豪族層を巻き込みながら、そして彼らの支配下にあった民衆層とともに、灌漑整備を進めていくことになる。それは、古代国家の方針と齟齬をきたすことなく仏教信仰の普及を図るとともに、地域の人びとの生活に安定をもたらすための方法として、以後の行基の活動の基調をなしていくことになる。鶴田池はそのような行基の活動の確かな足跡のひとつなのである。

鶴田池と地域の人びと

ここでは、鶴田池の所在する和泉国大鳥郡の郡司をはじめとする地域の豪族層や、その支配下にあった民衆層など、地域の人びとと同池とのかかわりについて考えてみたい。

鶴田池の築かれた天平九年ごろの大鳥郡の人びとの様子を伝える貴重な史料として、いわゆる「和泉監知識経《いずみのげんちしききょう》」（天理大学付属天理図書館蔵）と呼ばれる経典が知られている。知識経とは、願主の求めに応じて、仏教信仰を同じくする複数の人びとから寄せられた財物や労働力（知識物）によって写された経典のことである。「和泉監知識経」は天平二（七三〇）年に知識によって書写された『瑜伽師地論《ゆがしじろん》』である。その巻二六の奥書は次のようなものである。

瑜伽師地論巻第廿六

書写石津連大足

和泉監大鳥郡日下部郷天平二年歳次庚午九月書写奉

大檀越優婆塞練信 従七位下大領勲十二等日下部首名麻呂 惣知識七百九人男二百七十六 女四百三十三

この記述から、巻二六の書写が鶴田池の所在する大鳥郡日下部郷で行われたこと、また大鳥郡司（大領）の日下部名麻呂がこの写経の中心にいたことがわかる。この日下部氏は五世紀に雄略天皇によって討滅された根使主の子孫の一部と考えられている氏族で、日下部郷に居住した豪族である（『和泉市の歴史6』第2部第4章）。さらに注目したいのは、七〇九人もの人びとが「惣知識」としてこの事業の中に位置づけられていることである。

奈良時代の知識経の事例はいくつか知られている。たとえば「既多寺《きたでら》知識経」は、天平六（七三四）年に播磨国賀茂郡で書写された『大智度論《だいちどろん》』である（現在は滋賀県の石山寺一切経に含まれている）。経典奥書の分析から、この知識は針間国造一族を中心とした複数の地域小集団により構成されていることが指摘されており、賀茂郡の豪族層の融和と結束を図るために書写されたと考えられる。現存分の奥書から確認・推定できる知識参加者は六十余名であるが（全一〇〇巻中八六巻分から確認可能）、全体としてもこれを大きく超えることはないと思われる。

この「既多寺知識経」の参加者数と、「和泉監知識経」の「惣知識七百九人」という人数の差は大きい。前者がすべてを網羅していないにしても、播磨国賀茂郡の豪族層を構成する人数であるとすれば、後者を大

写真32　現在の鶴田池

鳥郡を中心とした地域の豪族層のみで構成された数と考えるのには無理があるだろう。この七〇九人という人数には、郡司や地域豪族層のみならず、その支配下に置かれていた民衆層も含まれているのではないだろうか。とするならば、ここに階層をまたいだ地域の人びとの姿を認めることができる。「和泉監知識経」は、大鳥郡日下部郷のさまざまな階層の人びとが仏教信仰のもとに結集し、産み出されたものなのである。

ところで、この天平二（七三〇）年の知識経は、行基の活動に関連したものである可能性が指摘されている。大鳥郡日下部郷に鶴田池が築造されるのは、この数年後のことと考えられるが、その築造にあたっても、かつて写経事業に結縁した人びとが豪族層に率いられながら作業に参加したと想像される。このように考えることが許されるのであれば、「和泉監知識経」にかかわった七〇九人の人びとと鶴田池は強く結びつくことになるだろう。池の築造によって信太山丘陵やその近辺の取水環境は改善し、耕地の拡大が進んだことだろう。このことが地域の豪族層に大きな利益をもたらしたであろうことはいうまでもない。同時に民衆層にとっても、耕地拡大は生活の安定につながったはずである。行基と仏教の力は、地域社会の諸階層に恩恵をもたらしたのである。

天平七（七三五）年と九年の二度にわたって、疫病の大流行が日本列島を襲った。さらに天平八年の畿内は不作の年であった。鶴田池が築造されたと考えられる天平九年ごろの大鳥郡の人びとは、きわめて厳しい環境に置かれていたであろう。この時期における行基による造池は、まさに疲弊した故郷を潤し、人びとの生活を救う事業だったのである。そして地域に生きる人びとは、明日を生き抜くため、仏教信仰を心のよりどころとしながら、灌漑整備と耕地開発に立ち向かっていったのではないだろうか。

鶴田池と古代国家

これまで述べてきたように、鶴田池は行基とその信仰集団（知識集団）の展開した灌漑整備事業の所産のひとつである。また同時にこれらの活動は、国家的な耕地拡大政策であった三世一身法に呼応した活動成果でもあった。このことからもわかるように、行基らの活動と古代国家との関わりという視点も忘れてはならない。

先述したように鶴田池の築造は天平九年ごろと考えられる。すると天平一〇（七三八）年の「和泉監正税《しょうぜい》帳《ちょう》」（奈19）の記載は興味深い。正税帳とは、令制国（監も国に準じる）の一年間の正税（租などを蓄積した、主に国郡行政に使用される地方財源）の収支報告書で、毎年中央政府に提出されていたものである。

天平一〇年の「和泉監正税帳」には、その前年の財政収支が記されている。それによれば、大鳥郡と日根郡から「修理池」に従事した人夫やその監督に支給する酒・稲が支出されていたことが確認できる。すなわち、天平九年には和泉監司の管轄の下で池の修理が行われていたのである。正税帳からは、具体的にどの池が修理されたのかはわからない。しかし、同時期に大鳥郡で鶴田池が築造されたと考えられることを想起すれば、監司による池修理と行基らの活動が無関係だったとは考えにくいのではないだろうか。

国司（監司）の灌漑整備と行基の活動との関連性に注目してみると、天平四（七三二）年に河内国が主導したと思われる狭山下池の築造（『続日本紀』天平四年十二月十七日条）は、同三年に行われたとされる行基による狭山池の修理（『行基年譜』）を前提にしていた可能性が見えてくる。また、天平九年の和泉監による池修理については、同年のこととされる鶴田池以外に、行基は天平六年に久米田池・溝、物部田池・溝の築造も行っていること（『行基年譜』）が見逃せない。これらの事例を見ると、国司（監司）による灌漑整備に先立って、同一地域で行基らが活動していることが確認できる。このことは、行基のもとに結集した知識（地域豪族層や民衆層）を利用する形で灌漑整備が進められていたことを示しているのではないだろうか。

天平一〇年の和泉監正税帳の中には、和泉郡少領（郡司）として、珍県主《ちぬのあがたぬし》倭《やまと》麻呂《まろ》なる人物が登場する。『日本霊異記』中巻第二話には、和泉郡大領であった血沼県主倭麻呂が行基に従って出家し、信厳禅師と名乗ったことが見えている（文55）。この両者は同一人物であろう。そうするならば、天平九年当時、郡司に在任し和泉監の行政に関わっていた地方官人と行基との浅からぬ結びつきを見出すことができる。このことからも、『行基年譜』の久米田池や物部田池、鶴田池の築造と、正税帳の池修理との間に関連性を見出せるのではないだろうか。想像を逞しくすれば、「和泉監知識経」に現れていた大鳥郡を中心とした知識集団のような人びとが、行基のもとに結集して鶴田池の築造に従事し、監司も彼らをそのまま利用する形で、ほかにも池の修理を行ったと考えられるのではないだろうか。

次に掲げた表3は、『続日本紀』にみえる八世紀代の畿内の灌漑整備関連記事を集成し、そこに行基関連記事と、『行基年譜』や正税帳から確認できる八世紀前半の灌漑整備の事例を組み込んだものである。これによれば、残された史料の偏在性を考慮しなければならないものの、八世紀の前半と後半で大きく様相が異なることがわかる。八世紀後半には、畿内の灌漑整備に関わる『続日本紀』の記事が、一〇年と間をおかずに現れるのに対し、前半期にはわずかに№2の矢田池（大和国添下郡）、№8の狭山下池しかみられない。もちろんこのほかに灌漑整備が全く行われなかったわけではない。実際に正税帳や『行基年譜』からは、池や溝の整備事業がさかんに進められていたことがわかる。しかしここで重要なことは、№8の狭山下池や№11

No.	年月日	内容	典拠・備考
1	養老元年（717）4月壬辰（23日）条	「小僧行基」を糾弾	行基関連記事
2	養老7年（723）2月戊午（23日）条	矢田池（大和国添下郡）を築造	
3	養老7年4月辛亥（17日）条	三世一身法（新たに溝池を開いて開発した田地は三世に伝えられる）	
4	神亀3年（726）	行基、檜尾池（和泉監）を築造	『行基年譜』
5	天平3年（731）8月癸未（7日）条	高齢の行基信徒の出家を許可	行基関連記事
6	天平3年	行基、狭山池（河内国）を修築	『行基年譜』
7	天平3年	行基、昆陽池・溝など（摂津国）を築造	『行基年譜』
8	天平4年（732）12月丙戌（17日）条	河内国丹治郡狭山下池を築造 ◀	
9	天平6年（734）	行基、久米田池・溝、物部田池・溝（和泉監）を築造	『行基年譜』
10	天平9年（737）	行基、鶴田池（和泉監）を築造	『行基年譜』
11	天平9年（737）	和泉監大鳥郡・日根郡で「修理池」◀	天平10年和泉監正税帳
12	天平15年（743）10月乙酉（2日）条	聖武天皇､紫香楽宮で大仏造立のための寺地を開く行基も参加	行基関連記事
13	天平17年（745）正月己卯（21日）条	行基を大僧正に任命	行基関連記事
14	天平21年（749）2月丁酉（2日）条	行基遷化　伝において要害の地での橋・陂の築造に言及	行基関連記事
15	天平宝字5年（761）5月丙午（23日）条	五畿内に散位物部山背･日佐若麻呂を派遣し､「陂池」「堰堤」「溝洫」を築くべき地を視察させる	
16	天平宝字6年（762）4月丁巳（8日）条	河内国の狭山池の堤が決壊　修築	
17	天平宝字6年6月戊辰（21日）条	河内国の長瀬川の堤が決壊　修築	
18	天平宝字7年（763）9月庚子（1日）条	国郡司の悪政を指弾　堰堤の速やかな修築を命令	
19	天平宝字8年（764）8月己卯（14日）条	造池使を派遣し、大和・河内・山背・近江・丹波・播磨・讃岐国に池を築造 ◀	
20	宝亀元年（770）7月壬午（22日）条	志紀・渋川・茨田の堤（河内国）を修築	
21	宝亀4年（773）11月辛卯（20日）条	故行基の開いた六院に田地を施入	行基関連記事
22	宝亀5年（774）9月辛酉（25日）条	五畿内に使者を派遣し、陂・池の修造を命じる	
23	宝亀6年（775）11月丙申（6日）条	使を五畿内に派遣し、溝・池の修造を命じる	
24	延暦3年（784）閏9月戊辰申（10日）条	河内国の茨田堤が決壊　粮を充てて修築	
25	延暦4年（785）7月庚戌（17日）条	淡海三船の卒伝　天平宝字8年（764）に造池使として近江国で陂・池を修造	
26	延暦4年10月己丑（27日）条	河内国の決壊した堤防を粮を充てて修築	
27	延暦7年（788）3月甲子（16日）条	摂津大夫和気清麻呂を派遣して河内・摂津両国で掘川・築堤し、耕地を拡大	
28	延暦7年4月戊子（11日）条	干ばつによる水不足のため、五畿内では王臣家の田であっても百姓の任意使用を認めるよう指示	

表3　8世紀の畿内の灌漑整備関連記事（附行基関連記事）　典拠をあげないものは『続日本紀』による。『行基年譜』にもとづく記載は､「天平十三年記」にみえる池･溝を､「年代記」部分の記述によって年代比定したもの。

の和泉監の池修理についても、すでに指摘したように行基の活動がそれに先行していたということである。この点に着目すれば、八世紀前半の畿内の灌漑整備・耕地開発において、行基の果たした役割が決して小さくないことがわかるだろう。

当該期の古代国家は、三世一身法などによる耕地開発を進め、行基はそれに呼応して灌漑整備という社会事業を展開したと指摘される。これにより行基は、古代国家との間の齟齬を解消することができ、後には国家的な公認も獲得する。しかし同時に、古代国家にとっても畿内の耕地開発という局面において、行基という大きな「協力者」を得たということも見逃してはならない。表3からわかるように、行基没後の八世紀後半には、中央政府や国司が主体となって畿内の耕地開発を進めている様を読み取れるが、これはまさに古代国家が行基の「遺産」を継承したということを示しているにほかならないだろう。このように考えたとき、鶴田池には行基と古代国家の確かな接点を見出すことができるのである。

古代史のなかの鶴田池

以上、さまざまな角度から鶴田池にアプローチしてみた。奈良時代を彩る仏僧行基の活動、地域に生きる人びとの姿、古代国家の思惑がこの池には反映していたといえるだろう。これらを通して、信太山地域の一部をなす古代の鶴田池をめぐる歴史的情景が多少なりとも明らかになったのではないだろうか。

信太山丘陵にいまなお残る鶴田池は、行基・地域の人びと・古代国家の三者の営為の交錯する萃点の一角をなしているのである。

4　信太郷の古代豪族

「いづみなる信太の森」

信太山丘陵に広がる鬱蒼とした森林は、古代には「信太の森」と呼ばれていた。信太の森は、景勝地として名高く、平安時代以降多くの和歌のなかに詠み込まれてきた。次の『新古今和歌集』に収められた藤原経衡の詠歌はその一例である。

日を経《へ》つゝ音こそまされ和泉なる信太の森の千枝《ちえ》の秋風（文44）

歌意は「日がたつにつれて音が強くなることだ。和泉国にある信太の森の、数限りない枝に吹く秋風よ」というものである。

信太の森は平安時代の貴族たちにとって、とても馴染みの深い地名であった。その名は清少納言の『枕草子』（能因本）にもみえ、その他の文学作品からも推察するに、遅くとも一〇世紀末から一一世紀にかけての摂関期までには「信太の森といえば和泉国」という認識が成立していたことがうかがえる。

信太の森の地名は多くの歌人たちに詠じられたが、それらの多くは歌枕として読み込まれたものであり、必ずしも実際に現地の風景を前にして作られたものではなかった。歌枕の成立については諸説あるが、およそ『古今集』が編纂された一〇世紀初めころより本歌取りが繰り返されることにより、「特定のイメージを伴い、和歌に詠みこまれるべき地名」として次第に確定されていくと考えられている。信太の森の場合、『古今和歌六帖』（撰者不明。一〇世紀頃成立か）に収められた詠み人知らずの歌を本歌とし、歌枕として発展したと考えられている。

写真33　熊野街道沿いの聖神社鳥居（王子町）　聖神社参詣道と熊野街道が交差する地点に立つ。このあたりに信太王子が祀られていた。

では信太の森および信太の地が古代の人びとにとって、単に想像のなかの情景でしかなかったかといえば、必ずしもそうでないと考える。ある地名が歌枕として定着していく出発点には、まず前提としてその地名にはなんらかの意義があると認識され、その認識が共有されていたという歴史的背景が存在したはずである。ここでは「信太の森」という歌枕を手がかりに、信太山地域の歴史的背景について述べてみたい。

信太郷と交通

「信太の森」という歌枕から導き出される歴史的背景とはどのようなものか。結論からいえば、信太の地は人びとが往来する交通の要衝であったと考えられる。信太郷の平野部には熊野街道（小栗街道）が通り、途中の信太明神（聖神社）へ至る参道入り口の地点には篠田（信太）王子《おうじ》が祀られていた。この王子は「和泉国神名帳《しんめいちょう》」（正応《しょうおう》二（一二八九）年写）にみえる信太若王子社のことであろう。

一二世紀の熊野詣の隆盛については第4章にくわしいが、この道を通って熊野に詣でることが、すでに一〇世紀末には行われていた。増基法師による紀行文『いほぬし』が熊野参詣の様子を伝えており、その下向の時期は一〇世紀末のことと考えられている。増基は道中の信太の森で「我が思ふことの繁さにくらぶれば信太の杜の千枝はものかは」と詠んでいる。

信太の交通の要衝としての性格は、さらに古い時代にさかのぼるものであった。前に詳しく述べたように、奈良時代前半の元正天皇が行幸した和泉宮は、大園遺跡に造営された可能性がある。また、信太郷と大鳥郡日下部郷の境界周辺には取石《とろす》という広域地名が存在し、そこには所石頓宮《とろしのかりみや》(仮宮)が置かれていた。神亀元(七二四)年一〇月、聖武天皇は紀伊国行幸の帰路に、この頓宮に立ち寄っている(『続日本紀』神亀元年一〇月二三日条、奈10)。

遠藤慶太によれば、都が平城京であった時代の紀伊国行幸は、往路に奈良盆地を南下して吉野川(紀ノ川)へと越える紀路《きじ》をとり、復路に和泉国を通過するルートをとっていた(図20)。この和泉ルートは平安遷都以降南海道として定着し、行幸の際は往復ともに南海道を用いることになるという(『和泉市の歴史6』第2部第2章)。熊野街道は古代の南海道を踏襲したものである。

以上のように信太郷は古来から後々の時代にいたるまで、京から難波を通り、現堺市から和泉市北部に抜け、紀伊熊野へと通じる路次上の重要な一地点であった。平安時代に信太の森が歌枕として定着するのは、このような歴史的事実を前提にしたものであった。

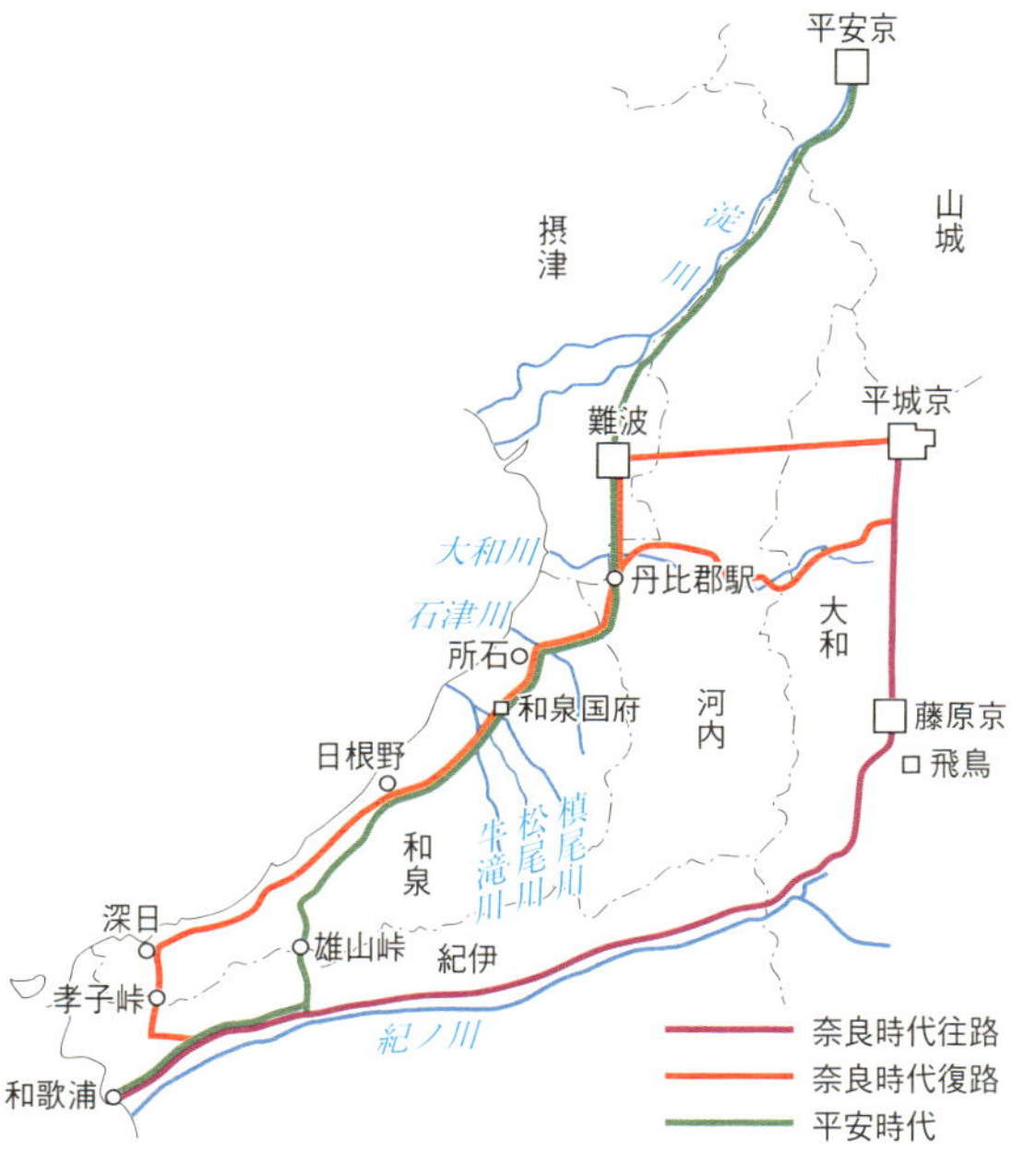

図20　行幸ルート

信太郷の古代豪族、信太首

では、信太郷の地には、どのような人びとが暮らしていたのだろうか。ここでは信太郷にどのような古代豪族が居住しており、彼らがどのような性格であったのかを

	種別		氏名	同祖	出自
和泉	諸蕃	百済	信太首		百済国人百千
〃	〃	〃	取石造		百済国人阿麻意弥

表4 「信太首」、「取石造」『新撰姓氏録』より作成。

考えてみたい。

まず、信太郷を本拠地とする氏族として、信太首の存在が推定できる。『新撰姓氏録』（平前33）の「和泉国諸蕃」（和泉国内の渡来系の氏族を列挙した箇所）には次のような記載がみえる。

信太首、百済国人百千の後なり

これにより、信太首は百済人の後裔である渡来系氏族であったことがわかる。始祖である百済人の百千という人物について、佐伯有清は、『日本書紀』に引用された『百済記』（神功皇后摂政六二年条）にみえる加羅《から》国王の子百久至と同一人物である可能性を指摘しているが、不明である。ほかの文献史料からは信太首の活動を知ることはできない。だが、信太首は郷の名を負う氏族であり、郷名を定めた段階（七世紀末~八世紀前半）において、その郷内で政治的・社会的に何らかの形で優位を占める集団であったと考えられる。

また、信太首は聖《ひじり》神社や信太寺と関わりがあったらしい。まず、聖神社は、社伝によれば天武《てんむ》三年八月一五日に勅願によって信太首をして祀らせたという。一三世紀ごろには鎌倉御家人であった信太氏が同神社の神主を担っていたことが確認できる。古代の信太首と、中世の信太氏とが直接の継承関係にあるかどうかは確証がないが、古代の時点で信太首が神社を奉斎していたと考えて大過ない。また、聖神社は式内社であり（『延喜式』神名帳に記載された神社のこと）、信太郷内の多くの神社のなかで有力な神社であったことは間違いない。

一方、信太寺は現在の上代町観音寺に所在した古代寺院である。発掘調査によって、陰刻と陽刻の二種の「信太寺」と刻印された瓦が確認されており（写真34）、古代より信太寺と呼ばれていたことがわかっている。おそらく、寺の造営の中心になったのは信太首であっただろう。

寺の創建は七世紀後半であり、東側に塔、西側に金堂を配した法起寺式伽藍配置であったと推定されている。また、幢竿《はたさお》を据えた跡も検出されている。寺域の北限を示す築地の痕跡から方一町の寺域が復元されており、想定寺域の西限は古道に接していたと推測されている。さらに、本寺から出土した軒丸瓦は、七世紀後半創建の百舌鳥《もず》綾南廃寺《りょうなんはいじ》（堺市）と同范《どうはん》関係にあることや、奈良時代に行基によって建立された大野寺土塔（堺市）と同様に「主引」とヘラ書きされた平瓦が出土していることから、信太寺と堺市域の寺院との交流が想定されている。こういった交流は、先述の信太郷の交通上の条件に支えられたものであった。

写真34　信太寺の瓦（和泉市教育委員会蔵）　左が陰刻、右が陽刻。

取石造

次に取石造について述べたい。取石地区は現在高石市域に属すが、当時は大島郡（高石市）と和泉郡（和泉市）にまたがって存在したと考えられている。『新撰姓氏録』の和泉国諸蕃には、

　取石造、出自百済国人阿麻意弥也

とあり、こちらも百済系の渡来氏族であったことが知られる。阿麻意弥については不明である。取石造も信太首同様に文献史料に見えず、その活動の詳細を知る手がかりがない。神亀元（七二四）年の所石頓宮への行幸の際には、郡司少領以上に位を賜ったことがみえるが（奈10）、当該地域の有力氏族として行幸に奉仕した蓋然性はあろう。また、先に触れた取石池の築造になんらかの関わりがあったかもしれない。なお、取石池は信太寺北西側の丘陵裾部にあったと考えられており、白石耕

治は、その築造時期について七世紀にさかのぼる可能性があるとしている。

以上、信太首と取石造は、文献からは渡来系氏族であったこと以上の事実を確かめることができない。また、両氏の朝鮮半島からの渡来と、和泉国への定着の時期もはっきりとしない。ただ、前述した大園遺跡の集落の形成に象徴されるように、信太郷の本格的な開発は五世紀後葉から六世紀を中心とする時期であり、その時期に大規模な渡来人の入植があったと推測されている。信太首・取石造の渡来と定着もその頃であったという見方もある。

なお、白石によれば、信太郷内の古墳は隣郷である上泉郷の信太千塚と比較すると小規模なものが多く、また概して低い密度で丘陵内部に点在しているという。このことから氏は、信太郷の氏族は、信太千塚を墓域とする上泉郷や坂本郷の諸氏族に比べて人口が少なかったか、あるいは集団の経済的能力が十分ではなかった可能性を示唆している。信太郷内では有力であった信太首・取石造も、他地域の諸豪族に比すれば相対的に小さい規模の勢力であったとみられる。考古学的知見から推測される氏族間の力関係は、文献史料への現れ方とも一致している。

聖神社と信太首

信太郷の古代氏族について、別の角度からさらなる検討を加えるため、聖神社（信太明神）に注目し、国内における同社の位置づけについて考えてみたい。

聖神社は先述のとおり式内社であり、和泉国内の有力な神社のひとつであった。信太郷内には聖神社と旧《ふる》府《ふ》神社（尾井町）の二社が式内社として存在していた。聖神社の史料上の初見は『日本三代実録』の貞観《じょうがん》元（八五九）年五月七日条である（平前66）。そこには、和泉国の旧府・聖・比売の三神社が官社とされたことが記録されている。また、同年六月一三日には同三柱の神々が神階を叙されている。

和泉国従五位下聖神に従四位下、無位旧府神に正五位下、比売神に従五位上を（中略）授く（平前67）

神階は天皇から諸国の神々に与えられた位階のことである。旧府神・比売神が無位であったのに対して、聖神のみがすでに従五位下の位を有していたことがわかり、聖神はこのとき従四位下へと加階された。聖神への最初の叙位の時期は記録にみえないが、ほかの和泉国内の諸社の状況に鑑みるに、貞観元年五月の官社への指定からそうさかのぼらない時期であったものと推測される。以上のことから、少なくとも信太郷内においては、聖神社は他社に対して優勢な地位を占めていたと考えられる。

写真35　旧府神社（尾井町）

　では、聖神社は九世紀ころの和泉国内の諸社のなかで、どのような位置にあったのだろうか。聖神社（後の和泉国三宮、以下同じ）は南北朝時代には、大鳥神社（一宮）・泉穴師《いずみあなし》神社（二宮）・積川《つがわ》神社（四宮）・日根神社（五宮）とともに「当国五社大明神」とされるが、九世紀時点で国内でもっとも有力であったのは後の一宮である大鳥神社であった。

　大鳥神社が神階を与えられた時期は和泉国内でもっとも早い。承和《じょうわ》九（八四二）年一〇月に従五位下から従五位上を叙された記事により、それ以前から神階を有していたことがわかる（平前51）。また、同社は国内で朝廷から祈雨の奉幣をうける神社とされていたが、その初見は弘仁《こうにん》一四（八二三）年に積川神社とともに奉幣されたことにさかのぼる（平前35）。諸史料や以後の国内での神階の推移等から推測すると、当時の

写真36　泉穴師神社（泉大津市）

国内の諸社の勢力としてはまず、大鳥、泉穴師、積川らが有力であり、次いで聖、旧府、比売、槇尾と続いたようである。

ところで、国内で大鳥神社が隔絶した地位を獲得する起点は九世紀ころにあるようである。『新抄格勅符抄《しんしょうきゃくちょくふしょう》』の大同《だいどう》元（八〇六）年牒《ちょう》は和泉国神戸《かんべ》として穴師社と大鳥社のものを挙げている（平前26）。しかし、八世紀の史料である「和泉監正税帳」（天平九〔七三七〕年、奈19）では、和泉国神戸は穴師社のみにみられ、大鳥社の神戸はそれ以降にあてられたものである可能性が高い。また、泉穴師神社が次に史料上に現れるのは、大鳥神社が従五位下から従五位上に叙された承和九（八四二）年一〇月である。このとき穴師神は積川神とともに無位から従五位下に叙されている。すなわち、八世紀半ばまではむしろ泉穴師神社のほうが有力であったが、九世紀に入るころから次第に大鳥神社の地位が高まってきたのである。

大鳥神社の地位の上昇の背景にはさまざまな要因があったと推定されるが、ひとつには奉斎氏族である大鳥連《おおとりのむらじ》の勢力の伸長と関わりがあった。大鳥連は天児屋命《あめのこやねのみこと》の末裔という伝承をもち、大中臣《おおなかとみ》氏と同祖関係を有する神別氏族であり（『新撰姓氏録』）、大鳥郡の郷名氏族でもあった。彼らはまた都の写経所への出仕に見られるように、八世紀には中央の下級官人としての勤務も確認される氏族であり、在地で勢力を持つのみならず中央との関わりを有していた。大鳥神社の地位の上昇の背景には、中央との関係をてこにした、大鳥連の勢力の高まりがあった。

神社が一定の地歩を固める背景には、奉斎氏族の趨勢が関係したとすると、聖神社が国内で一定の勢力を有していたとみなされるから、奉幣氏族の信太首も、信太郷内である程度有力な氏族であったと推測できる。

信太郷の古代氏族と須恵器生産

さて、ではなぜ信太首はそのような地位を得ることができたのであろうか。それは和泉国における重要な産業であった須恵器生産との関わりによると考えられる。前章で述べたように、大園の集落遺跡は生業として須恵器生産の一端を担った渡来人集団の集落と考えられており、同遺跡および周辺集落の居住者として、渡来系の氏族である信太首と取石造が想定されている。

和泉国から産出される須恵器は、新嘗祭《にいなめ》・相嘗祭《あいなめ》・神今食《じんこんじき》等々の重要な祭祀で用いられた。信太首と取石造らは先進技術を担う渡来系氏族として、須恵器生産を管掌する役割を期待されて王権によって配置されたのではないか。そして、そのような国家からの位置づけを背景に郷名氏族として勢力を伸張することができたと考えられる。

信太郷の古墳群の特質として横穴式木芯粘土室、いわゆる「カマド塚」の埋葬方式が指摘されている。この方式は丸太と粘土によって須恵器の窯をまねた墓室を組み立てるもので、須恵器生産に関わった人物の墓室であるという。聖神社の境内に存在する六世紀後葉から七世紀前葉にかけての二基の古墳のうち、聖神社二号墳にこの方式が採用されている。この古墳からも、信太首と須恵器生産とのかかわりが推測される。また、聖神社の古墳群の被葬者は火葬であったことが報告されており、このことも渡来系の人びとの先進的習慣に合致しているといえるかもしれない。

以上、断片的な史料から推定を重ねてきたが、信太首と取石造は須恵器生産と深い関係を有しており、そのことを背景に郷内の主導的地位を獲得していたと推測される。

和泉国全体からみた信太郷の古代氏族

本稿では信太郷の古代氏族の特質について、在地の産業（須恵器生産）と深い関わりをもつ中小氏族であると考えた。そのような信太郷の古代氏族の特質を、和泉国内の氏族全体のなかに位置づけたい。

まず、信太首・取石造は和泉国に居住する中小豪族であったが、それは両氏に限らず、和泉国内の氏族全体にあてはまる特徴でもある。古くは吉田晶により、和泉国内の古代豪族は突出した勢力を持つ氏族がいないことが特徴であったと指摘されており、また近年栄原永遠男によって国内の諸氏族の存立基盤が王権との関係に規定されていたことが指摘されている。須恵器生産を通じて王権との関わりを持つ信太首・取石造も、和泉国の諸氏族にみえる典型的な特徴を有する氏族であったといえる。

また、両氏が文献史料にみえないことは、氏族の勢力の衰勢の時期の問題であるかもしれないが、在地性の強さの現れと考えることもできる。信太首と取石造がほかの史料で確認できないのは、周辺の諸氏族と比較して特徴的である。信太郷に隣接する地域を本拠地とした韓国連《からくにのむらじ》、大鳥連、蜂田連《はったのむらじ》などは、いずれも中央の下級官人として出仕していたことが確認できる。信太首・取石造についてそういった事実が確認できないことは本文でも繰り返したとおりである。

さらにまた、九世紀になって郷名氏族である山直《やまのあたい》氏や蜂田連氏が（『続日本後紀』承和三年一二月五日条・平前46、『三代実録』貞観六年九月四日条・平前78）、また和気氏と改姓された県主（栄原氏はこの県主を日根県に任じられた氏族の後裔であると考えている）が（承和三年二月九日条・平前44）本貫を平安京に移したことがみえる。このほか、九世紀を通じて和泉国人が本貫を京に移す記事が多く見えるが、信太首・取石造にはそのような動向を確認することもできない。こういったことから、両氏は和泉国内で勢力の伸長を図ろうと試みる在地性の強い氏族であったと考えられる。

第4章　中世の信太郷

本巻の対象とする信太地区は、おおよそ中世の信太郷の範囲と重なる。

中世の信太郷は、和泉郡の北端に位置した。信太山丘陵の北西端から南東にかけては丘陵部がつづく。近世以降に一部の耕地化、近代以降に宅地化が進んだが、平安期から中世には信太の森と呼ばれるうっそうとした森林が広がっていたと推定されている。この丘陵の西端に近い山中に聖《ひじり》神社が位置する。同社は古代以来の神社であったが、中世にはさまざまな意味で信太郷の中核として機能した。

信太山丘陵の西裾部分を熊野街道《くまのかいどう》（近世の小栗《おぐり》街道）が北東から南西にかけて通っている。熊野街道の信太郷への入口地点に取石宿《とろすしゅく》が位置した。取石宿は、大鳥郡と和泉郡の境界に立地し、中心部は大鳥郡（高石市）側にあったようだが、隣接する和泉郡（信太郷、和泉市）側にも一定の広がりをもっていた。

熊野街道から北西の水田地帯にも信太郷は広がっていた。近世の尾井《おのい》村、中《なか》村、富秋《とみあき》村のあたりは、条里地割の広がりも確認され、中世段階から耕地化が進んでいたと推定される。これらは、大野《おおの》池をはじめとする信太山丘陵の溜池からの灌漑用水をうける村むらであった。

信太郷のすぐ南には、中世の府中が立地した。信太郷が国衙《こくが》領（府中にあった和泉国衙が所有する公領）であったことからも明らかなように中世の信太郷は国衙・府中の影響下にあった。しかし、府中に完全に包摂されていたわけではない。それは以下の事実から知られる。まず神祇《じんぎ》信仰においては聖神社という独立した神社があった。水田灌漑では、府中地区が槙尾川水系であるのにたいし、信太地区の多くは前述のように大野池など信太山丘陵の溜池から水を引いていた。さらに信太氏という独立した豪族・国衆《くにしゅう》が中世を通じて勢力を

図21　中世の信太郷　池や河川は明治期の様子。

保っていた。

本章では、聖神社を核とする信太郷に視点をすえて中世の信太地区の歴史を描いていく。ただ、中世信太郷に関する史料は多くない。とりわけ武士や民衆の姿は見えにくい。そのため宗教に関わる記述が多くなることをあらかじめおことわりしておきたい。

1　熊野街道と信太の宗教

中世の信太寺

信太地区は、信太山丘陵と丘陵西側の平地部という大きく二つに分けることができるが、その境界線にあたるところに熊野街道が通っていた。信太寺《しのだでら》や聖神社といった古代に淵源を求めることのできる寺社は丘陵上に占地しており、一方でその後に誕生した寺社は集落内やその近接地、すなわち街道沿いや平地に立地した。

上代《うえだい》町観音寺を跡地とする信太寺は、発掘調査の結果、七世紀後半から造営が始められたことがわかっているが、金堂の基壇《きだん》は中世に築かれたものであることが判明し、寺院として中世へ存続することが確認された。文献史料では、保元《ほうげん》三（一一五八）年一二月三日の官宣旨《かんせんじ》（「石清水八幡宮文書」）に信太寺が石清水八幡宮宿院極楽寺領として現れる。近世に入ると信太寺は史料にあらわれないものの、浄土宗専稱寺（綾井村、高石市）末の上代村観音堂として存在が確認でき、現在では上代町の観音寺へ法灯が継承されている。

熊野街道と王子

信太地区にとってもっとも重要な交通路は、府中地区や堺・摂津方面との間を結ぶ熊野街道であった。熊野街道は古代の南海道をほぼ踏襲しており、また近世には小栗街道という名前で知られた和泉随一の幹線道である。熊野街道は中世では「熊野大道」と呼ばれたが、その語源となった熊野詣《もうで》は一〇世紀末から記録に登場し、一二世紀には上皇たちの参詣が相次ぐこととなった。その背景には熊野が現世利益の浄土として広く信仰を集めるようになったことがあった。

熊野街道沿いには王子社と呼ばれる堂・祠があった。これらは、参詣の最終目的である熊野権現の分身を祀ったところで、参詣に向かう人びとが途中奉幣《ほうへい》（神に献物をすること）などを行った。信太地区には篠田王子・平松王子の二つがあり、篠田王子は聖神社参道登り口の南に（前掲写真33参照）、平松王子は幸《さいわい》三丁目に伝承地があって現在も顕彰されている（写真37）。

建仁《けんにん》元（一二〇一）年一〇月、後鳥羽《ごとば》上皇が熊野に向かって京都を出立した（『国宝熊野御幸記』）。途中、天王寺の宿舎を出発した一行は阿倍野王子、堺王子、大鳥の新王子を経て篠田王子に達し、続けて平松王子に向かった。篠田王子では松の下で禊《みそぎ》が行われ、さらにほかの王子と同じ所作が行われたことが記録されている。具体的には、奉幣・経供養、そして里神楽《さとかぐら》が奉じられたものと思われる。神を楽しませる、いわゆる法楽《ほうらく》の所作である。加えて平松王子では乱舞があったという。乱舞とは動きの激しい舞のことで、どの王子でも奉ぜられるものではなかった。そしてこれらの所作が終了すると、後鳥羽上皇は宿所である平松の「新造御所」に入った。平松は「御所」が置かれた場所であり、そのため平松王子は他の王子とは違う特別な扱いを受けた可能性がある。

　院の熊野詣ともなれば街道に近い荘園には経費の負担が課せられるのが通例であった。とりわけ和泉国の知行国主は後鳥羽院であったので、御所を新造するため国司が主導して院を迎える体制をとったものと思われる。また、これより少し前の事例であるが、正治《しょうじ》元（一一九九）年、久米田寺《くめだ》（岸和田市）は和泉国司藤原長房《ながふさ》から院の熊野詣にかかる舎屋《しゃおく》・伝馬《てんま》・雑事《ぞうじ》等の負担を免除する旨を認められている（「久米田寺文書」）。信太付近での状況は史料上確認できないが、信太郷は国衙領であったことから、国衙から役負担を課せられたことはまちがいないだろう。その免除をめぐる応酬もあったかもしれない。

写真37　平松王子跡碑（幸三丁目）

叡尊の布教活動

建長《けんちょう》六（一二五四）年三月一六日、叡尊《えいそん》が信太社（聖神社）神主の家に到着した。前日まで河内国の真福寺（旧地は現堺市美原区真福寺）に逗留していたので、おそらく信太山丘陵に直接入る東西ルートを利用して訪れたのであろう。

　叡尊（一二〇一～一二九〇）は鎌倉時代を代表する僧侶のひとりで、仏教の戒律を復興して密教と統合した真言律《しんごんりつ》を興し、授戒《じゅかい》や仏舎利《ぶつしゃり》（釈迦如来）・文《もん》殊《じゅ》菩薩の供養などの宗教行為によって殺生禁断・慈善救済などの活動を行った。叡尊は自ら各地を訪ね、これらの宗教活動を実践したが、その一環として和泉国を訪れたのであった。

　叡尊は到着した翌日から聖神社の拝殿において十重禁戒《じゅうじゅうきんかい》（大乗仏教の戒律の

なかで、殺生を含む一〇の重大禁止事項）を与えはじめ、二〇日にはいったん中尾寺《なかお》（聖神社の神宮寺か）へと布教の場所を移した。そして、ここでは三二人に菩薩戒（仏法に帰依《きえ》する在俗の人が遵守すべき戒律）を、さらに翌二一日には聖神社の拝殿において四七三人に菩薩戒を授けた（『感身学正記《かんしんがくしょうき》』）。叡尊の活動記録をみると、和泉国内でこれほど精力的な布教活動が行われた場所はほかにないので、信太が重要な布教拠点となった様子がうかがえる。なお、叡尊は自身が八二歳となった弘安《こうあん》五（一二八二）年一〇月にも和泉国を訪れた。この時はまず久米田寺を訪れ、そこから大鳥の長承寺《ちょうしょうじ》に向かう途中、取石宿（高石市）に立ち寄っている（『感身学正記』）。熊野街道を利用し、信太を経てその北に位置する取石に到着したのであろう。当時、主要交通路のところどころにあった宿《しゅく》は叡尊の救済活動の拠点となったのであった。

このように律宗は叡尊の活動によって信太へ浸透したが、その後も律宗の勢力はこの地で継続した。文安《ぶんあん》元（一四四四）年から始まる京都東寺《とうじ》（教王護国寺）の堂塔修理に対する勧進《かんじん》の動きをみると「シノタ　律僧」と記された菩提《ぼだい》院がその奉加《ほうが》（財物の寄進）に参加している（「和泉国寺社東寺修理奉加人交名《きょうみょう》」〔「教王護国寺文書」〕）。

叡尊以来、信太地域には複数の律宗系寺院が誕生し、長らくその痕跡をとどめていたのであり、とりわけ聖神社はその中心的な存在だったといえよう。

2　中世の聖神社と信太氏

和泉五社と中世の聖神社

古代氏族信太首《おびと》氏との関わりが深い聖神社は、一〇世紀初頭には延喜式にその名が確認できる（第3章古

写真38　近世の絵図に描かれた聖神社境内（米田家蔵、部分）

代の信太郷参照）。その後、一一世紀末ごろになると、全国で国単位に一宮が置かれるようになり、和泉国でも神社全体の秩序が新たに生み出された。そのなかで登場したのが和泉五社である。一宮は各国の神社のなかでもっとも社格の高い神社として位置づけられ、国衙や受領《ずりょう》国司の保護を受けたが、和泉国では一宮だけではなく、五宮まで存在した。一宮が大鳥神社（大鳥郡、現堺市）、二宮が穴師《あなし》神社（和泉郡、現泉大津市）、三宮が聖神社（和泉郡、現和泉市）、四宮が積川《つがわ》神社（南郡、現岸和田市）、五宮が日根《ひね》神社（日根郡、現泉佐野市）である。そしてこれらを総称して和泉五社と呼んだのであった。

「和泉五社」という表現が見えるようになるのは一四世紀のことであるが、永万《えいまん》元（一一六五）年の「神祇官諸社年貢注文」（「永万文書」）には、この五社が和泉国で神祇官に櫛を年貢として納める神社として書き上げられているので、遅くともこのころには五社という枠組みが成立していたものと思われる。五社は和泉郡のみ二社で、残りの郡は各一社となっていることから全体のバランスが重視されたものと推測され、その選定は国衙が行ったとみてよい。なお、正応《しょうおう》二（一二八九）年書写の「和泉国神名帳《いずみのくにしんめいちょう》」によれば和泉郡では聖神社と穴師神社が同じ正一位の位を与えられているので、和泉郡で二社が選ばれているのはこうした社格やその背景となる地域への配慮が背景にあるのかもしれない。

　ところで、この五社の成立時期ともかかわって注目されるのが、聖神社所蔵の「大般若経《だいはんにゃきょう》」巻第二〇一である。この経巻の奥書は「永久二歳次癸巳　十月廿五日書写　筆取隆快　願主永順」と記されている。もともとこの巻第二〇一は全六〇〇巻から構成される大般若経のなかの一巻だったが、いつのころかこの巻だけが聖神社に伝わることになったと考えられる。残りのうち五三一巻は奈良県五條市の満願寺にまとめて所蔵されており、重要文化財の指定を受けている。

満願寺に現存する分は書写年代が天永《てんえい》三（一一一二）年から永久《えいきゅう》四（一一一六）年までであり、聖神社の巻第二〇一もそのなかにおさまる。また、聖神社の経巻の書写に関わった隆快・永順という僧侶の名前も満願寺に伝存する五三一巻中五一巻の奥書に記されている。さらには五三一巻のなかでは巻第二〇一は欠巻となっている。したがってこの巻第二〇一が満願寺に所蔵される大般若経のなかの一巻であったことは疑いのないところである。

では、どうしてこの巻第二〇一が聖神社に伝来したのであろうか。そのことを考える手がかりは他巻の奥書にある。巻第四一〇・四一一・四四〇の奥書によれば、「当国鎮守大鳥大明神」（大鳥神社）、「正一位穴師二所」（穴師神社）、「正一位積川大明神并大峰明神」の神前法楽のためにそれぞれが書写されたことが知られる。これらの神社は和泉五社のなかの三社である。したがって、巻第二〇一が聖神社に伝来したという事実を重視すれば、本大般若経は和泉五社を含む社前での神前法楽において使用されていた可能性が浮上しよう。神仏習合の信仰の実態をよく伝える史料といえよう。

ただし、社前で読誦《どくじゅ》されることがあったとしても、巻第四一〇・四一一・四四〇が大般若経本体に残されているのに対し、現地に伝わっているのはこの巻二〇一だけである。さらにいえば、巻第二〇一については巻四一〇などのように聖神社との明確な関係を示す文言が奥書には残されておらず、厳密な意味では伝来の経緯が確認できない。

しかしながら、本大般若経は文永《ぶんえい》六（一二六九）年には神於寺《こうのじ》（岸和田市）で修補・補写がおこなわれ、その後も所蔵先は移動して正和《しょうわ》五（一三一六）年には山直《やまだい》郷中村の大蔵寺（泉福寺）に収蔵されるという変転をくり返した。こうした状況から、本経は神宮寺的な性格を有する寺院を転々としたのではないかという推測がなされており、さらには大蔵寺（泉福寺）が真言律宗系の寺院だったことも指摘されている。こうした点を考えると、巻第二〇一は先の三社同様、神前法楽を目的に書写されたものであり、実際に神前で使用されたか、あるいは大般若経が所蔵先を変えるなかで聖神社に取り置かれたとみる可能性を完全に否定しきることはできない。今後のさらなる検討がのぞまれる。なお、この大般若経の書写年代は先に紹介した和泉五社の初見年代より五〇年ほどさかのぼるものである。

写真39　大野池　右手前は大谷池。

熊野参詣記のなかの聖神社

建仁元（一二〇一）年一〇月、後鳥羽上皇が熊野参詣に向かった際、篠田王子に立ち寄ったことはすでに紹介した。実はその時、院に同行していた葉室宗行《はむろむねゆき》が御使として「シノタ明神」（聖神社）に参拝している（『国宝熊野御幸記』）。街道からは外れた場所にあったため、上皇の代参として派遣されたのであろう。また承元《じょうげん》四（一二一〇）年四月から後鳥羽院の後宮修明門院《しゅめいもんいん》が熊野詣を行った際は、篠田王子で禊が行われているあいだに四《よつ》辻頼資《つじよりすけ》が御幣《ごへい》を持ち、聖神社へ向かっている。王子から同社へは東へ二〇町余りで、到着すると拝殿にのぼり、御幣を取り出して神官に渡し、その後退出した。同社に至るまでの道は狭く、幽玄の趣きのある場所だったと具体的に描写されている（「修明門院熊野御幸記」）。

聖神社と周辺地域

聖神社は近世以降、信太七ヶ村の鎮守とされてきた。上代《うえだい》、上《かみ》、尾井《おのい》、太《たい》、中《なか》、富秋《とみあき》、王子《おうじ》の村は近世になって確立したが、信太山丘陵上の大野池（写真39）からの用水を共同で利用する集落として遅くとも中世後期には姿を現していたものと思われる。その丘陵上に建つ聖神社はそうした水掛かりを共有する村むらの紐帯としてふさわしい立地にあったといえよう。その点でこれらの村落の鎮守としての位置づけも中世までさかのぼるものと考えられる。

ところで聖神社の境内地は、近世では丘陵の方向に沿って東西二四町、南北九町が除地として認められていた。中世段階での境内地の状況はよくわかっていないが、享保《きょうほう》二一（一七三六）年に編纂された『和泉志』によれば、聖神社では祝家《はふりけ》に「永禄六年告榜」なるものが所蔵されていたという。「榜《ぼう》」とは「傍示《ぼうじ》」のことを意味すると思われる。「傍示」とは一般に所有・管理する土地の境界を明示するためにその四隅に建てたもので、石や木杭を使用した。その「傍示」が永禄《えいろく》六（一五六三）年に建てられていたというのである。これ以上に手がかりは見当たらないので事情はわからないが、この年に境内地（社領）を明確に主張すべき何らかの必要性が生じた可能性があろう。

聖神社には文明《ぶんめい》一五（一四八三）年製作の神輿（重要美術品）が所蔵されている。銘文によれば、その製作者は大工の穴師宗重であった。一方、和泉国二宮の穴師神社には多くの棟札やその銘文を記録した文書が伝わっており、それを見ると、文永《ぶんえい》一〇（一二七三）年に上棟を行った際の大工は穴師友正であった（泉穴師神社蔵「泉穴師宮上棟写」）。

穴師神社でこの次に大工の名前が確認できるのは永徳《えいとく》元（一三八一）年であるが、この事例も含め、その後、一七世紀半ばまでの普請はすべて天王寺大工が担当している。天王寺大工は一四世紀後半以降、急速に摂津・

和泉・播磨などの寺社建築に関与しはじめている。穴師神社でもそれまで在地の大工穴師氏が建築にたずさわっていたが、その職務を天王寺大工へと譲る形になったのであろう。

だとすれば、聖神社の神輿は穴師氏が建造物普請から退いた時期の作となるので、在地の大工の生き残り策として請け負った仕事とみることもできよう。ただ、いずれにしても聖神社の遺品を通じて見るかぎりは、信太の在地の職人集団の姿はうかがえない。

聖神社ではその後、現存する本殿、末社三神社本殿、滝神社本殿の三棟が慶長《けいちょう》九（一六〇四）年に建立されている（いずれも国の重要文化財）。元禄六（一六九三）年の文書によると、聖神社では慶長一一（一六九八）年にかけてすべての建造物がつくられたといわれるが（「米田家文書」）、解体修理時に発見された墨書から本殿は和泉「海塚《うみつか》」の御坊の大工、末社三神社本殿は河内国茨田《まった》郡十七ヶ所の二兵衛（写真40）、滝神社本殿は京都下京住人平武兵衛によって造営されたことが判明している。信太には有力な大工・職人たちはいなかったのであろうか（コラムⅣ聖神社の建築を参照）。

写真40　聖神社末社三神社蟇股実肘木墨書　「河内国茨田郡十七ヶ所二兵衛作　慶長九年三月吉日」とある。『聖神社末社三神社滝神社本殿修理工事報告書』より転載。

「信太の森」の尼

鎌倉幕府を開いた源頼朝は、建久《けんきゅう》六（一一九五）年に上洛し、五月二〇日に摂津国天王寺に詣でた。用件を済ませた頼朝のもとへ、突然、尫弱《おうじゃく》の（か弱い）尼が歩み寄り、懐から一枚の文書を取り出して頼朝に捧げた。尼は、「和泉国に相伝の所領があるが、他人に押領されている。何とかしようとしたが、自分には力がなく取り戻せない。ちょうど頼朝さまが上洛なさったので訴えようと思ったが、取り次いでくれる人もいないので、直接、お見せしようと思って参りました」と述べ、文書を差し出した。尼が持参した文書をみた頼朝は、尼に対して、あなたが確かに相伝者かと尋ね、尼が間違いないと応じると、家臣の三浦（佐原）義連《よしつら》に硯と筆を用意させ、自分が持っていた扇に和歌を一首したためた。

いづみなる　しのだの森の　あまさきは　もとのふるすに　たちかえるへし

「和泉の信太の森のあまさぎは元の古巣に立ち帰るべき」との意である。「あまさぎ」（猩々鷺、飴鷺）と「尼」を懸けて、尼の所領回復を保障する歌となっている。

頼朝は、義連に対して、この扇に花押《かおう》（サイン）をして尼に与えよと命じた。証拠文書に必要な年号、月日が記されていなかったが、頼朝自筆の文書であるため効力を発揮し、尼は元のとおり所領を回復したという。のちに、源実朝《さねとも》の時代、尼の娘が裁判所にこの「扇の下文」を証拠として提出した時も、頼朝の自筆であるということで証拠として採用され、娘の所領も安堵《あんど》されたと伝えている。

この話は『古今著聞集《ここんちょもんじゅう》』に「前右大将頼朝和歌を以て判書の事」として収録されている。『古今著聞集』は、一三世紀前半、橘成季《たちばなのなりすえ》によって編纂された説話集であり、そのまま歴史的事実と考えることはできない。しかし、頼朝の時代からそれほど後の時代に成立したものではなく、いくらかの真実は含まれているだろう。幕府を開き、新しい時代の「主人公」として勇躍上洛してきた源頼朝が、か弱い尼の切実な願いを聞き入れ、当意即妙の和歌を扇に書いて与え、その所領の回復を命じたことを賞するのが説話の主題であろう。それまで朝廷がもっていた和泉国の所領安堵の権限を、武家の棟梁がいとも簡単に奪ってしまった点に、新時代の到来を予感させる話でもある。

ただし、「尫弱《おうじゃく》の尼」を文字通りとるわけにはいかない。頼朝に訴訟するにあたって、見つからなかったとはいえ、取り次いでくれる人を探そうとしていることから、一定以上の社会的階層に属する者であることが推察される。また、頼朝に所領回復を依頼していること、娘も相論にあたってこの扇を裁判所（京都の六《ろく》波羅探題《はらたんだい》か）に提出していることから考えて地頭クラス、御家人クラスの武士の家の者ではないかとも思われる。なお、この時代は、女性であったり、尼であったりしても所領を相続、運営できたこともわかって興味深い。

尼が「信太の森のあまさぎ」になぞらえられていることから、当該の所領は信太周辺にあり、尼もその近くの者と見て間違いないであろう。もしかすると、このあと取り上げる信太氏の一族であったかもしれない。

	正嘉2（1258）年 着到状	文永9（1272）年 大番支配状
大鳥郡	大鳥右衛門尉	大鳥新右衛門尉
	高志右衛門太郎	高石兵衛尉
	菱木左衛門尉	菱木左衛門尉
	取石大進房	取石大進法橋
	和田左近太郎	和田修理亮
	若松刑部丞	若松右衛門尉 若松左衛門尉
	八田兵衛尉 八田後源次	八田周防次郎左衛門尉
	石津左衛門尉	石津左衛門尉
	塩穴中務丞	塩穴左衛門尉
	――――	向佐渡入道
	――――	陶器左衛門尉
和泉郡（南郡をのぞく）	信太右衛門尉 信太神主	信太右衛門尉 信太左衛門尉
	宇田伊賀房	宇多左衛門尉
	池田中務入道 池田（右）馬入道	池田兵衛判官 池田上村左衛門尉
	箕形右衛門尉	箕形熊石丸
	肥後（肥子）入道	――――
	――――	上条左衛門尉
	――――	横山右衛門入道

表5　和泉国の御家人　大鳥郡と和泉郡のみ抽出している。

幕府御家人信太氏と成田氏

正嘉《しょうか》二（一二五八）年三月、後嵯峨《ごさが》上皇が高野山へ行幸を行ったさい、政所御所《まんどころごしょ》の宿直《とのい》を務めた和泉国の地頭御家人《じとうごけにん》三〇名の名簿が残されている（「和泉国御家人着到状《ちゃくとう》」）。そこには、「信太右衛門尉《じょう》代二郎」と「同神主代五郎」が見える。ほかにも、池田中務《なかつかさ》入道、池田右《う》馬《ま》入道、箕形《みがた》右衛門尉など、和泉市域の武士と思われる人物が挙がっている。

中世前半の信太郷には複数の在地領主が存在したが、そのなかでも信太姓を称する彼らはもっとも力を持った存在だったのだろう。この史料から、信太氏には、二つの家系があり、そのうちのひとつが聖神社の神主であったことがわかる。神主でありながら、「御家人」という鎌倉将軍に仕える身分をもっていたことになる。

文永九（一二七二）年一〇月には、和泉国御家人が「大番勤仕《おおばんごんし》」のため上洛して京都守護にあたった。その名簿の中に、「信太右衛門尉」と「信太左衛門尉」が出てくる。池田氏では、池田兵衛判官《ひょうえはんがん》、池田上村左衛門尉、箕形氏では、箕形熊石丸が見える（「和泉国御家人大番役支配状案」）。

正嘉二年と文永九年の史料を比較してみると（表5）、信太氏が各二名、池田氏も各二名、箕形氏は各一名で人数が揃っている。これらの武士たちが地頭御家人として幕府に正式に把握されていたとすれば、信太氏については、「右衛門尉」家と「神主」家があり、神主家は「左衛門尉」を名乗っていたといえるだろう。「右衛門尉」家の一人として信太光久が見える。光久は、建長六（一二五四）年、現世の安穏と「後生善処《ごしょうぜんしょ》」（極楽浄土に生まれ変わること）を祈って、河内金剛寺（河内長野市）に六斗（六〇升）の米を寄進した。この年だけではなく、「僧貞心」の子孫は今後も毎年寄進すると述べている（「金剛寺文書」）。貞心は光久の近親であったのだろう。信太氏が金剛寺と深い結びつきをもっていたことがわかる。

信太郷の地頭としては信太氏のほかに成田氏も見える。時代は下がるが、応永《おうえい》二（一三九五）年、和泉国国人《こくじん》等は共同して、成田一族が有していた地頭職《じとうしき》を返却するよう室町幕府に要求している（「和泉国国人等目《め》安案《やすあん》」）。この文書によると、信太郷地頭職は成田一族が「承久勲功賞」として鎌倉将軍から拝領したという。

承久《じょうきゅう》の乱は、承久三（一二二一）年、後鳥羽上皇が主導する朝廷が鎌倉幕府を打倒するため挙兵した戦争である。この戦乱に敗北した朝廷方武士の所領の多くが幕府に没収され、それらは戦功のあった関東武士に与えられた。これを契機に、関東の武士が畿内・西国に一気に進出したことが知られている。彼らを「西遷《せいせん》御家人」と総称する。

前述の文書の記載が事実であるならば、成田一族の先祖も信太郷地頭職を幕府から与えられ、この西遷御家人の一人として関東から移住してきたことになる。関東の成田氏としては武蔵国の成田氏が鎌倉御家人として著名である。

この信太郷地頭である成田氏と、信太氏の関係については確かなことはわからない。文明一五（一四八三）年、大鳥上條の田地を田代氏に売却した成田氏は忠宗を名乗っている。「忠」は信太氏の通字であり、成田忠宗が信太氏の一族である可能性は高い。

しかし、同じ一四八〇年代、「信太忠俊」と信太姓を名乗る有力者もいる（後述）ことから、忠宗が信太氏であるとすれば、なぜ成田姓を名乗ったのかという疑問も残る。

聖神社神主である信太氏については、古代の信太首氏と系譜的につながる可能性もある。

信太氏と成田氏の関係については、もう少し調べないと結論にはいたらないようである。

3　和泉国神名帳にみえる鎌倉時代の「信太」地域

和泉国神名帳とは

中世（鎌倉時代）の信太地区における神社の状況を教えてくれる史料に「和泉国神名帳」がある。これは、正応二（一二八九）年正月二九日に大鳥神社の禰宜《ねぎ》橘朝臣《たちばなのあそん》高信《たかのぶ》が書写したという奥書をもっている。ただし原本は確認されておらず、内閣文庫や名古屋市立鶴舞図書館などに写本が所蔵されている。また、若干表記に違いのある異本としては、明応元（一四九二）年に大鳥明神の田所家伝来のものを書写したとされる伝本が宮内庁書陵部などに所蔵されている。いずれにしても原本の成立年代は正応二年以前となるが、貞応《じょうおう》二（一二二三）年に初めて確認される泉南郡の名前が本神名帳のなかに記されているので、その成立が一三世紀に入るのはまちがいないだろう。

「和泉国神名帳」という名称のとおり、その内容は和泉一国の神社名を書き上げたものである。このような一国単位の神社のリストは和泉国以外でも作成されており、一般には「国内神名帳」と呼ばれ、これまでに二二ヶ国分が確認されている。「国内神名帳」は各国衙で作成され備えられた公的な帳簿の一種であり、惣社で執り行われた神事の際に国司によって読みあげられたものである。神社名によみがながふられているのはそうした利用の仕方を反映しているといえよう。現存する「国内神名帳」の多くは惣社や一宮に伝来しているので、実際に神事が執行されたり、国衙と関係の深かったりした神社に「国内神名帳」の写しが保管されていたとみられる。現存する「和泉国神名帳」も、前述のように写本はいずれも和泉国一宮の大鳥神社に伝来しており、書写が繰り返されて現在にいたっているのである。

和泉国神名帳の構成

「和泉国神名帳」はまず国内全体の神社を一位から五位および「前」に分けて神社数を記し、続けて大鳥郡、和泉郡、泉南郡、日根郡の郡ごとに同様に位別の神社数を記し、その後に神社名を書き上げている。「前」とは二座以上を祭った神社で主祭神以外の前神《まえがみ》を意味するものと思われる。表6で、郡ごとの合計の数値と、書き上げられた神社を数えた実数の数値が異なるのは、たとえば「正一位信太聖社前」のように、主祭神（信太聖社）と前神（信太聖社前）をあわせ一社のごとく表記しているためと考えられる。ただし、大鳥郡では「前」

	一位	二位	三位	四位	五位	前	合計	実数
大鳥郡	2	—	4	40	152	—	384	191
和泉郡	2	1	5	8	130	34（44）	189	147
泉南郡	1	—	—	6	36	2	45	43
日根郡	1	—	—	3	14	1	19	18

表6　和泉国神名帳の神社数　続群書類従本による。（　）は内閣文庫本による校合。一位から合計までは神名帳内各郡冒頭に記される集計数。実数は実際書き上げられている神社の数。—は記載のないことを示す。

	一位	二位	三位	四位	五位	前	合計
和泉郡	2	1	5	8	130	44	189
〔信太〕	1	0	1	7	42	27	78
〔坂本〕	0	0	0	0	4	2	6
〔我孫子〕	0	0	0	0	2	0	2
〔穴師〕	1	0	0	0	8	2	11
〔曽弥〕	0	0	0	0	4	0	4
〔伯太〕	0	0	0	0	4	0	4

表7　和泉郡内で広域呼称を冠する神社とその数　最上段は神名帳内和泉郡冒頭に記される集計数。ほかは実際に書き上げられている神社数。

の神社数が記されない、和泉郡では合計数の一八九から「前」の三四（あるいは四四）を除いても、実数の一四七と一致しないなど、「神名帳」の記載には混乱がみられるようである。

このように、神社数の記載については混乱がみられるのであるが、「前」を外した一位～五位の神社数で各郡を比較してみると、大島郡と和泉郡にはほかの二郡を大きく上まわる数の神社が存在したことが知られる。とくに多いのは五位の神社であるが、これほど神社が多いのは神社を奉斎する小集団がそれだけ多く存在したことを意味していよう。

和泉郡内の地域呼称と「信太」の神社

「神名帳」に記載されている和泉郡の神社を具体的にみてみよう。ここではその名称に注目してみたい。名称を一覧し最初に気がつくのは、先頭に地域呼称を冠する神社が少なくない点である。具体的に地域呼称として登場するのは「信太」「坂本」「我孫子《あびこ》」「穴師《あなし》」「曽弥《そね》」「伯太《はかた》」であるが（表7）、このうち「信太」「坂本」「我孫子」は中世郷の、また「穴師」以下は中世郷内の集落（のちに近世村）の名称である。前者では郷という単位が強く意識されているのに対し、後者は身近な集落を意識したものとなっている。なお、中世和泉郡には先の三郷以外に上泉郷・下泉郷・

軽部郷、池田郷などが存在していたが、それらの名を冠した神社は見当たらない。

こうしたなかで「信太」を冠する神社は際立った特徴を見せている。最大の特徴はその数が七八社と多く、和泉郡全体の四割に達していることである。次に、信太郷のなかにあった集落名が神社名称に含まれる事例はなく、さらに小さい単位である、のちの小字名レベルの地名が「信太」とセットになって名称化されている点が指摘できる。尾井にあった「信太雨降社《しのだあめふりしゃ》」や、伯太にあった「信太平松社」などである。「信太」という郷の存在と日々の生活単位に近いエリアが同時に意識された呼称になっているといえよう。

その次に指摘したいのは、神社名に自然崇拝を感じさせるものが散見される点である。「信太雨降社」もそうであるが、「信太龍社《しのだたきのしゃ》」や「信太龍天矢蛇社《しのだりゅうてんはきりとのしゃ》」のように「龍」を冠する社名は水信仰にもとづくものと推測される。龍社（滝社）は聖神社の奥社であったので、丘陵上にあってとりわけ水利にかかわる神として厚い信仰をうけたものと思われる。

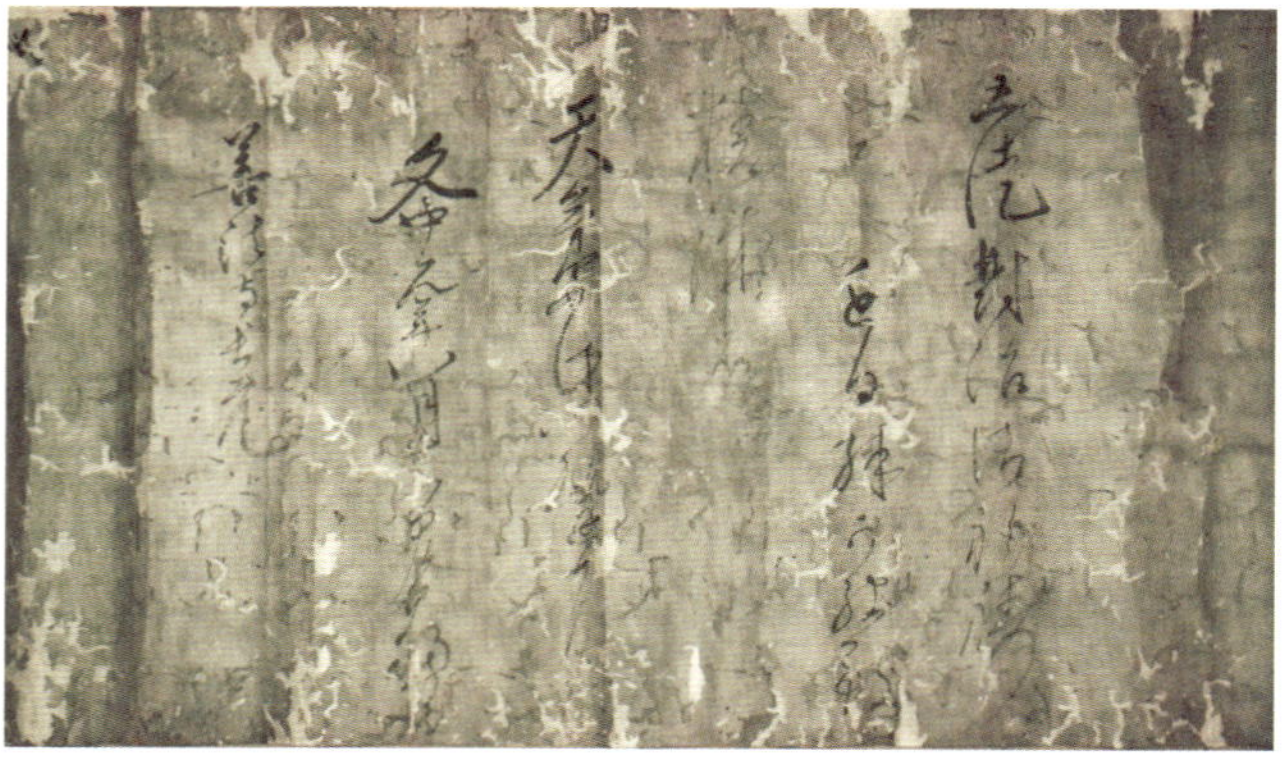
写真41　文中元（1372）年　長慶天皇綸旨（大阪歴史博物館所蔵「善法寺文書」）

4　信太の寺院と和泉国上守護家

善法寺と上守護家

南北朝時代から室町時代になると、和泉国では武士の活動が盛んになってくる。こうした武士と寺院が深い結びつきを示すようになった。

まず善法寺《ぜんぽうじ》について見てみよう。善法寺は現在肥子《ひこ》町にある浄土宗寺院だが、中世には信太にあった。その創建の状況はよくわかっていないが、文中《ぶんちゅう》元（一三七二）年、善法寺長老宛てに凶徒退治の祈祷を求めた長慶《ちょうけい》天皇綸旨《りんじ》が現存するので（大阪歴史博物館所蔵「善法寺文書」、写真41）、遅くともそのころには一定規模の寺院として存在したことがわかる。応安《おうあん》元・正平二三（一三六八）年に南朝の後村上天皇が没すると、そのあとを継いだ長慶天皇は北朝との講和に反対した。そして和泉国の国主を、北朝へ降った楠木正儀《くすのきまさのり》から橋本正督《まさすけ》へと据えかえ、また現高石市域にあった大雄寺を外護するなどし、影響力を及ぼした。善法寺に綸旨が発せられたのはそうした時期にあたる。善法寺が、南朝を支える拠点のひとつとして期待されていたことがわかる。

その後、明徳《めいとく》三・元中《げんちゅう》九（一三九二）年、南北朝が合体し、和泉の守護は細川氏が受け継いだ。そして宝徳二（一四五〇）年四月二九日、和泉国上半国守護《かみはんごくしゅご》が細川教春《のりはる》から常有《つねあり》へと代替わりした。それにともない常有は「信太郷内善法寺」を祈願寺とすべきことを同年九月一五日、京都にある建仁寺珠《しゅ》大書記に対し指示した（「細川家文書」）。

建仁寺は京都にある臨済宗寺院である。室町幕府管領《かんれい》細川頼之《よりゆき》の弟頼有《よりあり》（一三三二〜一三九一）に続く系譜はその塔頭《たっちゅう》である永源庵《えいげんあん》を菩提寺とした。和泉国上守護家からは当主の弟が永源庵の住職として入寺する事例もあり、両者の間には密接な師壇関係が結ばれていた。そのため、「泉州辺御寺領」と称される永源庵領が細川氏によって施入され、善法寺はその拠点寺院として位置づけられたのである。明応《めいおう》九（一五〇〇）年九月二日に没した守護細川元有《もとあり》については、その遺骨が永源庵と善法寺に分骨され、法号が善法寺殿刑部郎雪渓源献大禅定門とされている（『永源師檀紀年録並付録』）。善法寺が和泉国における祈願寺・菩提寺としての機能を分担しつつ担っていた様子が知られるのである。

中尾寺と上守護家

次に中尾寺である。年不詳ではあるが、上守護細川常有《つねあり》（宝徳《ほうとく》二〔一四五〇〕年から守護に在任、文明一二〔一四八〇〕年没）の奉行人である片山有弘が中尾寺の住持職を建仁寺永源庵の大書記に預けている。また宝徳二年一一月一三日には、常有の守護代であった信太遠江守忠俊から中尾寺の後ろ山が大書記に一代限りという条件で寄進された。この寄進状によれば後ろ山は「神山」とあり、その西側に隣接して中尾寺の屋敷があったことがわかる。中尾寺は前述のように叡尊が立ち寄った寺院であり、立地から考えると聖神社における中世の神宮寺だった可能性が高いだろう。

写真42　天保13（1842）年信太山大絵図（和泉市教育委員会蔵、部分）　中央寺の屋敷地が描かれている。

常有の弟は永源庵第五世住職として入寺していた合浦永琮《ごうほうえいそう》であり、また信太忠俊は聖神社神主の信太氏一族だったと推測されるので、こうした関係を背景に一代という期間ではあるが、寄進が実現したものと思われる。しかしその後、永源庵の大首《しゅ》座《そ》に預け置かれていた中尾寺が大首座の死去に伴って完全に永源庵の支配下に入ることになった。文明六年一二月一九日のことであった。上守護家は信太氏との関係を利用することで、当地最大の宗教勢力であった聖神社に接点をもつことができたのである。

しかし中尾寺は中世段階で名前を消してしまう。ところで近世に入ると臨済宗黄檗《おうばく》派の中央寺が誕生し、天和《てんな》三（一六八三）年には聖神社境内の除地の中に寺地を得ている（「中央寺文書」）。

「信太山大絵図」（写真42）によれば、中央寺は信太山丘陵の西端に位置している。先の宝徳二年信太忠俊寄進状では中尾寺の後ろ山を「神山」と記述していたが、中尾寺の位置はこの辺りだったかもしれない。中尾寺と中央寺は継承関係はないものの、寺号は「なかお」と読めば一致するのは興味深い。

信太城をめぐる攻防

応仁《おうにん》の乱のなかで文明九（一四七七）年、信太城をめぐる合戦があった。西軍の畠山義就《よしなり》方が東軍方の信太城を攻撃したようで、東軍方に立つ和田助直《すけなお》が奮戦し、被官人《ひかんにん》数輩が負傷した。永正《えいしょう》元（一五〇四）年には、守護方は国中から人夫を動員し、「阿伽太」（伯太）、「信田」（信太）に築城した。しかし、紀伊国から出撃した根来寺《ねごろじ》勢に攻められ、焼き討ちにされたという。

信太城の場所は現在、不明である。信太氏の居館を城に改造したものであったかもしれない。いずれにせよ、信太丘陵突端部に近く、熊野街道を見張れる場所にあったのだろう。こうした場所に守護方が築城できたのには、守護と信太の寺院との親しい関係がその背景にあったのかもしれない。

5　在地の武士と真宗寺院

室町・戦国時代の信太氏と成田氏

室町時代の信太氏としては、信太忠俊の名前がみえる。忠俊は、和泉国上半国守護細川常有の守護代であった。和泉国守護細川氏は、和泉国の在地領主を守護代にしない方針をもっていたが、そうしたなかで、信太氏は唯一、在地の国人出身の守護代であった。

写真43　菩提寺墓地（太町）

信太氏は鎌倉時代から引きつづき、聖神社の神職も務めていたと推測される。南北朝内乱にあたっては南朝方に味方し、一時、神主職を没収されたらしい。これは、延文《えんぶん》五・正平一五（一三六〇）年、和田蔵人《くろうど》が信太神主職を畠山国清《くにきよ》からあてがわれていることからわかる（「和田文書」）。先述した聖神社に所蔵される文明一五（一四八三）年製作の神輿の銘文によると、神主が宗忠、禰宜が忠弘とある。二人とも下の名前しか記されていないが、信太氏が通字とした「忠」を使用していることから彼らも信太氏一族とみなして問題なかろう。しかし、一六世紀に入ると信太氏の名は史料上確認することができなくなってしまう。

信太郷地頭としては、成田氏が登場する。前にも触れたが、応永二（一三九五）年の「和泉国国人等目安案」によると、成田氏は鎌倉時代前期以来の伝統をもつ地頭であったのに、守護から、地頭屋敷や後薗（屋敷背後の畑地）に対して名主らと同じように年貢を課せられた。成田氏はこれに抵抗し、また国内のほかの武士が連合して成田氏を支援した。翌年には、和泉郡の助松氏ら九人の国人が日根郡の淡輪《たんなわ》氏の所領を守る動きに協力するなど、ちょうどこの時期、和泉国では国人同士の相互扶助の運動が高まっていたようである。

成田忠宗は、文明一五（一四八三）年、大鳥郡上条郷内殿木の田地一反を田代氏に売却した。その際、証拠文書を松尾寺に預けてあると述べている（「田代文書」）。成田氏が、松尾寺と密接な関係をもっていたことを物語るエピソードである。信太郷界隈は、熊野街道にもほど近く、先述のように戦乱の直接的な影響をうける可能性も高かったので、松尾寺に大事な文書を避難させていたのかもしれない。

この成田氏の一族の菩提を弔う寺が、現在の太町にある菩提寺であるとされている。菩提寺の墓地（写真

43）には、近世の太村庄屋である成田家の石塔が並んでいる。そのなかには「釈宗二」「成田伊豆守忠宗入道」「天正十一壬（癸）未年閏正月二十一日」（順に正・背・側面）と刻まれた角石塔も含まれている（『信太郷土史』）。ただし石塔の建立年代は天正《てんしょう》一一（一五八三）年より新しいと思われる。

なお、菩提寺の墓地には、「泉州和田谷上村和田氏良富」と刻まれた宝篋印塔《ほうきょういんとう》も残っており、和田谷上村（堺市南区美木多《みきた》上）の和田氏も関わりをもっていたようである。

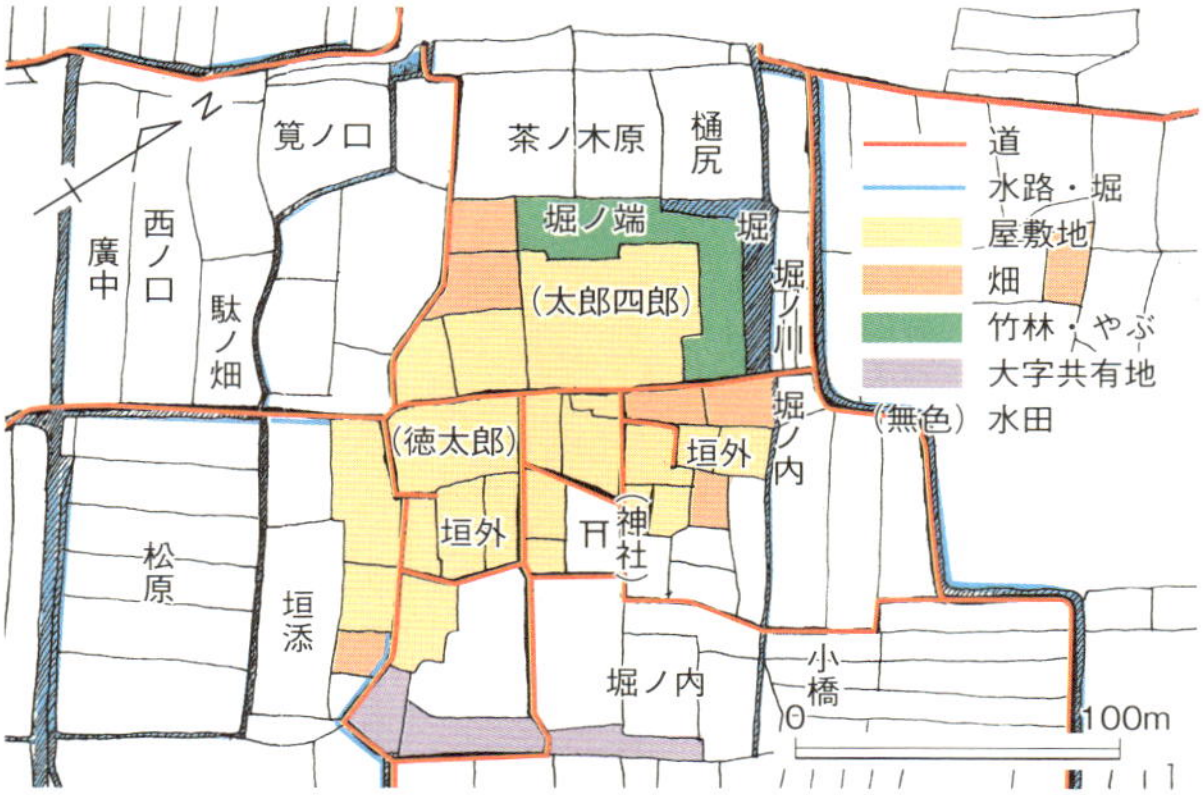

図22　1889（明治22）年富秋地籍図　「和泉市富秋町における総合調査」（『市大日本史』14）掲載図を加工。

富秋氏

富秋村を本拠地としたと推定される富秋氏が、一五世紀後半の史料に現れる。

文明三（一四七一）年八月には、富秋氏が青蓮院門跡《しょうれんいんもんぜき》領上泉《かみいずみ》郷内の包近名《かねちかみょう》代官職に補任されている（「猪熊文書」）。包近名の代官としては他に助松氏、千原氏など村名を名字とするものが多い。富秋氏も富秋村を本拠とする武士だったのであろう。

一五世紀末、和泉国守護所に勤番する国人・土豪を書き上げた「六日番交名」（「板原家文書」）には、「富秋彦五郎」が見える。彦五郎は和泉国守護の被官であったのだろう。

明治時代に作成された地籍図によると（図22）、富秋集落の西の端に大きな屋敷地があった。屋敷地の西側と北側には藪と水路がめぐっていた。これは、近世の庄屋太郎四郎の屋敷であった。とくに伝承があるわけではないが、その空間構造からはこれが戦国時代の在地土豪居館であった可能性がある。富秋氏に由来するものかもしれない。

浄土真宗寺院の展開

中世に入って登場したさまざまな宗教勢力は熊野街道を利用して往来し、集落にそれぞれの拠点となる寺院を置くことになった。中世は多様な仏教集団が活動を始めた時代であったが、とくに一六世紀以降は全国的にみても浄土真宗と法華宗が勢力を拡大した時代だった。ここでは信太地区の浄土真宗寺院の状況をみておこう（コラムⅢ信太山地域の仏像も参照）。

寺歴の明瞭な寺院は少ないが、王子村に所在する常念寺《じょうねん》の歴史をたどってみたい。元禄四（一六九一）年の寺社改帳によると、常念寺は浄土真宗本願寺派（西本願寺）に属した。寺号を得たのは延宝《えんぽう》四（一六七六）年と江戸時代に入ってからであるが、それよりさかのぼって慶長年中（一五九六～一六一五）には宗順という人物が住持を務めていたといい、さらには文禄《ぶんろく》三（一五九四）年の検地で除地《じょち》の扱いを受けていた。除地ということであれば、常念寺（正確にはその前身）はその段階で宗教施設としての実態をもつ存在だったことはまちがいない。浄土真宗の本願寺に属する寺院は一六世紀初めころから全国的に数を増やしており、和泉国もその例にもれない。そうした寺院の多くは当初寺号を持たない道場であった。道場の外観は住宅と違わない建物であり、そこの主でもあった地域の土豪たちによって宗教活動が維持されていた。常念寺も一六世紀段階では道場という形態で存在し、地域の信仰の核になっていたと推測される。

中村（現葛《くず》の葉《は》町）には同じく西本願寺に属した長徳寺《ちょうとくじ》があり、別の観点から注目される。長徳寺はやはり元禄四（一六九一）年の寺社改帳によると、堺の源光寺《げんこうじ》を手次寺《てつぎでら》としていた。手次寺とは、本山と末寺の間にあって仲介的な役割を果たす寺院のことである。長徳寺の場合、寺歴自体は明らかではないが、注意しておきたいのは手次寺が源光寺だったということである。源光寺は堺において中世以来続く有力な真宗三ヶ寺のひとつであり、多くの支配寺院をもっていた。長徳寺のほか、伯太村の称念寺の手次寺も源光寺が務めていた。

堺は、中世では本願寺を支える重要な地盤であったが、そこにあった源光寺などがさらに周辺地域に末寺をもち、重層的に本願寺を支えていたのであった。また、浄土真宗の本末関係は人的な交流も生み出すので、源光寺末寺院の存在は堺と信太地域とのつながりを生み出したことが推測される。畿内の浄土真宗寺院は、堺をはじめ都市的集落に多く展開していることから、王子村や中村などは街道沿いに展開した都市的な性格をもつ集落であったことが示唆されよう。

中世の信太郷から近世の信太七ヶ村へ

中世の信太郷は古代の歴史を引き継ぎ、聖神社を中心とする「小宇宙」として出発した。強い求心力をもつ聖神社は、神祇信仰の中心として周辺に影響を及ぼしただけでなく、神宮寺を有し、律宗の布教の場となるなど、神仏習合の宗教的聖地として多くの人を呼び寄せた。この聖神社を含む「信太の森」の縁辺部を通る熊野街道（小栗街道）は、和泉国のほかの地域や他国、さらには京都などと信太郷を結ぶ脈管の役割をはたした。

信太郷を基盤とする信太氏は、鎌倉幕府御家人に列するなど国内有数の武士として成長をとげた。成田氏との関係など、不明な点も残るが、室町時代までその活動は確認される。

信太郷は、信太山丘陵だけでなく、条里遺構の残る西側の水田地帯にも広がっていた。これらは大野池などから引水する用水体系によっても結びついていた。大野池の水を共有する上代、上、尾井、太、中、富秋、王子の村は近世になって確立するが、集落として遅くとも中世後期には姿を現していたものと思われる。聖神社はそうした水掛りを共有する村むらの紐帯であり、その点でこれらの村落の鎮守としての位置づけも中世までさかのぼるものと考えられる。

南北朝時代から室町時代にかけて、信太郷をめぐる歴史空間は変化を見せはじめる。信太氏は、和泉国上守護細川氏の有力被官として守護代に取りたてられたが、これは信太地区が和泉国レベルの社会変動にまきこまれはじめたことの序章でもあった。一五世紀後半には、信太城が外部勢力によって激しい攻撃にさらされることもあった。そうした合戦のなかで没落したのか、信太氏の姿は戦国時代には見えなくなっていく。

宗教環境も変化を遂げていった。聖神社の聖地性は徐々にうすらぎ、一方で浄土真宗勢力の伸長は新しい信仰のあり方が信太地区にも普及してきたことを物語る。真宗寺院の一部は堺に手次寺をもっていた。和泉国守護所でもあり、国内随一の都市でもあった堺の影響が信太郷にも浸透してきたのである。

一六世紀になると、堺に発し、大阪湾の湾岸を通る紀州街道の通行量が多くなることが指摘されている。紀州街道沿いの泉大津、貝塚、岸和田などの都市が発展を遂げ、その結果として熊野街道の重要性は相対的に低下した。その一方で、西部の水田地帯に立地する富秋に本拠をもつと推定される富秋氏など新たな勢力の台頭も確認される。

聖神社が、聖地として有していた絶対的な求心力を弱めた一方、府中や堺をはじめとする外部世界との「交通」は活発化し、新たな武士団の発生、新たな宗教の振興などがみられるようになったのである。史料が残っていないため中世信太郷の民衆の活動についてはほとんど知ることができない。しかし、富秋氏をささえたであろう富秋村の村共同体の強化、浄土真宗を受け入れ、道場に結集した地元の動向などの背後に、民衆の成長を見てとることもできるだろう。

　江戸時代には、信太明神社（聖神社）の祭礼にあたって舞を奉納する「舞太夫」と呼ばれる人びとが舞村に住んでいた。彼らは中世のころから聖神社と密接な関係をもっていたと推定される。また、近世南王子村の「かわた」の人たちも、農業を営みながら、江戸時代を通じて信太明神社の二月一〇日の弓祭りでは皮の的を献上し、七月二八日の角力神事では土俵をつくり、八月祭礼では神輿通行道の掃除などを担っていた。中世の信太郷で「かわた」がどのように存在していたのか、知るすべはないが、近世からさかのぼって考えると、おそらく聖神社に皮革製品を納入したり、掃除などで奉仕する人たちだったのだろう。しかし、中世末期の社会変動をうけて、「かわた」たちは神社から一定の自立を遂げ、信太郷という地域社会の中で新しい役割をはたすようになっていく。

　神主家でもあった信太氏の没落にとって代わり、村むらが聖神社を惣社として、新たな地域結集の核に仕立て上げていった。大野池を水源とする用水体系、新たに姿を現した村むらなど、中世の要素を引き継ぎつつ、信太地区の歴史は中世から近世へとつながっていくのである。

コラムⅢ　信太山地域の仏像

大阪府内の寺院を宗派別に見てみると、山側には真言宗・天台宗が多く、平野部にはいわゆる鎌倉新仏教である、浄土宗、浄土真宗、日蓮宗、禅宗などが多い。和泉市内でもその傾向は変わらない。したがって、平野部である信太地域とその周辺の寺院には古像が少なく、ほとんどが中世後期から江戸時代末までの仏像である。しかし、信太山地域の歴史を示すかのようにそれ以前の特徴ある仏像も現存する。ここでは、宗派別に順を追いながらその特徴のある仏像を紹介しよう。

浄土宗寺院にある平安期の仏像

極楽浄土への往生を願う浄土教信仰の宗派には、市内では浄土宗と浄土真宗がある。浄土宗寺院は府中を中心に、浄土真宗寺院は信太山丘陵とその周辺にほとんどが集中している。

浄土宗寺院では、阿弥陀三尊像を本尊とし、江戸時代の善導大師《ぜんどうだいし》像・法然上人《ほうねんしょうにん》像を脇壇《わきだん》に安置する形式が取られている。池上町養福寺の阿弥陀如来立像《あみだにょらいりゅうぞう》（写真44）は、像高九六・八センチメートルで、江戸時代の観音・勢至《ぜいし》菩薩立像を脇侍《わきじ》としている。頭頂から足枘《ほぞ》まで右臂《ひじ》、左袖口までを含んで、ヒノキと思われる縦一材から彫出し、右臂から先と左手先（いずれも後補〔後世の補修〕）などを寄せる。右手内側の袖の垂下《すいか》する部分などを亡失している。平安後期の穏やかな作風であるが、大きめの頭部にやや寸詰まりの体《たい》躯《く》に見られる塊量性《かいりょうせい》、頬や体部などの量感、強めの彫り口の衣文《えもん》、やや大粒で強い彫りの螺髪《らほつ》、後頭部のU字型の螺髪の配列など、制作は一一世紀と思われる。江戸幕府が全国の浄土宗寺院に提出させた「浄土宗

写真44　池上町養福寺阿弥陀如来立像

写真45　上代町観音寺（信太寺跡）

寺院由緒書」（元禄九（一六九六）年、以下「由緒書」）によると、池上村の養福寺は春木村（現岸和田市）西福寺末で、正保年中（一六四四〜一六四八）に正残が中興したとある。したがって、阿弥陀如来像はいずこからか移安されたものであると考えられる。阿弥陀如来像として信仰されているが、両手先が後補なので、当初の尊名は不明である。両脇侍、両大師像は再興ころのものであろう。

上代町観音寺（写真45）は、「由緒書」によると、綾井村（現高石市）浄土宗専称寺第三世頓蓮社圓誉蓮貞上人が寛永年中（一六二四〜一六四四）に建立した七ヶ寺のひとつであるという。本尊の阿弥陀如来坐像などもこの頃の作成であろう。ただ、この寺には、平安末期の像高六二・七センチメートルの十一面観音立像が別に安置されている。細身の優美な姿であるが、頭上面を後補としており、当初から十一面観音像であったかどうかはわからない。さらに、頭部の耳前から面相部は別材で、後補と思われる。両臂から先、両足先なども後補。このように、保存状態は良好でないものの、寺名観音寺はこの像に由来すると思われ、重要である。なお、発掘調査の結果、本境内が奈良時代創建の信太寺《しのだでら》の跡地であり、また信太寺が中世に存続する寺院であることが確認された。観音像は信太寺にゆかりの像である可能性もある。

成田氏の菩提寺

太町菩提寺は「由緒書」によると、寛永年中（一六二四～一六四四）に宿意大徳が居住していたが、亡くなり、その後無住で壊れていたのを、求誓法師が天和元年（一六八一）に再興したという。中世信太郷の地頭であった成田氏の菩提寺とのいわれもあり、境内墓地には江戸時代の太村庄屋成田家の墓とならんで天正一一（一五八三）年に死去したとされる成田伊豆守忠宗入道の墓（おそらく後になって建立されたもの）のほか、江戸時代の一三基の宝篋印塔《ほうきょういんとう》もある。本尊の阿弥陀如来坐像と善導大師像・法然上人像は求誓法師再興のころのものであろう。

境内の地蔵堂には、千体地蔵像（写真46）がまつられている。像高は九・二から九・七センチメートルで、全部で八〇〇体余りである。像の背面に元禄一四（一七〇一）年の墨書銘のあるものもあり、このころの制作と推定される。本尊の地蔵菩薩立像（写真47）は、厨子《ずし》内に安置されている秘仏で、像高一五・九センチメートルの小像である。ヒノキかと思われる一木造り、彫眼《ちょうがん》、古色《こしょく》の像で、当初は彩色を施した像であった。左手先、両足先、前面の足元から五・〇センチメートルまでは後補。優美な姿に簡潔な彫り口を示す。衣文を表さないのは、彩色で見せるためであったかと思われる。面部の保存状態はよくないが、厳しい表情がうかがえ、制作は鎌倉時代と推定される。この厨子の各扉裏には制多迦童子《せいたかどうじ》と矜羯羅童子《こんがらどうじ》の絹絵が貼り付けてあることから、両童子像を脇侍とする不動明王《ふどうみょうおう》像の厨子を転用したと考えられる。厨子の前には、いわゆる御前《おまえだ》立ちの地蔵菩薩立像が安置されている。この地蔵像の光背《こうはい》・台座の銘文によると、堺宿院町大道の小間物《こまもの》屋又兵衛の妻が、亡くなった三人の子どもの菩提を弔うために、元禄一六（一七〇三）年に作らせたもので、菩提寺の輪誉が翌年に墨書していることがわかる。想像するに、千体地蔵像を制作し終えた時点で、御前立ちを制作し、すべての完了時点で輪誉の署名になったのではないだろうか。厚い信仰を感じさせる千体地蔵像である。なお、地蔵堂は太町の世話人有志の方が管理しており、現在の堂は一九九〇（平成二）年に同じ場所に再建されたものである。もともと小栗街道沿いにあったという言い伝えも残っている。

写真46　太町地蔵堂千体地蔵像

写真47　太町地蔵堂地蔵菩薩立像

写真48　幸二丁目西教寺阿弥陀如来立像

写真49　阿弥陀如来立像背面（部分）
「福専寺下泉州和泉郡／王子村／惣道場／西教寺」と朱漆で記されている。

浄土真宗寺院の仏像

一方、浄土真宗寺院では東本願寺に属する一ヶ寺、西本願寺に属する八ヶ寺がある。一般に、東西本願寺末寺院では、本尊の阿弥陀如来立像が宮殿に安置され、七高祖《しちこうそ》画像、聖徳太子画像、蓮如《れんにょ》上人画像、親鸞《しんらん》聖人画像が左右に並べられる。阿弥陀如来立像は、裙《くん》、大衣《だいえ》、覆肩衣《ふくけんね》を着けていわゆる来迎印《らいごういん》（真宗では「摂取不捨《せっしゅふしゃ》印」という）を結ぶこの形は東西に共通するが、その表現には東本願寺系統と西本願寺系統に違いがある。東本願寺系統はやや室町時代の様式を継承している風に見えるのに対して、西本願寺系統は鎌倉時代の様式を江戸時代風にアレンジしたものとなっている。西本願寺系統の阿弥陀如来立像は、一七世紀半ばごろ以後、一つの形式が確立し、本山の工房で制作され、末寺に下付された。その形式とは、足枘に仏師「康雲」銘（「康尭」銘の場合もある）、像底に国名と寺院名、像背面に本寺名、国郡村名、寺院名を記すもので、下付の際、制作年を記した文書も交付しているが、長年月の間に亡失された場合が多い。信太地域とその周辺の像はすべて康雲以後のものである。

幸二丁目西教寺の阿弥陀如来立像（写真48）には下付時の文書が残っており、それによると寛文一〇（一六七〇）年一〇月に、寂如《じゃくにょ》門主から福専寺（京都六条）の下寺にあたる西教寺へ下付されたことがわかる。本尊の阿弥陀如来立像の背面にも同文（制作期の記述を除く）が朱書き（写真49）されており、まさにこの像が下付された像に間違いないことがわかる。像は左足枘に「康雲」の墨書（写真50）が、像底に陰刻の上から朱を置いた「和泉　西教寺」銘（写真51）がある。

写真50　足枘にある「康雲」の墨書

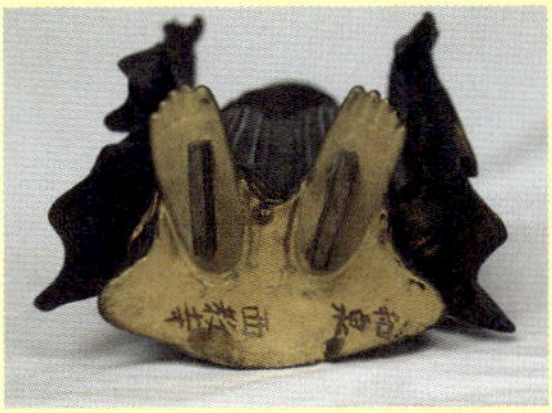

写真51　像底銘「和泉　西教寺」

市内では、同形式の銘文を記した阿弥陀如来立像がほかに五体ある。伯太町西光寺像と同町常光寺像は、興正寺門徒尊光寺下の康雲作の像であるが、両像の作風は異なる。大きな眼に頬の膨らみがある常光寺像に対して、西光寺像は細い眼とほどよく整えられた顔である。両像は同じ康雲銘であるが、実際の作者は別人であろう。康雲名は代々世襲されたので、それぞれが康雲の何代目かはわからない。伯太町称念寺像も同形式の銘文により、「康雲」作で堺の源光寺末であることが判明する。池上町光楽寺像と王子町常念寺像も「康雲」作だが、両寺の上寺名は書かれていない。市内にある康雲銘の阿弥陀如来立像のうち、もっとも古いのは西教寺像である。一見同じ康雲銘を持つ阿弥陀如来立像ではあるが、それぞれに歴史的背景を持っているらしいことが感じられて、興味深い。葛の葉町長徳寺の阿弥陀如来立像は像高五八・二センチメートルの像で、銘文は見当たらない。体部は江戸時代だが、頭部は少し古く、室町時代の可能性がある。

黒鳥町に残る安明寺ゆかりの仏像

伯太町に南接する黒鳥町には、高野山真言宗の長楽寺と妙福寺などがある。真言宗は現世利益の信仰で、精神的・肉体的な病を治す薬師如来や尊名を称えれば直ちに救いに来てくれる観音菩薩などをその信仰対象とする。まず長楽寺であるが、本尊の毘沙門天《びしゃもんてん》像の台座に、慶安五（一六五二）年に「御本尊造立」と墨書があるので、本寺の創建はこの時の可能性が高い。またこの像を寄進したのは当時の黒鳥辻村庄屋浅井太郎左衛門であることがわかる。一般的な毘沙門天像は宝塔を捧げるが、長楽寺像は右手を腰にして左手に戟《げき》を執《と》るというもので、このような類例は少ないと思われる。同寺には、弘法大師像が五躯あり、そのうちの一躯は、台座墨書によると、宝永四（一七〇七）年に先考（亡父）浄円信士の菩提のために黒鳥下村の次左衛門が修理して、安明寺《あんみょうじ》に寄付した、という像である。安明寺の真長がこの経緯を墨書しており、安明寺旧蔵が明らかであるという点で、黒鳥町の古寺、廃安明寺研究の貴重な資料である。別の一躯は、元の所在場所は不明ながら、大坂の有名な仏師、宮内法橋《くないほっきょう》の初代の作である。こちらも初代の作は少ないため、宮内法橋研究の貴重な資料といえる。

本寺で最古の作品は、向かって左に安置される薬師如来坐像（写真52）である。この像は像底から見ると、一木造りの構造であるが、頭体幹部は両耳の後ろと両肩ほぼ中央を通る線で割矧《わりは》いでいるように見える。作風を見ると、頭部と体幹部は鎌倉時代風であるが、両脚部は膝に衣文を表さない平安時代後期一〇～一一世紀に少し見られるものである。したがって、平安時代の下部に頭体幹部の上部を接合した作品ではないかと思われる。より慎重な検討を要する作品である。本像の像底に墨書があり、「延久」（一〇六九～一〇七四）の字が残っている（『和泉伯太郷土史事典』〔一九五二年〕）とのことであるが、現在は判読しがたい。しかしながら、作風と構造から、その期の可能性はないとはいえないだろう。江戸時代、明治以降にも修理の手が加わっており、X線撮影などの科学的な方法による解明が待たれる。本像は後述のように、廃安明寺からのものである可能性がある。

妙福寺も江戸時代の作品が多く、本尊毘沙門天立像の両脇侍として日光《にっこう》・月光《がっこう》菩薩立像が安置されている。この両脇侍像は本来薬師如来像の脇侍となる菩薩である。何らかの事情があり、後に毘沙門天像の脇侍とされたものであろう。同寺には薬師如来像の眷属《けんぞく》である十二神将《じゅうにしんしょう》像（写真53）もまつられている。両脇侍と十二神将像は、脇侍像の月光菩薩像の台座墨書（写真54）によると、黒鳥村の庄屋黒川武右衛門が正徳三（一七一三）年六月三日にいずこかへ寄進したものであるが、寄付した寺名は書かれてないのでわからない。

写真52　黒鳥町長楽寺薬師如来坐像

しかし、これに関連した文書が幸いに二通、活字化されている（『和泉町史料第一集』（一九五六年））。いずれも安明寺に関するもので、一通は本尊の弘法大師自刻の薬師如来坐像を安置するための薬師堂再建の勧《かん》進《じん》状（正徳二（一七一二）年一〇月）、もう一通は金堂、薬師如来像、日光・月光両脇侍と十二神将像の開眼《かいげん》供《く》養《よう》（正徳三年）の法語である。月光菩薩像台座の墨書銘と二通の文書から、妙福寺の日光・月光菩薩像と十二神将像は廃安明寺から移安されたもので、正徳三年に開眼供養された、黒川武右衛門寄進の像であることが確認された。黒川武右衛門は、この地の有力な庄屋で、代々武右衛門を名乗っているが、廃安明寺の日光・月光菩薩像、十二神将像寄進から二八年後の元文

写真53　黒鳥町妙福寺十二神将像

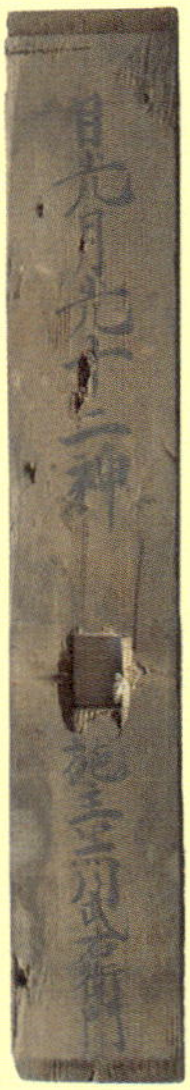

写真54　黒鳥町妙福寺月光菩薩像台座墨書

四（一七三九）年に、施福寺《せふくじ》の西国三十三番観音霊場の第四番札所本尊である千手観音像の眷属二十八部衆像も寄進している。いずれも群像なので高額の制作費を要したはずである。廃安明寺、施福寺両寺への群像寄進者武右衛門が同一人物であるかは不明であるが、大変厚い信仰心が感じられる。

　安明寺本尊の薬師如来坐像の行方については不明である。しかし、日光・月光両脇侍と十二神将像が妙福寺へ移安されていることからすると、薬師如来坐像は長楽寺へ移された可能性もある。

黄檗宗中央寺

王子町中央寺は市内唯一の禅宗黄檗宗《おうばくしゅう》の寺院である。黄檗宗は江戸時代初期に隠元禅師《いんげんぜんし》が、明末の文化とともにわが国にもたらした臨済宗の一分派である。黄檗派中央寺の成立は天和期（一六八一～一六八四）頃といわれている（第2部第2章）。本尊に向かって右の十一面観音立像の厨子扉に朱書きがあり、それによると、享保二（一七一七）年に堺住人が釈迦像と台座・光背を寄進している。その後、この厨子に納まらない大きさの、像高五一・〇センチメートルの現在の本尊釈迦如来坐像（写真55）が、光背銘によると寛保元（一七四一）年に堺楊枝町の河内屋次郎兵衛によって寄進されている。この釈迦如来坐像は、明末様式の仏像を日本風に落ち着いた表現とした黄檗様式である。本寺には二躯《く》の十一面観音立像があり、どちらも宝《ほう》髻《けい》を欠くものの、厨子明記の時期より古い。割矧《は》ぎ造りの像高五七・九センチメートルの像は室町後期頃、一木造りの像高四二・二センチメートルの像は室町～江戸初期頃の作と思われる。前身寺院のものか、いずこからか移安されたものであろう。

写真55　王子町中央寺釈迦如来坐像

以上、概観してきたが、信太山地域にも少ないながら古い仏像が見られた。そして熊野街道を通って新しい仏教宗派の進出が顕著であったことが仏像によっても明らかとなった。これらの仏像がこの地の歴史をさらに解明する手がかりになれば幸いである。

コラムⅣ　聖神社の建築

信太山の丘上に建つ聖《ひじり》神社は、「延喜式《えんぎしき》」神名帳《しんめいちょう》にみえる古社で、中世には和泉五社のひとつ、江戸時代には信太明神《しのだみょうじん》または信太大明神ともよばれ、信太郷の産土神として崇敬されてきた。『三代実録《さんだいじつろく》』貞観《じょうがん》元（八五九）年の条に、官社《かんしゃ》に列し、従四位下《じゅしいのげ》に叙《じょ》せられたとある。中世では、建仁《けんにん》元（一二〇一）年一〇月、後鳥羽上皇が、熊野詣《くまのもうで》の途中、使を遣わして当社を参詣させたという。また、建長《けんちょう》六（一二五四）年叡尊《えいそん》が本社拝殿において盛大な法会を行っている（第1部第4章参照）。

中世の遺品としては、文明《ぶんめい》一五（一四八三）年の神輿《みこし》（重要美術品）がある。一九三八（昭和一三）年の解体修理の際、拝殿屋根裏の建築古材から、復原されたもので、「信太大明神神輿之事／（中略）大工穴《あな》師宗重《しむねしげ》」の銘がある。神輿の内法長押《うちのりなげし》上の欄間《らんま》に、泉穴師《いずみあなし》神社本殿（文永一〇年・一二七三）に類似した菱格子連子《ひしごうしれんじ》がある。

当社の重要性は、慶長《けいちょう》九（一六〇四）年豊臣秀頼が片桐且元《かたぎりかつもと》を奉行として造営したという、四棟の社殿が現存することにある。本社本殿、末社三神社本殿・同滝神社本殿・同平岡神社本殿で、前三社は国の重要文化財、平岡社は大阪府指定有形文化財の指定を受けている。しかも、後述するように、各社殿は華麗な彩色を施すが、それぞれ規模形式を異にし、蟇股《かえるまた》や木鼻《きばな》など、多様な細部意匠がみられる。特に、本社本殿および末社三神社本殿の形式は、他に類をみないもので、神社建築史において、異彩を放っている。

以下、本社本殿、末社三神社本殿・同滝神社本殿・同平岡神社本殿について、建築史上の価値、様式的特色などの諸問題を記す。

1　本社本殿（国指定重要文化財）

仏堂を思わせる社殿外観　本殿は、三間社入母屋造《さんげんしゃいりもやづくり》の大規模なもので、貝塚御坊願泉寺《かいづかごぼうがんせんじ》（貝塚市）の大工によるものである。低い縁、連子窓《れんじまど》、支輪《しりん》付の出組《でくみ》など、異色の社殿形式で（向拝に浜縁・浜床を設けず、礎石上に柱を立てる点も仏堂の向拝と同手法）、正面に千鳥破風《ちどりはふ》・軒唐破風《のきからはふ》を飾っている。

向拝では、柱上に連三斗《つれみつど》（背面側に手挾《たばさみ》）、柱間に虹梁型頭貫《こうりょうけいかしらぬき》を通し、龍の彫刻入蟇股《かえるまた》を入れる。蟇股は内刳《うちぐり》の花頭《かとう》曲線が一筆多い特徴があり、唐破風下にも鳳凰の彫刻入蟇股を飾っている。

身舎《もや》は、正面中央間の桟唐戸《さんからど》の他は壁で、桃山時代のものとしては閉鎖的である。組物に波形支輪付の出組、中備は正面と側面前半に蟇股、背面では蓑束《みのづか》としている。こうした形式は、格式ある仏堂の方式に倣《なら》うもので、同時に社殿の正面性を高めている。蟇股内の彫刻は、身舎正面では右から「鶴に乗った王子喬《おうしきょう》」・「鯉に乗った琴高《きんこう》仙人」・「筏《いかだ》に乗った仙人」の彫刻がある。不老不死の仙人にあやかり、社殿の永遠を願ったものであろうか。類例に、日光東照宮陽明門《ようめいもん》の仙人彫刻があり、当社のものはそうしたものに先鞭《せんべん》を付けたものといえる。

特異な内部空間と宮殿　内部は、中央の後方二間を、床を高くした内陣とし、これを外陣が取り巻く平面である。側柱と内陣は、両者の高さが異なるので、禅宗仏殿のように海老虹梁《えびこうりょう》を用いてつないでいる（断面図参照）。内陣には一間社流造、千鳥破風・軒唐破風付の宮殿《きゅうでん》が安置されている。宮殿は、組物や蟇股・虹梁型頭貫などに朱漆地の

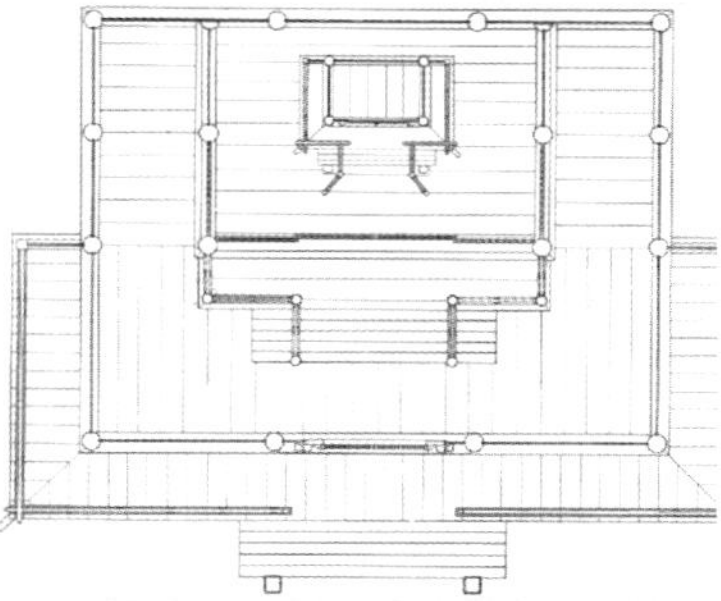

図23　聖神社本殿　平面図

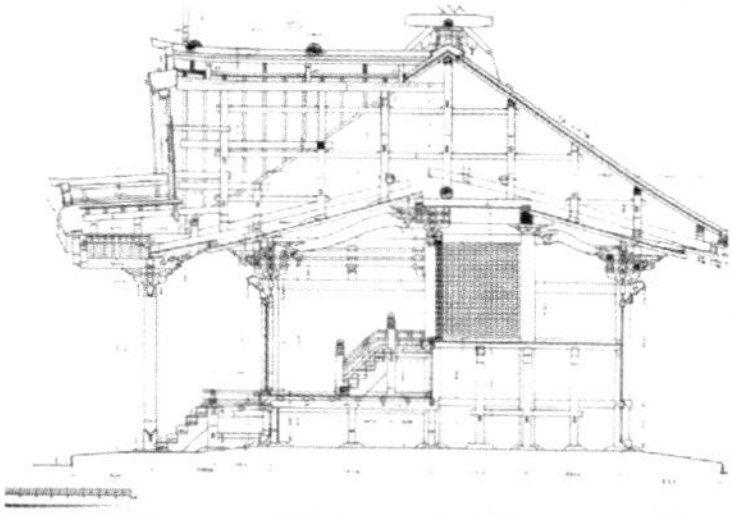

図24　聖神社本殿　断面図

写真56　聖神社本殿　正面

写真57　本殿内部と宮殿（修理工事報告書）

上に極彩色を施した本格的な社殿である。興味深いのは、唐破風下蟇股の脚先や花頭曲線が、他の蟇股と異なっていることである。このことは宮殿を担当した大工が、向拝や身舎の大工と異なっていたことを示唆しており、異なる流派の大工と協同制作であったことがうかがわれる。

社殿平面の系統　当社の顕著な特色は、禅宗仏堂の身舎《もや》と裳階《もこし》を思わせる内部空間、本格的社殿ともいえる華麗な宮殿を内包していることである。この種の平面は、全国的にも稀で、大阪府下では当本殿のみである。ただし、府下では、当社殿の先駆とみられる―南北朝時代の錦織《にしこり》神社本殿（富田林市）と日部《くさべ》神社本殿（堺市）がある。錦織では、三間社入母屋造の正面に千鳥破風・軒唐破風を備え、外陣側面に連子窓を設けている。日部は、背面を入母屋造とし、正面は切妻造の屋根に縋《すがる》破《は》風《ふ》を付けた形式で、三間社春日《さんけんしゃかすが》造《づくり》を思わせる外観で、内部に外陣・奥行の深い内陣を有する。従って、当社殿の外観―屋根形式や連子窓など―は、右の社殿からの影響が考えられる。

しかし、宮殿を内包した内陣と凹形に囲う外陣空間は、錦織や日部より建築的に発展しているだけでなく、その発想において異なっている。聖神社では、宮殿を内陣と身舎が二重に保護しているからである。このコンセプトに類するのは、和歌山県の熊野本宮第一・第二殿である。熊野本宮は享和二（一八〇二）年に再建されたものであるが、旧規の平面を踏襲しているとされ、内部に廻縁《まわりえん》を有する三間の内陣をもち、宮殿を納めている。三間社の社殿に覆屋《おおいや》を設けたのが発達して成立したもの、とみられている。稲垣栄三は、右の類似性をふまえ、当社の近在に王子の地名があり、また京からの熊野街道沿いにあるので、熊野本宮の形式から示唆があったのではないか、と解釈している（稲垣栄三『神社と霊廟』小学館。一九六八年）。

　注意を要するのは、当社殿は再建されたものゆえに、旧形式を踏襲している可能性のあることである。本殿内部が発展した吉備津《きびつ》神社（応永三二年、岡山県）や祇園造の八坂神社（平安時代成立、京都市）などが前時代に成立していることを考えると、当社の平面形式が、中世にさかのぼるとしても不思議はないのである。ただし、推測の域を出ないが、本殿内部の架構に、禅宗様がみられることから、禅宗様を積極的に用いるようになる南北朝時代―室町時代に、現在のものに類する平面が成立したのであろう。

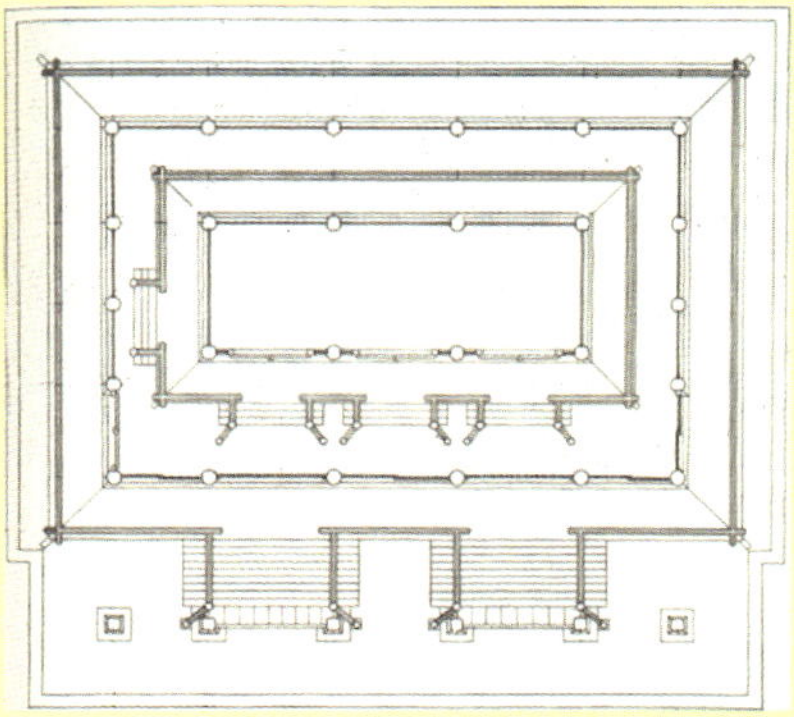
図25　熊野本宮第一・第二殿　平面図

写真58　身舎正面右蟇股（王子喬）

写真59　身舎正面中央蟇股（琴高仙人）

写真60　滝神社本殿と三神社本殿（右）

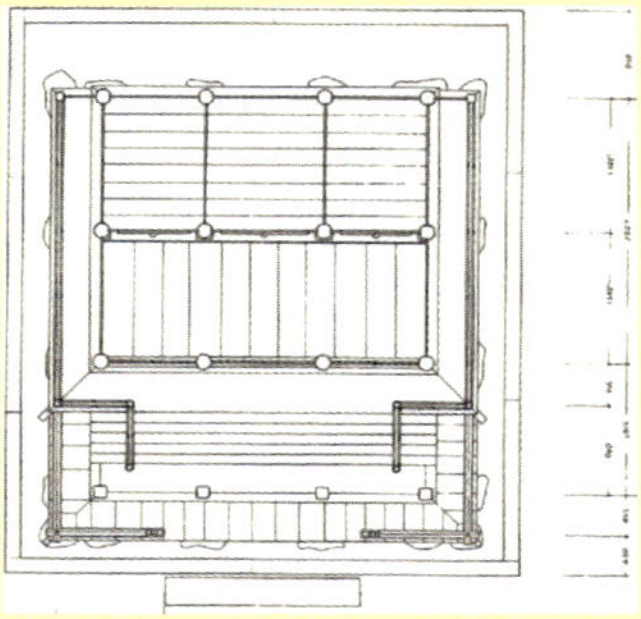
図26　三神社本殿平面図

2　末社三神社本殿（国指定重要文化財）

現在、当社殿は、本社本殿の東南に、滝神社と並んで西面して建てられている。しかし、江戸時代には、現在地東方の奥院にあり（泉井上神社蔵「泉州泉郡南郡御領分寺社改帳」）、現在地に移されたのは明治六年のことであった。

構造形式　三間社春日造、檜皮葺《ひわだぶき》・二軒《にけん》

写真61　三神社本殿　向拝

写真62　同上　海老虹梁・垂木掛煽板

繁垂木《しげたるき》。向拝の浜縁に泉州特有の据高《すえこう》欄《らん》、浜床の蹴込《けこみ》に盲連子を嵌《は》める。組物は、両端に連三斗《つれみつど》、中柱上に出三斗手挾付とし、中備蟇股を飾る。木鼻は外側では絵様《えよう》木鼻、内側では獅子鼻《ししばな》である。身舎の柱間は、正面では、内法長押を枕《まくら》捌《さばき》とし、鴨居と虹梁型頭貫の間に、彫刻

入欄間を嵌める。組物は出三斗、正・側面に中備蟇股を飾る。背面の妻飾は二重虹梁《にじゅうこうりょう》大瓶束。大瓶束間に大きな蟇股を飾る。内部は前後に二分して内陣・外陣とし、内外陣境に上下長押を打ち、幣軸付板扉をいれる。

様式的特色　身舎側面を二間とし、背面の妻飾を二重虹梁大瓶束とする特色がある。社殿装飾では、本社本殿と同様に、組物・彫刻欄間や蟇股などに極彩色を施し、蟇股を多用して、正面を華やかに装飾している。背面の妻飾では、身舎桁によって梁行を縦に四分割するため、柱筋と大きなずれを生じているが、結果的に大きな「松に鶴」の彫刻入蟇股を飾ることに成功している。また、正面では内法長押を枕捌とし、背の低い長押付鴨居と虹梁型頭貫との間に透彫《すかしぼり》欄間を嵌めるが、この長押付鴨居は他に類をみない。先端を尖《とが》らせた身舎木鼻、向拝の据高欄《すえこうらん》、蹴込の盲連子などは、泉州の特色をよく示している。また、向拝頭貫木鼻を獅子鼻（獅子鼻の初出）とし、身舎蟇股上の実肘木《さねひじき》に「髭のような絵様《えよう》」がある。この絵様の類例は少なく、北野天満宮本殿にみられる絵様肘木の先行形式であろう。

大工の作業形態　身舎蟇股上の実肘木に「河内国茨田郡十七ヶ所（現在の門真市域）二兵衛作」墨書がある。ただし、社殿に泉州の細部様式がみられるので、御坊大工に二兵衛が協力する作業形態とみられる。

社殿の系統　三間社春日造の類例は、極めて少なく、その多くは正面向拝に隅木《すみぎ》を入れた「隅木入社殿」である。三間社春日造において、向拝を縋破風《すがるはふ》形式とするのは、堺市の日部神社と鳴無神社（高知県、一六六三）のみである。従って、当社殿の屋根形式は、縋破風の古形式を継承する三間社春日造といえる。

3　末社滝神社本殿（国指定重要文化財）

三神社の西隣に鎮座する一間社春日造、檜皮葺、向拝軒唐破風付の社殿で、江戸時代「滝御前」とよばれた。向拝の中備は失われているが、蟇股上実肘木の風蝕跡があり、もとは蟇股があった。向拝と身舎は海老

写真63　滝神社本殿　正面

写真64　平岡神社本殿　正面

虹梁で繋ぎ、手挟を省略する。背面の妻飾は虹梁大瓶束、正面では木連格子である。軒は二軒繁垂木、垂木は一支二寸五分の枝割で、六支掛となる。江戸時代の絵図写に「こけら葺」とあり、江戸時代の一時期、柿葺であった。

細部様式　『修理工事報告書』によれば、海老虹梁と菖蒲桁、および実肘木と巻斗《まきと》は一木からなる中世的技法である。また、泉州特有の様式—木鼻や浜床の蹴込、据高欄など—がある。なお、三神社・滝神社の柱・土台から番付が確認された。泉州に多い時香番付《じこうばんづけ》折返型で、泉州大工が中心的役割を担ったことを傍証している（時香番付は、正面右隅の柱を起点として左へ番を追い、これを繰返して各柱筋を順に折返して一連の番号を与える）。

4　末社平岡神社本殿（大阪府指定有形文化財）

当社の建築年代は、これを明らかにする史料を欠くが、本社本殿および末社三神社本殿・同滝神社本殿と絵様・木鼻等の細部様式が類似するので、慶長再興時の遺構と考えられている。

本殿は、滝神社本殿と同規模の一間社春日造・檜皮葺であるが、軒唐破風を設けず、身舎組物を大斗実肘《だいとさねひじ》木《き》、背面の妻飾を叉首組《さすぐみ》とするなど、当社の社殿のうちでは最も簡素である。向拝柱間は、絵様木鼻付の虹梁型頭貫を通し、柱上に連三斗を置く。向拝と身舎は海老虹梁で繋ぎ、海老虹梁上に向拝垂木掛《たるきがけ》（煽板《あおりいた》）を入れる。この方法は、三神社・滝神社と同様である。軒は二軒繁垂木、地《じ》垂木に中世的な反りがある。

右のように、泉州特有の先端を尖らせた向拝木鼻があり、滝神社と同様の実肘木と一木の巻斗とすることなどから、大工は、三神社・滝神社本殿に関わった工匠と同系統に属するとみられる。

5　聖神社に関与した工匠

以上のように、聖神社には、全国的にも稀有な本社や三神社があり、泉州特有の細部様式を備え、中世的な手法を伝える滝・平岡社がのこされている。また、本社本殿に海塚御坊の大工、三神社本殿では十七ヶ所の二兵衛、滝神社本殿では、「山城国□□郡下京住人平武兵衛是於才敷也」の墨書が発見されている。従って、慶長九年の聖神社の造営には、多様な工匠が活動していた。恐らく、中心建築である本社本殿は、在地大工（御坊大工）が優先的に起用され、他の社殿は、御坊大工に加えて、十七ヶ所の二兵衛、下京の彩色大工などが活動する造営形態であったと思われる。三殿の細部様式の相違は、多様な工匠の関与を物語っている。ただし、多様な工匠が、特徴ある社殿を創造したとは断定できない。留意しなければならないのは、豊臣家の造営が、新しく社殿を建立するのではなく、ほとんどが修造であったことである。それは、老朽部分を取替え、使用可能な前身建物の一部を再用するもので、旧規を踏襲したものが多く、今日の保存修理に近いものであった。特に、神社建築では、その保守性ゆえに、前身の様式が踏襲された可能性が強いのである。従って、工匠の創意は、細部様式に限定されていたのではなかろうか。

第2部 信太山と村むらの形成

「信太七郷・黒鳥村立会絵図」（米田家蔵）　寛文5（1665）年

本巻の対象である信太山丘陵とその周辺村むらの具体的な姿が窺えるようになるのは、一六世紀末頃である。信太山丘陵周辺には、条里に沿った境界をもつ信太郷や上泉郷、上條郷、坂本郷が取り巻いていたが、中世後期にはこうした郷境とは別次元で、近世の村につながってくる集落が定着し、その周辺には集落に付属する耕地や山野が展開していた。第2部では、こうした村むらのあり方を具体的に見ていくことにしよう。

和泉国での太閤検地は、郷を単位に行われたため、郷を越えて展開していた集落は、分断されて、居住者のいない「出作」村が多数生み出された。第1章では、一七世紀を通した、この「出作」の包摂または切分けによって、江戸時代の村（村請制村）が形成されていく様子を見ていく。

太閤検地によって信太明神社の境内周辺の信太山は除地として認められ、信太郷七ヶ村の事実上の共有地となった。第2章では、一七世紀における、この信太山と信太郷七ヶ村の関係を見るとともに、池上村、上代村、南王子村などを例に近世村としての確立の内実を見ていく。

第3章では、郷境に所在しながら「出作」という形を取らなかった黒鳥村と伯太藩の陣屋が置かれることによって都市的な要素を内包することとなった伯太村について、第4章では、かわた身分の村である南王子村について、一七世紀からの展開を踏まえつつ、幕末までの村落社会の展開を見ていく。そこでは、多様で個性的な村むらの姿が浮かび上がってくるであろう。

第5章では、信太明神社の社僧・社家のあり方と村むらの関係について、これまた一七世紀からの展開を踏まえて、一九世紀までのあり方を、繰り返し起きた争論を通して見ていく。宗教者を組織しようとする本寺や本所の問題、一橋家の支配の問題、南王子村をめぐる問題など様々な問題の関連しあった状況が浮かんでくるであろう。

第1章　信太山地域における村の成立

1　江戸時代の信太山地域の概要

自然環境と生活・生産条件

本巻が対象とする地域は、信太山丘陵をとりまくように広がる村むらである。まず、これらの村むらの江戸時代の様子を概観しておこう。

丘陵北西側裾野《すその》を通る小栗《おぐり》街道に沿うように信太郷七ヶ村（上代《うえだい》村・上《かみ》村・太《たい》村・尾井《おのい》村・中《なか》村・富秋《とみあき》村・王子村）と舞《まい》村・南王子村が存在した。丘陵西側には、伯太《はかた》村、黒鳥《くろとり》村、一条院村などが所在し、さらに伯太村の西側には池上《いけがみ》村が所在した。小栗街道よりも西側の平野部には、条里制地割《じょうりせいじわり》が存在した（図1）。

信太山丘陵の北西面中腹には、和泉国三宮《さんのみや》である信太明神社《しのだみょうじんしゃ》（聖《ひじり》神社）が位置し、丘陵内のおよそ海抜三〇メートル以上の部分は、同社の境内地として江戸時代を通じて除地《じょち》の扱いを受けた（図1破線内）。これは主に峰筋であり、谷筋の谷田や池は各村の村領に含まれていた。第2部以降では、信太山丘陵のうち、信太明神社の境内地であったこの部分を、信太山と表記し、自然地形を意味する信太山丘陵と使い分けることにする。信太明神社は、信太郷七ヶ村立会の神社であり、除地の信太山は七ヶ村の共同管理のもと、立木《たちぎ》山や草山として利用された。江戸時代を通じて、信太山周辺では山の開発が進み（檜尾《ひのお》新田・伏屋《ふせや》新田などを創出）、高石《たかいし》方面の新田開発を前提とした信太山開発計画もたびたび持ち上がったが、そのたびごとに七ヶ村は明神

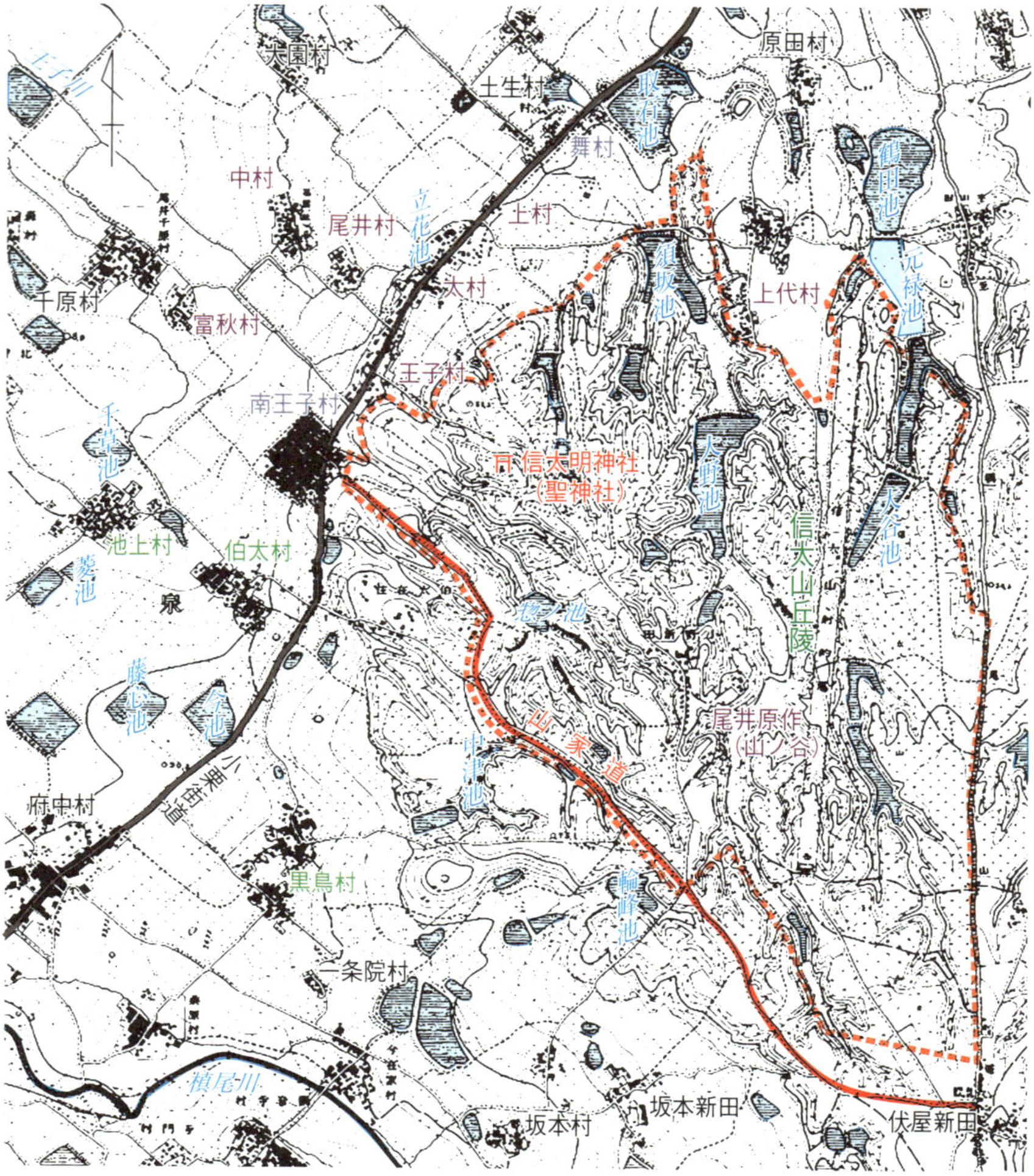

図1　信太山と信太郷七ヶ村（柏書房『明治前期　関西地誌図集成』を加工）
- - - - で囲まれた範囲が、信太明神社境内地

境内地の保全を理由に反対し、幕末まで開発を免れた。除地・信太山の西南側には山家《やまが》道を境界とする形で、伯太村領の山、黒鳥村領の山、一条院村領の山、坂本村領の山に分割されていた。

　さて信太山丘陵周辺の村むらの基本情報を表1に示した。このうち信太郷七ヶ村は村高二〇〇～四〇〇石程度、一九世紀段階でも戸口二六～六〇軒程度で、比較的小さな村むらである。すでに述べたとおり、これら七ヶ村は信太明神社を氏神《うじがみ》とする村むらである。信太明神社には宗教者（社僧《しゃそう》・神職）が存在したが、神社の管理は基本的に氏子村むらが行っており、宗教者の力は相対的に弱かった。七ヶ村の北側に位置する舞村と、南側に位置する南王子村も信太明神社と密接な関係にあったが、江戸時代を通じて正式な氏子には含まれていなかった。暦《こよみ》を売る陰陽師《おんみょうじ》・藤村氏や近隣の神社で舞を舞う舞太夫《まいだゆう》が居住していた舞村は、歴史的には隣接する大鳥郡大鳥郷の村むらとの関係がより深かったためであろう。南王子村はそもそも王子村内の除地に居住するかわたであったが、隣接する「上泉郷《かみいずみごう》」内に村領を得、元禄《げんろく》一一（一六九八）年に居村移転を行った。南王子村は江戸時代を通じて信太明神社の二月一〇日の弓祭りでは皮の的《まと》を献上し、七月二八日の角力《すもう》神事では土俵をつくり、八月の祭礼では神輿《みこし》通行道の掃除などを担ったが、「もとは王子村に住んでいたかわたである」ことを理由に、正式な氏子とは見なされていない。しかし、この二村には信太山の利用が部分的に認められており、七ヶ村も「氏子に準ずる村」と認識していたようである。

　信太山は立会山《たちあいやま》であると同時に、用水源でもあった。信太山内には大小三〇以上の溜池《ためいけ》があり、信太郷七ヶ村の唯一の用水源であった。なかでも規模が大きい大野池と須坂《すざか》池は一体で利用されており、灌漑《かんがい》面積は一一八町に及んだ。ただし、大野池―須坂池水系の灌漑域は、信太郷七ヶ村だけにおさまらない。大野池郷を構成する村むらは、信太郷七ヶ村と舞村に加え、綾井《あやい》村（泉郡）・森村・尾井千原《おのいちはら》村の計一一ヶ村である。大野池の水は須坂池に落としたのち西へ下り、太村の信太貝吹山《かいぶきやま》古墳脇にある立花《たちばな》池の下で分水していた。須坂池には北側の取石《とろし》池へ導水するための綾井樋と呼ばれる樋もあり、取石池にとって須坂池は唯一の親池であった（『高石市史』）。取石池は大鳥郡綾井五ヶ村（市場村・大園《おおぞの》村・南出《みなみで》村・新家《しんげ》村・土生《はぶ》村〔現高石市綾園・西取石・取石付近〕）の池である。また大野池―須坂池のある谷筋の東側は東大谷と呼ばれ、鶴田《つるた》池や元禄《げんろく》池、大谷池が築かれていた。これらは大鳥郡大鳥郷村むらの池であり大鳥池郷（草部《くさべ》村・北王子村・長承寺《ちょうしょうじ》村・上

	村名	村高（石）	家数（軒）	人数（人）	溜池 ※1	寺・堂	神社	その他
信太郷七ヶ村	上代村	334.117	60	243	狩又池・今池・高池・阿闍利池・会池 宮谷池 目腐池（上村と立会）	観音堂（浄土宗） ＜檀那寺は綾井村専称寺＞	牛頭天王社	
信太郷七ヶ村	上村	332.118	45	208 ＋煙亡10	志津池（舞村と立会） にこり池・道田池	不動寺（真言宗） 地蔵堂（浄土宗）	天神社 天神社 十六善神	本郷と東村の二ヶ所の集落あり／七ヶ村立会の墓地（ミノ墓地・除地）あり
信太郷七ヶ村	太村	424.212	51	250 ＋番非人3	狸池・狸上池・丸池 大坊池・治郎池・菩提池（上村と立会） 道池・道中池・道下池	光受寺（浄土真宗・東） 菩提寺（浄土宗）	－	
信太郷七ヶ村	尾井村	（一橋） 233.937	25	137	南谷池・清水谷池・大谷池・内山池・大東谷池・大東谷池・中谷池・東谷池・東谷池・青木谷池・尼ヶ谷池	地蔵堂（禅宗） ＜幕末には本郷の檀那寺＞ 蔭凉寺（曹洞宗） ※2	牛頭天王社 原作明神社	本郷と原作の二ヶ所に集落あり
信太郷七ヶ村	尾井村	（施） 104石余 （林） 160石余 （長）21.37石	不明	不明				
信太郷七ヶ村	中村	410.1952	30	129		長徳寺（浄土真宗・西）	天神社 若宮社 稲荷社 大森明神社	庄屋の屋敷内にある森は信太森で、楠が2本あり、大木である
信太郷七ヶ村	富秋村	195.35	26	107	千草池（中村・尾井村・森村・尾井千原村・池上出作と立会）	－ ＜檀那寺は中村の長徳寺・堺の願正寺・綾井村の専称寺＞	天神社	
信太郷七ヶ村	王子村	323.7108	33	167	惣之池・今池（南王子村と立会） 尼ヶ池・ひゃうたん池・さ さら池・川池・こと池・よもの池・摺鉢池・渡シ池・一ノ谷池・宮谷上池・宮谷下池	常念寺（浄土真宗・西） 中央寺（黄檗宗）	－	
	舞村	31.855	20	75		大日寺（真言宗）	天神社	舞太夫と陰陽師が居住／墓所は大鳥郡長承寺村
	南王子村	143.133	305	1710		西教寺（浄土真宗・西）		
黒鳥	黒鳥辻村	364.43	83	482	第3章表18参照	長楽寺（真言宗） 安明寺（真言宗）	天満天神社	墓所は黒鳥三ヶ村立会
黒鳥	黒鳥坊村	115.416＊	26	144		長命寺（真言律宗） 妙福寺（真言宗） 観音寺（真言宗）	若宮社 八王子社	
黒鳥	黒鳥上村	298.163	40	240		西光寺（真言宗）	－	
池上	池上村	330.352＊	62	305	今池・菱池	金蓮寺（黄檗宗） 養福寺（浄土宗） 光楽寺（浄土真宗・西）	天満天神社（西） 天満天神社（東）	墓所は下条大津村
池上	池上出作	208石余	0	0	千草池			
池上	池上出作	114石余＊	0	0	油池			
伯太	伯太村	563.2774＊	105	551	今池・藤心路池・放光池・丸笠池・前奈池・あそ池（全て池上村と立会）	正念寺（浄土真宗・西） 西光寺（浄土真宗・西） 常光寺（浄土真宗・西） 自庵（浄土宗）	天神社（上） 天神社（下） 熊野権現	墓所は下条大津村

表1　江戸時代の信太山丘陵近隣村むらの概要

表の典拠は下記の史料である。同一時期の概要ではないことに注意されたい。

典拠：天保2（1831）年一橋領知「和泉国大鳥郡・泉郡村々様子大概書」、元禄4（1691）年「渡辺主殿領分寺社改帳」（堺市・池田家文書）、明和4（1767）年「泉州泉郡伯太村宗旨御改帳」、明和7年「覚」（青木家文書）、明和4（1767）年「明細帳」（南家文書）、元禄9（1696）年「泉州泉郡黒鳥村」（河野家文書）

村高で＊を付したものは、古検高が基礎となっている（のちの新開含む）。それ以外は新検高。

※1　「大概書」の信太明神社の項目に、11ヶ村立会の片田池・大野池・須坂池・立花池の記載がある。なお、「大概書」は立会の場合、一村にしか記載されていないため、溜池が空欄の村については、立会村の欄を参照されたい。

※2　「大概書」の信太明神社の項目に、蔭凉寺の記載がある。

※3　尾井村520石余（尾井千原村含む）は一橋家・林家・施薬院・長岡家（熊本藩上級家臣）の四給。

村・富木《とのき》村・原田村・野代《のしろ》村（現堺市西区鳳北町・鳳西町・鳳中町・鳳東町・鳳南町・上・草部、原田、高石市取石・西取石付近））が管理していた。信太山は信太郷以外の村にとっても用水源として重要な位置にあった。

次に小さな溜池にも注目しておきたい。山内には信太郷七ヶ村のうちの一村、または数ヶ村立会の池が複数存在した。ただし、七ヶ村のなかでも富秋村のように山内に溜池を持たない村と、上代村や尾井村、太村、王子村のように複数の池を有する村があった。とくに丘陵上に集落を構えた上代村と尾井村（平野部と丘陵内部の蔭涼寺《いんりょうじ》周辺の二ヶ所に集落があった。後者が原作《はらさく》（現山ノ谷《やまのたに》））は、多くの溜池を有しており、かつ大鳥郷村むらの池が存在する東大谷筋の奥にもあった。上代村は丘陵の中腹に位置し、七ヶ村のなかでももっとも北側に位置していたため、ほかの信太郷の村むらとは異なり、大鳥郡と日常的な関わりがあった。以上のように、七ヶ村にとって、信太山は立木・下草を用益する立会山であると同時に、用水源としても重要な意味をもっていたため、保全し続ける必要があった。

このように信太郷七ヶ村は信太山の用益を結集の核とする地域的結合であり、それが信太明神社という神社の氏子結合でもあった。こうした関係はおそらく中世末にはすでに成立していたと考えられる。一方で信太山は用水源としては信太郷七ヶ村を越えて広がっていた。また、伯太村や黒鳥村、一条院村などに分割された南西側の丘陵部分は、各村の草刈場として用益されるとともに、その内部の谷に築かれた溜池は用水源として利用された。一条院村領の谷に築かれた溜池が、一条院村だけでなく、黒鳥村の田地を多く養う状況もみられ、信太明神境内地に築かれた溜池とも共通する特徴を見出すことができる。

領主変遷

ここで領主支配の変遷についても簡単にみておきたい（表2）。

村名		17世紀	18世紀	19世紀
中村		元禄3～宝永元年（1690～1704）柳沢吉保知行所＜のち武蔵川越藩＞	延享4年～（1747）一橋領知	
上村		元禄3～宝永元年（1690～1704）柳沢吉保知行所＜のち武蔵川越藩＞	宝永4～享保元年（1707～1716）間部詮房知行所；延享4年～（1747）一橋領知	
舞村		元禄3～宝永元年（1690～1704）柳沢吉保知行所＜のち武蔵川越藩＞	宝永4～享保元年（1707～1716）間部詮房知行所；延享4年～（1747）一橋領知	
上代村		元禄6～宝永元年 柳沢吉保知行所	宝永4～享保元年（1707～1716）間部詮房知行所；延享4年～（1747）一橋領知	
太村		元禄6～宝永元年 柳沢吉保知行所	宝永4～享保元年（1707～1716）間部詮房知行所；延享4年～（1747）一橋領知	
富秋村		元禄3～宝永元年（1690～1704）柳沢吉保知行所＜のち武蔵川越藩＞	延享4年～（1747）一橋領知	
尾井村	233.937石	元禄3～宝永元年（1690～1704）柳沢吉保知行所＜のち武蔵川越藩＞	延享4年～（1747）一橋領知	
尾井村	104石余	元禄3～宝永元年（1690～1704）柳沢吉保知行所＜のち武蔵川越藩＞	18世紀初頭頃～施薬院（丹波氏）知行所	
尾井村	160石余	元禄3～宝永元年（1690～1704）柳沢吉保知行所＜のち武蔵川越藩＞	18世紀初頭頃～林大学頭知行所	
尾井村	21.37石	元禄3～宝永元年（1690～1704）柳沢吉保知行所＜のち武蔵川越藩＞	宝永7（1710）年～熊本藩細川家家老長岡帯刀知行所	
王子村		貞享3～元禄9年（1686～1696）武蔵岩槻藩松平家；元禄10～宝永7年（1697～1710）武蔵岩槻藩小笠原家	延享4年～（1747）一橋領知	
南王子村		貞享3～元禄9年（1686～1696）武蔵岩槻藩松平家；元禄10～宝永7年（1697～1710）武蔵岩槻藩小笠原家	延享4年～（1747）一橋領知	
黒鳥上村		貞享3～元禄9年（1686～1696）武蔵岩槻藩松平家；元禄10～宝永7年（1697～1710）武蔵岩槻藩小笠原家	延享4年～（1747）一橋領知	
黒鳥坊村		天正14（1586）年～片桐且元＜のち大和小泉藩＞		
黒鳥辻村		寛文元（1661）年～渡辺家＜のちの伯太藩＞		
池上村	（上條）330石余	天正14（1586）年～片桐且元＜のち大和小泉藩＞		
池上村	（信太）208石余		元禄14（1701）年～　渡辺家＜のちの伯太藩＞	
池上村	（上泉）114石余	寛文元（1661）年～渡辺家＜のちの伯太藩＞		
伯太村		寛文元（1661）年～渡辺家＜のちの伯太藩＞		

表2　村むらの領主変遷　空白部分は幕府領

施薬院知行所は元和期からの可能性もあるが（「寛政重修諸家譜」）、元禄7年柳沢氏領知目録の合計村高には尾井村が全て含まれると考えられ、長岡家の知行所となった宝永7年段階ですでに尾井村の一部が林大学知行所・施薬院知行所となっていることが確認できるため、18世紀初頭以降とした。

尾井村のうち、林家知行所の140石余と施薬院知行所の一部は、尾井千原村として扱われることもある。

この地域の村むらは一六世紀末から大和《やまと》国小泉《こいずみ》藩片桐家領であった黒鳥村と池上村の一部を除くと、江戸時代の初頭から一七世紀後半まではいずれも幕領であった。寛文《かんぶん》期に黒鳥村と池上村の一部が大坂城定番《じょうばん》に就任した渡辺家領（のちの伯太藩）となった。続いて一部の村が、武蔵《むさし》国岩槻《いわつき》藩松平家領に、あるいは柳沢吉保《やなぎさわよしやす》知行所《ちぎょうしょ》、ついで間部詮房《まなべあきふさ》知行所となり、このころ幕政に登場した側《そば》用人《ようにん》の役料《やくりょう》に充てられたようである。これらの村むらは一時期すべて私領となるが、信太郷七ヶ村は一八世紀初頭から順次幕領にもどり、一八世紀中期から尾井村の一部を除くすべての村むらが御三卿《ごさんきょう》一橋《ひとつばし》家の領知となった。こうして近世中期以降の信太郷七ヶ村は領主を同じくする村むらとしての関係性も有するようになった。とくに七ヶ村と舞村は、一橋領知の地方《じかた》支配単位である五つの組のうちの信太組を構成しており、日常的に強い関係性を有する外的条件をも与えられたのである。

　第2部では、江戸時代のこれらの村むらの展開を、隣接する黒鳥村や池上村も含めながら、信太山丘陵との関係を一つの軸としてみていきたい。その際、信太明神社と氏子の信太郷七ヶ村の織り成す関係は神社社会とも呼びうるかもしれないが、横山編で見た槙尾山と横山谷村むらとの関係や、松尾編で見た松尾寺と松尾谷村むらとの関係と比べると、信太郷七ヶ村の立場が著しく強いことが特徴である。この点は「神社社会」と「寺院社会」の特徴や差異を考えるうえで示唆的である。

2　太閤検地と「出作」――捌き庄屋体制

「信太郷」と「上泉郷」

前節で概観した村むらの姿は、太閤検地《たいこうけんち》を出発点として、一七世紀の曲折《きょくせつ》を経て形成されたものである。和泉国では天正《てんしょう》一二、一三（一五八四、八五）年ごろに、豊臣秀吉によって検地が実施されたとされている。その後、文禄《ぶんろく》三（一五九四）年に秀吉直臣《じきしん》の吏僚《りりょう》らが検地を行っている（以下、文禄検地を太閤検地と呼ぶ）。つづいて、慶長《けいちょう》九（一六〇四）年に岸和田城主小出《こいで》氏による指出《さしだし》検地（領主の命令を受けて村・百姓側から帳面を指し出す検地のこと）が行われ、さらに慶長一六年に片桐且元《かたぎりかつもと》による検地が行われた村もある。

泉郡における太閤検地の特徴の一つに、「郷」が実施単位とされたことがある。一六世紀末の段階で泉郡平野部には図2のような形で「郷」が展開していた。これらの「郷」は条里《じょうり》制の里《り》を単位としており、郷境は基本的に里の区画に沿って直線的に引かれていた。

これらの「郷」は古く古代律令制下の郷と何らかの関係を有していると考えられる。一〇世紀に成立した『和名類聚抄《わみょうるいじゅうしょう》』には、和泉国和泉郡に信太・上泉《かみいずみ》・下泉《しもいずみ》・軽部《かるべ》・坂本・池田・八木・山直《やまだい》・掃守《かもり》・木島の一〇郷が記されており、図2に記した「郷」名の多くはすでに確認できる。上條《じょうじょう》郷と下条《げじょう》郷という名称はこのときまだ無く、中世のある段階に上泉・下泉のあたりから派生したものと想定される。ただし注意しておか

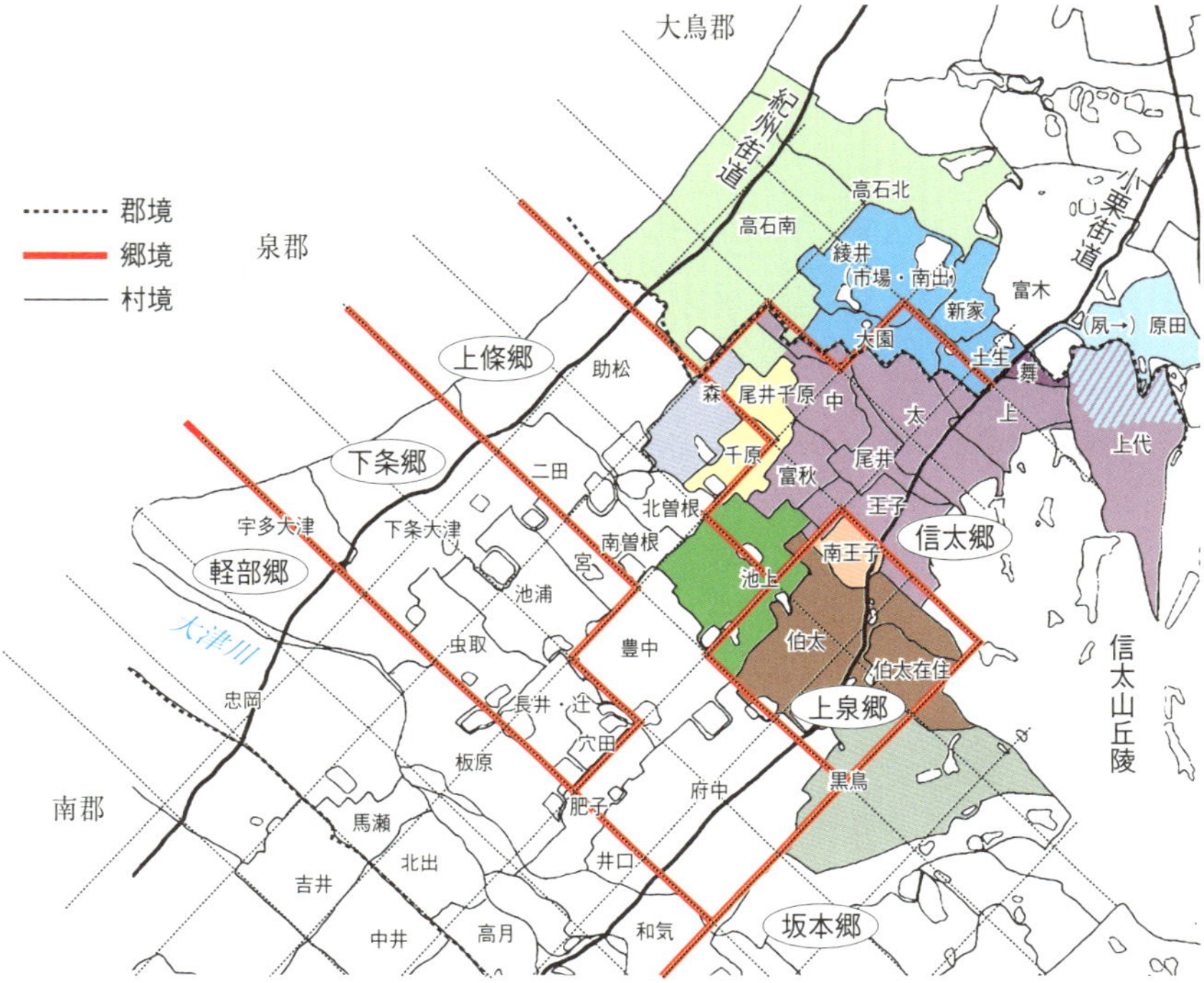

図２　「郷」と村の関係

なければならないのは、律令制下の郷が五〇戸を編成単位とすることである。そのため実態としては、郷は二、三の自然村落を包摂するが、あくまでも戸数によって編成されたもので、特定の領域を指す用語ではない、とされる。

信太地域周辺においては、一四世紀ごろまでに郷が里で区切られた領域を指す用語として定着したようである。その内部には複数の村を含んでおり、郷の境界上に村が形成されることもあった。つまり、郷はそれ自体が有機的な結合ではなく、場合によっては水利の条件を共有することもあったが、本来行政的な区画であった。

慶長九年信太郷御指出帳

続いて、信太郷で行われた太閤検地の具体像をみていこう。

江戸時代の信太地域の村むらに関する最古の記録は、慶長九（一六〇四）年の「信太郷御指出帳」一三冊である（東京大学史料編纂所所蔵）。和泉国では

	番号	表題	高（石）	差出人	筆数			
					（田）	畠	屋敷	計
信太郷	1	泉州泉郡信太郷上田井（上代）村御指出	65.267	善衛門	60	35	3	98
	2	泉州泉郡信太郷中村御指出之事	287.873	与八郎	203	89	22	314
	3	泉州泉郡信太郷太村御指出之事	426.700	彦九郎	321	179	9	509
	4	泉州泉郡信太郷尾井村御指出之事	149.303	与三郎	137	46	5	188
	5	泉州泉郡信太郷富秋村御指出事	89.391	太郎左衛門	83	43	8	134
	6	泉州泉郡信太郷わうし（王子）村御指出之事	202.591	藤兵衛	189	102	11	302
	7	泉州泉郡信太郷かわた村御指出	59.162	甚五郎	48	3	2	53
	〔14〕	［上村］		［若左衛門］				
	小計		1280.287					
出作	8	泉州泉郡信太郷出作はふ村舞村御指出	16.764	若左衛門［上］	13	32	0	45
			30.111		20	30	10	60
	9	泉州泉郡信太郷出作千原村御指出事	230.422	与三郎（尾井）	137	27	0	164
	10	泉州泉郡信太郷出作森村助松村御指出	128.633	太郎左衛門（富秋）	73	3	0	76
			97.738		51	3	0	54
	11	泉州泉郡信太郷出作綾井村御指出事	95.135	彦九郎（太）	55	7	0	62
	12	泉州泉郡信太郷出作高石村御指出之事	114.969	与八郎（中）	61	1	0	62
	〔15〕	［出作夙村］		［善衛門（上代）］				
	〔16〕	［出作池上村］		［藤兵衛（王子）］				
	〔17〕	？		？				
	小計		713.772					
無地	13	泉州泉郡信太郷無地之帳事	33.660	与三郎　彦九郎	21	1	0	22
総計			2027.719					

表3　慶長9（1604）年「信太郷指出帳」一覧　13冊の宛先はいずれも小出将介・小川久介・小林九郎兵衛。番号の1～13が現存する史料。〔14〕～〔17〕は作成されたはずだが現存しないものを推定した。太村には他に「弐町　弐拾石　山田原作」あり。

文禄三（一五九四）年に秀吉直臣の吏僚らが検地を行った（太閤検地）。信太郷の太閤検地奉行は速見《はやみ》甲斐守守久《かいのかみもりひさ》と伝わっており、上泉郷は未詳ながら、上條郷は浅野弾正長政《だんじょうながまさ》と確認できる。その後、慶長九年に岸和田城主小出氏が指出検地を実施し、南郡《みなみぐん》と大鳥郡を中心に、泉郡も含め現在五三冊の帳面が残っている。信太郷の帳面もその一部である。南郡の村では表紙に「文禄三年検地帳」と記したものもあり、多くの村は指出検地に際して文禄検地帳をそのまま提出したようである。しかしこれらに比べると、信太郷分は総じて記載が簡略で、田畑の位も記さず、面積と分《ぶん》米《まい》（法定生産高）から算出した斗代《とだい》（一反あたりの法定生産高基準）が整数にならないなど、およそ検地帳そのものとは考えにくい。そこで、信太郷分については、文禄検地帳をもとに村側でかなり手を加えた、当時の生産高（あるいは年貢高）を表す帳面ではないかと考えておきたい。なお、帳面を差し出している人物は、それぞれの村の庄屋《しょうや》と考えられる。

信太郷分は現在一三冊残っているが、表紙には「拾七帖之内」とあり、本来は全一七冊であったと考えられる（表3）。一三冊のうち、七冊は上代村・中村・太村・尾井村・富秋村・王子村と、当時は王子村内に居住していたかわた分である。つまり信太郷上に屋敷地のある村むら、ということになる（図3参照）。残る六冊のうち、五冊は「出作《しゅっさく》」の帳面、一冊が「無地《むち》分」（慶長九年の段階で所在不明な土地か）である。欠帳の四冊は、一冊は上村分だろう。また二冊は、「出作夙《しゅく》村」と「出作池上村」と考えられる。残る一冊についてはわからない。

五冊の「出作」の帳面が作成された村むらは、土生《はぶ》・舞・千原《ちはら》・森・助松《すけまつ》・綾井《あやい》・高石《たかいし》の各村である。各帳面の表題は、「泉州泉郡信太郷出作千原村御指出之事」などとなっている。この意味するところは、「（検地実施単位たる信太郷上に屋敷地がない上條郷の）千原村の村領で、（郷を越えて）信太郷上に展開している部分についての帳面」ということである。つまり、検地実施単位の郷を越えた場合、「出作」と表現されたのである。そのため、「出作」は原則として耕地のみで屋敷地は含まれない。これは、江戸時代に一般的に見られるような、ほかの村の土地を所持することを意味する「出作」「入作」とは異なる語例である。

出作の各村はいずれも周辺村であるが、舞村については注意が必要である。舞村は、「慶長国絵図」では大鳥郡と泉郡に半分ずつ色分けされており、江戸時代にも大鳥郡大鳥郷の村むらと同じ墓郷に属していた。舞村の人びとの屋敷地が信太郷内に存在するものの「出作」という扱いをされたのは、おそらく舞の人びとの生活関係が大鳥郷と深かったためであろう。

さて「出作」についてさらに重要な点は、「出作」分の帳面の差出人である。出作千原村の差出人与三郎は尾井村帳面の差出人、すなわち尾井村庄屋と同名である。同様に、出作森村・助松村―太郎左衛門（富秋村）、出作綾井村—彦九郎（太村）、出作高石村—与八郎（中村）と、出作分の差出人はいずれも信太郷内の村の庄屋と一致する。このように考えると、出作土生村・舞村の差出人若左衛門は上村の庄屋となろう。このことは、「出作」分のそれぞれの帳面については差出人である七ヶ村の各庄屋がその内容に責任をもつことを意味する。また出作夙村は上代村の、出作池上村は王子村の庄屋の名前で提出されたと考えられる（後述）。

	上代村 187.286石	（出作）夙村 154.532石
寛永15年 （1638）	–	出作夙村 代官：山田五郎兵衛
寛永18年 （1641）	–	出作夙村 代官：山田
正保4年 （1646）	上代村 代官：中村杢右衛門	–
慶安2年 （1649）	–	夙村 代官：中村
万治元年 （1658）	–	夙村 代官：中村
万治2年 （1659）	–	夙村 代官：中村
万治3年 （1660）	–	夙村 代官：中村
寛文2年 （1662）	上代村 代官：小川又左衛門	–
寛文3年 （1663）	上代村 代官：小川	–
寛文6年 （1666）	上代村 代官：設楽源右衛門	–
寛文8年 （1668）	–	夙村 代官：設楽
延宝元年 （1673）	–	夙村 代官：小堀源兵衛
延宝2年 （1674）	–	夙村 代官：小堀
延宝5年 （1677）	–	夙村 代官：小堀
延宝6年 （1678）	–	夙村 代官：小堀
延宝7年 （1679）	–	夙村 代官：小堀
延宝8年 （1680）	–	原田村　村高154.532石 代官：小堀

表4　上代村に残された免定

A　上代村亥年免定

一、高百八拾七石弐斗八升六合
　内　五拾九石九合　永荒川成
　　　三拾石三斗　当日損風損
　残九拾七石九斗七升七合　毛付《けつけ》
　此取八拾弐石四斗六合　但高四ツ四分
右の分相究《あいき》め候《そうろう》、庄屋・百姓は残らず立ち合い、出作ども高下なく陸（公平に、の意か）に免割《めんわり》致し、当霜月（一一月）中に急度《きっと》皆済《かいさい》仕るべく候、もし右の日限無沙汰《ぶさた》仕り候はば曲事《くせごと》たるべく候、自然公儀《しぜんこうぎ》より当取《とうとり》不足の由仰《おお》せ出《いだ》され候《そうら》はば、何時も其方《そのほう》へ申し付くべく候、よって件のごとし、
正保四年（一六四七）亥霜月七日　中村杢右衛門㊞
庄屋
百姓（ママ）中

B　寅年分

一、高百五拾四石五斗三升弐合　出作 夙村
　内
　七拾四石壱斗八升八合　永荒川成《えいあれかわなり》
　残八拾石三斗四升四合　毛付《けつけ》
　此取五拾壱石四斗弐升　六ツ四分取
　　内　大豆　五石也
　　　銀納　拾六石九斗弐升
寛永十五年（一六三八）
　寅ノ十一月十一日　山五郎兵（山田五郎兵衛）㊞

上代村に残る一七世紀の免定

では実際の年貢収納の局面において、「出作」と差出人の関係はどのようなものだったのだろうか。上代村に残された古い免定《めんじょう》（その年に納めるべき年貢量を示した文書）から検討してみよう。上代村の庄屋家には一七世紀中の免定が一七通残ってお

C（前欠）
新検高三百三拾石九斗四升四合
　此訳
　弐百五石四斗四升　　本郷分
　　新検高二百三拾三石四斗六升壱合
　　　内　三升五合　五石六斗弐升　御蔵屋鋪　前々池底引
　　　残弐百弐拾七石八斗六合　　毛付
　　此取　百弐拾六石四斗三升弐合　五ツ五分五厘
　百五拾五石七斗八升六合　　原田村出作
　　新検高九拾七石四斗八升三合
　　此取　五拾六石五斗四升　　五ツ八分
　　　外
　　米三升　　草山年貢
米納合百八拾三石弐合
　　拾八石三斗　　十分一大豆銀納
　内　六拾壱石壱合　　三分一銀納
　　百三石七斗壱合　米納
　　　外
　一、米五石四斗九升　　口米
右の通当午《うま》御物成《おものなり》相極《あいき》め候上《うえ》は、村中大小《むらじゅうだいしょう》の百姓ならびに出作の者まで残らず立ち会い小割《こわり》致し、来たる極月《(十二月)》十日以前急度《きっと》皆済《かいさい》すべきものなり、
　元禄十五《(一七〇二)》午年十一月
　　　　柳沢帯刀㊞
　　　　　（ほか五人省略）
　　　上代村　庄屋
　　　　　　　百姓

り、うち一三通は「（出作）夙村」分であり、四通が「上代村」分である（西本・赤井家文書）。

Aは正保《しょうほう》四（一六四七）年に幕領代官・中村杢右衛門が作成した上代村の免定で、村高は一八七・二八六石である。これに対し、Bは寛永《かんえい》一五（一六三八）年に幕領代官・山田五郎兵衛が作成した出作夙村の免定で、村高は一五四・五三二石である。表4は免定一七通について整理したもので、上代村には延宝《えんぽう》期まで二系統の免定が残されている。ところが元禄三（一六九〇）年から「上代村」と「（出作）夙村」の領主となった柳沢氏が作成したC（元禄一五年）では、この二系統が統一されている。冒頭に「新検高」三三〇・九四四石と書かれ、この内訳として「本郷分」二〇五石（新検高二三三石余）と「原田村出作」一五五石（新検高九七石余）が記される。新検高とは延宝七（一六七九）年に幕領で実施された延宝検地での打ち出し高であり、元禄期に使用が始まった。つまり柳沢氏は「上代村」と「出作原田（夙）村」に対して一通の免定を作成し、上代村に下《くだ》していたのである。

これらの事実をつきあわせると、一七世紀のある時点まで「上代村」と「出作夙村」は同じ幕領代官支配をたどったにもかか

わらず、いずれの代官も毎年二通の免定を作成し、上代村に下していたことになる。「出作夙村」分の免定が上代村に下されるということは、年貢納入に関しても上代村が請けていることを意味する。つまり、先ほど確認した指出帳での「出作」と差出人の関係は、毎年の年貢納入の局面にも及んでいたのである。*

*なお、幕領期に二通作成されていた免定を柳沢氏は一通にし、さらに一八世紀中期以降領主となった一橋家は「上代村三三〇石余」分として一括し、柳沢氏のような内訳も記さなくなる。こうして近世中後期以降、「出作夙村」は上代村の中に包摂されるが、その意味は後述する。

上代村の例から明らかなように、耕地のみの「出作」は村同様に免定を公布される単位として存在した。かつ免定交付先は所持人が住む村ではなく、慶長九年指出帳の「出作」差出人の住む村であった。この関係を、これ以降「出作」―捌《さば》き庄屋体制と呼ぶこととする。この地域では、庄屋が村領に関わる業務を行うことを「捌く」と表現するからである。また各「出作」に冠《かん》される他郷の村を、便宜上、出作元《しゅっさくもと》村と呼ぶ（「出作夙村」の場合、捌き庄屋は上代村庄屋、出作元村は夙村）。

問題はこの体制がいつ設定されたのかであるが、慶長の指出帳が文禄検地帳をもとに作成されたことを考慮すれば、太閤検地時に創出されたと推定するのが妥当であろう。

3　一七世紀中ごろまでの「出作」と村の実態

信太郷内の「出作」―捌き庄屋体制

信太郷内の各「出作」の空間的位置を図2・図3をみながら確認しておこう。信太郷の南側の郷境ラインは、尾井千原村と千原村の村境、池上村本郷と北東側の「出作池上」の境、そして南王子村と王子村の北側の村境、である。

各「出作」がどこに存在したのかは、一八世紀以降の様子も参考に図3に記した。

尾井村庄屋が捌く「出作千原村」は、一八世紀以降「尾井千原村」と呼ばれるようになる領域である。「出作千原村」は一八世紀以降も尾井村庄屋が捌き、幕府レベルの把握では尾井村の村高に含まれた。尾井千原という村名は「尾井村庄屋捌きの出作千原村」、あるいは「尾井村のうちの千原村」を意味するのだろう。出作元村である上條郷千原村と連続的に「出作千原村」が広がって存在しており、一六世紀末には郷を越えて村領が形成されていたとみられる。その一方で、捌き庄屋の村である尾井村とは隣接していない。太閤検地以前の千原村と尾井村の間には、特段の関係性は存在しなかったのではないかと思われる。

「出作千原村」の北西側には「出作森村」が方形に展開している。ここは、富秋村庄屋捌きだったが、後に出作元村・森村に渡された部分である。これも空間的には出作元村・森村と連続するが、富秋村とは距離がある。「出作池上村」は王子村庄屋捌きの領域で、これも池上村と隣接している。

「出作森村」の北側にある方形部分を中村の庄屋捌きである「出作高石村」と推定した。「出作高石村」は、一八世紀以降は中村のなかに包摂されるが、この部分は江戸時代を通じて中村の村領が多くあった箇所である。中村の村領は、尾井村西側に続く部分と、森村の北側にある方形の領域が細くつながる、不思議な形をしている。高石村と隣接するこの部分を「出作高石村」と考えて間違いないだろう。

「出作助松村」は、富秋村庄屋が捌いており、その後富秋村のなかに包摂されていく。富秋村のうちで「出作池上村」に隣接する部分であると思われる。

九五石余の「出作綾井村」は図3では太村の中に含まれる（図中▲）。江戸時代の綾井村絵図（米田家文書）を見ると、綾井村は村というよりも「散在する耕地片」である。そのため地図上には現れないようだ。図3

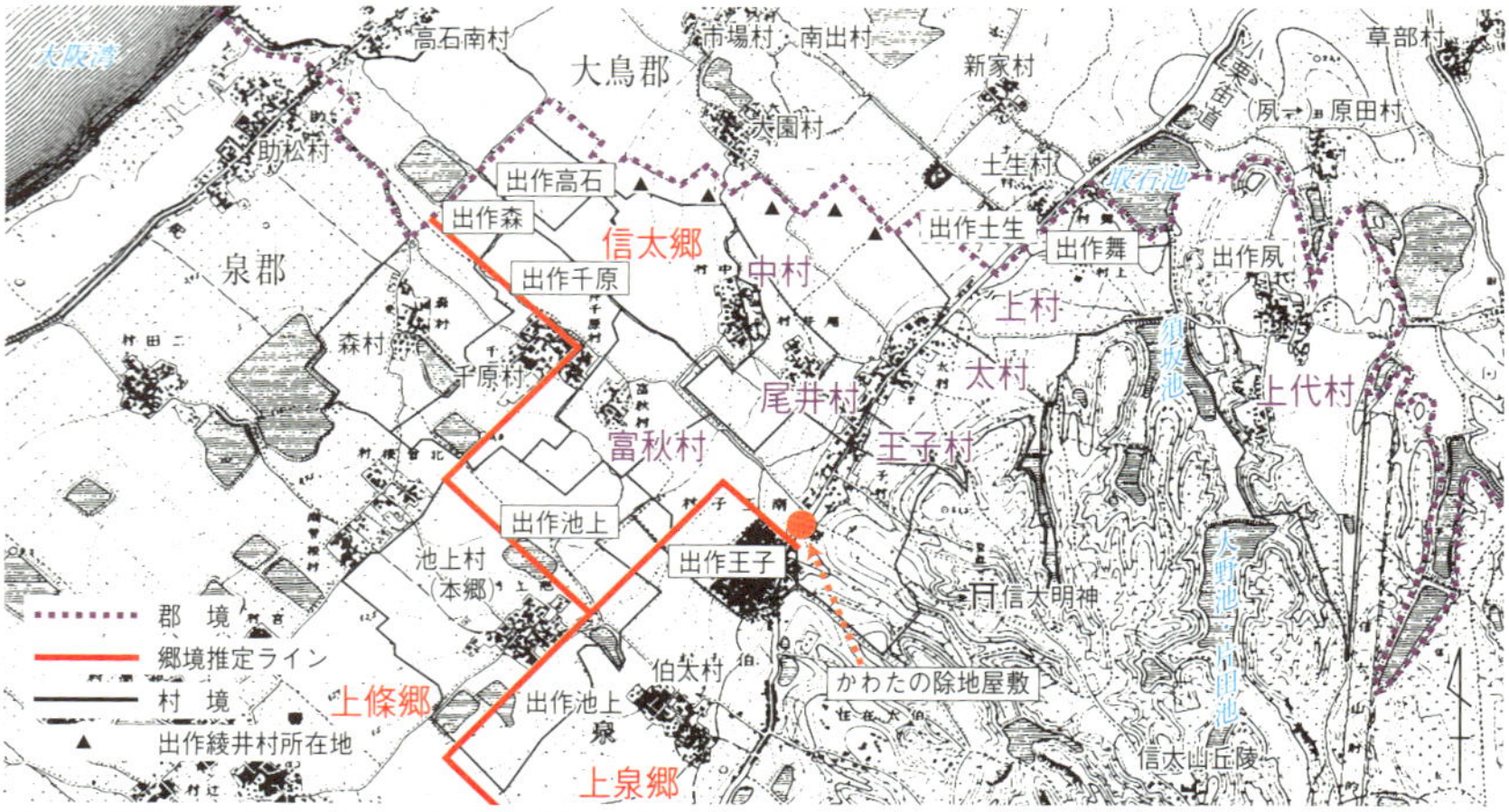

図3　慶長9（1604）年時の信太郷の様子　柏書房『明治前期　関西地誌図集成』より作成。

では「出作綾井村」を除く各出作の領域も面的にまとまっているかに見えるが、実際はモザイク状に村領が入り交じる状態にあった。明治期の地籍図においてもこの付近は、隣り合う田地の大字が一つずつ異なっている部分が多い。現在でもこの付近では和泉市・高石市・泉大津市の境がかなり入り組んでいるが、その所以は古く太閤検地にさかのぼるのである。

以上は「出作綾井村」を除き、信太郷のなかでも西側に位置した「出作」である。この部分は王子川が流れていることからもわかるように地形的に郷内で最も土地が低いところである。表5は慶長九年指出帳一三冊において、小字「ぬま」・「あまくす・あまくそ」の筆数を整理したものである。ここから、小字「ぬま」が中村・「出作森村」・「出作千原村」・「出作高石村」・「出作助松村」に数多く存在したことがわかる。とくに「出作高石村」は総筆数六二のうち六〇筆までが小字「ぬま」であり、「出作森村」においても過半数を占める。また同じく湿地を連想させる「あまくす・あまくそ」は、富秋村に多く、「出作千原村」・「出作助松村」にもみられる。この付近は、小字の過半数が「ぬま」か「あまくす・あまくそ」だったのである。以上のことは、この付近が当時排水条件を欠いた湿田であったことを示す。七ヶ村は、信太山内に池を築き、その用水で丘陵の傾斜地や小栗街道のすぐ西側を耕作したのに対し、七ヶ村からはやや離れた低湿地の部分には隣接する村むらが耕作を展開させていたのだろう。

村名	筆数	ぬま	あまくす あまくそ	小字 なし
王子村	302	8	5	38
尾井村	188	5	10	19
太村	509	0	0	30
富秋村	134	0	52	31
上代村	98	0	0	20
中村	314	78	2	26
かわた	53	0	1	2
無地	22	6	0	1
出作森村	76	50	7	1
出作千原村	164	58	21	19
出作土生村	45	0	0	7
出作綾井村	62	21	0	2
出作舞村	60	0	0	27
出作高石村	62	60	0	0
出作助松村	54	33	18	0

表5　慶長9（1604）年信太郷指出帳における小字ぬま・あまくす

さて、残る出作は、「出作舞村」「出作土生村」「出作夙村」である。上村庄屋捌きであった「出作土生村」は、土生村へ渡されたと考えられるので、上村に接する大鳥郡部分のいずれかであると考えられる。ただし江戸時代の土生村は、新家村や大園村と耕地が入り組み、村境もはっきりしなかったので、場所の特定はできていない。「出作舞村」も上村庄屋捌きだったが、のちに舞の人びとに渡され、舞村となった。よって一八世紀以降の舞村の位置が「出作舞村」である。この二「出作」は、小栗街道に近く、表5からも郷内西側とは耕地条件が異なっていたことが予想される。

上代村の中に含まれることになった「出作夙村」は、当然のことながら図中の上代村に含まれる。上代村に残された史料から、一八世紀中期段階での「(上代村)本郷分」と「原田分」の小字がいくつか判明するが、本郷分と原田分の小字は重複するものが多く、その小字は上代村の中に散在している。太閤検地時に、丘陵上の上代村集落周辺の耕地が、夙村所持分と上代村所持分として把握されたのだろう。これはかなりの錯綜状態にあるとした平野部も同様で、太閤検地では郷域内の土地について属人的に検地を行った結果、田畑一枚ごとの錯綜状態がそのまま各村・各「出作」として登録されたと考えられる。

ここまで空間構成を主にみてきたが、太閤検地の前後で村むらのかたちが大きく変容させられたことを確認しておきたい。たとえば池上村の場合、それまで一村として存在していたが、信太郷上の村領は「信太郷出作池上村」として王子村庄屋に、上泉郷上の村領は「上泉郷出作池上村」として伯太村庄屋に年貢を納入することとなり、この二出作は年貢直納が不可能になったのである。逆に、王子村や伯太村は近隣村むらの特定の領域を新たに捌き庄屋として管理することになった。年貢徴収はなかなか負担の大きい業務であり、しかも自村とは直接関係のない領域についてそれを担わされたのである。太閤検地は、信太地域の村むらの内部構造と村落関係の両方を大きく変化させたのである。

慶長九年指出帳から見える村むらの様子

慶長九（一六〇四）年指出帳から各村の土地所持状況を階層化したものが表6である。まず注目されるのは、太村の所持高状況である。差出人の彦九郎が指出高四二二石余のうち六二石余を所持し、村内で圧倒的な位置を占めている。彦九郎に次ぐのは一九石余を所持する与九郎である。同村は指出帳が残る信太六ヶ村のうちで最大の規模であり、名請人も五五人ともっとも多い。全体的に所持高は分散している。なお、同村には二〇石余の永荒がある。

尾井村は、太村に近い構成をとる。差出人与三郎の所持高四〇石余は、村高一四九石余の村内で突出している。村高の四分の一以上を所持しており、居村への影響力という点では彦九郎を上回っている。与三郎以外の名請人はほぼ一〇石前後に集中しており、この点は太村と異なる。指出帳のうち無地分が与三郎と彦九郎の名前で提出されているのは、二人のこうした立場によるものと考えられる。

この二村に対して富秋村と上代村は、差出人の所持高は村内で最も多いが、さほど突出していない。太村や尾井村よりもフラットな村落構造である。村全体を見ると、富秋村は村高の少なさに比して名請人が多く、高が分散している。上代村は善（右）衛門を含めても名請人が六人と極端に少ない。この慶長九年時の村高六五石余が正保四（一六四七）年の免定では一八七石余と増加していることを考えると、丘陵上の上代村は、

＜太村＞

石高	人数
60石以上*	1
20～60石	0
15～20石	5
10～15石	8
5～10石	14
1～5石	19
0～1石	8
計422.679石	55

*彦九郎62.317石
永荒（無主）20.202石
屋敷9筆

＜出作綾井村＞

10石以上	1
5～10石	4
1～5石	18
0～1石	6
計95.145石	29

＜王子村＞

15石以上	2
10～15石*	6
5～10石	8
1～5石	9
0～1石	11
計202.686石	36

*藤兵衛12.891石
永荒（無主）8.999石
屋敷11筆

＜かわた＞

5石以上	2
1～5石	19
0～1石	8
計59.1686石	29

永荒（無主）0.037石
屋敷2筆

＜出作池上村＞

＜尾井村＞

40石以上*	1
15～40石	0
10～15石	4
5～10石	5
1～5石	3
0～1石	1
計149.364石	14

*与三郎40.105石
永荒（無主）10.636石
屋敷5筆

＜出作千原村＞

20石以上	1
15～20石	2
10～15石	4
5～10石	14
1～5石	7
0～1石	1
計230.426石	29

＜富秋村＞

15石以上*	1
10～15石	1
5～10石	4
1～5石	10
0～1石	11
計88.958石	27

*太郎左衛門18.574石
永荒（無主）2.839石
屋敷8筆

＜出作森村＞

5石以上	7
1～5石	26
0～1石	1
計128.629石	34

＜出作助松村＞

10石以上	1
5～10石	4
1～5石	29
0～1石	0
計96.424石	34

＜中村＞

15石以上	4
10～15石*	8
5～10石	11
1～5石	13
0～1石	12
計287.671石	48

*与八郎14.102石
永荒（無主）3.479石
屋敷23筆

＜出作高石村＞

5石以上	6
1～5石	29
0～1石	0
計114.779石	35

＜上代村＞

20石以上*	1
10～20石	1
5～10石	4
0～5石	0
計65.799石	6

*善衛門20.579石
永荒（無主）なし
屋敷3筆

＜出作夙村＞

＜上村＞

＜出作土生村＞

5石以上	1
2～5石	0
1～2石	4
0～1石	11
計16.754石	16

永荒（無主）1.368石

＜出作舞村＞

4石以上	1
2～4石	6
0～2石	11
計30.112石	18

永荒（無主）2.41石
屋敷10筆

表6　慶長9（1604）年の各村の村落構造
*は差出人の位置する階層。合計高は、計算上のもの。帳末に記載された合計高は表3を参照。永荒は合計高に含まれる。

一七世紀初頭はまだ開発途上にあり、その後の約五〇年の間に開発が進展したと考えられる。

中村と王子村は、所持高の構成から見るとさらにフラットな構造をしている。差出人はどちらも村内で五番目の所持高であり、もっとも多く所持する人物との差もさほど大きくない（中村は助五郎の一九石余、王子村は新五郎の一七石余がトップ）。

以上から、当時の信太地域の六ヶ村は、村内において差出人が圧倒的に高を多く所持する太村・尾井村、差出人が最も高を多く所持しているが、二位以下との差が小さい富秋村・上代村、差出人は村高所持の面で突出しておらず、同程度の所持人が複数存在する中村・王子村という三つのグループに分類できる。後者の方がよりフラットな構造といえる。

村ごとにこうした違いがみられるものの、信太郷の指出帳では、すべての村で屋敷数が名請人数よりもかなり少ないという共通点がある。これは名請人のなかに「うは」など女性が含まれていることも一因だが、より大きな可能性として、いまだ単婚小家族が広く展開していなかったためではないかと考えられる。実は彦九郎や与三郎ですら指出帳に屋敷の書き上げがない。彼らの立場を考えると、屋敷を所持していないとは考えにくく、おそらく検地帳に屋敷を記載するにあたり、ほかの同居家族の名前で書き上げているのだろう。つまり彦九郎や与三郎は名主的経営《みょうしゅ》（複合大家族経営）の延長上にあり、家族である複数の名請人も含めて一つの経営体だったのではないだろうか。さらには隷属的《れいぞく》な下人《げにん》を抱えていた可能性もあろう。太村・尾井村・上代村でも同じように、所持高がもっとも多い差出人に屋敷の書き上げがなく、同じ状況を想定することも可能である。一方、中村では五石以上を所持している人物はほぼ屋敷を所持しており、単婚小家族経営が成立しつつあるのではないかと考えられる。もともと彦九郎や与三郎のような存在がいて、そこから小家族が自立したのか、そもそも名主的存在が不在だったのかは不明である。

なお出作分については、たとえば出作綾井村では名請人二九人中九人の名前が、太村の名請人と重複する。出作助松村でも三四人の名請人中五人が富秋村の名請人と重複する。しかし、このほかの出作にはほとんどこうした状況はなく、両村に同名の人物がいたと考えておきたい。よって出作は出作元村の百姓がほぼ所持していたと考えられる。

丘陵上と平野部

このあとの展開を考えると、上代村と尾井村の村高に触れておく必要がある。上代村は慶長九年指出高は六五石余であったが、その後早い段階で再検地を受けたようで、正保四年の免定には村高一八七石余と記されていた。「出作夙村」の村高は、寛永一五（一六三八）年の免定に一五四石余と記されている。慶長の指出高は不明だが、上代村同様かなり低かったと考えて間違いなかろう。しかし再検地を受けた後も耕作条件は安定しなかったようである。というのも、上代村に残された一七世紀の免定では、ほぼすべての年において永荒や風損などによって五〇～八〇石程度が引高となっているからである。免定を見る限り、上代村や出作夙村が安定した耕地となったのは一八世紀初頭のことと思われる。上代村の田地は、ほぼ阿闍梨《あじゃり》池の用水に依存しているが、この池は、僧・阿闍梨長賢《ちょうけん》（永禄一一〈一五六八〉年没）による築造と伝わっている。丘陵中腹の高台にある上代集落周辺の耕地を灌漑するためには、より高い土地にある信太山丘陵内部の谷筋に溜池を築造しなければならない。したがって上代においては一六世紀中期ごろから耕地化がはじまり、一八世紀初頭までに安定した、と想定される。

尾井村は、慶長九年指出高は一四九石余、尾井村庄屋が捌く「出作千原村」が二三〇石余であるが、正保《しょうほう》郷帳《ごうちょう》では両者を合わせた「尾井村」高は四六三石余となっている。この八〇石余の増加は、基本的には信太山内の集落・原作（山ノ谷）のものと考えられる。原作の地名は慶長九年には太村帳面の帳末に「弐町　弐拾石　山田原作」と書かれている。この時点ではどの村に帰属するのかいまだ確定していなかったが、その後何らかの理由で尾井村に含まれることになったのだろう。慶長九年に「二町二〇石」という記載にとどまっているのは、いまだ開発が進んでいなかったためで、その後も継続的に耕地化が進んだのだろう。尾井村原作は信太山内にあり、用水は大野池ではなくすべて小さな谷池によっている。これらの池の築造も一七世紀を通じて進行したと思われる。

このように考えると、信太地域の信太山丘陵上は一七世紀を通じて飛躍的に耕地化が進んだことになる。一方の平野部村むらは、延宝検地まで特段村高が増加した様子がない。王子村は、延宝検地において二七五石余から三一五石余に村高が増加することになるが、ほとんどが検地方法の変更にともなう高の増加分である。しかし王子村でも慶長段階から大きく小字が分化・変化している。とくに小字「ぬま」同様に水はけの悪さを連想させる小字「雨ふり」が四〇筆から五筆に減少するなど、既存の田畑の耕作条件が改善されていったことが窺われる。このように、丘陵上部においては、耕地の面的な拡大、平野部では土地利用の高密度化によって、生産の拡充が進んでいった。

4　一七世紀中後期の「出作」の切り分け

「出作」は、一七世紀中ごろになると、「出作夙村」のように捌き庄屋の村に包摂されるものと、出作元村に渡される（「切り分け」られる）ものに分かれていく。「出作」の切り分けとは、捌き庄屋から出作元村の庄屋に検地帳を引き渡し、領主側も免定交付先を切り替えることで実現する。結論から言うと、これは、一七世紀中ごろに堺奉行の指示で実行されたもので、「出作」の土地所持者を調査したうえで、捌き庄屋の村と出作元村の間で所持人が多い方の村に渡す、という方針がとられた結果と考えられる。最後に郷帳・地誌類を整理することで、その経緯を整理しておこう。

正保郷帳の作成

正保郷帳《しょうほうごうちょう》は、正保元（一六四四）年に幕府が国ごとに村名と村高の書き上げを命じたことによって作成が始まった。和泉国正保郷帳の完本は現在まで確認されておらず、和泉国の郷帳作成担当者であった堺奉行石河勝正《いしこかつまさ》が国内の領主・幕領代官に各村の書き上げを提出させ、調整している段階（正保元〜二年ごろ）のもののみが伝わっている。

まず正保郷帳の記載を見ておこう。信太郷の村むらは当時すべて幕領で、代官は中坊《なかぼう》長兵衛か山田五郎兵衛であった。二人は「出作」について異なる書き上げを行った。すなわち、中坊は「出作」を一筆にして、捌き庄屋の村の前後に記すが、山田は捌き庄屋の村高に出作高を含めている（つまり「出作」は一筆にはならない）。それぞれの例を挙げると、中坊は、中村二九四・六二二石の一筆の次に「高石出作」一一四・三三石を一筆として記す。これに対し山田は上村三七九・九三八石の一筆のみで、「出作土生」や「出作舞」は記さない。この上村の高は慶長九年の上村と出作土生・舞の指出高合計だろう。表7にこれらを整理したが、中坊と山田で記載に相違があることは明瞭である。中坊支配分には王子村の前に「池上出作」が一筆で記されており、両者の間に「出作」―捌き庄屋体制が推定できる。

正保郷帳の泉郡部分には、ほかにも「出作」が書き上げられていることも見逃せない。代官山田支配の伯太村には、その一筆書きに含まれる形で（ただし、伯太村高には含まれない）「出作王子村」・「出作池上村」・「出

富秋村（太郎左衛門）			上代村（善衛門）		尾井村（与三郎）	
富秋村 89.391	出作助松村 97.738	出作森村 128.633	上代村 65.267	［出作夙村］	尾井村 149.303	出作千原村 230.422
富秋村 代官：山田 317.958			上代村 代官:山田 341.818		尾井村 代官：山田 463. 5	
富秋村 内110石森村高のうち持付出作 104.51石助松村より持付出作分 317.958			上代村 341.812		尾井村 463. 5	
207.954 194.816		— —	331.226 331.944		465.565 500.162	
富秋村 195.35		森村 新兵衛方 101.804	上代村 334.117		尾井村 233.937	［尾井千原村］

である。なお、慶長10年に作成された慶長国絵図には、「はぶ村・水原村（千原村のあやまり）・上村・まい村・
表７は194頁にも続く。

作府中村」も記されている。これらは太閤検地の実施単位である上泉郷上に存在し、伯太村が捌いていた。また、下条郷の下条大津村が上條郷に出作している「二田《ふった》出作」も確認でき、数は少ないが信太郷や上泉郷以外にも「出作」は存在した。

正保郷帳の下帳では、担当代官によって「出作」の記載はまちまちであったが、堺奉行・石河勝正は統一的な正保郷帳作成のために、「出作」の全面的な調査を行った。そこで、この時点で捌き庄屋の村よりも出作元村の方が「出作」への所持が多い場合は、切り分けるよう指示した、と考えられる。*

＊「切り分け」は南王子村が自村の成立を述べる際に使用した表現で、いわば在地における表現として評価できる。ただし「切り分け」以前から、すでに高としては別に把握され、免定も別に交付されていたので、幕藩制レベルの村把握においては「切り分け」は適切な表現ではない。

南王子村に残された最古の史料は正保四（一六四七）年の免定であるが、これは伯太村庄屋捌きの上泉郷上の「出作王子村」が、所持人が多い王子村内に居住するかわたに切り分けられたことを示すものである（奥田家文書）。この免定は、彼らが「王子村内のかわた」である一方で、上泉郷内の出作王子村を村請けすることを証明する、大切な証拠であった。南王子村にとって、免定が極めて重要であったことを考えれば、「切

慶長9年指出帳 村高（石）		上村［若左衛門］			中村（与八郎）	
		［上村］	出作土生村 16.764	出作舞村 30.111	中村 287.873	出作高石村 114.32
正保郷帳	村名 支配 村高	上村 代官：山田 379.938			中村 代官：中坊 294.873	高石出作 代官：中坊 114.32
和泉一国 高附名所誌	村名	上村		舞村 是は上村高の 内より出る	中村 此高の内へ114.32高石出作高入	
	村高	349.826		30.112	408.942	
延宝検地	古検高	349.822		30.112	408.942	
	新検高	330.16		31.675	409.1712	
一橋領 村々様子 大概書	村名	上村	［土生村へ］	舞村	中村	
	村高	332.118		31.855	410.1952	

表7　信太郷の出作と江戸時代の村落の関係　慶長9年の（　　）内は、差出人の名前、［　　　］は想定
上代村・田井村（太村）・かハた・小ノ江（尾井村）・中村」を含む「信田」が高2918.459石として描かれてい

り分け」が正保四年を大きくさかのぼることはない。

同様に信太郷上の「出作舞村」は舞の人びとに切り分けられた。地域社会における彼らの身分的位置を問わず、「所持実態に対応させる」という方針が貫徹されたのである。それまで村請制村として認められていなかった彼らが、ここで村請制村となりえたという点において、ほかの「出作」切り分けとは異なる意義があった。

このように、いくつかの「出作」は出作元村に切り分けられ、免定交付先が変更された。「出作」所持者にとっては、それまで他村の庄屋である捌き庄屋に年貢を納めていたものが、自村の庄屋に年貢を納めることとなったのである。村や百姓にとってこの意味は大きい。一方でこのとき切り分けられなかった「出作」も存在する。これらは、おそらく太閤検地後数十年の間に、年貢直納が不可能であることなどを理由に、次第に出作元村による「出作」所持が減少したためであろう。

一方で、次にみる延宝検地の実施方法や郷帳作成後も「(出作) 夙村」分の免定が作成されたことを念頭におけば、最終的に幕府に提出された正保郷帳では、「出作」は一筆に統一されたと考えられる。つまり、幕府による土地把握単位として「出作」は残り、この点で正保郷帳以前に幕府が使用していた土地台帳と大きな変化はなかったものと思われる。表4で示したが、山田以後の代官は本来「出作夙村」とすべき免定の記

慶長9年指出帳 村高（石）		太村（彦九郎）		王子村（藤兵衛）		
		太村 426.7	出作綾井村 95.135	王子村 202.591	かわた（甚五郎） 59.162	［出作池上村］
正保郷帳	村名 支配 村高	太村 代官：山田 550.735		王子村 代官：中坊 275.973		池上出作 代官：中坊 184.9
和泉一国高附名所誌	村名 村高	太村 550.735		王子村 275.973		
延宝検地	古検高 新検高	455.9 424.2	95.135 93.376	275.972 315.802		184.961 208.461
一橋領村々様子大概書	村名 村高	太村 424.2	綾井村 民家なし 93.376	王子村 323.7108		

載を、「夙村」としている。次第に支配レベルでは「出作」の有する歴史的意味が継承されず、事情のよく分からない「村」として認識されていったようである。

一七世紀末の地誌における記載と大概書

切り分け後に作成された一七世紀末の地誌「和泉一国高附《いっこくたかつけ》名所誌《めいしょし》」（元禄元年ごろ作成カ）には、「出作」―捌き庄屋体制の変化を示す記載が見られる。特筆すべきことは舞村の記載が見られることである。正保郷帳（下帳）には舞村の一筆はなく、上村の高に含まれて記されていた。ところが名所誌では上村に続いて一筆で「舞村」とあり、「是《これ》ハ上村高之内より出ル」との注記がある。また郷帳で伯太村の一筆に含まれていた「出作王子村」にあたる高も「皮田村《かわた》」として一筆になっており、「是ハ伯太村之高より出ル」と注記がある。その一方で、中村や富秋村には「此内へ○○出作含《ふくむ》」といった注記がある。

信太郷以外では、府中村と池上村の記載が正保郷帳と名所誌で大きく異なっている。池上村についてみると、名所誌での村高六二九石余には内訳が三つ記されるが（本郷と二つの出作）、この三つは、正保郷帳では各代官・領主の支配地としてそれぞれ別のところに記されていた。なお「本郷」という用語は、「出作」切り分けを受けた村において、その「出作」部分と、以前から自村庄屋捌きである屋敷地を含む部分を区別する意味合いで使用されたものと考えられよう。

この出作という単位は一九世紀にも生き続けていた。天保二（一八三一）年に作成された一橋家領の村明細帳である「様子大概書」を参照しながら、最終的な整理を順に述べていこう。

　慶長の指出帳で確認した「出作」のうち、「出作舞村」は舞の人びとに切り分けられ、人の居住する「舞村」となった。上村庄屋が捌いていたもうひとつの「出作土生村」も、判然としないが新検高と古検高の差から土生村へ切り分けられたと考えておく。一方「出作夙村」・「出作高石村」は一九世紀にはそれぞれ上代村・中村の村高に含まれており、捌き庄屋の村に包摂される形で解消された。これに対し「出作綾井村」は、太村から切り分けられて「民家なし」とされる「（泉郡）綾井村」となった。綾井村の検地帳は、大園村の庄屋が管理している、と大概書には記されているので、大鳥郡大園村に切り分けられたようである。富秋村庄屋は「出作助松村」と「出作森村」の二つを捌いていたが、「出作森村」だけが森村へ切り分けられ、これを一橋家は本郷である「森村角左衛門方」とは別に「森村新兵衛方」として把握している。「出作千原村」は、やや特殊な形で幕末まで尾井村に残った。王子村庄屋が捌いていた「出作池上村」は、一七世紀末に伯太藩領となったため、大概書には記されない。しかしここは、池上村に切り分けられ、池上村内で「出作」と呼ばれる領域となった。信太郷外では、伯太村が捌いていた三つの出作（王子・池上・府中）はすべて切り分けられた。「出作王子村」は、王子村内に居住するかわたに切り分けられ、その後かわたが当地に居所を移し、戸口の存在する「南王子村」となった。ただし一橋家は、「出作夙村」を含む上代村を一村、森村を二村（本郷角左衛門方と、出作森村であった新兵衛方）として扱っていた。

生き続ける「出作」村

　では、一八世紀以降、領主支配の局面で、「出作」を包摂しながらも上代村のように一村と数えられるか、森村のように複数村として数えられるか、という分岐はどこで生じたのであろうか。

ここで重要な役割を果たしたのは、一七世紀末から一八世紀の初頭に、当地で一一村を支配した柳沢氏である。幕府が柳沢氏に下した「領地目録」には一一村とあるが、この中には、切り分けられずに上代村に残った「出作夙村」や、同じく尾井村に残った「出作千原村」もそれぞれ一村として含まれていた。しかし先に見たように、柳沢氏は上代村に対してそれまで二通作成されていた免定を一通にして交付するようになった。正保郷帳の次に作成された郷帳は元禄郷帳となるのだが、当然これらの村むらについては、その時の領主であった柳沢氏が下帳を作成したはずである。完成した元禄郷帳を見る限り、柳沢氏は免定を一通にしたように、「出作夙村」を上代村の高に含ませて書き上げたようである。

同じように、「出作千原村」も尾井村の高に含められた。しかし、出作千原村の場合、その後の特殊な事情が加わってくる。和泉国の元禄郷帳は、他国よりも遅れて元禄一五（一七〇二）年に正式に幕府に提出された。これによって幕府がもつ、「上代村」と「出作夙村」、「尾井村」と「出作千原村」が記された古い土地台帳は更新されることになった。ところがこの直後に「出作千原村」は林大学頭《はやしだいがくのかみ》と施薬院《せやくいん》（丹波氏）に与えられることになる。その際幕府は古い台帳を元にしたようである。その後、元禄郷帳が公式台帳となったため、幕府把握レベルでは「出作千原村」や「出作夙村」は消滅することになるが、地域と領主にとって「出作千原村」はそのまま存在し続けた。これが明治期に「尾井千原村」として地図に現れたのである。なお、このとき柳沢氏の知行とならなかった「出作」は、それ以前に私領主に渡されていたものも含め（池上村など）、原則そのまま江戸時代の終わりまで村として数えられている。

幕藩権力による村把握と村のかたち

最後に幕藩制レベルにおける村の把握と、信太地域における村の変遷をあわせて整理しておこう。

信太地域での太閤検地は条里制の里で区切られた「郷」ごとに行われ、その結果A郷に屋敷地がある村の村領がB郷に広がる場合、「出作」という領域として把握され、B郷の村の庄屋が年貢収納にあたることになった（「出作」—捌き庄屋体制の成立）。これにより、既存の村は分割され、「出作」分の年貢直納は不可能となった。また「出作」を捌くことになった村にも大きな変化であったと考えられる。

正保期まで「出作」—捌き庄屋体制は維持され、すべての「出作」は村同様に扱われた。この「出作」は原則集落を含まない領域である。しかし正保郷帳作成を機に、捌き庄屋の村よりも出作元村の方が所持者が多い場合、出作元村に切り分けられることになった。このとき切り分けられない「出作」は、捌き庄屋の村からの所持地が増加したためと考えられる。太閤検地時の「出作」創出が、半世紀を経て村領のあり方を大きく変える契機となったのである。また捌き庄屋の村に「出作」が残った場合も所持実態を前提にしているので、この時点で太閤検地時に創出された「出作」—捌き庄屋体制の所持実態を無視した側面はほぼ解消されたと考えられる。

その後、「出作」がそれぞれの領主支配のもとで村請制村としてどのように数えられるかは、個別領主の対応によって異なっていた。しかしこれらの結果は、各村の構造に大きな影響を与えたと考えられる。たとえば、森村は生活共同体としては一村でありながら、村請制村としては二村とされ続け、本郷と出作にそれぞれ庄屋が存在している。年貢収納や村高に様々にかかる石掛銀も、本郷と出作の枠組みのもと処理されたはずである。これに対し、かつての「出作」を内に含む上代村や中村は村請制村として一村の扱いをうけ、庄屋も一人であった。このように村請制村としての把握は各村の村落構造の基底をなす、という江戸時代のあり方に応じて、最終的な「村のかたち」は信太地域とその周辺村むらの村落構造の大枠を形づくったのである。

第2章　一七世紀の村むらと信太山丘陵

江戸時代と一括りにいっても、時期によって村はさまざまな姿を見せる。とくに一七世紀の村の姿は、のちの様相とは異なる点が多く、変化に富んでいた。本章では、こうした一七世紀の信太山丘陵とその縁辺に展開する村むらについてみていくことにしよう。1・2節では、この地域の村むらの生活において重要な基盤であった、信太山丘陵の管理・用益の様子をみていく。つづいて3節以降では、この地域で行われた郷ごとの太閤検地が、それまで展開してきた生活共同体や、村と村の関係にどのような影響を及ぼしていったのかをみていくことにしよう。

1　信太郷七ヶ村と信太山

信太郷七ヶ村立会の信太山

信太山丘陵のうち、信太郷七ヶ村立会で管理されていた山が、信太明神社の境内地である「信太山」である。表8は正保《しょうほう》二（一六四五）年作成の正保郷帳《ごうちょう》の下帳における、信太山地域周辺の山に関する記載である。これらの山はすべて信太山丘陵の一部であり、それぞれ特定の村に付随《ふずい》して書き上げられている。「信太山」が王子村と上代《うえだい》村に記載されているのは、信太郷七ヶ村の支配が中坊《なかぼう》代官と山田代官に分かれていたため、それぞれ別に書き上げられたためである。両者には差異があるがのちの姿から考えると、総体的に上代村の

村	信太山		伯太村	郷荘黒鳥村	一条院村	坂本村	池田下村
	王子村（中坊代官所）	上代村（山田代官所）					
大きさ・植生	長29町 横4町	長24町 横9町	長11町 横5町半	長16町 横11町	長7町 横1町	記載なし	長20町 横5町
	宮山、松山・芝山	草山 うち6町半×5町ほど 松林	草山 うち8町×4町ほど 大小松木あり	草山	芝山 10間四方 小松林		芝山小松山あり
山年貢	——	——	——	山年貢4石	——		山年貢2.75石
立会	信太郷立会 王子・中・上代・舞・上・太・尾井・富秋	信太郷中（上代・上・太・尾井・富秋・中・王子） 七ヶ村立会					

表8　正保郷帳下帳における山の記載　坂本村に記載が無いのは、支配する代官彦坂が山の報告をしなかったためとみられる。事実としては、坂本山はあった。

記載の方が正確である。* これ以降「長二四町、横九町」という信太山の公称面積は幕末まで変わらない。この山は「宮山」であり、松山・芝山（草山）を内に含んでいた。郷荘黒鳥村や池田下村の山には山年貢が記載されているが、信太山には書かれておらず、信太明神社の「宮山」として「除地」として扱われることが、郷帳作成に際して公的に決定されたと考えられる。

*なお立会村については、王子村分の記載には舞村を含んでいるが、信太山に関わる史料はすべて七ヶ村の村名しか記されておらず、七ヶ村立会が正しい。

信太郷七ヶ村は、近世を通じて、信太明神社の歴史を次のように述べている。Ⅰ和泉国三宮《さんのみや》の信太明神社は、中世にはかなりの規模の神田（社領）を有していたが、豊臣秀吉の治世下に没収された、Ⅱ現在の社殿《しゃでん》は、慶長《けいちょう》九～一一（一六〇四～〇六）年に豊臣家によって造営された、Ⅲ信太山は秀吉の治世下に明神社境内地として認められたので、太閤検地時には除地となった、と。Ⅰは、槙尾山や松尾寺の由緒ともよく似たものだが、真偽はよくわからない。Ⅱはおそらく事実で、慶長期に豊臣氏によって社殿修復がなされたのだろう（コラムⅣ参照）。Ⅲもよくわからないが、信太山に山年貢が賦課されたことは一度としてなかったようである。

除地となった信太山は、図4に記された範囲となる*（境界ラインの内側）。これは池や谷田が存在した谷筋を除く、広大な範囲である。立木山は、社殿修復入用に充てるため養生され、草山には年に数度、氏子が下草を刈りに入っていた。また信太郷村むらの主要な用水源である大野池をはじめ、多くの池が谷筋には存在し、立木は池への土砂留めの役割を果たすなど、信太の村むらにとって信太山は宮山＝除地山＝立会山＝用水源という重要な位置にあった。

＊絵図でみえるように、坂本村領や大鳥池郷の鶴田池―元禄池がある谷筋は、山家道や横山道から内側に入り込んでいる。この部分の境界線は絵図によって少しずつ異なるがその理由は不詳である。

これらの事実と歴史的な展開を念頭におくと、信太郷七ヶ村は、遅くとも一六世紀の末までに信太山の用益（水利も含む）を共同で利用することを核に成立した、地域的なまとまりであると考えられる。古い段階で信太山と信太明神社の関係がどうあったのかは定かではないが、一七世紀以降信太山は宮山として除地山となり、信太郷七ヶ村にとっては最も勝手の良い形で公的に認められたのである。信太明神社は氏子持ちの神社、すなわち社僧《しゃそう》や神職ではなく、氏子村むらが差配する神社であった。そのため宮山は七ヶ村立会山としての性格が強かったのである（第5章参照）。

神畑の「開発」

この信太山内には、「神畑《しんばた》」や「請所畑《うけしょばた》」などと呼ばれ、個人の永代占有権が認められていた区画があった。ただし、誰でも自由に占有できたのではなく、希望者が自村の庄屋の承認を受け、七ヶ村庄屋中に申し出て、場所の検分《けんぶん》をうけたうえで、毎年明神社に定米を納めることを条件に、認められた。これは原則、氏子である七ヶ村の百姓にしか認められなかった。一例として、貞享《じょうきょう》五（元禄元・一六八八）年に上代村の庄屋善右衛門が神畑を希望した際に、七ヶ村庄屋から出された一札（西本・赤井家文書）を見てみよう。

一札

（対象地の四至・・・省略）

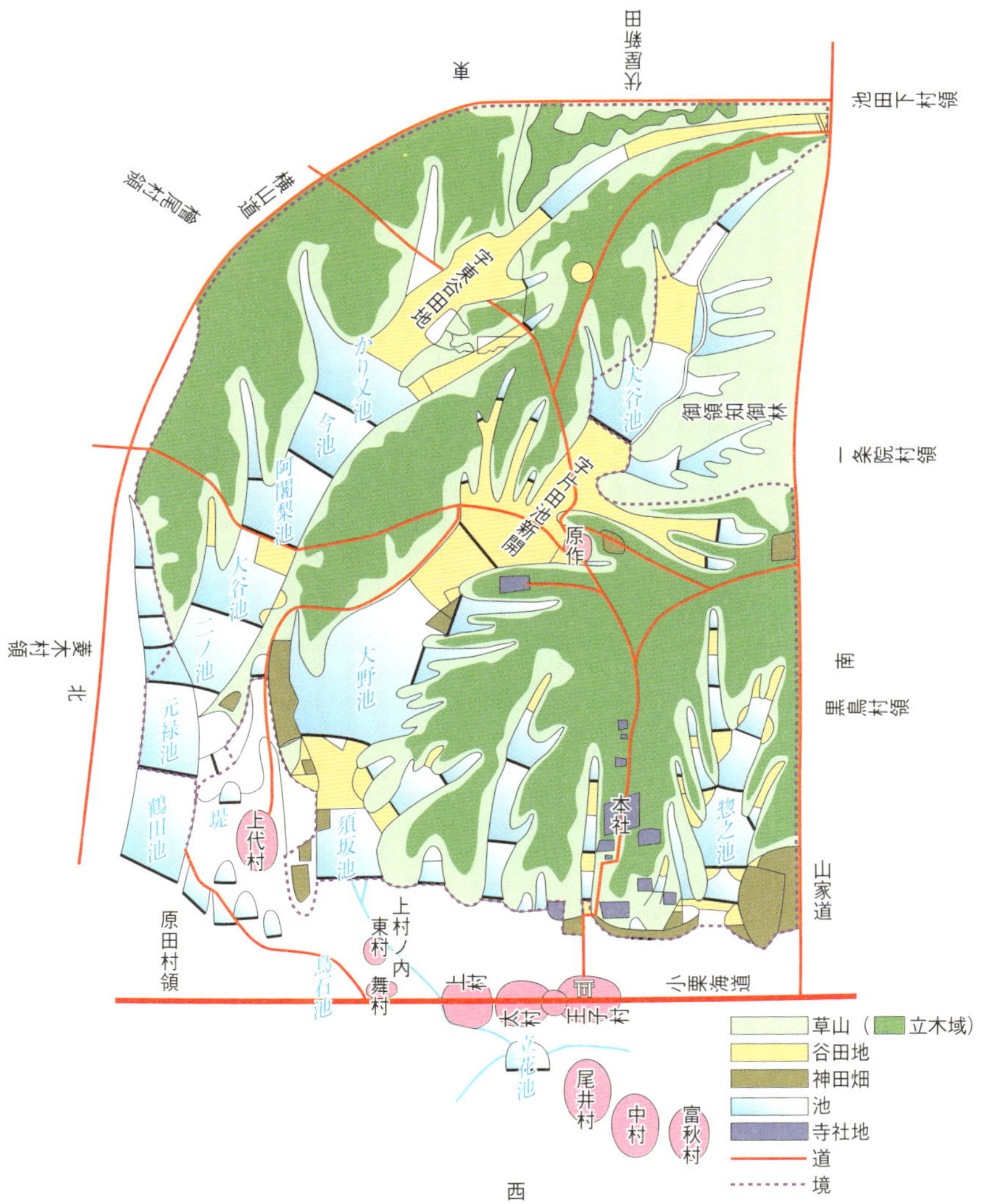

図４　天保13（1842）年　信太山大絵図（和泉市教育委員会蔵）　作成者は信太郷七ヶ村の庄屋中。表紙カバーの写真全体をトレース。

右は信太大明神　御境内野末《のずえ》芝山のうちたるといえども、今度《このたび》その方所望《ほうしょもう》につき、郷中相談の上にて屋敷に極《き》め遣《つか》わし候《そうろう》、然《しか》る上は御供料《ごくりょう》として米三斗《と》ずつ毎年異儀なく　神納有《しんのうあ》るべく候、勿論以後須坂池へ土砂少しにても流れ入り申さず候様《よう》に致《いた》さるべく候、その外《ほか》何にても池のかまひに成り申す儀致させ申さず候筈《はず》にあい極め相対《あいたい》仕り候、後日のため証文よって件《くだん》の如《ごと》し、

貞享五戊辰三月十一日

上村庄屋　七郎兵衛㊞
太村庄屋　半左衛門㊞
王子村庄屋　左二兵衛㊞
留秋村庄屋　理右衛門㊞
尾井村庄屋　与惣兵衛㊞
中村庄屋　九郎兵衛㊞

上代村庄屋
善右衛門殿　参《まいる》

この開発の対象地は、須坂池の東側で、上代村集落のすぐ裏手にあたり、小字「西山」と呼ばれる場所である（図5）。善右衛門は自らの屋敷地からほど近い除地山の利用を希望したのである。これを七ヶ村側は毎年「御供米三斗」を明神社に納入することを条件に認めた。ここでは六ヶ村の庄屋が差し出しになっているが、これは善右衛門が上代村の庄屋を務めていたためである。この翌日に善右衛門が差し出した請書は「信太七郷御庄屋衆・年寄衆」宛となっている。「神畑」の承認を七ヶ村庄屋中が下すのは、明神社が七ヶ村立会の神社で、境内山である信太山に関わる事項であるためである。また本文中に庄屋中が須坂池への土砂入

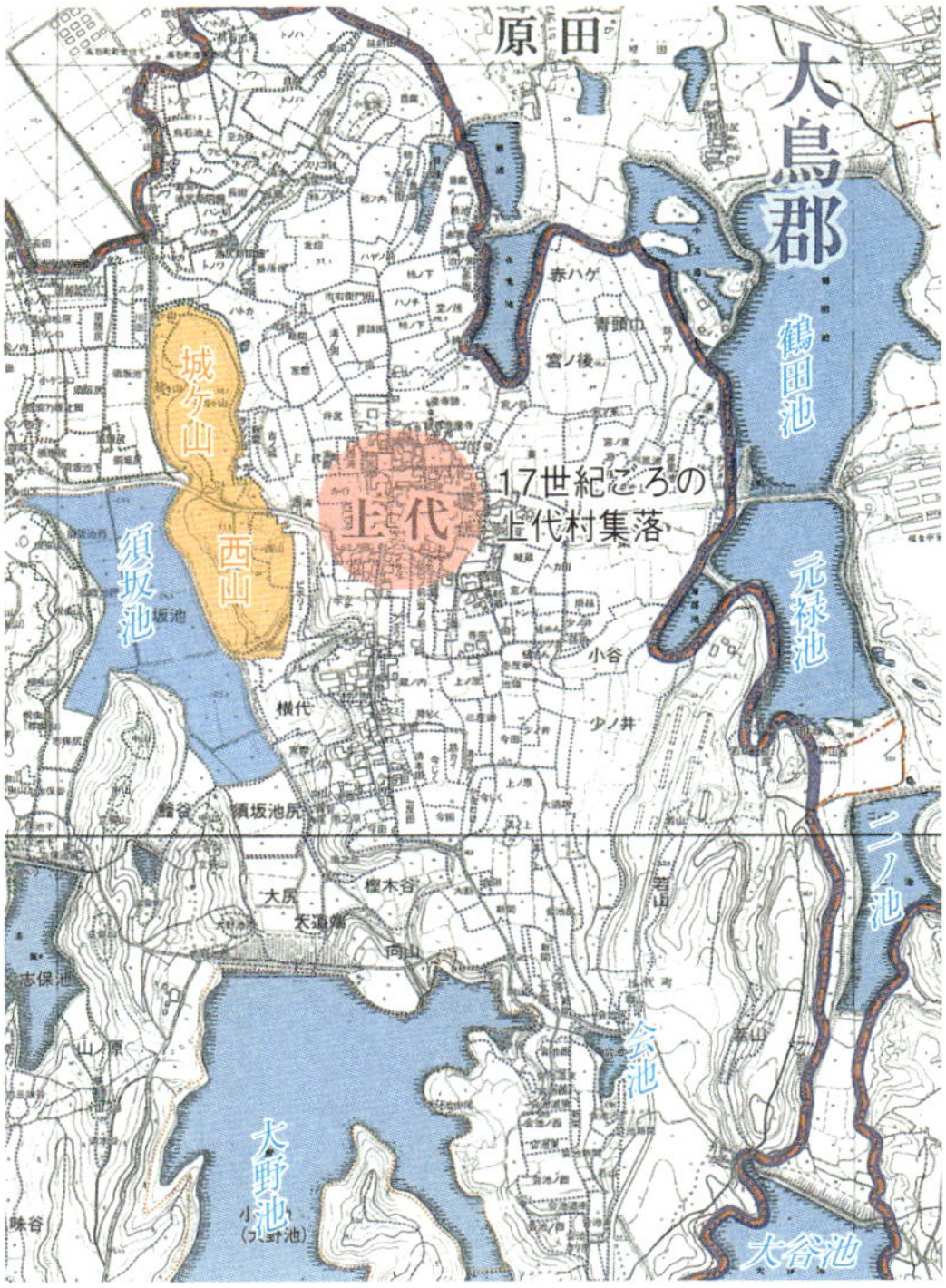

図5　神畑として開発された小字西山　小字城ヶ山のあたりは、19世紀には「舞太夫山」と呼ばれる神畑になっている。舞村の舞太夫が神畑請人となっていたとみられる。

りを懸念している点も興味深い。信太山は山内溜池への土砂留めとしての機能も有していたのである。神社に納める「御供米」は、信太郷七ヶ村内では神畑定米《じょうまい》と呼ばれるようになり、その納入者は神畑請人《うけにん》として位置づけられた。神畑定米は、明神社で必要となる日常経費に充てられていたようである。「神畑」は、氏子を対象とした明神山の切り売りという一面も有しており、それは幕府や領主らが把握しえない形で行われていたのである。

一七世紀中は、神畑の設定が認められるのは、善右衛門のような有力者に限定されていたのではないかと思われる。しかし一八世紀以降になると神畑は徐々に増加したようで、幕末には信太山内全体で二五町歩にまで及んでいた。一九世紀には、七ヶ村の中堅層の百姓の多くが神畑を所持していたようで、小前層は中堅百姓に使用料を支払って利用させてもらう、という関係も確認できる。神畑といっても、その実態は、畑・芝山・松山など、神畑請人の必要に応じて利用されていた。七ヶ村の百姓間では神畑の売買も可能であり、田地同様の家産《かさん》となっていったようだ。低額な定米と引き換えに山の一部の独占的利用が保証される神畑は、本年貢を納めなければならない普通の田畑とは異なる意味合いで、信太郷七ヶ村の百姓にとって、一年間の営農サイクルに欠かせないものとなっていた。

蔭涼寺と中央寺

一七世紀後期には、神畑と同じ論理で、七ヶ村庄屋中は信太山内の大規模な占有を蔭涼寺《いんりょうじ》と中央寺《ちゅうおうじ》に対しても認めている。

蔭涼寺は曹洞《そうとう》宗の寺院で、鉄心《てっしん》和尚によって寛文《かんぶん》元（一六六一）年に開かれたとされる。現在も尾井《おのい》町山ノ谷に存在するが、実はこの場所も信太明神社の除地部分であった。寺の開基に関わる重要な史料が蔭涼寺に残されている（蔭涼寺文書）。

一、このたび蔭涼庵お取り立てにつき、別紙の通り境筋（の）内あい譲り申しあげ候により、銀子《ぎんす》拾貫《じゅっかん》目《め》信田（信太）郷中へ下され慇懃《いんぎん》に存《ぞん》じ奉《たてまつ》り候、後日のためよって件の如し、

寛文六年（一六六六）丙午五月三日

社僧　菩提院圓㊞（書判）
尾井村庄や　与兵衛存㊞（書判）
上代村庄や　善右衛門㊞（書判）
王子村庄や　安兵衛㊞（書判）
太村庄や　太兵衛㊞
上村庄や　五郎右衛門㊞（書判）
冨秋村庄や　太郎右衛門㊞
中村庄や　九郎兵衛宗㊞（書判）
信田郷中

蔭涼庵　鉄心和尚様

これにより「蔭涼庵」の鉄心和尚が、正式に寺地を確保するために信太山の利用を希望し、七ヶ村庄屋中と相談のうえでその範囲が確定した。その礼銀として鉄心は信太郷七ヶ村に対して銀一〇貫目を贈り、この史料では七ヶ村側がその礼を述べている。銀一〇貫目は高額だが、除地内の広い範囲の占有を永年にわたって認めた見返りと考えれば、神畑定米を一括して受け取ったに等しい。なお差出人の社僧・菩提院は、天野山金剛寺（河内長野市）の子院で、当時信太明神社の社僧を務めていた（第5章参照）。

臨済《りんざい》宗黄檗《おうばく》派の中央寺についても、天和《てんな》三（一六八三）年に、境内地の範囲を七ヶ村と中央寺が確認しあっている。中央寺の寺名については、中世の中尾《なかお》寺との関係も想起される（第1部第4章参照）が、少なくとも一七世紀初頭には、寺の実態はなくなっていた。そこに、黄檗僧・隠元《いんげん》の流れを汲む僧侶・石丈《せきじょう》和尚が開いたのが、現在に続く中央寺である。中央寺は明治以降に小栗街道沿いの現在地に移転しているが、江戸時代を通じて信太明神社に近接する信太山丘陵内に立地していた。信太郷七ヶ村と石丈の間で取り交わされた一札には「中央寺屋敷は信太明神境内である」と書かれている。中央寺も寺地獲得の際には、蔭涼寺のように礼銀を支払った可能性がある。蔭涼寺、中央寺はいずれも禅宗寺院で、一七世紀後半に他地域からやって来た高僧が、信太郷七ヶ村が管理する信太山に寺地を求めたことになる。

信太山丘陵をめぐる開発動向

信太郷七ヶ村にとって、生活上の諸側面において信太山は欠くことのできないものであったが、それはほかの丘陵周辺の村むらにとっても同様であった。そのため信太山をめぐって隣接する村むらとの境目争論が何度かあり、また外部からは開発の出願がたびたびなされていた（表9）。

信太郷七ヶ村の立会山の領域確定にあたって重要な意義をもったのは、寛文四（一六六四）年に信太郷七ヶ

年　月　日	内　　　　容	開発人（願人）
正保2（1645）年	正保郷帳作成	
寛文4（1664）年	信太郷と黒鳥村・一条院村が山論、寛文5年3月12日江戸にて裁許がくだる	
寛文4～6年	槙尾川より新川を掘り、信太山中に池々を設置し、綾井郷・高石郷の池々の埋め立て・新開を願う。しかし槙尾川流域村々27村が反対 →開発頓挫	堺町人久吉左衛門・駒屋小兵衛・クミヤ次郎左衛門・駒屋小左衛門 →？堺町人大和屋九郎右衛門
寛文6年	「隠田」の訴人があり、池田下村・万町村で検地が行われる	
寛文ころ	高石郷嶋之池の田地開発のため、信太山内今池に笠置願い→王子村が反対し、不許可	堺大和屋喜三右衛門
寛文13年2～3月	上ノ原山新開のための見分が実施される。菱木村･池田下村・室堂村・和田村・三林村が反対 →開発頓挫	摂州大道村沢田左平太・羽生佐右衛門・大坂南本町木地屋治兵衛・堺大浜町岡本清兵衛
延宝3(1675)年9月	坂本新田開発、延宝5年9月新開改（検地）実施	大坂町人播磨屋弥兵衛(赤松) 池浦村喜左衛門（寺田）
延宝5～7年	幕領検地実施	
延宝6年4月9日	伯太村と黒鳥三ヶ村の山論について江戸にて裁許がくだる	
元禄10(1697)年6月29日	信太郷と坂本村との芝間境目争論が内済となる	
元禄12年12月～	坂本村の新開につき、信太郷と坂本村が争論、元禄13年2月18日裁許	
宝永3（1706）年	元禄13年の裁許を受けて、黒鳥村・一条院村・今在家村と信太郷が一札を取り交わす	
宝永6～7年	上ノ原新開のための見分が実施される。池田下村百姓が徒党を組んで反対 →開発へ（伏屋新田）	堺町人2人 →万町村伏屋長左衛門
享保7（1722）年	信太山開発のため、代官による見分が実施される。信太郷村々・信太明神社関係者が信太明神社境内地であるとして開発除外を願う →開発頓挫	大坂（鈴木町）町人
享保7年12月	一条院村山新開願いをうけ、谷々池への溝地を開発から除外されるよう願う →開発頓挫	
享保17年8月	黒鳥村・一条院村と坂本村が山論。坂本村山の新開が2村の溜池溝筋を妨げるとして新開停止願い。享保21年4月内済	
延享2（1745）年	高石村が信太山中の蓮池（すでに開田ずみ）を溜池にし、高石村田地に流したいと希望。信太郷7ヶ村が反対→開発頓挫	高石村百姓
宝暦・明和年中(1751～1773)	信太山開発のため、勘定所役人による見分	
安永7（1778）年	一橋家、蔵元中井に信太山開発にむけた調査を依頼	一橋家－蔵元中井

表9　信太山とその周辺の開発をめぐるさまざまな動き

村と、黒鳥村・一条院村間で信太山丘陵内の草刈場の範囲をめぐって生じた争論である（第3章参照）。ここで山家道が南西側の境界と確認され、山家道と横山道で区画された明神境内地＝除地の範囲が確定したのである（第2部扉写真）。

次に信太山丘陵の開発に関わる局面も見ておこう。開発といってもその方向性は、大きく分けて二つあった。一つは山そのものを開発し、新田を開く方向性で、丘陵南側で伏屋新田や坂本新田が開かれていくことになった。新田化された山は、そもそも池田下村の山であり坂本村の山であったから、当然村むらの百姓は反対した。しかし大坂や堺などに住み、開発請負人になり利益を得ようとする出願者と、年貢収納拡大を期待する領主によって新田は開かれていったのである。

もう一つの方向性は、信太山丘陵よりも北西側の平野部へ多くの用水を送るために、丘陵内に新たに池を築造する、あるいは既存の池を拡張しようとするものである。これも既存の村むらにとっては、耕作条件が大きく変更されるため、強い反対活動が起こった。

こうした目論見で信太郷にも関係する出願が寛文四（一六六四）年になされている。大鳥郡綾井五ヶ村と高石北・南両村の平野部にある八つの池を埋め立てて開田し、その灌漑のために、信太山内の大野池の堤を笠増しし、槙尾川の水を大野池に溜め込もう、という案が堺の町人（当初は駒屋ら四人、まもなく四人に含まれていない大和屋九郎右衛門が主体となった）から出された。この発想は、近代に築かれた光明池に通じるものがある。それに対し、翌寛文五年八月に、泉郡の国分《こくぶ》村・黒石村など槙尾川流域の二七ヶ村が反対願書を堺奉行所に提出している（池田編参照）。この計画は、村むらの強い反対により、実現することなく終わった。二七ヶ村のなかに信太郷七ヶ村は含まれていないが、おそらく別に反対願書を提出したのだろう。

このあとも信太山を開発したいとする出願はあとを絶たないが、その方向性は信太山全体を新田として開発しようとするものに変化していった。享保《きょうほう》七（一七二二）年には、大坂町人が信太山の開発を希望し、信太郷七ヶ村と信太明神社の関係者が、「信太山は明神社の境内地であるので開発は差し止めてほしい」と、神社境内地であることを前面に押し出して反対願書を提出している。このときも開発は回避することができた。しかし、これ以降、開発されずに残る広大な除地山に目を付けた領主側がたびたび信太山開発を目論むようになり、そのたびごとに信太郷七ヶ村は「信太山は明神社の境内地」という理由で、反対していくのである。

2　上代村の一七世紀

丘陵上の上代村では、一七世紀に村内の耕地化が劇的に進んだと推定されるが（第1章参照）、具体的な様相を知ることはできない。しかし、一八世紀中期以降に庄屋を務めた赤井家には、わずかだが一七世紀の史料が残されている。これらからは、一七世紀に庄屋を務めた善右衛門家の村内での圧倒的な立場や、丘陵上にあるがゆえの上代村の特質、村内で三郎兵衛が台頭してくる様子がうかがえる。本節では、この点をみていこう。

東大谷筋と上代村

上代村の耕地を潤す主要な池は、須坂池—大野池がある谷筋より一つ東側の谷筋にある（図5参照）。阿《あ》闍梨《じゃり》池・高池・今池・狩又《かりまた》池の四つの谷池がそれで、この水を村の耕地よりもやや高い場所にある会池《かいいけ》に溜め、利用していた。阿闍梨池などがある谷筋は、さらに奥には尾井村の池と谷田があり、谷下には大鳥郡大

	新池（水ひたり田） (18世紀以降大谷池)	鶴田池（水ひたり田）	元禄池（池床） (元禄11～12年頃普請)
寛永20年の取り決め (1643)	新池上３セマチ	鶴田池ノ上２セマチ	
	大鳥池郷より毎年水ひたり米４.５石納入		
古検帳面の記載	合２反５畝11歩 合２.526石		
延宝検地帳の記載	古検１反３畝５歩	古検１反２畝６歩	－
	字新池	字つる田	字上ノ原谷
	中田　１反３畝４歩	下田　１反20歩	中田　３反７歩
	分米　1.839石	分米　1.387石	分米４.233石
	善右衛門	善右衛門	－
元禄12年 (1699)			大鳥池郷が底地を善右衛門から２貫100目で買い取る
		池床永引　5.62石　４反27歩	
		大鳥池郷が底地を善右衛門から500目で買い取り	

表10　水ひたり米と水ひたり田地の関係　赤井家文書、西本・赤井家文書、小谷家文書より作成。新池・鶴田池と元禄池の延宝検地帳記載は典拠史料が異なる。元禄池の底地となった部分も古検は受けており名請人は善右衛門と考えられる。

鳥郷村むら（大鳥池郷）の用水池である鶴田池・元禄池・二ノ池・大谷池があった。

上代村は近世を通じて大鳥池郷から毎年四石五斗の「水ひたり米」（池底米・越米とも）を受け取る関係にあった（表10）。この関係が最初に取り結ばれたのは、寛永《かんえい》二〇（一六四三）年のことである。大鳥庄北王子村・長承寺《ちょうしょうじ》村・上村・富木《とのき》村の計九人から、上代村の庄屋善右衛門に「預り申す御田地之事」という一札が差し出された（赤井家文書）。その内容は、鶴田池や「新池」の周辺に上代村の田地があるが、池水がかぶるので田地としては利用できない（水ひたり田）、そのため池郷が毎年四石五斗を善右衛門に支払うことを約束する、というものであった。問題の田地を所持する庄屋善右衛門は、四石五斗のうちから田地にかかる年貢を負担することになる。

行基《ぎょうき》による築造伝承のある鶴田池（第1部第3章）に対し、「新池」は一六世紀末ごろから一七世紀初めに築造されたらしい。「新池」は、一八世紀以降、大谷池と呼ばれるようになるが、この呼称の変化は一七世紀末に次の「新池」となる元禄池が築造されたことによるものだろう。

水ひたり田は、一七世紀後半に実施された延宝《えんぽう》検地の際には

慶長９（1604）年	善右衛門
寛永７（1630）年	善右衛門
寛文６（1666）年	善右衛門
寛文９（1669）年	喜兵衛
延宝６（1678）年	弥七郎
天和３（1683）年～元禄12（1699）年	善右衛門
宝永３（1706）年	喜兵衛
宝永５（1720）年～享保15（1730）年	善右衛門
元文４（1739）年	（赤井）新七
寛保２（1742）年	作左衛門
延享元（1744）年～寛延２（1749）年	（赤井）新七
宝暦２（1752）年～	（赤井）惣治

表11　18世紀中ごろまでの上代村の庄屋

上代村の田地として登録された。検地にあたって上代村では、二ヶ所の水ひたり田が大鳥郷の村に登録されてしまうことを強く懸念し、検地奉行に対して事の経緯を細かに説明し、上代村の検地帳に登録するよう願い出ている（西本・赤井家文書）。上代村と池郷の村と、どちらの検地帳に登録されてもそう差異がないように思われるかもしれない。しかし、江戸時代の「村領」は、個々人の所持とは別の次元で、その村の庄屋が管理する土地を意味した。二ヶ所の水ひたり田が上代村領であるからこそ、大鳥池郷に強く権利を主張できるのであり、それを失うことは避けねばならなかったのである。この願い出は聞き届けられ、上代村の検地帳に、二ヶ所（字新池と字つる田）の田地が登録されることになった。その名請人は善右衛門である。

大きな転機は元禄一二（一六九九）年に訪れた。大鳥池郷が新池となる元禄池を築造したのである。これに先立ち、同年二月、大鳥池郷は底地となる「字わかやま谷　中田三反七歩　分米四石二斗三升三合」の用地を善右衛門から銀二貫一〇〇目で買い取っている（西本・赤井家文書）。表10の延宝検地帳の記載と小字名が異なるが、同じ田地である。この田地はこれ以降、池床となるので、毎年上代村の高からは引かれることになった。

また同時に、池郷は鶴田池水ひたり田も買い取っている。しかし、幕末まで池郷は水ひたり米四石五斗を払い続けている。元禄一二年段階には、「水ひたり米四石五斗」を受け取る権利は、三郎兵衛に売却されていたこととと関連があると考えられる。

庄屋善右衛門と三郎兵衛

ここでは、上代村庄屋の変遷を、水ひたり米の権利が売買される様子と併せてみることで、一七世紀から一八世紀中期にかけての上代村の様子を垣間みることにしよう。

庄屋は、一七世紀の初頭からほぼ一貫して善右衛門が務めている（表11）。喜兵衛・弥七郎が庄屋として確認できる史料は三点しかない。延宝検地の際には、善右衛門が屋敷二筆の名請人になっている一方で、この二人は屋敷の名請がない。したがって、両名とも（あるいは同一人物か）善右衛門家の人物ではないかと思われる。ちなみに善右衛門名請の屋敷地は、六畝二〇歩と五畝一〇歩で、ほかの屋敷地と比べてずば抜けて広い面積である。慶長九（一六〇四）年には、上代村指出高六五石余のうち、善右衛門は二〇石余を名請けしており、六人しかいない名請人のなかでも一番多い所持高であった。その後も長く庄屋を務めており、おそらく上代村の草分け百姓からつながる有力な家だったのだろう。しかし元文《げんぶん》四（一七三九）年に新七が庄屋となって以降、庄屋役をはなれ、宝暦《ほうれき》二（一七五二）年には、惣治が庄屋となっている。

この惣治こそ赤井家の人物である。新七も赤井家の人物のようだが、詳しいことはよくわからない。宝暦三（一七五三）年の上代村の村高所持状況が一部判明するが（表12）、かなりいびつな状況が見られる。上代村の村高は三三〇石余だが、うち九五石余、村高の三分の一を庄屋惣治が占め、つづく年寄や百姓代ら中堅百姓七人が一〇石～二〇石ほどずつ所持している。六五石余は他村からの入作となっているので、残る三〇軒程度は、わずかな高を所持しているに過ぎないだろう。なお表中の佐次兵衛も赤井姓を名乗ることがあり、惣治の一統のようである。さらに惣治は上村・舞村など信太地域の村だけでなく大鳥方面にも出作を展開させており、総所持高は一五二石に及んでいる。一八世紀中期において、村内外で有力な銀主として存在していたものと考えられる。このころ、村内には善右衛門の子孫・伝右衛門が存在したが、彼の名前は表12に見

	上代村	%	上村	舞村	富木村	土生村	新家村	合計
庄屋　惣治	95.943	28.7	20.666	7.013	9.841	11.092	8.069	152.624
年寄　武左衛門	22.380	6.7			—			22.380
年寄　仲左衛門	16.436	4.9			—			16.436
百姓代　作左衛門	27.128	8.1			6.252			33.380
百姓代　利兵衛	17.636	5.3			—			17.636
佐次兵衛	15.606	4.7			—			15.606
若右衛門	13.907	4.2			—			13.907
百姓代　儀平	11.214	3.4			—			11.214
小計	220.250	65.9						283.183
他百姓想定持ち高	48.340	14.5						
他村より入作	65.527	19.6						
合計	334.117	100						

表12　宝暦３（1753）年の上代村高所持状況　この年の村内総軒数は未詳。寛保２（1742）年に37軒、宝暦５年には40軒だったことが確認できる。

いだせず、善右衛門家は一八世紀中期には村内小百姓に転じていた。

この間に何が起こったのかをうかがうため、水ひたり米の売買のあり方を見てみよう。寛文九（一六六九）年、上代村庄屋喜兵衛は大鳥中村の重右衛門に、年貢皆済ができないことを理由に、銀二貫五〇〇目で水ひたり米の権利を売却した。これはのちに請け戻されたようである。しかし元禄一二（一六九九）年の時点でも庄屋善右衛門が上代村三郎兵衛に本銀返しで売却した状態になっている。これも請け戻されたが、正徳《しょうとく》四（一七一四）年にふたたび年貢に差し詰まったことを理由に善右衛門は三郎兵衛に銀六貫目で売却している。

ここで注目されることは、水ひたり米の権利（や水ひたり田）を、上代村庄屋が長く有していたことである。しかし一七世紀後半から善右衛門家の経済的逼塞により年季を限った売却と請け戻しが繰り返されるようになり、その相手は一七世紀末から上代村の三郎兵衛に限定されていく。水ひたり米の売却代銀はかなり高額なので、善右衛門家の負債というよりは村の負債であった可能性もある。

この間、三郎兵衛は、急速に経済的な成長を遂げたようだ。宝永《ほうえい》五（一七〇八）年には善右衛門が先祖伝来の田地三ヶ所を、年貢未進を理由に銀三貫五〇〇目で三郎兵衛に売却し、さらに享保《きょうほう》期には点数は多くないが大鳥方面の村むらの百姓が三郎兵衛に田地の売却・質入れを行っている。またより注目されることに、享保三（一七一八）年に善右衛門と三郎兵衛の間でもめ事が起こっている。内容は未詳であるが、信太郷七ヶ村庄屋中が仲裁に入って解決されている。七ヶ村が仲裁に入るもめ事はほかに例がなく、三郎兵衛が村役人に恒常的に就いていなかった理由も、このあたりにあるのかも知れない。

以上から、一七世紀の末ごろから一八世紀はじめにかけて、上代村で長く圧倒的な立場にあった善右衛門家が急速に力を失っていったことが確認できる。代わって台頭するのが三郎兵衛と惣治であるが、両者の関係を明記する史料は確認できない。ただし、三郎兵衛と大鳥方面の村むらとのつながりは、惣治の出作の範囲と重なるものがあり、惣治の宝暦三（一七五三）年の所持高も短期間に実現されうるものではない。おそらく三郎兵衛と惣治は同じ家としてつながるのではないかと思われる。しかし寛保二（一七四二）年には新七と三郎兵衛が村内に存在しており、断定はできない。

3　池上村の一七世紀

二つの池上出作①　―上泉郷の出作―

平野部に位置する池上村は、太閤検地によって、屋敷地のある上條郷《じょうじょう》池上村（本郷）と、田地のみの二つの「出作」（上泉郷池上出作〔伯太村庄屋捌《さばき》〕と信太郷池上出作〔王子村庄屋捌〕）の三つに分割され、正保期に出作の切り分けを受けた（第1章参照）。まず二つの出作について順にみていこう。

上泉郷池上出作は、上泉郷上の池上村領だったため、上泉郷の伯太村庄屋捌となった一一四石余の部分である。この池上出作の水利は、南西に隣接する伯太村とほぼ一体であった。この水利に関して、寛永一九（一六四二）年に幕領代官・山田五郎兵衛が、池上出作と伯太村の水利立会割を定めている。どうやら、この直

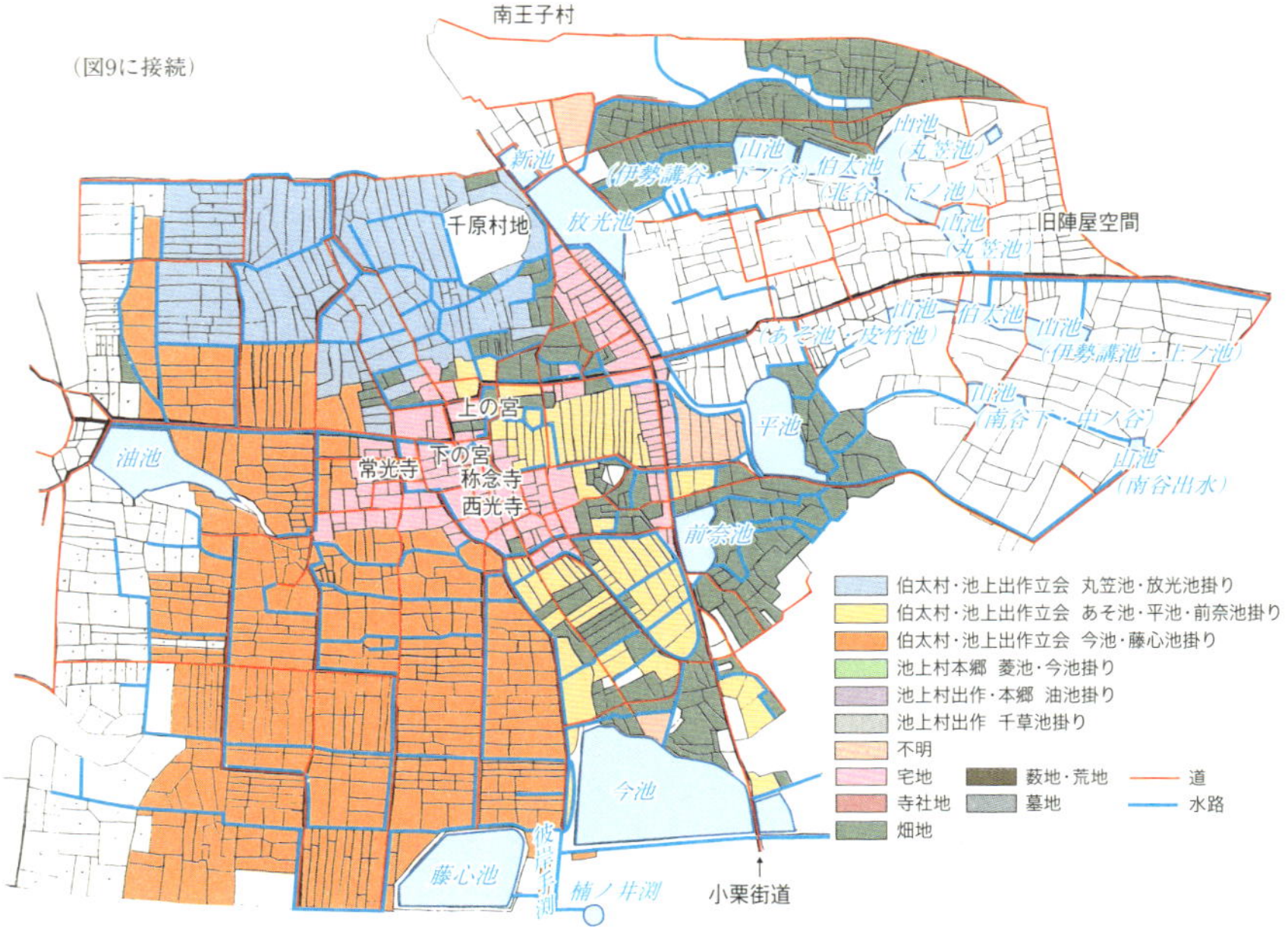

図6　明治中ごろの伯太村図

前に水利をめぐる何らかのもめ事が池上村・伯太村間で生じたらしく、代官所の手代が「元和年中古帳面」をもとに実地検分を行い、決定されたものである。ここでの立会割とは、水を利用する権利の配分率のことで、それは水掛りの面積として表現される。

立会割の内容は、池・川・渕《ふち》の三種類からなる（表13）。まず池については、七つある池が二つに分けられている。今池・藤心《ふじここ》（路《ろ》）池・放光《ほうこう》池・丸笠《まるかさ》池の四池は、六分の五が伯太村、六分の一が池上村である。もう一つは、前奈池・平池・あそ池の三池で、八分の七が伯太村、八分の一が池上村である。ただしどちらの系統も、水掛面積は三一町二反で、内訳は伯太村二六町・池上村五町二反となっている。先のグループについては、全町歩に対する比率として計算が合うが、後のグループについては一致せず、この点についてはよくわからない。ひとまず、三一町二反が七つの池の灌漑面積と考えておきたい。

以上七つの池は、水系としては三つに分かれていた。伯太村と池上出作の領域のうち、もっとも北側の部分を丸笠池・放光池、その南側をあそ池・平池・前奈《まえな》池、もっとも南側が今池と藤心池の灌漑域である。このうち今池と藤心池は平野部の皿池で、槙尾川から取水する国府河頭井《こうこうずい》の余水掛りである。残る五つは、信太山丘陵の谷筋をせき止めた谷池である。

なお今池・藤心池の流末に位置する池上村の今池と菱《ひし》池は、池上村本郷部分を灌漑していた。また、今池・菱池および伯太村の谷池の流末に、池上村の油《あぶら》池と千草《ちぐさ》池があり、主に信太郷側の池上出作を灌漑していた。つまり、伯太村と（上泉郷）池上出作の用水が両村の立会で利用されていたことに加え、千草池掛りまでの水系も伯太村と連続していたことになる。

七つの池からの水路の底地を意味する「川床」の割合は、表13の通りである。

図７　明治中ごろの池上村図　凡例は図６に同じ。

「渕」とは、池水が枯渇《こかつ》した時に利用する湧水で、渇水時に渕を利用することを、「水替《みずかえ》」とか「水掻《か》き」という。慶長の指出検地帳にみえる小字「あまこそ」・「ぬま」などのいくつかは、こうした渕やその近辺の土地であったとみられる。このあたりの平野部では、信太山丘陵に浸み込んだ雨水が湧き出る渕が点在しており、農業を支える重要な水源であった。立会割では、字くすのへ（楠ノ井）にある渕は、先に伯太村が一日一夜、ついで池上村が一日、字ひがんで（彼岸手）の渕は、先に池上村が一日、ついで伯太村が二夜一日、それぞれ利用することになっている。

代官によって定められたこれらの内容には、両村にとって次のような意味があったと考えられる。何よりもまず、七つの池からの両村の水掛面積が伯太村二六町、池上村（上泉郷出作池上）五町二反と公的に決定

＜池床＞

今池	六つ割 （6分の5　伯太村 6分の1　池上村）	31町2反 （26町　伯太村 5町2反池上村）
藤心路池		
放光池		
丸笠池		
前奈池	八つ割 （8分の7　伯太村 8分の1　池上村）	上に同じ
平池		
あそ池（上下2ヶ所）		

＜川床＞

藤心路池	西角樋出口より	池上村川床
	北樋より北流路	伯太村川床
	北樋より西流路	池上村川床
今池	北樋より北筋	伯太村川床
	北樋より西筋	池上村川床
前奈池・平池・あそ池	10分の2　池上村川床 10分の8　伯太村川床	

＜渕＞

字くすのへ出水渕1ヶ所	伯太村始め1日1夜、ついで1日池上村
字ひがんで出水渕2ヶ所	池上村始め1日、ついで2夜1日伯太村

表13　寛永19（1642）年　伯太村と池上村（上泉郷出作池上部分）の用水割　南清彦氏所蔵史料より作成。

されたことである。これによって、水掛地と水利権が公認された。くわえて、その管理が、伯太村・池上村両村の村役人によって行われるようになった。とはいっても、これ以前に水を利用する権利がなかったわけではない。公的に水利権を認められた、という点に重要な意味があった。池上村にとっては、年貢などの捌きは伯太村役人によらざるを得なかった上泉郷出作池上について水利権を認められたことになり、大きな意味をもったと思われる。注意しておきたいことは、これが「出作」の切り分けの数年前に定められた点である。つまり、この時点でも池上出作の耕地のほとんどを池上村百姓が所持していたことになろう。上泉郷池上出作は、切り分けられるべくして、正保期を迎えたのである。

ただし、ここでは溜池の樋《ひ》抜《ぬ》きの権利や水利入用の割り方などは規定されなかった。そのため一八世紀以降両村間で水論が発生していくことになった。なお、上泉郷池上出作の領主支配は、一七世紀初頭から幕領代官で、寛文元（一六六一）年より伯太藩渡辺家領となった。

二つの池上出作②　―信太郷の出作―

続いて、信太郷側に展開していた池上村領で、王子村庄屋捌となった一八四石余の出作について見ておこう。こちらも正保期に王子村から池上村に切り分けられている。領主支配は、一七世紀初頭より幕領代官支配で、元禄一四（一七〇一）年から伯太藩渡辺家領となった。そのため、こちらは延宝の幕領検地を受けており、高は二〇八石余に増加している。この分に関して宝永元（一七〇四）年の所持人が判明する（表14）。

全体の八割近くを池上村の百姓三六人が所持しており、かつての信太郷池上出作は、一八世紀初頭においてもほぼ池上村百姓によって所持されていた。*また王子村百姓が一筆も所持していない事実は「出作」と捌き庄屋の村の関係を考えるうえで示唆深い。おそらく切り分け時点においてもほぼ池上村百姓が田地を所持していたと考えられる。

＊蔭涼寺所持田地は、この直前の時期に池上村百姓が寄進したものである。

同じ年の、信太郷池上出作の水利についても判明する。池上出作は、池上村の油池と今池・菱池の流末にあたる同村千草池によっていた。池上村の水利は、本郷・（上泉郷）池上出作・（信太郷）池上出作の三つの領域ごとに異なりながらも、全体として伯太村の流末に位置し、信太郷側の出作捌き庄屋の村である王子村との関係は希薄であった。

	人数（人）	筆数	総石高（石）
池上村	36	146	142.0056
かわた	8	14	16.1534
千原村	4	8	10.1979
尾井村	1	1	0.9667
富秋村	1	3	4.5312
蔭涼寺		7	10.7341
合計	50	179	184.5889

表14　17世紀末～宝永元（1704）年の<信太郷>池上出作所持状況　延宝検地を受けて新検高が採用されている時期の史料であるが、古検高で計算されている。

池上村本郷の一七世紀　―大村とかいと村―

池上村本郷は、太閤検地の実施範囲としては「上條郷」に属し、浅野長政による検地を受けた。その結果打ち出された村高は三七二・二三五石であったが、このうち豊中村百姓が所持していた土地四一・八八三石は早い段階で南側の豊中村に入り、残る三三〇・三五二石が池上村の村高となった。郷を越え、検地奉行が異なる土地については出作とされたが、豊中村と池上村のように、同じ郷内にあり、領主支配も同一である場合、村境の変更は、村同士の話し合いで決めたようである。

さて池上村には、太閤検地以前から二つの集落が存在し、一七世紀には、東側の大きな屋敷地が「大村《おおむら》」、西側の小さな屋敷地が「かいと村」と呼ばれていた（写真1）。太閤検地高三三〇石余は、村内で大村百姓

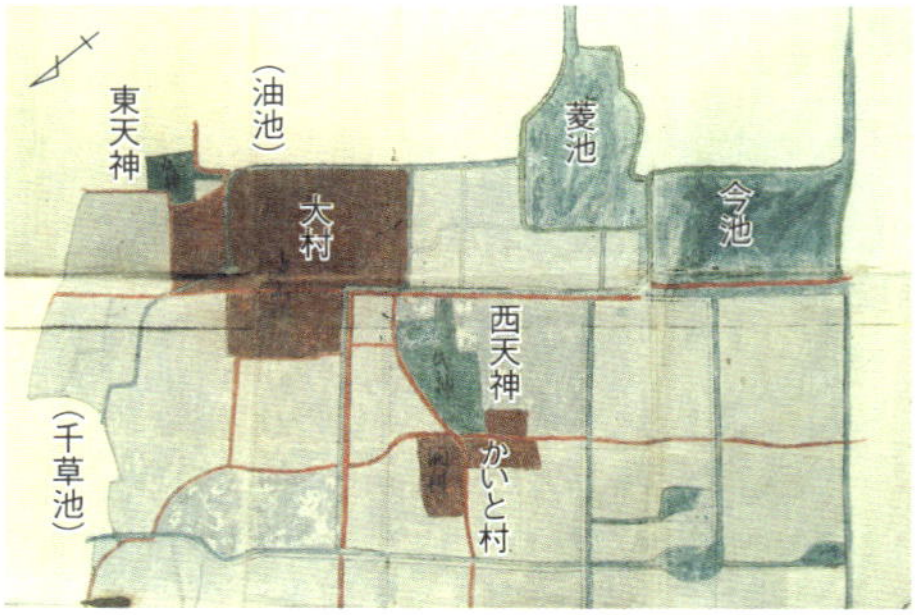

写真1　寛保3（1743）年絵図に描かれた池上村集落（南清彦家蔵）　集落が二つに分かれている様子は十八世紀中ごろにも確認できる。

持高	人数	内かいと村百姓
20石以上	1	1
15～20石	3	0
10～15石	5	2
5～10石	15	1
1～5石	29	1
0～1石	29	0

表15　太閤検地帳における池上村（本郷）の所持高構成

名請人	筆数	石高
孫左衛門	34	30.324
新三郎	15	12.423
弥左衛門	17	11.726
甚五郎	12	9.714
孫三郎	5	4.143
合計	83	68.330

表16　太閤検地時のかいと村百姓土地所持高
※屋敷地は含まない。
※ほかに28石余の田地があったと考えられる。

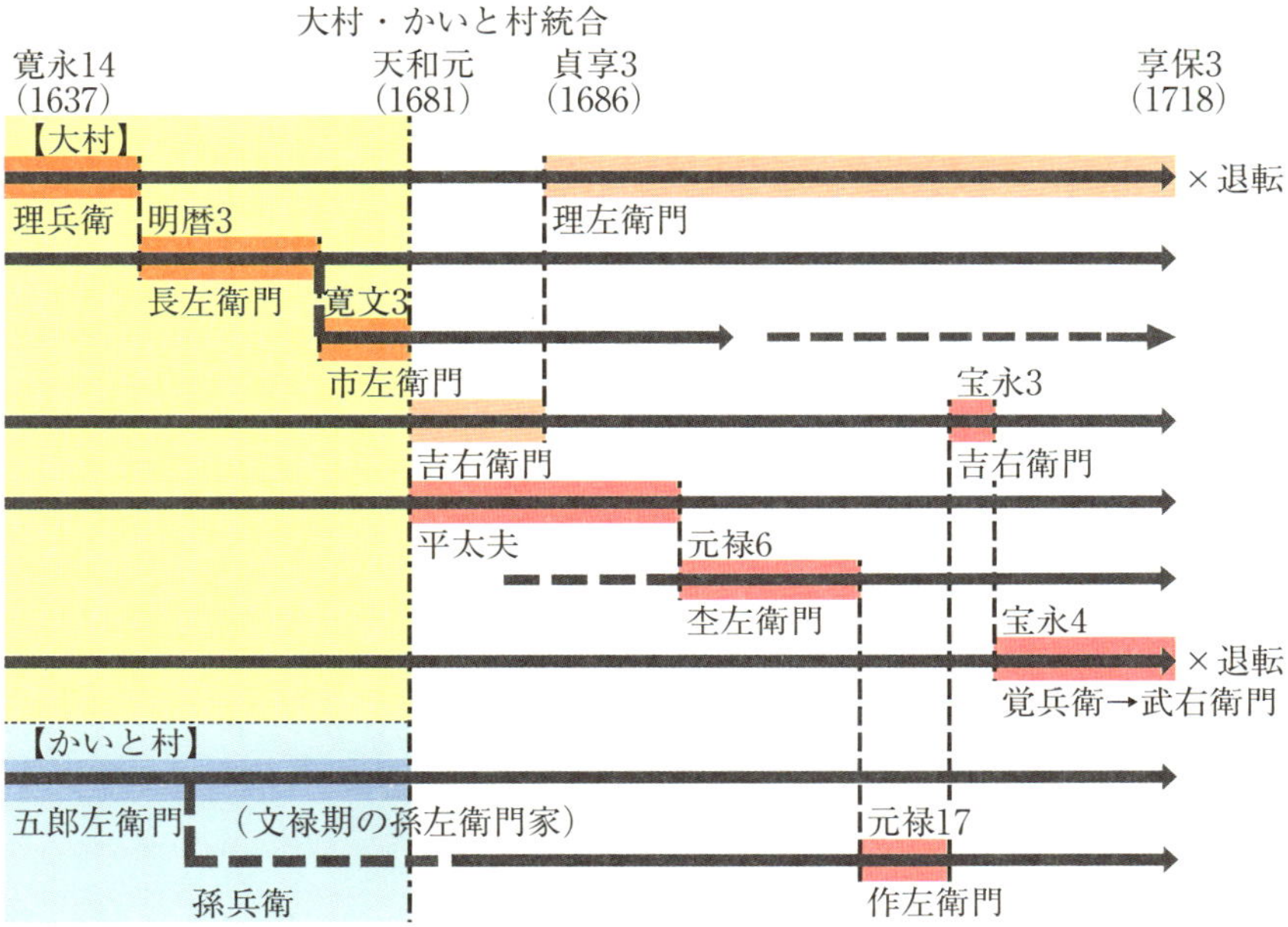

図8　庄屋筋の変遷（大村・かいと村→統合後）
→は同一の家の世代交代を示す。　➡の上の帯状着色部分が庄屋就任期。

とかいと村百姓の所持田地で分けて整理され、大村二三五石余、かいと村九六石余の二つに分かれていた。天和元（一六八一）年まで、それぞれ別に庄屋が置かれ、この高は各庄屋が年貢徴収を行う枠組み、すなわち捌き高として機能していた。

このような措置がとられた背景には、大村とかいと村の内部構成があった。表15は、太閤検地時の池上村（本郷）三三〇石分の所持高構成である。一人が突出しているが、全体として所持高は分散しており、とくに五石以下が多い。このうち明暦二（一六五六）年の大村分名寄帳に登場しない人物をかいと村百姓とみなすと、少なくとも五名を確認することができる。表16はその内訳である。かいと村の高所持者は、三〇石余の孫左衛門を筆頭に、所持高の多い百姓によって構成されていた。これに対して、大村は一七石余の甚右衛門がトップで、彼と所持高をほぼ同じくする数名の中農層がおり、多くの小百姓が存在した。もちろん大村の方が集落としては大きいわけだが、孫左衛門の村内における圧倒的立場によって、かいと村百姓の所持高が孫左衛門捌きとして分けられたと考えられる。

次にこの高を捌いていた庄屋就任者を図8から確認しよう。宝永四（一七〇七）年に書かれた覚え書きによれば、かいと村の庄屋は天和元（一六八一）年まで五郎左衛門が務めていた。太閤検地時の孫左衛門所持地は、一七世紀末には孫左衛門・孫兵衛・五郎左衛門の所持地となったことが確認できる。三〇石余を所持していた孫左衛門が当初かいと村庄屋を務め、のちに子孫の五郎左衛門が庄屋に就いたのだろう。大村については、当初は長兵衛で、寛永一四（一六三七）年から理兵衛、明暦《めいれき》三（一六五七）年から長左衛門、寛文三（一六六三）年から市左衛門と、順に交代して天和元年に至ったとされている。

ところが、天和元年になって、かいと村の捌き高が大村捌き高に吸収される形で解消されることになった。そのうえで、池上村本郷に二人の庄屋が置かれ、奉行所や領主役所など公的な場面には年番交代で務め、村内の日常的な運営は二人で行うことになった。その主要な原因は、かいと村最有力者の孫左衛門―五郎左衛門家が何らかの事情で経営危機に陥り、多くの高を失ったためと考えられる。同時期にほかのかいと村百姓も合計二〇石余を手放したと思われ、かいと村百姓がかいと村捌き高九六石余を所持する実態が急速に失われたため、かいと村捌き高が大村に吸収されたのだろう。

このころ、大村でも庄屋の長左衛門・市左衛門が経済的に逼塞《ひっそく》している。村として何らかの負債を抱え、その償却のために庄屋所持地を抵当に入れて村外銀主から借銀をしたものの、返済できずに、庄屋がたびたび交代する状況にあったようだ。

こうした事態は、享保三（一七一八）年まで続いたようである。庄屋を務めていた理左衛門と覚兵衛が、この年、両者とも退くこととなった。とくに覚兵衛（別名岸田武右衛門）は、破産のうえ、財産を没収されて自害している。理左衛門は大村の庄屋を務めた理兵衛の家筋である。一八世紀初頭まで安定して家の相続がなされ、享保二年には三〇石余を所持していたが、村借の負債処理のなかで翌年破産に追い込まれた。そのため、新たな庄屋をたてる必要が生じ、選ばれたのが南甚左衛門である。これ以降本郷の庄屋は一人となった。

甚左衛門は太閤検地帳の「甚衛門（=甚右衛門）」（大村）よりつながる家筋で、一七世紀後期に甚左衛門・角右衛門の二家に分かれ、ほかの有力百姓が相次いで退転するなか庄屋に就任した。こののち池上村は安定し、南甚左衛門家は幕末まで池上村本郷の庄屋を務め続けた。また池上出作の庄屋も、南角右衛門家が務めていくこととなる。一八世紀以後の池上村は、南両家が圧倒的な立場にあり続けるが、一七世紀はそれとは全く異なる村落構造をなしていたのである。

4　一七世紀のかわた

王子村とかわた

次に、のちに南王子村となる、一七世紀のかわたについて見ていこう。ここでも平野部に広がる条里制地割と、そこで実施された郷切りによる検地が重要な意味を持ってくる。

慶長九（一六〇四）年の時点でかわたの居住地は、王子村の地内にあった（第1章図3）。王子村集落とは連続せず、かつ検地実施範囲である「信太郷」の端である。延宝七（一六七九）年の王子村検地帳には、常念寺屋敷や信太明神神主屋敷とともに、「穢多《えた》屋敷三反八畝二八歩　壱囲《ひとかこい》」が、「往古《おうこ》より除地で、検地奉行による吟味の結果、今回も除地となしおく」と記されている。「往古」がいつを指すのかはっきりと書かれていないが、文禄三（一五九四）年の太閤検地において認められたと考えられる。かわた身分の居住地が除地とされることは各地で見られたが、この場合も同様であった。

王子村内の除地に居住するかわたは、慶長九年に指出帳の提出を命じられた際には、王子村分とは別に、単独で帳面を作成している。王子村は二〇二石余、かわたが五九石余である。これはのちに作成された正保郷帳の下帳では、合計されて「王子村二七五石余」となっている。当時の代官は中坊であるから、かわた分の五九石余が「出作」としての扱いを受けていた可能性はない。慶長九年段階でも王子村高二六〇石余の内五九石余をかわたが所持し、それが別帳として提出されたのである。

のちに南王子村となる土地は、上泉郷に位置したため、信太郷とは別に検地をうけて出作王子村一四六石余として把握され、太閤検地後は伯太村庄屋捌きとなっていた。これが正保四（一六四七）年にかわたに切り分けられたのである。この時点で、かわたは出作王子村の年貢納入を直接請け負うことになった。ただしその後も元禄一一（一六九八）年までかわたは王子村内の除地に居住し続けた。つまり一七世紀後半のかわたは、王子村内の除地に居住しながら、隣接する出作王子村の土地を村領とし、所持・耕作していたのである。

正保四年に切り分けられた出作王子村は、その後、王子村、あるいは王子皮田《かわた》村などと呼ばれている。しかし貞享三（一六八六）年に、王子村とともに松平伊賀守の領分となった際に、「同領に同名の村があってはややこしい」という理由で、かわた村の方が南王子村と名乗ることになった。以下、一七世紀のかわたがどういった性格の集団であったのか、王子村

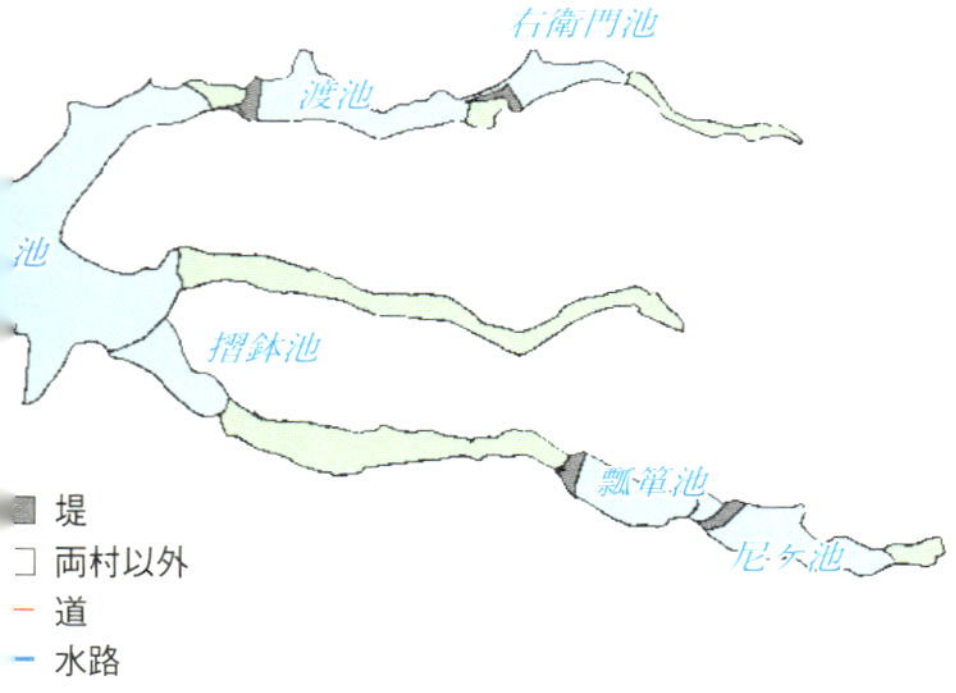

期の土地台帳によっていれた。延宝検地帳と対照する限

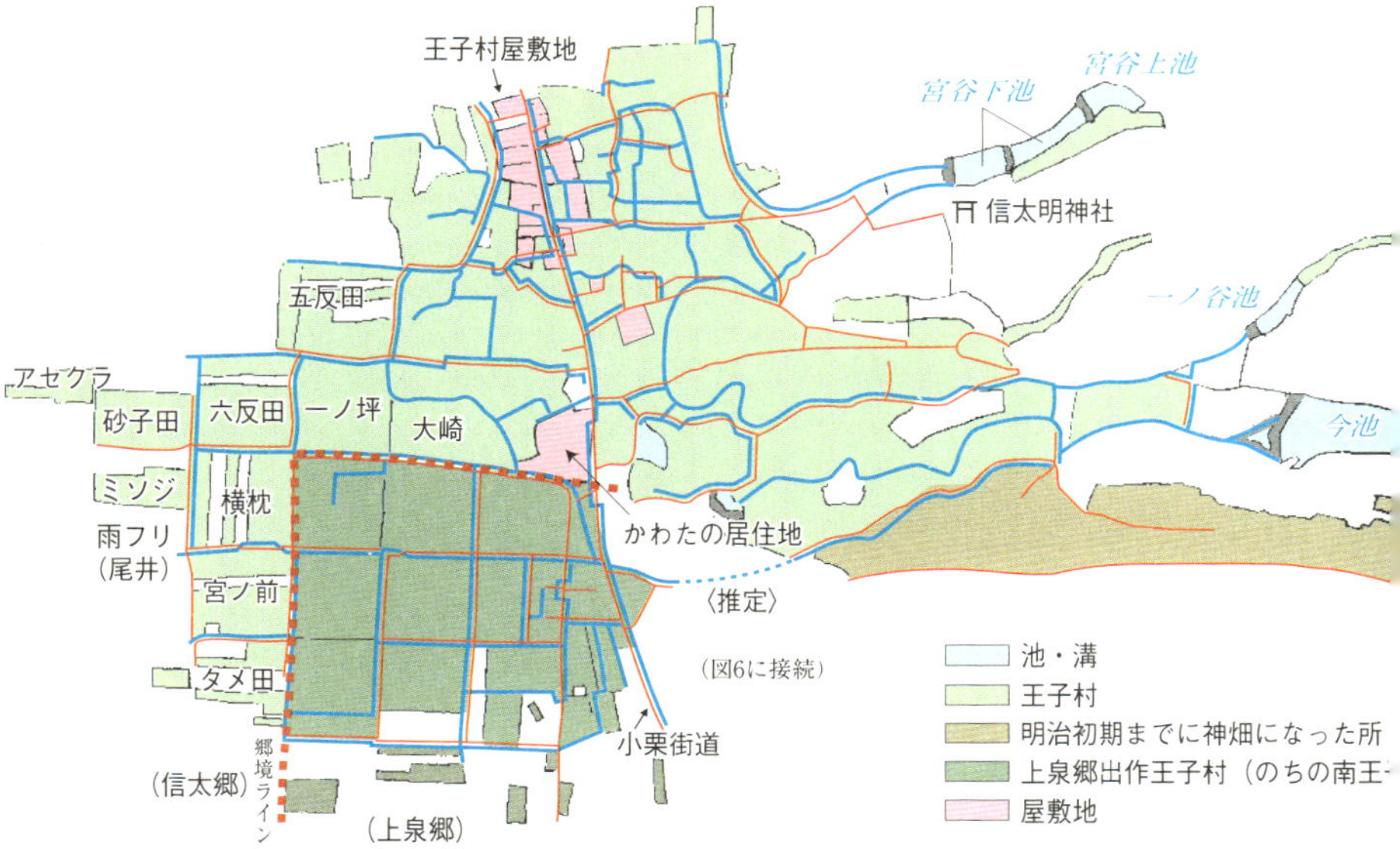

図９　延宝期の王子村・上泉郷出作王子村（のちの南王子村）関係図〈推定〉　小字は本文に関わるも
り、18世紀以降の変化は少ないと考えられる。なお、王子村の屋敷地は、1889（明治22）年当時のもの。

との関係はどのようなものであったか、空間の復元もふまえて考えていこう。

開発の諸相　―惣ノ池用水―

一八世紀以降の王子村と南王子村の位置関係は図９のようになっている。

まず注目しておきたいことは、水利の問題である。両村とも信太山丘陵の谷池である惣ノ池を基盤用水としていたが、惣ノ池の下に位置する今池の下に分水点があり、そこから北溝が王子村田地へ、南溝が南王子村田地へ向かう。すなわち同じ池を利用するものの、水路は初発のところで分離している。王子村の田地は、およそ小栗街道以東の傾斜地が五割、街道以西の平野部が五割で、平野部には村の北側から街道よりも低いところで大野池用水が入る。また惣ノ池の上手や、その他にもいくつか小規模な王子村の池があり、惣ノ池と合わせて、王子村内の傾斜地を灌漑していた。これに対し、南王子村は惣ノ池以外の用水をもたず、当然大野池郷にも含まれていなかった。また南王子村の田地は、街道以西の条里区画でほぼ九坪分である。

次に慶長九（一六〇四）年の「信太郷」王子村内のかわた田地について検討しよう。慶長九年の時点でかわたの所持地五九石余は五三筆あり、うち二三筆・三四石余が小字「雨ふり」に集中している。残る三〇筆は一～七筆ずつ、あまくす・いけのはた・一の坪・尾さき・川上・川はた・五反田・ため田・山谷・山原・六反田にあった。王子村分は全三〇三筆あるが、うち小字「雨ふり」は一七筆なので、王子村の小字「雨ふり」の過半をかわたが所持していたことになる。

慶長九年に四〇筆あった小字「雨ふり」は、延宝七年検地帳では五筆と激減している。ほかの小字も同じ傾向にあり、小字の分化・変化が村全体で進行したようだ。小字「雨ふり」は、延宝七（一六七九）年には小字一ノ坪・横枕・宮ノ前・あせくら・ため田・六反田に分化している。これらの小字は、王子村内でも南王子村に隣接する部分である。慶長九年にかわたが所持していた小字一ノ坪・ため田・六反田の計五筆もこの周辺と考えられる。すなわち慶長九年においてかわたは、王子村地内の小栗街道以西、居住する除地に比較的近い部分に相当まとまった耕地を所持していたことになる。

このあたりは、全体的に上田が多く、良好な耕地である。一方で小字「雨ふり」は、一章でみた小字「ぬま」同様、水はけの悪さを想像させる名前である。しかし延宝七年には小字の分化が進んでおり、一七世紀を通じてより安定化していったと考えられよう。

ところで、王子村の延宝検地帳ではかわた所持分は九筆二石余と、慶長九年の五九石余から激減している。これに対して（南）王子村の延宝検地帳では、伯太村からの出作六筆五石余を除いてほぼかわたのみが所持している。つまり一七世紀後期の段階では、王子村田地は王子村百姓が、のちの南王子村田地はかわたが所持し、相互の入り組みはほとんどなかった。

これらを合わせて推測すると、次のように考えられる。

Ⅰ　太閤検地時には、上泉郷の出作王子村となった部分には王子村百姓よりもかわたの所持が多かった。この地は、かわた居住地と隣接しており、王子村内のかわた所持地もこの周辺に集中していたことを考えると、それらと連続する形で出作王子村の大半をかわたが所持していたと考えられる。しかし、そこは上泉郷「出作王子村」となり、伯太村の庄屋捌きとなった。さかのぼって推測すると、惣ノ池からの南溝とその流域はかわたが主導して開発したと考えるのが妥当であろう。

Ⅱ　太閤検地において、王子村が信太郷王子村と上泉郷出作王子村に分断されたことは、王子村百姓が、出作王子村にはかわたが土地を所持することを促進したと考えられる。太閤検地による出作―捌き庄屋体制が、土地所持のあり方をゆるやかに変容させたのである。

Ⅲ　そして正保四年には、出作王子村の田地はほとんどをかわたが所持しており、そうした事実を前提に、出作王子村はかわたに切り分けられた。

Ⅳ　延宝七年には王子村は王子村百姓が、出作王子村はかわたがそれぞれを所持する状況となる。

このように推定すると、慶長九年における王子村とかわたの人口規模はほぼ同じ、あるいはかわたが上まわると考えられる。信太郷王子村二六〇石余については、王子村が名請人三六人・二〇二石余、かわたが名請人二九人・五九石余である。上泉郷出作王子村一四六石余の大半をかわたが所持していたと想定すると、かわたの総所持高は一六〇～一八〇石程度、王子村は二一〇～二三〇石程度となる。さらに草場の存在（第4章参照）を念頭におけば、総人数は王子村と同規模、あるいはより多かった可能性も高い。

一七世紀初頭のかわたは王子村内の除地に集住し、その周辺に一〇〇石以上の土地を所持し、村請制村ではないが、かわた村としての強いまとまりを形成していたものと考えられる。ただし、彼らが田地を所持した場所は、地理的には「信太郷」と「上泉郷」をまたぐ部分で、耕作条件には恵まれていなかった。百姓による土地の占有・耕地化が先にあり、遅れて彼らが耕地獲得に乗りだしたためと想定できる。

慶長九年の指出検地において、かわた分が別帳で作成された理由も、これらの事実に基づいているのだろう。かわたの代表者は、かわた所持地を書き上げることを王子村庄屋から認められていたのである。さらに、かわた分の年貢をかわたの代表が一括して王子村庄屋に納めていた可能性もある。

最後に、慶長九年のかわた分差出人・甚五郎について考えておこう。信太郷六ヶ村の差出人は各村の帳面で名請人として登場するが、実はこの甚五郎はかわた分において一筆も名請けをしていない。甚五郎が王子村百姓の可能性も少ないながらあるが、王子村の名請人の中にも甚五郎は見えない。甚五郎をかわたの代表者と想定すると、王子村では本人ではなく倅などが名請している、という可能性が考えられる。すなわち王子村内のかわた分として名請けしている甚四郎や甚三郎が甚五郎の家族であり、彼自身はかわたの所持地が多い上泉郷で名請をしていた、と考えておきたい。

5　村領意識の形成

伯太村と池上村の対立

ここまで見てきた池上村や南王子村にとって、「出作」とその切り分けが村領意識の形成とどう関わるかについて考えてみよう。貞享《じょうきょう》四（一六八七）年に伯太村と池上村の間で虫送りをめぐる争論が起こった。虫送りとは、初夏に行う害虫を除くための呪術的な行事で、村人一行が太鼓など鳴らしながら村内をくまなく歩き、最後に村はずれで害虫を村外に送り出すというものである。

この争論は、近隣の村の庄屋たち（中村の九郎兵衛・富秋村の利右衛門・黒鳥村の太郎右衛門・府中村の三郎右衛門・大津村の八郎右衛門）が仲裁に立って、一〇月一〇日に内済となった。その際に、仲裁人から池上村、伯太村それぞれに宛てた一札（仲裁証文）によると、同年六月に行われた伯太村の虫送りについて、池上村は「伯太村が虫送りの際に、池上村の東天神の境内を通行するのはおかしい」と訴え、これに対して伯太村は「池上村東天神境内にある道は上泉郷（と上條郷）の郷境であり、以前からの伯太村虫送りの道筋であるので通行した」と返答したことがわかる。

問題となった「郷境」で、かつ「池上村東天神境内地の道」とは、どこなのだろうか。この付近を拡大したものが写真2である。池上村の上泉社（東天神）は郷境よりも東側（上泉郷）にあり、虫送りでは「上泉郷境」として境内の道を通行していたのである。通行順路としては、A→B→C（あるいは逆）と考えられる。

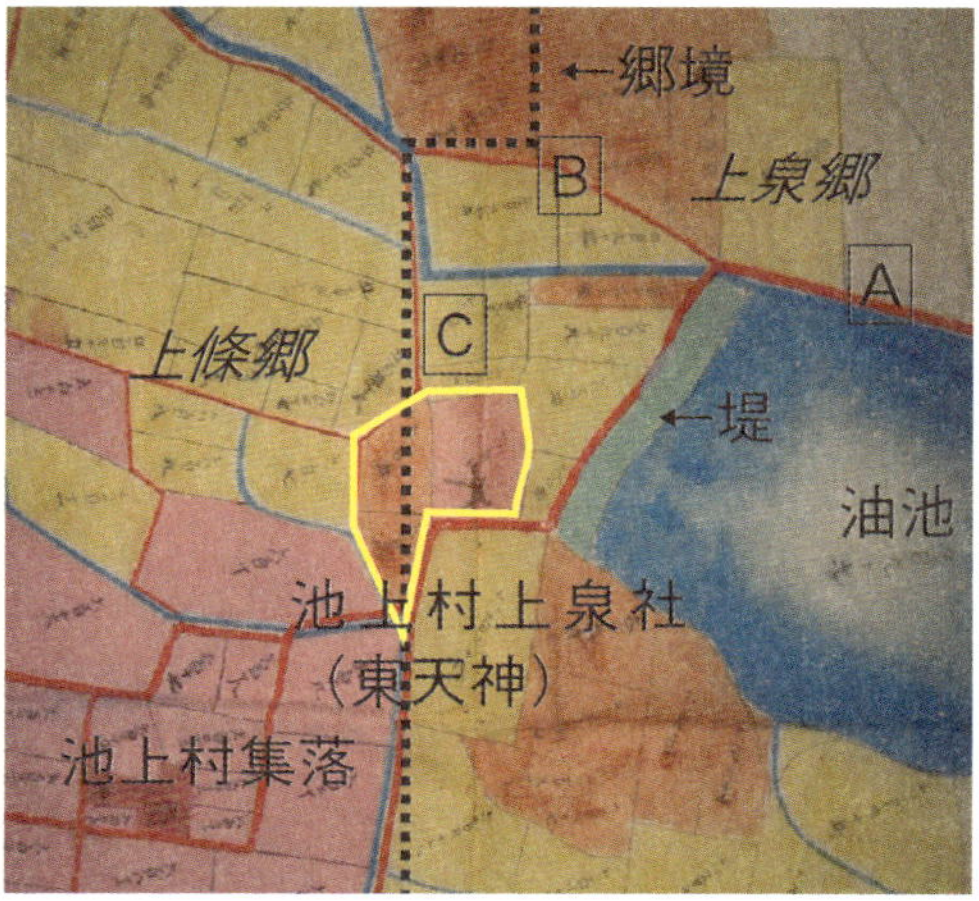

写真2　上泉郷・上條郷境における伯太村の虫送り順路（争論前）　図中の黄色い部分は田地、赤線は農道を示す。池上村の上泉社（東天神）は、上條郷と上泉郷の郷境上に位置し、伯太村はこの郷境を村はずれと認識して虫送りの道筋としていた。

伯太村にとっては、出作池上村を池上村に切り分けたとはいえ、「上泉郷」境を以前のとおり通行することは慣例である、と考えていたのである。一方池上村の方は、他村の虫送りが自村の神社境内を通行することを当然快く思っていなかったが、この年ようやく訴えるに至ったのである。切り分けから四〇年が経過し、出作池上村も池上村内であり、伯太村の権限はもはや及ばないという認識が強くなったものと思われる。池上村としては郷境に限らず、上泉郷の池上村田地についても伯太村の虫送りが通行することを好ましく思っていなかったと思われるが、ここでは池上村支配の天神境内に焦点を絞ったのだろう。

その内済条件は、池上村東天神は池上村支配であることが確認されたうえで、伯太村の虫送りが池上村東天神の境内を通行することは不浄であるから、以後油池の堤を通行することとされた。

伯太村と池上村の虫送りをめぐる争論は出作切り分けにともない、互いの村領意識が重なったことによって起こった。出作をめぐる出作元村と元捌き庄屋の村の対立、あるいは認識の相違はさまざまな形で残っていたと考えられるが、このような一件を経ながら、切り分けを受けた出作元村と切り分けをした捌き庄屋の村の「村領」意識が形成されていったものと考えられる。

伯太村とかわた

次の史料は、伯太村と池上村の争論の翌年にかわた村で作成された村中一札である。

一札のこと

一、〔①〕御公儀様より度々仰《おお》せ出《いだ》され候《そうろう》諸事御法度の趣、少しも違背《いはい》仕《つかまつ》るまじく候、諸殺生《せっしょう》仕る義、堅く停止の旨仰せられ、その意を得《え》奉《たてまつ》り候事、

一、〔②〕今度伯太村虫送りに付《つき》、領分の儀急度《きっと》仰せ付けられ下《くだ》され候、虫送りは前々より通り候道筋にて候間《あいだ》、その分に致し置き申すべく候事、

一、〔③〕領分の内にて、あぜ草伯太村の者にからせ申さず候筈《はず》にて候故《ゆえ》、此方にも伯太村の領分へ入り、小松の儀はもちろん下草など少しにてもかり取り申すまじく候、もしこの旨を背き伯太山へ入り、小松を伐り候か下草を苅り取り候て、伯太村より申し来たり候はば、本人は申すにおよばず、その五人組として急度《きっと》申しわけ仕り、少しも難義かけ申すまじく候事、

一、〔④〕前々より度々仰せられ候通り、他所へ出、口論がましき儀仕るまじく候、万一この旨をあい背き他

所へ出、不届きなる義仕り、他領より不届きの次第申し来たり候はば、これまた仕出し候者の五人組として急度申しわけ仕り、村中へは少しも難義掛け申すまじく候事、

右の趣常々五人組切りに吟味仕り、いよいよ堅くあい守り申すべく候、もし御法度を違背仕り候はば、御公儀様へ仰せ上げられ、如何様の御詮儀《せんぎ》にもならるべく候、その時一言の恨み申すまじく候、そのため村中五人組一札、よって件のごとし、

貞享五年

辰七月日

（庄屋・年寄の連印、五人組ごとの連印　省略）

この一札の主眼は二・三条目、すなわち伯太村の虫送りと相互領分の確認にある。二条目では、今回伯太村が虫送りを行うにあたって、伯太村から（かわたに切り分けられた上泉郷）出作王子村と伯太村の村境について厳しい確認があったが、伯太村の虫送りは前々から通ってきた道筋なのでそのままとする、とされている。つまり、村境を確認したうえで、なおかわた村領である出作王子村内を伯太村虫送り一行が通行することを容認させられたのである。前年の池上村との争論を経た伯太村は、かわた村からも異議が出されないように、翌年の虫送り実施前に、かわた村に対して「以前よりの道筋通り、出作王子村部分も虫送りは通行する」旨を通知したのである。

三条目では、伯太村の者にかわた村領内であぜ草を刈り取らせないことと引き換えに、かわた村側も、伯太村の領内（伯太山）での小松や下草の刈り取りを行わないことを誓約している。伯太村側がかわた村内で禁止されているのはあぜ草であるのに対し、かわたが伯太村で禁止されているのは、小松・下草である。この条件の差は、かわたに切り分けられた出作王子村がほぼ耕地だけで、山がないことと対応している。また条文中において、伯太村の中でも小松・下草を刈り取る場所として伯太山があげられていることも注目され

る。この伯太山は、信太山丘陵内で伯太村が利用する範囲である。信太山丘陵内の利用範囲はこうして相互に確認されていった。

以上の伯太村からの強い申し入れによって、かわた村ではこの一札を作成した。そこでは五人組内で監視しあうことが求められており、村役人を中心に村内の取り締まりを厳しく行い、とくに村外とのもめごとを避けようとする強い姿勢が見られる。ここでのかわた村は、伯太村に対する池上村のような、対等な発言権は有していない。かわた村のこの対応は、何を置いてもまずは切り分けによって認められた村領を、自らの村領として守りたいという気持ちが強く働いていたためであろう。このころから王子村とかわた村の関係に軋轢《あつれき》が生じつつあり、さらに伯太村とも関係を悪化させることはどうしても避けたかったのである。

一七世紀後期から王子村によるかわた村の枝郷化運動が激化し、かわたは元禄一一（一六九八）年に王子村内の除地から出作王子村へと集落を総移転させていく。これによって、本村王子村との関係を完全に断った、一村立の南王子村が成立するが、この経過については第4章で詳しく述べることとする。

かわた村が独自の村高をもち、百姓村の支配を受けずに、年貢を領主に直接納入できる事例は少ない。南王子村がこれを実現しえた理由・背景には、信太地域において近世村が成立する過程（「出作」とその切り分け）が存在していたことを忘れてはならないであろう。

信太狐の物語

安倍保名と葛の葉狐　芦屋道満大内鑑錦絵　豊国三代（江戸時代）

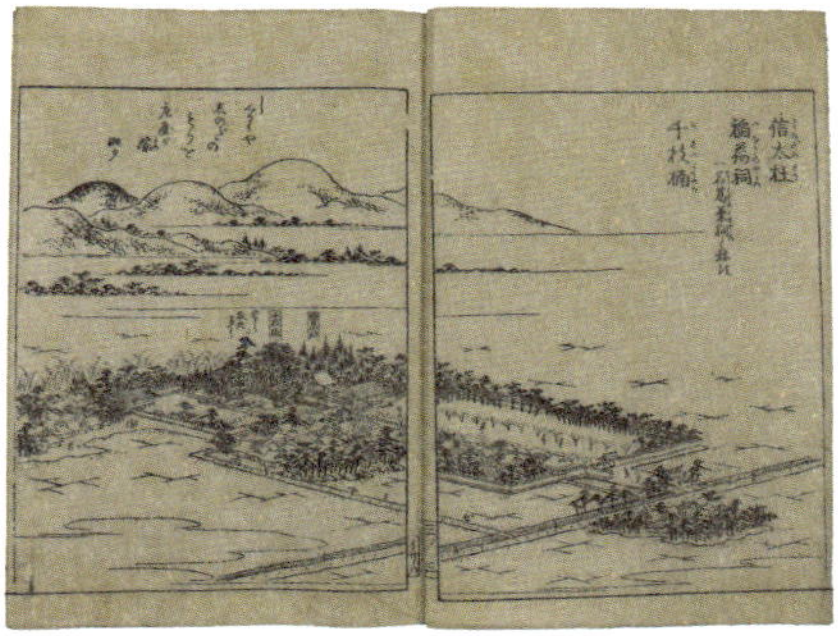

『和泉名所図絵』　三之巻　信太杜

葛の葉稲荷社（葛の葉町）は、葛の葉伝説ゆかりの地として有名である。現在信太山地域に伝わる葛の葉伝説は、陰陽師《おんみょうじ》安倍晴明《あべのせいめい》が、実は女性に化けた狐の子であったというものだが、この伝説のもとになっているのは、享保一九（一七三四）年、大坂竹本座で上演された人形浄瑠璃の演目「芦屋道満大内鑑《あしやどうまんおおうちかがみ》」（写真）である。「芦屋道満大内鑑」自体、『今昔物語《こんじゃくものがたり》』や『日本霊異記《にほんりょういき》』など古代の説話集や、安倍晴明の出自について書かれたさまざまな物語をもとにして書かれたものであると思われる。

寛政七（一七九五）年に刊行された『和泉名所図絵《いずみめいしょずえ》』（写真）によると、葛の葉稲荷社は「信太杜《しのだのもり》　稲荷祠《いなりのやしろ》、一名葛の葉祠《やしろ》と称す」として掲げられ、信太狐をまつる祠があり、周辺に狐穴が多くあったと紹介されている。

しかし、これより以前の元禄九（一六九六）年に編集された地誌『泉邦四縣石高《いずみのくによんけんこくだか》　寺社旧跡幷地侍伝《じしゃきゅうせきならびにじざむらいでん》』では、信濃《しなの》国出身の地侍が、巡礼中に信太郷太村で狐が化けた女性に出会い、女性を妻として連れ帰る、という物語が掲載されている。

さまざまな形で伝承されていた物語が、現在のような葛の葉伝説として定着するのは「芦屋道満大内鑑」以降であろう。

第3章　信太山丘陵西部の村むら

信太山とその周辺

信太山丘陵は、その周辺に放射状に展開する村むらの秣刈場《まぐさかりば》や水源として用益《ようえき》されていた。と同時に、その信太山の用益が周辺村むら相互の関係を規定する側面もあった。それは、前章までに見てきた信太明神社とその氏子圏である信太郷七ヶ村だけでなく、信太山丘陵西側の伯太村や黒鳥村、一条院村、坂本村なども同様であった。

黒鳥村は、槇尾川からの用水（国府河頭井《こうこうずい》）を利用する下台《しただい》と、東側の丘陵地帯の溜池を利用する上台《うえだい》に分かれていた。また、黒鳥村の下台地域は、信太郷村むらや府中地域に広がる条里制耕地の南端部に位置していた。条里制耕地が広がる地域には、条里制の里《り》を単位に郷境がひかれ、その郷を単位として太閤検地が行われた（第1章参照）。黒鳥村には三つの郷（上泉・上條・坂本）の境に位置したため、それによって村のあり方が規定されることとなった。

一方、黒鳥村の北西に位置する伯太村は、信太山丘陵から用水を得るなどの用益の点ではもともと信太郷や黒鳥村などと共通する位置にあった。だが、近世中期にその信太山丘陵に伯太藩の陣屋《じんや》が置かれると、他村にはない独特の性格をもつようになった。城をもたない小規模な藩の陣屋（領主の館《やかた》・役所）と家臣団の屋敷が所在する村を陣屋元村《じんやもとむら》と呼ぶが、伯太村はまさにこれである。これによって、村内に都市的な要素を包摂することになっただけでなく、各地に散在する伯太藩領内の村むらに対する支配拠点としての性格を帯びることとなった。
以下では、第一節で黒鳥村のあり方を、続いて第二節で伯太村のあり方を具体的に見ていくことにしよう。

1　近世の黒鳥村

黒鳥三ヶ村

黒鳥村には、一一世紀ころから信太山丘陵の白木《しらき》谷周辺を開発しようとしたことを示す古文書が伝えられてきた。一四世紀には、黒鳥村は、安明寺《あんみょうじ》を結集核として五つの座《ざ》（僧座・本座・南座・新座・弥座）を構成する形ではっきりと姿を現す。このころ、黒鳥村は和泉一国の麹荷《こうじに》の生産・流通の独占権を認められ、各地の麹荷商人を管轄下に置いていたようである。

その後、戦国期の様子をうかがえる史料は残っていない。しかし、一六世紀の末には、三つの集落が近接するようにして、黒鳥村が形成されていたものと思われる。近世には、これら三つの集落は、辻《つじ》村・上《かみ》村・坊《ぼう》村と呼ばれた。また、黒鳥村の集落部分は坂本郷、上泉《かみいずみ》郷、上條《じょうじょう》郷の境界上に位置し、辻村は坂本郷に、坊村は上條郷に存在していたが、上村は坂本郷と上泉郷を跨《また》いで所在していた（第1章図3参照）。

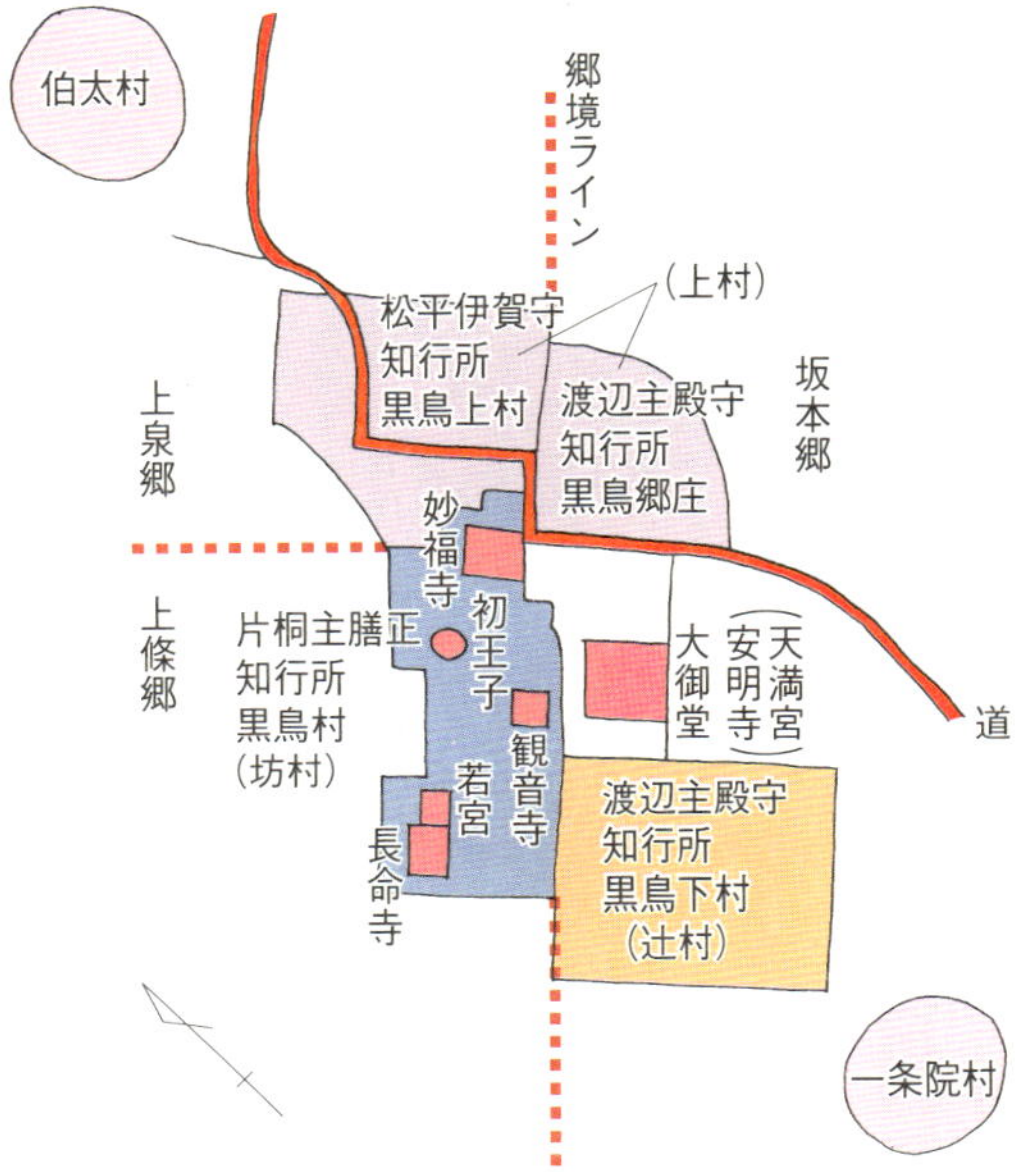

図10　黒鳥村の各集落（17世紀後半）　遠藤家文書の絵図をもとに着色・加工。

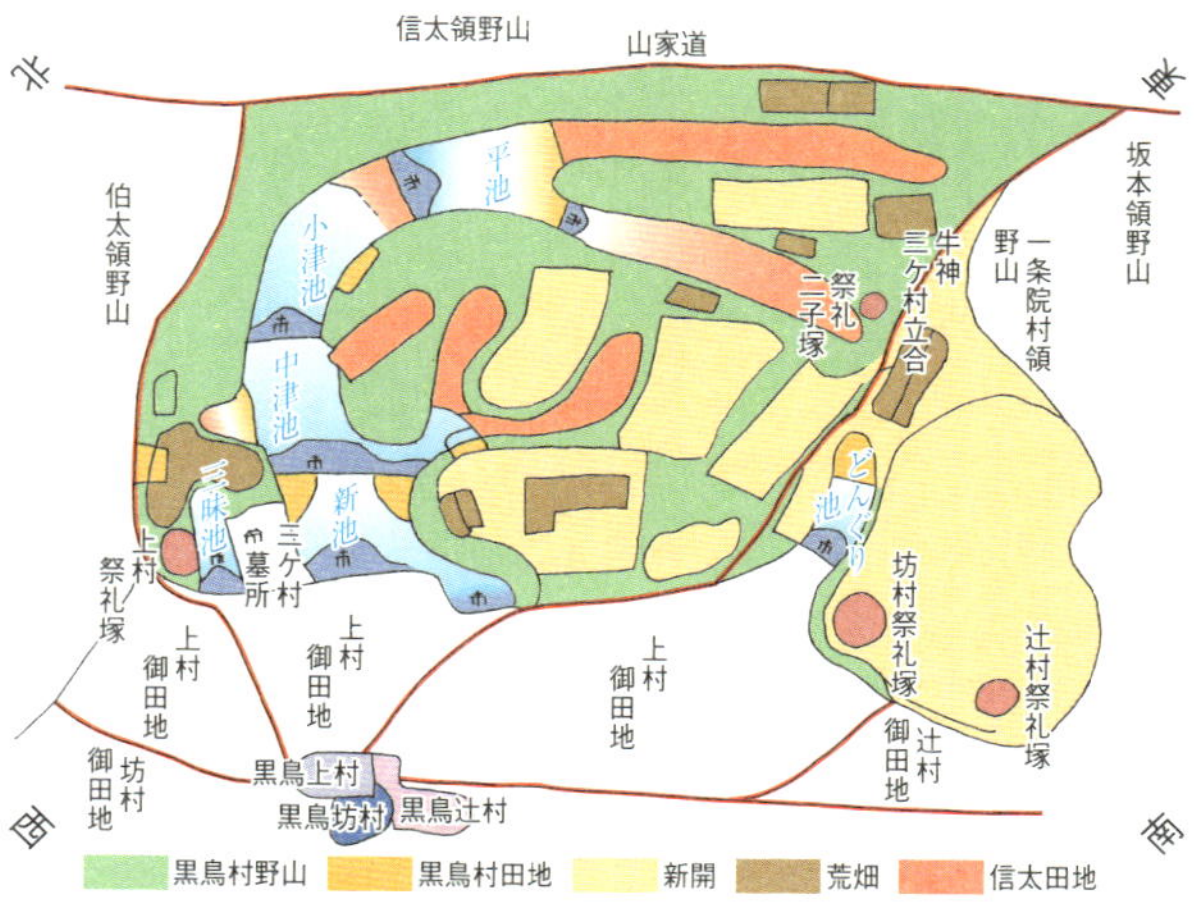

図11　山畑新開絵図①

これら三つの集落は近接していたが、入り組むことなく、それぞれがまとまりをもち、生活共同体を成していた。明和《めいわ》四（一七六七）年までは、毎年七月一四・一五日および九月三日の氏神天満宮の祭礼の際には、三村がそれぞれに地車・獅子などの練物《ねりもの》を連ねて神拝《しんぱい》していた。また、七月一四・一五日には、かがりの祭礼（山神祭礼とも言う）という行事が行われたが、これは図11に見える三ヶ所の祭礼塚で、村ごとに「松火《たいまつ》（松明の篝火《かがりび》）を焚く」神事であった。その祭礼塚は、一の塚が上村、二の塚が坊村、三の塚が辻村のものであった。このように、三つの集落は共同祭祀の単位であった。

太閤検地と村請制村

この地域では、文禄三（一五九四）年に太閤検地が行われた。条里制耕地が広がる平野部の検地は、郷を単位として実施したうえで、そのなかの村を把握する形で進められた（第1章参照）。そのため、三つの郷が接する黒鳥村では、先の三つの集落と微妙にずれながら、三つの村請制村《むらうけせいそん》として把握されることとなった。集落全体が上條郷に所在していた坊村は、坊村全体が一つのまとまりとして把握された。上泉郷と坂本郷に跨って所在していた上村は二分され、上泉郷に属していた多くの部分は上村（上泉村）として、坂本郷に属していた部分は、同じく坂本郷に属していた辻村と一体で（坂本）郷庄黒鳥村として把握されることとなった。すなわち、村請制の村としては、辻村全体と上村の一部が郷庄黒鳥村（後に、このうち上村部分のみをさして郷庄と言うようになる）となり、上村の残りの部分が黒鳥上村となり、坊村はそのまま村請制村たる黒鳥坊村となったのである。この枠組みは、慶長《けいちょう》一六（一六一一）年の片桐且元《かたぎりかつもと》による和泉国内の豊臣秀頼領の検地でも踏襲された。

片桐且元は天正《てんしょう》一四（一五八六）年に豊臣秀吉から上條郷一〇七〇石の知行を与えられている。黒鳥坊村はそのうちに含まれ、近世を通して大和小泉藩片桐家領であった。黒鳥上村と郷庄黒鳥村は近世初頭にはともに幕領であったが、その後、黒鳥上村は貞享《じょうきょう》三（一六八六）年から岩槻《いわつき》藩（松平伊賀守）領となり、元禄一〇（一六九七）年には同じく岩槻藩小笠原佐渡守領に変わるものの、正徳《しょうとく》元（一七一一）年に再度幕領に戻ったのち、延享《えんきょう》四（一七四七）年に一橋領知となる。一方、郷庄黒鳥村は寛文《かんぶん》元（一六六一）年から野本《のもと》藩渡辺丹後守領となった（この渡辺氏が享保一三年に伯太村へ陣屋を移し、伯太藩になる）。

なお、延宝五（一六七七）年から七年にかけて畿内八ヶ国などの幕領ではいっせいに検地が行われる。太閤検地が古検と呼ばれるのに対し、延宝検地は新検と呼ばれた。黒鳥村では、その段階で幕領だった上村だけが延宝検地を受け、坊村と郷庄は幕末まで古検高が用いられ続けた。*

*和泉国の太閤検地では、一反＝二五〇歩の特殊な検地が行われたが、延宝検地では、全国的に共通の一反＝三〇〇歩に改められた。和泉市域でも、延宝検地が行われた村は一反＝三〇〇歩となったが、古検高がそのまま用いられた村は一反＝二五〇歩制のままであった。

元禄九（一六九六）年七月に大坂町奉行所に提出された黒鳥村の書き上げが残っている（表17）。これによると、黒鳥三ヶ村の古検高は合計七二九石六升六合であり、そのうち郷庄は三六四石四斗三升、坊村は一一五石四斗一升六合、上村は二四九石二斗二升であったが、延宝検地が行われた上村だけは新検高二八九石一斗六升三合も記されていた。また表には略したが、郷庄黒鳥村だけ、山年貢四石、糀《こうじ》年貢四石三斗と糀役銀二〇目が課されている。これは、信太山の用益をめぐる紛争に関わってくるので留意しておきたい。

領主	家数（軒）			人数（人）					寺社
	計	高持	無高	計	男	女	僧	尼	
幕領→伯太藩	83	73	10	482	216	264	1	1	天満天神社・安明寺・長楽寺
幕領→岩槻藩→幕領→一橋家	40	36	4	240	119	120	1		西光寺
大和小泉藩	26	23	3	144	68	70	4	2	長命寺・妙福寺・観音寺

なお、この書き上げには記載されていないが、郷庄黒鳥村の村高は、村内においてさらに二五六石余と一〇七石余に二分されていた。このうち二五六石分は生活共同体［辻村］の高であり、一〇七石分は［上村のうち郷庄に組み込まれた部分］の高であった。つまり、古検の検地帳は三六四石分として作成されたが、村内では、そこから辻村分だけを抽出した二五六石分の検地帳を作り、また名寄《なよせ》帳なども辻村分で作成していたのである。年貢なども領主からは村高三六四石に対して賦課されたが、村内では両者それぞれ別に集めて、それを合わせて納入したのである。その前提として、辻村と郷庄（上村）には、庄屋・年寄などの村役人も別個におかれ、独自の村運営がなされていた。

このように、黒鳥村は、もともと辻村・上村・坊村の三つの生活共同体を含む形で形成されていたが、条里に沿った郷単位の検地が行われることによって、三つの村請制村が創出され、郷庄内の辻村と上村、および上村と坊村という四つの村役人機構をもつ単位集団が形成されたのである。その結果、本来一つの生活共同体ではなかった郷庄（上村）も、徐々に生活共同体としての性格を持つようになっていった。こうした状況を前提として、明和《めいわ》四（一七六七）年に天満宮の祭礼やかがりの祭礼において、郷庄（上村）が独自に練物を出したり、松火を焚こうとして争論が起きている。その結果、郷庄（上村）は祭祀単位としての立場も獲得することとなったのである。

黒鳥村と信太山

次に黒鳥村の存立にとって重要な意味をもつ信太山丘陵（黒鳥山）の用益の問題を、周辺の

中世末			高（石）			村請制村	生活共同体	村内高
村		郷	文禄検地		延宝検地			
黒鳥村（3ヶ村）	辻村	坂本郷	郷庄	364.430	—	郷庄	辻	256石余
	上村						上（郷庄）	107石余
		上泉郷	上	249.220	289.163	上	上	—
	坊村	上條郷	坊	115.416	—	坊	坊	—

表17　黒鳥村の概要　元禄9（1696）年に大坂町奉行へ提出した書き上げをもとに作成した。

村むらとの関係も視野に入れながら見ていくことにしよう。まず、一七世紀後半には村むらの間での境界問題が浮上してくる。

寛文《かんぶん》四～五（一六六四～六五）年に、黒鳥村・一条院村と信太郷七ヶ村の間で「野境《のざかい》」をめぐる争論が起こった。この争論は、寛文四年二月に黒鳥村が「上野原《うえのはら》」と呼ばれる草山に小松を植え、「黒鳥村支配」を示す榜示《ぼうじ》を立てたことで始まった。この場所は、のちの境界線となる山家道《やまがみち》よりも信太明神社境内地（信太山）側に入り込んでいたが、当初信太郷七ヶ村側は「当該地は、信太郷も立会の地である」と主張し、小松や榜示を引き抜くなどしたため、全面的な争論に至ったのである。その後、信太郷側は次第に態度を硬化させ、信太山はすべて信太郷七ヶ村のものと主張するようになった。この争論のなかで、一条院村が、芝草刈場のなかに黒鳥村との境界を示す傍示を新たに設置したため、黒鳥村は、一条院村とも対立することになった。この時は江戸幕府の評定所《ひょうじょうしょ》まで持ち込まれたが、最後は寛文五年三月に老中三人、寺社奉行一人、江戸町奉行二人、勘定奉行二人の「御八判御裏書之御絵図」（裁決書）が出されて結着した（図12参照）。それによると、信太山野は、昔は信太の地内だったという（信太郷側の）主張を認めつつも、近来は、黒鳥村・一条院村も芝草を刈っている場所があるという現状を追認する形で、絵図のように確定された。丘陵のうち「北」部については、山家道から「北」側はすべて信太郷のもの、「南」側のうち「西」の方は黒鳥村の草刈り場、「東」の方は一条院村の草刈り場とされ、丘陵南部は、坂本村領が山家道よりも信太郷側に食い込むように線引きされた。さらに黒鳥村・一条院村の支配分のなかで、すでに信太郷の者によって開発が行われたものについては現状のままとし、今後の新開は禁じられている。

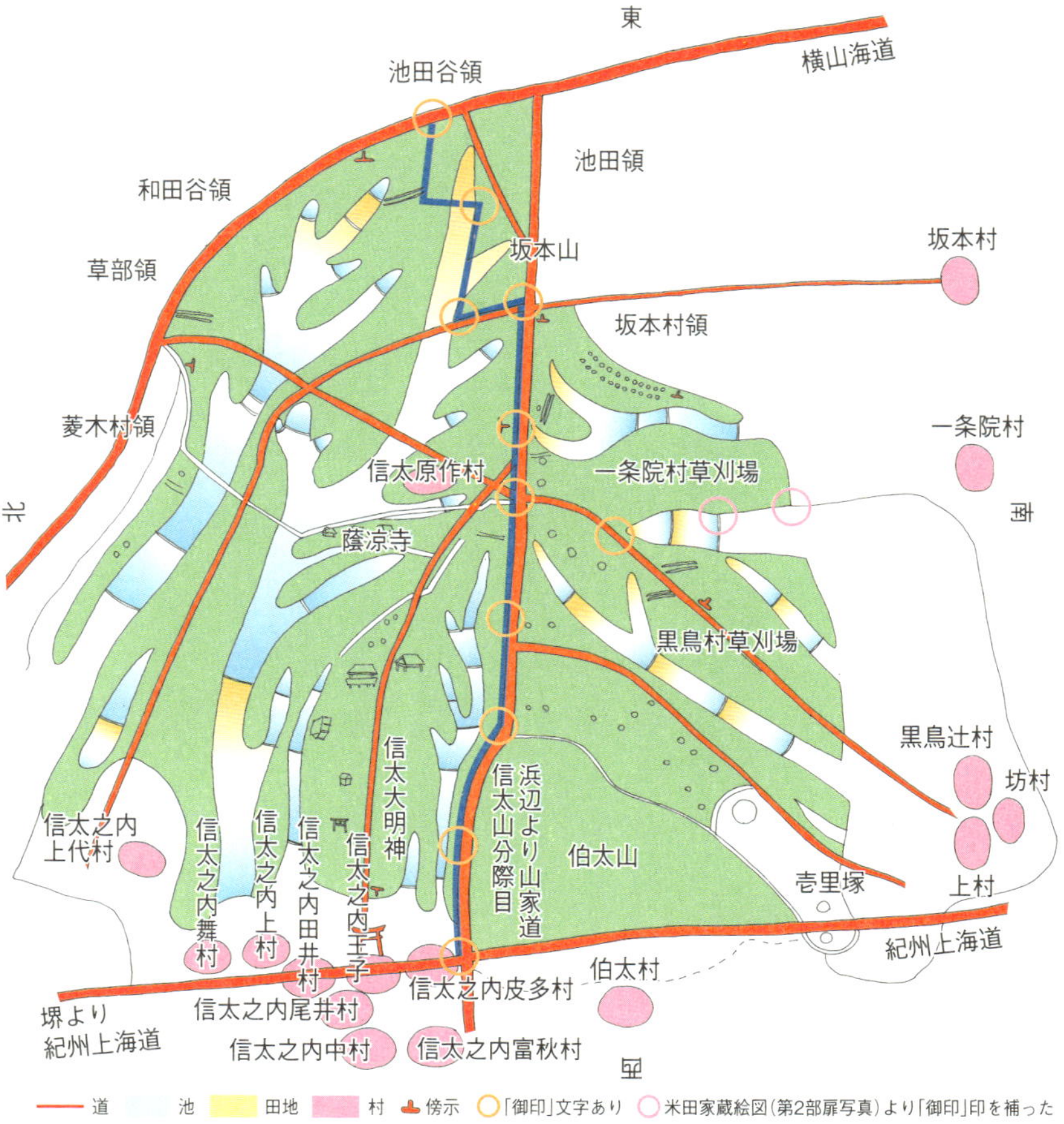

図12　寛文5（1665）年信太郷・黒鳥村・一条院村山論裁許図（浅井家文書）

黒鳥・浅井家に伝わった、裁許絵図の写をもとにトレース・配色した。絵図の方位は、実際の方位よりも45度右に回っている。本文の方位は絵図や史料の記述に従った。青い線が裁許で示された境界。「北」側が、信太郷の領域とされた。

この争論は、信太郷と黒鳥村・一条院村の間の争論であったが、絵図には、伯太山や坂本村領、池田領という記載がある。山家道より北側は信太郷七ヶ村の共有山であり、除地とされていたが（その内実は第2章参照）、南側は周辺の伯太村・黒鳥村・一条院村・坂本村・池田下村などに分割されていたのである。

信太郷とほかの村むら、黒鳥村と一条院村の山の境界は以上の争論で確定したが、他の村との境界が確定したわけではなかった。延宝六（一六七八）年には黒鳥村（三ヶ村）と伯太村の間で伯太山をめぐって境界争論が起きている。この争論は、京都町奉行所で争われ、次のような裁許が出された。*それによると、係争の山について、黒鳥村は伯太村との入会地《いりあい》だと主張したのに対し、伯太村は入会ではないと反論した。これに対し、京都町奉行所は、第三者である信太郷七ヶ村の者を召し出して事情を聞いたうえで、係争地は伯太村の地内だとして、黒鳥村の者がその山に入ることを禁じる裁許を下している。

*享保七年以後、摂津・河内・和泉・播磨の四ヶ国の土地（「地方《じかた》」）に関する裁判は大坂町奉行所の管轄となるが、それ以前は五畿内・近江・丹波・播磨の八ヶ国すべての地方に関する裁判は京都町奉行所が管轄した。

丘陵開発をめぐる争論

一七世紀後半には信太山丘陵内の各村の境界をめぐって争論が起こり、領域が固まっていった。この後も信太山丘陵をめぐる争論は起こっているが、論争点は変化していく。

宝暦《ほうれき》元（一七五一）年に黒鳥村内の辻村と上村・坊村の間で争論が起き、翌年内済となった。この争論の関係史料には、それまでに起こった争論が前例として挙げられているので、それを振り返ったうえで、今回の争論の特徴を確かめておきたい（以下の記述は、表9と年次が齟齬する箇所もあるが、典拠のままとした。）。

元禄一三（一七〇〇）年に、坂本村が領内の芝場を新開しようとしたのに対し、信太郷の村むらは、溜池の水掛りに支障をきたすとして差止めを求める争論が起こった。当該地は、信太山丘陵を縦断する山家道よりも北側に入り込んだ丘陵尾根部分で、坂本村領だったが、谷筋には大野池・須坂池へとつながる信太郷の溜池が築かれていた。争論を裁いた京都町奉行所は、坂本村領の野山から信太郷の溜池に水が流れ込む芝山の新開を「潰畑《つぶしはた》」とするように命じている。この争論の時、当該係争地に連続する溝からの用水路に関わって、信太郷と黒鳥辻村・一条院村・今在家村も召し出されたようである。

享保《きょうほう》七（一七二二）年、大坂鈴木町の町人が信太領と一条院村領にまたがる上野原の芝山を開発したいと江戸まで出願した。それに対し信太郷は、用水溜池の支障となり、現在耕作している田畑が水不足となってしまうと反対したため、出願は却下された。

享保一六（一七三一）年には、黒鳥辻村と坂本村の間で水掛りをめぐる争論が起こっているが詳細は不明である。その時に寛文五（一六六五）年の山論の裁許絵図が関係史料として提出されているので、信太山と溜池に関わる争論だったことがうかがえる。

以上から、一七世紀末以降、信太郷および各村の山の領域がほぼ定まったうえで、新開が他領の溜池の水溜めを阻害し、農業用水に支障をきたすという形で争論が起きていることがわかる。また、黒鳥村全体ではなく、黒鳥辻村*として関わるような事態も生じている。

*近世前期には、辻村と上村の坂本郷部分を合わせて郷庄黒鳥村と呼ばれることが多かったが、もともとの辻村（二五六石）だけでなく伯太藩領全体（三六四石）を辻村と呼び、本来の上村分（一〇七石）だけを郷庄と呼ぶことも見られた。それゆえ、一八世紀以降についての論述では、辻村を黒鳥村のうち伯太藩領全体と内部の生活共同体の両様に用い、上村分（一〇七石）を郷庄と呼ぶこととする。

宝暦元年の争論は、寛文五年の裁許絵図で「黒鳥村草刈場」とされた芝山の中を、辻村が新開したことに対して、上村と坊村が用水の障りになるとして差止めを願ったものである。ここでも開発と用水（溜池）の問題が争点になっているが、同時に裁許絵図の「黒鳥村草刈場」が辻村だけに認められたものか、黒鳥三ヶ村全体に認められたものかということも争点となった。以下、その点を具体的に見ていこう。

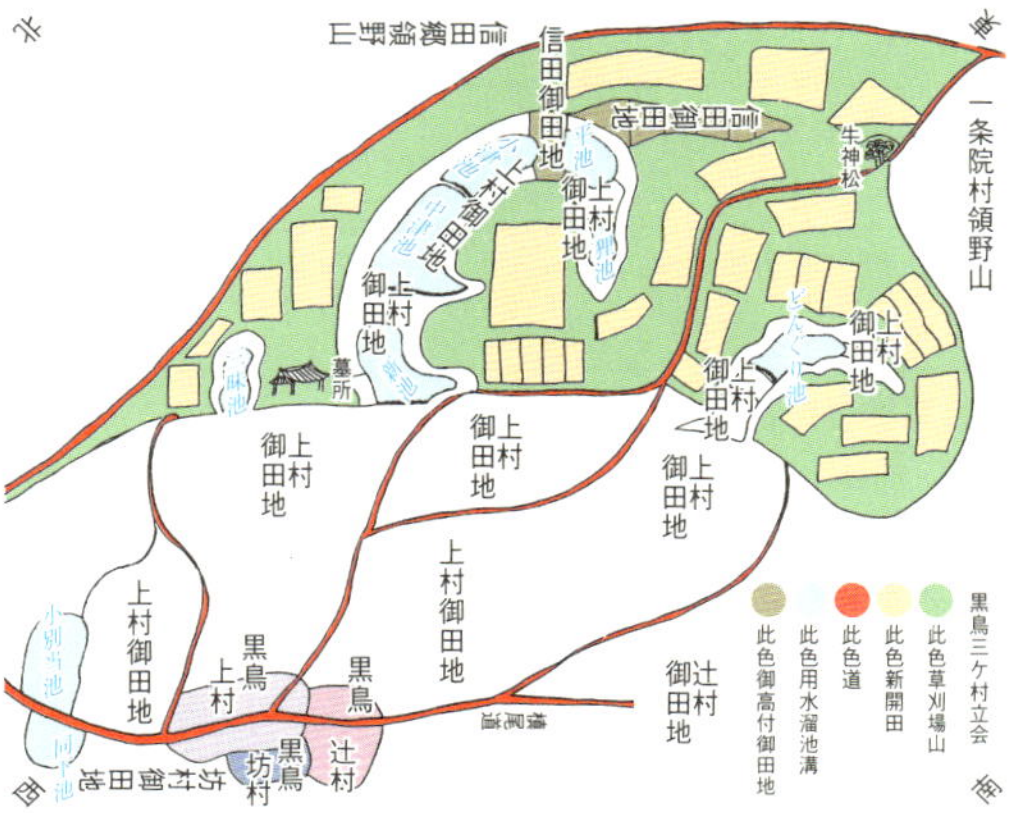

図13　山畑新開絵図②

黒鳥村の用水と係争地

まず、宝暦二（一七五二）年の争論に際して作成された二つの絵図（図11・13）と寛文五（一六六五）年の裁許絵図（図12）ならびに後掲図14を合わせて見ながら、黒鳥三ヶ村の水利状況を確認しておこう（表18参照）。

黒鳥村の水利は五つの用水系が存在した。第一は、大池・わかんぼ《（輪峰坊）》池など九つの池からの水系、第二は、新池・中津池など六池からの水系、第三は籠池からの水系、第四は、岡田池・田池・桜池からの水系、第五は、国府河頭井《こうこうずい》を用いる水系である。第一の水系は、黒鳥辻村・郷庄と一条院村の田地を養うがその大半は辻村・郷庄の田地である。第二の水系は、黒鳥三ヶ村の田地を養うが、大半は上村の田地である。第四の水系は、過半は一条院村の田地を養うほか、辻村と坊村の田地を養う。第五の国府河頭井は槇尾川から取水する用水で、辻村と坊村の下台（槇尾川沿いの低位段丘）の田地をほぼ同規模で養う。なお、水不足の際は谷山池などからいったん槇尾川に下《おろ》し、取水する。*

＊なお、国府河頭井は黒鳥村の三倍余の府中村の田地を養い、それ以外にも谷山池から取水する一ノ井・太田井・久保津戸《くぼつと》井・東風川《こちかわ》井・桑畑《くわばた》井を利用する村むらとともに谷山池郷を形成していた。

ここで注目したいのは、第一と第二の水系の溜池が築かれる谷の所在地である。第二水系の新池・中津池などは、寛文五年の争論で「黒鳥村草刈場」とされた丘陵部の谷を堰き止めて築かれたものである。一方、第一水系の大池・わかんぼ池などは、「一条院村草刈場」とされた丘陵部の谷筋に築かれたものである。さらに注目したいのは、一条院村領にあった第一水系の溜池は、一条院村の二町三反余よりはるかに広い黒鳥辻村・郷庄の上台部分の田地一一町余を

区域	池名	水掛村	水掛（面積）
上台	第１水系 大池・わかんぼ池・藪池・鏡池・新難池・しょう慈池・今池・たれみ池・城の池	渡辺備中守知行所 黒鳥村＜辻・郷庄＞	11町３反６畝
		小笠原山城守知行所 一条院村	２町３反４畝
	第２水系 新池・中津池・小津池・平池・たのき池・どんぐり池	小笠原山城守知行所 黒鳥上泉＜上＞	13町１反１畝
		渡辺備中守知行所 黒鳥上村＜郷庄＞	２町４反９畝
		片桐主膳守知行所 黒鳥坊村＜坊＞	１反
下台	第３水系 籠池	片桐主膳守知行所 黒鳥坊村＜坊＞	２町３反９畝
		渡辺備中守知行所 黒鳥村＜辻・郷庄＞	１町１反１畝
	第４水系 岡田池・田池・桜池 （小宮掛り）	小笠原山城守知行所 一条院村	６町２反
		渡辺備中守知行所 黒鳥村＜辻・郷庄＞	２町
	第５水系 谷山池・谷山中池・谷山上之池・上林池 （槙尾川—国府河頭井）	片桐主膳守知行所 黒鳥坊村＜坊＞	５町５反
		渡辺備中守知行所 黒鳥村＜辻＞	６町３反
		内一条院村出作	１町３反７畝
		桑原村出作	８反７畝

表18　黒鳥村の用水体系　宝永７（1710）年「池数斗木樋之御改帳」浅井家文書より作成。

灌漑していた。一方、黒鳥村領の第二水系の溜池の水は、一部郷庄の田地にも回るが、大半が上台部分だけに所在する上村の田地一三町余の用水として用いられた。坊村は一反のみで、辻村の田地には用いられていない。これは、地形上、丘陵部の溜池からの用水路の流れに左右されるからである。

　用水のあり方は以上のとおりであるが、宝暦の争論は、辻村が黒鳥三ヶ村立会の「黒鳥村草刈場」の新開を勝手に行い、溜池の用水に支障を生じているとして、上村と坊村が訴えたものである。辻村は、この草刈場は辻村単独に認められたものであると反論する。それに対する上村・坊村は、黒鳥三ヶ村に認められたものと主張した。上村・坊村は、寛文五年や延宝六（一六七八）年の争論では常に三ヶ村として一体で行動しており、一七世紀後半には「黒鳥村草刈場」が黒鳥三ヶ村の立会だったことは確実である。しかも、この「黒鳥村草刈場」にある溜池は上村の田地のために不可欠であった。辻村はそこを単独で開発したのである。

こうした対立はなぜ起こったのだろうか。辻村はどういう理屈でこういう行動を起こしたのであろうか。それについては山年貢と糀年貢・糀役が関係している。次にその事情を見ておこう。

黒鳥村の山年貢と開発

先に触れたように、元禄期の村明細帳には黒鳥村の山年貢と糀年貢・糀役は、伯太藩領の郷庄黒鳥村に書き上げられていた。実際には、上村や坊村の者も一部を負担したが、すべて郷庄黒鳥村を通して伯太藩に収納されたのである。これは、郷庄黒鳥村が伯太藩領となる前の幕領期から同じであった。山年貢は百姓たちにとって負担ではあったが、領主から山の用益を認められる根拠ともなった。

一方、糀年貢・糀役銀は、中世末に黒鳥村が和泉一国の麹《こうじ》荷の生産・流通を独占していたことにつながるもので、糀製造・販売の権利に対する小物成《こものなり》（石高以外に掛る運上）であった。この糀年貢・糀役銀は糀株をもつ二九人が糀役仲間として分担することになっていたが、辻村二一人、上村五人一組、坊村三人で株数は固定していた（ただし、その負担は特定の土地区画と結びつき、その土地の売買で負担者が変わることもあった）。辻村の者が三分の二以上の株を所持していたことや、中世黒鳥村の結集核であった安明寺が辻村に所在していたことなどが、郷庄黒鳥村からの納入という形になったものと思われる。

しかし、一七世紀後半までには黒鳥村における糀製造・販売は衰退してしまう。その結果、収益がないにもかかわらず、糀年貢・糀役銀負担だけが継続するという状態になっていた。そこで辻村では、寛延《かんえん》三（一七五〇）年九月に伯太藩に対して、「黒鳥村草刈場」の中を山畑に開発し、そこから上がる収益を糀年貢に充当させたいと願い出た。これが宝暦二（一七五二）年の辻村と上村・坊村間の争論の発端であった。

なお、これ以前から「黒鳥村草刈場」の開発は徐々に行われていた。享保《きょうほう》三（一七一八）年ごろに、黒鳥辻村は、伯太藩のこの地域の「触頭《ふれがしら》」である板原村の根来《ねごろ》新左衛門に対して、山年貢・糀年貢の助成として山の新開を願い、承認されている。その後、元文《げんぶん》二（一七三七）年閏一一月には「山畑新開改帳」が作成されており、実際に新開が進められていたことがわかる。それによれば、辻村・郷庄だけでなく、坊村・上村の百姓も山畑の所持者に含まれていた。ただし、新開高二四石七斗余のうち、辻村の百姓が全体の半分弱、郷庄と合わせると四分の三ほどを所持しており、開発を主導したのは辻村（含む郷庄）であるが、この段階では、上村や坊村も新開自体には反対していなかったことがわかる。

そうした状況のうえに、先の寛延三年の辻村からの伯太藩への新開願いが出されたのであった。「黒鳥村草刈場」に所在する溜池（第二水系）に耕地の大半の用水を依存する上村としては、溜池の水に支障が出ない範囲の新開ならば容認できなくはないが、無秩序な新開は認められない、ということであろう。

宝暦《ほうれき》元（一七五一）年になって、上村・坊村は辻村の新開の差止めを伯太藩役所に訴え出た。さらに「地《じ》方《かた》」関係の裁判権をもつ大坂町奉行所に訴え、そこで吟味が行われることとなった。大坂町奉行所では双方の主張を取り調べ、現地に検使も派遣している。宝暦二年一一月には、開発畑のうち、溜池の障害となる場所については、荒地化させる（元に戻させる）ということで内済となり、結着した。近隣村むらの仲裁で内済となったのであるが、そこには大坂町奉行所の判断が働いていたものと思われる。

内済の成立を踏まえて、上村と坊村の庄屋・年寄は、辻村の庄屋・年寄に宛てて一札を差し出している。

それによれば、①黒鳥村の山年貢は家別に分担し毎年納める、②溜池の支障とならない新開畑二町を残し、三ヶ村の糀年貢・糀役銀はその畑の作徳米から負担することとし、余った分は安明寺の寺入用とする、ということを確認している。

宝暦二年の辻村と上村・坊村間の「黒鳥村草刈場」をめぐる争論は、溜池用水に支障を生じない限りで、一定の開発を認める形で結着した。信太山丘陵の信太郷や各村の領域が確定したうえで、村内外からの開発の目論みが他村の溜池の支障になるという対立として展開したのである。一方で、大坂町人などの外部からの開発には強く反対したが、村内での開発は実際には徐々に進行していた。それは黒鳥村だけでなく、信太明神社の除地山において神畑の設置が認められていったこととも共通する。黒鳥村の場合、山の開発と用水の確保という当地域に共通する状況とともに、内部に三ヶ村が含まれたことや、山年貢だけでなく、糀年貢・糀役銀が存在し、それが辻村を通じて伯太藩だけに納められるというような特殊な条件が絡まり合う形で問題が表面化したのであった。

黒鳥辻村の内部構成　―一七世紀から一八世紀へ

以上の黒鳥三ヶ村のあり様を踏まえて、具体的な実態を知ることができる辻村の構造と展開について、見ていくことにしよう。

一七世紀後半の辻村の村役人は、一時期を除いて（浅井）太郎左衛門家（時に太郎右衛門・太郎兵衛と名乗る）が庄屋であり、年寄はほぼ一〇軒余の家から毎年一～二人が交替で務めていた（表19）。

年寄を務める家々はほぼ固定しており、彼らは五人組頭でもあり、糀役仲間の構成員とも重なっていた。彼らは「年寄衆《としよりしゅう》」とでもいうべき村内グループを形成しており、そこから村役人としての「年寄」を交替で

元禄元	2	3	4	5	6	7	8	9	10	11	12	元禄９年人別帳 組頭	年齢	下人	騒動	元禄７（1694）年所持高（石）（分家記載）
88	89	90	91	92	93	94	95	96	97	98	99	96			97	94
—	—	—	—	—	—	—	—	—				◎	51	3		13.370（三郎右衛門16.196　下人３）
→ 惣兵衛												◎	61		☆	7.393
	○					●						◎	52	2	☆	8.338
							●					◎			☆	12.058
					→ 甚太夫						○	◎	45	2		9.041
○	→ 伊左衛門				●	○					○	◎	41		☆	3.346（伊右衛門５.785　下人２）
		●										◎	56	2	☆	8.536
●				●						○		◎	64		☆	8.819
													25	2		7.396
			○					●	○			◎	65		☆	5.487
			●						○			◎	41	2	☆	2.394
										○		◎	39	2	☆	9.902（久兵衛１.370　下人２）
											○		42	1	☆	8.132

断）　○：年寄（証文などより判断）　☆：元禄９年村方騒動筆頭10人　→：代替りなどにともなう名前変更

輩出していたのである。しかし、彼らの一七世紀末ころの所持高は一〇石未満であった。それに対して、太郎左衛門家は、慶長一六（一六一一）年の検地帳では五六石余を所持しており、村内随一の大高持であった。また、太郎左衛門家は、村外の庄屋クラスと婚姻を結ぶ地域的ネットワークを形成していたが、年寄衆は相互に縁組を行うことが見られ格差があった。

こうした点からは、村内で強大な力を持つ庄屋の太郎左衛門家と、それを掣肘《せいちゅう》しようとする年寄衆が対抗するという構図がうかがえる。寛《かん》文《ぶん》八（一六六八）年から延宝《えんぽう》元（一六七三）年までの六年間は吉左衛門が庄屋で、その間は年寄も二郎兵衛と忠兵衛の二人に固定しており、前

名前 ＼ 和暦 / 西暦下2桁	万治3 / 60	寛文5 / 65	7 / 67	8 / 68	9 / 69	11 / 71	12 / 72	延宝元 / 73	2 / 74	3 / 75	4 / 76	5 / 77	6 / 78	7 / 79	8 / 80	天和元 / 81	2 / 82	3 / 83	貞享元 / 84	2 / 85	3 / 86	4 / 87
太郎左衛門	├─┤																					
太郎右衛門								├─	─	─	─	─	─	─	─	─	─	─	─	─	─	─
太郎兵衛		├─	─┤																			
吉左衛門				├─	─	─	─	─┤														
善左衛門	●	○																				
忠兵衛	●				●	○		●	●													
与右衛門	●									○												
源左衛門	●													●				→ 安兵衛				
新左衛門	●																					
二郎兵衛					●	●	●	●														
与兵衛										●												
二郎左衛門											●	●									○	
加兵衛													●									
伊兵衛														●	○	○	○	○	●	●		
与左衛門															●	●						
六兵衛																	●	○				
利左衛門																		●				
治左衛門																					●	
治郎左衛門																						
治右衛門																						
清右衛門													→ 久兵衛				○ 元禄9まで					
勘兵衛																						

表19　17世紀後半の黒鳥辻村（256石分）庄屋・年寄変遷表　├─┤：庄屋　●：年寄（領主宛文書より判

後の時期と異なっている。おそらく対抗関係にある庄屋家と年寄層の間で、何らかの事情で一時期年寄衆の立場が優先される事態が起こったものと思われる。この時は大きな変化にはつながらなかったが、元禄九～一〇（一六九六～九七）年の村方騒動が状況を変えた。

元禄九年に百姓らの訴えで庄屋太郎右衛門が罷免になった。年寄衆一〇人を中心とした惣百姓四七名が訴えたところによると、太郎右衛門が行った不当な村政は次のようなものであった。たとえば、①庄屋太郎右衛門が「年貢皆済目録《かいさいもくろく》」を百姓に見せない、②藩屋敷の垣結《かきゆ》い人足《にんそく》の扶《ふ》持《ち》を（藩から支給されているにもかかわらず）、人足を勤めた者に渡さない、③年貢の銀納《ぎんのう》値段（米と銀のレー

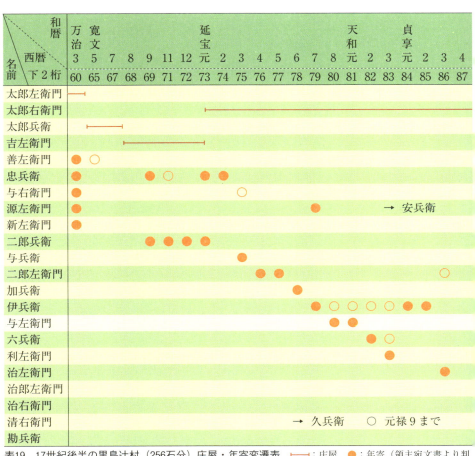

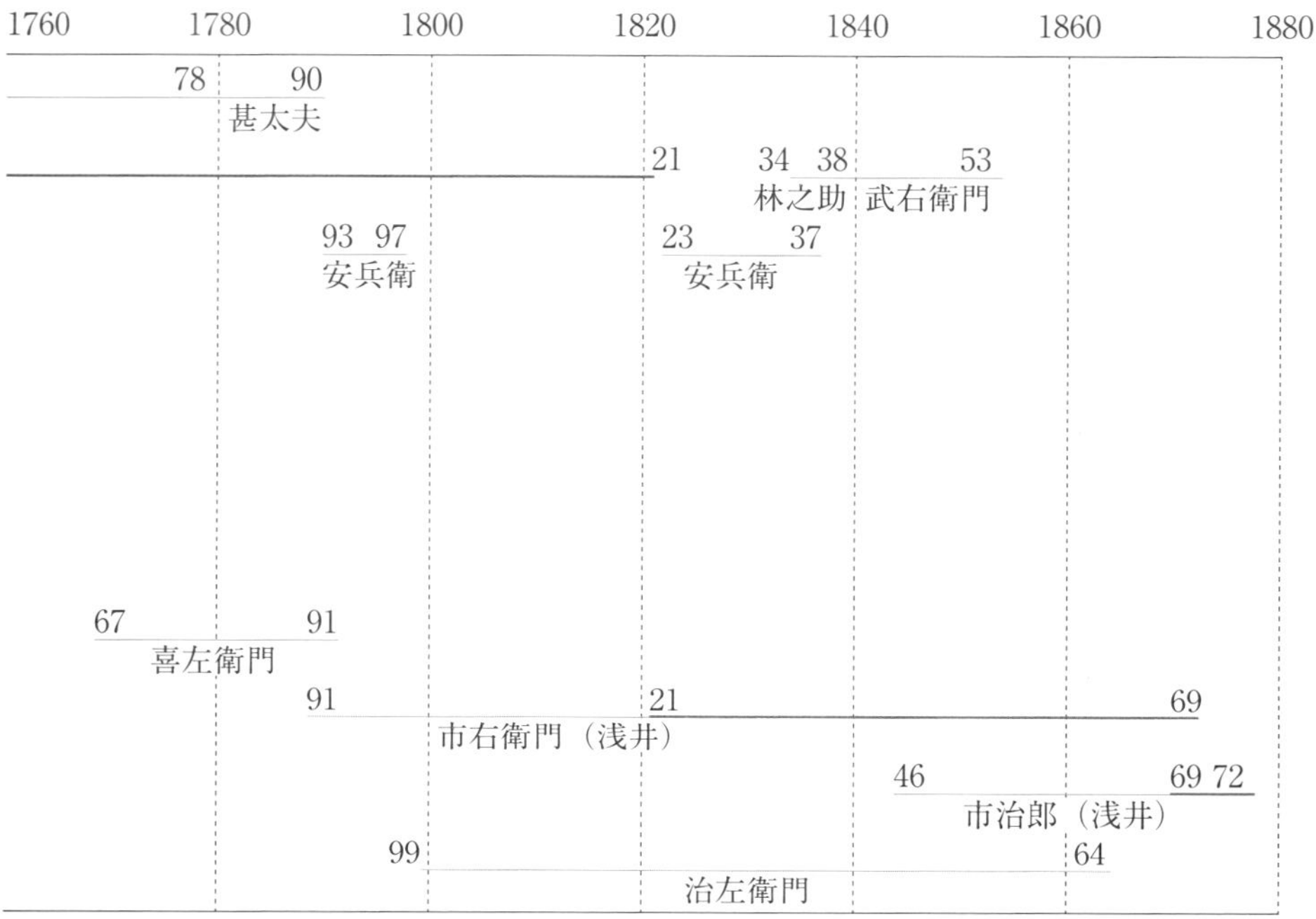

変遷表

ト）を人により恣意《しい》的に差をつけている、④伯太藩下泉郷の郷割負担を弟の三郎右衛門には免除する、⑤溜池や用水溝の管理がきちんとなされず支障をきたしている、⑥糀年貢の関係の手形に二判を用いている、などが列挙されている。

庄屋太郎右衛門の村政は、（ア）百姓たちを村政から排除し（①）、（イ）恣意的な取り扱いを行い（②③④⑥）、（ウ）適切で必要な行政を行わない（⑤）、と性格づけられよう。この騒動の結果、庄屋太郎右衛門は罷免されたが、庄屋役は空席のまま、年寄の甚太夫と安兵衛が庄屋の機能を代行することになった。それゆえ、元禄一七（一七〇四）年二月に惣百姓は、庄屋役をこの二人に固定せず、年寄中の年番とするか、奉行の「御眼がね」をもって正式の庄屋を任命してほしいと出願した。

これはすぐには認められず、ようやく宝永《ほうえい》六（一七〇九）年に至り、甚太夫が正式に庄屋に就任することになった。その後の村役人の就任状況を表20に示した。甚太夫家の庄屋役はそう長続きせず、享保《きょうほう》一七（一七三二）年に倅甚助は庄屋をやめ、後任には黒川武右衛門が就任す

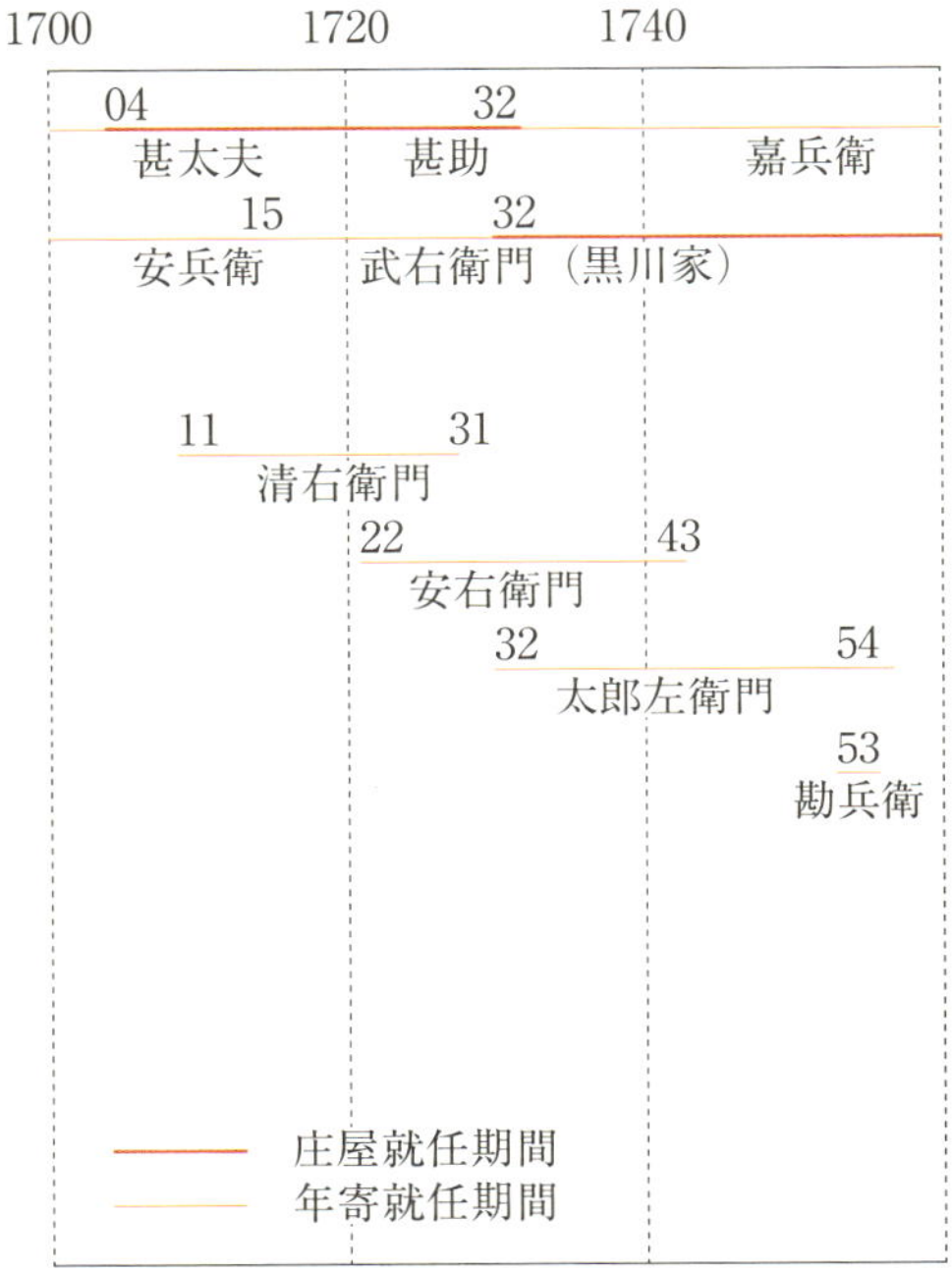

表20　18世紀以降の黒鳥辻村（256石分）庄屋年寄

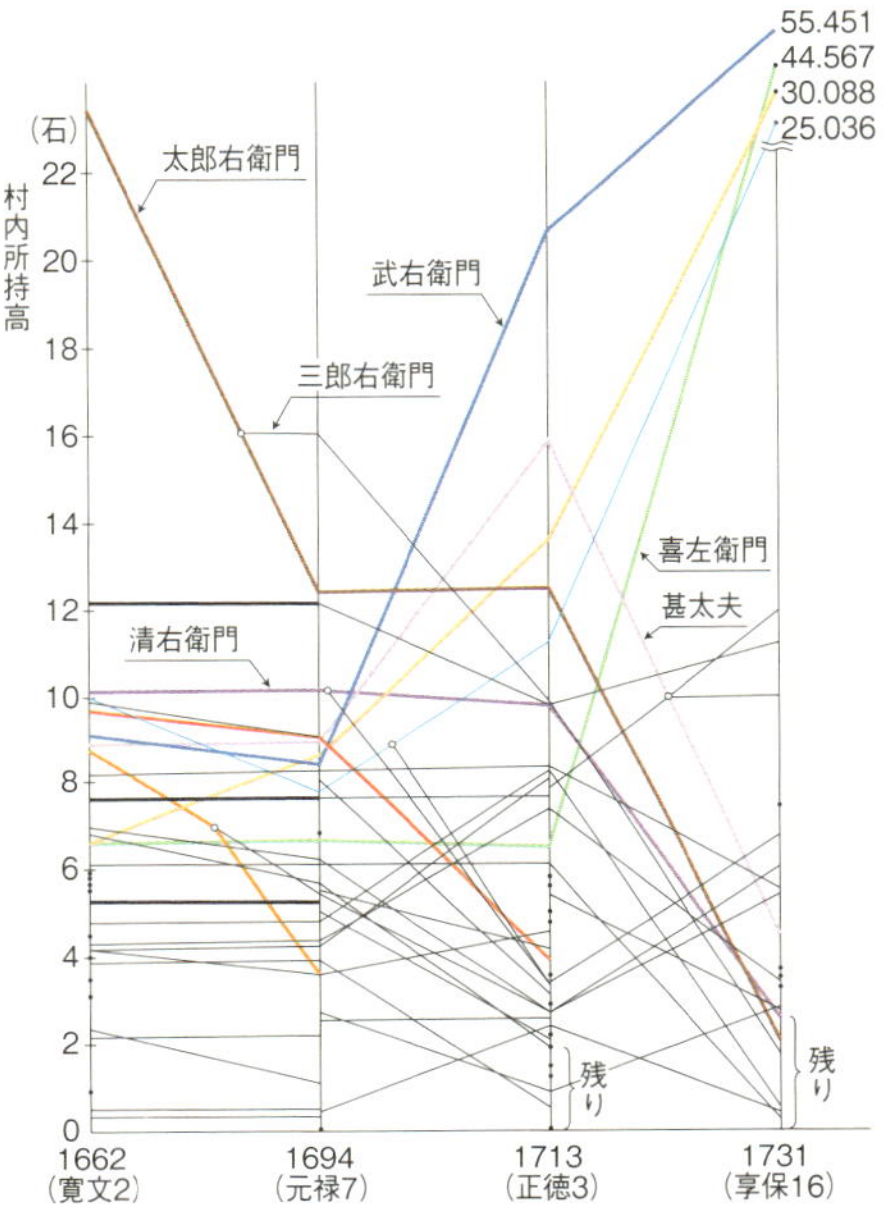

表21　黒鳥辻村（256石分）所持高推移　名請人数は、年代順に50名、56名、63名、45名である。作成にあたって、経営体の連続が不明の場合、「・」印と「残り」記載とで、そのすべての名請人の所持状況を示した。1662年名寄帳［河野家文書］／1694年免割帳［河野家文書］／1713年名寄帳［浅井家文書］／1731年名寄帳［浅井家文書］より作成。

る。武右衛門家は文政四（一八二一）年に浅井市右衛門に交替するまで、九〇年余り庄屋役を世襲した。一方、年寄も一七世紀の年寄衆が年番で務めるあり方から、固定した二〜三名が継続して務めるように変化している。

黒川武右衛門の台頭

こうした村役人のあり方の変化の背景には、辻村の階層構成の変容があった。表21は、一七世紀後半から一八世紀前半にかけての各家の所持高の変化を示している。寛文二（一六六二）年段階では、庄屋太郎右衛門家が近世初期からは所持高を減らしつつも、二三石を超える村内一の高を所持している。一方、年寄衆は一〇石前後に集中し、中堅層を形成している。元禄七（一六九四）年には、太郎右衛門家と高分けした三郎右衛門家と合わせると二八石余りを保持しており、年寄層も含めて、各家の所持高はほぼ変化していない。

しかし、元禄九〜一〇（一六九六〜九七）

年の村方騒動を挟む正徳三(一七一三)年までには大きな変動が見られた。庄屋を罷免《ひめん》された太郎右衛門家は、三郎右衛門家を合わせて未だ二〇石を確保しているが、新たに庄屋となった甚太夫家と武右衛門家が大きく持高を延ばしている。また、彼らとともに年寄衆を形成していた一〇石前後の者たちが大きく持高を減らし、持高四石以下層の家数が増加している。中堅層で、一部に持高を保持する者もいたが、一方で持高を増加させる者、他方で持高を激減させる多数の者がいるというように、階層分解が進展した。そうしたなかで持高を増加した甚太夫が、庄屋に任じられたのである。一方、年寄衆が階層として存立する基盤も失われつつあると言えよう。

享保一六(一七三一)年段階になると、階層分解はより一層進展している。五五石余を所持した武右衛門、その縁戚で四四石余を所持した喜右衛門、その他三〇石余・二五石余を所持する四家だけで、辻村の村高二五六石のうち六〇パーセントを所持するに至った。庄屋甚太夫がここでは持高を激減させたほか、五〜一二石の所持高だった家が軒並み持高を減らした。さらに、高持の家数は正徳三年には六三人だったが、享保一六年には四五人となり、この間に無高の家が増加したものと想定される。

この翌年に、庄屋役は、持高を激減させた甚助から、持高を激増させた武右衛門に交替した。ここには村内で経済的に圧倒的優位に立った武右衛門家が、村政上でも支配的な地位を占めたことが示されている。こうして年寄層の存立基盤も完全に失われたのである。

享保一三(一七二八)年に陣屋を伯太村に移した伯太藩は、その翌一四年に領内村むらに御用銀九二貫目を課した。辻村はその分担額銀二貫六四二匁を上納するため、板原村根来新十郎にいったん立て替えてもらった。しかし、すぐに、当時年寄だった武右衛門が用立て、新十郎への借銀を返済し、辻村として武右衛門に借用することとなった。また、享保一〇(一七二五)年以降には、年貢の立て替えも年寄武右衛門が行って

写真3　黒鳥辻村・長楽寺の仏涅槃図　黒川武右衛門が寄進したもの。現在も盆の時に掛けられる。

いた。辻村の場合、一般的に庄屋に求められる村政上の諸負担や年貢の立て替え機能を武右衛門の経済力がカバーしていたのである。ここに武右衛門が庄屋となっていく背景がうかがえる。

先に触れた寛延《かんえん》三（一七五〇）年の辻村による「黒鳥村草刈場」の新開願いを認めた伯太藩は、翌年三月に、糀役に充てる分二町は年貢免除、それ以外の山畑は山年貢分以外は庄屋武右衛門が御用銀を上納していることに対して免除するという措置を伝えている。こうした活動のうえに、武右衛門は伯太藩の下泉郷惣代になり、さらに藩札を発行するなど伯太藩の財政にも大きく関与する豪農となっていく。また、武右衛門は政治的な領域で経済力を発揮するだけでなく、元文四（一七三九）年には、槙尾山の本堂の内陣に安置されている二十八部衆像を施入している（『和泉市の歴史1』参照）。寛保三（一七四三）年には、黒鳥下村（辻村）長楽寺に対して仏涅槃図《ぶつねはんず》を寄贈している。また、正徳三（一七一三）年には、黒鳥坊村妙福寺の本尊薬師如来の脇侍である日光・月光菩薩像や十二神将《しんしょう》を像立・寄進している（コラムⅢ参照）。武右衛門の経済力は、こうした寺院への寄進にも向けられたのである。

一九世紀の黒鳥辻村

一九世紀にはいると、黒川武右衛門家は堺奉行所の貸付銀のほか、多方面からの借財がかさみ、庄屋を務めていた当主武右衛門が文政《ぶんせい》四（一八二一）年に死亡したことを契機に、所持していた四一石余の田地（畑・屋敷は含まず）を処分して返済に充てることとなった。この時、庄屋役も浅井市右衛

持高	天保5年（1834）	慶応3年（1867）	牛持	諸職
20石～	2	1	牛1	（質屋）
15～20石	2	3	牛3	（質屋）
10～15石	5	3	牛3	
5～10石	7	8	牛7	（綿仲買・米穀仲買）（籠屋職）×2
0～5石	23	21	牛2	1石以上（綿仲買・米穀仲買）×2（古手仲買）
				1石未満（籠屋職）×2（豆腐□）（米穀仲買）（樽屋職）（綿仲買・米穀仲買）×3

表22　19世紀の黒鳥辻村の階層構成

門に交替する。以後、幕末まで市右衛門家が庄屋を担うこととなった。ただし、武右衛門家も天保～嘉永年間には倅林之助（のち武右衛門）が年寄となるなど、五石未満ではあるが高持百姓として継続した。またその頃に至っても、毎年正月・五月・九月に槙尾山が大般若経転読の大木札を配布する対象となっていた。この大木札は、正月には坪井村の沢久太夫と我孫子豊中村の八木伊右衛門にも配布されたが、五月・九月は武右衛門だけであった。先の二十八部衆像の施入などの功績がなお意味を持っていたのであろう。

こうした村役人交替の背景をなす当時の村落構成を見ていこう。表22に、一九世紀の辻村百姓の持高を示した。享保一六（一七三一）年段階（表21）と比べると、五石以下が多数である点は変わらないが、二〇石以上は二人から一人に減り、五石から二〇石までの中層が厚くなっている。さらに、黒川武右衛門に代わって庄屋に就任した浅井市右衛門家が村内第一の高持になっていることが注目される。天保八（一八三七）年には、市右衛門は三七石五斗二升三合を所持し、分家させた市次郎の二〇石九斗七升六合と合わせると、辻村高の五分の一ほどを占めた。また幕末期には両家はともに質屋を営んでいる。こうした経済的成長を背景に村政の中心に位置するようになったのである。

次に、こうした階層構成の内側にもう一歩踏み込んでみよう。明治二（一八六九）年作成の「御領分黒鳥村碁盤絵図」が残されている。これには伯太藩領である黒鳥辻村三六四石分の耕地・屋敷地や関連する山・溜池などが詳細に描かれている。この絵図に天保八年の「黒鳥村高名寄《たかなよせ》帳」の情報を合わせて図14に表示した。中央に黒線を入れているが、これが上台と下台の境界となる。先述したように、下台の耕地は槙尾川から水を引く国府河頭井によって灌漑《かんがい》され、区画も大きく上田・中田が大半であり、耕作条件も良好である。上台の耕地は、一条院村の草刈場に所在する大池やわかんぼ池などからの水で灌漑され、中田・下田や畑が多く、耕地区画も小さく、下台より耕作条件は劣る。

絵図を見ると、下台はほとんどが辻村分の耕地であるが、上台は郷庄分と辻村分の耕地が入り組んでいる。一つの村請制村を構成している辻村と郷庄の間では、辻村が好条件の下台を独占していた。下台の耕地一六六石弱を所持している辻村百姓の階層ごとの割合を見ておきたい。享保一六年には、二〇石以上を所持する四名で下台の五九パーセント、七石〜一二石の四人を合わせると七七パーセントを占める。分解傾向の中で薄くなった中堅層も含みつつ、村内有力者が好条件の下台の耕地の多くを所持している様子がうかがえる。両極分解の状況がやや緩和し中堅層が厚くなった天保八年段階でも、同じく七石以上の者で下台の七七パーセントを所持している。庄屋市右衛門などの有力者を含む中堅層以上が、村役人や組頭として黒鳥辻村の村政への強い影響力を握っている状況が反映していると言えよう。

一九世紀には、中堅層以上の政治的・経済的主導性は、郷庄や隣村の一条院村にも及んだ。郷庄の耕地は上台に限定されていたが、享保期には三〇石ほどを所持する大高持・勘兵衛がいた。その勘兵衛は一九世紀初めには五石未満に持高を減らしたが、それを辻村の百姓が入手する傾向が見られた。たとえば、天保八年に市右衛門は郷庄分に六石余の高を所持していた。郷庄の高請地に辻村百姓（主として中堅層以上）の所持地が浸透していったのである。

一条院村は、一条院村草刈場にある大池・わかんぼ池などの溜池や岡田池・田池などの用水を辻村と共有していた。また、図14のように、辻村分と一条院村分の耕地は入り込んでいた。こうした条件のもとで、慶応元（一八六五）年には、一条院村高二〇三石のうち、過半の一一二石を辻村百姓が所持するに至り、その

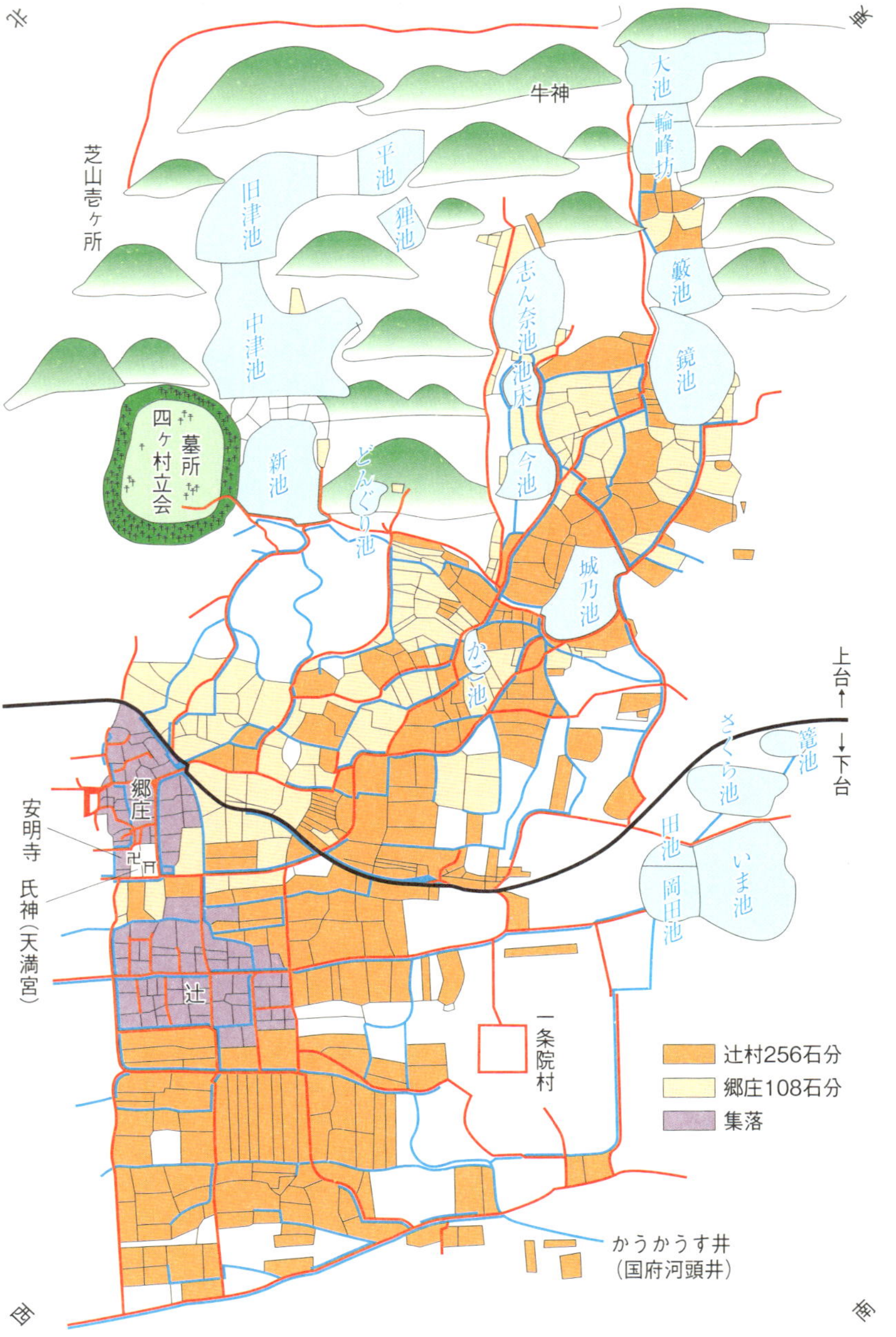

図14　天保８（1837）年　黒鳥辻村（364石分）名請人所持地　明治２（1869）年に、伯太民政役所に提出した絵図（浅井家文書）を原図として作成。そのため、伯太藩領部分しか描かれていない。図の左側に黒鳥上村・坊村が位置する。

うち庄屋市右衛門が一五石弱、年寄市次郎が六石余を占めたのである。

以上のように、近世後期には辻村の中堅層以上、とりわけ有力者たちが主導して、同村内の郷庄分や隣村一条院村に入作を展開していったのである。一方、安政五（一八五八）年の辻村内部での土地売買・質入証文を記録した帳面の表紙に、「往古《おうこ》より田畑他村へは譲り渡しはあい成らず候事、向後《こうご》質物たりとも奥印無《む》用《よう》に候事」と書かれている。つまり、辻村には他村の者に田畑を売ってはならないという慣例があり、今後は質入にも奥印しないというのである。すなわち、辻村百姓の所持地は村外に広がっていくのに対し、他村からの入作は抑制するという村落規制がはたらいていたのである。

こうして一九世紀の辻村は、黒川武右衛門家の衰退を経て、新たに中堅層が回復し、彼らを含む有力者層は周辺地域にも及ぶ主導性を持つに至ったのである。そして、庄屋となった市右衛門家は周辺村の高も集積し、分家もともに質屋を営むなど、経済的にもその中心に位置したのである。

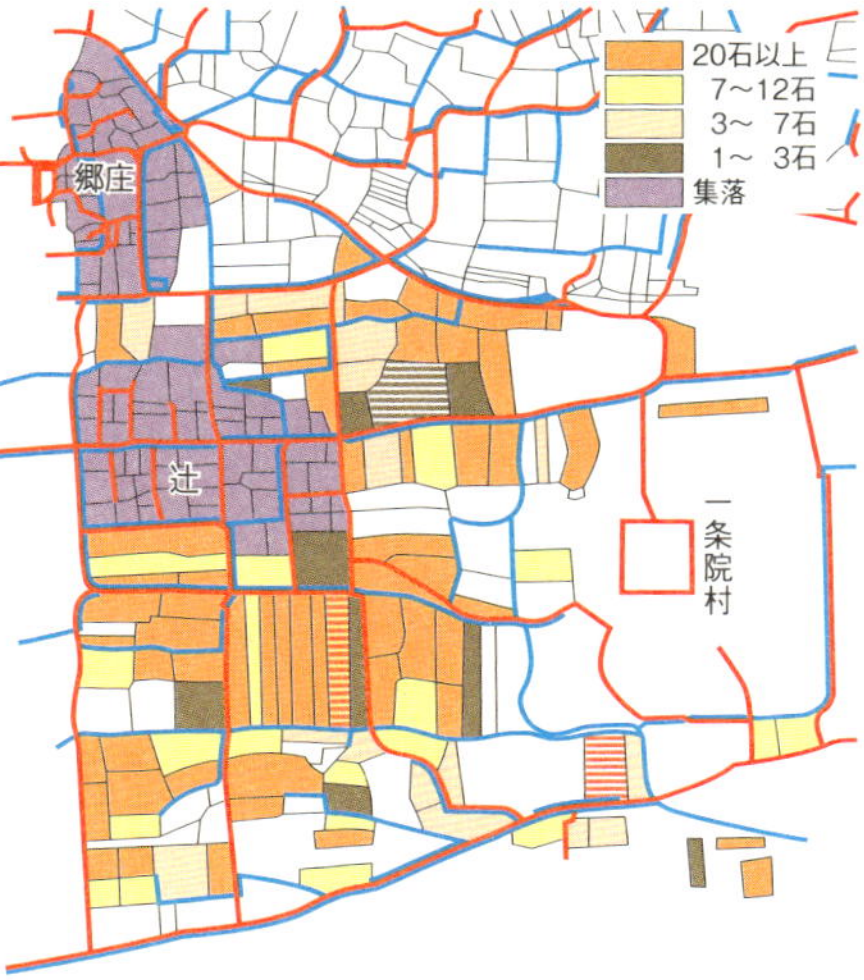

図15　享保16（1731）年辻村階層別土地所持分布図（下台）

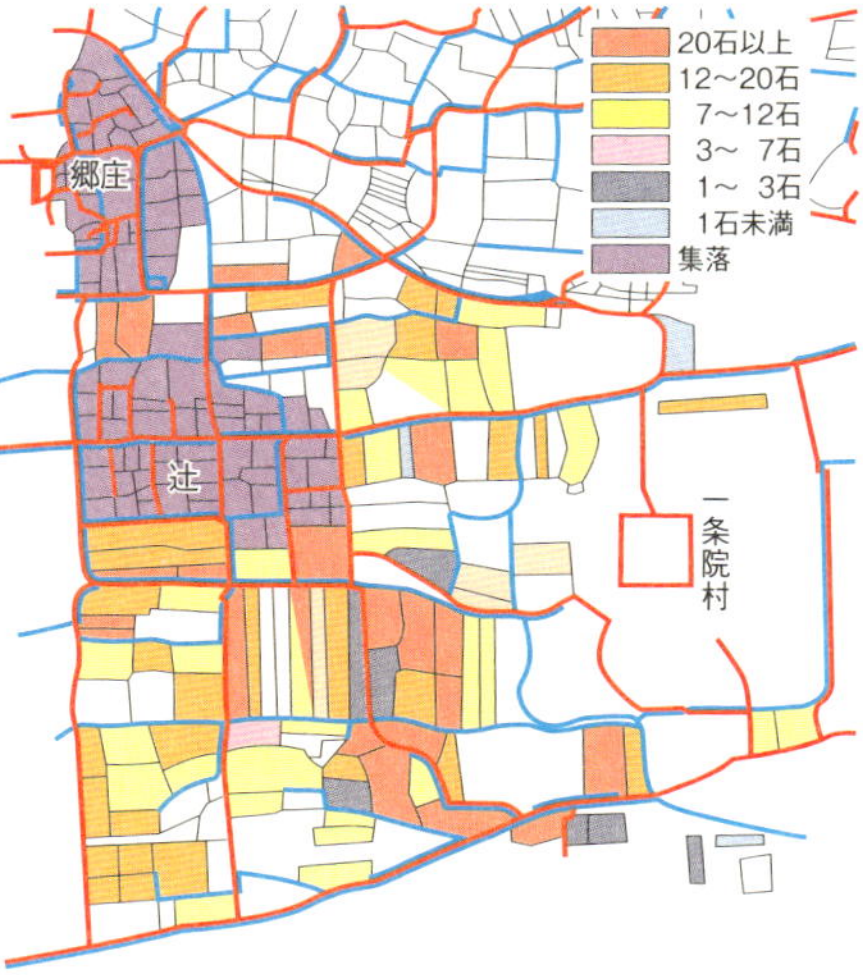

図16　天保 8（1837）年辻村階層別土地所持分布図（下台）

2　伯太陣屋の成立と伯太村

信太山丘陵に置かれた陣屋

信太郷と黒鳥村の間に位置する伯太村には、享保一三（一七二八）年より譜代《ふだい》大名伯太藩渡辺家（一万三千五百石）の陣屋《じんや》が置かれた。陣屋の空間は信太山丘陵上に広がり、小栗街道に面して大手門が開かれていた。この一帯は、寛文五年や延宝六年の山論裁許において伯太村百姓が用益する場と認められた伯太（村）山の大部分に相当する。伯太村山の多くは、一八世紀半ばの陣屋建設によって、武家屋敷や足軽長屋、蔵・厩舎などが立ち並ぶ、武士身分や陣屋奉公人らの生活空間へと変容したのである。

伯太陣屋にはどのような人びとが暮らしていたのだろうか。宝暦一一（一七六一）年に行われた藩内の倹約取り締り書によれば、陣屋と江戸藩邸の家中・奉公人の内訳は表23のようになる。伯太藩の構成は、ほかの藩と同じく、武士身分の家臣と、武士身分ではなく領内村むらから供給される奉公人層（足軽・中間など）とに大別できる。家臣と奉公人は伯太陣屋詰と江戸藩邸詰に分かれており、全体の六割を占める八三人の家臣と七九人の奉公人が陣屋詰であった。家中については、表中の人数以外にその家族も暮らしていたと考えられる。一方の奉公人は、所領村むらの百姓らが一～二年を年季として陣屋へ奉公するのが一般的で、家族は村に残し、足軽長屋や中間部屋などで生活していた。

伯太陣屋の成立

では、伯太陣屋はいつどのように成立し、伯太村とはどのような関係にあったのだろうか。まず、陣屋を

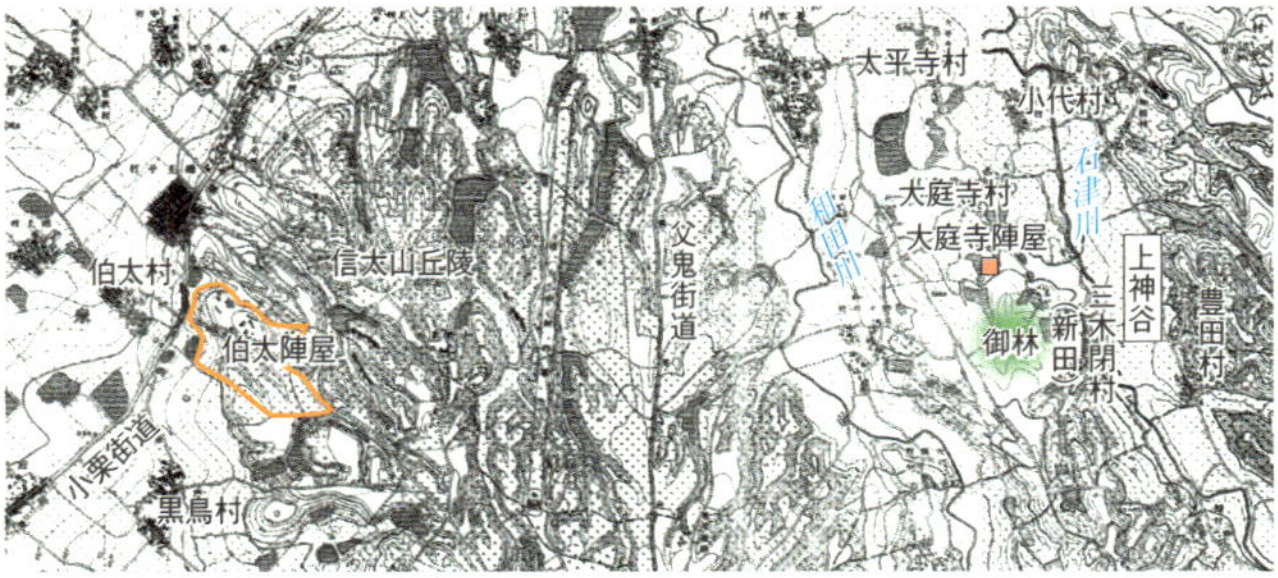

図17　大庭寺陣屋と伯太陣屋

伯太陣屋詰	家中	物成 24人
		扶持方 4人
		石給 16人
		給金 11人
		賄席 10人
		大流 11人
		徒士 7人
	奉公人	足軽 16人
		郷足軽 5人
		足軽 14人
		中間 44人
江戸藩邸詰	家中	物成 15人
		扶持方 6人
		石給 2人
		給金 20人
		大流給 10人
		徒士 2人
	奉公人	足軽 13人
		新組 3人
		足軽 14人
		陸尺 4人
		中間 46人

表23　宝暦11（1761）年伯太陣屋・江戸藩邸の家中と奉公人の内訳

建設した伯太藩渡辺家の動向を簡単にみておこう。

江戸幕府が編さんした大名・旗本諸家の家譜集成『寛政重修諸家譜《かんせいちょうしゅうしょかふ》』によれば、渡辺家はもともと武蔵国比企《ひき》郡野本村（埼玉県東松山市）周辺に三五〇〇石の知行地をもつ旗本《はたもと》であった。その後寛文元～八（一六六一～六八）年まで大坂城玉造口《たまつくりぐち》の警衛を担う定番《じょうばん》役に命じられ、役知として河内・和泉の内に一万石を加増されて譜代大名となった（市域では伯太村・黒鳥村〔辻村・郷庄〕・池上出作上泉が含まれ、のちに春木川村と信太郷側の池上村出作も加わる）。この時期の定番は、旗本が定番などへの就任を機に畿内に所領を与えられて大名となり、まさに「家」を挙げて一生涯在職するという事例が一般的であった。しかし、次第に就任時の加増や終身在番の慣習はなくなり、定番退任以後も所領を保持しつづける大名が多くなる。伯太藩もちょうどその過渡期に定番を経験しており、畿内に役知として所領を与えられ、大坂周辺に在所をもつに至った小藩の一つだったのである。なお、元禄一一（一六九八）年、三代藩主基綱《もとつな》の代に、武蔵国の所領が近江国に移されると、野本村に置かれていた陣屋は和泉国大鳥郡上神谷《にわだに》の大庭寺《おばでら》村（現堺市南区大庭寺）に移される。大庭寺陣屋に隣接する豊田村の三木閉《みきとじ》山と多米《ため》栗林山では、陣屋移転以前の延宝三（一六七五）年に、藩の新田開発（三木閉新田）と「御屋敷下」用地の収公が行われており、畿内の所領を支配するための代官陣屋のような屋敷がすでに設置されていた。大庭寺陣屋は、

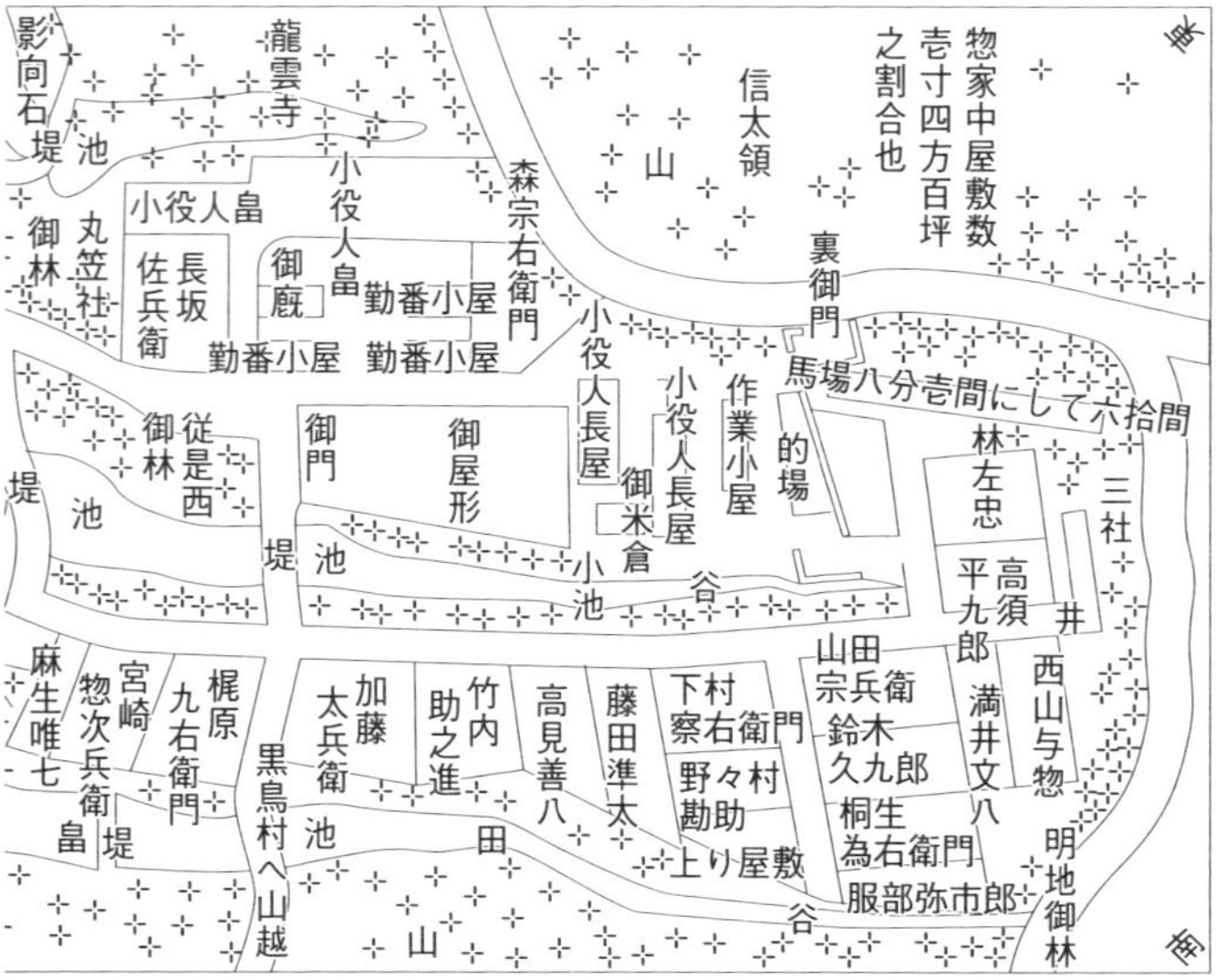

この屋敷を拡張するかたちで建設された。ともかくも伯太藩は、この移転によって陣屋と所領すべてを畿内にもつこととなったのである。

その後、藩主基綱は元禄一四年に再び大坂城玉造口定番に命じられている。定番在任中、藩主と家中の多くは大坂の玉造定番屋敷に詰め、大庭寺陣屋は藩役人不在のまま維持されていたが、陣屋やその周辺には御林や蔵・牢屋などはあるものの、武士の居住は確認できない。享保期になると藩財政の逼迫によって蔵や長屋も売却され、荒廃していた。陣屋の敷地も、のちの伯太陣屋に比べて狭小だったようである。享保一三（一七二八）年に藩主の死去に伴って定番は退役となる。その一年前に、渡辺家は幕府へ、伯太村への陣屋移転を願い出て、許可を得ている。伯太村には、小栗街道に面した丘陵上に、比較的広大な未開発の山地（伯太山）が存在し、藩庁や多数の家臣屋敷を配置するには好適と判断されたのであろう。陣屋移転は、定番からの退任が迫り、大坂詰家臣とその家族を在所に移すために計画されたのである。

陣屋建設

渡辺家は享保一二（一七二七）年四月段階で幕府から陣屋移転の許可を得ていた。しかし、同年中の普請は一部の地築にとどまり、本格的な普請は定番を退任する直前の享保一三年五月末に開始された。そして七月に藩主が亡くなり、定番を退任すると、その翌月に

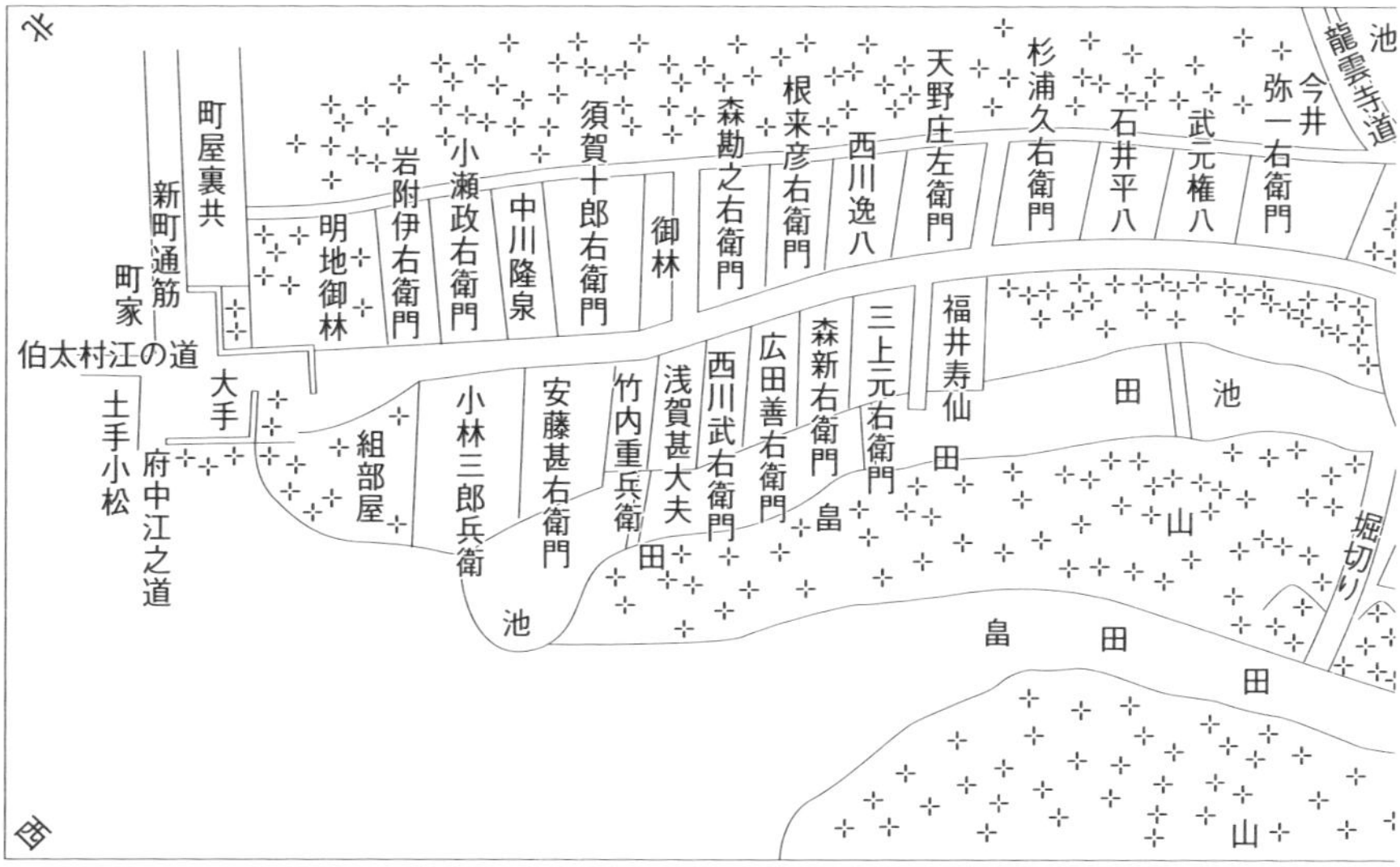

図18　18世紀後半（修復前）の伯太陣屋絵図（大阪府立岸和田高校蔵）

は、家臣の移住が確認できる。

この移転が相当な急普請だったことは、しばらく後に作成された、伯太藩家臣の書状（小谷家文書）でもうかがえる。この書状は、移転から約四〇年後に行われた陣屋修復のときに領内村むらに御用銀上納を要請したもので、明和七（一七七〇）年の作成と思われる。書状には修復理由について「現在の御屋敷（藩庁）は他領境（信太郷＝一橋領）にあるため陣屋として不都合で、また四一年間ほど「在宅」する家中の屋敷には村の百姓らも恐々としているが、御屋敷の場所替えと陣屋内への家臣の引き取りともに、時節柄先延ばしにしてきた。そもそも御屋敷は大坂からの移転時に古家・古材木を用いて俄かに建てた「仮御住居」であり、すでに大破している」と記されている。移転時の陣屋建設は古材木・古家を転用した突貫工事で、早くも明和期には大規模な修復を要するありさまだったのである。

この書状でもうひとつ興味深いのは、「在宅」する家臣の存在である。「在宅」とは、一般的には「町方」（都市）に対する「在方」（村）での居住を意味する言葉で、ここでは陣屋敷地の外である伯太村領内に住むことと解釈できる。つまり、大坂詰家臣の相当数が、大坂城周辺の屋敷から伯太村へ移った際に、伯太村百姓集落のなかに各々の居住地を確保していったとみられる。移転から約四〇年後の修復は、従来の陣屋施設の配置を変更し、「在宅」する一部の家中を陣屋内に移すという大規模なもので、これにより、百姓集落と武士の居住域は明確に区画されることとなった。

小栗街道沿いの様相　—新田町と陣屋元村

陣屋元となったことにより、伯太村は大きく都市化を遂げていく。陣屋絵図の大手付近をみると、小栗街道が「新町通筋」と呼ばれており、両側には「町家」「町屋裏共」が並ぶ、街道沿いの小規模な町（新町）が形成されている様子がうかがえる。一八八七（明治二〇）年ころの地籍図でも、百姓集落とは異なる短冊状の屋敷が並んでいる（第2章図6参照）。江戸時代の伯太村には、郷宿《ごうやど》や大工・風呂屋・酒屋・瓦屋・日用《ひよう》頭《がしら》（人足供給業者）や、「福田屋佐兵衛」「府中屋嘉兵衛」などの屋号をもつ人びとが散見される。新田町にはこうした商工業者が軒を並べたのであろう。

文化五（一八〇八）年に伯太藩から大島郡豊田村に出された申し渡しの端裏書《はしうらがき》には「豊田村の者、伯太新町と云《い》う処《ところ》迄、何か願い事これ有りしか、大ぜゐ《い》参り、トガ《（咎）》仰せつけられ」とあり、その本文には、百姓らが「伯太新田町」へ押し掛け、村役人を介さず役所へ直接願い出ることを企てたことへの処罰が記されている（小谷家文書）。ここから「伯太新田町」とは、「新町」とも呼ばれ、領内の村役人が役所に出願を行う際の滞在地になっていたことがわかる。こうした滞在場所を提供する旅宿営業者は、郷宿と呼ばれていた。郷宿は、領主への出願・出訴のために役所を訪れる百姓を滞在させ、訴訟や出願の世話なども業務としたほか、領内村役人の寄合の場にもなっていた。

この郷宿の成立に関わる史料として、定番退任直後の享保一三（一七二八）年一〇月末に、上層家臣である御用人の安藤甚右衛門が、大島郡豊田村庄屋の小谷家に送った書状をみておこう。冒頭には、すでに伯太村に移住した甚右衛門の近況が記され、同輩家臣の「三郎右衛門」（家老小林三郎兵衛）も後任定番大名への定番屋敷引き渡しを終え、伯太村に着いたと書かれている。つまり、この時点で大坂での定番交代が完了したのであろう。甚右衛門は以上の経過を述べたうえで、次のような頼みごとを持ちかけている。

> 拙者（安藤）宿《やど》久左衛門姉聟播磨屋庄兵衛と申《もう》す者、陣屋の外《そと》に屋敷を建て申し候て、宿屋をいたし候《そうろう》、尤《もっとも》ぬし（塗師）・細工《さいく》人と両様《りょうよう》心かけ、普請大概出来《ふしんたいがいしゅったい》申し候、その辺《あた》り庄屋、此《こ》の表《おもて》へ出用事《でようじ》もこれ有《あ》り、止宿《ししゅく》か又昼支度《ひるじたく》・休息等も右庄兵衛方にて休みこれ有り候ように致《いた》したく候、毛頭《もうとう》けんづけ（権付）には頼み申さず候、貴殿ならびに太平寺村長兵衛へあい頼み候間《あいだ》、外々《ほかほか》へ御取り持ち頼み入れたく候、

この依頼によると、安藤甚右衛門は伯太に移住したものの、いまだ陣屋内に屋敷を建てられず、百姓久左衛門家に借宅していた。実は、小林三郎右衛門も久左衛門の「縁家」であった。「在宅」とは百姓家での借宅を意味し、こうした上層家臣でさえ屋敷の普請が間に合わず、伯太村内に「在宅」する状況だった。

他方で、百姓側の対応も興味深い。宿主久左衛門の姉婿である庄兵衛は、陣屋の外に屋敷を建て、「播磨屋」という屋号で宿屋渡世を始めた。営業内容は、御用で陣屋に出向く村役人相手に、宿や昼食・休息場所を提供する、典型的な郷宿の業務である。播磨屋が建てた屋敷とは、先述した新田町（＝新町）の町屋であろう。久左衛門家に借宅中の伯太藩士安藤甚右衛門は、大鳥郡の所領村むらでも有力な村役人である小谷家らに対し、領内の庄屋らが播磨屋を定宿《じょうやど》とするよう「取り持ち」（斡旋）を依頼している。「毛頭けんづけには頼み申さず（権力にまかせて頼むものではありません）」という言い方には、婉曲《えんきょく》ながらも武士としての立場が醸《かも》し出されている。武士の斡旋《あっせん》により領内の庄屋らと得意関係を築こうとする播磨屋の思惑が読み取れよう。

このような百姓の対応をみると、「在宅」する武士にただ恐々とするのではなく、武士との関係を梃《てこ》に郷宿

や御用商人に転じた者も少なくなかったと思われる。新田町とは、そうした伯太村百姓の積極的な動きによって成立した、陣屋元村特有の都市的な場であった。

では、その後の陣屋・新田町と伯太村百姓集落の関係はどのようなものだったのだろうか。その関係を示す史料として、陣屋修復中の明和七（一七七〇）年に、家臣の逸脱行為を取り締まるために出された伯太村への法令（青木家文書）をみておきたい。

覚

一、伯太村かつまた新田町にて、御家中の面々酒会《めんめんしゅかい》これ有るようあい聞こえ候、向後右の宿仕《つかまつ》るまじく候、尤居酒《いざけ》等下々《しもじも》迄も給《た》べさせ申すまじく候、両庄屋宿にても御家中若手面々へ座敷等借し、酒宴等の儀堅《かた》く仕らせまじく候、若《も》し彼是《かれこれ》申され候とも、急度《きっと》仰《おお》せ渡され候段断《だんこと》わるべし、はたまた当春坏《つ》き博奕《ばくち》等これ有る宿致し候会合等の沙汰これ有り、御製（制）禁之儀あい慎《つつし》まず不届《ふとど》きに候、以来右両様の仰せ付つけられあい背《そむ》き候《そうら》はば、本人追い払い家財欠所《けっしょ》申し付け、両隣も急度御咎《おとが》め仰せ付けらるべく候、自今《じこん》五人組相互に吟味《ぎんみ》いたし、不埒《ふらち》の者これ有らば、早々村役人へ申し出べく候、

一、新田町は往来《おうらい》の儀に候間、御家中の面々万一酒狂《しゅきょう》等にて理不尽《りふじん》の儀これ有らば、その仁見留《じんみとど》め早々村役人へ訴えべく候、

寅六月

右仰せ下されの趣、委細承知いたし候、御請けのため村中連印此の如くに御座候、已上、

明和七年寅六月　奥右衛門（印）　七兵衛（印）

（以下百三名略）

まず一条目では、①伯太村や新田町の屋敷を酒宴の場として家中の面々に提供することを禁じ、下々（奉

公人）まで酒を飲ませないよう通達している。「両庄屋宿」（この時期まで庄屋は二軒）として庄屋屋敷をも警戒対象に挙げているように、家中の武士が庄屋宅へ日常的に出入りしていた。加えて②当年春に「坏博奕」が催された事実が露見したため、①②について五人組と「村役人」による統制強化を命じている。二条目は、街道筋である「新田町」を対象とし、酩酊した家臣が理不尽な行為をした場合は、その人物が誰かを見届けたうえで「村役人」へ訴え出よと命じている。以上の法令をうけ、伯太村では、村内の戸主全員にその内容を承知させ、請印を取っている。

この法令には、伯太村のあり方がよく示されている。まず、伯太村と新田町が書き分けられており、両者は藩が出す触においても〈村〉と〈町〉という性格の異なる場所として認識されていた。ただし、取り締まりにおいては、新田町も伯太村役人の管轄下に置かれている。つまり、新田町には陣屋に関連する都市的要素が凝集しながらも、村から独立した町制機構を持たず、あくまでも伯太村の一部として存在したのである。また、家中の秩序統制にあたり伯太村側にも対処を求める構図には、消費や娯楽の局面において、陣屋元村の社会を不可欠とする武士の暮らしぶりがうかがえよう。

陣屋元「村」の村落秩序　―称念寺の檀家組織と下の宮の座

伯太村は、郷を単位とした検地によって、上泉郷内に集落と村領をもつ村落として成立した。伯太村の庄屋は、自村の庄屋であるだけでなく、池上村やかわたたちが上泉郷内に所持する「出作」も捌く庄屋でもあった（第1章）。一七世紀の山論や虫送りの争論では、そうした伯太村が、百姓の村として村領を確保しようとする姿がみられた。また、伯太山は、百姓たちにとって、農業生産活動に不可欠な木柴・下草の採取地であると同時に、用水の供給源でもあった。しかし、陣屋建設以後の伯太村は、陣屋元特有の町場・新田町を含む「村」となった。このような変化は、陣屋移転前から連続する伯太村の「村」としてのありように、どのような特質を与えたのだろうか。最後に、「村」としての側面から陣屋元村内の社会関係を捉えてみたい。

陣屋建設以前の元禄期に作成された藩領内の「寺社改帳《あらためちょう》」（堺市・池田家文書）によると、伯太村の集落には、村民の檀那寺として称念寺《しょうねんじ》・常光寺《じょうこうじ》・西光寺《さいこうじ》の三ヶ寺（いずれも浄土真宗）、氏神として上堂（＝上の宮。現伯太神社）と下堂天神社（＝下の宮。旧菅原神社）があり、上の宮に地蔵堂、下の宮に観音堂が付属していた。また、伯太山には熊野権現社（現丸笠神社）があり、薬師堂・龍雲寺が付属すると記されている。*

*二つの神社とそれに付属する堂舎・寺院の関係は、幕末以降の龍雲寺の移転や神社合祀などにより変容したと考えられ、現在の位置や管理体制とは異なる。

これらの寺社のうち、称念寺に伝わる「什物帳《じゅうもつちょう》」には、寺の什物改めの記録以外にも、一八二〇年代の肝煎《きもいり》（檀家惣代）の交替覚え書きや寺の修復普請に関わる争論の願書が写されている。ここでは肝煎交替に関する覚え書きに注目してみよう。

文政四辛巳年、是《これ》までの肝煎共《ども》諸事不行《ふゆ》き届《とど》きの様《よう》あい聞こえ候につき、浅井多助・井田盛太そのほか藩中の檀那申し談じ、帳面吟味《ぎんみ》いたし候ところ、一々《いちいち》申し抜《ひら》きこれ無く、よって帳面など取り上げ、左の通り肝煎御地頭より仰せ付けられ候

新田　なら屋利兵衛
同　大坂屋庄兵衛
下村　作右衛門
同　若右衛門
同　多左衛門

右の通り仰せ付けられ候

この覚え書きによると、これまでの肝煎に不行届きがあり、新田の奈良屋利兵衛・大坂屋庄兵衛と下村の作右衛門ら三名が新たな肝煎に命じられた。新田は新田町、下村は百姓集落を指すと考えられ、檀家惣代の構成は伯太村の空間構成とも照応している。新田の肝煎には奈良屋・大坂屋という屋号があり、大坂屋庄兵衛は前述のとおり郷宿であった。また、帳面の吟味にあたった浅井・井田らも「藩中の檀那」とあり、一部の武士も称念寺の檀家であることがわかる。百姓たちの檀那寺である寺院が、武士身分の者をも檀家としていたことが注目されよう。*

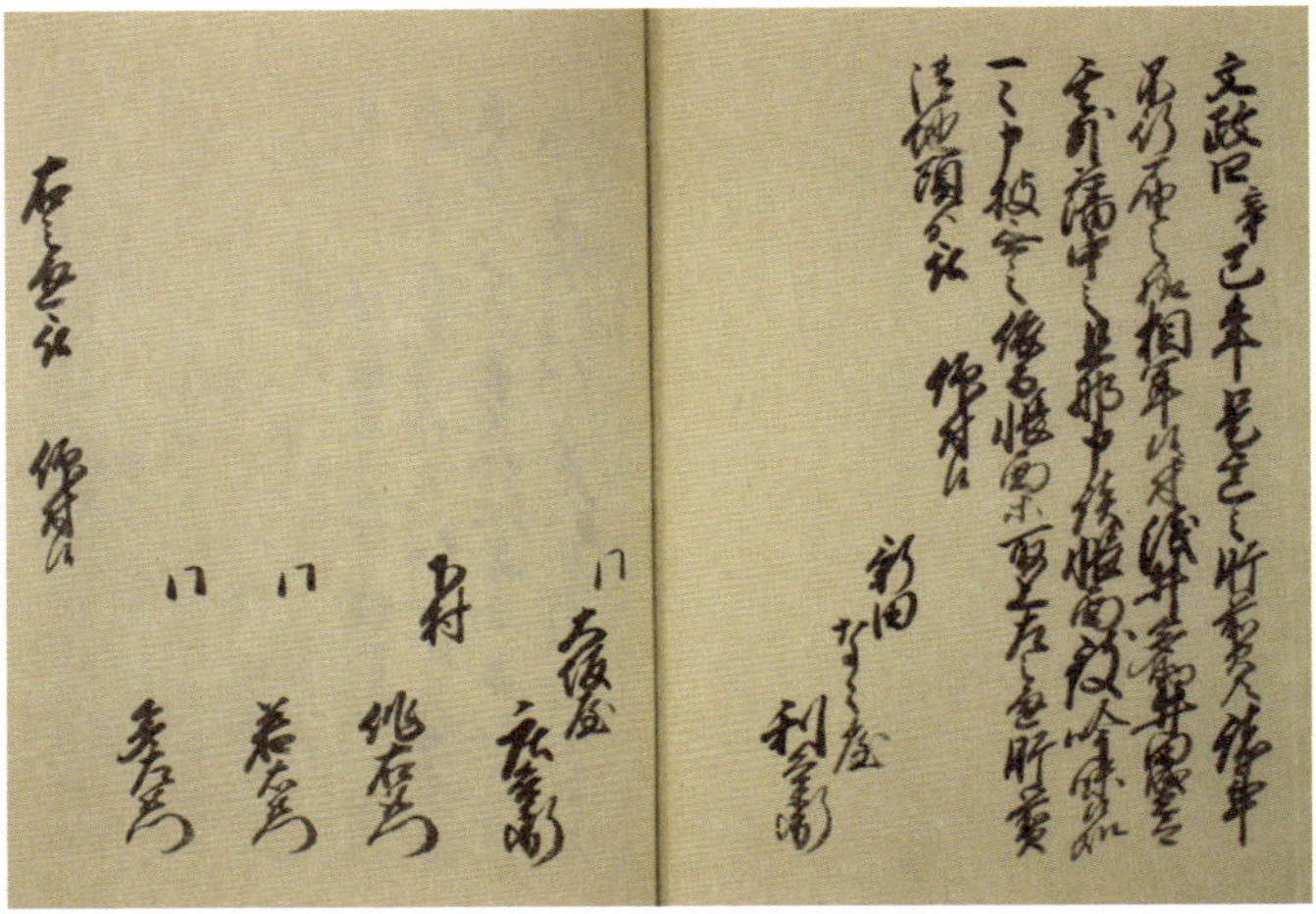
写真４　「什物帳」（称念寺蔵）

*信太郷太村の菩提寺（浄土宗）には、伯太藩家臣の岩附家・林家・宮崎家の位牌が安置されている。藩内にはさまざまな宗派の武士がいたようで、陣屋元村周辺の他村寺院を檀那寺とする家もあったようだ。

さらにこの後ろに写された称念寺の修復に関わる檀中と大工が争論した時の史料によると、称念寺の檀家内だけでも三人の大工が登場する。伯太村には複数の大工職人がいたようだ。近代の伯太村では桐箪笥製造が盛んになるが、その基盤にはこうした大工職人の存在があったのかもしれない。称念寺など伯太村の檀那寺は、下村の百姓だけでなく、武士や新田町の商工業者、大工など、陣屋元村内の多様な人びとを檀家に抱えたのである。

もう一つ、氏子組織である下の宮の座についてもみておこう。嘉永二（一八四九）年の「荘厳《しょうごん》御《お》膳廻《ぜんまわ》り記録」（伯太天神団所蔵）によると、下の宮座では、毎年正月一八日に天神社へ御膳を供え、座衆《ざしゅう》らも「荘厳膳」と呼ばれる会食を催していた。この行事には座家の戸主が出席したようである（一部に女性戸主を含む）。では、座にはどのような家が参加したのだろうか。この時期の座衆名前書によると、座衆の家数は五〇軒ほど（村の約半数）であり、記載順には一定の秩序が読み取れる。筆頭には庄屋青木甚左衛門、次に「宮年寄《みやどしより》」三名（支配人や肝煎とも）や「中老主」が続き、それ以下は年齢順に列挙されているようだ。座衆の一部には、「ならや」の屋号を持つ者や、「新田」の肩書を持つ者がいる一方で、宮年寄三名は下村の小字である森出《もりで》や下出《しもで》に居住している。また、「山大利」や「大利」という名前は、同時期の「修覆《しゅうふく》入用覚」という帳面に登場する「新田大工利兵衛」の略称であろう。つまり、座家の家々は村内の一部に限定されているが、その範囲は下村と新田町にまたがっていた。こうした宮座や檀家組織の位相にも、陣屋・新田町・下村それぞれの社会を内包した陣屋元「村」としての姿が色濃くうかがえるのである。

なお、近世後期になると、陣屋内部で召し使われる陣屋奉公人の内実にも、陣屋元村や周辺村との密接な関係がうかがえるようになる。もともと伯太藩の奉公人は、領内百姓から奉公希望者を募り、当人の年貢納入と奉公給銀を相殺《そうさい》するというシステムで確保されていた。しかし一八世紀半ばには、村むらでの農家奉公などとの競合で陣屋奉公の希望者が激減するようになり、郷単位に一定数を徴発するシステムへと転換される。徴発人数を通達された郷内では、奉公人を出す「出村」を籤引《くじび》きなどで選ぶものの、実際には伯太村や黒鳥辻村・郷庄の零細百姓らが現銀収入を求めて他郷や他村の代替《だいたい》奉公に出るケースが増加していく。このように、伯太村や黒鳥辻村には、ほかの伯太藩領村むらとは異なる陣屋元地域としての対応や生業のあり方がみてとれる。享保期の大坂定番退任をうけて建設された伯太陣屋は、伯太村や近接する黒鳥辻村の村落社会との関係をより一層深めるなかで、明治四（一八七一）年七月の廃藩置県を迎えたのである。

本章では、信太山丘陵の西側に展開した黒鳥村と伯太村の展開を紹介してきた。ともに信太郷と同様に丘陵縁辺に位置し、丘陵における立木・下草の用益や、その内部に築いた溜池によって農業生産を行っていた。それゆえに、一七世紀中期には、山の用益や開発が進むにつれて、境界をめぐる対立を生ずることになった。一方、下台や平野部に広がる耕地は、槇尾川水系に拠っており、信太郷とは別の村むらとの社会関係をもっていた。黒鳥村や伯太村は、こうした両世界が交差する場に展開していたのである。

また、隣接する村でありながら、ひとつの生活共同体から出発し陣屋元村となることで百姓集落と新田村（町場）、武家集住地を包括することとなった伯太村、内部に三つの生活共同体（のち四つに）を含み、それらが農業（水利や山の用益）や諸営業の条件を異にし、競合関係にもなった黒鳥村、というように相互に固有の展開をたどった。一方で、陣屋元村の伯太村に求められた機能の一定部分は黒鳥辻村によっても分有されたのである。それは、詳細は不明ながら、黒鳥辻村での農業や諸営業のあり方にも影響を与えたのではなかろうか。また伯太村は、同じ小栗街道沿いに位置する信太郷の村むらとは異なる、独自の都市的な発展を遂げていくことになる。

＊　＊　＊　＊

第4章　南王子村の確立と展開

　王子村内の除地《じょち》に居住するかわたに、一七世紀中ごろ上泉郷《かみいずみごう》の出作《しゅっさく》王子村が切り分けられたことは、「一《いっ》村立《そんだて》のかわた村」成立の第一段階であった（第2章参照）。しかし「一村立の村」としての確立には、元禄《げんろく》一一（一六九八）年の居村移転と、享保《きょうほう》一四（一七二九）年の水利権確保が重要な意味をもった。その後南王子村は、村方騒動を経験し、独自の村落構造を展開させていく。本章ではこの経過を順にみていこう。*

＊一七世紀中期以降、かわた村は「王子村」・「王子皮田《かわた》村」などと呼ばれ、貞享《じょうきょう》三（一六八六）年から南王子村という名称になった。本章ではこの年以前の事柄にも言及するが、煩雑となるので、一貫して南王子村と表記する。なお、本章では、特記しない限り奥田家文書を用いて叙述した。

1　南王子村の確立　—元禄一一年の移転をめぐって—

　一七世紀初頭のかわたの人びとは、王子村内の除地《じょち》に住み、その周辺に一〇〇石以上の田畑を所持していた。彼らの所持地は、上泉郷との境界周辺に多く存在していた。これは、近隣村むらの百姓たちよりも遅れて田畑耕作に乗り出したかわたたちが、生産条件が悪く、放棄されていた地面の耕地化に励んだ結果であると考えられる。

　一七世紀中期の「出作」切り分けにおいて、上泉郷出作王子村はかわたに切り分けられた。これによって村高を公認された村請制《むらうけせい》村となり、かわた身分の庄屋・年寄を擁するようになったのである。しかし元禄一一年まで、彼らは王子村の村役人が管轄する王子村内の除地に居住していた。

惣ノ池をめぐる問題の所在　―両村の延宝検地帳―

かわたたちが居宅を移転させた背景には、惣《そう》ノ池《いけ》をめぐる王子村との争いがあった。王子村は惣ノ池の支配権を確保するために、貞享三（一六八六）年以降繰り返し南王子村に干渉するようになり、元禄一〇（一六九七）年には南王子村を王子村の枝郷《えだごう》にしようとする動きにまで発展した。このため南王子村の人びとは、王子村内の除地を立ち退くことを決めたのである。

そこでまず、惣ノ池をめぐる問題を整理しておこう。一七世紀中期ごろ、惣ノ池・今池からの用水には、王子村に向かう北溝が三、南王子村に向かう南溝が七という分水比率があったようだが、公的に確認されたものではなかった。また惣ノ池の帰属もはっきりしておらず、一七世紀中は前代からの慣行によって両村が利用する状況にあった。

こうしたなか、延宝《えんぽう》期に畿内八ヶ国などの幕領で一斉に検地が実施され、当時幕領であった両村も同七（一六七九）年に検地を受けている。王子村は、石川若狭守《いしかわわかさのかみ》（伊勢神戸《かんべ》藩）による検地を受けて二七五石余から三一五石余に、南王子村は岡部内膳正《おかべないぜんのかみ》（岸和田藩）による検地を受けて一四六石余から一四二石余と、それぞれ村高が変化した。検地奉行は、当時の代官支配によってふりわけられたため、隣り合う両村でも奉行は

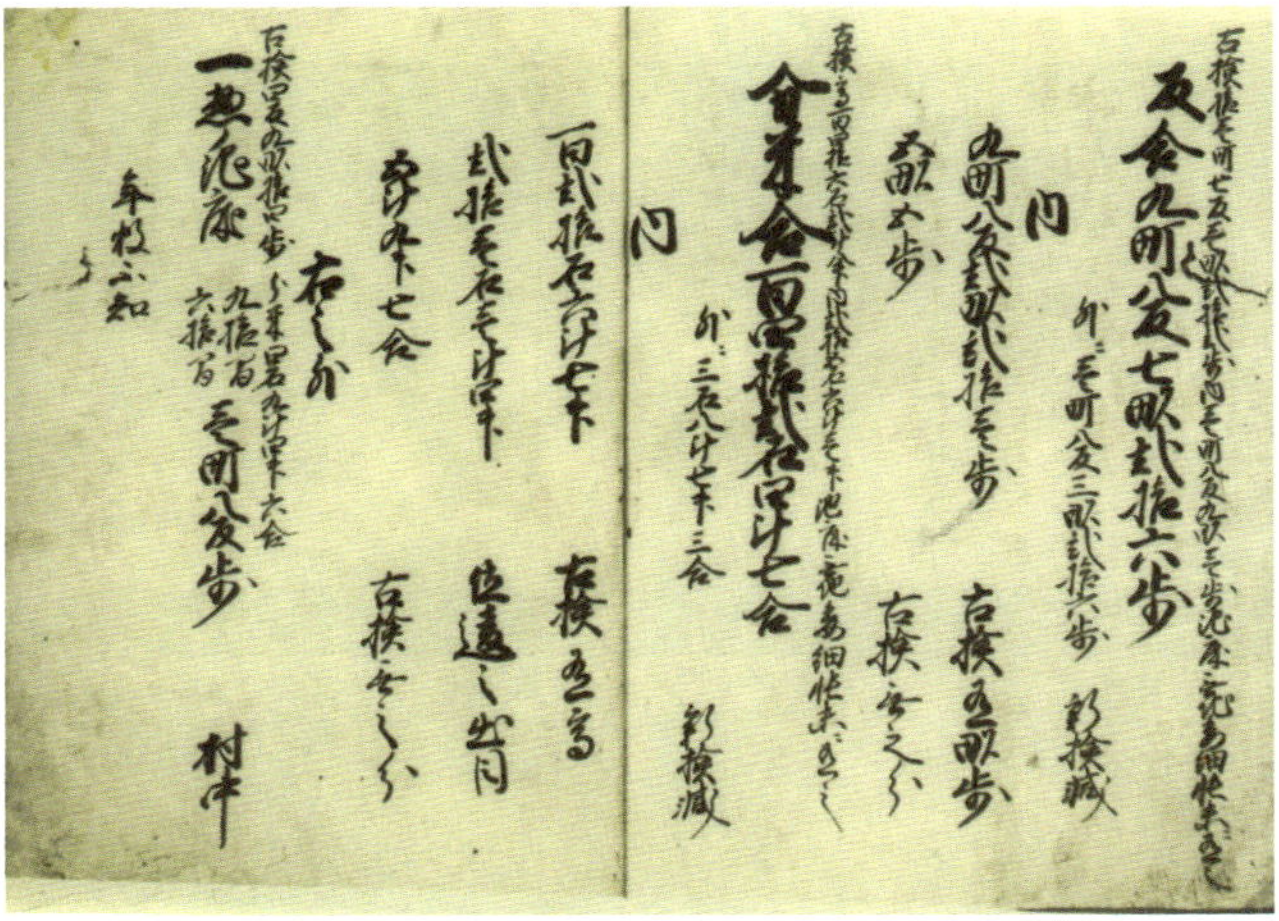

写真５　「（南）王子村延宝検地帳」のうち惣ノ池の記載（奥田家文書）

（南）王子村延宝検地帳　検地惣奉行：岡部内膳正内宮﨑清兵衛ほか

池名	縦×横（間）	池床面積	（管理主体）	古検の記載
惣ノ池	90×60	1町8反歩	村中（南王子村）	古検4反9畝14歩　分米4.946石
一ノ池	25×8	6畝20歩	村中（南王子村）	–
二ノ池	28×11	1反8歩	村中（南王子村）	–
三ノ池	17×10	5畝20歩	村中（南王子村）	–
四ノ池	40×8	1反20歩	村中（南王子村）	–

王子村延宝検地帳　検地惣奉行：石川若狭守内伊藤佐太夫ほか

池名	縦×横（間）	池床面積	（管理主体）	古検の記載
鷹池	33×22	2反4畝6歩	（王子村）	古検1反3畝12歩　分米1.6石
渡池	105×19	6反6畝15歩	（王子村）	古検5畝歩　分米0.56石
右衛門池	50×13.3	2反2畝15歩	（王子村）	–
惣之池	104×60	2町8畝歩	王子村・穢多村立会	–
かわ池	32×9.5	1反14歩	（王子村）	–
さゝら池	31×16	1反6畝16歩	（王子村）	–
宮谷上池	46×13	1反9畝28歩	（王子村）	–
宮谷下池	75×15	3反7畝15歩	（王子村）	–
摺鉢池	66×21	4反6畝6歩	（王子村）	–
尼か池	100×22	7反3畝10歩	（王子村）	–
瓢箪池	73×20	4反8畝20歩	（王子村）	–
今池	88×36.3	1町7畝2歩	王子村・穢多村立会	–

表24　延宝検地帳に記載された南王子村と王子村の池

異なっていた。

延宝検地帳には、各村に帰属する池も書き上げられている（表24・写真5）。南王子村には、「村中」、すなわち南王子村の池として五つが書き上げられている。なかでも惣ノ池は規模が大きく、古検《こけん》時の面積と分米《ぶんまい》（高）が唯一記されている。古検とは、太閤検地（文禄検地）を指し、そのころから惣ノ池があり、古い検地帳にも書き上げがあることを意味する。ほかの四つの池は、惣ノ池よりも南の、伯太山《はかたやま》内の谷筋にあり、検地から六年後の貞享二（一六八五）年には破損し、その後字新宮谷の新開〇・七二六石となった（新宮谷は、第2章図6で最も北側の谷筋のこと）。

一方、王子村の検地帳には一二の池が書き上げられ、このうち惣ノ池と今池は「王子村・穢多《えた》村立会」とされている。一二の池のなかでも、惣ノ池と今池の規模は際立って大きい。惣ノ池については、南王子村の帳面に記される規模とは異なるが、当然同じ池である。残る一〇の池は、王子村が単独で持つ池である。このうち尼《あま》か池・瓢箪《ひょうたん》池・摺鉢《すりばち》池・右衛門池・渡《わたし》池の五池は、惣ノ池と同じ谷筋の上手にあった（第2章図9）。これらの池水を利用するためにも、惣ノ池は王子村にとって欠かせない池であった。

このように、惣ノ池に関して、それぞれの検地帳では異なる記載がなされている。Ⅰ南王子村は惣ノ池を南王子村のもの、王子村は王子村と南王子村の立会とし、Ⅱ惣ノ池の古検の記載は、王子村の検地帳にはなく、南王子村の検地帳にはある、という二点である。つまり両村の検地帳を並べた場合、南王子村の方がより強い権限を惣ノ池に対して有するように見える。

二点の違いは、王子村が当時の認識をありのまま検地奉行に申告したのに対し、弱い立場にあった南王子村が、自分たちに有利になるように申し述べた結果ではないかと考えられる。後で述べるように、一七世紀末には、王子村は南王子村検地帳の古検記載を何とか抹消できないかと苦心するのだが、検地を受ける段階で特に行動を起こしていない。現状を変える必要を感じていなかったのだろう。一方南王子村は、惣ノ池に対する権利を確固たるものとすべく、「南王子村の池である」と検地奉行に申告したのではないだろうか。だが、両村の検地奉行が異なったため、この大きな違いはそのまま検地帳に書き上げられた。問題が表面化することのないまま、南王子村に有利な記載が検地帳に記されたのである。しかし、郷帳や検地帳などの公的帳面が重視される江戸時代において、南王子村検地帳に惣ノ池の古検記載があり、「村中」の池、と記されたことは、その後大きな意味をもつことになった。

検地帳の記載をめぐって

延宝検地から七年後の貞享《じょうきょう》三（一六八六）年、王子村と南王子村は、ともに武蔵国《むさしのくに》岩槻藩《いわつきはん》松平《まつだいら》伊賀守《いがのかみ》の領

写真6　現在の惣ノ池（惣ヶ池）

地となった。これ以前は両村とも幕府領だったが、代官が異なったため、王子村があからさまな行動に出ることはなかったが、この年以降、惣ノ池をめぐり両村の関係には緊張が生じるようになった。

なかでも元禄八（一六九五）年に王子村が要求した二つの事柄は、問題の本質に関わるものである。この年、太《たい》村・上《かみ》村と、王子村の間で、渡池をめぐる争論が生じていた。その内容は、王子村の渡池周辺に二村の田畑があり、洪水の際に池水が掛かって二村が難儀するというものであった。この争論中、王子村は南王子村に対して渡池の論所に番を出すように、さらに争論の経費も負担せよと、強く求めたのである。渡池は王子村の池であるから、南王子村が負担する道理はない（用水利用の論理）と、南王子村は断ったが、王子村は「王子村内に居住しているからには、出すように」（村領の論理）と強く迫り、やむなく南王子村はこれを負担した。江戸時代の「村領」は、田地一枚を個々人が所持するのとは異なる次元で、「村に帰属する領域」であり、その村の庄屋が管理する土地であった（第2章参照）。「王子村内に居住するからには…」という王子村側の論理は、江戸時代に広く共有された考え方であり、拒否することのできないものであった。

この年、王子村は南王子村に対して「南王子村の検地帳に記載されている惣ノ池の古検高は新宮谷の永荒《えいあれ》高をつけ間違えたものだ、という一札を王子村に宛てて書くように。書かない場合は南王子村の検地帳にある惣ノ池古検高を抹消するので、検地帳を差し出すように」とも要求した。王子村が古検の記載にこだわるのは、公的な場で惣ノ池をめぐる争論となった場合、南王子村に有利にはたらくためで、それを何とか無効にしようとしたのである。どちらの要求も南王子村にとって承知できるものではなかったが、拒否することはできず、検地帳を書き換えられてしまうよりは良いと判断し、やむなく一札を差し出すことにした。おそらくこの直前に、王子村は南王子村の延宝検地帳に惣ノ池古検《こけん》高が記載されている、という事実を掴《つか》んだのだろう。

歴史的経緯を考えると、確かに王子村の検地帳にはない惣ノ池の古検記載が、南王子村の検地帳にある、という事実はやや不可解な点もあるように思われる。惣ノ池は信太明神社境内地として除地の扱いを受けている信太山内にあり、信太山は事実上信太郷七ヶ村の立会山であった。七ヶ村のなかで惣ノ池を利用していた王子村（信太郷）の検地帳に古検記載がないにも関わらず、元は上泉郷出作王子村である南王子村の検地帳に文禄検地の段階で惣ノ池の池床《いけどこ》が書き上げられた可能性は低い。むしろ王子村が言うように、上泉郷内にある新宮谷の荒高《あれだか》の可能性が高いのではないかと思われる。とすれば、延宝検地の際に惣ノ池を確保したい南王子村が検地奉行に意図的に申し出たことになる。王子村よりも弱い立場にあった南王子村が、そうした行為をとっても不思議ではない。

このあたりの真相はよくわからないが、惣ノ池は両村にとってどうしても確保しなければならない池であり、双方が自村に有利な論理・証拠を可能な限り駆使しながら争っていた。その意味においては対等に争っていたのである。

また第2章でみたように、一七世紀後期まで信太山内の用益は、主体と、用益の内容が異なりながら、重複して展開していた。それが次第に空間で区切られ、各村の領域として明確にされていった。惣ノ池をめぐる王子村と南王子村の関係も、中世以来の重複する権利関係が一七世紀に整理されていく過程として考える必要があろう。

元禄一〇年の王子村による枝郷化運動

さらに二年後の元禄一〇（一六九七）年、決定的な事件が生じた。領主交代の間隙《かんげき》を狙って、王子村が南王子村の枝郷化を目論《もくろ》み、あと一歩で実現される事態にまで至ったのである。

領主交代の際は、幕領代官が前領主より領地を収公し、新領主に渡すという手順を踏む。この年武蔵岩槻藩の松平伊賀守が転封《てんぷう》となり、新しく小笠原佐渡守が藩主となる。これにともなって、五月六日に幕領代官小野朝之丞が伊賀守支配地を収公《しゅうこう》するため、泉州に足を運んでいる。

代官の小野は当初、南王子村をひとつの村として扱っていたが、王子村の庄屋左次兵衛《さじべえ》がその下役人に取り入り、五月二一日以降、事態は大きく転換した。下役人が、南王子村に対して「南王子村の村高一四〇石余は左次兵衛が捌《さば》くことに決まったので、検地帳やその他の諸帳面を左次兵衛に渡すように」と通達したのである。これに納得できずに「あらためて詮議《せんぎ》していただきたい」と強く申し入れた南王子村の庄屋太兵衛と年寄弥右衛門には、五月二七日に手鎖が申し付けられた。六月に入って、左次兵衛が南王子村の宗旨《しゅうし》改《あらため》帳・五人組帳を作成し、しかも庄屋・年寄の名を除き、南王子村の別の百姓を年寄に仕立てたものを役人に提出している。つまり南王子村に庄屋は存在せず、王子村支配の枝郷であることを示す帳面が作成され、提出されたのである。

しかし南王子村の危機は、唐突に解決された。同じころ、京都町奉行所からの触書が村むらの間で順達された際に、左次兵衛は南王子村を「王子村之内穢多村」として受け取った旨を書き記し、次の村へ廻した。これは左次兵衛にとっては、当然の行為であった。しかしこれを新領地の廻村を行っていた小笠原佐渡守の家臣が、府中村の宿で偶然目にしたのである。小笠原家の家臣らは、「幕府から渡された領地目録には二八村とあるのに、南王子村ではなく「王子村之内穢多村」となれば、一村欠けることになる。それは畏《おそ》れ多い

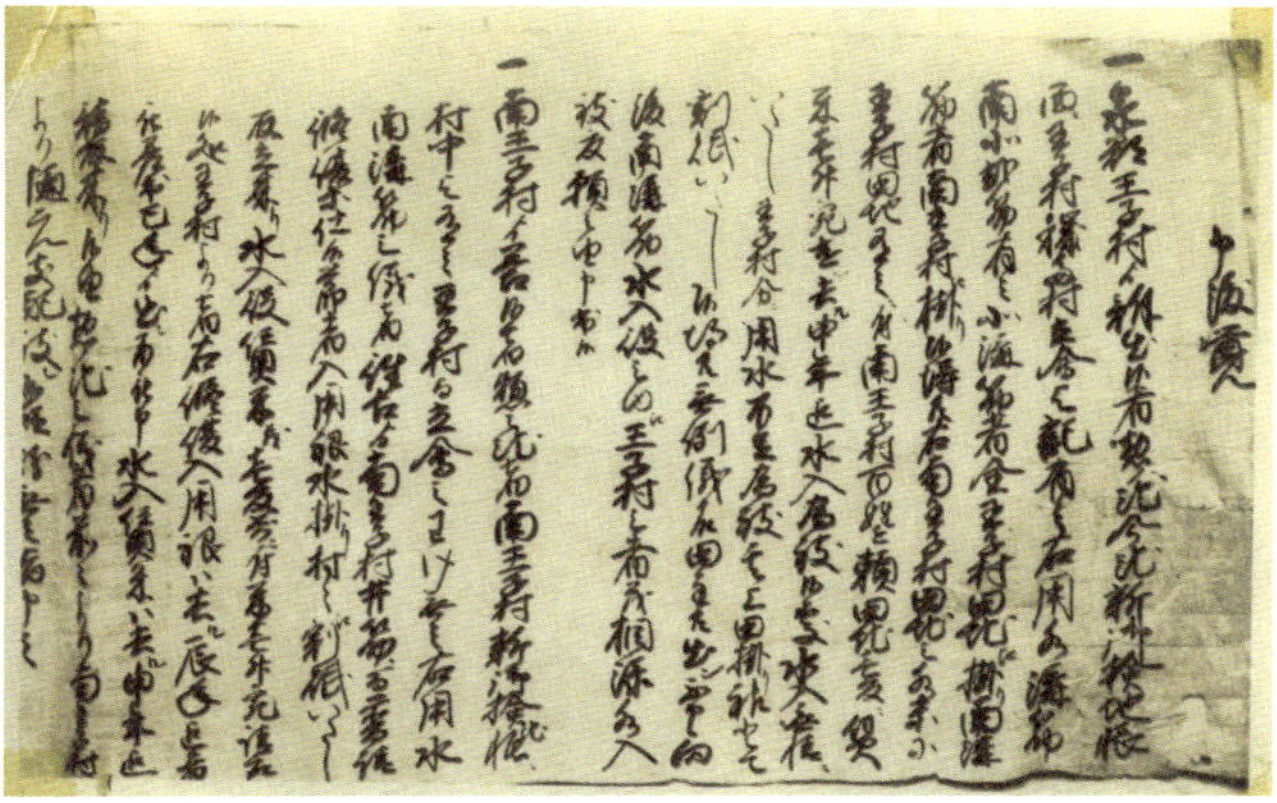

写真７　惣ノ池争論の裁許「申渡覚」（奥田家文書）

ことだ」と問題にし、主謀者である左次兵衛を詮議のうえ、王子村の庄屋役を罷免し、十右衛門（左次兵衛の従弟）をその役に新しく任じた。また手鎖となっていた南王子村の二人も七月初旬には釈放されている。

王子村が、自村を本村とし、南王子村を枝郷にしようと目論む真意は、惣ノ池問題にあった。枝郷となれば、南王子村の検地帳も王子村の庄屋が管理することになり、惣ノ池も自動的に王子村庄屋の管理下に置くことができるからである。南王子村の人びとにとっては、このまま王子村内に居住していては、枝郷とされる口実を与えることにもなりかねない。そのため、この翌年に南王子村の人びとは王子村内の除地にあった屋敷を立ち退き、南王子村内に移転することを決意したのである。

移転すると簡単にいっても、新しく屋敷を建てる場所は、もともと田地であったから、その分の収穫を失い、かつその年貢を負担しなければならなくなる。また王子村内の除地（元の屋敷地）も、その後すべて王子村の小字《こあざ》「古屋敷《ふるやしき》」として五石余（面積三反八畝二八歩）の高付けがなされ、除地ではなくなったため、その分の年貢も負担しなければならない。これらの負担を押してでも、居村移転を決意させるほど、元禄一〇年の一件は南王子村にとって大きな事件であった。

享保一四年の惣ノ池をめぐる裁許

王子村を立ち退くことは、枝郷化の動きを封ずるとともに、「王子村内に居住しているからには、王子村庄屋の意向に従うべきだ」という王子村の論理（人別支配の論理）を否定する意味をもった。しかし、それで惣ノ池をめぐる王子村との対立が根本的に解決するわけではない。

そのため小競り合いは続き、享保五（一七二〇）年には惣ノ池の脇樋《わきひ》普請をめぐって王子村と争論が起こった。南王子村が惣ノ池の普請を日中行っていたところ、王子村が南王子村に無断で夜中に普請をしてしまったのである。しかしこの年には代官の交代もあり、詮議は進まなかったようだ。同じ年に行われた代官廻村の際には、王子村の庄屋・年寄が南王子村の庄屋・年寄を差し置いて南王子村の田地を案内するという事件も起こった。これは南王子村が枝郷であるという王子村によるパフォーマンスであったから、南王子村から非法であると訴え、事なきを得た。

このような緊張した状況はその後もつづき、ついに享保一四（一七二九）年六月に、全面的な水論として代官所で争われることになった。争点は、惣ノ池の支配権はどちらの村にあるのか、である。このときも検地帳の記載が問題となった。惣ノ池の管理主体を「村中」とする南王子村検地帳の記載について、王子村は、「延宝検地当時は、王子村内にかわたが居住していたので、王子村とかわたの両者を意味している」と主張した。あわせて元禄八（一六九五）年に南王子村に書かせた一札も、王子村は証拠として提出している。しかし、代官所はこれについては「検地帳に優越するものではない」として採用しなかった。詮議の結果、代官所は惣ノ池・今池の用水は王子村・南王子村の立会とし、樋元《ひもと》の支配権は、惣ノ池は南王子村、今池は王子村に認める裁許を下した（写真7）。なお今池の樋については争点ではなかった。あわせて新しく北溝と南溝の分水比率が定められている。南王子村は、古くは南溝七対北溝三であったと申し立てたが、代官所は現在の水掛《みずかかり》田地の面積に応じて、南溝六対北溝四と定め、分水木《ぶんすいぼく》の設置を府中村の庄屋五郎右衛門と太村の庄屋太兵衛に申し付けた。

以上の代官所の決定によって、惣ノ池の樋元支配権は南王子村にあることが公的に認定された。北溝・南溝の分水比率に関しては当初の南王子村の主張よりも後退したが、水掛田地の割合に応じて決定されたことは妥当であったといえよう。この裁許は、王子村・南王子村双方にとって、惣ノ池に対する権利関係が初めて公式に確認されたものであり、多少の不満は残ったにせよ、それによって「両村立会」であることが確定したのである。

正保四（一六四七）年ごろの出作切り分けから、元禄一一（一六九八）年の村領への移転（集落と村領の一体化）、さらに享保一四年の惣ノ池樋元支配権の確定を経ることにより、村領も水利権も確保し、南王子村はようやく「一村立の村」として安定的に存立する外的条件を手にしたのである。

一八世紀初頭の南王子村

貞享五（元禄元・一六八八）年に、伯太村から村領に関する申し入れを受けて、南王子村では村方申合《むらかたもうしあわせ》が作成された（第2章参照）。そこでは、村に迷惑をかける行為が何よりも忌避《きひ》されており、五人組を通じて徹底した取り締まりを行うことになった。この時期から、王子村との緊張関係が強まったため、王子村に付け入る隙《すき》を与えることは、避けなければならなかった。そのため、こうした村内の統制を強化する方針は享保期まで持続する。

しかし、村内の足並みがそろっていたわけではなかった。たとえば、西教寺《さいきょうじ》の住持教忍《きょうにん》（又は教恩）である。南王子村唯一のこの寺は、寛文一〇（一六七〇）年に寺号が免許された、村が差配する惣道場《そうどうじょう》であった。しかし元禄元年から宝永二年ごろ（一六八八～一七〇五）まで住持を務めていた教忍は、西教寺を自庵《じあん》（住持が寺に対する権限をもつ寺）にしようと試み、しばしば村と対立していた。

王子村と水論が行われていた享保期にも、別の問題が確認できる。享保一四（一七二九）年一〇月下旬から一二月下旬まで、南王子村は王子村を警戒して、惣ノ池に昼夜番をおいていた。これは田地に関わる問題だったのでまずは「百姓分」（＝高持）が交代で務めることが義務づけられ、村格にも関わる問題であったから無高の者も助け番として出ることが決まっていた（当時すでに村内の半数以上が無高である）。しかし太左衛門（高持）と八郎右衛門（無高）はこの番を怠ったため、村は謝り証文と過料《かりょう》銀一〇匁を差し出させている。その証文には、「今後村でどのようなことが起こっても、村で決めたことを守り、決して背かない」と、村に従う意向が明確に述べられている。二人は、惣ノ池の番に限らず、さまざまな規制をともなう村のあり方に日常的に反発していたのだろう。

村に迷惑をかけた場合、後年に比べ、より強い罰則が与えられていたと思われる節もある。享保一六（一七三一）年の年末に、村の約三分の二にあたる六二軒と、村の郷蔵《ごうぐら》が焼失する火事が起こった。火元となった長左衛門は直後に行方不明となるが、享保二〇（一七三五）年に村へ帰ろうとしている。これに対し、村は、火元となったことではなく、そもそも長左衛門とその母は日ごろから素行が悪かったとして、帰参《きさん》願を断った。しかし、村の真意は、やはり村方の半数以上を焼いた火事の火元となったことを重く見ているのである。この断書きに、庄屋・年寄だけでなく、三三人の百姓が連印していることも注目される。この三三人は高持全員であると考えられ、彼らの総意として長左衛門の帰村を拒絶したのである。なお南王子村では、一八世紀中期以降は火事の火元となった場合、西教寺に駆け込み、反省の意志を示せば、村から赦《ゆる》されていることが確認できる。

このように、一六八〇年ごろから一七三〇年ごろまでの南王子村では、村内に強い統制をしいていた。これは、何よりも「一村立」の村格維持のためであり、村の大方は納得していたのだろう。異論が生じること

年	西暦	総軒数（軒）			五人組組数	総人口（人）			
			高持	無高			男	女	出家
慶長9年	1604	信太郷王子村内の土地の名請人　28人							
延宝7年	1679	上泉郷出作王子村の名請人　約40人							
元禄元年	1688	58			11				
元禄8年	1695	死牛馬取捌権利者　24人							
宝永元年	1704	75前後							
正徳3年	1713	93	35	58		403	203	199	1
享保8年	1723	93			19				
元文3年	1738	106				520	282	238	1
寛延3年	1750	134	56	78		661	307	351	3
寛政4年	1792	203	86	117	31カ	909	474	435	1
天保7年	1836	333	87	246	33カ	1784	910	873	1
安政6年	1859	347	78	269	24	1990	995	1029	6

表25　南王子村の家数・人口変遷　総人口には、出家を含む年とそうでない年がある。また安政6年は計算が合わない（実数は男955人）。いずれも史料のまま表記した。

もあっただろうが、王子村との緊張が日常的にあったこのころは、それを表立って行動に移すことは難しかったと思われる。だが、元文元《げんぶん》（一七三六）年以降、南王子村では庄屋がたびたび交代し、村方騒動が発生していく。これは、惣ノ池の水利権を確保した後に、それまでの村のあり方に対する反発が高じたためと考えられる。この点については、第3節でみることにする。

2　南王子村のイエ

南王子村は、周辺の百姓村とは異なり、かわた村特有のあり方をみせる。その特徴は、人口の激増と、イエの不安定さ、かわた村間の広域ネットワークの存在などである。本節では、この点に焦点をあてて、一八世紀中期の南王子村の様子をみていくことにしよう。

末子相続と分家・同家

一八世紀初頭の南王子村は、総戸数八〇戸・人口四〇〇人程度の規模であったが、幕末には約三五〇戸・二〇〇〇人にまで増加した（表25）。とくに一八世紀後期以降は、激増していく。家数の増加は、ほぼ無高の増加であり、この点は南王子村の村落構造に大きな影響を及ぼしていく

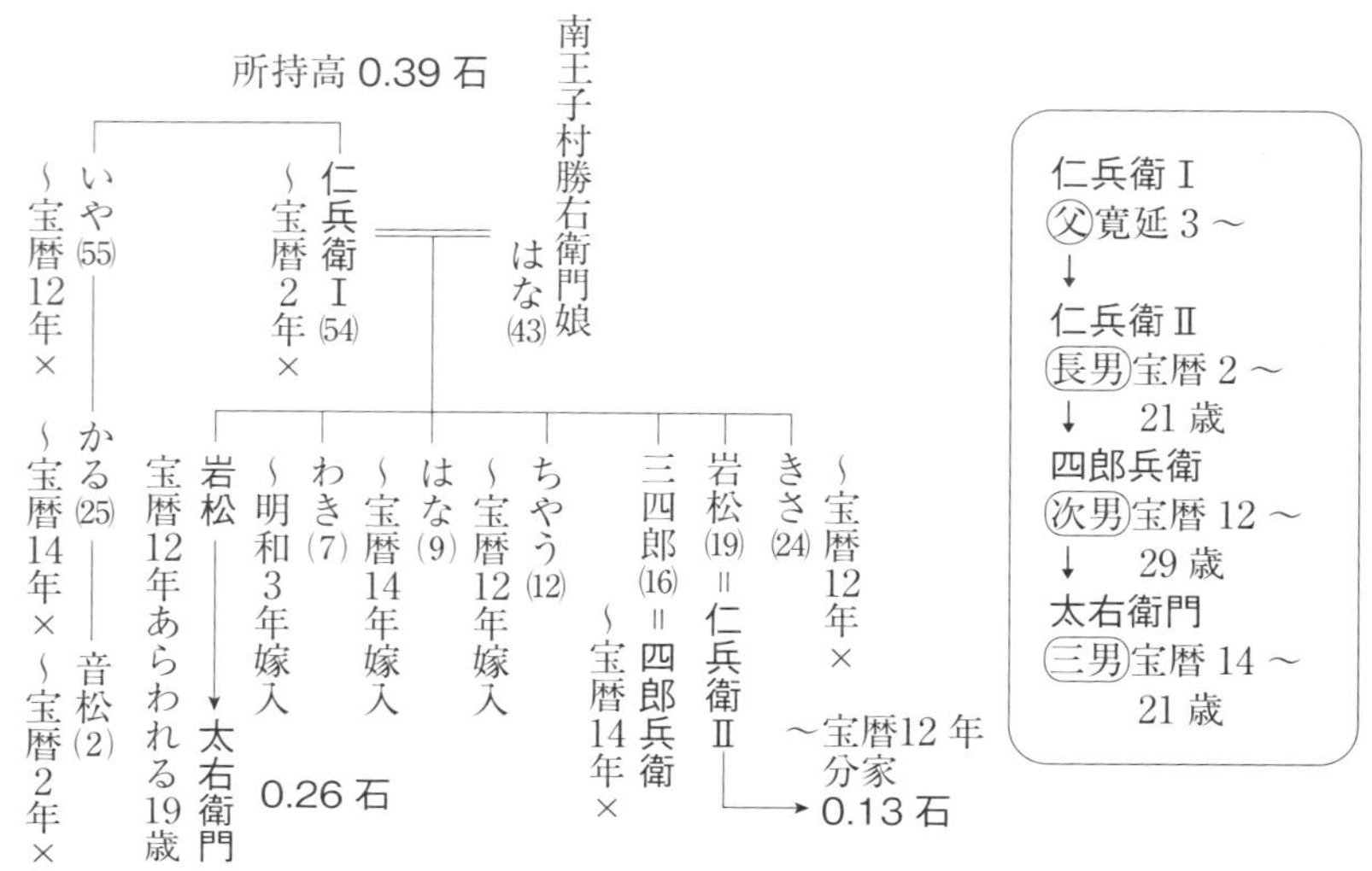

図19　仁兵衛「家」（　）内は、岩松（太右衛門）を除き、全て寛延3（1750）年時の年齢。

ことになる。

他方で、陣屋《じんや》の置かれた伯太村などを除けば、信太地域周辺の村むらは江戸時代を通じて人口が停滞傾向にあったと考えられる。一般に百姓村では、一七世紀後期に家名《かめい》・家産《かさん》・家職《かしょく》を揃《そろ》って長子《ちょうし》に相続する「家」が、小百姓層も含めて広く見られるようになると指摘されている。そうした場合、当然家数が急激に増加することはなく、分家の創出も容易ではない。これに対して、人口が増加し続ける南王子村での家数増加は、ほとんどが分家によっており、その相続形態は末子《まっし》相続が多かった。

末子相続は、成人した長男から順に分家していき、最後に残った末子が家を相続する形態である。具体的な例を挙げよう。一八世紀中期の仁兵衛家の場合、寛延《かんえん》三（一七五〇）年の時点で、五四歳の仁兵衛（Ⅰ）には二人の息子（岩松と三四郎）がいた（図19）。人別帳において「家」の最初に書かれる人物を名前人というが、仁兵衛家では、宝暦二（一七五二）年には仁兵衛が死去し、岩松が仁兵衛（Ⅱ）として名前人になっている。この時点では長男が家を相続したように見えるが、宝暦一二（一七六二）年までに仁兵衛（Ⅱ）は、父が所持していた〇・三九石から〇・一三石を分けられて、分家する。そのため元の家は、宝暦一二年には四郎兵衛（三四郎）が名前人と

年	西暦	A	B	C	D	E
寛延３年	1748	仁兵衛(54)		又右衛門(47)	四郎兵衛(52)	
宝暦２年	1752	仁兵衛(21)		〃　(49)	〃　(54)	太右衛門(30)
宝暦４年	1754	〃　(23)		〃　(51)	四郎兵衛(19)	〃　(34)
宝暦12年	1762	四郎兵衛(29)	仁兵衛(38)	〃　(61)	伊兵衛　(27)	太右衛門後家
宝暦14年	1764	太右衛門(21)	〃　(39)	四郎兵衛(31)	〃　(29)	〃
明和３年	1766	〃　(22)	〃　(42)	〃　(33)	〃　(31)	〃
明和５年	1768	〃　(24)	〃　(44)	〃　(34)	〃　(31)	〃
明和７年	1770	〃　(26)	〃　(46)	〃　(36)	〃　(33)	〃
明和９年	1772	太四郎　(28)	〃　(48)	〃　(38)	〃　(35)	〃
安永３年	1774	〃　(30)	←同家	〃　(40)	〃　(37)	〃
安永５年	1776	〃　(32)	仁兵衛(18)	〃　(42)	〃　(39)	〃
安永９年	1780	〃　(36)	〃　(22)	〃　(46)	〃　(48)	惣吉　(18)
天明２年	1782	太右衛門(38)	〃　(23)	〃　(48)	〃　(50)	〃　(20)

表26　南王子村の名前人推移　（　）内は年齢。数値が合わない箇所は史料のままとした。同色は、同一人物。

なっている。しかし同一四（一七六四）年までに四郎兵衛は又右衛門の家に養子に入り、宝暦一二年から人別帳に登場した岩松（三男ヵ）が太右衛門を名乗って、名前人となっている（表26参照）。もとからあった仁兵衛（Ⅰ）の家がA、分家した長男・仁兵衛（Ⅱ）の家がB、Cは四郎兵衛が養子に入った又右衛門の家である。仁兵衛（Ⅰ）の相続は、親の名前と三分の一の所持高は長男に、三分の二の所持高は三男に譲られたことになる。

南王子村の人別帳を見る限り、こうした末子相続が半数以上の家で行われているが、名前や財産がどのように受け継がれるかは一律ではない。また多産多死のため結果的に単独相続となる家もあり、相続のあり方は多様である。ともあれ、南王子村では毎年一定数の分家が生み出されつづけ、家数が増加していった。しかし分家しても安定した生活が営めたわけではない。数年で元の家に同家したり、名前人が死亡したため妻が子を連れて実家に同家したり、離縁のうえそれぞれ実家に戻ったり、とさまざまな事例がある。母子で別の家に同家している場合、子どもの成長後に母を連れて分家する事例も多い。このように、村全体としてみると、分家・同家を繰り返す流動的な側面を多分に含んでいたのである。

Bの仁兵衛家も、安永二（一七七三）年の疫癘によって仁兵衛（Ⅱ）夫婦が死去したため、安永三（一七七四）年にはその息子三人がAの太四郎家に同家している。そして安永五（一七七六）年には仁兵衛（Ⅱ）の長男伊八が、仁兵衛（Ⅲ）として弟を連れて分家している。

このように末子相続が多く行われると、家の名前人が頻繁に交代することになる。表26には、仁兵衛家（図19）に登場する名前と重なる家を挙げたが、Dと仁兵衛家には親戚関係はない。EはD四郎兵衛の長男太右衛門が分家した家である（Dも末子相続となり、三男が相続した）。これを見ると、名前人「四郎兵衛」はD↓A↓C、「太右衛門」もE↓Aとなっていることがわかる。つまり名前人「四郎兵衛」といっても、年次が異なると同じ家とは限らないのである。百姓村落の多くでは、「家号」として特定の名前が固定している場合が多いが、南王子村では、ごく限られた家だけしか家名は固定していなかった。ただし同じ年次に同じ名前人の家が重複することはなく、村で「名前人の名前」は厳密に管理されていたらしい。

このように、分家について何らかのルールはあったが、村として分家の創出を抑制するものではなかった。こうした点も南王子村に特徴的なことである。

かわた村間のネットワーク

一八世紀中期において、南王子村全体で他村出身の女房は三割程度を占めた（表27）。やはり和泉出身が一番多く、次いで河内、紀伊、京都六条村・大坂渡辺村などが続く。これらは、すべてかわた村である。婚姻関係はかわた間に限られてはいたが、その一方で、広域なかわた村間のネットワークが存在していた。同じ期間中に、南王子村から他村に縁付いた確かな事例は六件（嶋村二・布忍《ぬのせ》村二・紀州一・富田新田一）しか確認できないが、おそらく頻繁にあったのだろう。

養子縁組や親類を頼っての人別移動も、広域に行われていた。明和《めいわ》六（一七六九）年には、河州瀬ヶ井《せがい》村（藤

国名	郡村名	人数
和泉	大鳥郡塩穴村	9
	南郡嶋村	3
	日根郡布村	9
	日根郡瀧村	5
	日根郡樫井村	1
	合計	27
紀伊	名草郡北野村	4
	名草郡中村	1
	那賀郡古和田村	4
	那賀郡国分村	1
	合計	10
河内	石川郡富田林村	3
	若江郡八尾村	4
	若江郡荒本村	1
	志紀郡瀬ヶ井村	2
	丹北郡布忍村	4
	丹北郡富田新田	1
	合計	15
大坂	渡辺村	2
京都	六条村	1
大和	葛上郡小林村	1

年	村内	紀伊	河内	不明	合計
寛延３年	1	7			8
宝暦２年		7		2	9
宝暦４年		8			8
宝暦12年		7	1		8
宝暦14年		4			4
明和３年		2	1		3
明和５年		5			5
明和７年		4			4

表28　南王子村への奉公人出身地　寛延３年・宝暦２年の紀伊よりの１人（同一人物）のみ女性。

年	渡辺村	摂津	京都	合計
寛延３年	4	1	1	6
宝暦２年	5			5
宝暦４年	2			2
宝暦12年	2			2
宝暦14年	2			2
明和３年	3			3
明和５年	2			2
明和７年	1			1

表29　南王子村からの奉公先

表27　村外出身の女房の出身地　表27～29は、奥田家文書より、寛延３～明和７年で判明する分を表した。村名には、かわた村を内に含む百姓村と、かわた村そのものを指すものがあるが、原則的に、史料の表記のままとした。

井寺市）勘右衛門伜甚六が武兵衛の下へ、紀州七々山村徳兵衛伜次郎が弥三兵衛方に養子に入る。南王子村からも同じように養子として他村に入ることもあったはずである。同じときに善七は河州富田林村にいる妻の兄を呼び寄せており、こちらは生活扶助的な要素が強いと思われる。南王子村からも、血縁を頼って一家で塩穴《しおあな》村（堺市堺区）などに転居する事例もみられる。

　このころ、南王子村にはほかのかわた村から奉公人が毎年数名来ていたが、通婚圏とは異なる様相をみせる（表28）。奉公人の出身地はほぼ紀州のかわた村に限定されていた。村名は省略したが、いずれも紀ノ川流域の村むらである。またこの時期村内には村外出身者の家が七軒あったが、うち六軒は紀州の出身であった。奉公のために南王子村にやってきて、そのまま定住することもあったのだろう。なおこの時期の奉公内容は、農作業を行う下男であったと思われる。一方、南王子村からの奉公先は、大坂渡辺村に集中している（表29）。こちらは、皮革関係の奉公ではないかと思われるが、詳しいことはわからない。

このように、南王子村はかわた村同士のネットワークのなかに位置づいており、その範囲は、百姓村の通婚圏よりもはるかに広かった。奉公関係の人の出入りも多く、かわた村は決して閉じた空間ではなかったのである。

一八世紀の南王子村の生業

増え続ける南王子村の人びとは、何を生業に日々の生活を営んでいたのだろうか。

まず、草場《くさば》からの収入が考えられる。南王子村の草場は、「北は石津川《いしづがわ》、南は額原《がくはら》（岸和田市）・槙尾山《まきおさん》、東は岩室《いわむろ》（堺市南区）・福町（堺市中区福田）、西は浜限り」という広域に及び、ここで発生する斃牛馬《へいぎゅうば》を処理することができた。この範囲内には一七〇ヶ村程度が含まれており、周辺のかわた村の草場に比べても格段に広い。ただし、その権利を持っていたのは、元禄八（一六九五）年段階では二四軒で、当時の村内の半数ほどであったらしい。一八世紀後期には、南王子村の草場統括者である死牛馬《しぎゅうば》取捌《とりさばき》人（惣代とも呼ばれる）が三人いたことも判明する。しかし年間どれほどの死牛があったのか、その利益はどの程度だったのか、どのようにして加工・販売したのか、など詳しいことはわからない。

草場の範囲は、同時に、勧進場《かんじんば》としての側面をもつ「稼場《かせぎば》」でもあった。これは草場内の特定の村と、南王子村の個人間で契約が結ばれて成立した。その内容は、暮・正月・祭礼・五節句や祝儀・不祝儀の際に、相手の村方からの求めに応じて南王子村の者が出向いて働く、というものである。具体的には、番人を務め、野非人《のひにん》などによる悪ねだりを取り締まっていた。この反対給付として、年に数度、家別に膳をもらっていた。また犬や猫などの小動物の死体は、草場株所有者ではなく、稼場所有者に処理権が認められていた。草場と稼場は、範囲は同じながらも、権利関係は二重化していたのである。草場の所有者は村内高持が多く、稼場所有者はほとんどが無高であったようだが、詳しいことはよくわからない。

これ以外に、かなりの比重を占めていたと思われるものが農業である。村内の土地は限られていたため、より重要な意味をもったのが、他村への出作である。これは第1章の「出作」とは異なり、南王子村の村びとが他村に所持する田畑のことである。その合計は、安永《あんえい》二（一七七三）年の段階で二六三石余にも及んでおり、南王子村の村高をはるかに超えていた（第5章表46）。出作地は王子村、池上村、尾井村、伯太村など、南王子村の周辺村むらに多く展開していた。また村外での小作も相当な面積に及んでいたと思われる。

このほか、小商いに携わる者もいた。加えて道具箱を持って村むらをまわり、雪踏《せった》を修繕する「雪踏直し」も、無高で分家したばかりの若い層が多く担っていたようだ。一八世紀中期から雪踏に用いる竹皮商売をする者も村内に多くいた。雪踏そのものは、一八世紀後期から次第に製造が盛んになり、一九世紀に入るころには村内の一部に富裕な存在（雪踏商人）が登場し、その下に村内の零細な人びとが雪踏表の編み子として編成されるようになる。

それぞれの家は、これらの生業を複合的に取り入れながら、生活を営んでいたのである。

3　寛延二年の村方騒動

信太地域の村むらが一橋領知となった延享《えんきょう》四（一七四七）年から二年後、南王子村で大規模な村方騒動が起こった。この騒動の背景には、享保期に強いまとまりを求めた村のあり方や、それを主導した村役人に対する不満などがあったと思われる。以下、具体的にみていこう。

村方騒動の経過

寛延《かんえん》二（一七四九）年二月に利右衛門・儀兵衛ら一三人が庄屋次兵衛の不当を一橋家の府中役所に訴えた。一三人の要求を要約すると、Ⅰ年貢上納・村方諸事入用において次兵衛の恣意《しい》・横領《おうりょう》があるかどうか、Ⅱ年《ねん》貢免定《ぐめんじょう》・皆済状《かいさいじょう》・諸掛物入用《しょかかりものにゅうよう》を次兵衛が村方へ公開していたかどうか、Ⅲふだんの次兵衛の身持ちはどうか、という三点を問題にしており、これらの糾明を願うと同時に、「（多くの高を所持している）私達一三人分の高については別に庄屋をたててもらいたい」と主張した。かわた村の村方騒動が、百姓村の村方騒動と同じような形で争われている点が注目されるが、これは南王子村が「一村立のかわた村」であったからこそである。

訴えられた庄屋次兵衛は次のように反論した。「年貢上納や村方諸事において取り立てと支払いに差があるというが、帳面を確認してもらえば問題ないことがわかる。延享四年の免定もすでに見せている。これらはすべて村の百姓に聞いていただければわかる。利右衛門らの訴えは言いがかりであり、迷惑千万だ。「先の庄屋」が役を召し上げられた後、村方全体から代官所に推挙されて私が庄屋となった。私は小高持で不調法者ではあるが、一銭一粒まで大切にしている。ふだんの身持ちは小前百姓に確認していただきたい」と。ここからは、利右衛門ら一三人と、それ以外の村びとが対立する構図が浮かび上がる。また、この騒動以前にも、庄屋役をめぐる何らかの紛争があったことも読み取れる。

この騒動は、南王子村が属する一橋領知の府中組庄屋中が仲裁に入り、同年四月に内済《ないさい》となった。その結果、今後は次兵衛を訴えた一三人分の所持高七九・二七五石は庄屋利右衛門と年寄儀兵衛が捌《さば》き、残りの高持四二人分と出作三人分の所持高六三・一三二石は庄屋次兵衛と年寄元右衛門が捌くこととなった。さらに今後土地の売買による移動があっても、それぞれの庄屋が支配する土地は変えないことにし、別の庄屋が捌く土地を持つことになった百姓は「入作」と表現されるようになった。また、検地帳をはじめとする村の重要書類は、庄屋二人が一年交代で預かり、それ以外の書類や帳面は寛延元年分までは次兵衛が預かり、同年以降の分は庄屋二人が交代で預かること、免割《めんわり》・小入用割は庄屋・年寄・百姓立会のもとで行われることも定めた。次兵衛は継続して庄屋に任じられているので、利右衛門らの主張した次兵衛の不正は確認されなかったのだろう。しかし利右衛門らが訴えた「自分たち一三人分の高は別の庄屋をたててほしい」という主張は大筋で認められたのである。

これにより、二人の庄屋が年番で務める体制をとることになったが、それだけでなく、それぞれの庄屋と土地が密接に結びつき、村高は利右衛門捌分と次兵衛捌分に二分されることになった。村内では、毎年二人の庄屋がそれぞれの捌高から年貢を徴収し、一橋家に納めるときには、年番の庄屋が担当することになった。役所や奉行所などへの届け出なども同様で、対外的には庄屋は年番制であるが、対内では常に庄屋が二人いる体制となった。

所持高	軒数
20石以上	1
10～20石	1
5～10石	7
2～5石	9
0～2石	38
0石	77
不明	1
計	134

表30　寛延３（1750）年の村内所持高状況

利右衛門方				所持高	次兵衛方			
名前	高(石)	下人	軒数		軒数	下人	名前	高(石)
★利右衛門	25.281	3	1	20石以上	0			
☆儀兵衛	13.362	1	1	10～20石	0			
平兵衛	7.546	1	5	6～10石	0			
仲右衛門	7.485	1						
久左衛門	6.691	0						
為右衛門	6.326	1						
仁右衛門	6.174	0						
			0	4～6石	6	0	権右衛門	5.501
						0	平右衛門	5.161
						0	次右衛門	4.606
						0	武右衛門	4.361
						0	宇右衛門	4.208
						0	★次兵衛	4.104
三右衛門	2.569	0	2	2～4石	3	0	次郎兵衛	3.937
源右衛門	2.094	0				0	五兵衛	3.741
						0	佐兵衛	2.992
利兵衛	1.009	0	4	0～2石	35	0	☆元右衛門	1.974
藤右衛門	0.359	0				0	他34名	
右衛門三郎	0.221	0						
二郎右衛門	0.158	0						
				不明	3		出作人	
	79.275	7	13	合計	44＋3	0		63.132

表31　寛延期騒動における双方の構成　★印は庄屋、☆印は年寄　利右衛門方の高は、寛延２年免割帳、次兵衛方の高は、同３年人別帳に拠った。なお、利右衛門方の二郎右衛門は、史料によって「三郎右衛門」・「市郎右衛門」として登場するがすべて同一人物である。

村方騒動の背景

寛延三（一七五〇）年段階の南王子村は、総軒数は一三四軒で、内訳は高持五六軒、無高七七軒、不明一軒である（表30）。高持といっても二石以下が三八軒と多く、無高と合わせると村内の八割以上が二石以下となる。一方で二〇石以上所持する家もあり、中間層が薄く、二極化が著しい。

こうしたなか、利右衛門ら一三人の所持高は七九石に及んでおり、しかも利右衛門方には複数の有力高持が与《くみ》していた（表31）。利右衛門方には、村内所持高上位七人が含まれており、彼らだけで村高の半分となる七〇石余を所持している。とくに利右衛門の二五石余の所持高は群を抜いて多い。加えて当時利右衛門は王子村に出作地を一六石所持しており、村内の過半数を占める無高と、利右衛門の田畑集積は対極にあった。利右衛門方では奉公人の雇用も目立ち、村内の有力者グループであった。また彼らは互いに縁戚関係にあることが確認でき（儀兵衛の女房が利右衛門の妹、三右衛門と平兵衛の女房はそれぞれ儀兵衛の娘、平兵衛と久左衛門は兄弟、右衛門三郎の姉が利右衛門の女房、仁右衛門の娘が仲右衛門の女房）、イエ同士のつながりも有していた。

一方の次兵衛方は、一三人を除く村方全員が含まれる。所持高は権右衛門の五・五石余が一番多く、庄屋次兵衛も所持高は四石余である。当然ながら二石以下が圧倒的に多い。

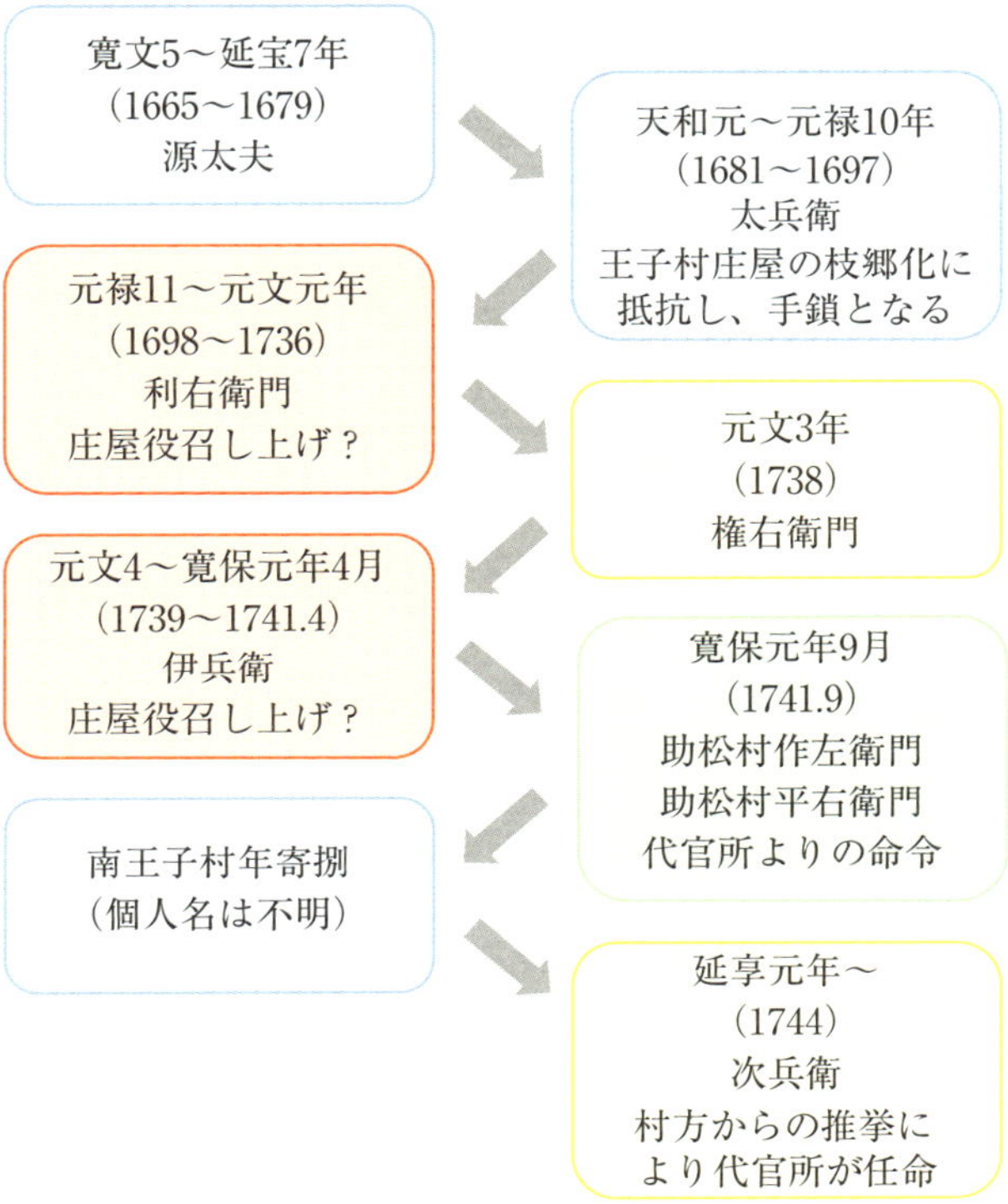

図20　南王子村における17世紀中期～18世紀中期の庄屋変遷

こうしてみるとやはり「高持対無高・小前層」という対立構造のように見えるが、この騒動はより複雑なものを含んでいた。そもそも、利右衛門のような突出した高持や、有力高持が複数いるなか、それまで次兵衛が庄屋に就いていたこと自体が、不自然である。

そこで、南王子村の寛延期までの庄屋を確認しておこう（図20）。史料上確認できる南王子村最初の庄屋は寛文《かんぶん》五（一六六五）年の源太夫である。続いて天和《てんな》元（一六八一）年からは太兵衛が庄屋となるが、元禄一〇（一六九七）年に王子村が南王子村の枝郷化を目論んだ際に手鎖となってい

名前	所持高(石)	役職		備考
理(利)右衛門	22.558	～元文元年庄屋	★	
儀兵衛	19.688	～元文元年年寄	★	
加兵衛	14.236	寛保元年年寄	★	平兵衛と久左衛門の父
二郎兵衛	8.188	～元文元年年寄	☆	次兵衛家？
伊兵衛	6.149	寛保元年庄屋	★	仲右衛門の父
作右衛門	5.683		☆	
権右衛門	5.501	元文３年庄屋	☆	
仁右衛門	5.269	元文３年年寄	★	
源兵衛	4.990		★	
元右衛門	4.285		☆	寛延３年以降次兵衛方年寄
兵右衛門	3.741		☆	
勘兵衛	3.679		?	
次右衛門	3.325		☆	
重右衛門	3.180		☆	
以下31人省略				
45人分合計	142.407			

表32　享保20（1735）年の所持高と混乱期における役職　寛延の村方騒動時、★印は利右衛門方、☆印は次兵衛方。

る。その翌年から庄屋に就いた利右衛門は、元禄一一（一六九八）年の居村移転や享保期の水論など、南王子村が厳しい状況にあった時期に主導的役割を果たしたと考えられる。だが元文三（一七三八）年には権右衛門が、さらにその翌年と寛保《かんぽう》元（一七四一）年四月には伊兵衛が庄屋として確認できる。また同年九月には、助松村の作左衛門・平右衛門に南王子村の兼帯庄屋が仰せ付けられている。先ほどあげた次兵衛の主張に依拠すると、伊兵衛は庄屋役召し上げとなり、代官所から兼帯庄屋が命じられたが、南王子村から嘆願して年寄が庄屋の代わりを務めることになり、その後村方で相談のうえ、次兵衛を庄屋に推薦することが決まり、聞き届けられた、ということになる。

つまり、利右衛門が庄屋を退いたのちの庄屋は頻繁に交代し、しかも一度は代官の命令で他村の兼帯庄屋による差配を受けていたのである。こうした庄屋のあり様から考えるに、元文《げんぶん》元（一七三六）年以降に村方騒動が起こっていた可能性が極めて高い。享保二〇（一七三五）年の村高所持状況と照らし合わせると、この間、ごく一部の有力高持（五石以上所持）のなかから庄屋・年寄が出ていたことになる（表32）。しかし有力高持の誰が村役人に就いても村は治まらない状況が続いたのである。次兵衛は、享保期に年寄を務めた二郎兵衛家からつながる家らしく、村内百姓は人柄に加えてそうした点も加味して次兵衛を庄屋に選んだのだろう。

この一〇年足らずの間に何が起こったのかは、これ以上知りようがない。しかし利右衛門の庄屋退役に始まり、復帰に終わる、長い村方騒動だったことは間違いないだろう。最終局面で利右衛門方についた一三人が有力高持であったこと、利右衛門家が一七世紀末から庄屋を務めていたことを考慮すると、やはり利右衛門退役の背景には、村内に強い統制を敷き続けた享保期までの村のあり方に対して、小前層を中心に蓄積されていた不満が存在したと考えられる。だからこそ、有力高持から新しい村役人が出ても、村は治まらず、ようやく次兵衛が庄屋になることで落ち着いたかにみえた。しかしこの「落ち着き」は、次兵衛が小前層の要求を一部なりとも受け入れた結果であろう。利右衛門らはそれに反発して、村を二分し、庄屋に復帰したのである。

庄屋利右衛門と年寄儀兵衛

寛延三（一七五〇）年以降の人別帳の記載を追うと、利右衛門と儀兵衛のイエは密接な関わりをもち、いわば「家連合体」とでも表現するべき関係を形成していた。村方騒動の後、南王子村がどのように展開するのかを確認する意味も込めて、詳しくみていこう（図21・表33）。

表には示していないが、村方騒動の翌年にあたる寛延三（一七五〇）年の時点で、利右衛門（Ⅰ）は六三歳で所持高二五石余、儀兵衛（Ⅰ）は五九歳で所持高一三石余である。利右衛門の妹が儀兵衛の女房、また利右衛門の娘が儀兵衛の伜・為右衛門の女房となっており、二家の間で婚姻関係が重ねられている。彼らは庄屋・年寄でもあり、村内では他を寄せつけない存在であったと思われる。

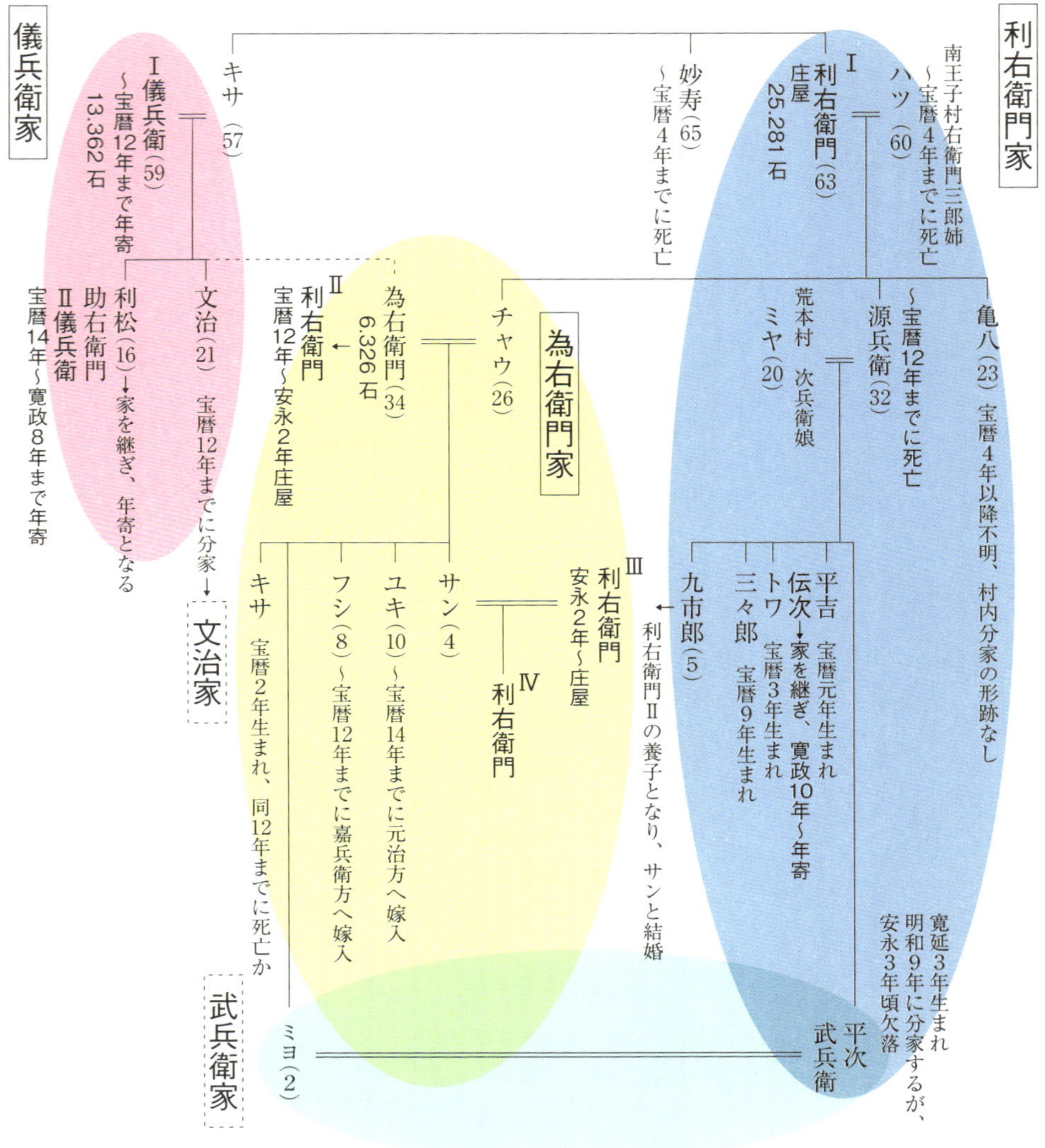

図21　利右衛門と儀兵衛相関図　※（　）内の年齢、所持高は寛延３年段階のもの。

家筋	寛延4年 1751	宝暦2年 1752	宝暦3年 1753	宝暦4年 1754	宝暦6年 1756	宝暦12年 1762
利右衛門筋	★利右衛門Ⅰ(64) 26.221	★ 〃 (65) 26.221	★ 〃 (66) 22.262	★ 〃 (67) 22.262	(★) 〃 (69) 22.262	
利右衛門筋		(4.519)	(0.506)			九市郎(17) 22.262
利右衛門筋	為右衛門(35) 6.326	〃 (36) 6.326	〃 (37) 10.257	〃 (38) 10.257	〃 (40) 10.257	★利右衛門Ⅱ(46) 10.257
儀兵衛筋	☆儀兵衛(60) 13.362	☆ 〃 (62) 13.362	☆ 〃 (63) 13.390	☆ 〃 (64) 13.390	☆ 〃 (66) 9.545	☆ 〃 (72) 8.895
儀兵衛筋			(0.028)	(3.845) 分家	文治(28) 3.845	(0.650) 〃 (34) 4.495
合計	45.909	45.909	45.909	45.909	45.909	45.909

家筋	明和1年 1764	明和3年 1766	明和8年 1771	明和9年 1772	安永3年 1774	安永5年 1776
利右衛門筋	武八郎(19) 22.262					
利右衛門筋	分家	平次(17) 15.690	武兵衛(23) 15.690			
利右衛門筋	養子 (6.012)		分家	伝次(17) 10.937	〃 (19) 10.937	〃 (21) 10.675
利右衛門筋				武兵衛 4.753	×	武兵衛後家 1.683
利右衛門筋	★利右衛門(48) 10.257	★ 〃 (50) 16.269	★ 〃 (55) 14.814	★ 〃 (56) 14.814	同家 (0.262)	分家
利右衛門筋	(0.560)	理平 21	利平 26	利平 27	★利右衛門Ⅲ(29) 20.164	★ 〃 (31) 17.79
儀兵衛筋	☆助右衛門(30) 8.895	☆ 〃 (32) 9.455	☆儀兵衛Ⅱ(35) 8.998	☆ 〃 (37) 8.998	☆ 〃 (40) 8.998	☆ 〃 (42) 9.455
儀兵衛筋	文治(36) 4.495	〃 (38) 4.495	〃 (43) 4.952	〃 (44) 4.952		
儀兵衛筋		(0.457)			文治(22) 2.215	不明
合計	45.909	45.909	44.454	44.454	42.314	39.603

家筋	天明2年 1782	寛政2年 1790	寛政4年 1792	寛政6年 1794	寛政10年 1798	享和2年 1802
利右衛門筋	伝次(27) 7.132	〃 (35) 5.417	〃 (37) 3.462	〃 (39) 3.462	☆ 〃 (43) 3.462	☆ 〃 (47) 1.404
利右衛門筋	同家	分家	武兵衛(24) 0.088	武平(26) 0.088	元次(31) 0.088	〃 (35) 0.088
利右衛門筋	★利右衛門(37) 14.786	★ 〃 (45) 12.536	★ 〃 (47) 12.273	★ 〃 (49) 12.273	★ 〃 (53) 12.273	★ 〃 (57) 9.208
儀兵衛筋	☆儀兵衛(48) 7.545	☆ 〃 (57) 2.822	☆ 〃 (59) 2.822	☆ 〃 (61) 2.822	×	
儀兵衛筋	文次(24) 1.788	〃 (32) 0.677	〃 (34) 0.677		儀兵衛(27) 2.174	〃 (31) 2.174
儀兵衛筋				文次後家(37) 0.677	〃 (41) 0	〃 (45) 0
合計	31.251	21.452	19.322	19.322	17.997	12.874

表33　三家の高推移　★…庄屋　☆…年寄（　）…年齢　数値は石高　◯は三家内での高移動　点線矢印は、分家・同家による高移動。三家以外の高移動は略した。

さて、「家連合体」としてのあり方は、宝暦一〇年ごろから顕著に表れる。利右衛門（Ⅰ）が庄屋を退いたのち、儀兵衛の倅で利右衛門の娘婿である為右衛門が、利右衛門（Ⅱ）を名乗って庄屋に就いたのである。これは、利右衛門（Ⅰ）の倅・源兵衛の死去という不測の事態を乗り切るための方策であった。このあと、源兵衛の倅・九市郎が利右衛門（Ⅱ）の養子となり、その娘サンと結婚、安永二（一七七三）年から庄屋利右衛門（Ⅲ）となった。そして、利右衛門（Ⅲ）とサンの間に生まれた子が、庄屋利右衛門（Ⅳ）になる。つまり為右衛門（利右衛門Ⅱ）は、九市郎が成長するまでの中継ぎの役割をはたした。これは庄屋役を他家に渡さないための手段であった。

さらに明和九（安永元、一七七二）年ごろまで、利右衛門（Ⅰ）家・利右衛門（Ⅱ）家・儀兵衛家の所持高の推移をみると、興味深い事実が明らかになる。この間、三家と儀兵衛の二男・文治家の四家の間でほとんどの高が移動しており、とくに利右衛門（Ⅰ）家から利右衛門（Ⅱ）家に合計一〇石余もの高が移動していることが注目される。四家の所持高合計は四五石前後とほぼ一定で変化しない。つまり、村高が一四三石余の南王子村において、利右衛門・儀兵衛の「家連合体」は寛延二年以降、二〇年以上にわたり四〇石以上を所持し続けたのである。

しかし、明和九年以降、各家とも所持高は減少の一途をたどる。伝次は安永三（一七七四）年には一〇・九三七石であったが、享和二（一八〇二）年には一・四〇四石、利右衛門（Ⅲ）も一七石余から九石余、儀兵衛も九・四石余から二石余となっている。この結果、享和二年段階では、四家の合計所持高が一二・八石余にまで減少した。このころの南王子村内での土地売買の全容も把握できるが、伝次らは年貢未納などを理由に売却するばかりで、一切田地を買得していない。

二十数年間の間に、「家連合体」の所持高は激減するが、村政への影響力はなお大きいものがあった。享和二年の時点で、利右衛門の所持高は、所持高を減らしながらも、いまだ村内一位であった。また利右衛門捌方の庄屋・年寄役も独占し続けていた。

儀兵衛（Ⅰ）と利右衛門（Ⅰ）家の相続のあり方も含めてこの点を確認しよう。儀兵衛家は、長男為右衛門と二男文治が分家し、末子の三男助右衛門（儀兵衛Ⅱ）が相続した。助右衛門は、明和元（一七六四）年から寛政八（一七九六）年まで儀兵衛を名のり、年寄を務めている。利右衛門（Ⅰ）家も、源兵衛長男の九市郎は養子として家を出、二男平次は分家、末子の三男伝次が相続した。この伝次が、儀兵衛（Ⅱ）のあとをうけ、寛政一〇（一七九八）年から年寄となるのである。このように、特異な「家連合体」である利右衛門―儀兵衛家も南王子村特有の相続形態（末子相続）をベースに、「身内固め」のような婚姻関係を重ね、個々の所持高は減少させながらも、村役人を独占し続け、村内での圧倒的立場を維持し続けたのである。ただし、利右衛門家や儀兵衛家からの分家であっても、決して安定的ではなく（利右衛門Ⅲと伝次の兄弟である武兵衛、儀兵衛Ⅱの兄文次）、南王子村のイエのあり方と隔絶していたわけではない。

さかのぼって確認してみると、「家連合体」の下地は、利右衛門が所持高を伸ばした享保期に形成されたらしい。しかし、利右衛門と儀兵衛の間で享保期に高が移動した形跡はないので、「家連合体」は、おそらく源兵衛の死によって結束力を増したのだろう。そして一八世紀後期以降も庄屋・利右衛門家は、一〇石程度の所持高を維持した。これは寛延期から半減しているが、南王子村ではなお一、二を争う所持高であり、利右衛門家は、一九世紀以降も村政への影響力を強く有し続けた。

4　一八世紀後期の南王子村村政

南王子村では天明四（一七八四）年に大規模な村政改革が行われた。しかし、これは一九世紀以降、さまざまな局面で南王子村の村落構造上の矛盾を増幅させる結果をもたらした。四節、五節では、この村政改革の中身と、一九世紀に頻発した博奕・無宿問題、そして六節では三度の村方騒動について、順にみていくこととする。

天明四年の村内申し渡し

天明四（一七八四）年閏《うるう》正月、南王子村の庄屋・年寄から、村内の取り締まりに関する全九条の申し渡しが村内全戸になされた。その主な内容を整理すれば、次のとおりである。

①高持に村の入り口で立ち番をさせる。立ち番の業務は、村外に商売に出ている者が帰村した際に、持ち帰った荷物を改め、不審な荷物を持ち帰る者がいれば、村役人に届け出ることである。

②組頭には、組内の家々から「組頭に迷惑をかけない」という手形をとることを義務づける。この手形は、高持は本人から直接提出させ、借地人（無高）は地主から、借家人（無高）は家主から組頭に出させる。

③組内の高持に変事が生じた際の必要な経費は、本人の所持荷物を売り払い、賄う。不足する場合は、親類、組頭の順に弁済する。

④組内の無高に変事が生じた際の必要な経費は、本人の所持荷物を売り払い、賄う。不足する場合は、

親類、地主・家主の順に弁済する。

⑤借地人は、地主に「変事の際に入用などの負担を掛けない」旨の一札を差し出す。

⑥年貢上納や石掛銀《こくがかりぎん》などの納入日には、各人が庄屋の元に持参する。期限に遅れた場合は、組頭が取り立てて庄屋宅に持参する。庄屋宅に年貢を納める日には、両庄屋宅に組頭が二人ずつ詰める。

⑦村方諸入用は、期日までに各人がそれぞれの組頭の元に持参し、組頭が取りまとめて村に納める。

⑧組頭には、庄屋・年寄がさまざまな指図を申し付けるので、立ち番を免除する。

全体としての要点は、Ⅰ組頭を高持に限定し、村役人の指示に従って組内を管理する存在として位置づける（②⑧など）、Ⅱ組内管理のために、組頭に組内全戸から手形を取ることを義務づける（②③④⑤）、Ⅲ年貢や村入用の納入方法を確認する（⑥⑦）、の三点である。ⅠとⅢは、この村政改革の意義とも関わるので、先にⅡの内容を見ておこう。

②③④⑤の内容を概念図にして示した（図22）。組頭（高持）が管理する五人組のなかには、当然高持と無高が存在した。ちなみにこの年の総軒数は一七五、内訳は高持八三、無高九二（借地七八・借家一四）である。ここで組頭には組内の各家から手形を取ることが義務づけられた。高持は本人から組頭に提出し、無高は地主・家主から組頭に手形を差し出すことになっている。この手形の出し方に応じて、変事があった際に弁済責任が生じる順番は、高持の場合は、本人→親類→組頭となり、無高の場合は本人→親類→地主となるのである。無高（借地人）は、地主に組頭あての手形を作成してもらうために、本人から地主に手形（「何があっても迷惑をかけない」という内容）を出す必要があった。無高（借家人）にこの規定がないのは、借家人がまだ少ないことや、零細なため、手形を指し出させても実効性がないと考えられたことなどが理由だろう。

つまり、Ⅱは村内の家に変事が生じた際の、責任の所在や弁済責任の順位を規定している。とくに借地人には二重の手形が義務づけられているように、この規定の焦点は借地人（無高）にあった。一見「無高」本人のみを問題にしているようだが、地主・家主は高持のなかでも村役人や組頭等が多く、いざという時は彼らにも責任が及んだのである。しかし、実際に問題が発生した場合に実効性をもったかは大いに疑問である。とくに無高の親類は無高であることが多く、弁済が不可能な場合が多い。また家主・地主が簡単に弁済に応じることも少ないのではないだろうか。しかし、あえて明文化した村役人の真意は、変事の際に個人が負担すべきものが、最終的に村の負債になることを避けるためであった。

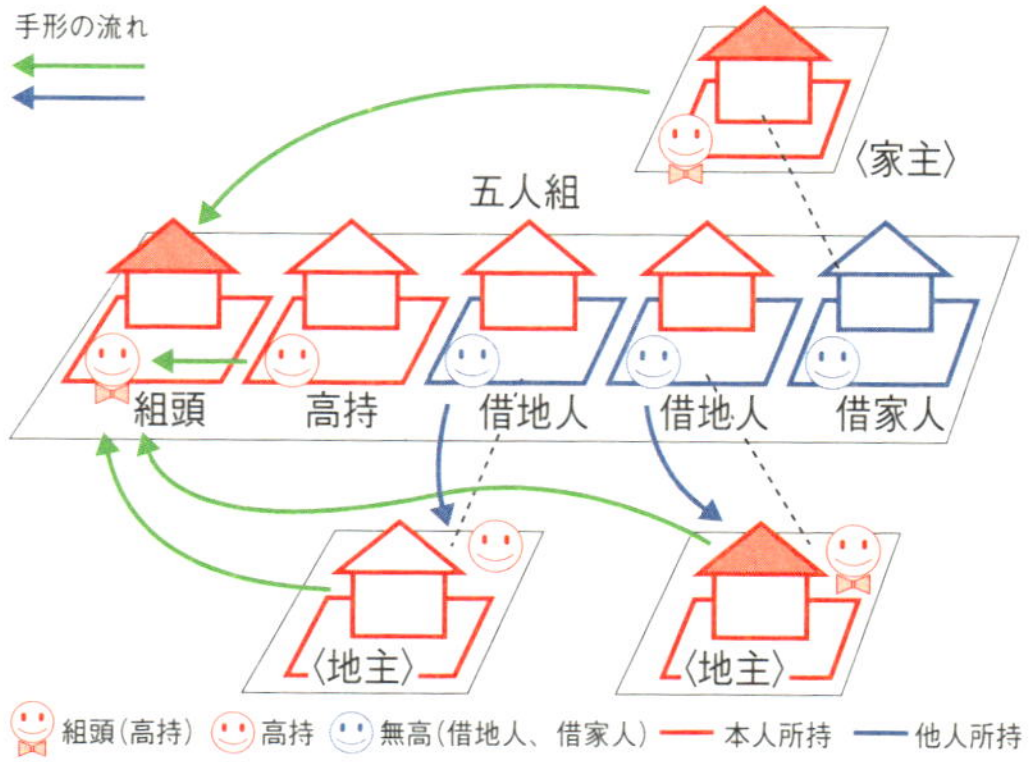

図22　天明４年の五人組内の管理体制

　この申し渡しが作成された直接の契機は、千原《ちはら》騒動にあると考えられる。千原騒動は天明二（一七八二）年の夏に、一橋領知の下掛屋《したかけや》を務める千原村の川上左助宅が領知村むらの百姓ら二〇〇人余によって打ち壊された事件である。この年、田方の木綿作が凶作となり、村むらは年貢減免を求めたが、一橋家は聞き入れなかったために発生した。このとき南王子村では、無高を中心に約二〇名が取り調べを受け、入牢となった。この間、村役人は連日にわたって大坂や堺に出役したため、その費用や、入牢者の牢飯代などの出費によって、村の支出は例年の数倍に膨れあがった。それとは別に、天明三（一七八三）年九月に江戸において南王子村の村内無高全員に三〇日の手鎖、高持全員に過料銭二貫文という裁許が下った。村内の数名は打ち壊しに参加した可能性もあるが、全く不当な裁許である。これらのほとんどは、村の負債として残ることになった。南王子村にとっての千原騒動は、村内の無高の関与が疑われ、村全体が負債を負った事件だったのである。天明三年一一月に、府中役所は「千原騒動に関する事後処理は終了した」と村役人に申し渡しており、村役人は今後このようなことがないように、村内管理を徹底することを決意したのである。

申し渡しの内容①は、日常的に村外に出てさまざまな商いをする村びとを念頭においたものである。出所の不確かな預かり荷物が村に持ち込まれ、あとから盗品であることが発覚する事件などを、未然に防ぐための手段であった。こうした事件への対処による経費の増大は村財政にとって大きな負担となるからである。この条文が、申し渡しの第一条目に置かれているように、村役人の強い危機意識が表れている。

	享保8年（1723）	明和3年（1766）	寛政5年（1793）	文政5年（1822）
高持	14	16	28	25
無高	5	15	3	2
計	19	31	31	27

表34　南王子村の組頭（高持・無高別）

一組内軒数	享保8年（1723）	明和3年（1766）	寛政5年（1793）	文政5年（1822）
4軒	2組	2	3	2
5	17	20	7	0
6	0	7	10	2
7	0	2	4	4
8	0	0	4	2
9	0	0	2	2
10	0	0	0	3
11	0	0	0	2
12	0	0	1	3
13	0	0	0	3
14	0	0	0	1
16	0	0	0	2
30	0	0	0	1

表35　南王子村五人組の組内軒数推移

村政と五人組

次に申し渡しの要点Ⅰ、組頭についてみていこう。

五人組は、すべての村に存在した村内の小単位である。しかし村によって五人組のあり方はさまざまであった。南王子村の場合、天明四（一七八四）年以前は、無高と高持の組頭が半々の割合で存在していた（表34）。享保期には「高持を組頭に」という意識はあったようだが、明和三（一七六六）年の五人組を見ると、組内に高持がいても無高が組頭を務めている事例が多くある。無高の家が増加し続けるなかで、「高持を組頭に」という意識は次第に薄れ、自然と無高の組頭が半数を占めるようになったのだろう。

そのため一八世紀中期の村政では、組頭全員が村政に関与できたわけではなく、そもそも組頭の権限も大きくなかった。このころ、村役人が村内管理のために一時的に人手を必要とするときには、高持のなかから村役人が信頼できる人物を十数人選んで、仕事を担わせていたことが確認できる。つまり、村役人は高持を重視していたが、「誰を選ぶか」は村役人の選択であり、所持高の多寡《たか》は必ずしも決定的な要素ではなかった。

だが村役人は、天明四年の申し渡しにおいて、組頭をすべて高持にし、彼らに組内統制の責任を負わせ、村政に参加させる、という新しい体制を打ち出した。あわせて五人組の組み替えが大々的に行われた。このころ、南王子村では一〇年に一〇〇人ずつのペースで人口が増加しており、四人の村役人では到底日常的な管理は行き届かない状況であった。そこで組頭に権限を与え、五人組を基礎に村内を隅々まで管理できる体制をとったのである。以後組頭はほとんど高持で占められるようになり、この体制は幕末まで続いた。このような高持を重視する村政や五人組のあり方は、この時期の百姓村にも見られる現象ではある。しかしかわた村である南王子村では、村役人が予期しえなかった、いくつもの現象を引き起こすことになった。

一つには、組頭が固定化し、五人組も南王子村独自の「組」に変容していった点である。天明四年の段階で五人組数は三〇組程度あったが、以降は減少していく。しかし村内の総軒数は増加し続けたので、組内軒数も増加し、また、組ごとの家数にばらつきが生じることになった（表35）。文政五（一八二二）年には、組内軒数一〇軒以上の組が過半数を占め、何と三〇軒の組も登場している。もはや「五人組」とは呼びえない、南王子村に独自の「組」となっている。これは、組頭と組内の家の間で固定的な関係が次第に構築され、同時に村政のレベルでは組頭が「組頭中」として集団化したため、家数が増加しても新しい組が作られなくなったためである。

二つめとして、組頭を高持に限定したことで、「高を所持すれば誰でも村政に参加できる」ことになった点が挙げられる。これは、村役人の意に反する組頭が登場する可能性を含んでおり、のちのち村政に大きな影響を及ぼすことになった。

三つめは、村政における高持重視、という規定そのものがもつ村落構造上の問題である。南王子村の村高で生活できる村びとは、ごくわずかであり、その有無を村政への参加資格とすることに、そもそも大きな矛盾があった。一口に「無高」といっても、村外出作を所持したり、諸商売を営むなどして安定的な生活を営む無高もいれば、日々の生活にも事欠くような本当に零細な無高も存在した。しかし皆ひとしなみに、村政では完全に客体として扱われてしまうのである。

百姓村では、村高所持と個人の経済力はほぼ相関関係にあることが多い。しかし南王子村では、そうではなかった。村請制村のかわた村として百姓村と同じ論理を村政の中核に持ち込んだわけだが、それゆえにこのあと大きな歪みが生じていくのである。

捌高の変容

最後に、申し渡しの要点Ⅲ、年貢や石掛銀《こくがかりぎん》、村入用の納入についてみていこう。年貢や石掛銀は高持に賦課されるもので、これに対して村入用は村内全戸に賦課されるという違いがある。

ここで注意が必要な点は、寛延二（一六二五）年以降、南王子村内が庄屋利右衛門捌高と庄屋次兵衛捌高に二分されたことである。これを踏まえて申し渡し⑥を読むと、年貢納入の際は、庄屋が捌高の所持人に納入額を通知し、本人が庄屋宅に持参することになる。年貢納入日に両庄屋宅に組頭が詰めるのは、このためである。つまり両方の捌高に土地を所持する人物は、二人の庄屋から請求を受け、二軒に納入することになる。石掛銀も賦課・徴収方法は年貢と同様であった。これは郡中割《ぐんちゅうわり》（一橋家の役所維持経費）や組合割、検《け》見入用《みにゅうよう》などが主な内容で、年に一度庄屋二人が立ち会い、総額を捌高の比率に応じて割り合い、それを各庄屋から捌高所持人に請求し、納入させていた。

村入用の内訳は、西教寺関係の入用や、川口役所・堺奉行所役人への年頭《ねんとう》と八朔《はっさく》に贈る祝儀などである。こちらは年に一度勘定を行い、一軒当たりの額を算出し、組頭が組内の家々から徴収し、村役人のもとへ納めた（申し渡し⑦）。

つまり、高持に賦課されるものは、捌高の制約によって高持から二人の庄屋に納め、全戸に賦課される家別割は組頭が組内から集めていた。以上が、天明四（一七八四）年以降の南王子村の年貢・村入用徴収システムで、どちらの局面にも組頭が関わる点が注目される。これは、組頭を高持に限定したことで初めて可能になった点であり、こうして村政上の業務に組頭は組み込まれたのである。

もう一点注目されるのは申し渡しとは直接関わらないが、捌高の持つ意味が大きく変容したことである。捌高には当初、利右衛門を中心とする百姓一三人の所持高が別に扱われるという明快さがあった。これによって、一三人の年貢・石掛銀について次兵衛が関与する局面がなくなり、衝突も回避することができた。だが利右衛門・儀兵衛らが所持高を減らしていくなかで、利右衛門捌高を所持する村びとは次第に増加した。寛政一二（一八〇〇）年には、高持一一七人のうち、利右衛門捌高所持者は六二人、次兵衛捌高所持者は八一人、また双方の捌高を所持している者は二七人に及んでいる。年貢や石掛銀の賦課・納入システムのあり方から考えると、捌高に入り組みが生じることは、当初の明快さが失われるだけでなく、庄屋の業務が増加し、双方の捌高を所持する高持にとっても非常に煩雑であることが理解される。このように捌高はその内実を大きく変えながらも、しかし幕末まで継続した。

天明四年の申し渡しの要点のうち、Ⅱについてはその後も継続したのかは定かではない。だがⅠ・Ⅲは南王子村に定着し、村政において組頭は不可欠な存在になっていった。

5　一九世紀の人口激増と博奕・無宿問題の発生

一九世紀の南王子村

年（西暦）	総戸数	総戸数内訳		無高内訳		人口
		高持	無高	借地	借家	
寛政12（1800）年	230	98	132	101	31	1112
文化7（1810）年	241	90	151	116	35	1243
文政3（1820）年	260	89	171	124	47	1380
天保元（1830）年	301	88	213	162	51	1753
天保10（1839）年	265	78	187	118	69	1425
嘉永2（1849）年	356	84	272	125	147	1793
安政6（1859）年	347	78	269	134	135	1990
明治2（1869）年	394	77	317	99	218	1961

表36　南王子村における19世紀中の人口増加　西教寺は含まない。

一九世紀に入り、南王子村では人口増加がさらに進んだ（表36）。一九世紀初頭には二三〇軒・一一〇〇人程度であったものが、幕末には三五〇軒・二〇〇〇人近くとなった。この間、無高軒数はほぼ倍増している。この時期、村内で雪踏産業が定着し、小間物屋《こまものや》五兵衛や住吉屋安右衛門など、村には富裕な雪踏商人も登場した。無高の一部も、大坂の問屋などと雪踏関連の取引を行っており、「無高」がすべて零細であったわけではない。一方で高持とはいっても、その大部分は、屋敷地だけ、あるいは屋敷地とわずかな田地を所持していたにすぎず、零細な下層であった。一八世紀段階との決定的な差異は、村内の下層がおそらく限界点を超えて増加したことにあった。天保飢饉の際には、村全体の三分の一にあたる四八〇人余が餓死するという悲惨な状況に陥っている。これは村びとの多くが飯米購入層であり、物価の高騰が生活に直結していたからだろう。

人口増加に並行して、村内では次第に耕地の屋敷地化も進行した。南王子村の面積九町八反余のうち、一八世紀初頭には一町一反余、一八世紀後期には一町六反余が屋敷地となっていた。さらに寛政一二（一八〇〇）年には二町三反余、明治四（一八七一）

Ⅰ	天保元年末〜同6年4月	村方入り縺れ一件
Ⅱ	天保8年7月〜（天保9年9月以前）	庄屋不帰依一件
Ⅲ	嘉永6年末〜安政5年4月	村方差し縺れ一件

表37　南王子村の19世紀の村方騒動

	利右衛門			五兵衛			嘉兵衛			安右衛門			西教寺	
寛政12(1800)年	9.004	〈1〉	庄	0.069			3.552	〈8〉	組				−	
文化7(1810)年	7.249	〈2〉	庄	4.139	〈9〉	組	5.416	〈5〉					−	
文政3(1820)年	9.236	〈1〉	庄	8.462	〈2〉	組	6.825	〈4〉					2.095	〈21〉
天保元(1830)年	10.62	〈1〉	庄	9.418	〈2〉	年	8.566	〈3〉	組			分家	1.269	〈37〉
天保10(1839)年	12.974	〈1〉	(庄)	11.63	〈2〉		8.461	〈3〉	年	4.269	〈11〉	組	3.272	〈15〉
嘉永2(1849)年	11.11	〈2〉	(庄)	7.519	〈4〉	組	15.14	〈1〉	年	4.859	〈10〉	組	3.823	〈13〉
安政6(1859)年	12.016	〈2〉	庄	1.378	〈29〉	組	17.666	〈1〉	年	6.494	〈6〉	組	6.324	〈8〉
明治2(1869)年	12.069	〈2〉	庄	1.378	〈29〉	組	19.612	〈1〉	年	6.869	〈4〉		7.082	〈3〉

表38　19世紀の南王子村における代表的な高持　数値：持高（石）〈　〉は村内における所持高の順位　庄：庄屋　年：年寄　組：組頭。

年には三町三反余にまで拡大している。それでも到底人口の増加に追いつくことはできず、次第に集落内には小家屋がひしめき合うようになっていった。無高の場合、梁間《はりま》一・五間×桁行《けたゆき》二〜二・五間程度（一間＝約一・八二メートル）が平均的な家屋であったようだ。

　こうしたなか、徐々に借家人が増加し、明治二年には借地人よりも借家人が多いことが確認できる。借地は、土地は地主のものだが、家屋は自分のものである。これに対し、当然借家は土地も家屋も自分のものではない。爆発的に増加する人口のうち、土地や家屋を持てるものはわずかで、圧倒的大部分は、こうした借家人であった。地主（高持）はこうした人びとに居住空間を貸すために長屋を普請していったと考えられる。

一九世紀の村方騒動と高持

　一九世紀の南王子村では、天保期以降に村方騒動が連続的に起こった（表37、以下この表にしたがって、村方騒動Iなどと表現する）。村方騒動の内容については次節で検討することとし、ここでは一九世紀の村政に大きな影響を与えた高持について確認しておこう（表38）。

　利右衛門家は、一八世紀中期から幕末まで庄屋を務め続けた。村内所持高は常に一、二位であり、村方騒動でも「利右衛門派」は、常に村政主流派であった。

五兵衛は、雪踏商人・小間物屋五兵衛のことで、寛政~天保期にかけて急激に所持高を伸ばし、一時は村内第二位となる。文政九（一八二六）年から年寄となり、村方騒動Ⅰの後には幼少の倅が庄屋に就いている（実質的に五兵衛が庄屋）。しかし天保八（一八三七）年には庄屋を辞し（村方騒動Ⅱ発生の契機）、その後しばらくは組頭にすら就いていない。

嘉兵衛は、五兵衛と並んで所持高を伸ばし、嘉永二（一八四九）年以降は利右衛門を上回る所持高となる。村政でも年寄となり、村方騒動では有力な利右衛門派構成メンバーとなった。嘉兵衛は活発な金融活動を行っていたことが確認できる。

名前	持高(石)	組頭	取引金額	取扱品
安右衛門	3.954	○	銀108貫目	雪踏
五兵衛	11.244		銀90貫目	雪踏
久兵衛	2.131	○	銀80貫目	雪踏
弥助	1.923		金310両	雪踏表
栄治郎	0.176		金285両	雪踏・雪踏表
清兵衛	0	○	金250両	雪踏表
三郎右衛門	0		金150両	雪踏表
茂兵衛	0		金120両	雪踏表
清右衛門	0		金100両	雪踏表
新助	0.321		金80両・銀15匁	雪踏表
新治郎	0.490	○	金80両	雪踏表
孫三郎	0		金70両	あら表
善右衛門	0		金70両	雪踏表
彦兵衛	0	○	金30両	雪踏表
八右衛門	0		金25両	雪踏表
仁兵衛	0.308		銭50貫文	あら表

表39　天保14（1843）年の大坂への雪踏出荷者

安右衛門も有力な雪踏商人である。天保一四（一八四三）年には、大坂市中の問屋との年間取引き総額が銀一〇八貫目にも及んでいた（表39）。安右衛門や五兵衛は、半製品の雪踏表ではなく、製品の雪踏を出荷することで莫大な利益を上げていた。安右衛門は嘉兵衛の弟であり、組頭も務めていたが、幕末には幼少の名前人とその母の二人家族になっている。五兵衛の所持高が幕末にかけて急減したことも考え合わせると、雪踏商人も常に安定していたわけではないようだ。

	堺奉行所による召捕	川口役所による村預け
寛政12(1800)年	6人(博奕)、1人糺し(盗賊の宿)	
享和2(1802)年		女4人·男3人(さしこくら一件/博奕)
文化6(1809)年		11人(博奕)
文化7年	11人(博奕)	
文化13年		1人過怠申し付け(身持ちが悪い)
文化14年	7人(博奕)	**5人(博奕)**
文政元(1818)年	1人(無宿の宿)	**9人吟味中過怠手鎖(博奕)** **2人吟味願い(無宿抱·縁談世話)** 4人吟味中手鎖(博奕)
文政2年		村内若輩の22人が、友平・庄九郎居宅を打壊/4人吟味中(博奕)
文政3年		**16人吟味中過怠手鎖(博奕)**
文政4年		1人過怠申し付け(狼藉)
文政5年		**13人吟味中過怠手鎖(博奕)**
文政6年		吟味中の1人が家出(詳細不明)
文政7年	1人(塩穴村の者と博奕)	**19人吟味中(博奕)** 2人吟味中過怠手鎖(数度の不風儀筋あり)
文政8年		1人吟味中過怠手鎖(落牛)
文政9年		**9人吟味中手鎖(8人博奕)**
文政10年		**14人吟味中手鎖(博奕)**
文政11年		2人(無宿の宿)
文政12年	5月28日:非人番が、村内での盗品質入に関する聞合のため来村	35人吟味中(博奕)
天保元(1830)年	8人(博奕)、1人(窃盗)	8人吟味中手鎖(博奕)
天保2年	17人入牢(博奕) 14人(博奕)	53人吟味中手鎖(博奕)
天保3年	3人(1人窃盗/2人無罪) 1人(南都奉行所、窃盗) 2人(窃盗)	3人手鎖(博奕) 30人(博奕)・1人(村外での打擲事件)に出頭命令
天保6年	5人(盗品)	**27人(博奕、6月まで)** **博奕宿9人・手合13人が手鎖**

表40 南王子村における博奕などの発生状況 太字は、川口役所による正月廻村の際に村預けになった分。天保元年末より村方騒動Ⅰが始まり、同4·5年は役代が村政を担っているため史料が残っていない。

博奕問題の発生と村の対応

とはいえ、一九世紀の南王子村を考える際には、彼ら一部の有力高持ではなく、膨大な下層に注目する必要がある。彼らの日常を具体的に知ることは難しいが、一九世紀に頻発した南王子村の博奕《ばくち》・無宿《むしゅく》問題から、彼らの厳しい日常がうかがえる。

南王子村において、史料上、初めて博奕の摘発が行われたのは寛政一二（一八〇〇）年のことである。当初は堺奉行所による摘発も多かったが、次第に一橋家の川口役所による「吟味中村預け」という措置が増加した（表40）。

各領主の領内での博奕の取締・摘発の第一義的な主体は領主である。しかし南王子村の領主・一橋家は、御三卿という立場上、自前の家臣団を持てなかったこともあり、播州と泉州の領知支配は大坂・川口の役所にいる数人で担当していた（文政六年から摂州領も支配）。これでは領知取り締まりの徹底は不可能なので、関係者が領内限りであっても、一橋家は堺奉行所による摘発に任せていた。

堺奉行所による摘発を受けると、本人の召し捕り、堺への入牢（二週間程度）、裁決という手順を踏む。この間、奉行所役人が少なくとも三度来村し（召捕と本人荷物の封印、その解除）、村役人も度々堺に出向く必要があった。この場合、召し捕り入用や、牢飯代（入牢中の食事代）、村役人の出役経費などが嵩《かさ》むことになる。これは貧しい村にとって重い負担であった。牢飯代は本人が負担すべきものだが、もとより零細な下層が出牢直後に支払うことは難しく、村役人が立て替える場合が多かった。天明四（一七八四）年の時点で村役人の危惧した事態が、一九世紀には現実のものとなって立ち現れたのである。

川口役所は、こうした事情を汲み、村から博奕を行った者を申告することを奨励していた。申告を受けた川口役所は、該当者を「吟味中村預け」（川口役所で吟味中だが、村に預けている状態）とする。そうすると、堺奉行所からの召し捕りとなっても、領主の権限が優越するため、堺への入牢は求められず（口書《くちがき》作成と裁許の際に堺へ出向くのみ）、堺奉行所の裁許も軽くなる傾向にあった。またこのころ、川口役所は毎年正月に領知取り締まりを目的とした廻村を行っており、その際に申告すれば、村役人が川口に出向く経費も節約することができた。こうして、南王子村では次第に川口役所による「村預け」が増加したのである。

「村預け」になると、本人は自宅謹慎となり、朝夕に組頭が見まわっていたようだ。当初は堺奉行所の召し捕りに備えた措置であったが、村預けは次第に「村での処罰」となっていった。というのも、川口役所は村の申し出を追認していたので、「誰」を、「どのくらいの期間」村預けにしておくのかは、ほぼ村による判断であった。「手鎖村預け」が増加するが、これは博奕を繰り返す者に村が重い処罰を与えていたのである。逆に若者に対しては、村から村預けを願い出ても、即日で赦免願を出すこともあった。これは教戒的意味合いが強い行為と考えられる。

また予防措置として、博奕を禁止する村方申し合わせが頻繁に作成され、村内全戸の連印がとられた。申し合わせの内容を年代順に並べると、次第に過料が増額されるなど厳罰化されていくこと、組頭に組内管理の徹底が求められるようになったことなどがわかる。とくに村役人は、後者を予防措置の要としていた。村役人の意向に沿わない組頭については、「組頭の役目をはたしていない者がいる」と、村から川口役所に訴えることもあった。その結果、次第に二十数人の組頭は「組頭中」として自分の組以外にも責任を負う存在となった。このように、村役人は「村のため」を考えて、村内取り締まりの徹底を計ったが、博奕問題は拡大した。博奕問題の根本的な原因は、零細な下層の拡大にあったので、いくら取り締まりを強化しても博奕の発生を阻止することはできなかったのである。一九世紀の博奕問題は百姓村でもよく見られるが、分厚く下層が展開する南王子村では集中的に現れたのである。

博奕問題の拡大と南王子村の「若中」

博奕問題は、一九世紀の初頭から次第に増加し、天保期には激増した。その原因のひとつと思われるのが、村の「若中」（出身階層を問わない若者仲間）である。

文政二（一八一九）年七月、村内の若者二二人が、無高の友平（四四歳）と庄九郎（六一歳）の居宅を打ち壊す事件が起きている。若者達は村役人に対して「二人は平素から身持ちが悪く、風来者《ふうらいもの》を匿《かくま》い、犬猫を獲《と》らせるなど、村役人の意見も聞き入れない。そのため村外からの風聞が悪くなり、若者までもが他村から悪名を受けることが許せなかった」と述べている。南王子村の風紀の悪化は、地域のなかで村の評判を下げていた。この事件は、若者らがそうした存在に嫌悪感を募らせ、彼らなりの「正義」を追及した行為であると同時に、取り締まりを徹底できない村政や村役人への突き上げ行為という意味も有していた。文政期以降、村内には暴力的・威圧的な言動をとる者も登場していたが、若中は、こうした存在とは一線を画していた。

しかし、若中も博奕と無縁ではなかった。文政一二（一八二九）年に博奕で村預けになった者の半数が若年層である。このなかから、その後も繰り返し村預けになっていく者と、成人すると博奕を行わなくなる者に分かれていくようである。たとえば、文政七年には嘉兵衛の倅二人も村預けになっているが、一度きりである。彼らは後に村政の主要な担い手となった。たびたび村預けとなるのは、やはり無高の倅で、居宅を打ち壊された友平の倅石六は、文政一〇（一八二七）年以降村預けの常連となっている。天保期には、村預けの人数が増加するが、その理由は、彼らに加えて、その下の年代で新たに村預けになる者が発生したためである。

無宿問題と村内風紀の悪化

博奕問題は、より深刻な無宿問題と密接に関わっていた。無宿とは、村に人別の登録がない状態を意味し、江戸時代において、その状態自体が違法である。一家で夜逃げ（これを欠落《かけおち》という）をした場合も、一定期間が経過すると、村の人別帳から除かれ、無宿となる。南王子村では一家での欠落も確認されるが、そうした場合帰村することは稀である。

一九世紀には、たびたび博奕で村預けになった者が、盗品売買などに関与するようになり、さらに村外の無宿と共に不法行為に及び、ついには本人も無宿になる、という事例がある。そこに至る経緯は、貧しい家に生まれ、生活の糧《かて》を得る手段がなかった、あるいは壮年になって突然生活基盤を喪失するなど悲惨なものがあり、やむにやまれない事情のなかで選択された、生きるための手段であった。そうして無宿となった存在は、欠落とは異なり、村の近辺に滞留し、不法行為を繰り返しながら生活していた。近隣のかわた村でも同様の事態が進行していたようで、「かわた村間のネットワーク」を基礎に、「かわたの無宿ネットワーク」が一九世紀には存在した。これによって、無宿になっても生き抜くことができたのである。

しかし南王子村にとって、無宿は非常に厄介な存在であった。彼らは無宿となっても頻繁に南王子村に出入りし、村びとを不法行為に巻き込んだからである。文政一三（一八三〇・天保元）年には、南王子村出身の無宿・惣四郎が、死牛を購入し、南王子村の村びとと解体するという一件が起こっている。本来、死牛は無償で草場株を所有する南王子村の集団（一九世紀には番郷《ばんごう》と呼ばれた）のものとなるもので、株を持たない惣四郎が購入し、かつ解体までする、という行為は、草場の原則に抵触するものであった。また無宿が村内に盗品を持ち込み、売却するなどの事件もあった。村内では一九世紀以降盗難事件がたびたび起きており、このような風紀の悪化も無宿問題と無関係ではないと思われる。

このように、無宿に付随する問題は、単発の博奕よりも深刻であった。そのため村方申し合わせでは博奕と並んで、「事情のある親類のみ、一夜だけ泊めることができる。売買の世話を頼まれても引き受けてはいけない」など無宿対策が必ず盛り込まれていた。

南王子村の日常的な生活

それでも無宿に関わる問題はたびたび起こった。これは、村びとにとって「誰が無宿なのか」を正確に把握することが難しかったという問題と、助け合いの精神で「顔見知り」からの頼まれごとを引き受ける、日常的な生活のあり方と関わっていた。次に具体的な例を挙げよう。

文政一二（一八二九）年五月、南王子村で風呂屋を営む武助の女房カネのもとに塩穴《しおあな》村の新兵衛が訪ねてきた。新兵衛はカネの姪の夫であり、手間職《てまじょく》を雇うほどの「職業立派の者（雪踏関係ヵ）」とカネは考えていたようである。新兵衛は大量の衣類を持参し、「職方で大買物をしたのでそれを賄うために、親類中から衣類を借りてきた。…（塩穴で質入するのは）面子もあるので南王子で質入れしたい」と相談したので、カネはそれを叶えてやることにした。以前から面識のある由右衛門方にはカネ本人が質入れし、半分の衣類は小三郎の女房コサヨに頼み、嘉兵衛方に質入れをした。そして用立てられた銀をもって新兵衛は南王子村をあとにした。

ところが、実は新兵衛がかわた村出身の無宿とともに堺の町方に盗みに入っており、カネのもとに持ち込まれた衣類はその時の盗品であることが、数日後に判明したのである。堺奉行所の役人も来村し、大きな騒動になってしまった。その取り調べのなかで、五兵衛のもとにも塩穴村の人物から盗品が質入れされていたことも判明した。川口役所の介入もあり、最終的に堺奉行所は、武助・小三郎・嘉兵衛・由右衛門・五兵衛の五人に、一同不届き、品物損失（没収）という裁許を下している。多額の風呂請負《うけおい》銀を滞納していた武助は、これが引き金となって間もなく一家で欠落している（風呂については後述、表41）。

このように、五兵衛や嘉兵衛ら有力高持は質屋を営んでおり、零細な下層らが日用品を質入れする小口の金融先としても機能していた。また、村内のほとんどが飯米購入層であるため、日常的に物の売買が百姓村のそれよりも活発に行われていた。顔見知りから物を預かって売り手を探すようなことも多かったらしい。また少しでも手元に小金があれば、転売するために良い品を買っておこう、とする心持ちを多くの村びとがもっていた（時に博奕の資金にもなる）。貧しいながらも何とか生活を維持するための仕組みが、村内には存在していたのである。この「マーケット」を前提に、無宿はしばしば盗品を持ち込んだのである。

このような日常のあり方によって、いくら村役人が取り締まりを強化してもそこには限界があった。平穏に暮らしている村びとも、「顔見知りを助ける」つもりの行為によって、犯罪に巻き込まれる場合も多かった。このため、博奕問題・盗品売買・無宿の立ち入りを防ぐことはできず、幕末までこうした状況は続き、村内の取り締まりも継続していく。一見これらは村内下層に限定された問題のようにみえるが、有力高持も家主や地主、質屋として、無縁ではなかった。また、博奕を繰り返す者は、イエの維持が困難となることも多く、その場合は親類が引き取ることになる。直接犯罪に関与せずとも、さまざまな形でその影響を受けざるを得ない、南王子村の村落構造があったのである。

一九世紀初頭には、村外への出作拡大もほぼ限界に近づきつつあった。人口激増と貧困は深刻な問題で、膨張を続ける南王子村と地域社会の軋轢《あつれき》は一九世紀に入って深刻化していた。次章で扱う文政一一（一八二八）年の信太明神社御室御所祈願所一件についても、このような南王子村の状況をふまえると、より深く理解することができよう。

〜文政10年6月	文政10年閏6月	文政11年6月	文政12年6月	天保元年12月
藤兵衛	藤兵衛 5貫300文			弥助 2貫750文
作右衛門		三右衛門 2貫750文	三右衛門 2貫338文	
惣五郎	惣五郎 6貫600文	惣五郎 6貫600文	惣五郎 5貫610文	惣五郎 6貫240文
喜七	喜七 6貫600文			政七 3貫258文
	伝兵衛 8貫			
	作兵衛 2貫700文			
		角右衛門 1貫600文	角右衛門 1貫356文	
		彦兵衛 4貫300文	彦兵衛　※1 3貫651文	
		武助 7貫650文	武助　※2 6貫510文	藤八 6貫240文

表41　中風呂仕法の展開（名前下の金額は、請負銭額）　※1　のち酒屋と餅屋に転業。※2　総額6貫余を未納のまま、この年秋に一家で欠落。藤八が引き継ぐ。

6　一九世紀の村方騒動

南王子村の寺と風呂

三度にわたって発生した村方騒動（表37）の原因や、対立の構造には共通する点が多い。それを読み解く一つの鍵は、南王子村の寺と風呂にある。次にこれをみていこう。

文政八（一八二五）年、南王子村では新しく神社を勧請することを決めた。その主要な目的は、前述した村の状況を前提に、「末長く神仏崇敬の念を村びとにもたせ、身持ちをわきまえさせる」ことにあった。実現には多くの困難を伴ったが、翌年八月に、一間四方の社殿をもつ牛頭天王社《ごずてんのう》が完成した（現八阪神社）。費用については村内からの寄附も募ったが、結局銀五貫目余が村の借銀として残った。翌年には西教寺庫裏の再建工事も行われ、こちらは銀一二貫目余の費用がかかった。西教寺は南王子村唯一の寺で、村びと全員が檀家である。そのためこれも村借《むらがり》となった。村借の正確な総額はわからないが、かなりの額に及んだことは確かである。村借の一部は川口役所の助成銀を期限付きで拝借することで賄い、さらに五兵衛や嘉兵衛など村内の有力者四人からの借銀で賄われた。

そこで村役人は、村借返済のための仕法を文政一〇（一八二七）年六月に打ち出した。村内に四軒ある風呂屋をそれぞれ銭一〇貫文で村が買い取り、新たな営業者を入札して決定したのである（「中風呂仕法」）。村びとにはこの風呂屋の利用を義務付け、営業者から毎月決まった請負額を村に納入させ、それを村借返済に充てることにした。同年閏六月には、元々風呂を営んでいた三人と、新たに伝兵衛と作兵衛の二人が風呂屋を請け負っている（表41）。請負額のばらつきは、風呂屋の規模や実績によるものだろう。しかし年明けから新規の二人は滞納が目立つようになり、仕法はなかなか軌道に乗らなかった。

そこで翌年五月、村役人は申し合わせを作成し、改めて村びとに風呂の利用を周知した。それによれば、「中風呂の外に勝手に、「薬湯」などと称して居風呂をつくり、隣家など付き合いのある者を入らせてはいけない。もちろん風呂を入札した者は、商売事であるから、風呂屋が繁盛するように心掛けなければいけない」とあり、風呂の利用義務付けに、村びとの一部が応じなかったことがうかがえる。また同時に、餅屋（糯米屋《もちごめや》）と酒屋も風呂屋同様に村による株立てが申し合わされている。中風呂の請負人も交代しており、ふたたび入札が実施されたようだ。

村が営業者を選定し、その利用を村びとに義務付け、営業者には請負額を村に対して毎月支払わせるという方法は、日々の出銭が難しい零細な下層に、なんとか日常生活の中で村の借金を分担させる仕組みであった。しかし村びとにしてみれば、村借返済のためとはいえ、それ以前よりも風呂代やさまざまな商品の値段が上昇することになり、負担の大きいものとなった。

この仕法は、天保元（一八三〇）年末までは継続したようである（表41）。しかし次第に請負額や請負人が減少しており、村びとの気受けが悪く、営業を請け負う側も苦労したことがうかがえる。

二度の村方騒動の概要

日常的な博奕などの取り締まりに加え、新たに風呂屋・酒屋・餅屋が村によって株立てされたことは、村方騒動Ⅰの発生に直結した。騒動Ⅰの直後に起こった騒動Ⅱも含め、長くなるが経過をみていこう。

村方騒動Ⅰ（天保元年末〜天保六年四月）　天保元年一二月に村内で博奕の噂が立った。村役人が調べたところ、十数名の関与が発覚した。しかし年の瀬だったので、川口役所への申し出は年明けに行うこととし、十数名からは過料を徴収した。ところが翌年の正月早々から、「小前《こまえ》惣代」を称する四、五〇人が、庄屋の不正を摘発しようと動きはじめる。当時年寄は三人（林蔵・太兵衛・五兵衛）いたが、太兵衛と五兵衛は小前惣代の主張に同調した。

一月の早い段階で、一橋領知の郡中取締役である池浦村の寺田治兵衛が調停に入ったが、事態の収拾には至らなかった。さらに一月二一日には、堺奉行所から役人が来村し、前年末の博奕関係者に加え、庄屋の利右衛門・次兵衛と年寄三人も堺に召し連れられ、入牢となった。村役人まで入牢となったのは、小前層が、博奕関係者から村役人が集めた過料の使途が不明だという疑いと、牛頭天王社の建設費用にも不正がある、と申し出たためである。堺での取り調べで、村役人の嫌疑は晴れ、二月二〇日に出牢が許可された。

だが小前方の不満は収まらず、二月一九日には「小前惣代」と称する六名からの訴状と、組頭八名・小前一八九名からの訴状が、それぞれ川口役所に提出された。その内容は庄屋二人の退役を願うもので、前者の訴状には、免定や皆済目録を村役人が小前層に見せていない、牛頭天王社建設費用で銀七〇〇目の使途不明がある、博奕に携わった者でも賄賂次第で村役人が偏《かたよ》った取り計らいをする、などと述べられている。後者も基調は同じだが、とりわけ風呂屋・酒屋・餅屋の店規制をしているにも関わらず、予想されたほど村借が減っていないことに対して、仕法を統括している庄屋への不信が述べられている。

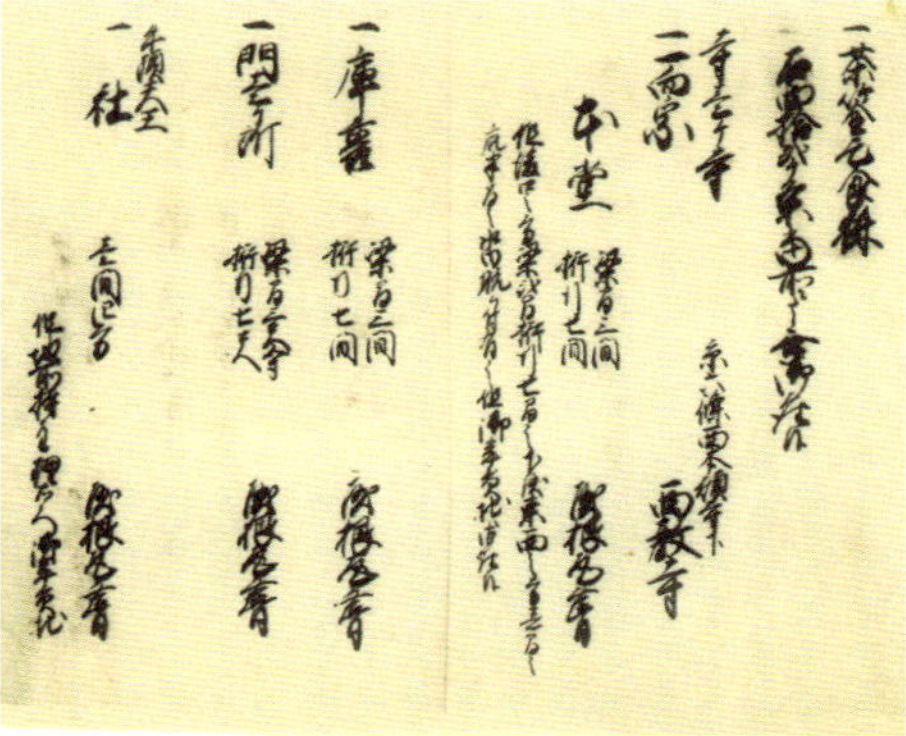

写真8　天保4（1833）年「南王子村明細帳」にみえる西教寺と牛頭天王社

ほぼ同時に、組頭一六名と小前一〇二名らが、庄屋による不正の事実を否定し、庄屋継続の願いを川口役所に申し出ている。この庄屋派には、庄屋二人と、年寄林蔵、組頭の三分の二が、小前派には、年寄の太兵衛・五兵衛、組頭の三分の一がついた。庄屋派の方に、村政に関与できる層が多く、無高層は、小前派に荷担した者が多かった。無高層は、日常的な博奕を主眼とする村内統制や、村借返済のための仕法に強い抵抗があったと考えて間違いないだろう。

しかし出牢した村役人五人は、その直後から病気で伏せるようになり、二月二一日には五兵衛が、二月二九日には次兵衛が死んでしまう。残る三人も回復しないため、以後庄屋派と小前派からそれぞれ「役代」を立て、臨時に村政を担当することになった。しかしその後も、両派の対立は続き、たびたび調停が図られたが、解決には至らなかった。これは、主として小前派が非妥協的な対応をとったためで、同年九月には小前派の太兵衛・五兵衛（先代の倅）と七、八〇人が川口役所に押しかける一件も生じている。また、泉州の一橋領知で郡中取締役廃止に至る大規模な騒動も起こり、そのなかで寺田治兵衛が失脚したため、積極的に仲裁に入る者がいなくなり、村方騒動は長期化することになった。

天保四（一八三三）年一〇月、翌五年七月、九月と和談に向けた話し合いがもたれたが、いずれも決着には至らず、最終的な和談が整ったのは天保六年四月のことである。その内容は、

①諸帳面を調べた結果、銀五貫目の使途不明が判明した。これについては、利右衛門が二貫五〇〇目、太兵衛が一貫五〇〇目、林蔵が一貫目を弁済する。

②庄屋・年寄は全員退役し、新しい庄屋は利右衛門倅豊吉（一一歳）と五兵衛倅菊蔵（五歳）、年寄は太

兵衛倅長吉（一九歳）と林蔵倅直治郎（二二歳）とする。

③新しく寺肝煎三名と村方惣代一〇名を定める。今後、寺方・村方の諸勘定は、村役人を立ち会わせず、寺肝煎と村方惣代、組頭数名で行う。

というもので、村役人の顔ぶれは事実上変化しなかった。しかしここで五兵衛家が庄屋に就いたことには注意しておきたい。この和談の重要な点は、①と③である。すなわち、牛頭天王社建設費用や村借返済の仕法について、使途不明が確認され、それを管理していた村役人を、その勘定から排除することが決まったのである。寺肝煎と村方惣代は、両派から就任している。これは小前派の主たる要求であり、それに沿った体制になったのである。

村方騒動Ⅱ（天保八年七月～）　この決着から間もない天保八（一八三七）年七月、五之助（菊蔵改名）とその後見役・五兵衛が庄屋退役を村に申し出た。その理由は五兵衛が年明けから病気であり、いまだ五之助も幼少であったから、多忙な庄屋役に就いていると家業にも差し支える、というものであった。村役人と組頭は慰留に努めたが、翻意させることはできなかった。しかし川口役所が五兵衛に再考をうながすと、五兵衛は庄屋を続ける意向を示した。ところが、このころから村内では小前層を中心に五兵衛の退役を求める動きが活発となり、九月下旬には組頭全員と村内の七割近くの家から退役を願う訴状が川口役所に提出されている。それらによると、村方騒動Ⅰ後、五兵衛は小前層に厳しく接しており、騒動Ⅱの直前に起こった天保飢饉でも、小前層の救済に積極的ではなく、村内から反感を買っていたらしい。この騒動Ⅱは、五兵衛にかわって三右衛門が庄屋に就任することで、間もなく決着した。

二度の村方騒動からは、次の状況がよみとれる。村内の過半数を占める小前層は、村役人が「村のため」

写真９　牛頭天王社（現八阪神社）

に行うさまざまな日常の統制を、ある程度は是認していた。しかし、新しい負担が課され許容できない地点に到達した場合や、日々生活を削りながら捻出した出銭が村役人によって不正に取り扱われている、などの噂が広まると、小前層の不満が一気に高まり、大規模な村方騒動に発展していった。数十人規模で押しかける行為が頻発するのも、このためである。

一方で組頭層の過半数は、利右衛門に与《くみ》しており、南王子村の状況を踏まえて行われているさまざまな取り締まりや仕法について、妥当なものだと判断していたようだ。しかし一部の組頭は小前層に与しており、「度を超えている」と考えられる局面もあったのだろう。

南王子村の村方騒動と村落構造の関係

二度の村方騒動で見えてきた、小前層と組頭の関係や対立構造は、村方騒動Ⅲ（嘉永六〔一八五三〕年末〜安政五〔一八五八〕年四月）でもほぼ同様に見出しうる。その際、注目されるのは、「小前惣代」の実態である。また大きな争点として、風呂の問題もあった。村内のほとんどを下層が占める南王子村で、莫大な村借をいかに返済していくのかは、常に難しい問題としてあった。最後にこれらの点について見ていこう。*

＊文政一〇年の仕法が、村方騒動Ⅰにおいて争点となっていることは確認できるが（改めて誰に入札させるか）、それ以外は不明である。騒動ⅠからⅢまでの間に、村借返済の仕法も何度か立てられているが、店規制の有無については不明である。

安政四（一八五七）年五月以前の時点で、村内では村借返済のために次のような仕法が立てられた。

①村の風呂は「西教寺益風呂」と称する、西教寺の貸家にある一軒のみで、請負額は一ヶ月に銭一九貫一二〇文。

②酒屋は一軒に限定し、請負額を一ヶ月に銭六貫五〇〇文とする仕法を立てたが、安政三年九月より複数の酒屋が認められ、一軒につき請負額は金二朱となった。

③餅屋も同様に安政三年九月から一軒につき銭五〇〇文の請負額となった。

また、A村内の身元の良い者が、葬式の際に使う輿《こし》を拵《こしら》えて西教寺に奉納し、村内の葬儀の際にはこれを利用させ、損料として銀一二匁を納める、B村内の頼母子講《たのもしこう》などで酒を振る舞うときは、その半分にあたる額を西教寺に差し出させる、C身元の良い者が、永代経料《えいたいきょう》などとして田地を西教寺に寄進しており、その作徳米を積み立てる、なども行われていた。①〜③、A〜Cは一括して、「西教寺仕法銀」として、毎月組頭二名と寺世話係二名が集金・管理を行っていた。この積み立てられた西教寺仕法銀が、村借返済と寺方入用（修覆など）に充てられていたのである。

葬儀の輿や頼母子講などについても規定があり、文政期よりもさらに生活の諸側面での統制が厳しくなっている。そして、西教寺の貸家に村風呂が建てられ、これらすべてが「西教寺仕法銀」として運用されていたように、寺と村の入用が一体化していた。

村方騒動Ⅲそのものは、嘉永六（一八五三）年一〇月に先代の利右衛門（後見庄屋）が死去し、その直後に「小前惣代」が行動を起こして四人の組頭を罷免《ひめん》したことで始まった。対立構造は、二人の庄屋それぞれのもとに組頭が与し、利右衛門方・三右衛門方の二派が争うものである。この時も多くの組頭は利右衛門方についている。

一方の三右衛門方に与した「小前惣代」を名乗る人びとは、村びとを呼び出して恫喝《どうかつ》して従わせるなど、

写真10　復元移築された南王子村の高札場

たびたび村内で暴力的・威圧的な言動をとっている。三右衛門が村外との関係を深く有する博労《ばくろう》だったことも考えあわせると、彼らは村外の無宿などとも付き合い（社会に対する不満、という点では無宿と通底するものがあるのだろう）、村内で支配的な利右衛門方の存在や、彼らが進める村の統制を、力によって覆《くつがえ》すことを目論む急進的な者たちであると考えられる。これに対し、村内の小前層は、騒動の争点によって「小前惣代」に同調する場合と、威圧的に同調させられる場合があった。つまり「小前惣代」は真の小前の代表ではなかった。小前層が積極的に三右衛門方につく局面は、風呂の問題や西教寺仕法銀が争点になっているときであり、村方騒動Ⅰと共通する。

村方騒動の経過のなかで、風呂の問題が争点となるのは安政四（一八五七）年三月から五月にかけてである。安政元（一八五四）年から風呂屋株を請け負っていた伝蔵が、風呂益銀《えきぎん》を三ヶ月連続で未納し、この対応をめぐって村役人と組頭のなかで意見の対立が生じた。実は伝蔵は「小前惣代」であり、三右衛門方であった。利右衛門方は伝蔵から風呂屋株を取り上げることを主張したが、三右衛門方は聞き入れず、この時とうとう「勝手風呂」（風呂屋の営業も、村びとがどの風呂に入るかも自由）となり、村風呂の仕法が崩れてしまっている。なお村方騒動Ⅲは、休役を命じられていた三右衛門の倅龍助が見習庄屋に帰役し、嘉永六年に罷免された四人の組頭を復帰させる、という和談書を安政五（一八五八）年四月に取り交わして収束した。

一九世紀の南王子村は、村内取り締まりと村借返済が村政の課題であり続けた。日常的にはこれを巡って村内のほとんどを占める下層と、ごく一部の村役人や有力者、中堅層の組頭などが、微妙な均衡を保ちながら、店規制をはじめとする強い規制の下で、家屋の密集した狭い空間に暮らしていた。村役人や組頭が主導する仕法を小前層は受け入れるが、金銭的な負担も大きかった。一旦その不満が爆発すれば、要求が実現されるまで小前層は納得せず、またそれを扇動する（ときには混乱を生じさせることが目的の場合も）者が存在した。しかし問題の根は深く、解決することのできないまま、こうした村落構造は明治以降も引き継がれていったのである。また組頭が一九世紀には村民生活の日常の取り締まりや、村政での決定などに大きく関与していたことが確認できたが、これはすべて天明四（一七八四）年の申し渡しを起点とする村のあり方である。明治以降、組頭は「伍長《ごちょう》」と名称を変えるが、基本的な性格はこれも継続した。

コラムV　西教寺の成立過程と本堂の建築

熊野街道の近傍、幸《さいわい》二丁目に所在する西教寺は、樹齢五〇〇年を超えるとされる天然記念物のイブキの大木で知られ、江戸時代後期から明治時代の建築遺構が極めてよく残されている浄土真宗本願寺派の寺院である。その建築は、本堂・式台《しきだい》玄関および書院・手水屋形《ちょうずやかた》の近世建築、明治中期とみられる経蔵・山門・鐘楼《しょうろう》、明治から大正時代とみられる上書院《かみのしょいん》・奥座敷・東門・北門、一九六二（昭和三七）年再建の太鼓楼《たいころう》など、一一棟を数える。加えて、右の諸建築を囲う築地塀《ついじべい》・練塀《ねりべい》・鉄製門扉《もんぴ》も残されている。このため、二〇一四（平成二六）年、右の堂宇《どうう》は、歴史的景観に寄与しているという評価を受け、国の登録有形文化財となった。

こうした堂宇は、当寺に結集した南王子村の人びとの信仰によって生まれた。そこには一般末寺では稀な、小規模ながら御坊格《ごぼうかく》寺院に準ずる境内諸建築が展開している。以下、主として、西教寺本堂の発展過程とその建築的特色について記述してみよう。

1　西教寺略史

寺号免許と境内地移転　西教寺の創立は詳《つまび》らかでないが、元禄《げんろく》一一（一六九八）年「寺社改帳」（泉井上神社文書）によれば、文禄《ぶんろく》三（一五九四）年以前に遡るという。その後、寛文《かんぶん》一〇（一六七〇）年に寺号公称および木仏《もくぶつ》免許を受け、本山から認められた寺院となった（奥田家文書）。

当寺が現在地に堂宇を営んだのは元禄一一年のことで、南王子村の人びとの屋敷地移転と同時に行われた。

ゆえに、西教寺の歴史は元禄一一年が画期となる。旧地における西教寺は、元禄一一年「寺社改帳」の境内地三六坪、同年の「三間×六間」の指図が、境内と本堂を指すとみられる。それは、小さな境内地に、小規模な村会所に類する藁葺の堂であった。

一方、移転後の西教寺は、正徳《しょうとく》三（一七一三）年の村明細帳に「一向宗寺　壱ヶ寺　境内百五坪　京都六条福専寺下／西教寺（下略）」とあり、境内地が三倍となった。

本山許可物の充実と本堂の結構　浄土真宗寺院本堂では、格式を整えるために規模形式だけでなく、木仏や絵像に本山門主《もんしゅ》の裏書を必要とした。これらは本山許可物として、宗祖親鸞《しんらん》の時代から、門主が願主の住所や授与年月を記す裏書が行われた。この裏書の授受こそ、本願寺門主と末寺（門徒）が師弟（知識《ちしき》と同行《どうぎょう》）の関係にあることを証するからである。

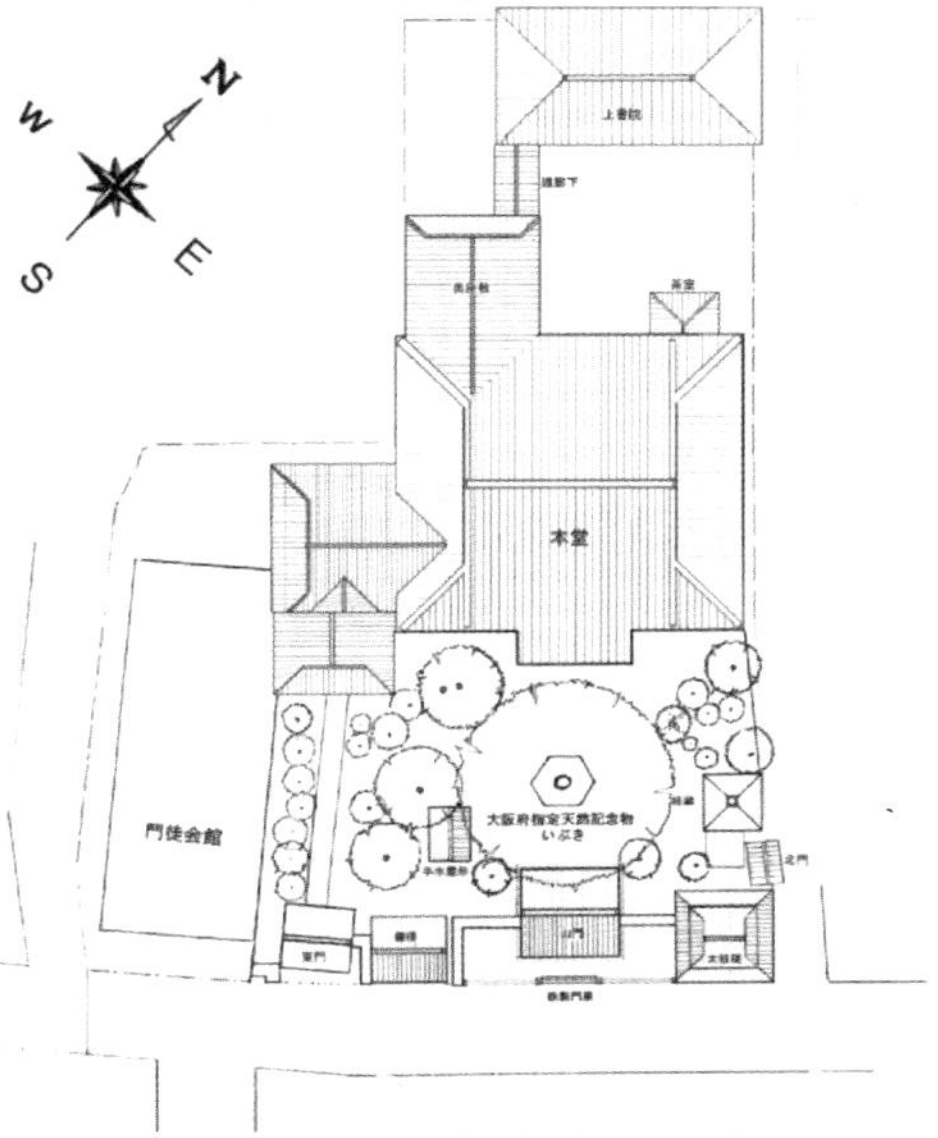

図23　西教寺伽藍配置図兼屋根伏せ図

当寺では寛文一〇年に木仏免許と寺号公称を許可された後、宝永《ほうえい》二（一七〇五）年以前において、良如《りょうにょ》御影《みえい》、七高祖《しちこうそ》（三朝高僧《さんちょうこうそう》）・聖徳太子尊影、宗祖画像（親鸞）を授受している。これは、「五尊寺」とよばれ、本尊と宗祖および門主の三尊を祀る寺より上位の格式とされた。

江戸中期、「五尊寺」であったことは、建築的にも重要である。一般に「五尊寺」の場合、本堂内陣の中央に本尊木仏（光明本尊や名号の場合もある）、両脇向かって右に親鸞聖人、左に「前住様《ぜんじゅうさま》御影《みえい》」を安置し、聖徳太子・七高祖像は余間《よま》仏壇に掲げられる。故に、「五尊寺」であるためには、内陣・片余間を備える本堂である必要があった。内陣間口は二間半以上、余間は一間幅が必要になるので、堂の正面間口は三間半以上でなければならない。間口三間以下では、「五尊寺」の体裁を整えることができなかったのである。

先の、元禄一一年の本堂指図が六間×三間であったから、このときは余間を持たない建物であったとみてよい。しかし、寛延三（一七五〇）年の本堂普請願書（奥田家文書）では、再建前の本堂は、庇《ひさし》を含めると、桁行六間・梁行四間半であった。これが縦長平面であったとしても、堂の間口が四間半であったと考えられるので、「五尊寺」に叶う本堂であったことになり、右の本山許可物の授受と矛盾しない。

現本堂の建立　現在の本堂は、文化三（一八〇六）年に普請願書（奥田家文書）が提出され、同五年九月に上棟《じょうとう》されたものである。普請の工程は、「西教寺遷佛頌」と題する横長の木札から知られる（西教寺蔵）。すなわち、文化四年九月一日に釿始《おのはじめ》、文化五年四月一五日に礎石を据え、九月七日に上棟、一一月二一日に遷仏《せんぶつ》法要が行われた。普請願書の提出から二年一ヶ月を要した。しかし、什仏の整備や内陣の彩色など、本堂の結構を高めるに、なお歳月を要した。文化八年に吊燈籠《つりどうろう》（広縁《ひろえん》）、同一三年に手水鉢《ちょうずばち》・宮殿形厨子《きゅうでんがたずし》、文政三（一八二〇）年に吊燈籠（外陣）、万延元《まんえん》（一八六〇）年に樋受水盤《というけすいばん》一対が寄進されている。弘化《こうか》二（一八四五）年には、内陣廻りの彩色が行われ、極彩色の華麗な内陣が完成した。また、本堂正面の落縁《おちえん》は弘化三年銘の擬宝殊《ぎぼし》があるので、この時の増築とみられる。

なお、文化三年の普請願書に向拝《こうはい》の記述がない。江戸時代、向拝は御禁制の対象で、諸宗本寺、御朱印地寺社、由緒寺院の他は、許可なく設けることができなかったからである。

2　本堂の建築的特色

本堂の構造形式とその特色　現在の当本堂には、向かって左手に式台玄関および書院、本堂背後に奥座敷・茶室が付属している。浄土真宗本堂の通則にしたがい、堂の前半に外陣《げじん》、後方に上段の内陣および余間を設け、外陣正面に広縁・向拝をつける。軒は一軒半繁垂木《ひとのきはんしげだるき》、妻飾《つまかざり》を虹梁大瓶束《にじはりたいへいづか》としている。現在、外陣の側面には書院が接続しているが、側面の柱・鴨居《かもい》に風蝕《ふうしょく》があり、元は半間の縁があり、独立して建てられていた。堂内は、手前に広縁付の間口五間（実長六間）・奥行三間（実長三間半）の外陣、奥に内陣および両余間を設けて上段とする。天井は外陣・内陣・余間とも格《ごう》天井である。外陣は、中間に柱を立てないが、内外陣境の前方一間に矢来《やらい》を設ける。側面の柱間に三本溝の敷・鴨居があり、もとは外側に板戸二枚・内側を障子としていたと思われる。

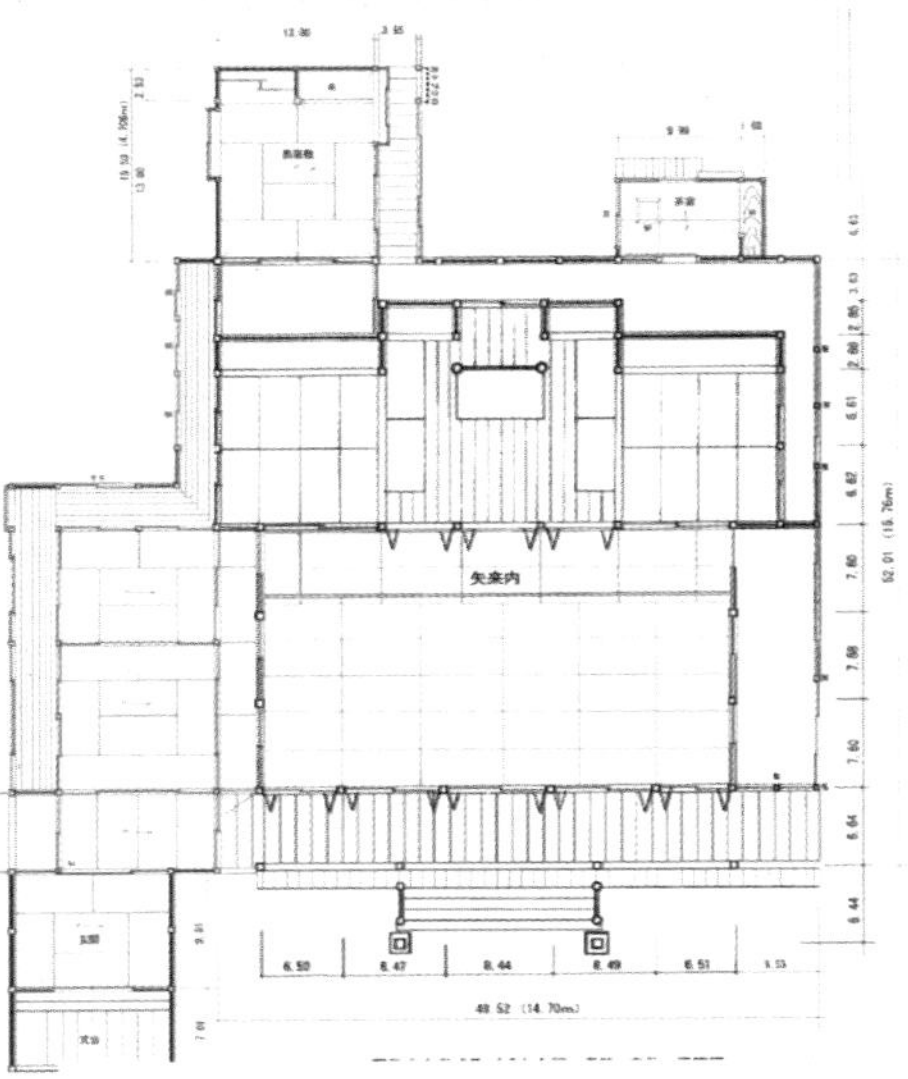

図24　西教寺本堂、式台玄関及び書院、奥座敷・茶室　平面図

当本堂で注目されるのは、内外陣境と外陣正面の柱筋が揃わないことである。これは六間堂のゆえに生じたものである。六間堂において、一間毎に柱を建てると、正面中央に柱が立つことになる。これを避けるために、六間を五間としたもので、当本堂では両端の間を六尺五寸とし、中央三間を八・四六尺の等間としたのである。隅を固めるとともに、中央に広い開口部をとり、堂の正面性と開放化を高めている。浄土真宗本堂の古式なものは、柱間を奇数とし、一間ごとに柱を立てることが知られている。しかし、江戸中期以降になると、外陣中央部の柱

写真11　本堂外陣および内陣正面

写真12　本堂余間から内陣をみる

間を拡げ、開放化を指向するようになる。西教寺本堂は、そうした発展過程に沿うものである。

内外陣境は、柱間に巻《まき》障子を入れ、余間側より一段高く内法長押《うちのりなげし》を打ち、この上に牡丹《ぼたん》の透彫欄間《すかしぼりらんま》を嵌《は》め、柱上に大斗絵様肘木《だいとえようひじき》・中備蟇股《なかぞなえかえるまた》を飾っている。内陣奥行は二間半で、背面両脇に脇仏壇を設け、中央後方に来迎柱付の出仏壇を据え、後門《ごうもん》を設ける。余間は方二間であるが、外陣側の間口は一間半としている。側面庇を取込み、余間が外陣から半間張り出している。このような余間平面は、江戸後期以降の特色である。

以上、本堂は建築年代・工匠が明らかで、江戸後期の特色を伝えている。特に、外陣廻りの柱配置や庇を取込んだ余間、金箔や極彩色で飾られた極楽浄土を思わせる内陣空間など、江戸後期の特色を示している。

3　太鼓楼と上書院

境内諸建築のうち、一般末寺では稀有な、上書院《かみのしょいん》と太鼓楼をみてみよう。

上書院は、本堂の背後、中庭を挟んで建つ二階建ての建物で、桁行《けたゆき》五間半・梁行《はりゆき》二間半の寄棟造《よせむねづくり》である。二階は本山役僧の宿泊所あるいは休憩所に、一階は役僧のお供あるいは修行僧の居室に宛てられたものという。顕著な特色は、二階建てであるが、階段の無いことである。二階へは奥座敷北側の縁側から、スロープを上って通じており、一階は縁側外側の濡縁《ぬれえん》を降って結ばれている。

二階は手前に八畳の次の間、奥に上段の座敷を設け、二室とも内法長押・半間強の縁側を付ける。次の間は、座敷に従属する部屋であるが、南側に押入れ・床の間を設けており、床の間には花頭窓を明ける。座敷は床を四寸高くした上段で、奥に違棚・床の間・付書院を設けている。一方、一階は、二階と同様の間取りであるが、内法長押を付けず、二階より天井高が低い。なお、屋根はもと入母屋造であったといい、中庭を望む縁側は、もとは開放で、戸袋に雨戸を引き込む形式であった。建築年代は、明治中期以降の建築であろう。

太鼓楼は、文化七（一八一〇）年の記録に「太鼓楼新築」とある。これを示す別の史料はないが、天保一一（一八四〇）年の記録に、古くから太鼓楼があったという（奥田家文書）。

一般末寺における太鼓楼は、異例である。太鼓楼は二階建ての楼閣建築に類するため、本山や御坊などの有力寺院に限られている。建立の事情は不明であるが、西教寺は、南王子村の唯一の寺院で、すべての村人が西教寺の檀家であった。それゆえ、村の自立と誇りを内外に示すために、太鼓楼が建てられたのではなかろうか。なお、現在の太鼓楼は、一九六二（昭和三七）年に旧規を守って再建されたものである。

以上のように、当寺は、江戸後期から明治時代の建築遺構が極めて良く残る寺院である。

本堂は文化五年に再建された六間堂であるが、その成立には長い歳月を要した。元禄一一年に移転した頃は、梁間三間の余間を持たない道場形式であったとみられるが、寛延三年以前に梁行四間半に及ぶ規模となり、寛延三年の再建本堂は、桁行六間・梁行五間の両餘間を有する本堂に変容していた。奥田家文書の本堂に関する記録は充分ではないが、こうした本堂発展過程が知られることも貴重である。

一方、江戸後期から末期には、本堂・庫裏・表門・太鼓楼だけでなく、本堂に並立する式台玄関および書院が建てられた。その後、明治中期に経蔵・山門・鐘楼・東門・上書院などが造営され、現在の伽藍が成立した。

コラムⅥ　近世の蔭涼寺

毎年夏〜秋に和泉市教育委員会と大阪市立大学日本史学教室は、合同で一つの町会を対象として地域の歴史的総合調査を実施している。和泉市域では、江戸時代の村が、明治以降の市制町村制の下での大字、そして現在の町会へとつながる場合が多くみられる。一つの町会を対象とするねらいの一つに、江戸時代の村からの展開を見通そうとする点がある。二〇一一（平成二三）年は尾井《おのい》・山ノ谷《やまのたに》の二つの町会を対象として行ったが、それは江戸時代に原作集落（現在の山ノ谷につながる）が尾井村に含まれていたからである。そして、原作集落には、蔭涼寺《いんりょうじ》が所在する。ここでは、一八世紀の蔭涼寺住職の記録「山門要用留書」「山門要用記」からわかる、一八世紀後半の蔭涼寺について、一端を紹介してみたい。

蔭涼寺と門前

蔭涼寺の寺地《じち》は、開山僧・鉄心《てっしん》が、寛文《かんぶん》六（一六六六）年に信太郷七ヶ村から信太山の一画を譲り受けて（買得して）形成された（第2章参照）。その立地は、尾井村のうち信太山丘陵の内部の、原作集落に隣接する場所であった。まず蔭涼寺の人と土地の位置づけを確認しておこう。

天保初期（一八三〇年代初め）に、和泉国の一橋領知全体の詳細な要覧（「和泉国大鳥郡泉郡村々様子《ようす》大《たい》概書《がいがき》」）が作成された。そこには信太郷七ヶ村立会の信太山も記載され、そのなかに、信太大明神社（一社）、釈迦堂（一宇）、万松院《ばんしょういん》とならんで、蔭涼寺が記されている。一方、尾井村については、高一三三石九斗三升七合で、家数二五軒、人別一三七人（男七二人・女六五人）とあり、「当村境の儀、本郷《ほんごう》・原作《はらさく》と居村相《いむらあい》分《わか》り、田地他村と入り組みにこれ有り、村境分りがたし」ともある。尾井村は、一橋《ひとつばし》領知以外に林大学頭《だいがくのかみ》知行所（二〇石余）、施薬院《せやくいん》領（一〇四石余）、長岡主水《もんど》（熊本藩家老）知行所（二〇石余）となっており四給の村であった。一八八一（明治一四）年には戸数六二、人口二七二人が確認できるので、尾井村の人びとのなかには、一橋領知以外の人別支配をうける人もいた。以上から、一橋領知のなかでの蔭涼寺は七ヶ村立会の信太山のなかに含まれ、原作は尾井村の一部に位置づけられていたことを確認できる。

「山門要用記」（蔭涼寺蔵）に次の記事がある。

安永九年《（一七八〇）》子人数書の写

一、人数十八人　　泉州泉郡信太山　蔭涼寺

但シ、当子年三月改《あらた》め　十五歳以上

内　寺内　僧　十五人

下男　三人

門前　百姓　男三十弐人

女三十壱人

右人数書の通り、御領主一橋殿え書上げあい済み候処《ところ》、相違《そうい》御座無く候、以上

安永九年子五月　　泉州泉郡信太山　蔭涼寺　印

瞎宗　花押

興聖寺御役寮

写真13　蔭涼寺　2008年撮影

宛先の興聖寺は、京都府宇治市にあり、曹洞宗派内の畿内四ヶ国（山城・大

写真14・15　「山門要用留書」（宝暦～享和）と「山門要用記」（明和～文政）

和・河内・和泉）の触頭《ふれがしら》＝録所《ろくじょ》の地位にあった。これによると、一八世紀中ごろの蔭涼寺には、寺内に僧一五人、下男三人が確認できる。僧は、住職以外にも、平《へい》僧《そう》や寄宿僧《きしゅくそう》・弟子僧《でしそう》らが相当数いた。また門前百姓《もんぜんびゃくしょう》として男女合せて六三人を挙げている。同史料からは文化七（一八一〇）年には寺内に寺僧五人、下男二人、門前に男四五人、女三五人という人数が得られるが、寺僧の減少が目立つ。

注目したいのは、録所への書き上げは、一橋家への書き上げを前提にし、そこに門前百姓として六〇～七〇人を書き上げているという点である。この門前百姓とは、尾井村内の原作住民のことを指すが、先の領主側の記録である「様子大概書」にはそうした位置付けは表現されていなかった。一橋家にとっては、あくまでも原作は尾井村の枝郷であり、人別帳も尾井村に含まれる形で一橋家に提出されたものと思われる（ほかに約半数の他の領主支配の人別もあり）。しかし、一方で原作の住民は「蔭涼寺の門前百姓」としても一橋家によって承認されていたのである。

なお、蔭涼寺の檀家は、現在は山ノ谷、尾井以外にも広がっているが、近世は原作を含む尾井村が中心だったのであろう。

蔭涼寺の本末関係

曹洞宗の寺院である蔭涼寺は、信濃国松本の全久院《ぜんきゅういん》の末寺であるとともに、河内国高安郡《たかやす》服部川《はっとりがわ》（八尾市）の神光寺《しんこうじ》と山城国山崎（京都府大山崎町）の真成院《しんせいいん》を自らの末寺としていた。なお、河内国大県郡大平寺村（東大阪市）の観音堂はこのころ末寺を離れることをめぐって紛争が起こっていた。しかし、同じく本末関係と言いながら、そこには質的な違いも見られた。以下、「山門要用留書」に記された住職の交代に際しての史料から、その点を確認しよう。

「山門要用留書」には、開山の鉄心から数えて八世住職の石樹から絶宗（九世）への交代（宝暦四〔一七五四〕年）、絶宗から大謙（一〇世）への交代（宝暦一三〔一七六三〕年）、そして大謙から瞎宗（一一世）への交代（明和七〔一七七〇〕年）に関する住職交代の記録が含まれている。

絶宗は摂津国川辺郡平野村（兵庫県川西市）の岡本寺にいた僧で、興正寺の貞居より嗣法を承けた。大謙は摂津国川辺郡阿古屋村（兵庫県猪名川町）の慶昌庵にいた僧で、瞎宗は伊勢国長嶋加稲新田（愛知県弥富市）の長養院にいた僧である。蔭凉寺には、相当数の平僧や弟子僧がいたが、次の住職は、同じ曹洞宗内とはいえ、別の寺院から入寺することが基本であったことがわかる。

住職交代に際して、次のような手順がうかがえる。まず、次の住職を決める際には、先住職が宗派内のネットワークによる情報に基づきながら、ふさわしい人物を探し、末寺や檀家と相談し了承を得る。続いて、先住職が一橋役所に自らの退身と誰に住職を譲るかを届け出る。その上で、後任の住職となる者から録所に届け出て、最後に本寺全久院に届け出る。全久院への届け出は、領主役所（一橋家）や録所への披露を経た後になってようやく行っており、住職交代について本寺全久院は何の権限も有していないように思われる。

一方、蔭凉寺の末寺の住職交代については、神光寺の住職揚州から大心への交代（宝暦七〔一七五七〕年）、大心から太麁への交代（明和三〜四年）、真成院の住職大鼎から仏印への交代（宝暦八〔一七五八〕年）の事例が記録されている。

揚州から大心への交代の場合、まず宝暦七年正月に、末寺神光寺の先住職揚州から蔭凉寺御役寮に宛てて、病気のため隠居し、後住職を摂津国豊嶋郡吉田村（池田市）の陽松庵の大心に譲ることを願い出ている。ここでも別の寺から後住職候補が探されている。ただし、ここでは届出ではなく、許可願という形式であることが重要である。そのうえで、蔭凉寺住職の絶宗から、録所興正寺に届け出ている。さらに、神光寺がその支配領主である稲葉丹後守（淀藩）の寺社奉行所に届け出る際に必要となる添簡を、絶宗から提出している。

　すなわち、末寺の住職交代に際しては、その決定、本寺・録所や領主役所への報告に、蔭凉寺が深く関わっていたことがうかがえる。これは蔭凉寺自身の住職交代の際に本寺全久院からの指示を必要としていなかったことと比較すると、興味深い。同じく本末関係と言っても、本寺全久院と末寺蔭凉寺の関係と、本寺蔭凉寺と末寺神光寺・真成院の関係とは質的に異なっていたのである。これは、蔭凉寺の曹洞宗派の中での立ち位置、その力関係を考察する際の重要な材料でもあると思われる。

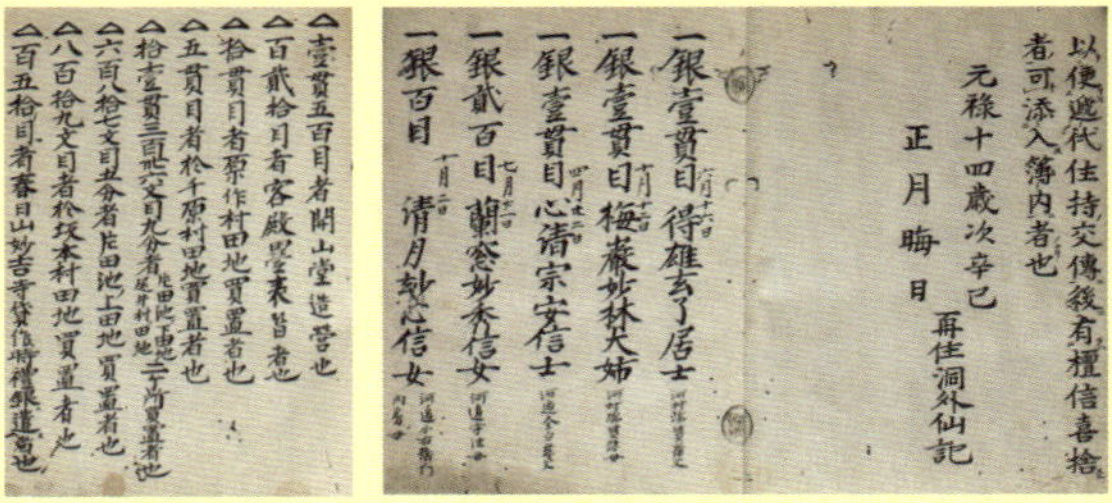

写真16　祠堂帳（蔭凉寺蔵）

蔭凉寺の寺地と信太明神社への灯明料

　蔭凉寺は、境内地以外にも、寄進された田地や祠堂銀を元手にして買得した田地などを所持し、近隣百姓との間に小作関係を形成していた。二世目の住職で再住して四世目となった洞外が元禄一二（一六九九）年に記した「祠堂帳《しどうちょう》」によれば、開山鉄心の代以来、河村瑞賢《ずいけん》や鴻池《こうのいけ》久円（鴻池初代）、あるいは堺の河邊氏や酢屋などの豪商から寄せられる多額の喜捨をもとに、信太山丘陵内の原作や片田池の上下、千原村や坂本村などの田地を買い入れている。こうした土地から得られる収入は、寺の重要な財源であった。

　「山門要用留書」には、そうした土地の売買証文も何通か記録されているが、ここではこれ以上触れず、蔭涼寺が納めている信太明神社への灯明料（玄米五斗）をめぐる史料を紹介しよう。

宝暦八（一七五八）年二月に住職絶宗から信太明神社の社僧万松院に宛てて、さらに四年後の宝暦一二年六月には信太郷七ヶ村の庄屋たちに宛てて、毎年蔭涼寺が信太明神社へ納めている灯明料（玄米五斗）の来歴を確認した史料がある。このころ信太郷のなかには、これを信太明神社に対する「年貢である」と主張した者がいたらしく、これは誤りであることを確認している。とくに宝暦一二年の史料には、江戸からの指示で灯明料を万松院に渡すように命じられたが、これまでどおり「郷中」の支配とするよう依頼している。

この確認が行われた時期、信太明神社の社家と社僧、および信太郷の間で争論が起こっており、対決は江戸にまで持ち込まれている（第5章参照）。その裁許において、信太明神社に納入される米銭の管理は信太郷村むらが握っていたのを、明神社の名目を重んじて、万松院が管理するように裁断されたものと思われる。しかし、蔭涼寺は在地の慣行を尊重する立場をとったのである。蔭涼寺から信太明神社へ「年貢」を納めているとなれば、寺の境内地が明神社の領地（除地）の内に含まれることになり、神社と寺の間に支配関係を感じさせてしまう。したがって、蔭涼寺と信太明神社が、あくまで対等な関係で渡す「志」としての灯明料である、という性格は、蔭涼寺としては譲れないことだったのである。

蔭涼寺の境内地は、信太明神社の除地のうちから譲り受けて成立したのであった。信太郷や信太明神社の側で、玄米五斗を「年貢」とする理解が広がるのは、その境内地の存在を認めた代償に、「年貢」を負担することになったという認識につながっていたのではなかろうか。蔭涼寺にとっては、これは信太明神社の下位に立つことを意味しており、容認できなかったのである。

蔭涼寺と門前百姓

宝暦六（一七五六）年秋、住職絶宗が信州に出かけている時に什物《じゅうもつ》が紛失した。蔭涼寺は、門前百姓らも「内吟味」して捜索したがみつからなかったため、一橋家の府中役所にも断り、堺奉行所や大坂町奉行所にも吟味を依頼する。本来、泉州は大坂町奉行所の管轄外だったが、大坂町奉行桜井丹後守が絶宗に帰依《きえ》していたため、便宜を図ってもらったのである。宝暦七（一七五七）年三月初めには、大坂町奉行所の探索によって紛失物がみつかり、この件は結着する。

この経過のなかで、日ごろの素行が悪く、嫌疑をかけられた僧・呑了が「宗旨の掟」に背いたとして二月一二日に、寺から追放された。呑了は、備後国龍興寺弟子で、前年夏から蔭涼寺に出入りしていた。呑了が什物を盗んだとの断定はされなかったが、二月一二日の朝粥の後、罪状の申渡しが行われ、門外に連れ出し、番人両人に「他国（和泉国外）」へ送るように申し付けられた。

とても興味深い一件であるが、これ以上触れず、この一件の後、宝暦七年二月に「原作百姓中」から一橋家府中役所宛に提出された一札（誓約書）に触れておきたい。この一札には尾井村庄屋茂平と年寄吉右衛門が奥書している。この一札に誓約する百姓らは「原作百姓」と自称しており、尾井村百姓全体ではない。蔭涼寺は、誓約した百姓らのことを「門前中」と記しており、府中役所は「門前百姓」と表現している。

さて、この文書は三ケ条に分かれており、一条目は呑了、二条目は什物紛失、三条目は百姓らが蔭涼寺へ提出する証文に関する内容である。一条目と三条目について紹介し、この段階における蔭涼寺と原作百姓との関係を読み取ってみよう。

まず第一条目では、「呑了は去年からしばらく蔭涼寺にいたので、「門前百姓」らのうちに親しくしていたものがいるかもしれないが、不埒者《ふらちもの》であるので今後一切出入りさせてはならない」と府中役所が命じている。原作百姓らはその旨を承知し、その遵守を誓約している。

ここでは呑了の追放に結果したが、蔭凉寺の僧と原作百姓の間には日常的な交流があったことがうかがえる。

第三条は、「門前の百姓」らが大翁（蔭凉寺四世）のときに差し入れた証文についての内容である。府中役所へはこの証文の写しが、先住（石樹）のときに提出されていた。この「古証文」が近年は守られなくなっていたが、蔭凉寺は「出家」の立場でもあるので、そのたびに咎《とが》めるようなこともせず、そのままにしていたところ、そのうち百姓の「古老」の者が徐々に亡くなり、現在は若年の者ばかりで古証文の意味合いを理解しているものがいなくなったと聞く。現在もいまだ存命の老人もいるようなので、若い者どもの了見違いがないように申し聞かせ、「古証文」の内容に背くことがないようにせよ、と命じている。百姓らは府中役所のこの指示に対して承知した旨を返答し、誓約をしている。

三条目からは、門前百姓たちが四世大翁の時に「証文」を提出したことがわかる。言うまでもなく、これは蔭凉寺側から門前百姓として守るべきこと（寺法）を示して、それの順守を誓約した請証文である。つまり、蔭凉寺と門前百姓の間には、成文化された寺法が存在していたのである。おそらく門前百姓としての原作住民は「門前納所《なっしょ》」の役割も担っていたであろうし、蔭凉寺から一橋家へ「門前百姓」としての人別も提出されていた。また、蔭凉寺の所持地の小作も行っていたものと思われる。そこには、一定の従属関係と言っていいような関係が存在していたのである。しかし一方、原作住民は尾井村の百姓でもあり、尾井村本郷も含めて蔭凉寺の檀家であった。彼らは全面的に蔭凉寺に従属する存在ではなかったことは言うまでもない。

以上、「山内要用留書」からうかがえる一八世紀後半の蔭凉寺のあり方を紹介してきた。曹洞宗派内の本末関係や相互に移動していくネットワーク関係、あるいは所在する尾井村、そのなかでの門前百姓たる原作、信太山を管理する信太郷との関係、その他、小作関係や帰依関係など、さまざまな関係のなかに蔭凉寺が位置していたことが確認できよう。

第5章　信太明神社と信太山をめぐる諸関係

一八世紀以降の信太明神社《しのだみょうじんしゃ》は、氏子である信太郷七ヶ村が神社運営の多くを担い、その下で社僧《しゃそう》（仏教系の宗教者）と複数の社家《しゃけ》（神職）が宗教的な行事を担っていた。社僧と社家の併存は、神仏習合《しんぶつしゅうごう》の江戸時代において、規模の大きい神社では一般的な現象である。

信太山丘陵最先端部にあたる信太山（東西二四町、南北九町）は、江戸時代を通じて明神境内地として除《じょ》地《ち》の扱いを受けた。一七世紀後期には、信太山内に神畑《しんばた》を設定する際に七ヶ村庄屋中の承諾が必要であった（第2章）。これは信太明神社が山の管理も含め、氏子七ヶ村立会で運営されており、宗教者の役割が極めて限定されていたからである。しかし一八世紀中期以降、社僧や社家も山への権限を主張するようになり、このあり方は変化していく。また、外部からは、断続的に信太山を開発しようとする動きがあった。

信太山を境内地とする信太明神社をめぐる諸関係は、信太山を立会山とし、山内の池々を用水源とする信太地域全体にとって非常に重要な問題である。そこで本章では、一八世紀以降の信太明神社と信太山をめぐるさまざまな事件を通して、地域の歴史展開をみることにしよう。その際、七ヶ村には含まれないものの、氏子に準ずる存在であった舞村と南王子村にも注目したい。

1　一八世紀初頭の信太明神社

寛文一一年の別当退役

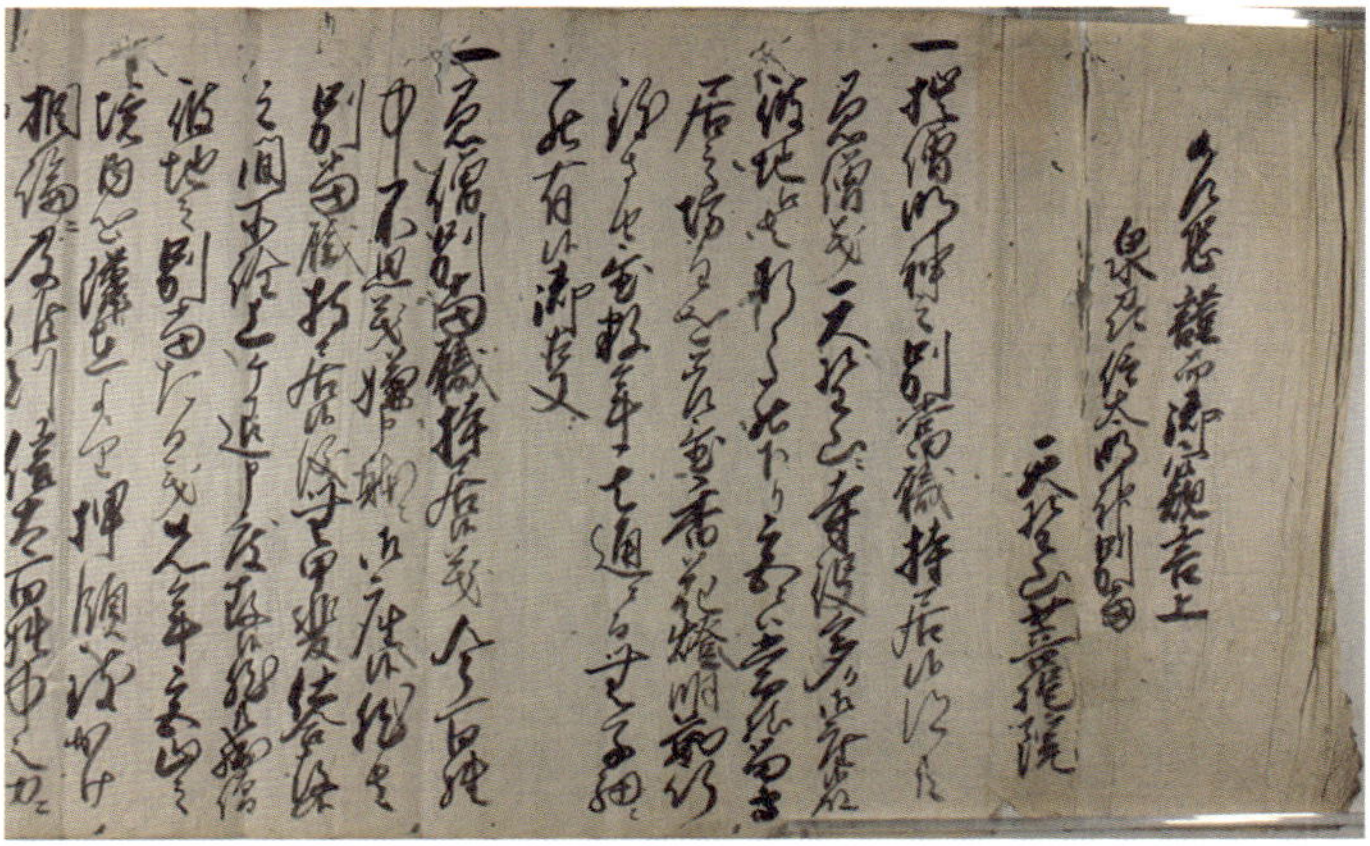

写真17　寛文11（1671）年天野山菩提院願書（西本・赤井家文書）

一七世紀中期には、真言宗天野山《あまのさん》金剛寺（河内長野市）の子院・菩提院《ぼだいいん》が明神社の別当《べっとう》（神社を実質的に差配する寺。神宮寺）を務めていた。寛文期の蔭涼寺《いんりょうじ》の境内範囲を確認した史料に「菩提院」が見えるのはこのためである（第2章）。菩提院は、一八世紀以降の明神社に存在した社僧万松院よりも、宗教者としては遥かに上位の存在である。しかし菩提院は、日常的には天野山で寺役を務め、明神社には留守居《るすい》の坊主を置き、日々の勤行《ごんぎょう》をさせて、自身は折々に明神社を訪れていた。

そうしたなか、寛文《かんぶん》一一（一六七一）年二月、菩提院は〝自分は百姓中から嫌われているので別当を辞めたい〟という趣旨の言上書《ごんじょうしょ》を、江戸の寺社奉行に宛てて提出した（写真17）。その内容は、次のとおりである。

「拙僧は信太明神社の別当を務めておりますが、不思議と百姓中に嫌われているようでございます。そのため別当職を務めておりましても甲斐のないことですので、返上して退《しりぞ》きたいと考えております。しかし、先年宮山《みややま》の境内を近隣の村が横領しようとして争論になった際には、信太の百姓中の力では及びがたいこともありましたので、拙僧から天野山寺中《じちゅう》や御本寺である御室御所《おむろごしょ》に助力を願いました。また拙僧も江戸に下りまして、御老中《ごろうじゅう》様・諸御奉行様中の御詮議《ごせんぎ》を受けた、皆さま御存じの別当でございます。ですので、今内々《ないない》に拙僧の我がままで別当を退くことも憚《はばか》られますので、お窺いする次第でございます。なぜ百姓中が拙僧を嫌うのか、慮外《りょがい》ながら百姓中にお尋ねいただければと思います。」

菩提院は、本心では別当を辞める意志は全くなく、寺社奉行の口利きで百姓中との関係を自分に有利なように改善したいと考えていた。それは、先年の争論（寛文四～五年の黒鳥村・一条院村との山論）で信太郷の百姓たちの求めに応じて、天野山や本寺である御室御所（仁和寺）に助力を願い、自身も江戸に下るなど、明神社のために尽力し、そのため別当としての地位を老中や寺社奉行にも知りおかれている立場であり、勝手に退役するわけにはいかないので願い出る、という説明によく表れている。

では、菩提院の言う「百姓中に嫌われている」とはどういうことか。信太明神社は氏子七ヶ村により運営されている神社であり、さらに別当が常駐しないとなれば、その権限はきわめて限定的となろう。神社の運営に主体的に参加できない現状を、「百姓中に嫌われている」と表現したのではなかろうか。菩提院は明神社での自らの立場を「別当」に相応しく強化するために、このような言上書をわざわざ寺社奉行に提出したのである。寛文四～五年の山論で、江戸に下って幕閣と面識を得たことも、好機と考えたのだろう。

だが、この年以降、明神社に別当が存在した形跡はない。菩提院は当てが外れ、別当を退くことになってしまったのである。

一八世紀初頭の宗教者と「郷法」

別当退役後の信太明神社について、宗教者の全容が知れるのは享保七（一七二二）年のことである。この年、

享保7（1722）年 嘆願書の連印者	天保2（1831）年
社僧　万松院	社僧　1人
社僧　奥院	奥院堂守道心者　1人
神主　田辺宮内	社家　2人
長者　中村治部	
禰宜　成田佐太夫	禰宜（氏子百姓）　2人
禰宜　平田金太夫	
神子　片山源太夫	神子　1人

表42　信太明神社の宗教者　享保7年「乍恐御訴訟」（米田家文書）、天保2年「和泉国大鳥郡・泉郡村々様子大概書」（一橋徳川家文書）より作成。

大坂町人による信太山開発の出願があり、郷中（氏子七ヶ村）とともに明神社関係者として反対の嘆願書に連印している。（表42）。それによれば、社僧の万松院《ばんしょういん》と奥院、神主の田辺宮内《くない》、長者《ちょうじゃ》中村治部《じぶ》、禰宜《ねぎ》成田佐太夫と平田金太夫、神子《みこ》片山源太夫がみえる。神主以下はすべて社家（神職）である。天保期にも宗教者の全体像が明らかになるが、享保期と構成や人数は変化していない。ただし奥院は一八世紀以降、ほぼ無住であった。禰宜二人は氏子百姓とされるが、これは享保期も同様である。

これらの宗教者は、別当菩提院の退役後に徐々に明神社に定着したようだ。社僧万松院は、菩提院が置いた「留守居の坊主」か、菩提院退役後に居ついた別の道心者《どうしんもの》（出家）である可能性が高い。別当がいなくなったことにともない、郷中は神事の担い手や神社の留守居を確保する必要が生じ、こうした存在を明神社に置いたのだろう。のちに万松院が「明神社中興」を自称するようになるのは、このためである。社家は、万松院に遅れて明神社に定着したと考えられる（ただし由緒は中世にまでさかのぼる）。一八世紀以降、社僧の力は社家よりもはるかに大きかった。

さて、一八世紀初頭のこれらの宗教者は、明神社に入る際に「郷法《ごうほう》」の遵守を求められ、郷中に誓約書を提出する必要があった。郷法の内容は、次のとおりである（奥田家文書）。

①信太明神社については、境内山林・社僧・社家のことまで、郷中が一切を支配する。

②そのため、社僧・社家は何事も一存《いちぞん》で取り計《はか》らってはならない。万事郷中に相談の上で取り計らうこと。

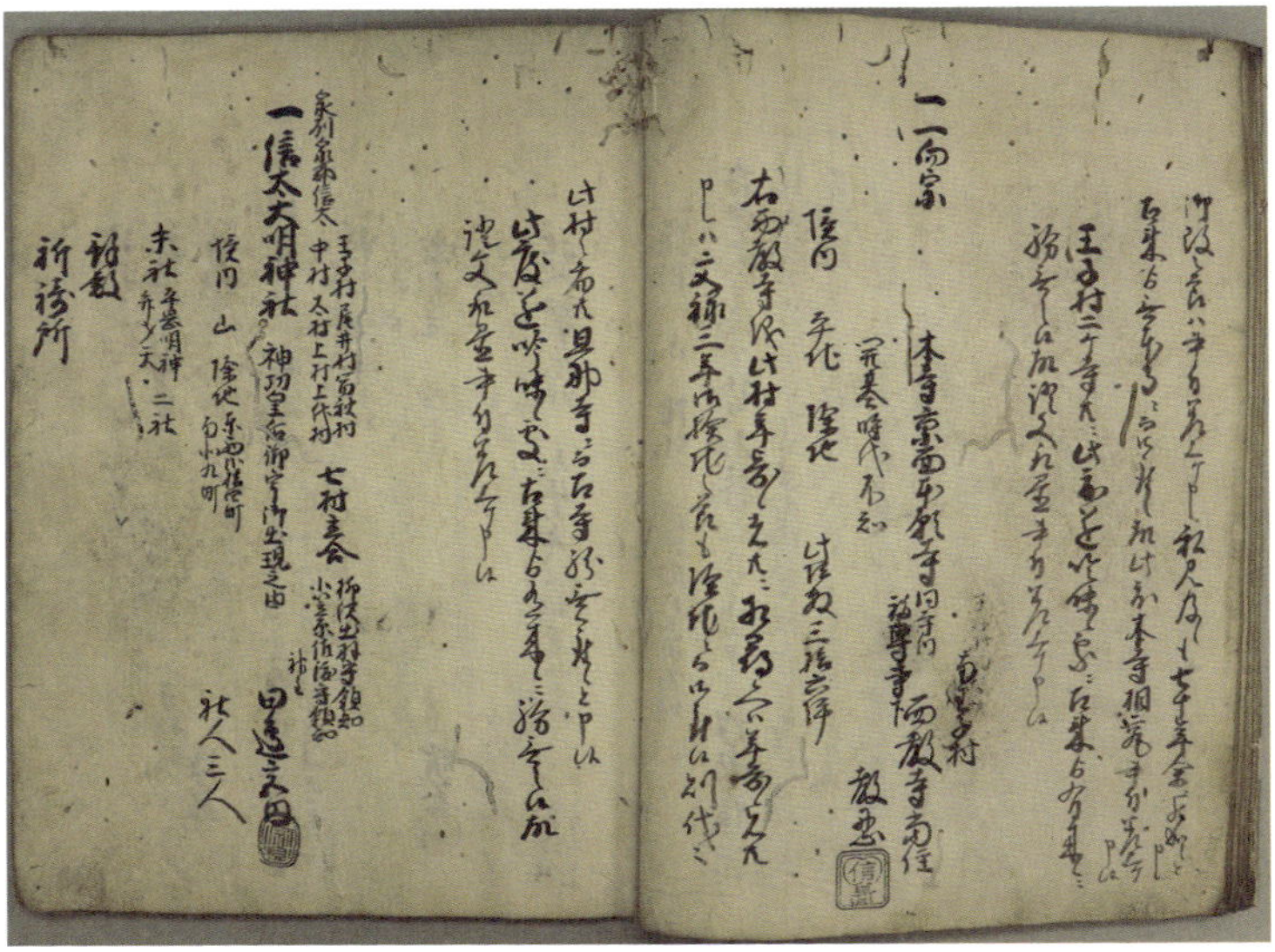

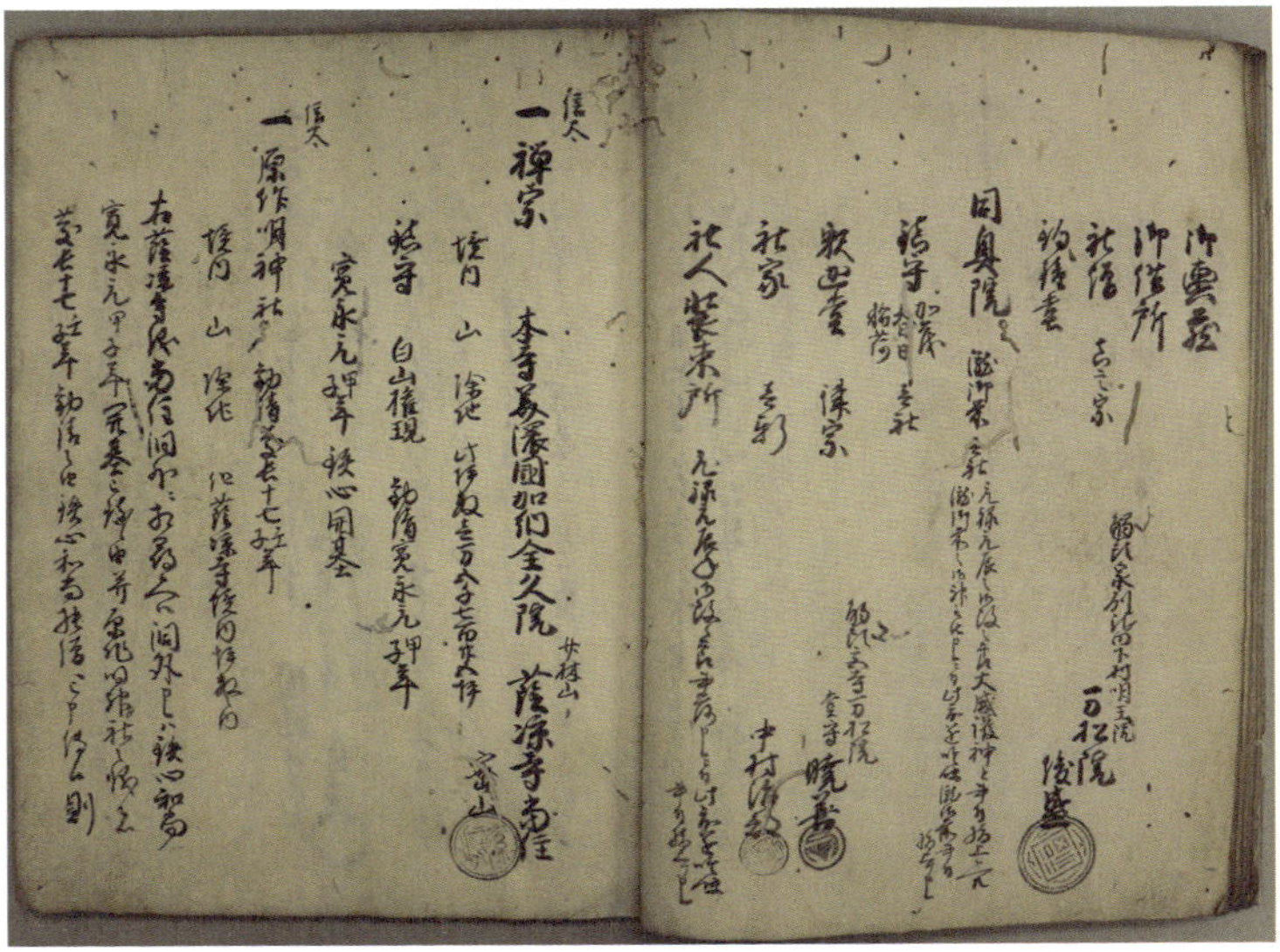

写真18・19　元禄11（1698）年「泉州泉郡南郡御領分寺社改帳」（泉井上神社文書）　岩槻藩小笠原家領の寺社改帳。「信太明神社」は七ヶ村立会であり、境内山（24町×9町）が除地であることなどが記される。宗教者については、神主田辺宮内と社人3人、万松院俊盛、奥院にある釈迦堂堂守の暁善、社家の中村治部の名と実印がみえる。なお、直前には、南王子村西教寺、直後には、尾井原作の蔭涼寺と原作明神社が続いて記されている。西教寺の村名部分を書き直している痕跡がみえる。

③社僧・社家が社用で公儀《こうぎ》に出頭する際は、必ず郷中の庄屋が付きそう。
④社僧・社家が私用で遠出をする際は、事前に郷中に届けなければならない。

全体を通して、信太明神社の一切を郷中が取り仕切り、社僧・社家はその下に従属する存在であることがよく表れている。別当菩提院の退役後、信太明神社は名実ともに氏子支配の神社となり、複数の宗教者も郷中にとっては「雇用している」関係にあったのである。当然ながら、明神境内地である信太山も、郷中が専管するところであった。このような、宗教者よりも氏子の力が強い神社は、在地では広くみられた。

明神社の施設と行事、そして信太山

明神社には数多くの施設があり、和泉国三宮に相応しい社殿が建ち並んでいた。享保期から一八世紀中ごろにかけて、屋根のふき替えや修覆がたびたびなされており、なかには信太山の立木を売却して修覆費用を調達したものもある。宝暦《ほうれき》四（一七五四）年には、大鳥居も新しく建立されるなど、このころ積極的に神社の威容が整えられていったようだ（表43・写真20）。

一九世紀以降の明神社では、二月一〇日に弓の祭礼、七月二八日の角力《すもう》神事、八月一五日の祭礼と、年に三度大きな行事があった。この行事ごとに、南王子村は皮の的を献上し、土俵をつくり、神輿通行道の掃除を行っていた。この三点を勤めることで、南王子村は自らを「氏子七ヶ村に準ずる存在」と考えていたが、郷中は「社役を務める人足」と考えていたらしい。また八月の祭礼では、舞村に住む舞太夫（松寿太夫、越前の幸若八郎より免状を受けている）が舞を奉納していたが、これも郷中は「社役」と認識していた。この二村は、「社役」を通じて明神社と関係を有していたが、氏子七ヶ村の内に含まれることはなかった。これらの行事や、二村との関係は一八世紀以前から続くものだろう。

さて、除地の扱いを受けた信太山は、草山《くさやま》と立木山《たちきやま》からなり、冬・春に氏子が立ち入って落葉・下草をかき取っていた。ここは、江戸時代の早い時期には七ヶ村が立会で管理していた。しかし一九世紀には、山の

一定部分が、七ヶ村それぞれが自由に差配《さはい》できる、「村分山《むらわけ》（請所山《うけしょ》）」となっていた。村分山（請所山）の実態は不明だが、南王子村や舞村にも認められていたようで、九ヶ村それぞれの用益空間が定められていた。

このように二村は氏子には含まれないが、山の利用は限定的に認められていた。また「神畑」は、氏子個人が除地山内に設定する永代占有地である（第2章参照）。百姓の再生産サイクルに欠かせないものとして、次第に数多く設定されていった。毎年明神社に納入される神畑定米も、これに比例して増加し、明神社の財政を潤していたと考えられる。

写真20　小栗街道に面して建つ信太明神の石鳥居　昭和期に再建。左右には享保2（1717）年の石灯篭が現存。

本社	本殿	桁5間×梁4間5尺　檜皮葺
	拝殿	桁8間3尺×梁2間5尺　瓦葺
	祈祷所	2間5尺四方　瓦葺
	神輿蔵	桁3間×梁2間　瓦葺
	鐘楼堂	2間四方　瓦葺
	東門	桁1間3尺×梁1間1尺　板葺
	西門	桁1間3尺×梁1間1尺　板葺
	万松院	桁7間3尺×梁4間2尺　瓦葺
末社	平岡社	檜皮葺
	弁財天社	檜皮葺
奥院	稲荷社	
	賀茂社	
	瀧の前社	
	春日社	
宝暦4年新設	金精大明神	1尺6寸四方の石の小宮/本社際
	石鳥居	高さ1丈1尺/小栗街道沿い
	山廻り小屋	1間半×2間/上ノ原

表43　18世紀中期の信太明神社の施設　18世紀中ころの修覆願・葺替願（米田家文書）より作成。

２　宝暦期の社僧・社家・氏子間争論

明神社をめぐって、宝暦八（一七五八）年と宝暦一〇（一七六〇）年に二度の争論が起こっている。これらは主として社僧と社家が、神事での役割をめぐって争った争論だが、二度の裁許を通じて「郷法」は変容していくことになった。

神主・田辺宮内の白川家入門

争論の発端は、宝暦五（一七五五）年夏、神主・田辺宮内《くない》が白川《しらかわ》家に入門したことに求められる。白川家は伯《はく》家《け》神道の本所《ほんじょ》であり、吉田神道の吉田家に対抗しながら、一八世紀中期には畿内の神職者を次々に門人として編成していた。宮内もこれに応じたらしい。しかしその際、信太郷中に無断で上京したため、郷中の反感を買ったのである。これは明らかに「郷法」に違反する行為であったから、郷中は、白川家と領主一橋家に対して、「宮内の白川家入門は不法なので、認めないでほしい」と訴えた。また、宮内を神主から罷免することも考えたようである。

　初秋になって、白川家の家来・安川図書《ずしょ》が泉州にやってきて、解決策を講じ、宮内に入門願を取り下げさせた。このとき宮内は、一橋家の府中役所に事の次第を報告し、「今後は、どんなことであっても郷法に従い、郷中に相談するので、今回のことは用捨してもらい、郷中と仲睦《なかむつ》まじくしたい。しかし白川家への入門は心願であるので、どうか郷

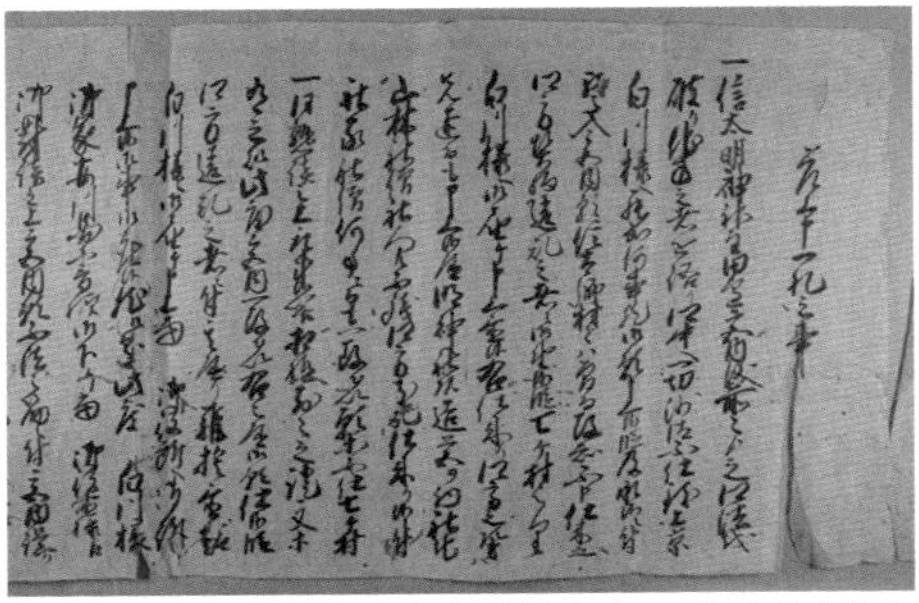
写真21　宝暦５（1755）年「差上申一札之事」（西本・赤井家文書）

中にお口添えいただきたい」と述べている。これを受けて府中役所は、郷中に対して「宮内が願い下げをしたので、郷中の申し分も立ったことであろうから、宮内があらためて入門を希望すれば、叶えてやるように」と指示している（写真21）。間もなく宮内は、社家の中村治部《じぶ》とともに白川家に入門し、田辺壱岐《いき》と名乗るようになった。

問題が表面化した際に、宮内は「神主として神祇道《じんぎどう》の相伝《そうでん》を受けたいあまりの行動であって、郷中に背く意志は全くなかった」と釈明している。しかし、これは詭弁《きべん》である。実は、宮内は、明神社で社僧万松院よりも上位に立つために、どうしても白川家に入門したかったのである。しかし郷中がこの出願を認める可能性は低かったので、やむなく宮内は強行突破を試みて白川家に近づき、そして運良く入門に成功した。

「郷法」は、信太明神社の内部秩序を規定する「法」であり、その根幹は「信太明神社のことは郷中が決める」ことにあった。しかし公的な場、一橋家の府中役所による取り調べでの争点は、入門が無断であったかどうか、という手続き上の問題に限定されてしまった。また、神職の入門に郷中が反対することも、一般的な論理として認められにくいものがあった。無断での入門願は宮内の独断だが、その後の幕の引き方は、すべて安川図書による画策だろう。

社僧万松院の御室御所（仁和寺）直末寺化

宮内の白川家入門を追うように、宝暦七（一七五七）年九月、今度は社僧万松院が、御室御所《おむろごしょ》（仁和寺）の直末寺《じきまつ》となった。それまで万松院は池田下村明王院（古義《こぎ》真言宗御室御所末）を触頭とする末寺と位置づけられていた。それは、元禄四（一六九一）年の堺奉行所による寺社改めの際に、無本寺の寺はいずれかの寺院の触下に入るよう命じられたことを受けてのことであった。

郷中は、この万松院の御室御所直末寺化を強力に推し進めた。まず万松院と郷中は、明王院に触下を離れたいと申し出たが、明王院は難色を示した。そこで万松院と郷中は御室御所にまで参上し、直接その旨を願い出、聞き届けられたのである。郷中の行動は、神主宮内の白川家入門の際の反応とは正反対である。これには深い理由があった。白川家に入門した壱岐（宮内）が、神事での役割を万松院より重くするように求めるようになったのである。これに対し、郷中は、万松院の寺格を御室御所の直末寺に引き上げることで、従来通りの形で神事を行わせようとしたのである。

そのため、万松院の直末寺化が実現した宝暦八年八月の神事は正念場となった。神事当日、壱岐を援護するために来ていた白川家の家来と、万松院が神前で争いになったのである。白川家はこれを受けて、その家来を罷免し、御室御所は万松院に蟄居《ちっきょ》を命じた。しかし、この御室御所による処分が伝わる数日前に、万松院は幕府への出訴のため、江戸に向けて出発したのである。

宝暦九年一一月の寺社奉行裁許

江戸に下った万松院は、神事での社家や白川家家来の不当を寺社奉行（寺社支配を統括する幕府の役職）に訴えた。これに対して、壱岐や治部は社家の由緒は社僧よりも古く、境内山林も往古は社家一統の支配であり、社家こそが明神社を支配すべき正当な者である、だが郷中と社僧がそれを歪めている、と反論した。しかし壱岐（宮内）は、宝暦五（一七五五）年の段階で「郷法」の遵守を明言しており、これは明らかに虚言である。分が悪いことを察した社家が、「由緒」の古さを逆手に取り、自らの権限を誇張して主張したものだろう。だが、社家が「境内山林」にまで言及したことで、裁許にも想定外の影響が及ぶことになった。

この争論では、まず万松院の御室御所直末寺化と壱岐・治部の白川家入門の可否、及び御室御所と白川家が明神社に介入する資格を有するかどうかが問題になり、さらに具体的な争点として、①「神体」は何か、②神事での遷座・遷宮をどちらが執り行うか、③社家・社僧の由緒はどちらが古いか、④境内山林の支配は誰が行ってきたか、などの対立があった。

寺社奉行は、直末寺化や入門は寺格の昇進や神主の職分のことで勝手次第だが、白川家・御室御所のいずれも明神社の支配に関与する資格はない、と結論を下した。そのうえで、①～④の争点については、次のような判断が下っている。

①万松院は「長年社中にある厨子《ずし》入りの地蔵」を、対する壱岐・治部は「弘安《こうあん》二（一二七九）年の書付にもある神符の箱」を神体だと主張した。社内の改めが行われたが、「神符の箱」は確認されず、「厨子入り地蔵」も「濫觴《らんしょう》不正」（起源不明）と判断され、結局現在の祭礼で神輿に載せている「幣帛《へいはく》」が神体である、と。神体が仏像か神符か、との争いに対して、裁許ではそのどちらでもない現用の「幣帛」を神体と認定したのである。

②宝暦五年以降の互いの様子を、社家は、「万松院が御室御所の直末寺となってから増長し、社殿に仏具を備えるので、神具を置くことができなくなった。祭礼の節には伴僧《ばんそう》を多く従え、社家が社壇へ近づけないようにした」と言い、万松院は「社家たちが白川家入門以後帯刀するようになり、神幸《しんこう》の供者（神子のことか）には長刀《なぎなた》をもたせ、横柄《おうへい》に振る舞うようになった」と述べている。両者が、それぞれ白川家と御室御所という本所に結びつくことによって、混乱が生じた様子がうかがえる。

しかし寺社奉行は、白川家や御室御所の権威は、明神社そのものの支配とは無関係である、と裁許した。争論のなかで、社家は自らの由緒の古さを根拠に、明神社内での優位性を主張したため、どちらの由緒が古いのか（③）という点も問題となった。吟味の結果、社家の方が由緒は古いが、万松院は明神社を再興させた功績とともに、権限が強いことも認定された。だが②の神事の遷宮・遷座については、社家・社僧が申し合わせて異論のないように行え、という曖昧な判断が示された。

ここまでは現状追認的な裁許であるが、④境内山林については、郷中がこれまで差配してきたことを認めつつも、明神境内山である以上、今後は郷中が申し合わせたうえで、社僧と社家に相談して取り計らうべきこと、神社入用についても毎年勘定帳を作成し、郷中七ヶ村の連印と、社僧・社家の奥印をとることが命じられた。郷中の優越性を認めながらも、社僧・社家の関与が定められたのである。これは境内山をめぐる大きな変化である。

寺社奉行の裁許は、初発の争点、すなわち神事での社僧と社家の役割については、特段新しいことを定めることもなく、きわめて曖昧な判断を示した。社僧・社家双方にとって期待したものではなかったが、「社家の由緒は社僧よりも古い」という点は、社家がこのあと優位性を主張する根拠となっていく。しかし、信太郷七ヶ村にとってより重要な点は、社家の虚言によって争点化された④の境内山＝信太山に関する裁許である。寺社奉行はあくまでも神社付属物として信太山を捉えており、だからこそ三者の立会とした。しかし、それ以前の信太山は「七ヶ村立会山」であり、この裁許は社僧・社家が信太山に関与する道をひらいてしまったのである。

宝暦一二年評定所裁許

宝暦九（一七五九）年の裁許は争論をすっきりと解決させるものではなく、翌宝暦一〇（一七六〇）年の神事でも社僧と社家がふたたび争うことになった。神事当日、氏子たちが社前に詰めて待っているにも関わらず、裁許で神体と定められた幣帛をどちらが整えるのか、勧請《かんじょう》・遷座《せんざ》の儀式をどちらが行うのかなど、い

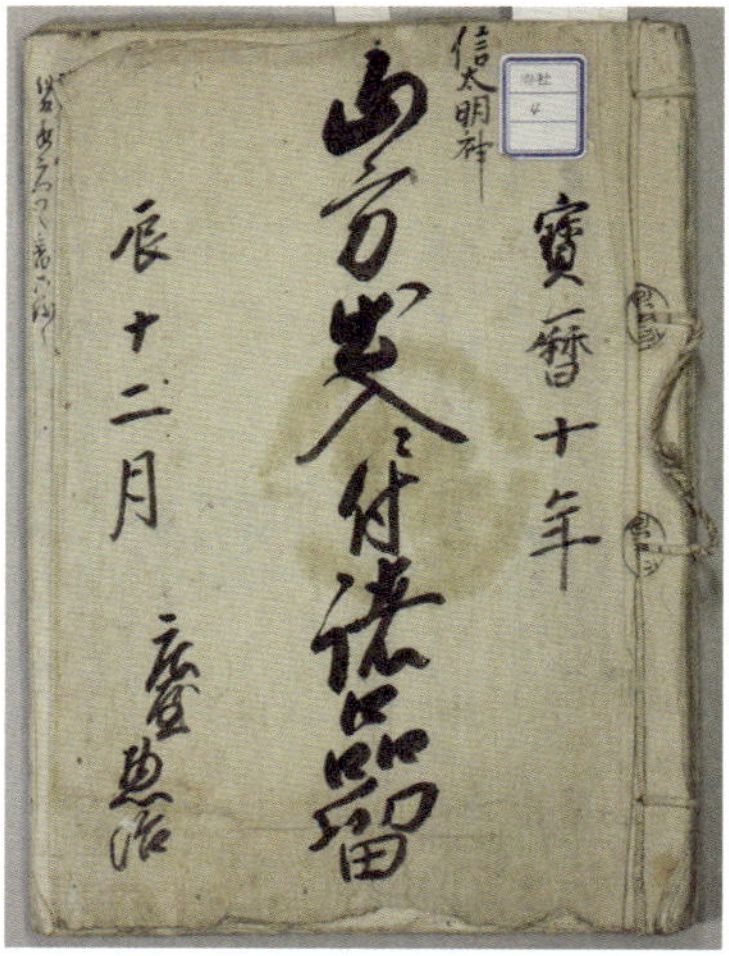

写真22　宝暦10（1760）年「山方出入ニ付諸品留」（西本・赤井家文書）

ちいち両者が揉めたため、結局神輿の渡御は行われなかった。そして同年秋、今度は社家から寺社奉行に出訴したのである。

一応訴状は受理されたが、二度目の出訴となるため評定所（三奉行と老中からなる）での審議となった。裁許は宝暦一二年に下されたが社家がさまざまに申し出た争点のうち、「神体である幣帛の整えはどちらが行うのか」という、一度目に裁許が下されていない点にだけ判断が下された。その内容は、「社家の方が、より由緒が古いので、幣帛の整えは社家が行え。遷座は両者立会で行うように」というもので、社家に有利なものであった。争論中に「神符の箱」が取石《とろす》池から発見されるなど（社家が偽造したと考えられる）、新しい局面もあったが、裁許では言及されなかった。ただ、二度目の争論を起こしたことが問題視され、壱岐・治部・万松院の三人に「押込《おしこめ》」（謹慎）が命じられ、争論は終了した。

だが争論の経過中に、社家は「郷中が社家に無断で境内山の木を伐採し、売り払った」とか、「境内山には社家山がある」などと主張している。社家は、宝暦九年の裁許に基づいて、境内山に対する自らの権利を声高に主張し始めたのである。この二度目の争論を郷中は「山方出入」と呼んでおり、「社家との境内山をめぐる争論」と認識していた。「社家山」については、裁許では一切触れられておらず、双方証拠なしとして沙汰が下されなかったようだ。

田辺宮内の白川家入門に始まる一連の騒動は、江戸での二度の争論を通じて、ほんの数年の間に、それまで築かれてきた信太明神社をめぐる諸秩序を大きく変化させた。神事での役割については、はっきりとした裁許は下されなかったが、明神社の支配は郷中専管から、「郷中が優越するものの、社僧と社家も立ち会う」

年　月　日	信　太　明　神				その他
	神主	社家長者	信太社人	巫（神子）	
宝暦5（1755）年11月	※1	中村治部	成田佐太夫 ＊追記「断絶」 〈下役〉平田金太夫		
明和8（1771）年8月12日	**田辺掃部**	中村治部 ※2	**平田金太夫**	**片山源太夫**	
文政9（1826）年1月8日	↓	**中村式部**	↓	↓	
天保3（1837）年8月25日	↓	↓	**平田金太夫**	↓	
天保3年9月29日	↓	↓	↓	**片山源太夫**	
天保4年4月	田辺掃部（源義行） ※3 ＊追記「天保10年不筋の儀により死去絶家」	↓	↓		
天保5年4月5日	↓	↓	↓		尾井村百姓茂右衛門事 小畑茂太夫（橘光政）　※4
嘉永3（1850）年8月21日	**元古春瀬左衛門事** **秦帯刀（虎治政久）** ＊新家による神主相続。	**主膳事** **中村式部** **（橘長胤）**	↓		
安政7（1860）年1月19日			**平田金太夫** **（源季具）**		

表44　白川家門人帳に見られる信太郷の宗教者　ゴシック体:継目（跡目相続）による門人帳登録を示す。※1：宝暦5年に壱岐の名前がないが、この部分は白川家門人帳に錯雑が多いため不明。実際は治部、左太夫とともに入門したと考えておく。※2：後の貼紙によると、文化10年に神主中村式部の死去が届け出られたが、倅伊佐美は跡目を継がなかった。※3：領主一橋家には文政7年に相続届を済ませていたため、白川家の神職免許状も同年付で出される。※4：大坂の小畑河内の跡目を相続。

ことになったのである。それまでは社僧・社家は郷中に従属する存在であったが、宝暦九年の裁許によって、郷中と境内山をめぐって対等に争うことのできる立場に上昇したのである。これによって、三者の関係は微妙に変化したようで、一度目の争論ではほぼ一体的に動いていた郷中と万松院は、二度目の争論では異なる申し立ても行っている。また、白川家と御室御所という二つの権威が新たに持ち込まれたことは、これ以後の社家が代々白川家に入門するなど（表44）、明神社のあり方に大きな意味をもつようになった。

宝暦一二（一七六二）年以降も、社僧と社家の対立を軸とする混乱は続いた。少なくとも明和四（一七六七）年ごろにも江戸において争論となっており、社家は上代村が大鳥池郷から受け取る水ひたり米（第2章参照）を問題にしている（西本・赤井家文書）。しかし、たび重なる江戸での出入りは、氏子・社僧・社家にとって経済的負担が大きく、争論という形での対立は次第に収束していったようだ。多額の訴訟費用を捻出するため、郷中は信太山の立木を伐採・売却したがそれでも賄いきれなかったらしい。さらに社家や社僧が信太山の利用に関して異論を差し挟むようになり、山の権利関係をきちんと定めることもできないままに、山が荒れていくこととなった。

3　寛政九年の信太山・黒鳥山見分

寛政九（一七九七）年六月、幕府勘定方役人が、開発を目的に信太山・黒鳥山の見分にやってきた。このとき、自宅が役人の宿となった上代村の赤井周吾が日々の詳細な記録を残している。周吾は、第2章でみた赤井惣治から二代あとの赤井家当主であり、当時は苗字・帯刀を一橋家から許されるなど、郷中でも抜きん出た存在であった（コラムⅦ参照）。ここでは周吾の日記を手掛かりに、見分の様子や、信太山をめぐるこのころの村むら・人びとの関係をみていくこととしよう。

見分までの経緯

見分が実施された背景には、明神社の社家が信太山の開発を希望した事実があった。これに先立つ寛政五（一七九三）年、一橋家役人は泉州の領知村むらの廻村を行い、一一月から翌年二月まで富秋村庄屋の武兵衛宅に逗留した。その際、社家の田辺掃部《かもん》と中村式部は、明神社境内のうちにある荒芝地の開発願書を役人に提出したのである。郷中は、そのことを知ると、すぐさま反対の願書を提出する。一八世紀中期以降の社家と郷中の対立がこの時点でも続いており、それは信太山をめぐるものであり、かつ「荒芝」が存在したことが注目される。郷中は開発反対が聞き届けられたと考えていたが、寛政八（一七九六）年一〇月になって、一橋家川口役所は、郷中に対し、「大公儀様《おおこうぎ》（将軍）から老中・勘定奉行に信太山荒芝の開発が仰せ付けられたので、近く江戸から御役人がお越しになる」と唐突に申し渡した。このため郷中は、ふたたび開発差し止めの嘆願書を提出している。

しかし、すでに幕府が下した決定である以上聞き入れられることはなく、翌九（一七九七）年二月に川口役所は「江戸勘定所の御役人が見分に来られるので、承知せよ。宿は郷中で相談して決めよ」と新たな指示を出した。しかし、郷中では宿の引き受け手が決まらなかった。そこで川口役所の決定を仰ぎ、勘定方役人の宿は上代村赤井周吾家、その控宿《ひかえやど》として上代村一軒（のちに周吾の弟で分家の赤井吉之助に決定）、幕領代官の宿は太村の庄屋太兵衛、勘定方添勘定《そえかんじょう》の宿は尾井村一軒と決まった。

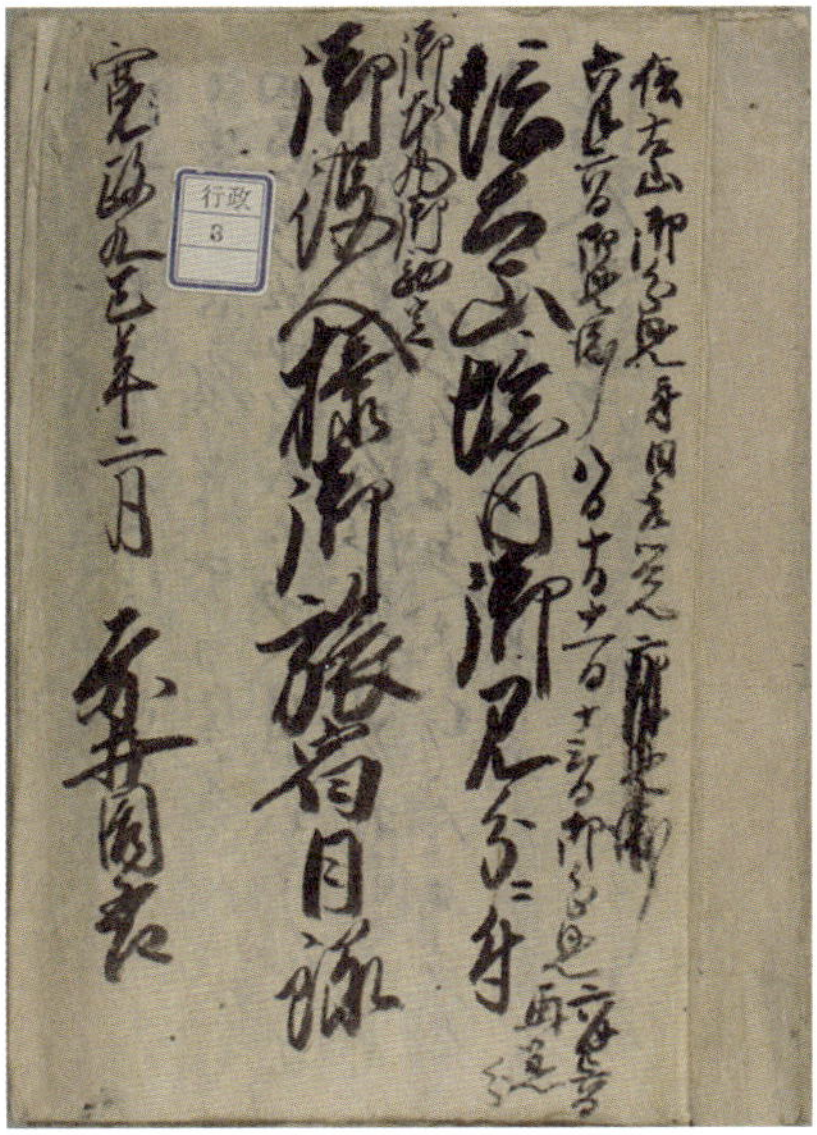

写真23　寛政９（1797）年「信太山境内御見分ニ付御役人様御旅宿目録」（西本・赤井家文書）

見分の実施と村むらの反応

寛政九年六月六日、江戸城本丸勘定方の西村左太郎、その用人《ようにん》内山岩次郎ら計七人が、周吾宅に到着した。ほかの役人も同じ日に到着し、彼らは、早速その日に山の概要を把握したようだ。翌日には、大野池郷一〇ケ村（信太郷七ケ村と尾井千原村、森村、土生《はぶ》村）、菱木《ひしき》・伏屋新田《ふせやしんでん》・坂本・一条院・黒鳥・伯太・桧尾《ひのお》村の村役人を呼び出し、信太山・黒鳥山の見分を行うこと、また伯太・黒鳥・菱木・坂本の各村に領境を案内するように申しつけた。そして一〇日から本格的な測量を行ったうえで、開発場所の見立てが行われた。一三日に測量が終了すると、西村らは村むらに検地帳や村高書抜帳《むらだかかきぬき》、池床帳《いけどこ》などの提出を求めており、既存の田畑や用水と、開発予定地との関係を検討し始めた。これらの帳面を提出したことが確認できるのは、信太郷七ヶ村、南王子村、高石南村、菱木村、大鳥池郷の草部《くさべ》村・長承寺《ちょうしょうじ》村・上村である。その後、江戸役人はふたたび信太山に入り、山内にある田畑や池、神畑を詳しく見分した。帳面の記載を、実地確認したものと思われる。

この開発計画や見分に対して村むらはどう反応したのだろうか。一五日以降、勘定方役人の宿所となった周吾宅には取石池郷（綾井五ヶ村など）と南王子村が嘆願書（開発対象免除願か）を持参しているが、いずれも領主の添翰《てんかん》（添え状）がないことを理由に受理されなかった。一方で、万松院と中村式部は、別々に開発請負を希望する願書を提出している。信太郷七ヶ村は二九日に「新開小物成場御請願書《しんかいこものなりば》」を提出しており、この段階に至ると開発を受け入れている。しかし大鳥郡の草部村・北王子村・上村は、なかなか同意せず、江戸役人は上記三ヶ村を含む大鳥池郷八ヶ村にも「御請印」をするよう求めたが拒否する姿勢をとった。そのため、七月三日に役人が叱りつけ、ようやく請印を提出している。これで見分のすべての過程が終了したらしく、五日朝に役人一行は帰途についた。

開発計画の全容はわからないが、大鳥池郷や取石池郷のみが反対したことを考えると、開発の範囲は黒鳥山などには及ばず、信太山に限られていたのだろう。当初は、開発反対の態度を示していた信太郷七ヶ村が請負願書を提出した真意はよくわからない。江戸役人の宿を務め、見分に深く関与するなかで承諾せざるを得なかったのか、あるいは第三者に開発を任されるよりは良い、と考えたのか、はたまた積極的に開発に乗り出すつもりでいたのか、可能性はいくつか考えられる。だが、結局この開発は実行されなかった。

なお、見分のきっかけともなった社家の田辺掃部と中村式部は、この間ほぼ揃って行動し、見分の際も案内について回るなど、積極的な様子をみせる。役人到着の際には、周吾とともに上代村の目腐《めぐさり》池の下で出迎えるよう役所から申し渡されるなど、明神社の社家として役所からも遇されていたようである。このあたりの待遇は、宝暦期よりも格段に上昇している。一方、万松院は社家とも郷中とも行動を共にしていない。宝暦期以降、郷中と社僧・社家の関係が随分変化していることが読み取れる。

4　文政一一年の御室御所（仁和寺）祈願所一件

文政一一（一八二八）年夏、信太明神社をめぐる大がかりな事件が起こった。これまで除地とされてきた信太山に一橋家が小物成（年貢）を賦課するらしい、との情報を得た郷中が、それを回避するために、信太明神社を御室御所の祈願所にしたのである。社僧の直末寺化とは異なり、明神社そのものを御室御所の支配下に入れたのである。しかし、そもそも信太明神社が御室御所の祈願所となるだけでは、境内山に対する領主の小物成賦課を拒否することは不可能である（信太山が御室御所の朱印地〔領地〕になる必要がある）。それにも関わらず郷中がこのような行動に出た背景には二つの目的があった。

一つは、領主・一橋家の地方《じかた》支配に対する不満である。泉州の一橋領知では、一九世紀以降、郡中入用《ぐんちゅうにゅうよう》の増加や風紀の悪化など問題が多発していた。これに対応するため、文政五（一八二二）年に郡中取締役が設定されたが、これはそれまで領知支配の末端に位置づけられてきた主要な庄屋たちの特権を奪い、かつ庄屋経験者でもない取締役がさまざまに村運営に関与することを意味した。こうした一橋領知の地方支配を否定したい、という一部の村役人層の思惑が、御室御所という別の権威を求めたのである〔目的Ⅰ〕。

もうひとつは、信太明神社と信太山から南王子村を排斥しようとする思惑であり、南王子村と七ヶ村との特殊な山論という側面を有した〔目的Ⅱ〕。

ここでは、一件の経過とその背景について丁寧にみていくことで、宝暦期以降の明神社と信太山をめぐる郷中・社僧・社家のあり方をみていこう。

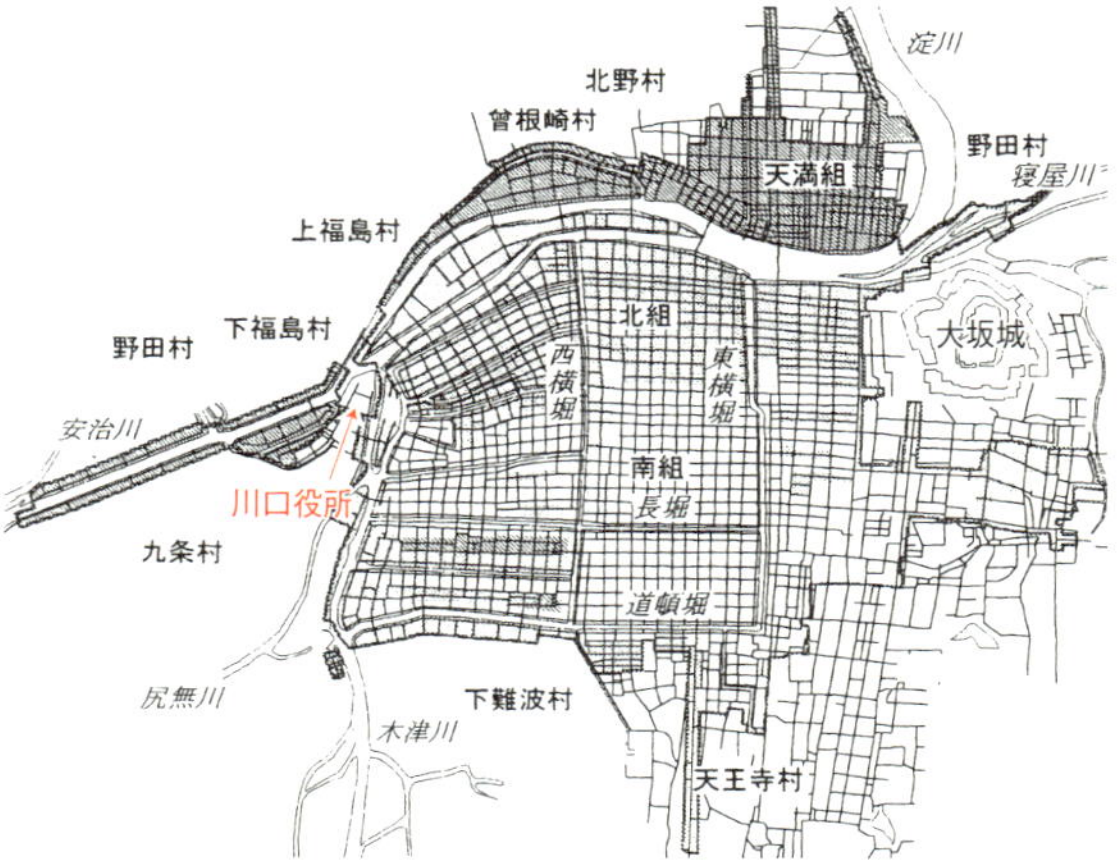

図25　大坂川口役所の場所　大坂の木津川と安治川が分岐する河口部に、川口役所があった。

一件の概要

この一件は、大きく三段階に分けられる。第一段階は、文政一一（一八二八）年正月から七月上旬までである。明神社を御室御所の祈願所にしようとする動きが始まり、正式に認められたのち、六月二九日には御室御所代参《だいさん》による明神社への参詣もあった。この間、祈願所化を推し進めた人びとは、郷中全体に対して二つの目的を隠し続けた。しかし信太地域では「明神社が御室御所の祈願所となるので、これを機に信太山に対する一橋家の支配は受けないし、南王子村も氏子から取り放す」といった、不穏な噂が飛び交っていた。それを警戒した南王子村は、これらの噂や郷中の動向を一橋家の川口役所に報告している。これを受けた川口役所の役人が、六月二二～二四日に信太郷へ出役し、取り調べを行った。しかし事の真相を把握できず、南王子村に「氏子から取り放す、というのは噂に過ぎないので、これまで通りと心得よ」と申し渡した。

第二段階は、七月二八日の明神社角力神事の前後である。南王子村が土俵を作ることは慣例であったが、それを郷中が拒否したのである（目的Ⅱの表面化）。郷中は「南王子村が乱暴狼藉をはたらいたので、神事を行えなかった。取り調べてほしい」と堺奉行所に訴え出ようとした。もちろん乱暴狼藉による神事妨害は、郷中による虚偽の申し出で、郷中がいろいろと理由をつけて南王子村に土俵を作らせなかった、というのが真相とみられる。

だが虚偽の申し出をする郷中の行為には、より大きな意図、つまり〔目的I〕が含まれていた。というのも、この事件の場合、本来は同じ一橋領知同士の村の争いなので、一橋家の川口役所に訴えなければならなかった。しかし郷中が訴え出ようとした先は堺奉行所である。これは一橋家の支配を否定するという〔目的I〕を実現するためには必然であった。しかし堺奉行所の用聞《ようきき》・茶碗屋市兵衛は、この願書の取り次ぎを拒否し、川口役所に願書とともに経緯を通達した。これによって、事態は一気に表面化することとなった。

川口役所での取り調べが始まった八月初旬から、処分が言い渡される一〇月末までが第三段階である。川口役所は、郷中が堺奉行所に願書を提出しようとした行為を「越訴《おっそ》同様」として強く問題視した。郷中は「川口役所に提出するつもりで作成いたしましたが、こうした内容で川口役所に提出する道理はあるものかと堺の用聞・茶碗屋市兵衛に内談に行っただけでございます」などと取り繕《つくろ》おうとしたが、代官は「おまえたちが川口役所に提出する願書もこれまですべて茶碗屋と内談してから川口に届け出ていたというのか。宛先には川口役所宛ではなく『御奉行様江』と書いてある。これでも内談だと言い張るのか」と強く詰問している。角力神事の真相や南王子村が務めてきた社役についての詮議も一応なされたが、川口役所にとって重要な点ではなかった。

取り調べの間、郷中の村役人は大坂川口に留め置かれ続けた。しかし、年貢収納が迫る一〇月初旬に入り、村役人を帰村させる必要が生じたため、郡中取締役を中心に解決策が講じられた。その結果、一件の基本的な責任は、万松院と神主田辺掃部にあり、郷中はそれに乗せられた（だけ）というあらすじをもとに、①万松院と神主田辺掃部は退寺・退職、②尾井《おのい》村庄屋嘉右衛門と太村庄屋太兵衛は退役、③角力一件については内済させることにし、これを受け入れた川口役所は、一〇月末に村役人らの帰村を許可した。

しかしこのあらすじは、事実とは異なる点がいくつかある。全体として事件性が薄められ、責任を限定した決着がはかられたのである。こうして、一橋家による地方支配の否定をも目論むこの一件は、曖昧な面を多く残しながら終了した。

第一段階と第二段階の真相

では文政一一（一八二八）年正月以降、実際には信太郷で何が起こり、それは誰が主導したのだろうか。第一段階と第二段階について、詳しくみていこう（表45参照）。

事の次第は、文政一一年正月に、万松院と尾井村庄屋嘉右衛門・王子村庄屋重治郎・太村庄屋太兵衛の四人が祈願所化について内談をもったことに始まる。その直後に万松院は、年始の挨拶のため本寺の御室御所を訪れ、「祈願所にしたい」と申し入れた。その後、郷中の百姓六人ほどとともに「明神社を御室御所の祈願所にする」旨の一札を作成している（一札A）。このころからすでに、有志の間では「明神社を御室御所の祈願所にすることで、明神境内である信太山に対して一橋家が小物成を賦課できないようにするとともに、信太郷全体についても取締役の支配を受けない、という〔目的Ⅰ〕は共有されていた。

郷中全体に祈願所化が諮《はか》られたのは四月上旬のことである。その際、嘉右衛門は「追々《おいおい》取締役も罷免されるだろう」とか、「小物成を受ければ、追々信太山は開発を仰せ付けられるだろう、そうなれば南王子村は多人数なので彼らに耕作が命じられ、開発が難しいところは「御林」（領主林）になり、われわれは落葉や下草も自由にはできなくなる。これはすべて南王子村があるからであって、明神社を御室御所の祈願所にして、山の隅々や本社前・鳥居前に制札を立てて「穢不浄《けがれふじょう》の輩」を一切立ち入らせず、鳥居前の往来もさせないようにしよう」などと述べて、扇動したようだ。そうすれば「南王子村の請所山や中央寺の小作田地は取り上げ、南王子村が信太山内の谷筋に所持している太村や尾井村の田地も売り払わざるを得なくなるので、こちらへ安く買い取ることができる」と目論んでいたらしい。この一件を主導した者たちの理屈は、小物成が賦課されると信太山を失うことにつながりかねず、それを回避するために御室御所の祈願所とする必要があり、それを実現した際には南王子村を追い出してしまおう、というもので、論理のすりかえがみられる。このとき、郷中全体では七ヶ村庄屋の連印により一札が作成されている（一札B）。しかし、あくまでも一札の内容は祈願所化を郷中として承認するものであり、取締役の否定や、南王子村を氏子から追い出す、などの内容は含まれていなかった。

写真24　信太山の立木と草山　近代以降、丘陵の草山は晒を干すためにも用いられた。奥には、松の立木が見える。

一札Bを作成したことで、祈願所化はスムーズに進み、五月下旬に認められた。六月上旬には万松院と神主田辺掃部《かもん》らが御室御所に召し出され、京都から信太郷へ戻った掃部は、南王子村に次のようにもちかけた。「先日御室御所にうかがったところ、〝祈願所となるからには穢村を氏子から取り放し、社役も務めさせないようにせよ〟と仰せ渡しがあった。私は白川家の門人であるから、返答についてはしばらくの猶予を願い、白川家に問い合わせたところ、〝御室御所の意向に沿うように〟と指示された。しかし、そうなっては南王子村が大いに難渋するだろうから、私から内々に許しを願い出ても良いが、どうするか」と。

南王子村がどのように返事をしたのかは、定かではない。六月下旬には、「信太山は一橋家のみならず、公儀も手出しできなくなるのだ」などの噂

王子村						中村			④上村							⑤上代村				⑥富秋村							舞村
②庄屋 重治郎	喜兵衛	喜兵衛伜久右衛門	年寄 忠兵衛	組頭 九兵衛	紺 九	②庄屋 速太	年寄 重右衛門	林蔵	庄屋 喜兵衛	年寄 久左衛門	年寄 吉兵衛	組頭 儀（吉）左衛門	組頭 松之助	組頭 九兵衛	久兵衛伜	年寄 武右衛門	年寄 義兵衛	組頭 仁右衛門	千 蔵	庄屋 太郎四郎	庄屋見習 楠平	楠平弟	年寄 太郎右衛門	組頭 伊右衛門	甚兵衛	甚 助	甚太夫
●																											
●	●						●					●	●														
		●										●	●														
●							●								●	●						●					●
						●															●						
●			●	●		●	●	●	●	●	●			●			●	●	●		●		●	●	●		
●					●	●	●		?	●						●					●					●	
◎▼						◎▼			▼	◎		▼				▼					◎						

が飛び交い、嘉右衛門・重治郎・太兵衛の三人は「御室御所の御参詣の節には、南王子村の小宮（現八阪神社）も取り壊して元のように藪林にし、南王子村の請所山も取り上げ、氏子から南王子村を取り放す。これまでは取締役に遠慮してきたのだ。しかし今回取締役が万一川口役所に報告しても、御室御所より厳しい叱りを受けるはずだ」などと申し触らすようになった。ここから〔目的Ⅰ〕と〔目的Ⅱ〕をつなぐ存在として、郡中取締役に言及されていることがわかる。

　角力神事の直前には、今回の土俵は郷方が作るなどという噂も広まり、南王子村は警戒を強めていた。そうしたところ、富秋村庄屋太郎四郎の伜楠平から南王子村に対して、「郷中の噂は単なる噂で、川口役所の御役人が仰ったようにすべてがこれまで通りである。土俵も安心して作ってくれ」と伝えられた。南王子村にとって土俵を作る社役は、自らの由緒につながるものであり、何としても務める必要があった。ところが、いざ神事当日になると、郷中がこれを阻止したうえ、その翌日に、万松院と禰宜《ねぎ》の中村式部が堺奉行所に願

						尾井村								太村					
			① 社僧 万松院	⑦ 神主 田辺掃部	③ 禰宜 中村式部	② 庄屋 嘉右衛門	嘉七	年寄 原作角兵衛	（嘉右衛門倅カ）延之助	長岡山城知行所新兵衛	林大学知行所市兵衛	施薬院知行所利兵衛	喜兵衛倅	② 庄屋 太兵衛	太兵衛倅	年寄 喜三右衛門	弥三郎	源次郎	利兵衛
正月早々	万松院にて内談		●			●								●					
春	郷内有志で一札Aを作成		●			●	●	●						●					
6月上旬	御室御所に参内		●	●					●	●									
6月29日	御室御所代参による参詣	御宿				●								●					
		御迎郷中庄屋							●						●				
		郷内村役人之内親父分				●								●					
7月29日	堺奉行宛願書1の連印者		●		●														
8月2日	堺奉行宛願書2の連印者		●	●	●	●		●		●	●	●		●		●	●		
8月8日	川口役所より取り調べにつき召し出し		●	●	●	●	●	●					●	●				●	●
～10月中旬	宿預・過怠手鎖などで川口に留め置き		▼	▼		▼								◎▼					

表45　御室御所祈願所化の一件における各人の関与　▼は過怠手鎖　◎は取調べのため宿預け

書の提出を試みたのである（願書1）。このときは茶碗屋市兵衛に「川口役所に届けてからでないと受理できない」と返答されてしまう。そこで八月二日、万松院と式部は、掃部と七ヶ村の郷中氏子惣代二五名の連印でふたたび堺奉行所に願書を提出した（願書2）。これも茶碗屋市兵衛によって阻止され、二通の願書と経緯が川口役所のもとへ通達され、一橋家の知る所となったのである。

一件における諸存在の立場

ここまでのところで、七ヶ村や社僧、社家の間で認識の違いが随所に存在したことは明らかである。誰が何にどこまで関与したのか、表45で整理しよう。

①社僧万松院　この一件を終始主導した人物で、最初に明神社の祈願所化を嘉右衛門らにもちかける。信太山に対する一橋家の支配を否定したあかつきには、万松院が現地代官的存在になるとの噂もあった。すなわち、万松院の目的は明神社において最上位に立つことにあり、一八世紀から続く郷方・社僧・社家の争いに

決着をつけようとする狙いがあった。万松院は御室御所の直末寺であり、明神社が祈願所となれば社内で最も力を持つことができたからである。万松院にとっては、秘められた二つの目的はあくまでも付随的なもので、信太明神社の御室御所祈願所化が一番重要なことであった。

②尾井村庄屋嘉右衛門・太村庄屋太兵衛・王子村庄屋重治郎・中村庄屋速太　一件の決着時には、嘉右衛門・太兵衛に責任が限定されたが、事実とは異なる。嘉右衛門・太兵衛・重治郎は、万松院から持ち掛けられた誘いに同調し、推進していく。これは第一義的には信太山への小物成賦課を回避するための行動であったが、以前から取締役による地方支配に不満を抱いており、〔目的Ⅰ〕を早くから目論んでいた。一方で南王子村とは請所山や出作をめぐる問題があり、小宮勧請問題や取締役との関係も含みながら、祈願所化によって〔目的Ⅱ〕を実現しようと企図したのである。ただしそれぞれ村によって関与の度合いは異なる。尾井村・王子村の百姓には一札Aに連印し、御室御所へ赴いた者もいるが、太村の百姓は関与していない。また南王子村に伝わる風聞は、尾井村と王子村からもたらされており、二村の百姓は庄屋の吹聴によって〔目的Ⅰ〕〔目的Ⅱ〕のいずれについても認識し、郷中に流れる噂の源になっていたようだ。速太が推進派に積極的に関与した形跡は見いだせないが、年寄重右衛門は早くから荷担していた。

③禰宜中村式部・平田金太夫　川口役所からの郷中召し出しに対して、金太夫宅で郷方急参会を催し、式部は万松院とともに堺奉行所に一度目の出願を試みるなど、祈願所化運動に積極的に関与した。白川家門人の神主掃部とは異なり、①②と意思を同じくする。万松院に与《くみ》することで、掃部よりも優位に立つことを目論んだのだろう。

④上村　百姓儀（吉）左衛門と松之助は一札Aに連印し、御室御所に赴《おもむ》くなど、個人として早くから関与している。とくに儀左衛門は、御室御所に上納金を納めて苗字帯刀御免となった。内部集落の東村に住む庄屋

喜兵衛は、入用の負担が多いことを理由に祈願所化に反対していた。村役人は〔目的Ⅰ〕〔目的Ⅱ〕の思惑について全く知らされていないため、上村百姓にも一部を除いては伝わっていない。

⑤上代村　入用が嵩《かさ》むことを懸念して、年寄武右衛門は祈願所化に否定的な立場を取り、取締役寺田にも内密に相談している。しかしそれが露顕すると、郷方から批判され、一時年寄退役・所払の噂も立った。その他の百姓の個人的な動きもなく、上代村も〔目的Ⅰ〕〔目的Ⅱ〕について知らされていないようだ。なおこのころ赤井家は当主が決まらない状況にあり、庄屋は不在である。

⑥富秋村　④⑤同様、村役人が積極的な動きを見せた形跡はない。庄屋親子は常に川口役所よりの言動をとり、〔目的Ⅱ〕についても「風聞にすぎない」という認識から、角力神事では南王子村に例年通り土俵を作るよう指示する。川口役所から役人が出役した時には宿を務め、〔目的Ⅰ〕〔目的Ⅱ〕を知らされていないだけでなく、郷中でも②の対極に位置した。

⑦神主田辺掃部　白川家門人であるため、祈願所化に抵抗感をもっている。①②から決定事項として事後通達され、神主という立場上一札ABのいずれにも関与しておらず、騒動の外におかれていた。御室御所からの要請で上京するものの、その場で返答を保留するなど、御室御所の支配を受けることに消極的である。また〔目的Ⅱ〕についてもこの場で初めて認識し、南王子村に事の経過を伝えたうえで取りなしをもちかける。ただし、一件の決着時には社家のトップとして責任から逃れられず、万松院同様の働きをしたとされ、退職することとなった。

　郷方としては②が主導し、④⑤⑥の村むらは〔目的Ⅰ〕〔目的Ⅱ〕について全く知らされていない。取り調べのなかで、④⑤⑥は祈願所化について、「他の村むらが同意しているようなので、反対しづらく、同意した」などと証言している。二度目の願書においては、社僧・社家とともに七ヶ村の氏子総代として二五名が連印しているが、これは郷内多数派に押し切られる形での行動だろう。願書を一見すると、信太郷七ヶ村として行動しているように見えるが、その内実を見ると、右のような違いがはらまれていた。こうした経過からは、一八世紀中期に明神社の運営を七ヶ村が立会で行っていたころとは異なる様子を見ることができる。そして、社僧や社家は、それぞれの思惑に基づいて行動しており、彼らにとっては〔目的Ⅰ〕〔目的Ⅱ〕以上に、社内での立場をいかに確保するかが重要であったのである。

郡中取締役とは何か　―一件の背景①―

では、〔目的Ⅰ〕で批判対象となった、一橋領知の地方支配や郡中取締役とはこのころどのような特徴を有していたのだろうか。

一橋家は大坂・川口に役所をおき（天明五（一七八五）年までは府中村に所在）、和泉・播磨両国の領知支配を行っていた。泉州の領知は、大鳥郡と泉郡に五四ヶ村あり、これを五組（大鳥・信太・下条・府中・山方）に分けて支配していた。信太郷七ヶ村は、舞村、綾井村、千原村を合わせた一〇ヶ村で信太組を構成していた。それに対し、南王子村は府中組に所属していた。

領知支配では、組内の有力な庄屋（私領時代には大庄屋《おおじょうや》などを務め、中世にさかのぼる由緒をもつ）が、大きな役割を担っていた。延享《えんきょう》四〜寛政六（一七四七〜九四）年までは惣代庄屋《そうだいじょうや》、寛政六年から文政五（一八二二）年までは郡中惣代《ぐんちゅうそうだい》という名称であった。途中で制度上の変更があったものの、基本的に特定の一二家が就任し続けた。

しかし、この制度は文政五年に大きく変わった。村むらの風紀取締や郡中入用を削減することが急務となり、これを担う存在として、一橋家への御用金を多く納めた者たちのなかから郡中取締役七人が設定されたのである。こうして、組レベルの問題には、各組の惣代と郡中取締役が関わることになった。

このため、郡中取締役と、それまでの郡中惣代との間には常に緊張関係があり、早くも文政七（一八二四）年には一二人の庄屋に郡中用向・諸事相談への参加が認められている。そして、ついに天保三（一八三二）年、「郡中非常《ひじょう》手当《てあて》積金《つみきん》」の取り扱いをめぐり、領知全体で大規模な争論（郡中五ヶ条一件）が発生し、取締役は、設置からわずか一〇年で廃止された。

御室御所祈願所一件で一橋家の地方支配や「郡中取締役」に対する反発がしばしば見られた背景には、こうした動向があったのである。しかも、とりわけ信太組と郡中取締役寺田治兵衛との関係は悪かった。祈願所一件のなかで存在を否定される「取締役」は、役職そのものであると同時に、寺田治兵衛個人を指している。文政五年に取締役に就任した寺田治兵衛は、風紀が悪化し、村入用が膨らむなど深刻な問題を抱えていた南王子村を何かと気にかけ、さまざまな助言を与え、時には便宜をはかることもあった。南王子村の方でも、祈願所一件では、常に寺田に相談を持ちかけている。経過のなかで南王子村の小宮（牛頭天王社）を取り壊す噂も立つが、そもそもこの神社は、南王子村の村民に対する説諭を目的に文政九（一八二六）年に勧請《かんじょう》されたものであり、それを全面的に後押ししたのが寺田であった。なお寺田治兵衛自身は、下条組池浦村の百姓であり、郡中惣代も務めた池浦村庄屋の分家筋にあたる。嘉右衛門らは、南王子村が郷中の意向を聞かずに、寺田ばかりを頼る姿勢や、南王子村が新しく小宮を勧請したことは明神社と郷中をないがしろにする行為である、と考えたのである。

写真25　寺田治兵衛碑　八阪神社の境内にあり。

祈願所一件から五年後の天保四（一八三三）年に一橋家の郡奉行《こおりぶぎょう》による巡見があり、寺田は南王子村小宮勧請の手続きに不正があったとして取り調べを受けた。そのまま江戸で取り調べられ、同七（一八三六）年に一橋家の陣屋がある下野国高根沢（現栃木県高根沢町）において牢死している。

以上を念頭において、信太組の惣代庄屋や郡中惣代を務めていた家を確認すると、寛政八（一七九六）年ころまでは、中村の森田九郎兵衛家と富秋村の奥野武兵衛家が務めていた。しかし文化期（一八〇四～一八一八年）には武兵衛と尾井村嘉右衛門が務めていたことが確認でき、二人は共に文政七（一八二四）年郡中用向への参加を認められた。つまり、祈願所一件において両極端の姿勢を示した尾井村嘉右衛門と富秋村太郎四郎・楠平（武兵衛家）は、この段階の一橋家による地方支配体制のなかで同じような性格を帯びていた。しかし太郎四郎家は、早く一八世紀中期から惣代庄屋を務めた家であった。太郎四郎が一件以前から川口役所よりの立場にあったことは間違いなく、信太組の代表二人の認識は全く異なっていた。こうした立場の違いが、一件に対する行動の違いを生じさせたのであろう。

信太山の用益と南王子村の位置　―一件の背景②―

次に、〔目的Ⅱ〕の背景を、信太山の利用と南王子村の出作地拡大の二点から考えてみよう。

除地の信太山は、このころ、①草山、②野山の村分《むらわけ》山（請所《うけしょ》山）、③立木《たちき》山、として利用されていた。①の落葉下草の採取権は第一に七ヶ村のものであったが、南王子村にも認められていた。②は、①や③とは異なり村限りの差配が認められた山である。「村むらへ引き分けた請地」あるいは「村分けの山」と史料では表現される。そして、この村分山は七ヶ村に含まれない南王子村や舞村にも与えられていた。一件の経過のなかで、この南王子村の村分山を取り上げる、との噂が起こっている。③は松木を主とする立木山である。

村名		村高（石）	南王子村人の出作高		
			安永 2（1773）	天保 4（1833）	明治 5（1872）
南王子村		143.1330	−	−	−
上代村		334.1170			
上　村		332.1180			
太　村		424.2120	7 .2632	19.2360	3 .0720
尾井村	一橋領	233.9370	45.6387	73.9070	101.6337
	他三給領	286.0770		29.2360	
中　村		410.1952		54.6270	36.3702
富秋村		195.3500		18.4610	15.4650
王子村		323.7108	137.4490	※　172.9430	141.7958
舞　村		31.8550			
綾井村		93.3760			1 .5150
池上村		653.7830	48.3727	81.8780	71.7809
伯太村		563.2770	24.3050	50.8790	26.7232
千原村		185.6371			3 .2085
計		4210.7781	263.0286	501.1670	401.5643

表46　南王子村の出作地の概要　※：王子村中央寺の小作33石余を含む。
「様子大概書」（一橋家文書）・明和８年「御用控」、天保４「明細帳」、明治５「村高・出作高書上」（以上、奥田家文書）より作成。

池への土砂留めの役割を果たす部分と、社事入用（社殿修復など）に宛てる目的で郷中（七ヶ村）が管理しており、勝手な伐採は禁止されていた。③は七ヶ村が相談の上で差配するものであり、南王子村が関与できる余地はなかったが、①②については七ヶ村に比べれば限定的ではあるものの、用益を認められていた。

信太山丘陵内でも、谷筋は除地には含まれず、各村の溜池や谷田・畑が展開していた。近世中期以降こうした谷筋の田地を南王子村の村民が積極的に出作地として買得し、あるいは縁辺部を新開していたようである。一件のなかでも、丘陵内に展開する尾井村・王子村・太村領の南王子村出作地が問題になっている。また文政一一（一八二八）年正月には、坂本村内の御林《おはやし》が近く開発されるという噂が立ち、南王子村で開発を請け負って二〇人ほどに小作させたい、とする願書が作成されている。人口が増加し続ける南王子村にとって、いまだ山林草野の残る信太山は、絶好の開発対象地だったのである。

このころ、すでに南王子村の人口は信太郷七ヶ村を合わせた人口をはるかに上まわっていた（表1・表25参照）。こうした人口増加は、村外に出作地を求める動きに直結した。一件に近い時期には村高一四三石余の南王子村が村外に計四七〇石余の出作地を所持していた（表46）。とりわけ王子村への出作は多く、王子村高三二三石余のうち、一四〇石余が南王子村の出作となり、さらに王子村中央寺の土地三三石余の小作も引き受けていた。南王子村の出作所持や小作の進展は、南王子村の人口激増を支えるとともに、経済的な伸長も意味していたが、それを受け入れる地域社会からすれば、南王子村のあり余る労働力に依存しなければ再生産できない地域社会構造の形成を意味していた。

南王子村の出作は、まず一八世紀中期以降に王子村で拡大し、安永期以降周辺村に拡大していった。その拡大先は、主として隣接する地域に集中し、信太郷では尾井村と中村ならびに伯太村・池上村である。南王子村が出作を展開させる尾井村・王子村・中村の庄屋は、祈願所一件を主導・推進する立場にあり、それに対し、出作が全く展開していない上代村や上村は一件に消極的であった。南王子村の出作は、受け入れる村むらにとって、年貢納入のために必要不可欠なものであると同時に、脅威でもあったのだろう。それが明神社や信太山から南王子村を締め出そうという行為につながるのである。

とくに王子村と南王子村は、出作地をめぐって江戸時代を通じて度々争論に及んでいる。天明・天保・明治初期に起きたそれらは、主に年貢勘定や小入用割の開示を南王子村から求めるものであり、時には出作分の高分け（分村）を要求することもあった。尾井村との間でも、この祈願所一件の直後に同様の動きがあったことが注目される。文政一一年ごろには尾井村に南王子村の出作が一〇〇石余あった。一件後、庄屋退役となった嘉右衛門に代わって、千原村の庄屋吉右衛門が兼帯庄屋に就くと、南王子村は出作にかかる諸入用銀を減らすよう、吉右衛門に掛け合っている。南王子村は、王子村との対立に加えて、尾井村とも緊張関係をはらんでいたのである。

信太郷七ヶ村のあり方　—一件の背景③—

三つ目に、一件が争われた時期の、氏子七ヶ村＝郷中による信太明神社運営のあり方を見ておこう。

一件のなかで、各村や個人によって行動が異なる姿は、宝暦期まで確固として存在していた「郷法」の形骸化を示している。これは、一八世紀後期以降、次第に七ヶ村の惣代や、当番の村が社事を取りしきるようになったためであろう。

表47は、南王子村から信太山の山掛銀《やまかかりぎん》一〇〇目を受け取っていた村名である。山掛銀とは、宝暦四（一七五四）年に信太山内に見廻りのため番人小屋を設置したことに伴う負担銀で、それを受け取っている村が、社事勘定の当番である。文政一一年度分までに、尾井村一五回、富秋村六回、中村・王子村二回、太村一回、上村・上代村〇回となっており、村によって受け取りの頻度が異なる。連年で当番を務めるなど規則性はな

明和５年	尾井村
明和７年	中村
明和９年	尾井村
安永３年	〃
天明２～５	〃
寛政２年	〃
寛政６年	中村
寛政８年	尾井村
寛政10年	〃
寛政12年	太村
文化元年	尾井村
文化３年	富秋村
文化５年	〃
文化７年	尾井村
文化９年	富秋村
文化11年	尾井村
文化13年	〃
文化15年	王子村
文政２年	尾井村
文政３年	王子村
文政４、５年	富秋村
文政11～13年	〃
天保２年	信太郷宮年寄
天保６年	信太郷当番
天保８年	〃
天保10年	〃
天保12年	〃
天保14年	〃
弘化２年	〃
弘化４年	〃
嘉永２年	〃
嘉永４～６年	〃
安政２年	〃
安政４年	〃
安政６年	〃
文久元年	〃
文久３年	〃
元治２年	〃
慶応３年	〃

表47　南王子村から山掛銀を受け取った村　「南王子村小入用帳」（奥田家文書）より作成。なお小入用帳作成は翌年春のため、実際の当番は前年である。

く、七ヶ村で順番にあたる年番ではなかった。しかも上村・上代村の回数の少なさは、一件における立場とも通じるものがある。一方尾井村の回数は圧倒的に多く、とくに明和～天明期に続けて勘定を担当している。また「白川家門人帳」には文化一〇（一八一三）年に中村式部の死去を氏子嘉右衛門が届け出たと記されており、尾井村嘉右衛門は信太明神社の社家と強いつながりを有していたらしい。一件の直前の時期には、富秋村が連続して勘定を担当している。富秋村の楠平が土俵作りを南王子村に指示した理由も、俵代を明神勘定から支出する関係にあったためだろう。

	支出	内容	受け取り
1	銀43匁	鳥居前 常夜灯料　※1	—
2	米3.1石	本社・末社 御供米	社家
3	銀67.5匁	薪代	社家
4	餅米0.2石	正月・8月神前御供	社家
5	油5升	本社献灯	社家
6	銀9匁	2月10日神事の弦矢代	社家
7	銀10匁	例年御火焚の節薪代	社家
8	銀15匁	川口・堺へ年始出勤造用	社家
9	米2石	神子扶持	神子
10	米2.8石	薪代	万松院
11	銀90匁	薪代	万松院
12	油1斗	護摩堂 灯明	万松院
13	銀13.3匁	川口・堺へ年始出勤造用	×万松院
14	銀10匁	境内掃除料	万松院
15	米1.2石	薪代	×奥院
16	銀11.25匁	薪代	×奥院
17	銀10匁	奥院掃除料	×奥院
18	油5升	本堂灯明	×奥院
19	銀15匁	7月28日角力神事諸造用	宮年寄
20	銀100目	神祭・御供所諸買物代	社家
21	—	社事方人足　※2	—
22	銭500文	2月10日□木代	南王子村
23	銭400文	7月28日角力場所土俵代	南王子村

表48　文政12（1829）年「社事方仕法」
×は無住中は無用とされるもの。当時奥院は無住であった。
※1：尾井千原村・森村・土生村が納入した池水銀を充当する。
※2：宮年寄が差配し、村むらが割合に応じて負担する。

祈願所化一件終了後の文政一二（一八二九）年五月に、七ヶ村の庄屋・年寄・組頭は、信太明神社の入用などに関する規定を定めた。これはそれまで明文化されていなかった社務や山に関わる事柄について、従来のあり方を踏襲しながらも、新たに七ヶ村と社僧・社家の間で確認する目的があった。この規定は、「社事《しゃじ》方仕法《かたしほう》」（神事関係の供米などの分配規定）と「山方家別規矩《やまかたいえべつきく》」（社務全般、入用や山の用益関係規定）からなる（表48・49）。

条数	取り決めの内容
1	宮年寄を７ヶ村で１人ずつ、計７人たてる
2	８月神事の神輿・獅子は７ヶ村回り番とする（その取扱について）
3	勘定は①山方家別帳、②社事勘定帳、③神田畑定米帳により行う
4	神田畑と宮山の定米は精米で毎年11月１日までに納入
5	郷分の証拠物となる古書物は７ヶ村から持ち寄り、郷書物箪笥へ保管。印付の書物や秘書は預かり人が保管
6	社家などへの渡米の残りは入札の上売り払い、①家別帳へ加える
7	①山方家別勘定は毎年11月15日、請払は12月10日とする。割方の際は村役人が改め、奥書・調印すること
8	宮山と野山（村分山）の境目は分明だが、今後村別野山の取り計らいは各村の勝手次第とする
9	山端や村分山であっても、開発すべき場所があれば郷方へ申し出ること。定米は①家別帳へ組み入れる
10	社事方・山林に関する諸願いや変事については、村役人の指図をうけること
11	山内の松木盗伐は禁止。違反した場合、多少に関わらず銭２貫の過料と一札を差し出させる
12	米１.５石を宮年寄七人への草履代として出銀する
13	社事・山方について今回改正したので正路にとりはからうこと
14	舞村は立会外のため勘定に立会ってこなかったが、今後は舞村からも１人出し、社事方勘定に立ち会わせる

表49　文政12（1829）年「山方家別規矩」　表48ともに奥田家文書「社事山方家別方賄規定書」より作成。

注目される一点目は、明神勘定のあり方と宮年寄の設置である。信太山の神畑からの「定米」（明神勘定としては収入）を「神田畑定米帳」に記し、支出は「社事勘定帳」に記す。これを基に毎年一一月一五日に両帳の出入を「山方家別帳」において合算し、不足分を七ヶ村で家別割りにする、という勘定方法がとられることになった。この勘定は、「定められた日限に立ち会って行い、請け払いについては疑いがないよう巨細に勘定帳を仕立て、宮年寄が調印し、村役人が取り調べたうえで奥書・調印をする」ようになった。この宮年寄は、各村から一人ずつ出すことにしている。これは、祈願所一件が、嘉右衛門や重治郎、太兵衛ら一部の人びとによって主導されたことへの反省である。勘定の局面でも、宮年寄と各村役人の役割を明確にし、二重のチェック体制を構築するとともに、七ヶ村として神社運営に公平にあたるための方策がふたたび取られたのである。

なお、「宮年寄」が天保二（一八三一）年以後は「当番」と呼ばれるのは、平等に当番として務めるようになったことと関わるだろう。

二点目は、郷中と社僧、社家の関係である。「社事方仕法」は、社僧と社家の年間の取り分を定めたものである。また明神勘定に社僧・社家の立会は明記されず、山の管理も郷中が行うことになっている。取り決めに社僧・社家が連印していないこともあるが、全体的に郷中の優越性を再確認したものと考えられる。

三点目は、南王子村と舞村の立場である。両村とも、この規定においても、立会に加えられていないことに変化はない。しかし、舞村は、これ以後、社事方勘定への立会を認められている（舞の奉納と関係か）。文政一一（一八二八）年の御室御所の明神社参詣にも舞村庄屋は立ち会っており、それ以前から舞村は七ヶ村と密接な関係にあった。これが部分的に明文化されたのだろう。これに対して、南王子村は、弓祭りと角力神事に関わる出費が計上されており、「神役」の継続が保証されただけで、新たな権利を認められることはなかった。

ここまで見てきたように、一八世紀中期から文政期までに明神社運営において郷中の一体性は低下しており、それを前提に信太山への小物成賦課や一橋領知の動向、そして南王子村の出作地拡大などの問題が重なるところに御室御所祈願所一件は発生した。これは信太山が明神境内地＝除地＝七ヶ村立会山という性格を有したからである。この一件は南王子村に対する差別的な事件という面も有するが、それ以外の様々な要素も地域社会にとって重要な意味をもったのである。

＊　　＊　　＊　　＊

第2部では、信太山丘陵周辺に広がる村むらについて、中世末の到達状況の上に、郷限りで行われた太閤検地によって特徴付けられた村むらの形成過程（一七世紀）を確認し、それらの村むらのうちのいくつかを取り上げて、江戸時代半ばから幕末にかけてどのように展開するのかをみてきた。そのうえで、信太明神と信太山（除地）をめぐる運営や紛争から、信太郷を中心とした地域社会状況の推移を展望してきた。信太山丘陵周辺の地域社会の近代は、それぞれの村のあり方や、それを包み込む地域社会のあり方を前提として展開していくことになるのである。

コラムⅦ　上代村赤井家の社会的位置

赤井家は、一八世紀中期以降に上代《うえだい》村の庄屋を務めた家で、宝暦《ほうれき》三（一七五三）年には上代村（村高三三〇石余）で九五石余を所持し、周辺村への出作も合わせて一五二石余を所持していた（第2章参照）。一八世紀後期には一橋家《ひとつばしけ》から苗字・帯刀《たいとう》を認められており、経済的にも社会的にも大きな影響力を周辺に及ぼした家である。本コラムでは、こうした赤井家の家と経営のあり方を垣間見ることにしよう。

赤井家の概要と姻戚関係

（赤井）惣治は、宝暦二（一七五二）年から上代村の庄屋として確認でき、その時点ですでに大高持ちであった。赤井家の系図によると、その惣治の父は新七（享保一四年没）とされている。一七四〇年ころから上代村の庄屋は新七が務めており、彼が惣治と改名したのではないかと思われる。その後、養子による相続を重ねたためか、一八世紀中期以前については何も伝わっていない。

赤井家は一八世紀末に、惣治Ⅲの実子・吉之助を分家させ、本家は養子の周吾が相続した。吉之助は屋敷を本家の北側に建てたので、これ以降、本家は「南赤井」、分家は「北赤井」と村内で呼ばれるようになった。分家にあたっては、以後、惣治の実子である分家が「惣治」を名乗り、庄屋役は本家が務めていく、という取り決めをしたらしい。

さて、赤井家の系図で特筆されることは、大坂町奉行所の与力などとの姻戚関係である。惣治Ⅱの娘は大坂城代の与力に嫁いでおり、吉之助の妻・恵《けゐ》は大坂町奉行所与力・八田五郎左衛門の娘である。さらに周

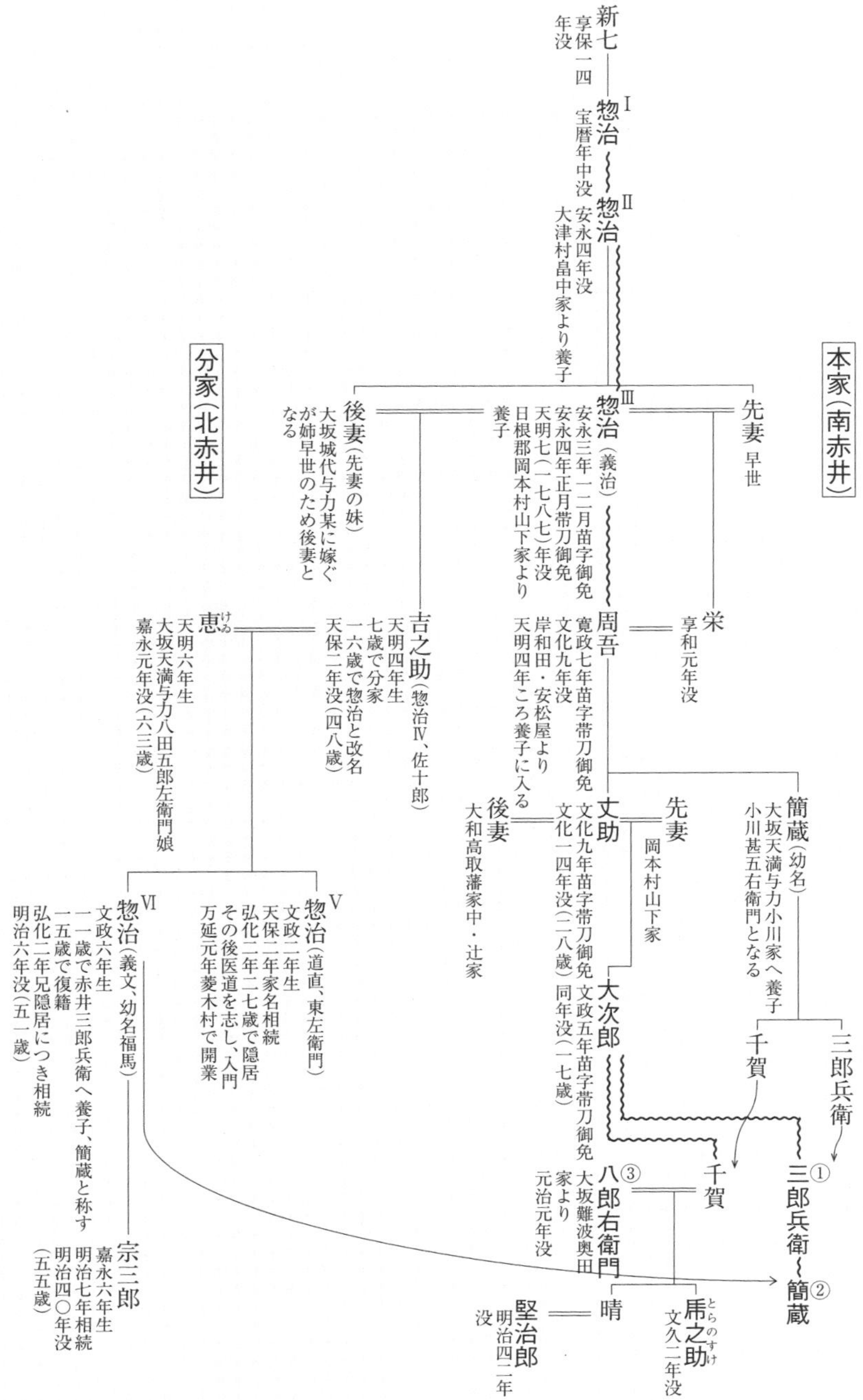

図26　赤井家系図　太字の人物は庄屋。波線は養子関係。

吾の次男・箇蔵は、大坂町奉行所の与力・小川家に養子に入り、のちに与力・小川甚五右衛門となった。系図には省略したが、吉之助には、大坂町奉行所の与力・田坂源左衛門に嫁した娘や、住吉大社の社家（神職）に嫁した娘もいた。赤井家の姻戚関係の広がりは、信太地域において稀な事例であった。

その理由ははっきりしないが、吉之助と恵との縁組の際には、八田家が経済的に窮乏している様子が読み取れるので、経済的後押しを必要とする武士身分の家と、家格上昇を意識して武士の家と姻戚関係を結びたい赤井家の思惑が合致した結果ではないかと考えておきたい。

赤井家の全盛期　―惣治の苗字・帯刀御免―

赤井家の全盛期は、惣治Ⅱ・Ⅲと周吾が活躍した一八世紀中期から後期のことである。このころ、積極的に金融活動を行っていたようだが、赤井家文書に残された点数は少ない。そのなかから読み取れる特徴は次の三つである。

一つは、堺奉行所との関係を有していたことである。安永《あんえい》二（一七七三）年三月に堺奉行・石野筑前守《ちくぜんのかみ》の家中三人が惣治から「筑前守勝手用《かってよう》」のため銀三貫目を、同七年五月には堺奉行所用達《ようたし》の紀伊国屋《きのくにや》利兵衛が銀七〇〇目を借用している。惣治は堺奉行所関係者からも銀主と目されていたのである。

二つめは、周辺の庄屋層への融通である。明和《めいわ》六（一七六九）年には王子村の庄屋文治が自らの屋敷地一反余を質に入れ（金額不明）、安永六（一七七七）年には太《たい》村の庄屋（成田）太兵衛が二筆の田地（一町二反余）を惣治に質入れしている（銀一貫五〇〇目、なおこの当時赤井家と成田家とは縁戚関係にあった）。周辺村むらの庄屋クラスともかなりの融通関係が構築されていたようだ。

三つめは、惣治の小作人が滞納した小作料を、貸し付けの形で処理した事例である。天明《てんめい》四（一七八四）

年に舞《まい》村の甚右衛門が銀一〇〇目、寛政《かんせい》元（一七八九）年には上《かみ》村の太右衛門が銀三四五・八四匁を借用するなど、複数の事例が確認できる。これらから、赤井家が村外に持つ出作地の多くは、出作先の村むら百姓が小作人として耕作していた可能性が高い。上代村百姓への融通は全体的に少なく、赤井家は村外に対する銀主という立場が強かったようである。

なお一八二〇年代に、吉之助は上村の要蔵を「当家の田地支配を申し付けており、家来同様の者」と郡中取締役・池浦村の寺田治兵衛に述べている。要蔵は吉之助が上村に所持した出作地の耕作や管理を任されていたと考えられるが、赤井家全盛期にはこうした存在が出作先の村むらにいたのではないかと推測される。

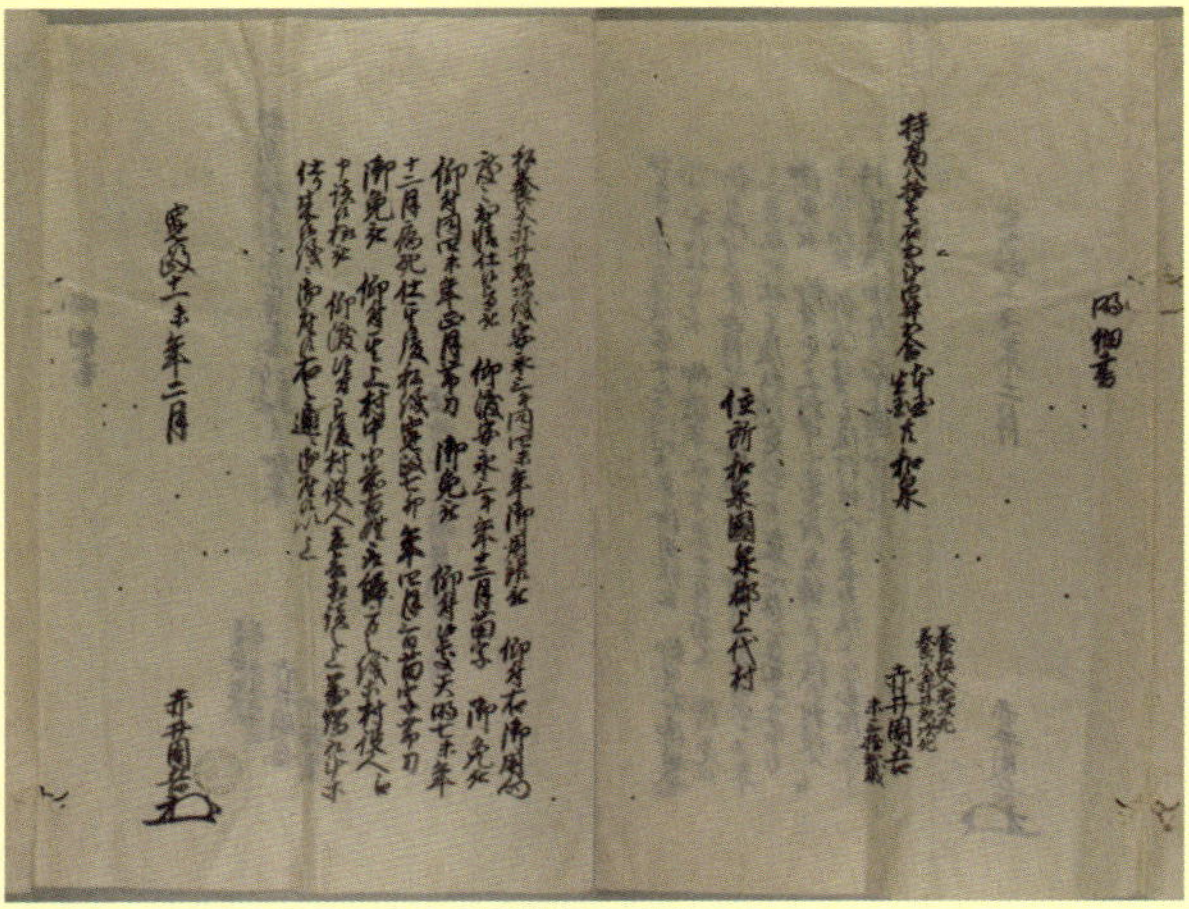

写真26　明細書（西本・赤井家文書）

一橋家はこうした赤井家の財力に注目し、安永三（一七七四）年六月、惣治Ⅲに御用金三〇〇両の上納を命じた。惣治にとってもかなりの大金であったが、何とか納めたところ、さらに八月には御用金七〇〇両の上納が命じられた。一橋家から示された条件は、利息は五〇両とし、翌年の秋に二度に分けて返済する、というものであった。これには惣治も窮し、金一〇〇両（銀六貫目）に勘弁していただきたいと願い出ている。このとき惣治が最終的に上納した総額は定かではない。

一橋家は同時に府中村の竹田玄節《げんせつ》（医師）・万町《まんちょう》村の伏屋《ふせや》長左衛門にも御用金の納入を命じていた。後年の史料には、安永三・四両年にこの三人が御用銀一一一貫余を納入したと記されている。三人は、御用金納入の功績をみとめられ、安永三年一二月、苗字・帯刀御免となった（理由は不明だが、惣治の帯刀御免のみ同四年正月）。当時、この三人は泉州一橋領知五四ヶ村のなかでも上位の経済力を有していたのだろう。

分家の創出　―周吾と吉之助―

惣治Ⅲは日根郡岡本村山下家からの養子で、惣治Ⅱの娘と婚姻関係にあった。その妻は娘（栄）を残して亡くなり、後妻として大坂城代の与力に嫁いでいた妻の妹が呼び戻された。しかし男子には恵まれず、天明四（一七八四）年ごろ、惣治Ⅲは栄の婿として岸和田南町の安松屋から周吾を迎えることにした。一方でほぼ同じころ、実子吉之助が出生した。そのため、惣治Ⅲが天明七年に亡くなった後、本家は婿の周吾が相続し、寛政二（一七九〇）年ごろに吉之助は母（惣治Ⅲ後妻）とともに分家したのである。周吾は上代村の庄屋に就いていないが、惣治Ⅲが死去した時点で二一歳とまだ若く、他所出身であったためだろう。

寛政一一（一七九九）年には、周吾の所持高は八一石余（上代村五六石余、上村一九石余、舞村六石余）であった。吉之助が分家する際に、かなりの田地を分け与えたようなので、一八世紀末においてもなお赤井家の家勢は維持されていたと考えられる。

周吾は、寛政五年に川口役所より苗字・帯刀御免となった。その経緯が興味深いのでみておこう。惣治Ⅲが伏屋・竹田と納めた御用銀一一一貫余は、その後、川口役所から無利足で年賦返済されており、寛政四年には残銀が五八貫余となっていた。この残銀について、周吾と伏屋長左衛門、竹田圓蓮《えんしん》（玄節の孫）は、寛政四（一七九二）年一二月、一橋家の郡奉行《こおりぶぎょう》篠田次郎四郎に「差し上げ切りにしたい」、つまり債権放棄をする、と申し出たのである。三人のこの行為は、苗字・帯刀を認められたいがためのもので、奉行も「そのように手配しよう」と内意を示している。この年、播磨と和泉の領知廻村のために江戸からやってきた篠田は、苗字・帯刀御免をにおわせながら、ほかにも広く御用金の差し上げ切りを求め、府中村の真作のほか、二四人もこれに応じている。この苗字・帯刀御免は、財政を潤沢にしたい一橋家と、苗字・帯刀を認められたい中間層の思惑が合致した結果であった。しかし寛政七年一二月、一橋家は周吾・伏屋・竹田に御用銀はこれまで通り毎年返済する、と通達しており、不明な点も多い。

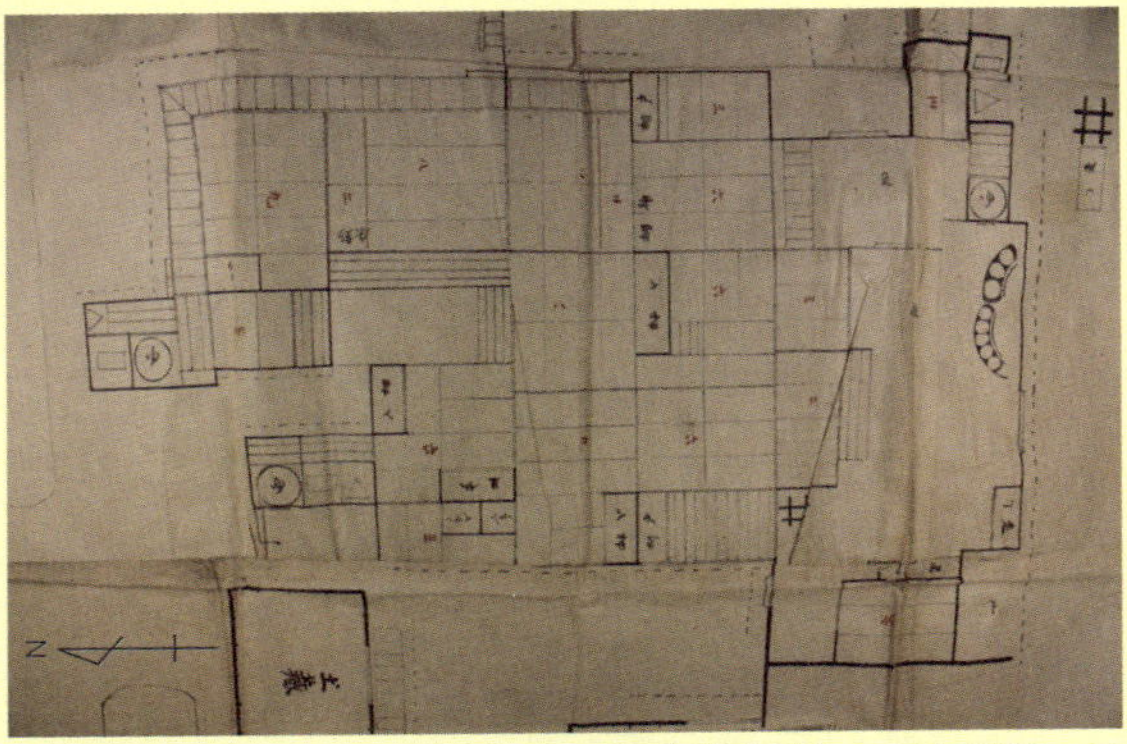

写真27　赤井家屋敷図（西本・赤井家文書）　母屋部分のみを掲載した。

寛政九年の信太山見分役人宿

寛政九（一七九七）年、江戸の勘定所役人が信太山開発の見分のため来村し、約一ヶ月間周吾宅に滞在した（第5章参照）。周吾は一橋家の川口役所から筆頭役人の宿として指名されたが、これはここまで述べてきた赤井家の経済的・社会的立場によるものだろう。

この一ヶ月間、周吾は日記を残しており、そこには役人の行動や、周吾宅への来客、台所方の段取りなどがこと細かに記されている。筆頭役人の西村は数日ごとに精進料理を希望しており、赤井家は、料理人を雇用してそうした応対に心を砕いている。ほかにも、髪結を呼ぶよう侍から依頼されたものの、村内に専業の髪結がいないために小前の者にさせたり、あるいはたばこ・酒・草鞋・泡盛・焼酎・砂糖などを所望され、急ぎ調達することもあった。しかし役人の方もできる限り村や赤井家に負担を掛けないように心掛けていたようで、夜具や膳は持参し、所望した物の代金はそのたびにすべて支払われている。また周吾が部屋に花を飾った際には「ありがたいが不要である」とも述べている。

役人の世話以外にも、宿となった周吾には日々膨大な仕事があった。西村が見分の責任者であったため、周吾宅には他の見分役人も連日訪れ、また伯太藩や御三卿田安家など周辺領主の家中や手代らも頻繁に西村のもとを訪れた。もちろん周辺村むらの村役人も書類の提出などで連日・複数が来宅し、役人への御機嫌伺や周吾の見舞いにやって来る親戚や知己も多い。これらに対応するため、周吾宅には毎日一〇人前後の村人が人足として詰めていた。彼らの仕事は、関係村むらに差紙を届けたり、信太山を見分中の役人に昼食を届けたり、座敷の掃除、夜の食事の世話や風呂焚きなど、多岐に及んだ。人足差配のために、上代村の年寄も連日周吾宅に詰めており、上代村全体にとっても大変な一ヶ月であったようだ。

宿を務めるにあたって、さまざまな業者が周吾宅に出入りしている。役人の滞在中は、堺から料理人を雇用し、魚や青物、小間物《こまもの》などは堺の業者から購入していた。近辺では、菱木《ひしき》村喜三兵衛から油を、小川《こがわ》村（仏並町）久左衛門から薪を調達している。また事前に家の修繕を行った際には、東《ひがし》村（信太郷上村内の小集落）から畳屋と大工吉左衛門が呼ばれている。東村の大工は、黒鳥村・伯太村の大工四人を連れて周吾宅の作事を行い、賃銀を受け取っているので、大工棟梁《とうりょう》かと推測される。このほかに、左官の岡田屋が堺から、植木屋が黒土村から、表具屋《ひょうぐや》が岸和田から呼ばれている。また舞村の佐兵衛が傘屋として灯燈の張り替えを行っていることも興味深い。

一九世紀の赤井本家

一九世紀に入ると、赤井本家は経済的に逼塞《ひっそく》し、多額の借銀を抱えながら、当主の夭折《ようせつ》という危機を何度も迎えた。分家の方も、当初は吉之助が私財を投じて大野池の池床《いけどこ》を開発するなど、順調に経営を行っていたようだが、徐々に所持高を減少させて幕末を迎えている。最後に赤井本家の一九世紀について簡単にみておこう。

周吾は文化九（一八一二）年に四六歳で亡くなり、子・丈助が相続した。丈助は苗字・帯刀を認められ、上代村の庄屋にも就任したが、二年後には身代限《しんだいかぎ》りとなり、家財道具などが債権者に渡されている。おそらく周吾の晩年から、経済的に逼塞していたのであろう。

丈助は文化一四（一八一七）年に二八歳で亡くなり、その子・大次郎が幼くして相続した。しかし翌年（文政元・一八一八）にはふたたび破産の危機に陥っている。堺の大和屋徳兵衛ら三人から借銀返済滞り（四口・銀七貫五〇〇目）を訴えられたことを契機に、親類らによって借銀の整理が行われた。このとき、ほかに坪井村の沢久太夫（銀三貫目）など計九口の大借があり、川口役所拝借金（一橋家が資金運用のため、領知百姓に利息付で貸しつけるもの）四三両余も返済できない状況に陥っていた。当時赤井本家には、大次郎と義母（丈助の後妻）しかおらず、二五石余の大次郎所持田地を上代村の百姓に小作させ、年間二〇石余の作徳米で借財を返済していく仕法が立てられた。丈助・大次郎は、いずれも川口役所から苗字・帯刀御免となっているが、これは惣治や周吾のように金銭上納などの功績によるものではなく、これまで積み上げてきた「家格」によるものであった。

しかし、大次郎も文政五（一八二二）年に夭折し、相続人をめぐる混乱が生じた。自分の子女を相続人にしたい小川甚五右衛門（丈助の弟）と、他家から養子をとりたい丈助の後妻が対立し、さらに分家の吉之助は自らの次男・福馬を相続人に、と主張した。吉之助は、甚五右衛門の娘と福馬が結婚すれば、「惣治の血脈が保たれる」として、近隣の有力者にも後押しを願っている。

詳しい経過は不明であるが、大次郎の死後五年ほどは、甚五右衛門の実子・三郎兵衛が相続人となった（しかし幼少の三郎兵衛は甚五右衛門の手元で養育されていた）。その後、天保四～八年ごろは福馬が簡蔵の名前で本家に養子に入り、上代村の庄屋としても確認できる。だが簡蔵は不縁となったのか、分家に戻ることになり、結局天保一四（一八四三）年ごろに、大坂難波の奥田家より八郎右衛門が甚五右衛門の娘・千賀の婿に入り、赤井本家の当主となった。この間約二〇年ほど、赤井本家の相続人が名目上は上代村の庄屋であったが、村役人としてはほとんど機能していなかったと考えられる。借銀返済がどうなっていたかは不明であるが、八郎右衛門が家に入るころには一段落ついていたらしい。

ところが、間もなく赤井本家は新たな危機に直面した。弘化《こうか》四（一八四七）年に、上代村の年寄太兵衛が、八郎右衛門に無断で（印判も偽造したうえで）、八郎右衛門の所持田地・居宅・蔵を大鳥郡深井中《ふかいなか》村の（外山）善之助に質入れし、銀五貫三〇〇目を借用したのである。この一件は、嘉永《かえい》二（一八四九）年になり、元利合わせて七貫目の返済を善之助が八郎右衛門に要求し、露顕した（太兵衛一件）。太兵衛は、赤井家の相続人が決まらず、庄屋不在の時期に村政を主としてみていた人物で、一四石余を所持する高持であった。しかし善之助への質入れは、「村借」を名目に、自分入用に取りこんだらしい。この一件は曲折の末、八郎右衛門が太兵衛親類と、太兵衛所持田地を大鳥郡上村の忠左衛門に質入れすることで、何とか善之助への返済を済ませたようである。

幕末にかけて、赤井本家は再び危機を迎えた。一つには、上代村の見習庄屋にも就いていた八郎右衛門の嫡子・寅之助《とらのすけ》が文久《ぶんきゅう》二（一八六二）年に亡くなったのである。加えて、またしても経済的に逼塞したらしく、同じころに所持田地（すべてと思われる）と居宅の売却・請け戻し、質入れがくり返されている。八郎右衛門も元治元（一八六四）年に亡くなり、赤井本家は再び相続人不在となり、明治を迎えることになった。この間、年寄の（西本）佐治兵衛が八郎右衛門の金策に協力していたが、明治以降上代村の村政を主に担っていくのは西本家である。

以上から、居村上代村での圧倒的な所持高を経営の基礎としつつも、村外との金融・姻戚などのネットワークを色濃く有した赤井家の経営、そしてそれを取り込もうとする領主一橋家、その見返りとしての苗字・帯刀御免など、信太地域を越えて、より広く展開していた様々な社会関係が浮かび上がる。おそらく一八世紀中の赤井家は、信太地域でも一、二を争う有力者であった。居村上代村との関係は限定的にしか見えてこないが、一九世紀以降に不安定な状況に陥った赤井本家は、姻戚関係だけでなく、上代村の百姓たちにも支えられながら存立していたものと考えられる。

第3部　近現代の信太山丘陵と地域社会

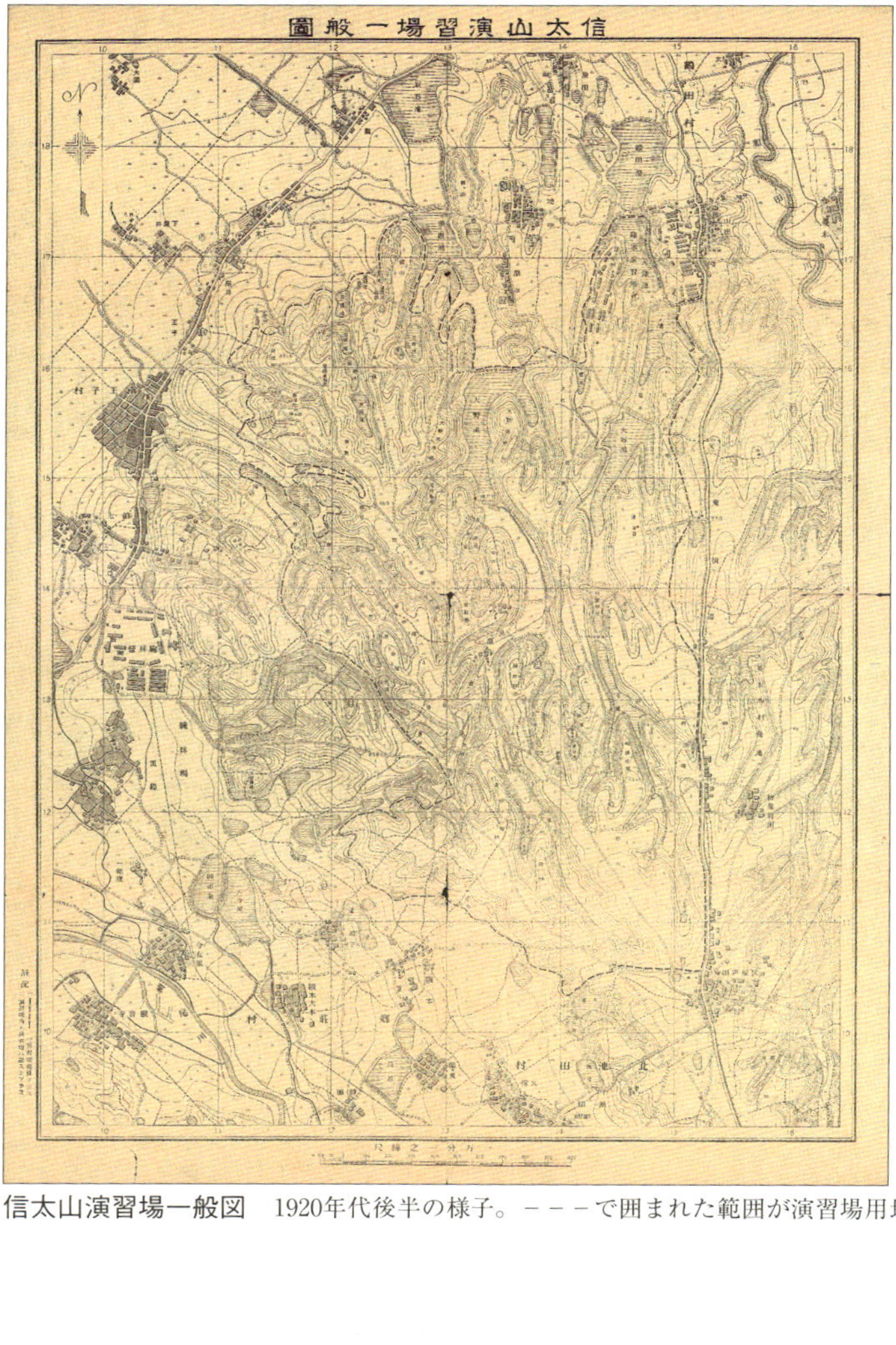

信太山演習場一般図　1920年代後半の様子。－－－で囲まれた範囲が演習場用地。

第3部では、明治維新以降の信太山地域の歩みをみていくことにしよう。その際、以下の二点に留意する必要がある。ひとつは、第2部（近世）までの歴史展開のありようが近現代の地域の歩みに与えた影響を重視して検討することである。もうひとつは、信太山丘陵とその周辺の村むら全体を視野に入れつつも、史料的な条件もあり、行政村信太村および南王子村を叙述の中心に据えることである。

第1章では、近世に除地とされた聖神社境内地・信太山が国有地となり、陸軍演習場となることによって、山の用益のあり方や信太山と地域住民との関係がどのように変容したのか明らかにするとともに、そのことを背景にしつつ、近代行政村や小学校が成立・展開する様子をみていく。

第2章では、信太村・南王子村を中心に、大正期における農業や水利、地主制の展開を押さえたうえで、副業としての硝子珠産業の成長にともなう地域社会の変容を明らかにするとともに、そのもとで進められた神社合祀や社会運動などの動向を追う。

第3章では、昭和初期から戦時下にかけて、都市化・宅地化や軍事拠点化が進行するもとで、信太山の用益や住民生活がどのように展開したかを明らかにする。ここでは、信太村と南王子村を中心としつつも、南王子村と伯太村との境界変更問題や、黒鳥山周辺への軍事施設の集中など、伯太、黒鳥などの信太山丘陵周辺地域をできるだけ視野に入れてみていくことにする。

第4章では、敗戦後から一九五〇年代後半にいたる、信太山演習場内の耕作権や演習場返還をめぐる住民と占領軍・米軍・自衛隊とのせめぎあいの様相を解明する。この問題の行方は、その後の町村合併の展開や地域開発のあり方にも大きな影響を与えていくことになる。高度成長期の地域開発と信太山の用益の変化や幸・王子地区における同和対策事業の展開を追うことも、本章の課題である。

第1章　信太山丘陵の近代

1　信太山演習場の誕生

聖神社境内地の内部構造

まずは、近代をむかえた信太山《しのだやま》丘陵の空間構造について概観しておこう。

第2部第2章で詳述したように、信太山丘陵の大半は、聖《ひじり》神社（信太明神社）の境内地（除地《じょち》）であり、氏子である信太郷七ヶ村が共同で管理する立会山であった。東西二四町、南北九町に及ぶ丘陵の内部は、①峰筋、②谷筋、そして③集落／寺院地に大別できる。このうち聖神社境内地として除地の扱いをうけたのは、①の峰筋で、ここは氏子村むらの下草、薪などの用益地であり、神畑《しんばた》として近世以来一定の開墾も進んでいた。一方、②谷筋には、大野池や阿闍梨《あじゃり》池など、村むら立会あるいは村単独の溜池があって、貴重な水源地となっていた。また、近世を通じて池床の田地開発もみられた。また、③境内地内に、蔭凉寺《いんりょうじ》が位置し、その門前には山ノ谷《やまのたに》（原作《はらさく》）の集落が展開していた。なお、山ノ谷以外の信太の村むらや南王子村は、丘陵上に位置する上代を除いて、丘陵の裾を通る小栗街道沿いの平野部に点在していた。

聖神社境内地の周辺

信太山丘陵は、聖神社境内地の周辺にも広がっており、①伯太《はかた》・黒鳥、②池田下・伏屋《ふせや》新田や坂本・坂本新田、③境内地の東に位置する大鳥郡域に分けられよう。伯太・黒鳥と信太郷との間では、寛文《かんぶん》五（一六六五）年の山論を通じて境界が定まったが、享保一三（一七二八）年、小栗《おぐり》街道より山手に位置する伯太山に渡辺家の陣屋《じんや》が置かれた（伯太藩）。また、池田下や坂本側は近世を通じて開発が進み、宝永年間には伏屋《ふせや》新田が開かれたほか、丘陵に接する上位段丘面には、延宝《えんぽう》年間に坂本新田が開発された。信太山丘陵の東側は、堺と紀州を結ぶ父鬼街道が通り、街道に接するように檜尾《ひのお》新田が開かれている。

以上のように、境内地周辺部では、近世を通じて陣屋の設置や新田開発などが進んでいったのに対して、丘陵の中心部である聖神社境内地は、地域の再生産に不可欠な用益の場として、信太郷七ヶ村の管理のもと、開発が抑制されてきたのである。

信太山の上地　開発か、大砲射的場か

明治三（一八七〇）年一二月、全国の社寺朱印地・除地の上地を命じた太政官布告に基づき、明治四（一八七一）年一月、聖神社境内地は、上地され国有地となり、堺県の管轄下に置かれることになった。ただし、信太山丘陵一帯がすべて国有地となったわけではなく、峰部分のみであることに注意が必要である。

堺県は、信太山丘陵の開発の意向をもち、明治四年一〇月には、検分を行い、除地内のほぼすべてに番付し、大縄反別《おおなわたんべつ》一一八町五反余と打ち出した。同月二八日には、県内に信太山の入札を通達し、一一月八日を期限に開発希望者からの入札を募ったのである。

こうした堺県の動きに対し、大野池郷に属する信太の村むらおよび流末の大鳥郡の村むらは、丘陵内には多くの溜池があり、田地の灌漑に支障が出るとの理由で、開発に反対の姿勢を示した。一方、南王子村は、一一月七日堺県に対し、村内一六〇軒八六〇人による信太山開墾・移住を申し出ていた。信太の村むらと南

王子とでは、信太山の開発に対する姿勢に違いが見られたことが注目される。

一方、ちょうどこのころ、大阪鎮台《ちんだい》は、大阪砲兵工廠《ほうへいこうしょう》で製造された大砲を試験するための大砲射的場を泉州の海岸部（泉大津から船尾まで）に設置する計画を進めていた。しかし、漁業権との折り合いがつかず、国有地となっていた信太山丘陵が候補地として浮上したのである。

堺県が信太山の入札を通達した一〇月二八日、まさにその日、大阪鎮台は堺県に信太山を射的場として利用したい旨を申し入れた。大阪鎮台によれば、信太山は、自然開闊《かいかつ》の地で人家からも隔たっており、また、野営等にも最便な地である、という。これに対し、堺県は、すでに入札の達しを出していること、信太山の中央部には原作村（山ノ谷）があり、その耕作に差し障りがあること、堺県の計画どおり開発を進めたほうが「国益」にかなうと難色を示した。結局、大阪鎮台が「射的演習は年に数度で、開墾に支障はきたさない」と主張したこともあり、大蔵省は大阪鎮台の申し入れを許可したのである。

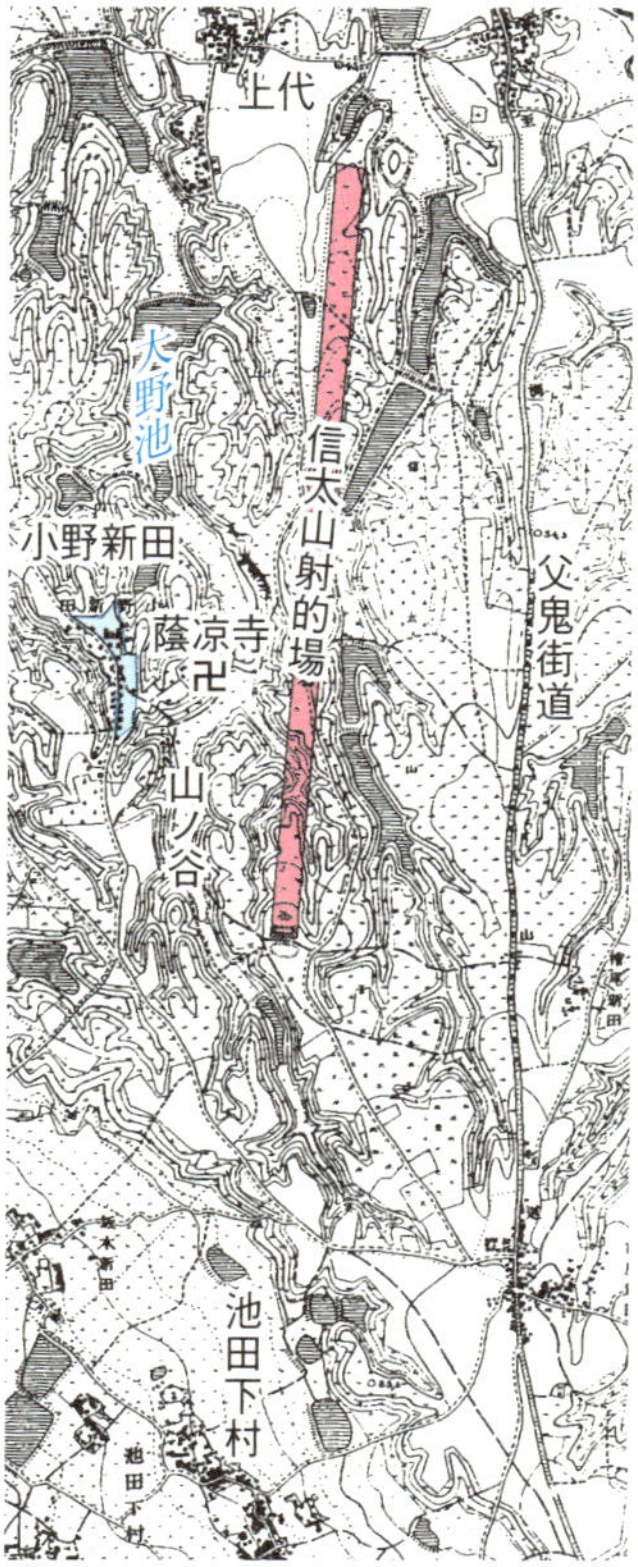

図1　大日本陸地測量部「信太山」明治18年測量（部分）　地図資料編纂会編『明治前期関西地誌図集成』柏書房1989。

小野新田

こうして堺県による開発計画も、大阪鎮台の大砲射的場設置計画のいずれも実施されることになった。堺県による新田開発を落札したのは、京都の豪商小野組（小野善太郎）で、一八七三（明治六）年には、新しい村として独立し、小野新田と名づけられた。一八八一（明治一四）年段階で三三戸（士族三戸、平民三〇戸）一〇四人の入植が確認できる。また、一八八五（明治一八）年の陸測図（図1）には、山ノ谷集落西隣に家々が描かれ、「小野新田」と記されている。養蚕などが行われた。新田の経営は必ずしも順調ではなかったようで、一八七四（明治七）年末に小野組が破産閉店したことに加え、水不足や台風被害にもたびたび見舞われたという。小野組閉店後は、大縄反別一〇四町余（土蔵四棟、建屋二棟含む）の再入札が実施された。落札者は不明であるが、小野組に代わる外部資本によって経営が引き継がれたようで、一八七八（明治一一）年には永見米吉郎（大阪株式取引所肝煎）、その後、左貝義胤、一八九二（明治二五）年には津枝正信（元奈良県権参事）名義となっている。

なお、除地内には、およそ二五町余の神畑があり、入札の対象からは除外されていたが、射的場に編入されたところを除き一八八七（明治二〇）年ころまでに、徐々に請人に払い下げられ、私有地化していった。

信太山射的場の設置

大蔵省の許可を得た大阪鎮台は、さっそく明治五（一八七二）年四月に、信太山で「大砲試験打」を行っている。七月には、国有地である小野新田のうち二町三反余が堺県から大阪鎮台に提供された。図1にあるように、大谷と東大谷の間、小野新田の中心部に南北に細長い短冊形で射的場が設置されたことがわかる。北から南端の的阜に向かって大砲試射を実施していたようである。

その後、小野組閉店の際には、負債整理の一環として小野新田の四万七五〇〇坪が無償で射的場用地に編入された。また、同時に上代ほか三ヶ村の民有地一万二〇〇〇坪が買収され射的場用地となった。砲車道や馬繋場などの諸施設も次第に整えられていった。

なお、射的場の着弾地点のちょうど延長線上には、池田下村が位置しているが、池田下村やその周辺の村むらに、射的場から弾が飛来することもしばしばみられたようである。一八七八（明治一一）年九月には、現在国の重要文化財に指定されている高橋家住宅に被弾し、屋根瓦などに被害が出た。一八八三（明治一六）年に的皐の前面側面ともに二倍に増嵩されたが、一八八五（明治一八）年六月には暴風雨のため破損したという。同年一〇月に、池田下村は、射的場の場所変転（移転）を大阪府長官に訴えたところ、変転については却下されたものの、ふたたび危害の憂慮が無いよう的皐をより強固に修築するという回答を引き出している。この回答に喜んだのも束の間、翌一八八六（明治一九）年二月の砲兵工廠の試射の際に四貫目の弾丸が三時間で六個も飛来し、六月一五日午前九時、今度は、北池田小学校校庭に弾丸が飛び込んできた。幸い授業中で子どもたちは教室内にいたため、被害はなかったという。池田下村は射的場の位置変更などをもとめて再嘆願書を提出した。

射的場から演習場へ

こうしたこともあってか、信太山射的場は狭隘《きょうあい》などの理由で、一八八〇年代半ば以降、射的場の機能は徐々に大津川河口に新設された大津川大砲試験場（一八八五（明治一八）年から本格運用）に移ることになった。また、一八九一（明治二四）年には春木（現岸和田市）にも大砲試験場が設置された。こうして信太山射的場は次第にその役割を低下させていった。

代わりに、信太山は陸軍演習場として利用されることになった。先述のように、小野新田の開発が頓挫したこともあってか、一八八六（明治一九）年に小野新田の過半と建屋や土蔵のある中心部が野営演習場用地

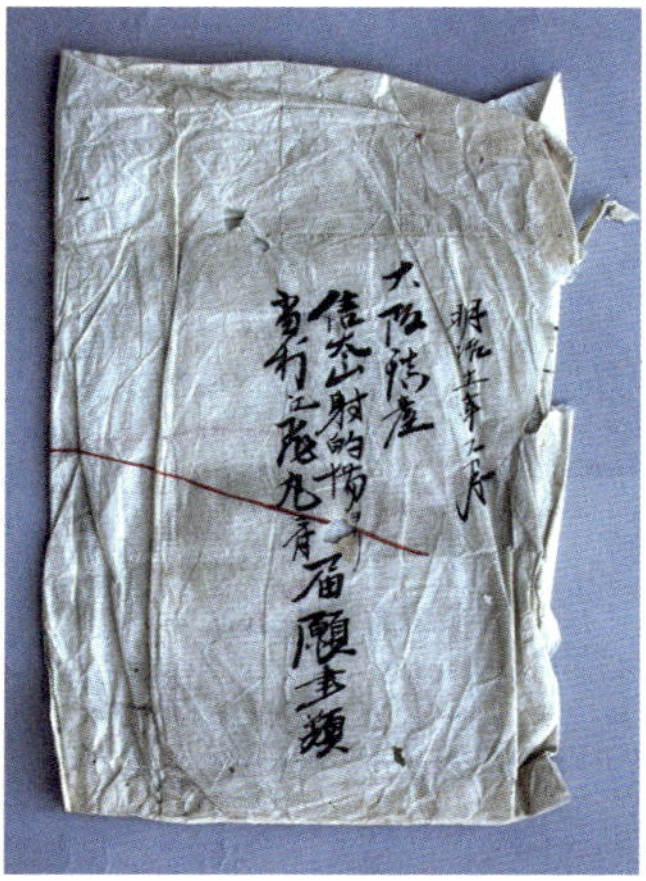

写真１　信太山射的場の変転を願い出た文書を一括する袋（高橋家蔵）

松籟の音づれ淋しく
一號廠舎の生活や
粗野なれども
亦春秋に富む
写真２　信太山演習場　１号廠舎　戦前の絵はがき　桃山学院史料室蔵。

として買収されたほか、一八七九（明治一二）年には伏屋（北池田）、一八八七（明治二〇）年には上代（信太村）・菱木《ひしき》（福泉村）などの民有地の買収あるいは陸軍への寄付・交換が相次ぎ、演習場用地が拡張した。また、元禄池周辺には廠舎《しょうしゃ》が置かれたが、一九〇七（明治四〇）年、濱寺ロシア兵俘虜収容所（現高石市、泉大津市）の建物が移築されるなどその整備が進んだ。こうして演習場用地は、小野新田などの元除地部分だけでなく、除地外の谷筋や周辺域にも広がっていくことになったのである。

小野新田の経営や演習場拡大の一例をみてみよう。大阪市中之島の津枝正信は、信太山丘陵内に多くの土地を所有しており、先述のように、一八九二（明治二五）年には小野新田を一括して所有していた。そのうち、上代・太・上の所有地六町弱を、一八九〇（明治二三）年に大阪府に寄贈しているが、これらの土地は、翌一八九一（明治二四）年に陸軍省用地として編入されている。

また、大阪市に本拠を構えていた岡田伊平治は、小野新田（父鬼街道沿い）で果樹園を経営していたが、明治後半から大正期にかけて、小野新田ほか一〇町余の土地を買い上げてもらうか、大阪市内の陸軍用地と交換してもらうよう、何度か陸軍に持ちかけている。この要求は実現しなかったようだが、津枝や岡田のように、あくまで自らの経営の対象として山を所有し、いつでも売却や交換可能な外部資本のあり方は、再生産に不可欠な用益地として山に向き合ってきた、地域住民の姿勢とは非常に対照的といえよう。

「介在民有地」と山の用益、耕作権

以上のように、明治以降、山（除地部分）は上地され、所有権は国に移った。大半が小野新田として開発され、また一部は、陸軍の大砲射的場そして演習場となった。その後、小野新田の経営が頓挫したこともあり、次第に演習場用地が拡張していった。しかし、演習場用地となったあとも、村むらのもつ山の用益（下草、薪、あるいは通行権）は、一定程度維持され、近年まで演習場内に比較的自由に出入りすることが可能であった。射的場・演習場といっても、その全域を一年三六五日使用するわけではなかったこともあってか、射的場を設置し、拡大するにあたり、近世から続く歴史的経緯を踏まえ、地域住民のもつ山の用益に「軍」が一定の配慮をした結果ともいえよう。

また、演習場用地とされた範囲内すべてが国有地となったわけではなく、谷筋を中心に多くの民有地が残ったことも注目される。谷筋の田畑、溜池、水路のほか、峰筋の元神畑そして蔭涼寺や山ノ谷の集落などがそうである。軍の側は、これらを演習場内に介在する民有地、すなわち「介在民有地」と呼んだ。民有地であるので、当然、所有権は個人あるいは村むらにあり、耕作権も維持されたのである。

軍の側は、介在民有地の解消をめざし、買収あるいは交換を進めたが、たとえ軍に買収され国有地になったとしても、下草などの利用はもちろん、場合によっては耕作が継続したところもあり、一九三五（昭和一〇）年ごろまで小作料に相当する農作物を軍に納めていた例も確認できる。第4章で後述するように、一九六〇年代に、国有地内の耕作権をめぐって国と山ノ谷・上代住民との間で裁判が起きた。裁判で国は、国有地内において耕作が継続されていた事実、あるいは小作料相当の支払いがあった事実については認めているが、それは、管理の目をかすめて勝手に耕作したものであり、小作料の徴収もあくまで一部の悪質な御用商人の仕業であって、国が正式に小作権・耕作権を認めたわけではないとの立場をとっている。ともかく、国有地の耕作が継続され、小作料相当が徴収されていた事実そのものは、国も認めている点を確認しておきたい。

2　山の用益・聖神社をめぐる地域社会

南王子村での祝恐相撲

明治五（一八七二）年四月一九日、南王子村で後のちまで語り継がれる一大イベントが開催された。前年八月二八日に太政官から「穢多《えた》・非人《ひにん》等ノ称」を廃止して「身分・職業共、平民同様タルベキ事」とする賤《せん》称《しょう》廃止令（いわゆる「解放令」）が公布されたことを祝う「祝恐相撲《しゅくきょうすもう》」である。一日だけの興行であったが、幕末の最強力士、陣幕久五郎《じんまくきゅうごろう》が横綱土俵入りを披露し、村外の住民も参加するなど大がかりなイベントであった（写真3）。

これには前段がある。明治二（一八六九）年から明治四（一八七一）年にかけて王子村の庄屋文次郎主導で、南王子村を聖神社の神事から締め出すとともに、氏子から排除しようとする動きがあった。この動きは、文政期以降の信太地域における対立構造の延長上に位置するもので、一七世紀末以降の水利争いをはじめとする、南王子村との種々の対立関係を終わらせ、全面的に従わせることを目的とするものであったと考えられている。

南王子村内では、このような排除の動きから免れるためという名目で村民に対してさまざまな取締《とりしまり》（「締《しま》り合《あい》」）が実施された。博奕宿《ばくちやど》や博徒《ばくと》、盗人や盗品買請人などに対する取締、さらには斃牛馬《へいぎゅうば》売買に対する規制などである。この取締に対し村民、特に無高小前層の間に不満が高まっていたと考えられる（第2部第4章参照）。

この相撲はまず無高小前層《むたかこまえ》の「惣代」が出願し、その出願を受けて村役人と伍長（旧組頭）層が相談し、無高小前層の間で高まっていた不満をやわらげるために、しかたなく免許した興行であった。興行主体である相撲世話方には、無高小前層と伍長層の二つのグループが存在していたが、両グループの相撲興行へのかかわり方は対照的であった。無高小前層は、下駄《げた》表《おもて》関係の小商人・職人や古道具商、日稼業などからなり、この相撲の勧進元（興行元）となった錦野平治郎を中心に興行の準備を主導的に担った。またこの階層には、平治郎や差添人となった楠ノ森奥右衛門兄弟のように、明治初年からの取締によって処罰された人物やその関係者が含まれていた。無高小前層の動きを主導していたのは、このようなアウトロー的存在だったのである。それに対して、伍長層は、栄三郎を除いて相撲世話方としてはほとんど活動していない。栄三郎は、村内の若者組である若中の親父分であった。若中はこの相撲に「花」（祝儀）を贈ったり、札を購入するなど支援していた。以上のような伍長層の対応は、彼らが村役人とともにしかたなくこの興行を免許したことを裏付けるものである。

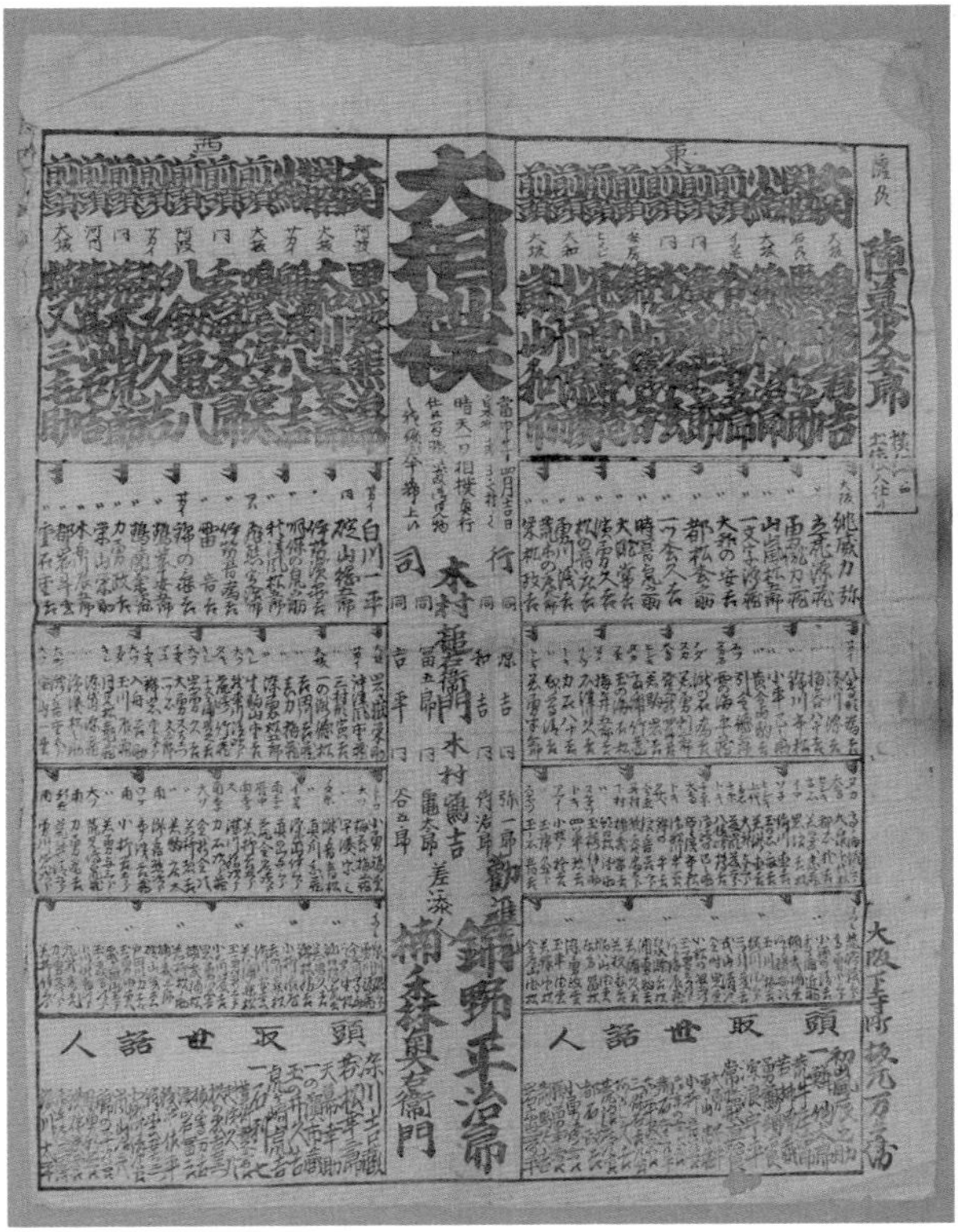

写真3　南王子村祝恐相撲番付（和泉市教育委員会蔵）

平治郎はこの相撲の前に、堺の相撲頭取で、泉北地域の素人相撲の実力者である染川吉蔵を訪ね、弟子入りしている。南王子での相撲興行を認めてもらうためであろう。染川は、大阪を拠点に活動していたプロの力士集団＝大阪相撲

写真４　南王子村に伝わる化粧まわし（和泉市教育委員会蔵）

写真５　幸共同墓地の力士の墓
堺泉北角力協会総理勇川とある。

の力士たちを買い入れる窓口となって、この興行に協力した。この時の相撲番付（写真3）をみると、陣幕をはじめとする大阪相撲の力士たちだけでなく、泉北や岸和田周辺で活動していた草相撲の部屋に所属する素人相撲の力士たちも参加していたことがわかる。南王子、「イツミ」（和泉）、堺、高石、大津、「キシ」（岸和田か）、菱木《ひしき》、板原などの頭書（出身地）が記された力士がいる。上代からも力士が一名（若瀧松吉）参加している。南王子村の旧庄屋家に残された奥田家文書によれば、豊中、忠岡、磯《いそ》の上《かみ》、春木、二田《ふった》、島村（南王子と同じ泉州のかわた村）からも力士らを買い入れていた。このように、この当時、堺を中心として泉州に草相撲集団のネットワークが存在しており、南王子の草相撲集団（南王子部屋）もこの相撲興行を契機にそのネットワークに参入したのであった。

　このネットワークはのちに堺泉北相撲（角力）協会という組織に発展し、南王子部屋も市域の小田部屋や横山部屋とともに、この組織の構成団体として昭和戦前期まで存在していたようである（写真5）。部屋の実態はよくわかっていないが、一九〇六（明治三九）年の聖神社の秋祭りの際、南王子村の角力取の親分松の音（三八歳）やその子分朝日山（四二歳）・大島（三九歳）・勇龍（二六歳）らが、この年の御輿かつぎを担当した上代の若者五〇人ほどを襲うという事件を起こしている。近世以来、長く南王子村ではこうしたアウトロー的存在や若者組をいかに統制するかということが課題となっており、近代に入ると青年組織が幾度となく結成された。しかし、一九二一（大正一〇）年ごろから南王子村青年団の活動が活発になるまで、その試みはうまくいかなかったようである（第3部第2章参照）。

聖神社の運営と南王子村

賤称廃止令通達後、南王子村は正式に聖神社の氏子として迎え入れられた。村民にとっては喜ばしいことであったが、村内対立を一層深刻化させる側面もあった。神畑を喪失し、境内地も大幅に縮小した神社は一八八二（明治一五）年ごろから財政的に窮乏しており、毎年一定額の社費を氏子に負担させる必要が生じたのである。そして、神社経費の半額以上を負担したのは南王子村であった。

一八八五（明治一八）年当時の氏子総戸数は七七四戸、そのうち南王子村は四一九戸を占めていた。神社経費は軒数割であったから、その半額以上を南王子村が負担していたのである。このような負担のあり方は、氏子のなかでの南王子村の発言力を高める結果となった。一八八二年の氏子総代三名を選出する際、うち一名は南王子村から出すことになり、旧庄屋利平治の息子喜田亀太郎が就任している。また同年九月に開かれた社事会では、亀太郎ら氏子総代から経費削減が提案され、各村議員立ち会いのうえ、祀官給を年六〇円から月二・四円（年二八・八円）へ減額するなど大幅カットが決定されている。この提案は亀太郎がリードしてなされたものと考えられている。同じころ、亀太郎ら村支配層は、村内からつきあげを受けていたからである。

南王子村では、明治五（一八七二）年以降連続的

歳出

費目	内訳（円）
学校費	394.920
役場費	51.100
衛生費	21.739
村会費	2.550
中等科学校費	42.756
消防費	8.900
両郡協議費地価戸数掛リ高	4.235
信太聖神社郷社費	85.000
道路修繕費	1.700
予備費	25.000
計	637.900

歳入

戸数掛	471.559
地価掛	157.186
地方税	9.154
計	637.899

表1　1883（明治16）年南王子村予算　『大阪府南王子村文書』704ほかより作成。

写真6　南王子小学校の新築　1926（大正15）年（幸小学校提供）

写真7　信太小学校校門（信太小学校提供）

に村方騒動が発生していた。騒動の基本的な構図は近世末から連続していたが、新たに聖神社の祀官給や説教所入費が争点として加わっていた。特に一八八二（明治一五）年から八四年にかけては、村の協議費を村内全戸にどのように賦課するかをめぐって村会内で激しい対立が生じ、混乱状態となった。当時の南王子村の協議費は、小学校費に次いで聖神社関係費が多くを占めていたのであった（表1）。南王子村では、聖神社の氏子になることによって新たな負担を強いられるようになり、そのことが村内対立を一層激化させたのである。

小学校の開校

信太地域に近代的な小学校が開設されたのは、明治五（一八七二）年二月のことである。堺県の郷学校制度により、信太地域を含む二四ヶ村を学区とする和泉郡第一一区が設定された。旧伯太藩校跡に本校が、王子や南王子などに出張所がそれぞれ置かれた。教育内容は、のちの学制による小学校に近いもので、七歳から一三・一四歳までを修業期間とした。堺県は一一区の学校経費を年間五〇四両とし、旧伯太藩士が九二両を負担し、残りの経費負担を振り分けるつもりであったが、村側が異議を唱え、減額させている。郷学校時代の就学率は三割前後と低く、特に女子の就学率は男子の半分以下であった。

明治五年八月に公布された学制による小学校は、信太地域では一八七三（明治六）年五月に誕生した。舞《まい》、尾井《おのい》ほか一三ヶ村を学区とする第一三番小学が大鳥郡市場《いちば》村に、上代《うえだい》ほか九ヶ村を学区とする第一四番小学が大鳥郡草部《くさべ》村に、太《たい》、上《かみ》、中《なか》、王子《おおじ》、富《とみ》

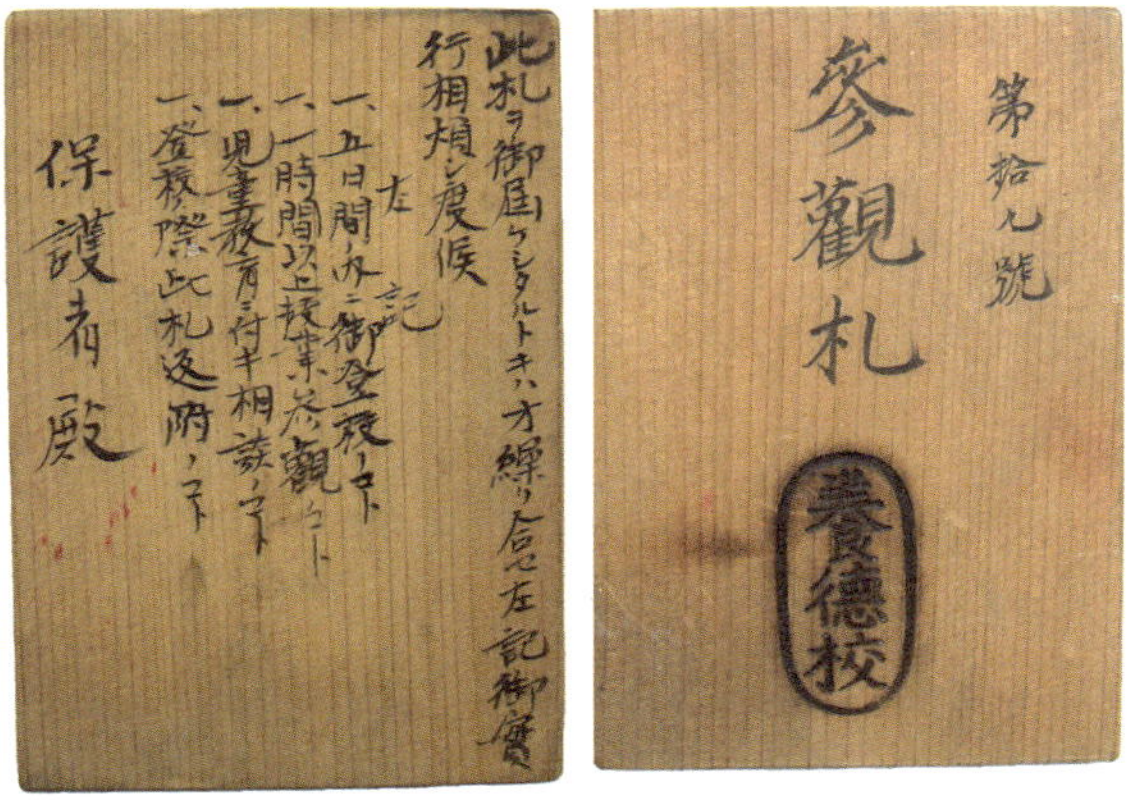

写真８　信太に伝わる養徳校の参観札　表（右）、裏（左）

秋《あき》、南王子ほか一七ヶ村を学区とする第一七番小学が伯太村に開校した。

七月になると、南王子村のみを学区とする第九七番小学が南王子村西教寺に仮校舎で開校した。のちの南王子小学校（現幸《さいわい》小学校）である（一八八一（明治一四）年に伯太村字平松、一九二七（昭和二）年に現在地に移転）。また、翌年一月になると上代を除く信太郷と土生《はぶ》、新家《しんげ》、千原《ちはら》を学区とする第八三番小学が太村光《こう》受寺《じゅじ》に開校した。後の太村小学校（現信太小学校）である（一八九二（明治二五）年に王子町中央寺、一九〇〇（明治三三）年に光受寺前、一九三〇（昭和五）年に現在地に移転）。

太村小（信太小）の生徒が高等科に進学する場合、大鳥郡の各村と信太郷の二六ヶ村の組合立養徳《ようとく》高等小学校（一八八五（明治一八）年開校）に通った（写真８）。一九一二（大正元）年に組合が解散すると、信太小に高等科設置がめざされたが、一九一六（大正五）年まで児童は委託生として養徳小の高等科に進学した。信太小に高等科が併設されるのは一九二二（大正一一）年のことである。

南王子小の生徒の場合は、南王子、伯太、府中ほか泉郡の内陸部の村むらの組合立芦部《あしべ》高等小学校（一八八七（明治二〇）年開設）に、そして組合解散となると国府《こくふ》高等小学校に通った。組合のなかで芦部高等小への南王子小児童の入学率は「常ニ第一位」だったといい、学業成績も「良好」で「各学級ノ首位ヲ占ムル者殆ト本村（南王子村）ノ子弟」であったという（大正八年「治績調書」）。南王子小に高等科が併設されるのは信太小と同じく一九二二年のことである。

小学校の運営は、地域に重い負担を強いた。たとえば、信太村財政に占める教育費の割合は、一八九五（明治二八）年約三一パーセント、一九〇七（明治

No.	事件番号（判決日）	事　件　名	被告在村名
1	1883年民第01527号（11月5日）	家賃金并ニ家明渡之詞訟　身代限	尾井村
2	1885年民第00566号（9月22日）	書入貸金請求ノ訴訟　身代限	和気村
3	1885年民第00565号（10月5日）	貸金請求之訴訟	下条大津村 宇多大津村
4	1885年第00796号（1886年1月8日）	書入貸金請求ノ訴訟　物件ヲ公売	王子村
5	1886年第00104号（3月18日）	書入貸金請求ノ詞訟　物件ヲ公売	伯太村
6	1886年第00259号（5月24日）	書入貸金請求ノ詞訟	池浦村
7	1886年始審第00396号（7月9日）	書入貸金請求ノ訴訟	下条大津村
8	1886年民第00497号（11月13日）	約定履行ノ訴訟	下条大津村
9	1887年始第00525号（12月5日）	書入貸金請求ノ訴訟	南王子村
	明治14年9月29日に原告は被告の父中田惣十郎に120円を貸与。原告は、明治17年8月より同21年11月までの利息61円50銭を含めて被告に請求。しかし、被告は父惣十郎が西教寺肝煎の時に学校建築のため借りたもので「私壱人ニテ返済スヘキモノニアラス」として「永ノ猶予」を求めるも、原告は承諾せず裁判となった。判決は惣十郎が原告より借金をしたのは明瞭であるため、相続人である被告は「其使用方ノ如何ヲ問ハス」利金を添えて速やかに原告に返済するように命じた。		
10	1887年始第00534号（12月23日）	貸金請求ノ訴訟	南王子村
	原告は明治15年2月21日に被告に対し120円を貸与。この金は南王子村の「村内ノ公費ニ使用」するため、村共有地を「書入抵当」にして借りたものである。しかし被告が、利息の一部33円5銭を払ったまま返済しなかったため裁判になった。被告は「受人」である中田惣十郎も返済義務者として加えなければ請求に応じないと主張。判決は惣十郎を「受人」として認めず、抵当地である共有地を「糶売《せりうり》」し、それでも不足がある場合は、被告において速やかに返済するように命じた。		
11	1887年控訴第00077号（1月5日）	小作宛米請求ノ訴訟　控訴	池浦村
12	（1889年2月5日）	請入費金請求ノ詞訟　控訴	尾井千原村
13	1890年始審第00331号（6月6日）	貸金請求事件	穴師村

表2　奥野徳太郎が関わった民事裁判一覧　国際日本文化研究センター民事判決原本データベースより作成。

四〇）年約三五パーセント、一九一五（大正四）年約四六パーセントであった。南王子村の場合、一九二八（昭和三）年約三五パーセントであった。ちなみに二〇一三（平成二五）年度の和泉市一般会計決算に占める教育費の割合は、約一〇パーセントである。

とくに南王子小を単独で運営していた南王子村の場合、教育費の経済的負担の重さは顕著であった。表2は、富秋の大地主で大野池・須坂池などの用水掛の池惣代を務めていた奥野徳太郎が一八八三（明治一六）年から一八九〇（明治二三）年にかけて関わった民事裁判の一覧である。裁判のほとんどが、金銭の借用元である奥野と借り主との間で争われたものである。そしてこれらの事例は、南王子村民が被告となった二例（表2の9番・10番）を除いてすべて私的に借用した事例であった。それに対して南王子村の二つの事例は、学校建築費用として（9番）、もしくは「村内ノ公費ニ使用」するために（10番）、それぞれ一二〇円を西教寺肝煎《きもいり》など公的な立場で奥野から借りた事例である。判決は原則として南王子村民である被告個人に返済を命じたが、奥野からの借金は、実態としては「村内戸掛り借用」として、すなわち村内全戸が返済を負担する「村の借金」として処理されることになるのである。

行政村の成立

一八八九（明治二二）年に市制・町村制が施行されると、信太山地域でも行政村が誕生した（表3）。太、中、上、上代、王子、尾井、富秋の聖神社氏子七ケ村と舞村、小野新田によって信太村が誕生したが、同じく聖神社の氏子であり、これらの村むらと信太山丘陵の用益などを共有していた南王子は信太村ではなく、単独で南王子村を構成した。また、伯太《はかた》は池上・黒鳥とともに伯太村を、伏屋新田と坂本新田は池田下《いけだしも》・室堂《むろどう》とともに北池田村を構成した。そして丘陵の大鳥郡側は鶴田《つるた》村（現堺市）に、平野部は取石《とりいし》村（現高石市）となった。

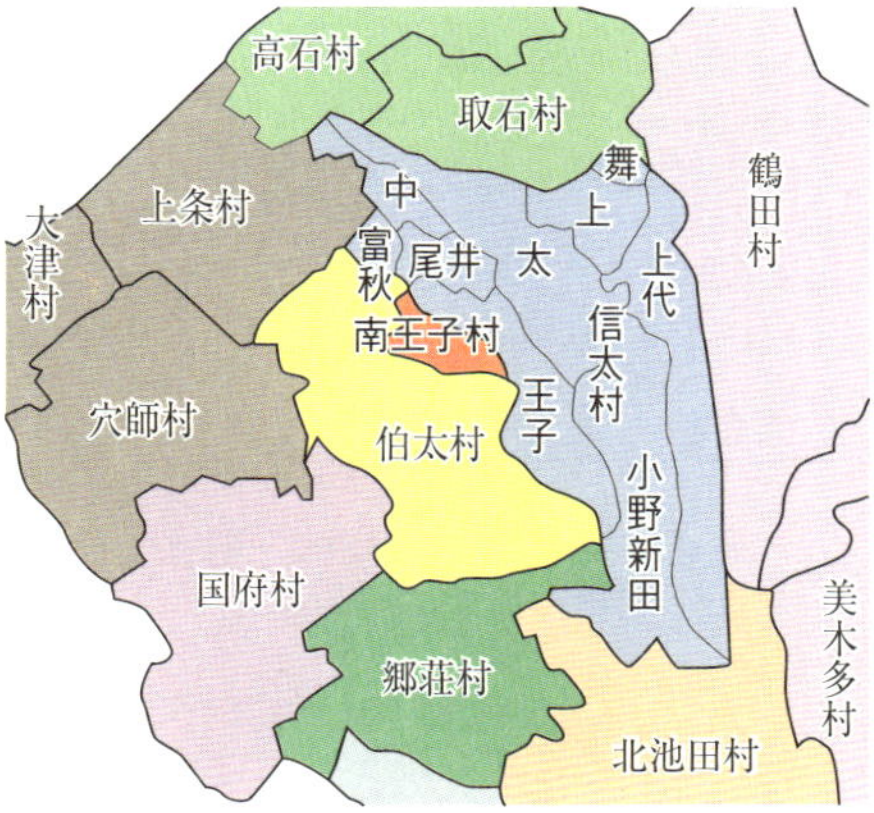

図2　近代行政村の誕生

ここでは南王子村と信太村の二つの行政村にしぼって、前者については、行政文書として残された一九一九（大正八）年「治績調書」、後者については同じく一九一八年「意見状況書」を主に参照しながら、その特徴を指摘しておきたい。

南王子村は一九一九年当時、戸数五二七戸、人口三一四二人という規模の村であった。村域が人口に比べて狭小であるため、住民が村域を越えて信太・伯太両

1869(明治2)年	堺県の管轄（太、中、上、舞、上代、王子、尾井、富秋、南王子）
1872(明治5)年	堺県和泉国和泉郡第11区（上代、上、舞、太、王子、尾井、南王子、伯太、伯太在住、富秋、千原、尾井千原、中ほか11ヶ村）
1874(明治7)年	堺県和泉国第2大区4小区 二番組（舞、上代、綾井ほか6ヶ村） 三番組（小野新田、上、太、王子、尾井、中、富秋、尾井千原、千原） 五番組（南王子、伯太、伯太在住、池上）
1876(明治9)年	堺県和泉国第1大区4小区 （上代、小野新田、上、太、王子、尾井、中、富秋、尾井千原、千原、南王子、伯太、伯太在住、舞、府中ほか23ヶ村）
1880(明治13)年	堺県和泉国湊郡役所部内第5連合 （舞、上代、小野新田、上、太、王子、尾井、中、富秋、尾井千原、千原、伯太、伯太在住、南王子、池上ほか12ヶ村）
1881(明治14)年	堺県廃止、大阪府へ。毎町村戸長制　各町村に戸長 ただし、舞・上、王子・尾井、小野新田・富秋、千原・尾井千原は連合戸長
1884(明治17)年	和泉郡役所部内 第26戸長役場（太、中、上、舞、上代、王子、尾井、富秋、小野新田） 第33戸長役場（南王子）
1889(明治22)年	町村制施行、近代行政村の成立 信太村（太、中、上、舞、上代、王子、尾井、富秋、小野新田） 南王子村（南王子）
1943(昭和18)年	町制施行により南王子村が八坂町となる。
1956(昭和31)年	和泉市（北池田村・南池田村・和泉町・北松尾村・南松尾村・横山村・南横山村）
1960(昭和35)年	八坂町・信太村が和泉市と合併、現在の和泉市域へ。

表3　行政区画の変遷　井上正雄編『大阪府全志』ほかより作成。

村に「侵入」し、「軒《のき》ヲ聯《つら》ネテ一市街ヲ形成」していた。両村への「侵入」戸数も合わせると総戸数八百余戸を数えるという。

住民の職業については、その約半数が「信《しの》太《だ》表《おもて》」と称される履物表製造に従事しており、次いで農業に従事するものが多かった。またほとんどの家で副業として履物表と鼻緒の製造に従事しており、特に村の女性の半数は表製造に従事していた。その産額は約三七万円であった。表製造に次ぐ産額を計上しているのが硝子《がらす》珠《だま》加工で約一〇万円、農産物の産額は約六七〇〇円にすぎなかった。農家戸数は一九一四（大正三）年段階で一八五戸、うち専業は五三戸であり、自作四五、自小作五一、小作八九であった。一九一八（大正七）年度の米麦収穫高は二〇二四石であったが、うち一七九九石（八八パーセント）は村外所有地で収穫されたものであった。

住民の土地所有状況については、一九一四

	田	畑	宅地	山林	原野	計
南王子村	6町8反	3反	6町1反	7畝	4歩	13町2反7畝 4歩
伯太村	16町1反	10町8反	8反	1町7反	2反	29町6反
信太村	26町	4町5反	4反	9反	—	31町8反
郷荘村	—	—	—	2反	—	2反
上條村	2反	7反	—	—	—	9反
国府村	7反5畝 6歩	—	—	—	—	7反5畝 6歩
泉南郡南中通村	8畝29歩	1反6畝10歩	—	—	—	2反5畝 9歩
西成郡今宮村	—	—	2反4畝1歩	—	—	2反4畝 1歩
計	49町9反4畝 5歩	16町4反6畝10歩	7町5反4畝1歩	2町8反7畝	2反4歩	77町 1畝20歩

表4　南王子村民の土地所有状況　南王子村役場『概況一斑』1914（大正3）年11月より作成。

年段階のものを表4にまとめた。村外、とくに信太・伯太両村に多くの土地を所有していることがわかる。宅地の八割は南王子村内だが、田の五割以上が信太村内、畑の六割以上が伯太村内の土地であった。一九一九（大正八）年段階では、村内耕地は六町九反に減少する一方、他町村所有地は八八町五反と拡大していた。ただし、村外の土地所有といっても村内住民の六〇・五パーセント（三一九戸）は土地を所有しておらず、しかも土地所有者（二〇八戸）のなかでも、三反歩以下というわずかな所有層が約六八パーセント（一四三戸）を占めていた。

南王子村の共有風呂と村政

南王子村は、火葬場・墓地・元高札場《こうさつば》などとともに浴場を村の財産として所有していた。近世以来、南王子村には村民共有の風呂が存在していた。風呂をひとつに限定し、その経営者を入札で決め、請負人が納める入札金は西教寺の収入となった。そして寺財政からは寺だけでなく、村の必要経費にも支出がなされたのである。

この風呂を介しての村と寺の財政一体化というあり方は、一八八三（明治一六）年の共有風呂一件という騒動を経て、共有風呂が廃止されることによって終焉を迎えた。しかし、一八八九（明治二二）年に村の共有風呂は再建され、一九一一（明治四四）年以降は村営風呂となった。

村営風呂では、入浴料一日一回一銭（一九一九年度から一銭五厘）で入ることができ、貧困者に対しては無料の入浴時間が設けられていた。一九一八（大正七）年度の風呂の収入は六二七〇円、支出は三三五八円で、利益二九一二円のうち、四〇三円は神社経営費として寄付され、三三五円は村基本財産に組み込まれ、残額二一七四円は村民の戸数割付加税（村税）負担を軽減するために村歳出に充当された。このような仕組みのため、戸数割を賦課するために住民を等級一三階級に区分していた一九一四（大正三）年段階では、最下級の六等以下の住民は「府税戸数割及村税戸別割等負担セサルヲ以テ等差ヲ設ケ」ていなかった。

また、村が発給した「風呂銭（札）」（入浴券）はいわゆる「地域通貨」として機能していた。「風呂銭が、一厘・二厘・五厘で、小遣いとして日に一回、五厘もらった。風呂札が木札でできていて、半分が一厘の時があった。この風呂札を店やにもっていっても、ものが買え、貨幣がわりにもなった」（幸小学校『創立百周年』）という。また小栗街道筋にあった芝居小屋自立座では「木戸賃《きどちん》は小人五銭で、二銭の風呂銭をもらって風呂へ行かず、一日の小遣い三銭と合わせて、活動写真を見に行ったりした」（同前）という。風呂銭が子供の小遣いにまで浸透していたのである。

信太村における農家副業

次に信太村についてみてみよう。一九一八（大正七）年当時、本籍人口は二五七六人（男一三三五人、女一二五一人）、一九一七年当時の戸数は四〇九戸という規模の村であった。この内、農家戸数は二八六戸（専業一五二戸、兼業一三四戸）であり、農家の副業の「重《おも》ナルモノ」は硝子珠《がらすだま》と織布であった（第2章3参照）。

このうち、硝子珠製造に従事していた戸数は一二五戸で、兼業農家の大半を占めていたと推測される。硝子珠製造高は、一九一六（大正五）年で五万五五〇〇円、一九一七年で八万九八〇〇円であった。職工の大半は男工で一四二人、女工はわずか八人であった。戸数と職工数が近いことから、信太村での硝子珠製造業が零細な小経営から成り立っていること、小経営でも製造可能な参入しやすい産業であることがうかがえる。工賃は一人平均一円（日額、男女とも）と高く、なかには五円に達する者もいた。このような高賃金と参入の容易さが、同村において一九〇〇年前後から急速に硝子珠製造業が発達する要因であったのであろう。

信太村の織布工場は三戸あり、その生産高は一九一七年で四二万八九三四円であった。職工の大半は女工で一三一人、男工は六人であり、一戸あたりの工場規模としては硝子珠製造業よりは大きかったと考えられる。工賃は一人平均女三〇銭、男八〇銭であった。

副業が盛んであったことは信太村の村内秩序のありようにも反映していた。副業が農家に高収入をもたらしたことによって、他地域と比較すれば地主・小作間の対立が尖鋭化しなかったのである。大阪府内で小作争議が急増した一九二二（大正一一）年の八月から翌年一月までの半年間に発生した府内の争議五八件のうち、小作人の要求が地主側に受け入れられて解決したのは二件だけであったが、その内の一件は太で起きた小作人「三十二人組」による小作料永久二割減を要求した争議であった。この「勝利」の背景には、小作人に宥和的な同村の大地主奥野徳太郎の存在（第2章2参照）も考慮に入れなければならないが、大正末まで信太村は、ブラシ毛植えの中河内郡英田《あかた》村（現東大阪市）、つま楊子の南河内郡高向《たこう》村（現河内長野市）、寒天の三島郡清水《しみず》村（現高槻市）とともに「難解な小作争議を起こしていない」「副業村」として知られていた。

信太村の村内秩序のもう一つの特徴は、大字《おおあざ》が地域秩序の単位であったということである。各大字には区長が存在し、この「区長制度ニヨリ何《いず》レモ円満ニ町村ノ事務ヲ補佐スルト共ニ、其《その》部落ヲ何等《なんら》ノ障害ナク統率シツツアリ」という状態であった。また、学務委員などの公的役職は大字ごとに選出され、青年会・婦人会などの住民団体も大字ごとに組織された。正式には「大字ナシ」とされた南王子村とは対照的であった。

第2章　地域社会の変容

本章では、まず、明治半ばから大正期の信太山丘陵とその周辺地域における農業や水利、地主制の展開をみたうえで、副業である新しい産業の形成について述べるとともに、こうした地域社会の変容の中で展開された神社合祀や青年団、社会運動などの動向を追ってみよう。

1　農業と水利

明治後半から大正期の人口動向

まず、信太・南王子地域の人口の動向を確認しておこう。表5は、一八八一（明治一四）年における戸数と人口を村ごとに示したものである。これによると、信太郷七ヶ村に舞、小野新田を加えた村むら（のちの信太村の範囲）の合計が三八三戸・一七四三人となっているのに対して、南王子村は一村で四八三戸・二三七三人に上った。幕末期の安政六（一八五九）年における南王子村の戸数・人口は三四五戸・一九九〇人であったから、同村の人口増加傾向は明治前期においても続いたことがわかる。信太地域の他の村むらの人口は、小野新田の人びとが加わったほかは、幕末期と大きく変化はなかったとみられる。

次に、表6は、一九〇五（明治三八）年から一九三〇（昭和五）年まで五年ごとの、行政村・信太村と南王子村の戸数と人口の推移を示したものである。これを見ると、まず一九〇五年時点での人口が信太村二〇九一人、南王子村三一九四人といずれも増加し、とくに南王子村は一八八一年と比べて一・三倍以上の増加を示した。しかし、南王子村の人口増は、一九一〇～二〇年にはピークを迎え、一九二〇年代には減少に転じた様子がうかがえる。ただし、第3章で後述するように南王子村に接する伯太、王子に南王子村民の居住域が拡大し、そこに移住する人が増えつつあったことが人口減の一因となったことも考慮しておく必要がある。一方、信太村は一貫して増加し、その間、現住人口が本籍人口を下回り、出《しゅつ》寄留《きりゅう》人口も増加、つまり大阪・堺などへの流出あるいは出稼ぎが増えたことがうかがえる。

　こうして近代における信太・南王子の人口動向は、世紀転換期をはさみ、一九世紀における南王子の急増と信太の漸増から、二〇世紀にお

村名	戸数	人口			1876年人口	1889年人口
		男	女	計		
上代	67	162	174	336	319	353
舞	20	44	48	92	77	93
上	41	95	96	191	208	192
王子	41	106	89	195	180	209
尾井	62	140	132	272	266	310
中	34	75	81	156	134	187
富秋	23	48	62	110	117	102
小野新田	33	53	51	104	79	－
太	62	145	142	287	272	309
合計	383	868	875	1,743	1,652	1,755
南王子	483	1,047	1,226	2,373	2,145	2,789

表5　1881（明治14）年の村別人口　信太地域「明治14年1月1日調戸籍表」、南王子は大鳥泉郡役所部内第五聯合「明治十三年分、仝十四年一月調戸籍総計簿」による。

		本籍人口			現住人口			b-a	現住戸数
		男	女	計a	男	女	計b		
信太村	1905	1,016	976	1,992	1,076	1,015	2,091	99	374
	1910	1,185	1,100	2,285	1,124	1,061	2,185	－100	374
	1915	1,330	1,234	2,564	1,251	1,175	2,426	－138	385
	1921	1,414	1,345	2,759	1,294	1,231	2,525	－234	465
	1926				1,515	1,490	3,005		630
	1930				1,714	1,641	3,355		723
南王子村	1905	1,411	1,597	3,008	1,502	1,692	3,194	186	500
	1910	1,662	1,647	3,309	1,613	1,684	3,297	－12	522
	1915	1,694	1,569	3,263	1,626	1,543	3,169	－94	527
	1921	1,717	1,564	3,281	1,644	1,551	3,195	－86	527
	1926				1,286	1,339	2,625		622
	1930				1,314	1,333	2,647		608

表6　信太村と南王子村の人口・戸数の推移（1905～30年）『大阪府統計書』各年度版により作成。1923年以降は本籍人口の記載なし。

ける南王子の漸減と信太の順調な増加へ、という形で転換がみられたといえよう。こうした事態は、近世後期における南王子の過剰人口を前提とした地域の再生産構造が、近代における地主制の展開や新しい産業の形成をもともないながら、変容を迫られたことを示唆している。

水利をめぐる諸関係（1）――溜池と池郷

信太地域の耕地を中心的に灌漑していたのは、大野池（水掛反別一一八町余）や須坂池《すざかいけ》という共有の溜池であった。両池は、ともに周辺一一ヶ村（上代・上・太・王子・尾井・中・富秋・舞《まい》・綾井《あやい》・森・尾井千原《おのいちはら》）の共有であったが、同じ池筋に位置するため一体として利用されていた。大野池の西上手には、尾井村が単独で所有していた村持ちの用水池＝清水谷池《しみずだにいけ》があり、大野・須坂両池とは密接な関連があった。なお、大野・須坂両池から流れてきた水は、いったん太村にある立花池（尾井ほか八ヶ村共有、現在は埋立）に入り、そこから各村の耕地へ流された。

一八八六（明治一九）年に清水谷池の水を曳《ひ》く際のルールを定めた「清水谷池養水法中曳渡《ようすいのりちゅうひきわたし》ニ付規約書」（林宏明氏文書）が残っている。村びと二五名と「議員」四名、「総代」一名の合計三〇名が署名・捺印しており、すべて尾井村の人物と考えられる。規約書第一～五条は、清水谷池からの引水中の立ち会いに関わる規定で、「樋抜き下げ」や「養水曳渡し」などの際は、基本的に村中全員で関わる形が取られている。興味深いのは第六条である。その要旨は「用水中、手作がない者に対する一反歩の水代価については、水を融通する相手がいれば平均代価で融通する」というもので、清水谷池には村中全員で関わるとされたため、「手作」（自らが経営し清水谷池から引水する田畑）を持たない村びとにも水代価を権利として保証していたのである（後述）。

次に、一八九四（明治二七）年に作成された「字清水谷池用水法反別調帳」（林家文書）をみよう。これは、同池郷に加入している人物ごとに、その水掛田畑の字名・反別などを一筆ずつ書き上げ、経費負担の基準を算出するのに用いた帳面とみられる。人物ごとに書き上げられた田畑には「本」「本法《ほんのり》」とあるもの以外に「太《たい》」「太入」などと記載されている。「本法」とは、村持ちであった清水谷池の水掛田畑を所持する村びとたちとその権利を意味する表現であろう。ただし、「本法」として水掛の対象になる田地は尾井村内には限定されていなかったようである。また、水掛田地は、「本法」だけでなく、太・中・王子などに所在するものも少なからず含まれている。この帳面には、計七一名の反別と合計掛金が記されているが、①本法のみを所有ないし耕作している者四〇名、②太・王子・中入（「出作《しゅっさく》」と記載される場合もある）のみの者七名、③本法と出作の両方の者二四名の三つに分類できる。また七一名のうち、八名は小作地のみが書き上げられている。この八名は、清水谷池郷の田地に限っていえば、自作地を有していなかったことになる。

また、この帳面には、上条村大字千原（現泉大津市）と南王子村から「融通水代（金）」（出作より高額の単価である）を受け取ったとの内容が記されている。清水谷池の水は、両村にも融通されていたのである。

次に、一八九四年に作成された「字清水谷池用水曳入費勘定簿」（林家文書）をみよう。清水谷池の用水曳の際の出費を記した帳面で、支出は、樋抜きの際の酒（神酒）や肴《さかな》の代金、樋の抜き下げに水役が立ち会った際の集会諸入費、大野・須坂両池の夜番人足代金、立花池の夜番人足代金、清水谷池人足代金、池郷のうち田地の作付のない者への代銭など多岐にわたる。大野・須坂両池や立花池に関する項目が散見されるほか、清水谷池郷を構成する「村中名前人」のうち田地の作付がない七名に対して、一反あたり三〇銭の割合で水代を支払ったとの記載もある。これは、先に見た水利規約書の第六条の規定に基づいたものであろう。

そして帳面の末尾には、清水谷池の用水曳き渡しに要した経費が集計され、そこから南王子村と取石村大字大園（現高石市）のものへ「南谷池」の用水を融通した収入金が「売水代」として差し引かれ、残った額を清水谷池掛の反別を基準に割っている。ここでは同池掛の反別総計一八町二反余りを、「本法」一一町六反余り、「太中両村入作《たいなか》」二町八反余り、「下作田」三町七反弱の三つに区分し、それぞれ反あたり一八銭七厘、一九銭九厘、二二銭七厘の負担とされた。南谷池とは、清水谷池と同様、尾井が単独で所有する村持ちの池であり、同池の水融通勘定も清水谷池と連動して扱われる場合があったことがわかる。

以上、清水谷池郷の水利用のあり方について見たが、清水谷池を大字尾井が単独で所有する一方、その利用にあたっては灌漑域が尾井村外へも広がり、また所有・耕作関係が複雑に入り組む実態が明らかである。「本法」は、本来は清水谷池の用水を利用する権利を有する村びとやその所有・耕作する田畑を指すものだったと考えられるが、そこに出作分や融通分などの形で他村へも水掛田畑が広がる中で複雑な区分が発生、錯綜していったものとみられる。また、清水谷池の用水が、水利系統上連なっていた大野・須坂両池や、同じ尾井の所有であった南谷池とも連動して利用され、その勘定も複雑に絡み合っていた。

この地域では、一九四〇（昭和一五）年に光明池が築造されると、大野池の拡張や不要となった中小の溜池の壊廃が進行するなど水利環境は一変するが、明治期には近世以来の変化・成熟を経て、土地や池の所有と利用をめぐる関係が複雑に絡まり合う形で、こうした水利秩序が存在していたのである。

水利をめぐる諸関係（2）――井戸と井戸仲間

信太地域の水利においては、信太山丘陵の溜池による灌漑のほかに平野部に点在した小規模な池（渕《ふち》）や用水井戸も旱魃《かんばつ》時の補助的水利として一定の役割を果たした。

一八八七（明治二〇）年三月、富秋村の奥野太郎四郎が奥野徳太郎へ富秋村内を中心とする四一筆の土地を売り渡した際（後述）、土地売買証券と併せて井戸五ヶ所についての売渡証文が作成された（写真9）。

ここで売り渡すとされた五ヶ所の井戸うち、三ヶ所は、「仲間井戸」と記され、また本文末尾に「仲間井戸については従来通り（私たちは）仲間です」とあることから、売り渡し後も、太郎四郎と徳太郎両名の共有＝仲間であったと思われる。井戸が所在する土地の売却にともない、個人所有だった二ヶ所の井戸を売り渡す一方、三ヶ所の仲間井戸は従来通り両名の共有であることを確認したのである。土地売却後も太郎四郎が付近に灌漑を要する土地を所有したため、この仲間井戸を共有し続けたのであろう。

しかし、七年後の一八九四（明治二七）年五月、太郎四郎が高石村の中谷源之介へ土地を売却した際、この三ヶ所の仲間井戸の権利も同時に中谷に売り渡した。三ヶ所の仲間井戸は、このとき売り渡した土地を灌漑していた井戸であり、奥野徳太郎所有地内に所在していた。こうして太郎四郎は、土地を手放した後も共有し続けていた仲間井戸を手放したのである。

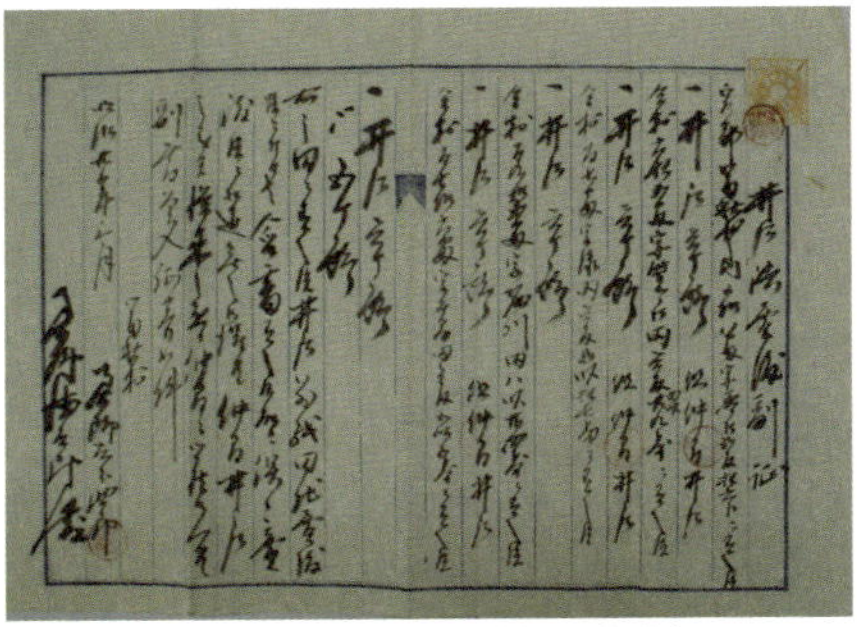
写真９　井戸の売渡証文（奥野家蔵）

以上の事例から、用水井戸やその利用の権利が売買されていたこと、井戸には、個人井戸と仲間井戸があったこと、井戸の売買は、所在する土地の売買に連動する場合と、井戸が灌漑する水掛田畑の売買に連動する場合の両方があったことなどがうかがえよう。

また、奥野家文書に含まれる関係史料から井戸仲間の人数や構成、取り決めなどをみると、次のような特徴もわかる。井戸仲間の規模は二名のものが多いが、七名に及ぶ場合もあった。また、三名以上の井戸仲間では「井戸元」が明記されることが多く、井戸元は基本的に井戸所在地の所有者であった。井戸元には、井戸の優先利用や他構成員からの利用料徴収が取り決められる場合もあった。さらに、井戸仲間における井戸使用権は「株」の形で保有・売買され、株の単位で分割される場合のほか、水掛田畑の反別（面積）や使用時間で、権利の大小を示す場合もあった。

以上のように、井戸をめぐる詳細な規定が存在することからわかるように、用水井戸は信太地域の水利をめぐる諸関係において欠かせない存在であった。奥野家文書には、小規模な池や渕の売買に関する文書も見える。近世～明治期における信太地域の水利は、丘陵部の溜池に加え、こうした小池・渕や用水井戸をも含み込んで成り立っており、長期にわたる変化を経て、そこには複雑な所有・用益関係が存在したのである。

2 信太・南王子における地主制の展開

泉州有数の地主　富秋奥野家

井戸仲間の史料に出てくる奥野家は、近代信太村における最大の地主であった富秋の奥野徳太郎家である。同家は近世後期には富秋村の太郎右衛門家としてその名が知られ、同村の年寄を務めていたことが確認できるが、幕末には徳治郎の名で油稼ぎにも携わっていたとされ、明治時代の当主は徳太郎を名乗った。同村の庄屋は、後述のように奥野太郎四郎家であり、徳太郎は庄屋にはなっていない。近世後期に成長を遂げた地主であったとみられる。明治に徳太郎家は大規模に土地集積を進め、郡内随一の大地主に成長し、二代目徳太郎は一九一一（明治四四）年に郡会議員に当選、翌年には第五代の信太村長にも就任する。同年の「大阪府河内和泉資産家一覧表」によると、奥野家は「一等級」（年間所得金額五〇〇〇円）に属し、信太村だけでなく、近隣の行政村を加えても隔絶した地位の地主資産家であったことがわかる。

奥野家に残る土地売買関係史料からは、明治一〇～二〇年代における同家の土地集積の状況をおよそ確認できる。その特徴の第一は、松方デフレにともなう明治一〇年代後半の不況期に土地集積の速度を増し、

大字	所有筆数(A)	同村の全筆数(B)	A/B(%)	反別(町.反.畝.歩)	地目				
					田	畑	郡村宅地	溜池	その他
富秋	98	309	31.7	6.1.9.19	88	4	5		1
上代	8	1,057	0.8	0.6.1.28	6		1	1	
尾井	60	1,251	4.8	2.0.0.18	44	14	1	1	
太	60	930	6.5	3.0.0.01	48	7	5		
王子	112	1,095	10.2	3.9.4.12	82	22	2	3	3
上	193	797	24.2	8.1.6.21	148	32	9	1	3
中	29	568	5.1	1.7.8.17	28	1	0		
舞	2	97	2.1	0.1.9.19	2				
合計	562	6,104	9.2	25.9.1.15	446	80	23	6	7

表7　奥野徳太郎の信太村内の所有地　1889（明治22）年　大阪法務局岸和田支局所蔵『土地台帳』により作成。

明治二〇年代前半にも集積が続いたことである。第二は、買得した土地は、基本的に信太郷とその周辺村々の土地であり、その比重は居村である富秋村から次第に周辺に広がったものの、信太地域の外部には広がらなかったことである。その意味で、奥野家は居村である富秋を核として信太地域に強固な基盤を築いた大地主であったことがわかる。

表7は、明治二二年に土地台帳が使用され始めた時点で、奥野徳太郎が信太村内に所有していた土地について、大字別に整理したものである。これによると、信太村内における徳太郎家の所有地は五六二筆と同村内の一割近く、反別では約二六町にも及んだことがわかる。とくに居村である富秋では村内の三分の一にあたる九八筆を所有し、上に一九三筆、王子に一一二筆もの土地を所有していた。信太村内で二番目に所有筆数が多かった蔭涼寺が一七一筆・一二町余り、三番目の中尾善松（大鳥郡取石村〔現高石市〕の地主）が一一九筆・八町余りであったことと比べると、奥野家の地主としての地位は、明治半ばの時点で、すでに信太村内で突出したものであったことがわかる。

明治後期における行政村・信太村政の展開の背後には、大地主である奥野家の圧倒的な影響力という社会・経済状況があったといえよう。

土地買得事情

次に、奥野家による具体的な土地の買得《ばいとく》の状況を見てみよう。ここでは、買得相手として居村・富秋村と周辺村から二つの例を挙げよう。

まず徳太郎家と同じ富秋村の奥野太郎四郎家である。太郎四郎家は、近世を通じて富秋村の庄屋を務めた家で、徳太郎家の本家筋にあたる。しかし、同家は、明治期に経営が傾いたのを機に富秋を離村した。実は、その際の家産処分に徳太郎家が関わった状況がうかがえる。

一八八五（明治一八）年三月、太郎四郎が富秋村の所有地である田地四一筆（三町余）を堺の人物に質入れし、徳太郎ほか一名がその請人《うけにん》（保証人）になっている。しかし、この四一筆は、一八八七年三月、太郎四郎から徳太郎に売却された。その代金は、書入《かきいれ》（土地を担保とした借金）元利金の返済のほか、徳太郎への「二番書入」の元利金などとして処理された。「二番書き入れ」とあることから、太郎四郎は、この四一筆を徳太郎へも書き入れて借金していたことになる。こうして太郎四郎家が居村である富秋村に所有していた多くの土地が徳太郎家の所有に移転したのである。あわせて、土地に付属する井戸五つの所有権も移転した（先述）。同年三月、徳太郎家は、自身が所有する上村の七四筆（五町三反余）もの土地を書入して一〇〇〇円近くを別の堺の人物から借用している。太郎四郎の土地を買得するのに必要な資金を緊急に用立てたものと思われ、太郎四郎の負債処理に徳太郎が奔走していた様子がうかがえる。

次に、王子村の地主であった沼九平家からの買得についてみよう。徳太郎は、沼家から明治二〇年代前半に、六〜七回にわたって太・尾井・王子の合計二町五反余を買得している。沼九平と徳太郎との間には、土地を担保として徳太郎が融通を行う関係が遅くとも一八八〇（明治一三）年からあり、それが前提となって大量の土地が質流れにより移転したのであろう。沼家は、王子を居所とする信太村内でも有数の地主で、徳太郎への土地引渡しが進行しつつあった一八八九（明治二二）年時点で信太村内に九二筆・二町六反余所有していた。また、所有地の内訳を見ると、尾井一筆、太七筆以外の八四筆が自身の居村である王子の土地であったが、九平が徳太郎に売却した土地には尾井・太なども一定数含まれていたので、九平の地主経営は居村の枠を越え、一定程度、周辺域にも展開していたことがわかる。

奥野家の地主経営の特徴

以上、富秋村内（奥野太郎四郎家）、周辺村（沼九平家）の二家からの買得状況をみてきた。両家も含め、奥野家文書に登場する徳太郎の買得相手である有力地主たちの一八八九（明治二二）年の所有状況をみると、いずれも各居村（大字）を基盤とし、周辺域にも一定程度所有地を展開させた地主たちであったことがわかる。したがって、奥野家の地主経営の拡大は、居村の旧庄屋家であった太郎四郎家の場合も含め、信太郷とその周辺の近世村ごとの地主への融通とそれを経た土地買得によって達成されていったことが指摘できよう。こうした金融関係が基本的に信太郷とその周辺地域を範囲とし、それ以上の広域にまでは及ばなかったことが、居村と信太地域に強く根を張った奥野徳太郎家の地主経営のあり方をもたらしたといえよう。徳太郎家は、所有地を多く含む地域の農政や小作人の保護にも積極的であった。やや後になるが、一九一三（大正二）年二月に開催された信太村農産米品評会では前年産米の品質で泉北郡役所から表彰を受けた自作農・小作農に対して、自らの負担で副賞を授与した（『泉北郡報』一二三号）ほか、翌年一月には泉北郡農会による「篤農《とくのう》家《か》」として自らも表彰を受け、同月、「小作人二百余名」を富秋村の自宅に招き、「小作人慰安会」を開催するなどしている（同三五号）。一九一八（大正七）年の米騒動の際も、困窮者救済のため、いち早く土蔵開放に応じるなどしたと伝えられており、徳太郎家の地主としてのあり方は、信太地域に深く根ざしており、行政村の農政にも小さくない影響を与えていたといえよう。

区分	石高（石.斗升合勺）	割合
村高（南王子村内）	143.1330	
出作（小計）	401.5643	100.0
王子	141.7958	35.3
尾井	101.6337	25.3
中	36.3702	9.1
富秋	15.4650	3.9
太	3.0720	0.8
千原	3.2085	0.8
伯太	26.7232	6.7
池上	71.7809	17.9
綾井	1.5150	0.4
合計（村高＋出作）	544.6973	

表8　南王子村の村高と出作高（明治５年）「明治五年（村高・出作高書上」（『奥田家文書』第八巻）により作成。

南王子村地主の出作

近世における南王子村と信太郷七ヶ村、池上や伯太などの周辺村むらとの関係を考えるうえでは、南王子村の他村域における土地所持（出作）や他村域での耕作（小作）がかなり広範に展開していた事実が重要である（第2部参照）。そうした周辺への出作・小作関係は、明治以降、どのように推移したのであろうか。小作関係については不明な点が多いが、出作については土地台帳などの史料から、その状況がうかがえる。

表8は、明治五（一八七二）年段階の南王子村の村内石高と出作地の石高を整理したものである。これによると総持ち高五四四石余りのうち、王子村に一四一石余、尾井村に一〇一石余の出作地を所持し、池上村にも七一石余りあったことがわかる。

次に、表9は、一八八九（明治二二）年時点で、南王子村を居所に持つ地主が信太村内（池上や伯太などは含まれない）に所有していた土地について、大字別に整理したものである。これによると、やはり王子（三五四筆・一五町余）、尾井（一三九筆・八町余）が多く、中、富秋がこれに続き、全体で五七八筆・二七町にも及んでいたことがわかる。ここでは、明治五年の状況と比較するため、出作地の反別における割合も示した。一八八九年のデータには伯太・池上などが含まれないので単純な比較は困難であるが、王子における出作地は増加傾向にあることがうかがえよう。

また表9では、大字ごとに南王子地主の所有筆数の概要も示した。複数の大字に名前が見える者もいるが、

大字	筆数	反別合計（町．反．畝．歩）	割合（反別）	主な所有者と筆数
王子	354	15．3．8．6	56.0	川合由太郎43、川合佐十郎14、川合由典11、寺西枡太郎44、奥田久詮22、浅井晃了16、喜田亀次郎14、中辻幸三郎13、八木清平10ほか
尾井	139	8．0．2．22	29.2	米田恒治郎24、喜田亀太郎12、川合庄三郎10、南野梅太郎８、奥田久詮６ほか
中	48	1．8．4．21	6.7	西岡萬三郎23、杉本和太郎６、西川与三郎３、川合庄三郎３ほか
富秋	23	1．2．7．0	4.6	川合由太郎６、奥田久詮３、浅井晃了３、野口安治郎３ほか
上	9	6．3．0	2.3	寺西次郎造５、溝口磯吉２、明阪為蔵２
太	5	3．1．9	1.1	明阪為造（蔵）３、奥田久詮２
合計	578	27．4．6．28	100.0	

表９　南王子村地主の信太村内における大字別土地所有状況（1889〈明治22年〉）大阪法務局岸和田支局所蔵『土地台帳』により作成。

特定の大字では特定の地主の所有が多いという傾向も読み取れる。とくに他村所有が多いのは川合家であり、由太郎五三筆・二町五反余りのほか、庄三郎一六筆・六反余り、佐十郎一四筆・九反余りなど、多数の土地を王子や尾井に所有していた。同家は、聖神社の多くの石造物にも寄進者として名を残している有力者であり、こうした出作地主の多くは幕末から明治初年における同村の伍長層を出自とする有力者であった。

以上のように、近世後期に展開した南王子村の出作は、明治半ばの時点において基本的にその傾向が強まりこそすれ、弱まることはなかったといえる。大正後半から昭和初年にかけて、信太村大字王子や伯太村大字伯太における南王子村地主の所有地が問題となり、一九三一（昭和六）年には伯太村との間に村域変更（伯太の一部を南王子へ編入）が行われるに至るが（第３章参照）、ここでみた状況は、そうした事態の歴史的前提を示すとみてよかろう。

なお、こうした他村域での土地所有が、利用の面でどのような実態をともなったかについては不明であるが、後述のように、大字王子には南王子とともに、硝子珠《がらすだま》製造業の工場が展開した点も考えると、こうした出作地の存在は、南王子村の経済・社会関係が周辺域にも拡大、浸潤することにもつながり、工業化の進展にともなって、その比重は小作地経営のみでなく、工場地としての経営の比重が高まり、そこに南王子とそ

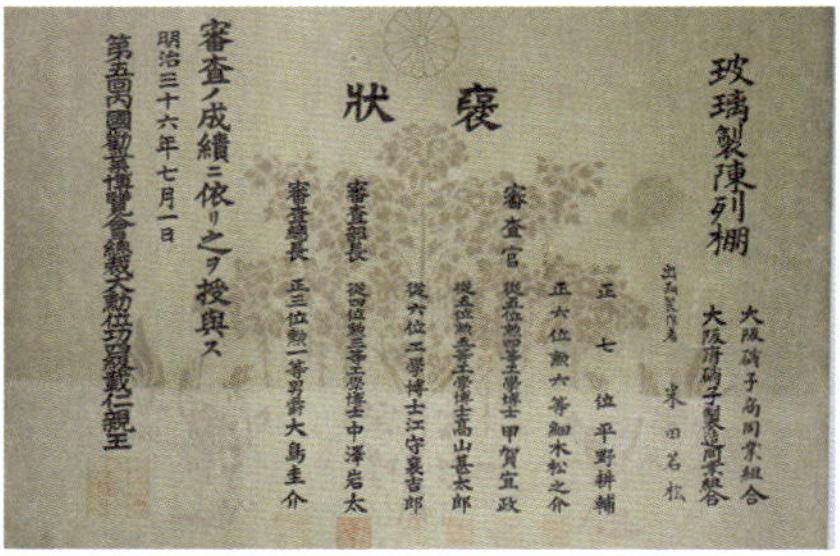

写真10　第５回内国勧業博覧会における褒状「玻璃製陳列棚」1903（明治36）年（米田家蔵）
「大阪硝子商同業組合、大阪府硝子製造同業組合米田若松」とあり、このころには同業組合が組織されていたことがわかる。

の周辺に滞留した労働力人口の相当部分が雇用されたとみられよう。

３　新しい産業の形成

新しい産業の形成

表10―1は、一九〇五（明治三八）年の大阪府統計書で確認できるうち、信太村・南王子村に所在した工場である。わずか四工場であるが、いずれも「煉硝子玉」「簾玉」（玉すだれ）などと表記される硝子玉（珠）の製造工場である。とくに米田若松の米田工場は、すでにこの段階で男子職工五〇名を擁する有力工場であったことがわかる（写真10）。また信太村大字中《なか》にも小規模ながら一八九三（明治二六）年創業の工場が確認できる。全体として、日清・日露戦争期の近代産業確立期に、信太地域でも、これらの硝子玉製造業が生成しつつあった状況がうかがえよう。

次に表10―2は、一九一八（大正七）年段階の工場の一覧である。確認できる工場数は一二工場に増加し、業種としては、「簾玉」のほかに「白木綿《しろもめん》」「敷布」などの繊維製造工場が登場している点が注目される。とくに、後者は、明治末～大正初年の時期に創業が集中しており、いずれも小規模な原動機一機ほどを有し、少数の男子職工と女工二〇名ほどを雇用して操業していたことがわかる。この時期は、第一次大戦にともなう空前のブーム期であり、隣接する池田谷地域や内陸部の松尾谷地域でも白木綿の製造工場が簇生した状況が知られている（和泉市の歴史2『松尾谷の歴史と松尾寺』、同3『池田谷の歴史と開発』参照）。大字別では王子が多かった点も留意されよう。

No.	工場名	持主	製品	所在	創業年月	職工数		
						男	女	計
1	松若工場	松若貞造	煉硝子玉	太	M34.3	—	—	—
2	中村工場	中村米三郎	煉硝子玉	王子	M36.1	—	—	—
3	米田工場	米田若松	簾玉	南王子村	M33.1	50	—	50
4	田中工場	田中澤太郎	玉簾	中	M26.9	2	8	10

表10－1　信太村・南王子村の工場（1905年）　『明治38年大阪府統計書』により作成。「—」は不明。

No.	工場名	工場主	製品	所在	創業年月	職工数			原動力	
						男	女	計	機数	馬力
1	田中工場	田中米太郎	白木綿	王子	M45.3	1	21	22	1	10
2	田中工場	田中房吉	白木綿	尾井	T 3.8	1	12	13	1	5
3	山千代工場	山千代音治郎	白木綿	王子	T 2.9	1	12	13	1	6
4	原野工場	原野源三郎	白木綿	王子	M44.10	1	16	17	1	8
5	西川工場	西川清三郎	白木綿	尾井	M44.12	1	16	17	1	0.5
6	上田分工場	上田松太郎	白木綿	上代	M44.12	2	23	25	1	10
7	中川工場	中川秀次郎	綿布	王子	M44.11	1	7	8		
8	納谷分工場	納谷久吉	敷布	富秋	T 5.11	1	7	8		
9	和泉硝子珠合資会社	小林喜一郎	簾玉	太	—	42	—	42		
10	小林工場	小林喜一郎	簾玉	上	T 3.4	9	—	9		
11	中村工場	中村米三郎	簾玉	王子	T 3.6	30	—	30		
12	竹内精米所	竹内剛太郎	精米	南王子	T 4.1	—	—	—	1	1

表10－2　信太村・南王子村所在の工場（1918〈大正７年〉）　大阪府『大阪府下組合会社銀行市場工場実業団一覧』（大正７年）により作成。「—」は記載がなく不明。

同時期の農商務省『工場通覧』（大正五・七・八・九年版）で確認できる信太村所在の工場のデータも加えると、大正期にはこの時期に普及が進んだガス発動機を導入した工場も多く、そうした安価な動力源の普及が、農村地域における小規模工場の簇生の条件となっていたことがわかるほか、地域的には、大字尾井にも白木綿工場が四つほど確認でき、一定の入れ替わりをともないながらも、信太村内で五〜八軒ほどの工場が継続して操業していたことがわかる。また、大正半ばには綿毛布工場の創業も確認できる。

さらに注目されるのは、硝子珠製造にしても、白木綿製造にしても、こうした工場の経営者として見える人物は、一八八九（明治二二）年の土地台帳と照合する限り、地主として名前が確認できる者は、大字王子の山千代家や大字太の中村家ぐらいであったことである。ここに見た新しい産業の形成は、明治期に蓄積が進んだ地主的資本との関係がむしろ薄かった点に特徴があったとみられる。

硝子珠製造業と奥野家

近代以降の泉州地域が、硝子珠、あるいは人造真珠の生産地であったことは著名である。大阪市産業部が一九二六（大正一五）年に刊行した『大阪の硝子工業』によると、一九二一（大正一〇）年当時、硝子珠（厳密には、光珠、蝋入模造真珠、外掛模造真珠などの種別があり、それぞれ生産工程や用途に違いがあったが、広義の硝子珠として一括できる）を含む全国の硝子工場七三四のうち大阪府内には半数近い三五〇あり、なかでも泉北郡には二一四工場が所在していた。その大半は硝子珠製造工場であったと考えられる。また硝子珠製造は、国外輸出（主にアメリカ・中国・インド）に比重が置かれた。輸出には主に大阪港と神戸港が利用され、大正期にはこの二港で全国の硝子珠輸出額のほぼすべてを占めていた。

信太村の大地主・奥野家が関わった日本硝子珠株式会社は、こうした硝子珠産業隆盛のなかで創立された。同社は、一九二〇（大正九）年三月に創立され、「硝子珠及原料ノ製造、売買、加工請負、其他《そのた》附帯事業ト木炭ノ売買ヲ為ス」ことを営業目的とし（「決議録」〈奥野家文書〉）、大阪府泉北郡信太村大字尾井一八五番地に「本社創立事務所」が置かれた（同前）。

創立段階での資本金額は三〇万円、総株数は六〇〇〇株、一株の金額は五〇円であった。表11は、同社の一九二〇年六月末時点での株主構成、株数と役職などを一覧にしたものである。まず発起人の六名は、筆頭株主として一五〇〇株を所有した奥野徳太郎をはじめ、すべて信太村内の居住者であり、このうち富秋の奥野貞次郎は、徳太郎家の分家筋にあたる人物である。また取締役・監査役のうち発起人でない人物が三名いるが、彼らはすべて信太村外の居住者であった。福田篤次郎のように大阪府外居住者（精道村、現芦屋市）

No.	氏名	保有株	居住地	役職
1	奥野徳太郎	1,500	信太村	発起人・取締役社長
2	田中米太郎	600	信太村	発起人・取締役常務
3	奥野貞次郎	500	信太村	発起人・取締役
4	山千代音治郎	500	信太村	発起人・取締役
5	福田篤次郎	300	武庫郡精道村	取締役
6	藤村喜一郎	250	信太村	発起人・取締役常務
7	奥野信之	250	信太村	
8	高橋房太郎	200	上條村	
9	深井伊三郎	200	大津町	
10	楠本義親	180	山直下村	監査役
11	藤村松太郎	150	信太村	
12	清水恒吉	100	信太村	発起人・監査役
13	藤原保	100	上條村	監査役
14	種野栄一郎	100	堺市	
15	原野信太郎	100	信太村	
16	小泉定吉	100	伯太村	

表11　日本硝子珠株式会社の株主（1920〈大正９〉年６月末）　100株以上のもの。このほか50株６名（伯太３、久世１、大津１、国府１）、30株４名（取石１、国府１、大津２）、20株14名（山直下８、信太４、南王子･伯太１）、10株以下19名（山直下９、信太４、穴師２、鶴田･上条･伯太･大津１）。「株主名簿」（奥野家文書）により作成。

も含まれるほか、泉南郡山直下村《やまだいしも》（現岸和田市）の楠本義親は、徳太郎家と縁戚関係にあった家の人物である。ほかにも奥野家と縁戚関係にある人物が相当数含まれている。株主全五九名のうち、奥野姓の人物は六名で、総株数の四割弱を占めている。このほか、株主には楠本が居住する山直下村の人物が信太村居住者を超える一八名も含まれていることも注目される。一方、発起人・取締役常務として名を連ねた田中米太郎は、先の表10―2で一九一二（明治四五）年創業の田中工場（白木綿）の工場主としてその名が見え、昭和期の「工場通覧」には、一九二七（昭和二）年創業の硝子珠製造工場の代表であり、一九三五（昭和一〇）年からは綿毛布工場も経営していたことが確認できる。同様、山千代音治郎も表10―2で一九一三（大正二）年創業の山千代工場（白木綿）の工場主として確認できる王子の地主である。

以上のように、硝子珠会社は、発起人・役員ともに、奥野徳太郎を筆頭に、同家と縁戚関係にある人びとを第一の基盤とし、それに信太村内の工場経営者（主に白木綿）を第二の基盤として加え、構成されていた。同社の創立・経営において徳太郎とその親族が果たした役割は、大地主として蓄積した奥野家の資本を、発展しつつあった地場工業に投下し、その拡大・発展を

利益		損失	
費目	金額	費目	金額
製品売上	17,926.25	職工勘定	13,907.34
収入利息	1,329.80	税金	375.00
雑収入	1.00	給料	627.00
		旅費	182.13
		報酬	400.00
		創立費	324.15
		営業費	823.62
		当期益金	2,617.81
計	19,257.05	計	19,257.05

表12　日本硝子珠株式会社の損益計算書（1920年3～6月）　奥野家文書より作成。単位は円。

めざすものだったといえよう。

次に、硝子珠会社の創立当初の経営状況の一端を、一九二〇（大正九）年六月末時点での「損益計算書」からみよう（表12）。損益計算書は、一会計期間における企業の経営成績を明らかにするために作成される計算書で、当該期の全収益と全費用を記載し、その差額として当期の純損益を表示したものである。「給料」は、役員や事務員に支払われた金額を指すとみられ、「報酬」は彼らに対する賞与であろう。一方、「職工勘定」とあるものは、職工の給与・賞与を指すとみられる。三月初頭の創立から四ヶ月弱の間に一万八〇〇〇円近くの製品を売り上げ、また「職工勘定」も一万四〇〇〇円近くにのぼることから、同社は相当程度の営業規模を有していたと言えよう。二六〇〇円余りの利益も計上している。

しかし、その経営は順調だったとはいえない。一九二〇年の「信太村事務報告書」によると、当時、助役であった奥野徳太郎自身が「勧業」についての項目を担当し、日本硝子珠株式会社の事業にも言及しているが、そこには大戦期の輸出好調による好景気のなか、硝子珠製造業界が「漸ク粗製濫造《そせいらんぞう》ニ傾カントセシヲ憂へ、本村豪農奥野徳太郎氏外《ほか》村有力者首唱ノ下」同社が創立されたものの、「創立後、幾何《いくばく》モ無ク注文杜絶《とぜつ》セシヲ以《もっ》テ其《その》活動振リヲ見ル事ヲ得ザリシ」と記されている。実際、全国の企業名鑑である東京興信所編『銀行会社要録』には、大正一〇年版に同社の情報（資本金三〇万円、総株数六〇〇〇株、および役員九名の氏名）が掲載されているものの、大正一一年版では、一〇万円に資本金が減じ、一五年版には同社の記載そのものがみられない。

日本硝子珠株式会社は、田中や山千代など村内における既存の工場経営者も糾合しながら、奥野家が新たな資本を投下し、硝子珠製造を株式会社形態で、より大規模に展開することをめざしたものだったと見られる。しかし、創立直後に第一次大戦後恐慌に直面し、事業は数年のうちに頓挫したのではないだろうか。

先に触れた『大阪の硝子工業』は、「光珠」の製造が、「製造者」に従属する下請業者、あるいは数名規模の自前の工場によって担われ、「製造者」が製品を集約した後、問屋へ販売すると説明しており、ほかの種別も類似の構造を有したようである。その点をふまえると、日本硝子珠株式会社の事業頓挫は、白木綿や少しのちの綿毛布製造もそうであったように、和泉地域の近代産業における中小経営の優位性を、むしろ象徴するような出来事だったとみることも可能であろう。

4　日露戦後の信太村・南王子村の変容

信太村での神社合祀と部落有財産の統一

日露戦争の後、日本が帝国主義列強に伍していくための基盤づくりとして、神社合祀《ごうし》や部落有財産の統合などを内容とする地方改良運動が全国的に展開された。

信太村における神社合祀は一九〇九（明治四二）年から始まる。同村での合祀で特徴的なのは、聖神社ではなく大字中村の一村社であった信太森神社《しのだのもり》（葛葉稲荷）に各大字の村社が合祀されたことである。ここには、当時の信太森神社祀官で信太村初代村長も務めた森田樟雄の強い働きかけがあったと考えられている。森田は近世来、葛の葉伝説ゆかりの地として知られるようになった同社への参拝の便をはかるために南海鉄道葛葉駅（一九〇一年二月開業、現高石駅）の誘致に関与するなどして同社を観光名所化することに力を尽くして

写真11 「信太森千枝の楠」 戦前の絵はがき 小谷城郷土館蔵。

写真12 聖神社の秋祭り 1957年ころ。十景が原から急な坂道を降りる。『和泉市50年のあゆみ』より。

いたからである。ただし、合祀後も信太地域の祭礼は、あくまで聖神社が中心であった。

信太村では一九一六（大正五）年に各大字が所有する部落有財産が統合され、統合財産の半分は各大字にあった青年会に寄付され、もう半分は村の基本財産に編入された。各大字の青年会は、一九〇九年から一九一一（明治四四）年ごろまでに結成されている。そのなかでも、王子青年会（一九一〇年創設、一九一三年当時会員三一名）は、一九一三（大正二）年に泉北郡から表彰されるなど活発な活動を展開していた。同会の活動内容は、①夜学、②修身講話、③道路修繕などの労力寄付、④勤倹貯蓄、⑤撃剣習練などの体育、⑥団体旅行などであり、同時期に結成された他の青年会と共通するものであった。しかし、信太村での青年会活動は、王子青年会とともに『泉北郡報』に何度かその活動が報じられた尾井の山之谷青年会を除けば、あまり活発ではなかった。村当局は、部落有財産統合の際、各青年会に財産を寄付することによって、青年会活動のてこ入れをはかろうとしたのである。しかし、このてこ入れもあまり効果がなかったようである。一九一八（大正七）年の行政文書には「青年会ハ各大字ニ支部ヲ設置シ統一シタルモ、未タ三四ヲ除ク外《ほか》完備ノ域ニ到達セサル」状況とあり、そのため村では「漸次本業農閑期《のうかんき》ニ於テ補修教育其他ヲ協定シ、以テ其目的ニ副《そ》ハントスル計画中」であった。

池上での社会主義演説会

日露戦後の新しい動向として注目されるのは、青年たち、とくに富裕層の青年たちのなかに社会主義思想に接近したものがあらわれたことである。

大阪における最初の本格的な社会主義団体・大阪平民社の創設者であり、のちの大逆事件《たいぎゃくじけん》で死刑となる森近運平が宮武外骨の支援を受けて発行していた『日本平民新聞』第一六号（一九〇八年一月二一日発行）に、泉北の一青年からの次のような投稿記事が掲載された。

> 本月三日伯太村養福寺に於て社会主義大演説会を開く。聴衆約八百名、池上開闢《かいびゃく》以来の大会合なりし。主なる弁士は村田君（欲望）、藤原君（目下の社会問題）、南一夫君（現時の経済状態）、村上清君（目下の金融）、南吾一君（社会主義と個人主義）、塚田豊三君（憐れなる国民）、南高雄君（生存競争）、水野君（貧富論）及び小生（起てよ平民）にして会衆満場一致を以て「平民親集会」を組織したり。将来見るべきものあらん（南黄昏）。

「聴衆約八百名」とは多分に誇張が入っていると思われるが、「泉北初の社会主義演説会」ともいわれるこの集会記事の投稿主の南黄昏とは、後に泉北郡（大阪第十区）から代議士となる南鼎三《ていぞう》（一八八一～一九四三）のことである。南は一九〇七（明治四〇）年ごろから大阪平民社に出入りし、森近や宮崎滔天の兄で、土地を平均に分配することを主張した宮崎民蔵などと交流した。

また南は、平民社の支援者であった雑誌『明星』の歌人石上露子《いそのかみつゆこ》（本名杉山孝。一八八二～一九五九）とも接点があった。露子は富田林の大地主杉山家の長女であり、南も伯太村村長・泉大津村村長を歴任した素封《そほう》家《か》南定の長男であった。露子の回想によると、平民社の人びとのなかで「親しうお尋ねうけましたのは」「代議士の南氏」だけであり、南は露子の継母と「同郷」だったという。継母エイの実家は国府村の小西家であった。養福寺での演説会で弁士を務めた者たちも、南と同様に池上およびその周辺地域の富裕層出身の青年たちだったのであろう。そして、南は彼らのなかでもリーダー的な存在だったと考えられる。

南は大逆事件によって取り調べを受け、二〇日間拘留されたという。その後、京都府技手を経て一九一二（大正元）年に京都で工務店を開いた。土建業界にも通じ、侠客《きょうかく》の世界に属する者とも交わりがあったようである。翌年に父が死去すると、池上に戻り、同四年の府会選挙で当選し（国民党所属）、政界の道を歩むようになる。その後、当選した一九二〇（大正九）年の総選挙時には、「普選を高唱し、中農の擁護、義務教育八年延長並に国庫皆支弁等」を主張するなど、泉北における大正デモクラシーの一翼を担うことになる。南の地盤は、信太・南王子・伯太・上条・穴師・大津など信太地域およびその周辺であり、南はこれら地域での水平運動などの社会運動にも関わるようになる。

写真13　南鼎三　『私たちの郷土　伯太・池上』より。

南王子村での部落改善事業

第二次西園寺内閣は社会主義運動を弾圧する一方で、工場法の公布など社会政策にも関心を向け、その一環として内務省を中心にして部落改善政策にも取り組むことになる。全国でもこれに歩調を合わせるように部落改善事業が展開された。

大阪市では、一九一一（明治四四）年から難波署や曽根崎署など警察主導により部落改善事業が実施された。南王子村での部落改善事業と関わりがあるのは、曽根崎署による舟場《ふなば》部落に対する事業である。これは、主として①就学督励、②矯風《きょうふう》青年会事業（共有風呂経営と貯金奨励事業ほか）、③保育事業からなっていた。

このうち、①就学督励については、まず曽根崎署が、同年五月より、不就学児童を北区茶屋町にあった私立心華《しんげ》小学校に入学させた。心華小は曹洞宗系の心華婦人会という団体が一九一〇（明治四三）年に設立した貧民向けの夜学校である。授業料は免除とされ、費用の一部を社団法人救護会大阪支部が寄付という形で負担した。その結果、就学率は三二パーセントから九三パーセントへと一挙に上昇したという。

③保育事業については、一九一二（大正元）年から開始された。曽根崎署長武田慎治郎は、「細民婦女の足手纏《あしでまとい》となるべき幼児を保育」することで、「彼等をして安んじて就職労働せしむるは、即ち部落改善の一急務なり」と考え、武田の斡旋により救護会大阪支部の事業として大阪保育院が舟場部落内に設けられた。同院規則によれば、生後満一歳から五歳までの「児女」が保育の対象で、子育てのため就業できない場合はもちろん、「家庭の都合に依り特に保育教養を託された」場合も保育された。一九一六（大正五）年当時、在籍児童は一二〇名で、一日平均の預かり児童数は三五名ほどであった。

南王子村での事業は、曽根崎署による事業から少し遅れて実施された。こちらも救護会大阪支部の付属事業として南王子保育院が一九一六年五月二七日に同村内に設立された。大阪府が一九一七（大正六）年に発行した『大阪慈恵事業の栞』という冊子によれば、同院の在籍児童は六四名、一日平均預り数は二八名ほどであった。児童に対する処遇は「大阪保育院に同じ」で、「嬰児には牛乳を用ひ、一歳以上の者には其年齢に応じて雑炊又は米飯を支給し、間食は午前午後の二回」与えたという。

こうした事業を担った社団法人救護会とは、一九〇七（明治四〇）年一二月に、廃兵や軍人遺家族、貧窮民などの救済を目的として静岡市で設立された団体である。救護会は、篤志家の寄贈によるガラスビンなどの廃品を募集し、その益金をもって事業を全国的に拡大していき、一九一七年までに三府一四県に支部を設置した。救護会が運営していた保育院は全国に三ヶ所あり、そのうちの二ヶ所が大阪保育院と南王子保育院

写真14　南王子保育院（片山家蔵）

であった。これら大阪府内での部落事業への協力に対して、救護会には大阪府から補助金七〇〇円が支給されていた（一九一七年当時）。ちなみに一九一六年度の南王子保育院・大阪保育院の経費はすべて救護会大阪支部より支出されたが、その総額は前者が六六〇円、後者が一一八〇余円であった。

救護会は南王子村においては、就学督励事業には関与していないようである。すでに一九〇八（明治四一）年から南王子小学校において、不就学児童に対する夜間授業が開始されていたからであろう。ちなみに、同校はこの時期に村長中野三憲や校長片山作太郎（元伯太藩士）らの指導のもと就学率を、一八九七（明治三〇）年の四二パーセントから一九一一（明治四四）年の九五・四パーセントへと飛躍的に向上させたという。

また、南王子保育院内には裁縫教授所（一九一六年七月開設）があった。「昼間附近の織布会社又は其他の工場に通勤し」ているために、「裁縫其他の教《おしえ》を受くる暇なき十二歳以上の女子」を対象にして、終業後午後六時から午後九時まで裁縫を教授するなどした施設である。これは大阪保育院にはない施設である。教授所の在籍者は四三名で、その経費は「生徒より壱銭宛」（一日当たりか）を徴収し、不足分は救護会から支出された。一九一七年度の経費予算は三〇〇円ほどであったという。

南王子保育院と裁縫教授所の運営を職員として日常的に担ったのは南王子村村民であったと考えられるが、いずれも救護会の財政的支援を受けていることから、大阪保育院同様に警察もその運営に何らかの関与をしていたものと推測される。警察の関与を明確に示す史料はいまのところみつかっていないが、南王子保育院の外観を写した貴重な写真がある（写真14）。開設当初の保育院を撮影したものらしく、主な関係者が写っていると推測される。保育院の入り口からやや離れて立っている三人の男性のうち、一番左側の人物は院長嘱託の片山作太郎であり、その右後ろの人物は同院の会計嘱託を務めていた松浦慎夫（のちの村会議員）であろう。そして松浦の右後ろに立つ制服姿の人物は警察官（おそらく大津分署の）ではないだろうか。ちなみに保育院にはそのほかに、保母長牧野とも子と保母・同助手合わせて五名の職員がいた。保育院看板のすぐ右側に立っている女性は保母長牧野であろうか。

この時期の警察主導の部落改善事業は、住民の生活状態の差異を無視して画一的に貯金を強制するなど強引な面があった。たとえば大阪保育院では、保護者に対して一日三銭の保育料とは別に、保育日当日に必ず二銭を持参させ、貯金させていた。一九一五年から一九一七年までの大阪府下の各部落の状況についての調査結果をまとめた大阪府救済課『部落台帳』によれば、南王子保育院でも「貯蓄ヲ奨励」しており、同様のことがなされていたと考えられる。このような施設は、住民には受け入れられず定着しなかったものと推測される。南王子保育院や裁縫教授所に関する史料は昭和に入ると確認できない。

5　米騒動とその後

米騒動と米廉売事業

一九一八（大正七）年七月上旬に富山県で発生した後、都市部を中心に全国的に広がった米騒動は、大阪ではまず八月九日、今宮町で発生した。和泉市域ではそれから六日後の一五日に南王子村や伯太村大字黒鳥で発生している。ここではまず、南王子村での米騒動について振り返っておきたい。

裁判記録によれば、南王子では飯米に窮した村民数百人が、木下仙松の所有米五〇石ほどを預かっていた村会議員木下嘉吉宅へ押しかけ、五、六俵の貸与を迫ったところ、拒否されたので打ちこわしをはじめた。

大字	配当
上代	7斗
舞	1斗4升
上	4斗3升
太	8斗4升
尾井	5斗1升
山ノ谷	2斗1升
王子	4斗9升
中	5斗3升
富秋	3斗1升
新王子	5斗2升

表13　恩賜米の配当
信太村「意見状況書」（大正7年9月13日）より作成。

その際、日稼人（三〇歳）が放火をしようとしたが、消し止められて成功はしなかったという。ただし、放火を否定する村民の聞き取り記録がある。この騒動の結果、「首謀者・率先者・其の他の暴行者の主なる者総て検挙」され、検事による取り調べのうえ、一九名が拘束、二九名が放還され、放火しようとした日稼人一名が起訴された。

騒動を防ぐために当時の村長中逵信一は、「世間漸《ようや》ク不穏《ふおん》ノ兆《きざし》アルヤ直《ただ》チニ上阪シ、資金ノ調達ニ奔走シテ内外米ノ買収ニ従事」するとともに、「一面村内有志ヲ説キテ寄附金ヲ募集シ廉売《れんばい》ヲ開始」したという。開始時期など詳細は不明なものの、南王子村ではこの廉売事業によって内地米二〇三石二斗、外米三四七石八斗を売却している。

一方、信太村では騒動は発生しなかったものの、米廉売事業と恩賜米《おんしまい》の配当が実施された。

廉売事業は慌ただしく決定された。信太村役場では、八月一四日に大字ごとに「窮民」を調査するための協議会を開催する事案が起案され、その日のうちに裁可のうえ、各区長および村会議員に通知された。協議会は、翌一五日午前九時から開催され、以下のことを決定した。（一）端境期《はざかいき》までの不足米を購入すること、（二）一七日から各大字有志者より寄附金を募集すること、（三）二〇日から議員と区長が廉売事業に従事すること、である。翌一六日に村は八四石を購入した。村役場で開始された廉売事業は、玄米一升につき二五銭、一人一日三合、一回五升以内という条件で実施された。九月四日までに五三石余りを売り、五日からは一石三〇円（一升三〇銭）で販売した。事業終了時期は不明だが、九月一三日までは続いている。集まった寄附金の合計は七五五円九〇銭であった。

恩賜米の配当については、八月二五日に配当協議会が開催され、各大字の「細民」に対する配当米の割り当てが表13のように決定された（恩賜米については、大字ごとに白米にして配当されている）。
表13に見える「新王子」とは、南王子村から大字王子へ移住してきた住民たちの居住区域のことであり、新王子の恩賜米割り当てが一〇大字中四位で、王子よりも多いことが注目される。この地域における「細民」人口の多さを示しているのではないだろうか。なお、この地域は一九二二（大正一一）年に正式に「王子第二区」（二区王子ともいう）となり、初代区長には米田若松が選ばれている。

さて、先に述べたように信太村では米騒動は発生しなかったと考えられる。村当局が米騒動直後に大阪府に提出した「意見状況書」のなかでも、硝子珠製造などの「副業ノ増収ニ依リ其《その》得ル所大ナリシ為メ、米価暴騰及食料品ノ買収ニハ何等ノ困難ヲモ感セザル」という当時の状況が記されている。このように比較的安定した状況であったにもかかわらず、信太村当局が急いで廉売事業を実施したのはなぜであろうか。この問題については隣村である南王子の状況も合わせて考える必要があろう。村当局は、南王子で米騒動が発生した場合、それが「新王子」の住民を介して信太村にも波及し、騒動が発生すること、つまり騒動の連鎖を恐れていたのではないだろうか。

写真15　『国の光』12巻6号　1933年6月（和泉市立人権文化センター蔵）

南王子青年団と『国の光』

近世以来、ながく南王子村ではアウトロー的存在や若者組をいかに統制するかということが課題となっており、近代に入ると青年組織が幾度となく結成された。一八九五（明治二八）年七月創設の青年同志会、一九〇八（明治四一）年ごろ創設の南王子青年東雲団、大正期に入ってから創設された少年文星会、大正会、そして南王子村青年会（一九一三年二月一一日創設）

などである。いずれも村内で定着せず、この課題は一九二一（大正一〇）年ころから南王子青年団がその活動を活発化するまで持ち越された。

その南王子青年団は一九一六（大正五）年に設立されたが、これは、南王子村青年会が一九一六年一〇月二日に発令された大阪府訓令第二三号青年団体設置要項を受けて改称したものである。設立後しばらくは、村内対立の余波が団運営にも及んだため、「役員の選挙不可能にて現在は有名無実にして何等活動なし」（大阪府救済課『部落台帳』）という状態であった。しかし後ですぐ述べるように、機関誌『国の光』（『くにの光』とも）刊行を機に一九二一年ごろから活動を活発化するようになり、以後村の青年たちは、①文芸（『国の光』の発行など）、②スポーツ（全国大会に数多くの選手を派遣した陸上競技など）、③娯楽（地車や盆踊りなど）の三つの要素によって組織化されるようになっていった。

ちなみに、青年団主催による盆踊りの開始が一九二一年、泉北郡連合青年団陸上競技会での優勝と聖神社祭礼での地車曳き出しを担うようになるのがともに一九二五（大正一四）年のことであった。一九二八（昭和三）年の聖神社祭礼で在郷軍人会とともに地車の世話をした際には、「従来の悪弊一掃、統制を保す。村民に好感を与ふ」と『国の光』には記されている。

このように近世以来の課題の解決に貢献した青年団であったが、その青年団が思わぬ副産物を生むことになった。南王子水平社である。南王子水平社は、中田与惣蔵（一八九八〜一九六九）や中野次夫（一九〇六〜一九八一）ら青年団幹部が中心となって創立された。青年団が水平社の母体となったのである。そこで、やや詳しく南王子水平社創立の経緯について、『国の光』刊行前後の青年団活動を通して振り返っておきたい。

先に述べたように青年団は設立してしばらくは休眠状態であったが、延原邦雄という巡査が一九二〇（大正九）年一二月に村の平松駐在所に赴任するとその状態は一変した。延原は「寝食を忘れて本団の為に」尽

写真16　岸田岡太郎肖像画　和泉市立人権文化センター『南王子村の水平運動』2003より。

力したといい、団の役員会議が延原の自宅で行われることもあった。その結果、翌年四月七日に機関誌『国の光』が創刊された。誌名は延原の命名である。

創刊後、ほぼ毎月刊行された『国の光』は、一九三八（昭和一三）年五月号の発行まで確認され、計一〇三冊が和泉市立人権文化センターに残されている。村役場でも「毛筆を使用してゐた」時代に、中野と小泉定夫が自費で謄写版印刷機を購入し、手作業で製本して刊行したという。誌面は、主として幹部や団員からの投稿記事によって構成されており、その内容は時事問題、生活、教養、文芸に関するものが中心であった。

創刊当初は鳳警察署長や大津分署長が寄稿するなど、警察と青年団とは親和的な関係にあった。また警察は、一九二二（大正一一）年一月号に大津分署長が広告を掲載するなど、広告費を名目に刊行費を援助していたと考えられる。しかし青年団は出版部名で同年五月号において刊行費の損失を埋めるために広告欄を新設することを団員に通知するとともに、一頁一面（裏表紙又は表紙裏）で八〇銭などとする広告料金表を掲載し、団独自で出版費集めを行うようになった。以後、七月号には中田製靴、九月号には奥田靴店（奥田浅夫）の広告などが掲載されるようになっていく。警察官からの寄稿も、一九二二年四月号に掲載された鳳署長金崎義雄「青年の常識修養と趣味」を最後にみられなくなっていく。以上みてきたような、団活動の警察からの自立の背景には、同年三月の全国水平社創立とそれに呼応する村内の動きがあったものと考えられる。

南王子水平社の創立

一九二二（大正一一）年二月一五日、同月二一日に開催されることになる大日本同胞差別撤廃大会の準備委員会が大阪市民館で行われることになった。準備委員会の案内は南王子にも届いた。青年団の団員であり、のちに弁護士となって水平運動を支えた岸田岡太郎（一八九三〜一九二三、写真16）は委員会前日に、あるメモを書いている。岸田は、委員会に出席して南王子の代表として委員会で意見発表をするつもりだったようである。メモはそのために部落差別の現状についての自らの見解をまとめるとともに、それについてほかの団員から意見を求めるために書かれたと考えられている。

まず、岸田は「吾人《ごじん》決シテ生レナカラニシテ賤《いや》シイ者テモナンテモナ」く、「社会的生活性ヲ持ツテ居ル」人間そのものであると主張する。それにも関わらず自分たちが「忍辱ナル生活ヲ送」っていることに憤慨し、部落外と接触の機会がある者ほど差別がはなはだしいとの認識を示す。次いで日本政府が諸外国に「人種平等案」を提案し、「参政権運動」なども活発に行われているのに、部落問題に言及する者は少ないという社会の不関心についても告発する。そして最後に「此ニ於テ自ラ立テ世ニ訴ヘネハナラヌ」と決意し、大会に対する「希望ヲ諸君等ハ真面目ニ考ヘテモライタイ、他人ノコトテハナイ」と訴えたのである。

岸田が準備委員会に参加したかは確認されていないが、岸田の見解は、この委員会の席上で従来の部落改善運動の不徹底を批判しながら「部落の解放は部落民自身の力に依って真剣に展開されなければならぬ」と主張した西光万吉《さいこうまんきち》（全国水平社創立メンバー）の意見と共通するものがあった。

二月二一日の大阪中之島公会堂での同胞差別撤廃大会は、現状に妥協しつつ部落を改善していこうとする立場から同時期に準備が進められていた全国水平社創立の動きを牽制するために開かれたものであった。しかしこの大会が始まると、その目的とは正反対に水平社創立大会の宣伝の場と変わっていった。元大阪府知事菊池侃二ら名士の挨拶は次々と野次り倒され、代わって西光ら水平社創立メンバーが壇上にかけ上がって水平社の宣伝演説をはじめた。それを合図に「京都市公会堂における水平社創立大会に参加せよ！」などと

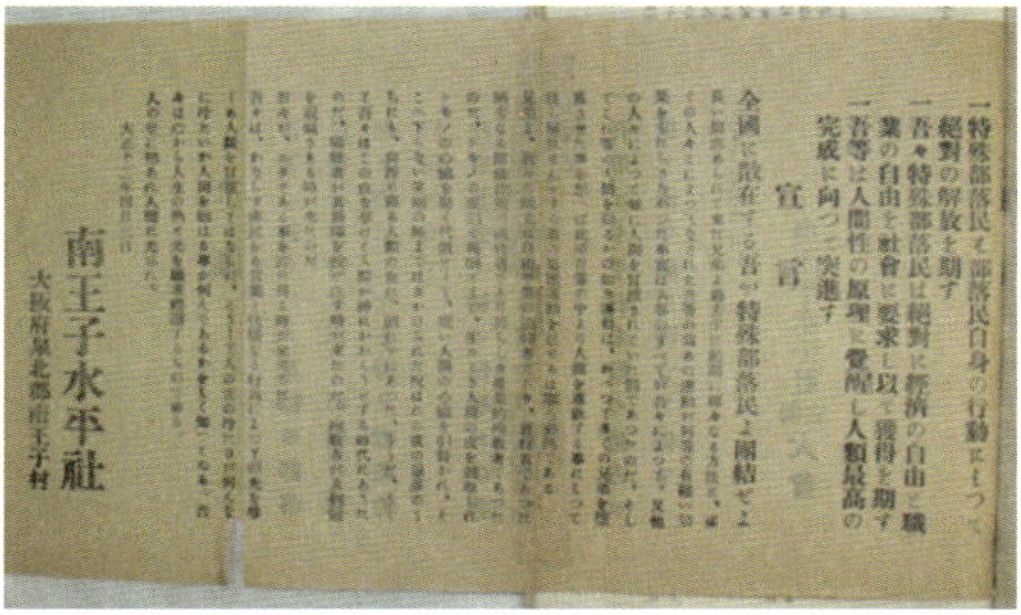
一、特殊部落民は部落民自身の行動によつて絶對の解放を期す
一、吾々特殊部落民は絶對に經濟の自由と職業の自由を社會に要求し以て獲得を期す
一、吾等は人間性の原理に覺醒し人類最高の完成に向つて突進す
宣言
全國に散在する吾が特殊部落民よ團結せよ
南王子水平社
大阪府泉北郡南王子村

写真17　南王子水平社の創立大会　綱領・宣言（和泉市立人権文化センター蔵）

いうビラが会場内でまかれたのである。大会には部落民の代表約五〇〇名が参加したという。南王子からは中田与惣蔵と中野次夫が参加し、中田は「東洋のマンチェスター大阪、そこでこのような計画が実現したのは実に意義あることであります」といった趣旨の演説をしたといわれている。

全国水平社の創立大会は、三月三日に京都市岡崎公会堂で開かれた。南王子からは中逵義夫・岸田為信が参加した。大会後、村内では創立大会で刊行が決議された機関誌『水平』が中野ら青年達の間でまわし読みされた。しかし、南王子では水平社はすぐには設立されなかった。南王子水平社創立は全国大会の約一年後の一九二三（大正一二）年四月三日のことであった。

南王子水平社の創立大会は西教寺で参加者約八〇〇人を集めて開かれた。青年団長も務めた村助役の橋本仲治によって全国水平社とほぼ同様の綱領と宣言（写真17）が読み上げられた。全国水平社本部から参加した西光や栗須七郎、平野小剱らが「熱弁」を振るうと、聴衆は感動して「時ノ過グルヲ知ラナカッタ」と『国の光』一九二三年五月号は記している。午後七時に始まった大会は午後一二時に終わった。

創立大会は盛会で終わったものの、その後の活動は容易ではなかった。大会では村民の信仰を集めていた西教寺を会場として使用することができたが、その後は寺をなかなか使用できなかった。当初、役員の会合として利用されたのは、青年会館であり、それが西教寺（玄関座敷）となるのは、七月一三日の第二回大会以後のことである。活動するメンバーも限定、固定化されていた。創立以来、水平社には「委員」もしくは「地方執行委員」が一八～二〇名存在していたが、一九二三年末段階で委員会に一回も出席しない者が四名いた。南王子では、村内での活動をスムーズに行うために、

写真18　南王子水平社宛のはがき（部落問題研究所水平文庫蔵）

村の重鎮たちを委員に就任させていたが、その「社員中の老人（同行衆）に水平社を誤解」「無関心する者」（一九二三年五月三一日付け南王子水平社から大阪水平社本部栗須七郎宛葉書）がいたのである。中野次夫の回想によれば、委員には「私らより年ぱいの人にやってもらって、実際の準備、宣言とか綱領の印刷なんかは中田さんと私とでやったんですよ」という。

活動当初は、理論面、動員面で大阪水平社本部に強く依存していた。南王子水平社は、大阪水平社本部で活動していた栗須七郎宛の先の葉書の中で、真宗信者でもある村民に対し、水平運動が「宗祖親鸞上人の思召に叶ふ」ものであることを示すビラを配布するので、その原稿の執筆を依頼している。結局、栗須は六月二三日付け葉書（楠川由久代筆）でその依頼を断っていた。また、第二回大会はすでに述べたように七月一三日に自立座で開かれたが、実施までに少なくとも三度日程が変更されている。変更事情には不明な点もあるが、「廿六日になすったそうですが、当方で丁度《ちょうど》其日には何処にもありませんから、差支へありません、今度は日取《ひどり》の変更をなさらないぬ《（ママ）》に願ひます」（六月一九日付）や「十三日は日がありますから、其日をあなたの方の大会にして頂きたいと思ひます」（七月三日付）といった楠川から南王子水平社宛葉書にあるように、南王子主導で大会日程を決めているものの大阪水平社本部の動向が大会日程を左右していたのである。南王子側が大阪側の動向に配慮しなければならなかったのは、栗須ら大阪幹部が参加すれば、多数の聴衆動員が見込めると考えられたからではないだろうか。

このように、創立当初の南王子水平社の同人たちは困難を抱えながら活動を開始したのであった。

全国の中の南王子水平社

さて、これまでの叙述のなかでそのいくつかを紹介してきた南王子水平社宛の葉書は、もともとは中野次夫が保管していたもので、現在一七九通残されている（写真18）。その多くは一九二三年から二四年にかけて全国の水平社関係者から送られたものである。水平運動の活動家がこれほどたくさんの葉書を残しているのは全国的にも珍しい。全国の水平社同士の交流を示す貴重な資料であり、全国のなかで南王子がどのような位置にあったのかをうかがえる資料もある。

京都の全国水平社連盟本部の増田清三郎方に身を寄せていた近江蒲生郡桐原村中小森部落の大黒与三松は、「扠而《さて》甚ダ突然ニテ恐縮之至リニ候《そうら》へ《え》共《ども》、貴地選出代議士南氏ノ居所ヲ御知ラセ願度《ねがいたく》」と南王子水平社に依頼していた（一九二三年五月一二日）。このころ、南鼎三（「南代議士」。本章4節参照）は水平運動に理解のある政治家として関係者に知られていた。南は、一九二三（大正一二）年三月の全国水平社第二回大会後、大会決議を実行するために上京した南梅吉、栗須、平野ら水平社幹部と東京で懇談した代議士の一人であった。また同年三月一七日に奈良県で起きた「水平社対国粋会争闘事件」（いわゆる「水国争闘《すいこくそうとう》事件」）後の帝国議会予算委員会で、「弱キ者ヲ助ケズ、此屈辱ヲ受ケテ居ル者ヲ助ケ」ない国粋会を批判する発言をしていた。大黒は、このような発言をした南という政治家に注目し、接触を図ろうとして、南王子水平社に連絡を入れたのであろう。

大黒の依頼に対する南王子水平社の対応は不明であるが、南王子住民と南との関係については、南王子水平社の連絡係を務めた植田由春の次の回想がある。

　これまではね、南王子の人を人夫にやとうてくれへんかったんです。それが、野砲連隊の工事をするとき南鼎三代議士の子分の、ありもという人がはじめてやとうてくれたわけです。確か大正九年ぐらいのことです。このころね、選挙のときに「口で大植、心で南、なんで入れましょ中林」いう言葉がはやりました（『五等の叫び』）。

大植（万次郎）、中林（友信）とは一九二〇（大正九）年総選挙で南と議席を争った候補者である。また南は、一九二〇年に泉北郡に府立中学校（鳳中学校。一九二二年開校）の新設が決定され、それをうけて米田若松が敷地購入費八万円の寄付を申し出た際、その申し出を郡当局に仲介していた。

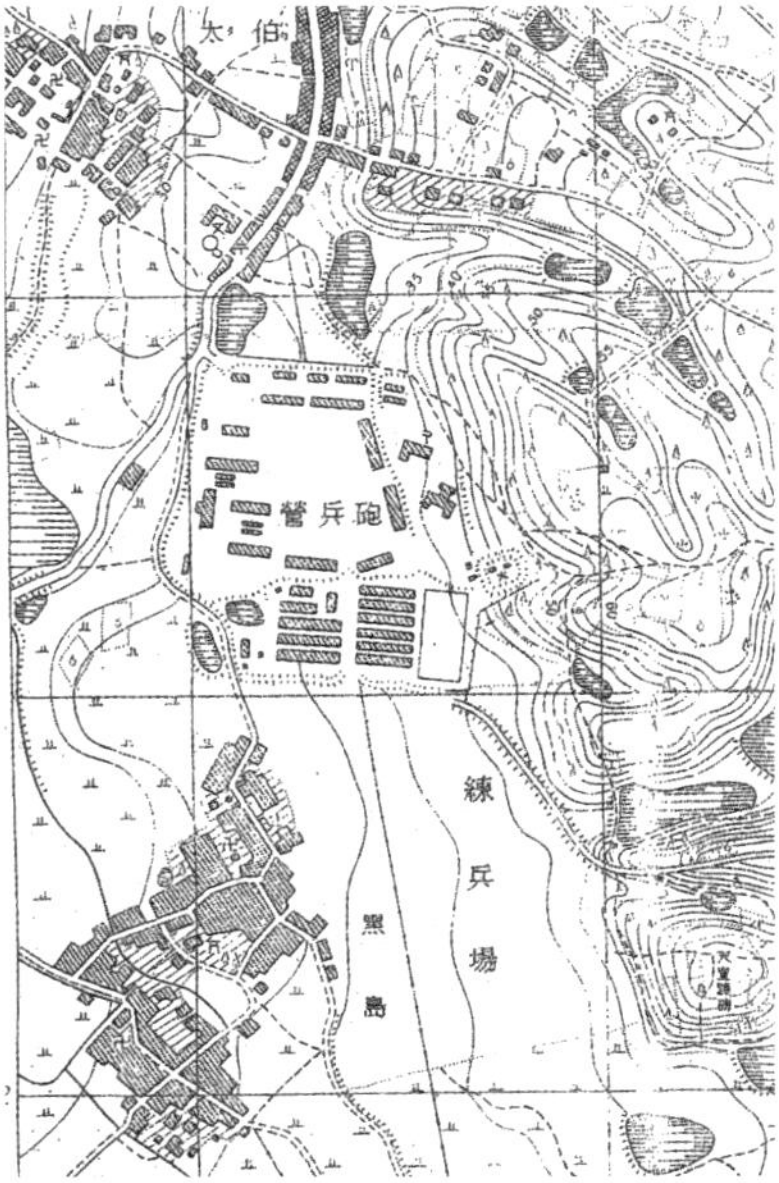

図３　信太山演習場一般図（部分）　1920年代後半の様子。砲兵営と練兵場がみえる。

野砲兵第四連隊の移転

植田の回想にでてくる野砲聯隊とは、一九一九（大正八）年、伯太村（大字黒鳥・伯太）に大阪城法円坂から移転してきた野砲兵第四連隊《やほうへいだいよんれんたい》のことである。信太山演習場に近接する信太山丘陵の裾に野砲兵の兵営（一六町）と衛戍《えいじゅ》病院、黒鳥の平坦部には練兵場が置かれ、伯太に憲兵隊が設置された。一九二〇年の国勢調査によれば、営内居住者は七三三人であった。営外居住者を含めれば、およそ九〇〇人ほどが常駐することになったのである。また、野砲を牽《ひ》くために多くの軍馬が必要であり、およそ五〇〇頭を有したという。

このときの移転は、全国的な軍事充実の一環で実施されたものであったが、大阪市内の軍事施設を郊外に移したいという都市計画上の要請もあった。たとえば、野砲兵の移転が決まった後のことになるが、大阪府議会は、一九一九年（大正八）一月、内務大臣にあて「大阪師団移転に関する意見書」を提出し、都市計画の阻害要因となっているとして、第四師団の郊外移転を要望している。

移転用地の大半は、陸軍が伯太村の協力も得て買収した。また、黒鳥の好本勝治郎は、野砲兵兵舎予定敷地内に所有していた五世紀前半の帆立形古墳・大塚《おおつか》（王塚、鍋塚《なべつか》とも）を軍に献納している。

写真19　「絵葉書　我等乃聯隊」（野砲兵第四聯隊酒保発行）より　陸上自衛隊信太山駐屯地には、現在も将校集会所（現修史館）をはじめ戦前の建物が残る。

移転工事を請け負ったのは大林組で、敷地の土壌を固めるための砂利を納入したのが地元池上の南鼎三が経営する南組であったという。南組は、泉大津板原付近の大津川で砂利を採取し、トロッコで黒鳥まで運んだといい、先の回想にあるように、南王子からも人夫を雇い入れていた。

野砲連隊が移転した一九一九年には、一条院、阪本、東阪本、池田下の一四町八反余が新たに陸軍演習場用地に組み入れられるなど、信太山一帯の軍事拠点化が進行していった。また、野砲連隊の常駐にともなって、地元では、軍と結びつく層の形成も進んだと思われる。たとえば、土地を買収され耕地を失った変わりに演習場の管理人となったり、馬糧商に転身して成功したケースなどがあったという。また、伯太村役場は無償で人馬の糞尿を貰い受けており、これらは肥料として、近接する村々だけでなく、上松《かんまつ》や南掃守《みなみかもり》村（いずれも現岸和田市）などにも引き取られたという。さらに、兵営の正門前の小栗街道沿いには、次第に「門前」が形成され、旅館、カフェ、写真屋などが集まるようになった。

第3章　昭和戦前期〜戦時下の信太山地域

昭和期に入ると、阪和電鉄や現在の府道三〇号が開通するなど、平野部を中心に都市化が進行した。また、十五年戦争の展開とともに、信太山演習場の拡張が進み、信太山周辺には軍事施設が集中するなど、軍事的な拠点として強化されていった。こうした状況のもと、信太山の用益や耕作権、住民生活はどのような展開を遂げていったのだろうか。

1　阪和電鉄の開通と沿線開発

信太地域の農業─産業の特徴

表14は、一九三六（昭和一一）年現在の信太、南王子両村および和泉町（一九三三年に伯太《はかた》村と国府《こくふ》村、郷荘《ごうしょう》村が合併）の農業に関するデータである。これによると、南王子村の農家戸数はおよそ二〇パーセントに過ぎず、その多くは兼業農家である。また、信太村の場合は約三七パーセントで、そのうち専業農家はおよそ四四パーセントである。大字《おおあざ》ごとの違いを考慮に入れる必要があるが、両村とも村全体としてみた場合は農業が必ずしも主要産業の地位にはない。ちなみに、和泉町は農家戸数は四八パーセントと、農業の占める位置が両村よりも相対的に大きい。

耕作耕地面積でみても、両村とも一町未満が九〇パーセントを超えており、小規模経営が大多数となっている。とくに、南王子村では五反未満が八七パーセント近くあり、より零細な経営である。同史料には、「農家の主なる兼業」として、「硝子玉製造」が南王子で一一八戸、信太では一三〇戸とあるのが注目される。

信太村の耕地を所有するのは一二七戸に対し、信太村の自小作を含む自作農家は一五五戸である。南王子村では、耕地所有九九戸に対し、自作・自小作農家は一一六戸である。耕地所有戸数よりも自作戸数が上回っている。つまり、所有耕地が村内にはない自作農家が少なからず存在していたのである。一方、和泉町の場合、自作・自小作農家五三一戸に対し、町内の耕地を所有する農家戸数は八〇〇戸もある。和泉町内の農地を、少なくない町外の者が所有しているのであり、ここに南王子村や信太村の自作農家が少なからず含まれているのではないだろうか。

一九三〇（昭和五）年の国勢調査では、住民の「従業又ハ通学ノ為ノ移動人員」が明らかとなる（図4）。注目されるのが、伯太村との関係である。伯太村へは南王子村から四二八人、信太村からは八二人が移動している。伯太村からも信太村へ三四人、南王子村へ二五人が移動している。後述する南王子村・伯太村の境界変更（一九三一年）直前であるが、伯太村と信太地域の密接な関係がうかがえる。なお、南王子村から信太村へは二七人が移動しているのに対して、信太村から南王子村への移動は、九人以下であるためか記載がない。

	総戸数	農家戸数（%）	専業	兼業	自作	自小作	小作
信太村	906	333（36.7）	148	185	48	107	178
南王子村	1173	238（20.2）	65	173	53	63	122
和泉町	1878	907（48.2）	421	486	268	263	376

表14－1　農家戸数（1936年）　大阪府農会『大阪府農産物生産状態』1939より。

	5反未満	1町未満	2町未満	3町未満	5町未満	計
信太村	164	145	23	0	1	333
南王子村	206	25	5	2	0	238
和泉町	582	280	42	2	1	907

表14－2　耕作耕地面積別農家戸数（1936年）

	5反未満	1町未満	3町未満	5町未満	10町未満	50町以上	計
信太村	60	41	15	9	1	1	127
南王子村	78	12	6	3	0	0	99
和泉町	468	202	115	8	7	0	800

表14－3　耕地所有面積別戸数（1936年）

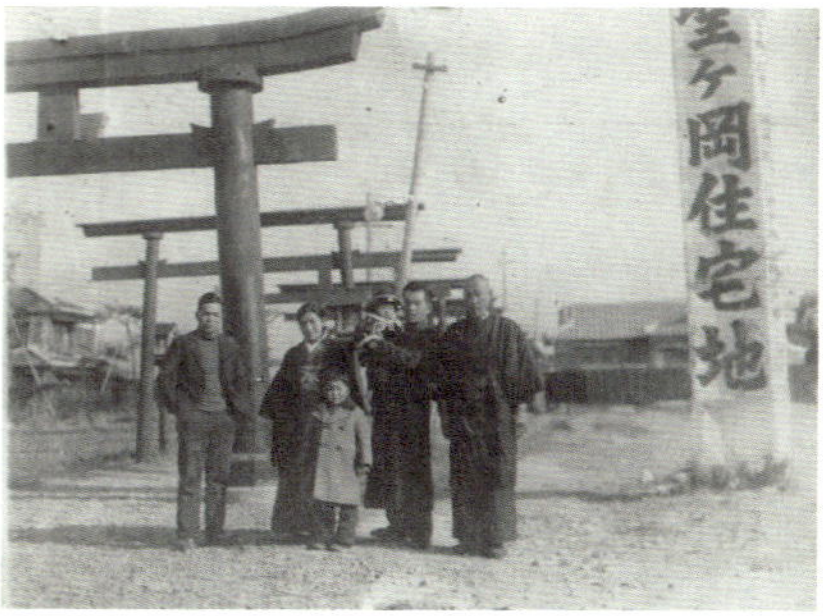

写真20　聖ヶ岡住宅地　『和泉市50年のあゆみ』より。

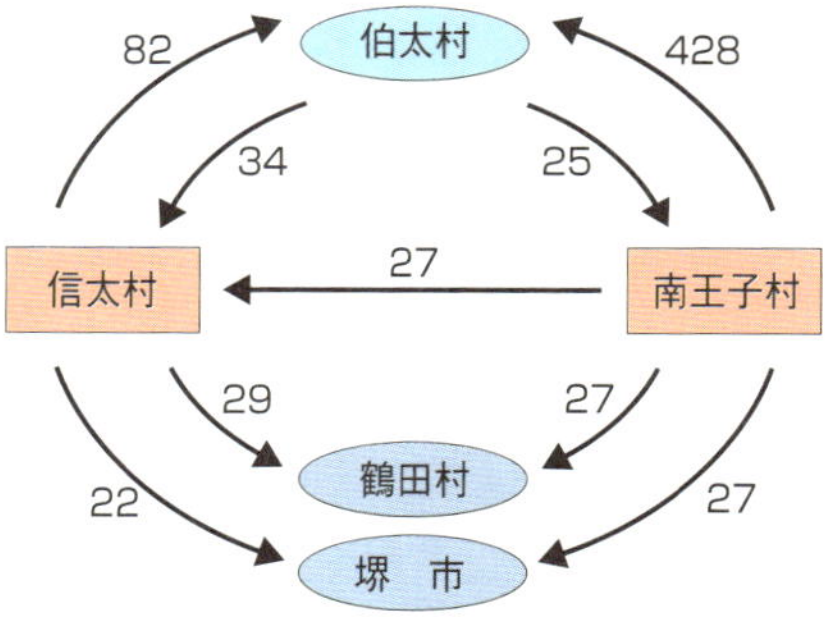

図４　信太村・南王子村における移動人員
1930年国勢調査による。

阪和電鉄葛葉停留場の設置と聖ヶ岡住宅

阪和電気鉄道株式会社（阪和電鉄）は、現在のＪＲ阪和線に該当する。同社は一九二六（大正一五）年四月創立され、一九二七（昭和二）年二月に鉄道施設工事が始まった。天王寺―和泉府中間が一九二九（昭和四）年七月一八日に開通し、和歌山までの全線が開通したのは一九三〇（昭和五）年六月一六日のことである。開業時に、鳳―和泉府中間に設置された駅は信太山停留場（現信太山駅）のみであった。信太村では、村を挙げて村内に駅を誘致し、一九三二（昭和七）年二月二日には葛葉稲荷停留場（同年中に阪和葛葉停留場と改称）が設置された。

一九三一（昭和六）年一一月一二日の村会で、停留場新設のため村費から阪和電鉄に対して五〇〇〇円の寄付を行うことが決定されている。阪和電鉄による駅前の住宅地開発計画があり、そのための不動産取得税一〇〇〇円余が生じ、村財政への収入となる。加えて、駅や住宅地付近の発展、さらに「村民ノ便益」などからも、寄付金を支出しても損ではない、というのである。なお、この寄付は、停留場設置の交換条件として、阪和電鉄から要求されたものであり、実質は不動産取得税の負担軽減をはかるものであった。

駅前の宅地開発を担ったのは、阪和電鉄本社内に事務所を構えていた大阪近郊土地株式会社であり、当初は、千枝《ちえ》の荘《そう》住宅として分譲がはじまった。葛葉稲荷の千枝《ちえ》の楠《くす》にちなんだ名前であろう。一九三五（昭和一〇）年からは、阪和電鉄自身の手で、聖《ひじり》ヶ岡住宅地として売り出されることになった（写真20）。阪和電鉄にとっては、上野芝向ヶ丘および上野芝霞ヶ丘につづく沿線宅地開発の第三弾と位置づけられ、一九三六（昭和一一）年五月には住宅博覧会を開催するなど宣伝に努めた。同年一月の『阪和ニュース』によれば、分譲地は一等地坪当たり一一円、二等地一〇円、三等地八円で、契約者には一年間の阪和電鉄全線無賃乗車および引越し荷物の鳳駅までの無料運搬等の特典があったという。聖ヶ岡は、大字太および上・中・尾井などの一部からなるが、信太村内の区として位置づけられた。

なお、阪和電鉄は、戦時体制下の陸運統制令により、鉄道省主導で南海鉄道と合併することとなり、一九四〇（昭和一五）年一二月一日、南海鉄道山手線となった。阪和葛葉停留場も葛葉稲荷停留場と改称した。さらに一九四四（昭和一九）年五月、国鉄へと移行し、葛葉稲荷停留場は北信太駅となった。

黒鳥山荘と信太山ゴルフリンクス

阪和電鉄の開通にともなう沿線開発は、信太山丘陵（演習場と野砲兵兵営との間に挟まれた一帯）にも及んだ。

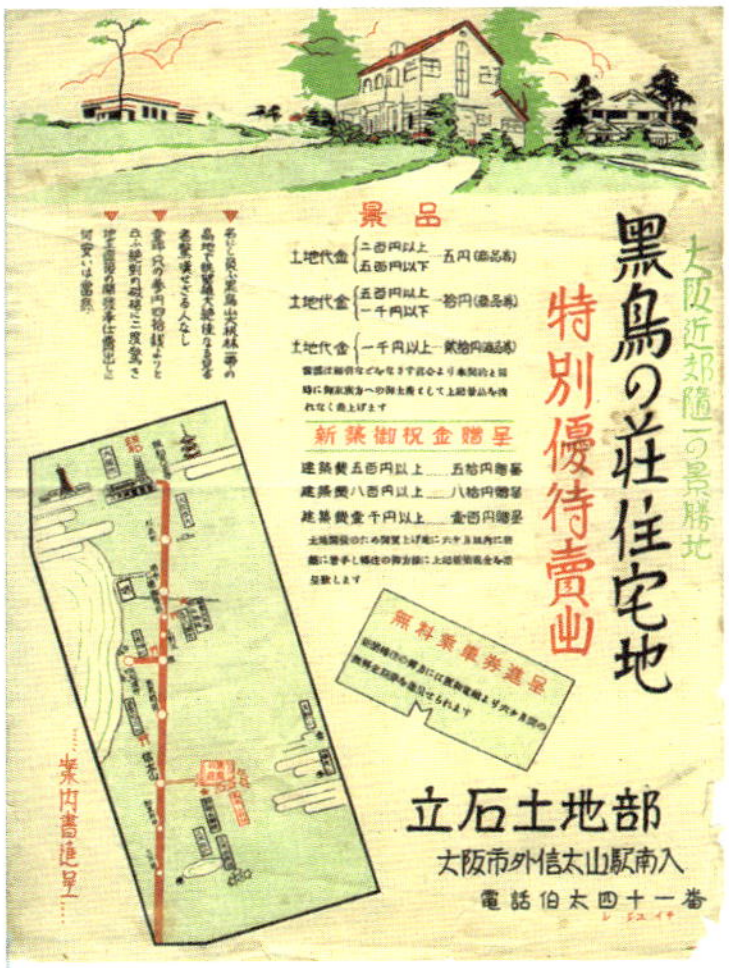

写真21　黒鳥の荘住宅の分譲案内（立石家蔵）

黒鳥の立石土地部は、黒鳥山の宅地開発にのりだし、黒鳥の荘住宅地（黒鳥山荘《さんそう》園芸住宅地）として分譲を開始した（写真21、現山荘町）。分譲地は、一七七区画で、一〇〇～二〇〇坪で坪五～七円程度の区画が中心であった。現在は、市内有数の桜の名所として知られる黒鳥山であるが、当時は桃林として著名であり、立石土地部では、桃林をはじめ自然に親しむには絶好の土地で、大阪市内への通勤に適度の場所だと宣伝した。新築移住者には阪和電鉄から半年の無料定期券が進呈されたという。また、一九三一（昭和六）年八月には、阪和スキートハ

写真22　仮装行列　大岡政談（1930年）『信太山盆踊りの位相』より。
写真23　信太山盆踊り　1942年の様子。『和泉市50年のあゆみ』より。

ウスが営業を開始し、料亭・宿泊所などとして利用された。のちに温泉もひかれたという。翌年には、信太山駅からスキートハウスまでの乗合バスの運行もはじまっている。

黒鳥山から伯太一帯は、藤沢薬品の所有地も広がっており、樟脳《しょうのう》用の楠《くす》が植えられていたが、楠の生育に適さなかったこともあり、別荘地（藤沢会館）を残して、所有地の大半をゴルフ場用地に転用した。ゴルフ場を経営したのは、阪和電鉄の子会社である信太山ゴルフ株式会社であった。ゴルフ場の設計は上田治があたり、造成は安達商会（現安達建設）や南組が担当したという。一九三五（昭和一〇）年一一月一日に練習場が開設され、翌年四月一日、南大阪唯一の本格ゴルフ場として信太山ゴルフリンクスがオープンした。会員は、同年五月現在、大阪府内の有名企業役員らを中心におよそ二〇〇名を数えた。

信太山盆踊り

阪和電鉄は集客のため沿線の宣伝に努め、信太山盆踊りを熱心にバックアップした。信太山盆踊りは、もともと南王子村の若中衆が中心となって催されてきたが、一九二一（大正一〇）年から、南王子青年団が主催するようになった。青年団の機関誌『国の光』によれば、大正末ごろから三日間開催されるようになり、阪和電鉄が開通した一九二九（昭和四）年からは阪和電鉄の後援をうけ、「万に近くの盛会の極み」で、活動写真も撮影されたという。翌一九三〇（昭和五）年にはマイクロフォン設備も導入されるなど、いっそう盛大になるとともに、こんにち踊り唄われるかたちが整っていた。阪和電鉄は、盆踊り当日は、終電を遅らせたり、終夜運転を実施した。一九三二（昭和七）年の盆踊りは、踊り子は数千人、見物人は、雑誌『上方』主催の見学会参加者一二五名も含め三万人を数えたという。

盆踊りでは、組屋ごとに趣向をこらした仮装行列（写真22）がみられたことも注目される。組屋とは、村の主要産業である下駄表作りをする娘たちの作業場に、青年たちが遊びに行き、仕事を手伝いながら、世話をしたり、歌を唄ったりしたもので、世話をするおばさんの家の名をとって○○組と名乗ったという。盆踊りの練習や仮装行列のほか、槇尾山などにハイキングに出かけることもあり、当時の「男女交際」の場でもあった。

2　南王子村民の居住域拡大と境界変更

一九二〇年代までに、南王子村民のなかで行政村の範囲を超えて隣接する信太村や伯太村へと居住地を移す人びとが増え、その居住域を拡大させていった。こうした状況に対し、一九二六（大正一五）年一二月八日大阪府内務部長は、「行政事務整理改善ニ関スル件依命通牒」を発し、隣接する伯太・信太両村に家屋を建設する者が三百余戸に達し、今後も増加が見込まれるため、両村と折衝し境界を変更して村域を拡張するよう、機をみて相当措置をとることを要望した。南王子村は、一九二九（昭和四）年二月二七日に村会で「公益ニ関スル意見書」を可決し、南王子村と伯太・信太両村との「合併ノ処分ヲ要望ス」ることとし、「直《ただ》チニ不可能ナラバ其ノ実現迄境界ヲ変更シ本村ノ地域ヲ拡張スル」ことを求める、という基本方針を確認した。

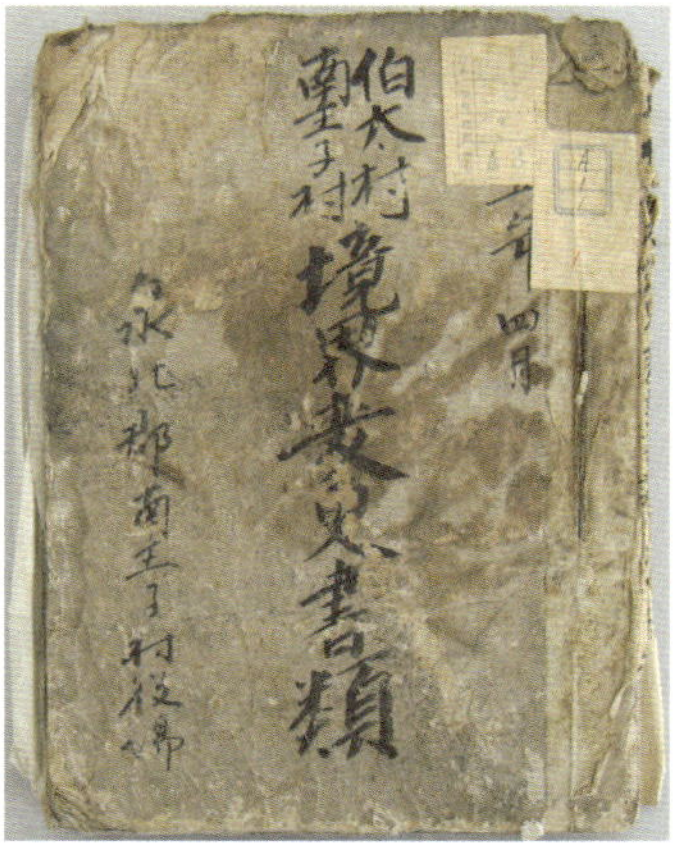

写真24　南王子村役場『伯太村南王子村境界変更書類』（和泉市指定文化財）

居住域の拡大の具体相

a「南王子村伯太村ノ境界変更ノ義ニ付キ申請」（一九三〇年四月一一日、南王子・伯太両村長から府知事宛）と、b「村境界変更ニ関スル件回答」（同五月二九日、南王子・伯太両村長から府内務部長宛）から、境界変更にまで至る南王子村民の居住域拡大の状況を具体的にみておきたい。

まず、拡大の空間的状況である。aでは、村域がきわめて狭小なため、増加する人口を村内で包容する余地はなく、「村境ヲ越ヘテ伯太村ニ住居ヲ構フル者」が三〇〇余戸を数えるが、その「住家ハ南王子村住民ノ住家ニ接続シ」、伯太の集落と相当の距離があるため、一見するとすべて南王子村の領域のような観を呈している、という。境界変更の対象地域は、行政区域としては伯太村域であっても、空間的視覚的にはまぎれもない「南王子村」だったのである。

次に、対象地域住民と南王子村との関係である。bによると、伯太の領域に住居を構える二四〇戸（男六二〇人・女六〇三人）のほとんどが、南王子村民からの分家か移転者で、氏子（八阪神社）や檀家（西教寺）、墓地の関係も南王子村民と同一であり、そのほかの様々な日常的な付き合いも変わりがない。そして南王子村営浴場を使用しており、風呂の面でも「南王子村」民だった。

また、aによると、子どもたちは、「単身寄留ノ形式」をとって、南王子村小学校に就学する慣習があり、その数は一七〇余名に及んでいるが、伯太村小学校に就学する児童は数名に過ぎないという。居住地の行政区画は伯太村であるため、当然「伯太村ノ負担ヲ分任」（伯太村に納税）しており、南王子村には納めていない。しかし、その子どもたちの大半は南王子村の小学校へ通っていることから、財政上の問題が生じ、行政村の境界変更へと至るのである。

ａではそのあたりの事情について次のように述べている。境界を変更し伯太村大字伯太の領地の一部を南王子村区域に編すれば、「南王子村ニ於テハ其資力増加シ財政上利便ヲ生」じるが、「伯太村ニ於テハ多少ノ財源ヲ失フ」が大きな財政上の支障にはならない、と。

ｂでは、境界変更後の南王子村の特別税戸数割賦課戸数が六五〇戸から八九〇戸へ二四〇戸増大するにもかかわらず、伯太村の賦課戸数は七八五戸から六〇〇戸へと一八五戸の減にしかならない（その差が五〇戸余）見込みであることについて、「賦課戸数ノ減少セザルハ変更セントスル区域内ニハ細民多ク従来免除者五十余戸ヲ算スルニ依ル」との説明がある。伯太村では「細民」として戸数割賦課免除されていた人びとであっても、全体として貧困層が多く存在する南王子村では課税対象となりうるのであった。

合併を求める理由

以上、南王子村民の居住域拡大という状況が展開したわけだが、ここで、前記、南王子村会の大阪府知事宛て「公益ニ関スル意見書」（一九二九年）をみておきたい。最初に「本村ト隣接村伯太村、信太村トヲ合併ノ処分ヲ要望ス」との「意見ノ要旨」を示したうえで、四つの「理由」を挙げている。

まず、「一、自治体トシテノ本村」であるが、全面積一四町に満たない貧弱村で、財政の破綻に近い現在の南王子村の村域＝枠組みでは、単独の行政村としての存続が困難で発展は見込めず、「自滅ノ外ナキ状態ナリ、本村ハ今ヤ自治体トシテ存在ノ価値ヲ失ヒツ、ア」るとの現状認識を表明している。

次にその困難さをもたらしている原因として、「二、財政ノ窮迫」を挙げている。そこでは、具体的な財政数値も挙げながら、その窮迫ぶりを述べ、その要因として、役場費や小学校費の膨張を挙げる。こうした

国勢調査　世帯数・人口

	世帯数			人口		
	1920	1925	増減	1920	1925	増減
南王子村	651	625	−26	2743	2638	−105
伯太村	677	823	146	3770	4941	1171
信太村	513	619	106	2417	2969	552

元本村民の現住地

	世帯数			人口		
	1920	1925	増減	1920	1925	増減
伯太地	70	145	75	350	631	281
信太地	58	120	62	249	507	258

南王子村出身者（南王子村＋伯太地＋信太地）の世帯数・人口計

	世帯数			人口		
	1920	1925	増減	1920	1925	増減
3地区合計	779	890	111	3342	3776	434

南王子小学校児童数

	児童数	割合%
南王子領	389	62.94
伯太領	167	27.02
信太領	62	10.03
3地区合計	618	100

表15　南王子村と伯太村・信太村との関係
南王子村会「公益ニ関スル意見書」(1929年）より作成。

経済的負担の重さと村域の狭さによって村民が伯太・信太の隣接村へ「続々《ぞくぞく》転住シ」て、人口なども減少し、「独立村トシテノ条件」を喪失しつつあるという。

そのうえで、「三、隣接村トノ関係」が、「(イ)人口等ノ増減」「(ロ)学齢児童」「(ハ)其他ノ関係」の順番で述べられる。(イ)と(ロ)に挙げられている数値などを整理したのが表15である。一九二〇（大正九）年から二五年の五年間で南王子村は人口（および世帯数）が減少したのに対し、伯太村と信太村は人口・世帯数が増加しているが、そのなかで、南王子村出身の人びとと「元本村民」の現住地である「伯太地」（伯太村内）分と「信太地」（信太村内）分の世帯・人口は大きく増えているのである。そして、南王子村に「伯太地」「信太地」を加えた部分、つまり南王子村出身の人びとが行政村・南王子村内だけでなく村域を越えて集住する地域を加えた全域で、人口が三三四二人から三七七六人へと四三四人の増加となっているのであった。そこでの本来の南王子村民（南王子村出身の人）三七七六人の居住地別の割合は、南王子村六九・八六パーセント、「伯太地」一六・七一パーセント、「信太地」一三・四三パーセントとなっている。

さらに南王子小学校の在籍児童数は六一八人だが、そのうち「南王子領」の児童は六割に過ぎず、残り四割近くが村外の南王子出身者の居住地域「伯太領」「信太領」から通う児童なのである。

さらに、意見書は続いて「四、陋習ノ打破」として、南王子村が「地域狭小」のまま「放任」されてきた原因として、「封建時代ニ於ケル階級制度ノ犠牲者タル賤民ノ地ナルガ為」という「未ダ一掃サレザル」「陋習」を挙げ、この「一大社会問題」の解決のためにも「果断ナル処分」が必要であるとして、信太・伯太両村との合併を求めるのであった。

最後に意見書は、「五、結論」として、「三ヶ村ヲ合併シ強大ナル村タラシムルコトハ本村ノ公益タルニ止《とどま》ラズ自治体ノ本義ヨリ見テ当然ニシテ而《しか》モ喫緊《きっきん》ノ要事ナリ、若《も》シ合併ノ実現ニシテ種々ノ故障ニヨリ今直《ただ》チニ不可能ナラバ其ノ実現迄境界ヲ変更シ本村ノ地域ヲ拡張スルハ自滅ノ現状ヨリ救フ唯一ノ道ナリト信ズ」と述べ、本意見書を提出したとした。

境界変更

結局、両村との合併は実現せず、伯太村域の一部を南王子村に編入することとなり、一九三一（昭和六）年一月一日付で境界変更が実施されたのである。このとき南王子村に編入されたのは伯太村大字伯太二三六筆、大字池上一三筆で、それぞれ南王子村大字伯太、同大字池上とされたが、同年七月一日、二つの大字は廃止された。なお、この境界変更に関しては、南王子村から伯太村へ報償金五五〇〇円が分割で支払われることとなっていた。第一回分は約束通り支払われたものの、二回目からは、南王子村の財政難により支払いが滞り、伯太村から訴えられ、裁判になっている。

信太村「二区王子」

一方、信太村との間では境界変更はなされず、同村にはひきつづき南王子村出身者が多く居住し続けることになった。つまり信太村二区王子（王子第二区）が固定されたわけである。

この二区王子について、住民の関わる二つの小学校寄付から、その特徴の一端にせまってみたい。まず、一九三一（昭和六）年の南王子小学校の再建に対する寄付である。同年七月放火で焼失した小学校の再建費用の寄付者名簿によると、放火者の父親が六二〇〇円を出しているほかは、九一九口の寄付からなっている。この九一九口は南王子村民をはじめとする南王子村出身者であると考えられる。住所が南王子村内であるものが一番多い（七七三口）のは当然だろうが、次いで信太村大字王子のものが一〇二口・一〇二人（全口数の一三・二パーセント）。注目されるのは、九一九口のうちの一番大口の寄付者は信太村の米田若松（二五〇円）であり、次いで南王子村長で、同じく信太村在住の橋本仲治が一〇〇円出している。

いっぽう、一九三〇（昭和五）年には信太小学校も新築されることになった。このとき、信太村の村民の寄付が集められ、二区王子からも八二名が寄付している。

同時期に行われた南王子小学校、信太小学校の建築に対する二区王子の寄付者のうち、両小学校に寄付しているのは六〇名。南王子小学校のみに寄付しているのは四二名、信太小学校のみに寄付しているのは二二名である。信太小学校に寄付した八二名（六〇＋二二）のなかには、実際に自らの子どもが同校に通学していた者も少なくなかったのではないだろうか。この点で、伯太村内の状況（南王子出身者の子弟のほとんどが南王子小に通学）とは対照的だったのではないだろうか。

なお、同じ南王子村出身者の集住区域であっても、旧伯太村域内と対照的な状況を示すことは、次にみる浴場問題での違い（信太村営浴場問題）にも表れることになる。

「新伯太浴場」問題

南王子村にとっては、近世以来、伝統的に「村の風呂」が大きな意味を持っていた。一九一一（明治四四）年には行政村が経営する村営浴場となり、一九二五（大正一四）年には新築され（敷島湯）、南王子村（財政）に引き続き大きな意味を持っていた。

一九三〇（昭和五）年、「新伯太浴場」の問題が持ちあがる。伯太村居住の南王子村出身者が増加するなかで、彼らや伯太村との境界付近の南王子村民をターゲットとした浴場として建設されたものと考えられる。これに対して、南王子村役場は、南王子村役員・南王子軍人分会・南王子青年団・南王子処女会の「後援」を得て、一九三〇年一月二五日付で、「御願」と題する文書を発行し、村民「各位」に「従来通リ村営浴場ヲ御使用下サレ度」いと訴えた（写真25）。この文書の中では、村政をめぐる紛争・分裂が断続して起きるなかにあっても、村営浴場を協同一致して利用する団結精神・愛郷精神がみられることを誇りとしており、伯太村居住者も含む「本村生レノ方々」に村営浴場の利用をお願いしている。

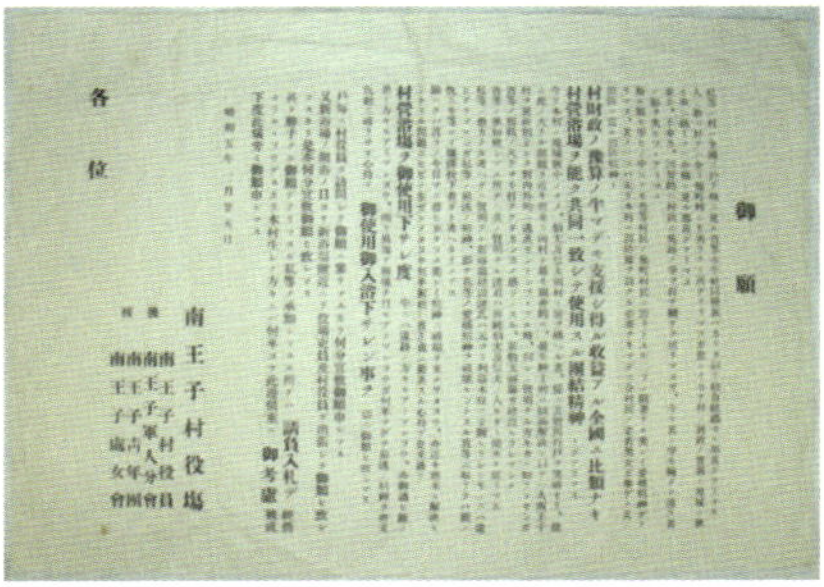
御願

村財政ノ豫算ノ半マデヲ支投シ得ル收益アル全國ニ比類ナキ

村營浴場ヲ能ク共同一致シテ使用スル團結精神

村營浴場ヲ御使用下サレ度

御使用御入浴下サレン事ヲ

南王子村役場

南王子村役員

南王子軍人分會

南王子青年團

南王子處女會

各位

写真25　御願（和泉市立人権文化センター蔵）

結局、同年一〇月一四日の村会では、新伯太浴場を借り入れ、村直営の浴場として建設することが決定している。さらに翌三一年一二月二八日の村会で、浴場を買収することとなった。こうして、もともとの村営浴場である敷島湯に加え、二つ目の村営浴場・昭和湯をもつことになったのである。

信太村浴場問題

一九三五（昭和一〇）年、今度は、信太村二区王子に信太村営浴場が建設される。同年五月三日の信太村会では、共同浴場新設費一部五〇〇〇円の起債が提案・可決されている。

この計画が一九三四（昭和九）年に明らかになると、南王子村では村営浴場に大打撃だとして、同年七月二八日の村会で建設絶対反対を全会一致で決議した。決議では、住民の担税力が弱いため、村税の九割は村営浴場の収益金等をあてているが、南王子村と王子村との境に浴場が建設されれば、付近の村民が新浴場に吸収され、村営浴場の収入に大打撃となり、本村財政が破綻するというのである。村政をめぐる対立・紛争が続発するなかにあっても、村の重要財源たる村営浴場の運命にかかわっては意見の一致を見たのである。

では、一方の二区王子住民はどのように対応したのだろうか。一九三五（昭和一〇）年の信太村会では、浴場建設について反対意見は出されていない。当時の信太村会には、二区王子出身の議員として米田若信と井登善二の二人がいた。浴場問題について議論・決定がなされた会議には、米田はいずれも出席して賛成しているが、対照的に井登はいずれにも欠席している。これは井登が浴場建設に反対ないし消極的であったことを示しているのかもしれないが、明確な反対の意思表示をしたわけではない。

二区王子には、模造真珠業者として有名な米田若松が居住し、工場を経営していた。米田は二区王子内でも、さらに信太村全体においても経済的・社会的に突出した地位にあり、この時期には息子の若信が村会議員となっていた。そして、この信太村営浴場建設計画がもちあがった一九三四年八月には米田の工場において共同浴場区民大会が開催されている（「逵田良善日記」一九三四年八月一四日）。米田の村会における態度から、これは共同浴場建設促進をめざす二区王子の区民大会だったのではないかと思われる。

このように、同じ南王子村出身であっても、信太村営浴場建設を進める二区王子の立場と、それに反対し、南王子村営浴場の経営を守ろうとする南王子村の立場とに分裂したのである。「新伯太浴場」問題と対照的であり、こうした違いは、同じ南王子村出身者の集住地域でありながらも旧伯太村域（南王子村に編入）と二区王子（編入されず）とで異なった経緯をたどったこととも通じる問題ではないだろうか。

二区王子においては、南王子村との関係（南王子村域に編入されるか、信太村内のままに据え置くのか）をめぐって内部に対立もあったかもしれない。しかし、米田のような経済的に突出した存在があるなかで、大勢は住民負担が増大するであろう南王子村への合併（南王子村と信太村の境界変更）よりも信太村内での「二区王子」継続を選択し、加えて区内での浴場建設の動きもうまれ、実現をみたのである。

南王子村営浴場の経営と村財政

ここで、南王子村の村営浴場の収益などの状況を確認しておこう（表16）。一九二〇年代後半から三〇年代初めにかけては、歳入のうち浴場使用料の占める割合は三～四割と高く、経費を差し引いた純益も八〇〇〇円を超えていた。ところが、一九三三・三四（昭和八・九）年ごろから、浴場使用料の占める割合が一割台に低下し、純益も八〇〇〇円を割り込むようになった。とくに、一九三六（昭和一一）年には、浴場使用料が前年の半額以下になり、歳入に占める割合も一〇・八パーセントまで低下した。純益も四〇〇〇円を割り込んだ。

一九三六年七月一〇日の村会では、ある議員が、「本年度歳入ノ内村営浴場ノ収入ハ隣村信太村ニ浴場開設ノ結果ニ基キ本村ノ収入ニ於テ約四千円ニ近イ減収ヲ来タス様ニナルト思ヒマスガ…」と述べており、前述の二区王子での信太村営浴場開業が、南王子村営浴場の収益減に多少なりともつながったものと考えられる。一九三七（昭和一二）年には改善したものの、一九三〇年代初頭までの水準を回復するには至らなかった。

そうしたなかで、一九三八（昭和一三）年一月から、村営浴場の経営方法が、それまでの村直営方式から変更され、南王子信用販売購買利用組合に委託されることになった。賃貸料は一ヶ月一〇〇円であった。さ

年度	歳入合計（円）	浴場使用料（円）	同・割合（％）	村 税（円）	同・割合（％）	歳出・浴場費（円）	浴場使用料－浴場費（円）
1928	31937.06	13772.77	43.12	5011.38	15.69	5052.3	8720.47
1932	48418.62	16228.91	33.52	4063.16	8.39	7617.96	8610.95
1934	83166.92	15715.03	18.90	4103.67	4.93	8405.24	7309.79
1936	45139.27	4880.57	10.81	4353.32	9.64	1015.2	3865.37
1937	37936.69	12357.64	32.57	4304.68	11.35	6809.14	5548.50
1938	39986.49	1200.00	3.00	10257.21	25.65		
1939	39521.38	984.44	2.49	12399.85	31.38		

表16　南王子村の財政と村営浴場の経営状況　毎年度の南王子村決算書より作成。

らに、一九三九（昭和一四）年三月三〇日には、村長による専決処分により、村営浴場が南王子信用販賣購賣利用組合に譲渡されることになった。こうして二つの村営浴場は、行政村の手から離れ、南王子信用販売購買利用組合の所有物件となり、同組合がその「一切ノ経営ヲナス」こととなったのである。そして、両浴場の「経営ニ依ル純益金」から、「納税奨励金」として村税特別税戸数割賦課分の「幾分」かを負担することとなり、さらに「残金」を村への寄付とすることとなった。

一九三九年度の村の決算では、寄付金のなかに「南王子産業組合」からの九八四円四四銭が挙げられている。また、両浴場が村営（直営）だった時期（一九三七年度まで）は村税の歳入全体に占める割合は一割程度だったものが、委託経営方式の一九三八年度は、前年までの四〇〇〇円台から大きく伸びて一万円余りとなり、歳入における比率も二五パーセントを超えている。「産業組合」に譲渡された三九年度にはさらに一万二〇〇〇円余で、比率も三割超となった。「納税奨励金」による村税収入の増加であろう。経営方式が変わったとはいえ、「村の風呂」の収益が行政村の財政を支えているという構造は変化せず、戦中・戦後へと継続されることになる。

なお、戦後の一九四六（昭和二一）年度には、八坂町歳入に「浴場建物使用料」が復活する。同年度の歳入七七万四〇〇〇円余のうち、浴場建物使用料が四万一四三八円であった（歳出二二五〇七円五二銭）。

3　戦時下の信太山地域

戦前信太山地域における朝鮮人の増加

戦前～戦時下の信太山地域については、朝鮮半島出身者の増加を抜きに考えることはできない。日本は二〇世紀初頭、朝鮮（当時の大韓帝国）を支配下に置く動きを強め、一九一〇（明治四三）年、韓国を併合した。以後、植民地支配下に置かれた朝鮮半島の人びとのなかで、生活・生業上の困難などにより日本内地に移り住む人が増えていった。一九二〇（大正九）年の第一回国勢調査によって判明する「植民地出身者」は泉北郡全体で一三一人、信太村ではわずか四人、南王子村にはいない。それが、一九三〇（昭和五）年には、信太村一八七人、南王子村一一二人、伯太村にも二四三人となっている。一九二〇年代半ばには一定数の朝鮮人が南王子村などに移住してきていることがうかがえる。『朝鮮日報』一九二六（大正一五）年一一月一六日付は、「朝鮮人共済会　大阪泉北郡に組織　水平社同人の斡旋で」と題して次のように報じている。

大阪府泉北郡南王子水平社泉地應吉は大阪府泉北郡に居住する朝鮮人が特殊な差別を受けていることを憤慨し、差別撤廃を計画して同村長木下安治と在郷軍人分会長荒木為次郎たちと交渉し、人造真珠製造業者中萬圭と崔一奎たちを指導し、朝鮮人の一九名で泉北郡朝鮮人共済会を組織して、同村小学校旧校舎を同会に寄付させると同時に、一般希望者たちを青年訓練所に入所させようと奔走中であるそうだ。

さらに一九三〇年代になると、全国的にも、さらに大阪府全体でも朝鮮人数が大きく増加する。大阪府の「在住朝鮮人部落密集地方調（昭和八年末調）」によると、朝鮮人の「密集地域」のひとつとして信太村王子と南王子村が挙げられており、両村合わせて二四八戸・六八九人とある。その内訳は「自由業」男三五五・

女二四四、「各種職工」男九〇であった。岸和田などは朝鮮人女工が多かったこともあって女性の割合が高かったが、信太地域の場合男性が上回っている。人造真珠業や土木工事などに従事するものが多かったのであろう。なかには真珠業で成功するものもあり、『朝鮮日報』一九三七年八月二八日付け特集記事「在大阪朝鮮人活躍全貌」には、七名の南王子村在住朝鮮人が紹介されており、大半は人造真珠業者である。こうした「同胞」を頼って南王子、信太へ移住する朝鮮人が増加していったのであろう。

村会議員／学務委員の輩出

こうして一九三〇年代、さらに朝鮮人人口が増加していくなかで、南王子村では、村の公職に朝鮮人が就くようになったのである。一九三七（昭和一二）年の村会選挙で申正湜が当選し、同年には学務委員欠員三名が選定され、その内の一人は朴熙相であった。さらに、一九四一（昭和一六）年村会で八名の学務委員が選定されているが、そのうちの二人金岡日出夫と朴占道が朝鮮人であった。

一九四二（昭和一七）年五月の村会選挙は定数一八名であるが、朝鮮人四名が立候補し、うち金岡日出夫（硝子玉商）、新本武市、松山文吉（硝子玉商）の三名が当選した。なお、立候補者四名のうち落選一名を含む三名（申学徹＝松山、金成彦＝金岡、陳甲檜）は、翼賛選挙における「推薦候補」であった。（『特高月報　昭和十七年五月分』「朝鮮人の各種議会進出調」）。

また、朝鮮人の団体として「泉北郡朝鮮（内鮮）相助会」が組織されている。先にみた一九三一（昭和六）年の南王子村小学校再建にも相助会として一五円二五銭を寄付している。朝鮮人の子弟も南王子小に就学していたのであろう。しかし、前記の大阪府「昭和八年度朝鮮人ニ関スル統計表」には「朝鮮人学齢児童調（昭和八年十二月末調）」があり、それによれば、大多数を信太村、南王子村が占めると思われる泉北郡の六〜一四歳の朝鮮人人口が四七八人（男二二八・女二五〇）であるのに対して、そのうち就学している児童数は一九四人（男一四六・女四八）に過ぎない。就学率は、男子で六四パーセント、女子では一九パーセントしかない。六割近くの未就学者二八四人の大半（男八一・女一九七）は「家庭ノ事情ニヨルモノ」であった。そうした状況を改善すべく、相助会は、一九三三（昭和八）年七月、南王子村に約二〇坪の平屋建教育会館を建設し、未就学児童を対象とする夜間学級を開設することにしたという。実際にどの程度の取り組みがなされたのかは不明だが、相助会を中心に朝鮮人児童の教育に一定程度の取り組む姿勢がみられたのであった。

しかし、日中戦争が始まり、戦時体制のもと皇民化政策がさらに強化され、「内鮮一体化」が強く叫ばれるようになると、朝鮮人としての独自の組織・取り組みは、その活動の余地を狭めていくこととなった。そして相助会は、一九三八（昭和一三）年三月一一日総会を開き、「真の内鮮融和をはかるためには半島人間のみの親睦は意義がないのでこの非常時局を好機に大乗的な見地から同会を解散し真の日本国民としての自覚に立たうではないかと協議一決し」（『大阪朝日新聞』三八年三月一五日）、解散を決めた。

写真26　幸小学校にのこる皇紀2600年記念碑（1940年）　朝鮮人学務委員2名の名前もみえる。

日中戦争期の信太地域

中国に対する戦争は、すでに一九三一（昭和六）年の「満州事変」によって開始されていたが、一九三七（昭和一二）年夏の全面戦争開始以降、信太地域においても戦時色が濃厚なものとして身近に迫ってくることになった。

信太村では、国家主義教育の強化のなかで、一九三七年、信太小学校に奉安殿《ほうあんでん》が完成し（一〇月二六日竣工）、御真影《ごしんえい》が納められた。また、

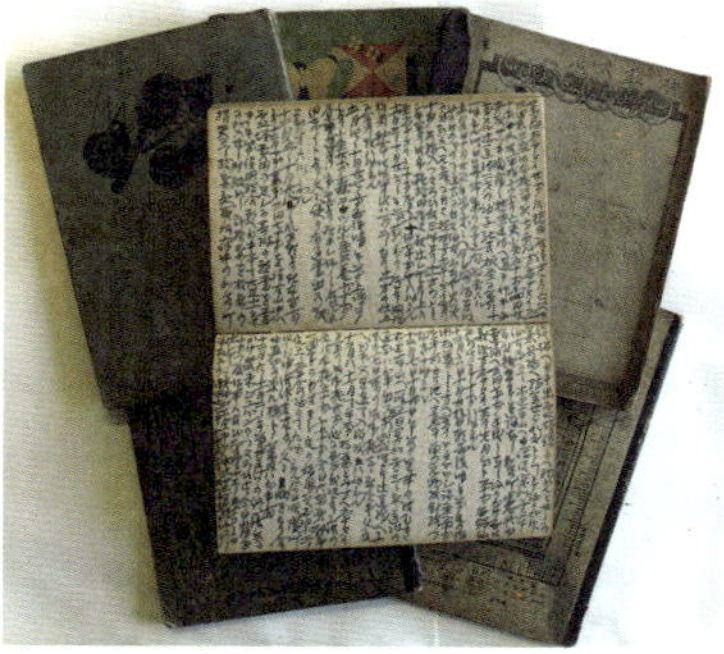
写真27　逵田良善日記（和泉市人権文化センター蔵）

信太山の野砲兵連隊が身近でもあり、一九三七年の事務報告では「本年七月七日［盧溝橋事件］事変以来応召勇士ノ出発及野砲聯隊出征ニ対シ昼夜ヲトハズ歓送セリ」と記されている。

南王子村では、一九四〇（昭和一五）年一月二三日の学務委員会で「御真影奉安庫の件」と「皇紀二千六百記念橿原神宮全校児童参拝の件」が協議されており、同年小学校に奉安殿が建設された。建築価格は予算約四〇〇〇円であったが、これは歯科医師・奥田久雄の寄付によるものであった。

さて、信太地域在住の著名な説教師として知られている人物に逵田良善《つじたりょうぜん》がいる。その日記（『逵田良善日記』）から、日中戦争期の地域における戦時色を感じさせる記述を拾い出してみよう（写真27）。

一九三七（昭和一二）年
七月二八日　二十六日より三十日まで防空演習の為燈火官制
八月一七日　午前子供三人信太学校先生入営の為葛葉イナリマデ見送…
一一月二三日　今日より本格的防空演習なり
一九三八（昭和一三）年
二月一一日　今日ヨリ十七日マデ信太学校ニ於テ耐寒鍛錬運動六時半より七時マデ出席スル
一〇月二八日　昨日午后五時三十分漢口徳安等かんらく故今夜堤燈行列…

全面戦争突入に伴い、空襲への備えが重要な課題となり、防空演習が「本格的」なものとして実施されるようになった。兵力動員規模も格段に大きくなり、召集令状＝「赤紙」が成年男子のもとに続々と届くようになる。逵田の子どもの通う信太小学校の先生も入営し、児童が阪和電鉄葛葉稲荷停留場まで見送っている。学校教育も統制・教化色、精神主義的色彩を濃くし、「錬成《れんせい》」「鍛錬《たんれん》」が合言葉となっていった。子どもだけでなく、その親も真冬の二月早朝に学校で行われる「耐寒鍛錬運動」に駆り出されている。

アジア太平洋戦争期の信太山地域

一九四一（昭和一六）年一二月八日、米英などとも戦争を開始すると（アジア太平洋戦争）、さらに戦時色は強まった。引き続き、「逵田良善日記」から、その様相をみてみよう。

アジア太平洋戦争は開戦当初、一九四二（昭和一七）年前半ごろまでは日本軍優位だったが、それ以後は戦局が転換し、後退局面へと入る。一九四二年四月一八日には、戦争末期の大規模なものほどではないが、初の米軍による日本本土への爆撃（空襲）が行われた。このときには、東京・横須賀・名古屋・神戸で死者約五〇名などの犠牲が出たが、大阪でも灯火管制が行われたのである。「赤紙」による出征者が相次ぎ、歓送や寄書きなどの慰問活動が行われている。当然戦死者も出ることになり、西教寺での戦没者追悼会が開かれ、逵田は説教師として「出勤」している。逵田はさらに、信太山忠霊塔（後付）への寄付も行っている。

一九四二（昭和一七）年
　四月一八日　今日敵機シューライ灯火官制なり
　八月三一日　四時泉池□入営坂和葛葉マデ会送
　一一月一四日　早朝より慰問のよせがきす
　一二月　五日　本年一月より十二月マデ墓銭三円七十銭を信太山忠霊塔費用の足シに寄附の預書を書き…中略…府中の和泉町役場へ行き忠霊塔係りへ納めんとせしに憲兵隊へ持参せられ度トノ事ニテ…中略…和泉町憲兵分遣隊へ三円七十銭手渡しなし
　一二月　八日　今日大東亜戦争一周年ラヂオき、
一九四三（昭和一八）年
　五月二六日　后より西教寺ニテ二十六七八の三日間永代経戦没者追弔会婦人会永代経等出勤スル事

八坂町の誕生

こうしたアジア太平洋戦争の最中であるが、一九四三（昭和一八）年、南王子村は町制を施行することとなった。一九四三年一月三〇日の村会において、「町制ヲ実施シテ民心ヲ更ニ一転シ一致団結シテ村内諸施設ノ完備ト自治ノ向上発展ヲ図ラントスル」ため、「村ヲ町ト為スノ件」が提案された。結局、賛成九・反対七という僅差で可決され、同年二月一一日付での町制施行を決めた。その後の詳しい経緯はわからないが、実際に八坂町に移行したのは一〇月七日のことであった。

戦時下の産業

戦時体制が強化されるなかで、信太地域においても人びとの生活や生業にも影響が及ぶこととなった。南王子村の一九四〇（昭和一五）年「事務報告」では、「本村ノ最モ重要トスル硝子玉製造アンプル製造ニ使用スル石油配給等実施シツ、アリ」と記されている。

信太村でも、一九四三（昭和一八）年「事務報告」で、工業に関して、「資源不足ト各工場ノ統合ニヨリ追々ト減少シ」と記されており、具体的には、工場職場総数八七、総資本一万三二〇〇、従業員一一〇（男六〇、女五〇）、経費八〇〇〇、生産高三万七〇〇〇、工賃二万八〇〇〇という数字が挙げられている。同村の一九三六（昭和一一）年「事務報告」に挙げられている数字は、工場職場総数三一五、総資本五万七三〇〇、従業員三七七（男二九五、女八二）、経費一七万四一八〇、生産高二一万、工賃三万五八二〇、であったから、この七年間に大きく落ち込んだことがわかる。

なお、八坂町では、先述のような石油の統制などにより戦時体制下で模造真珠・硝子珠などの製造業が不振に陥っているなかではあるが、「各種生産物調（昭和十八年中）」として、「農産物七六、一九一円　工産物

三九五、〇〇〇円　総計四七一、一九一円」という数字が報告されている。不振だとはいえ、南王子村＝八坂町では戦時体制下においても工業が主要産業なのであった。

なお、戦時体制は、八坂町の浴場にも影響を与えた。南王子村（八坂町）の二つの浴場のうち、昭和湯は、燃料不足によって廃業に追い込まれ、戦後、建物は役場庁舎に転用されることになったのである。

戦時下の人口変動

戦時下には、朝鮮人の一九三〇年代末以降とりわけ四〇年代にかけてのさらなる増加など、人の移動も激しくなった。南王子村の一九三九（昭和一四）年「事務報告」の「学事」の項では、年末児童数八八五人中二三一人が朝鮮人の子弟であり、「戸籍」の項では、年末の本籍人口一八七一人に対して「非本籍人口」三四七四人となっており、「寄留事務ニ於テハ鮮人等ノ外来者著シク多キ為益々複雑（ママ）ヲ極メタリ」と記されていた。一九四二（昭和一七）年には本籍人口二九二八人に対して、非本籍人口が二九九二人となっている。信太村においても、一九四三（昭和一八）年度「事務報告書」の「衛生」の項に「事変以来半島人其ノ他寄留者ノ逐時激増」と述べられているのが目をひく。

なお、一九四四（昭和一九）年「事務報告」の「学事」の項では、「時局ニヨリ縁故疎開ニ依ツテ本校ニ転校セル者百弐人全学童数壱千百六名トナリ依ツテ毎年増加シツ、アリ」と述べられている。「縁故疎開」による都市部からの転校生が一〇二人あったという。ちなみに、一九四二（昭和一七）年「事務報告」には年末児童数九九三とあり、一九四二～四四年の二年間で八坂（南王子）小学校の児童数は一一三人も増えているのである。

また、一九四四年六月、大阪市は学童集団避難を実施した。信太国民学校には東市岡国民学校、八坂国民

		1934	1937	1939	1940	1941	1942	1943
信太村	尾井	24.4	392.3		117.17		106.14	64.12
	上代	55.12	614.0		485.14	6.22		
	太	11.16					9.14	39.28
	上						13.8	172.7
和泉町	伯太				29.10			
	阪本	249.24		178.17	3.0		106.14	
北池田村	池田下	8.3				3.6		
	伏屋						242.21	
	計	348.29	1006.3	178.17	635.11	9.28	478.11	276.17

表17　旧土地台帳（大阪法務局岸和田支局所蔵）にみえる信太山演習場用地の拡大　単位は畝・歩。このほか1942年に小野新田で10町余、宅地1000坪強が陸軍に買収されている。黒鳥・伯太の野砲兵第４連隊関連用地および忠霊塔、グライダー訓練場用地は除く。

学校には魁校が二泊三日の日程で避難し、子どもたちは周辺の寺院、民家に分宿した。

十五年戦争下の信太山演習場

信太山演習場は、第四師団各部隊の演習はもちろん、一九二五（大正一四）年から中等学校以上の学校に導入された軍事教練の場としても使用されるようになった。毎年年末には、二泊三日の日程で、大阪府下中等学校連合野外演習が開かれたという。

表17に示したように、十五年戦争期には、演習場内の介在民有地の買収も進んだ。一九三四（昭和九）年、一九三七（昭和一二）年、一九四〇（昭和一五）年、一九四二（昭和一七）年の買収面積が多くなっている。三四年の理由はよくわからないが、一九三七年の尾井・上代における一〇町余の買収は、光明池の築造によるものである。

光明池は、泉北地域の灌漑用溜池として建設されたもので、大阪でも有数の貯水量を誇る。一九三六（昭和一一）年に本堤防が完成し、一九四〇年に工事が竣工したが、光明池築造によって不要となった池の壊廃＝開田などの関連工事がすべて完了したのは、戦後のことである。信太地域の灌漑は、陸軍演習場内に水路を通して光明池から大野池まで水を引き賄《まかな》うという計画であった。そのためには、陸軍演習場内の水路敷用地の確保と大野池の拡張が必要となった。そこで大阪府は、大野池床に沈む山ノ谷の田三町余を買収したほか、演習場内の民有地を買い上げ水路敷となる陸軍用地と交換することにしたのである。山ノ谷住民にとっては村の一等水田が買収されることに対し反対陳情を行ったが、その効なく大野池床や水路となった。その代償として、山ノ谷は光明池の組合費は免除されたという。また、演習に支障がないとのことで、水路敷の交換で陸軍用地とされたところの耕作は引き続き認められたという。光明池築造や大野池拡張工事には多くの朝鮮人が従事しており、大野池の現場では朝鮮人労働者が亡くなる事故もおきている。

写真28　信太山演習場　戦前の絵はがき（桃山学院史料室蔵）

その後、日中戦争が本格化し、一九四一（昭和一六）年にアジア太平洋戦争に突入するなかで、演習が一段と激化し、信太山演習場の拡張が進んだ（表17）。必ずしもすぐに演習に使用する予定のない谷間の水田も、なかば強制的に買収されたようで、そうしたところは買収後も演習で使用するようになるまでの間は、耕作が認められたという。所有権は軍に移転しても、「耕作権」は維持・継続していたのである。さらに、戦争末期には、食糧難打開のため、軍自身も開墾に乗り出したり、軍によって耕作が「黙認」あるいは「奨励」されたという。正式な小作契約などはないものの、収穫された農作物の一部は軍に供出されたようである。一九四五（昭和二〇）年四月には、演習場の開墾・耕作のため朝鮮人「兵士」二四〇名（中部軍管区耕作第四中隊）が平壌から信太山に送出されたという。

また、終戦間際の一九四五年七月から八月にかけて、一〇名近くの米軍捕虜が一部を除いて軍律裁判などを経ることなく、信太山演習場内で処刑されるという痛ましい事件も起きている。この事件は、戦後、連合国による戦犯裁判で追及された。

写真29　和泉黄金塚古墳に残る塹壕跡

軍事施設の集中

十五年戦争下には演習場の拡張だけでなく、信太山一帯への軍事関連施設の集中が進んだ。一九三三（昭和八）年には、現在の府道三〇号大阪和泉南線が開通し、大阪城の第四師団と信太山野砲兵連隊が直結されることになった。工事は突貫で進められたが、南王子村からも多くの労働力が提供された。こうして和泉と大阪を結ぶメインの街道が小栗街道から府道三〇号に移ることになる。

また、黒鳥山には、一九四二（昭和一七）年に信太山忠霊塔が竣工した。忠霊塔は、和泉町はじめ地元市町村の協力のもと建設された陸軍墓地であり、日中戦争からアジア太平洋戦争期を中心に、一五〇〇余の納骨壺と一四〇〇を超える位牌が収められている。野砲兵第四聯隊（留守部隊の中部第二七部隊）の関係将兵のための墓地であるが、地元市町村が協力したという経緯もあって、海軍関係者も含め地元出身者の遺骨も納められている。このほか、黒鳥山には、一九四二年大阪府の青少年滑空訓練場が設けられた。忠霊塔の付近から黒鳥の練兵場に向け、中等学校生らのグライダーの練習が行われたという。

また、戦争が激しくなると、信太山ゴルフリンクスも閉鎖に追い込まれた。ゴルフ場用地八・六万坪は、一九四二年に大阪市が健康生活指導所（健民修錬所）ならびに中等学校郊外運動施設用地として買収した。これら施設がどこまで完成し、どの程度実際に使用されたのかどうかは不明だが、そのうち五・八万坪は陸軍に貸与され修練道場となり、終戦を迎えた。また、信太山丘陵の一角（伏屋町）には、市岡中学の養成道場が設置されている。

戦争末期には、学校校舎も軍や軍需工場の使用するところとなり、八坂国民学校の校舎は軍需工場に転用された。また、一九四四（昭和一九）年六月、鳳中学には、橋部隊の一個中隊が駐留した。和泉黄金塚古墳に訓練用と思われる塹壕をめぐらしたと伝えられている。墳丘の形状に大きな変更が加えられてしまったが（写真29）、終戦間近の一九四五（昭和二〇）年七月、この塹壕の残土から一人の少年が、鉄剣の小さな破片と青色の管玉を発見した。この少年とは後の考古学者森浩一であり、この発見が戦後の和泉黄金塚古墳の発掘調査へとつながることになる（第1部コラムI）。また、二〇一四年に実施された調査で、信太狐塚古塚（山荘町、府指定文化財）の墳丘からも塹壕が見つかっている。

戦時体制末期の状況

ふたたび「逵田良善日記」に拠って、戦時体制末期の地域社会の状況をみておこう。

この時期には、信太地域から出征して行った兵士たちの戦死者がさらに増加し、「英霊」の出迎えや町村葬などの記事が多くみられる。また、一九四四（昭和一九）年以降はいよいよ空襲の危険が迫り、頻繁に空襲警報が出され、鉄道が止まったりしている。そして、翌年三月一三・一四日（第一次）に始まり、「終戦」前日の八月一四日（第八次）にいたる大阪大空襲も日記に記録されている。

なお、逵田日記には記されていないが、七月一〇日未明の堺大空襲の際、泉大津市内から信太村にかけて焼夷弾が投下され、富秋でも民家や硝子珠工場が被災

一九四三（昭和一八）年
一一月二九日　六時頃八坂町長子息杉本定一　松浦タツエ子息治　西端トヨ息子学等三人英霊信太山駅より迎へて西教寺ニテ読経今夜家々にて御通夜故夜は松浦西端等ニテ各三経杉本直七方ニテ大経…
一一月三〇日　八坂学校ニテ三人英霊の式勤行の後墓参
同一二月　四日　本年度分賽銭六円伯太憲兵隊へ忠霊塔招魂祭費用献金に持参
一九四四（昭和一九）年
六月一六日　后より大坂市浪速区…略…へ今明約束故出勤せんと北信太駅より乗らんとせし処北九州空シューにて大坂よりの帰りの電車止り居トノ事に付不止得帰宅

一九四五（昭和二〇）年

三月一三日　二十一時半より大坂目標敵機大ヘンタイ空シュー翌午前四時頃カイジョーニテ殆んど夜明しなり

三月二〇日　今夜は夜警当番ニテ翌一時四時等ケーカイ警報に二十九組内ヲ回ル事

五月一九日　午后には戦死者植田政安遺骨葬式西教寺其他信太各寺院等参列信太国民学校ニテ三時閉会

六月　五日　今日午前五時頃より坂神及び堺等大空シューの為大坂へ切符発売中止…

六月　七日　午前又々大坂大空シュー有　午前隣組貯金集金に回り八坂局へ預金の上通帳戻しに回ル事

六月一〇日　今日田畑太郎左　田口繁□君英霊二時半当駅着予定ノ処五時迄待右英霊奉迎一たん西教寺ニテ勤行読経の上家族へ渡り…

六月一一日　后炭配給ス　午后二時より信太学校ニテ村葬

六月一五日　午前八時頃より又々坂堺市内空シューの為在宅　七月一〇日　午前頃より大空シュー山手へ家族諸共ヒナンする四時頃空シュー解除有北区堺岸和田貝塚目標に大空シューなり

七月一四日　午前信太食糧配給所ニテ諸芋配給受取

七月二〇日　午前信太食糧配給所へナンバキビ受取りに行く隣組事務

七月二四日　五時半頃より午后〇時半マデ空シュー其後は夕方まで警戒警報有り

七月三一日　今日空シュー警報無し

八月一四日　〔午前〕八時頃より空シューケーホー有

八月一五日　早朝読経盆経なり八時より西教寺ニテ衆会墓前ニテ盆経西教寺ニテ勤行一同冷ソーメン頂く本日正午畏くも陛下より四国宣言承諾御放送

した。しかし、幸いにも、多くは海上や田地に落下したこともあり、人的被害はなかったという。

そして、一九四五（昭和二〇）年八月一五日「四国宣言」（ポツダム宣言）受諾を報せる「御放送」（玉音放送）があり、戦時体制に終わりを告げ、日本は新しい道への歩みを始めることになった。信太山地域も、一面ではそれまでの旧い地域社会の構造・諸関係を持続させながら、新しい時代に直面していくことになる。

佐竹ガラス――その重厚な佇まい

近代的な団地が建ち並ぶ一角に佇む木造の重厚な和風建築、それが佐竹ガラス工場である。

佐竹ガラス株式会社は、一九二七（昭和二）年に創業された色硝子棒工場で、地場産業である硝子細工、人造真珠製造業を支えてきた。今では、日本で唯一の色硝子棒生産工場であり、一六〇色以上の色ガラスを製造している。

敷地は三面が道路に接しており、北西寄りに工場施設、南東寄りには主屋が一体的に配置されている。工場施設は昭和初期に建てられたもので、硝子生地を製造する溶解場、作業場、調合場の三棟からなる。一九四一（昭和一六）年に再建された主屋は、木造二階建て入《いり》母《も》屋《や》造《づくり》桟《さん》瓦《かわら》葺《ぶ》きの重厚な建築である。

工場と主屋の間には事務所棟（昭和初期）があるほか、敷地の西隅角には、鬼門を意識したのか、工場創業時から一間社流造の鎮守社が祀られている。

二〇〇一（平成一三）年、「佐竹ガラス株式会社の施設は、ガラス製造の工場建築としてめずらしく、また工場と一体で伝統的和風建築が維持されているところは貴重である。更に主屋は昭和戦前の円熟した大工技術を伺う好資料としても価値がある」ことから、国の登録有形文化財に登録された。和泉市における登録有形文化財の第一号である。

佐竹ガラス工場

色硝子棒見本

第4章　戦後の信太山地域

1　信太山演習場の占領と解放運動

占領軍の進駐と信太山の用益

一九四五（昭和二〇）年八月一四日、日本はポツダム宣言受諾を決定し、翌一五日正午、昭和天皇の玉音放送によって終戦＝日本の敗戦が国民に知らされた。

信太山にいた野砲連隊留守部隊は、占領軍の受け入れや残務処理のため一部下士官・兵を残して、一九四五年八月一七日以降順次解散した。解散に当たって軍事物資や軍馬が兵士らに配分されたという。アメリカを中心とする占領軍は、九月二五日和歌山に上陸し、陸路大阪に進駐した。一〇月上旬には、信太山への進駐を開始し、一〇月一二日に占領軍への引継ぎが完了した。こうして、事実上米軍の管理下に置かれることになったのである。残務処理にあたっていた者も一二月一日には除隊となった。なお、野砲兵第四連隊はスマトラで終戦を迎え、一九四六（昭和二一）年六月二六日鹿児島に復員し、同地で解散した。

占領されたのは、信太山演習場および野砲連隊衛戍《えいじゅ》地で、のちに大阪市所有地（元ゴルフ場用地）も接収された。一方、練兵場は払い下げられ、地元住民や元軍人の開墾に供された（のち黒鳥市営住宅などとなった）。演習場の第一廠舎《しょうしゃ》など福泉《ふくいずみ》町域も一部返還され、福泉中学校や引揚者寮の用地となっている。

信太山演習場が占領軍の管理下に置かれたことで、住民の山の用益はどうなったのだろうか。先にみたように、戦時下に介在民有地の買収が進み、演習場用地が拡大していたが、戦争末期の食糧難ということもあり、陸軍が買収した後も耕作の継続が黙認されたり、あるいは軍に奨励されたところもあったという。また、軍自身も演習場内の耕作に乗り出していた。敗戦直後もこうした状況が続き、戦時中に軍が開墾した耕地を引き継いだり、あるいは、終戦の混乱時に周辺住民が開墾地を拡大するなど、演習場内での耕作がいっそう展開したのである。演習場内の民有地での耕作が継続していたことはいうまでもない。また、燃料不足のため、演習場内の松の多くが伐採されて山の貯水力が低下してしまい、雨のたびに水が耕地や宅地にあふれる一方、井戸や溜池の水が枯れてしまう問題も起こったという。

演習場に接する大阪市所有地でも、戦争末期に陸軍が築いた陣地跡を戦後すぐに伯太の住民らが畑として開墾したという。耕作者たちは、いくつかの組を組織して大阪市と折衝し、耕作を認めさせた。

占領軍は、演習場内立入禁止、とくに耕作部分の撤去については厳重な布告を出し、不法侵入については射殺をも辞さないという強い態度に出たという（写真30）。しかし、住民たちは、「法律に基づいたとは言えぬかも知れないが、関係方面の了解、進んで言えば勧奨すら受けて開始した耕作部分を放棄するが如きは到底忍ぶことの出来ない処である」と頑強に抵抗した。大阪市所有地も大半が占領軍に接収されたため耕作を放棄させられた。伯太部落会は耕作の継続を求めて占領軍、大阪市と交渉を続けたという。

写真30　進駐軍（占領軍）が立てた農耕禁止の札

耕作をめぐるせめぎ合いの結果、耕作を放棄し、現状回復させられたところもあったが、演習場内の周囲から五〇ヤードの一定区域については、いくつかの条件の下で耕作の継続が認められた。耕作者には誓約書の提出が求められ、演習場内に立ち入るための腕章が配布されたようである。

条件とはどのようなものなのか、和泉市域ではないが、福泉町高尾の場合をみてみよう。ここは戦後直後から、大阪府の斡旋による開拓増産隊が耕作していたところであるが、一九四六（昭和二一）年に同隊が解散したあとは放置されていた。翌一九四七（昭和二二）年に福泉町内に海外引揚者を収容する府営信太山寮が設けられたが、寮長が開拓増産隊に関わっていたこともあり、寮員の食生活の一助にするため旧増産隊の耕起地の利用をはじめたという。多くの労力をかたむけ、ようやく収穫もあがりはじめたが、一九四八（昭和二三）年に進駐軍信太山部隊長から演習場用地内の農耕は一切差し止めよとの指示が出た。耕作者たちは、森沢某氏を通じて部隊長と交渉を重ね、ようやく以下のような条件で、耕作を認められたという。

①演習上必要な地域は耕作中であっても除外、②現在の耕地以上に増反しない、③生肥を使用しない、やむを得ず使用せる時はただちに覆土する、④役牛をいれない、⑤焚火をしない、⑥笹刈は可とするが樹木は損傷しない、⑦肥料溜を造らない、⑧演習中は努めて待避する、⑨演習のため耕地を侵害しても、占領軍はその責を負わない。

おそらくほかの耕作地でも同様の条件のもとで、耕作が「容認」「黙認」されたであろう。占領軍は演習場内の耕作を排除しようとしたが、歴史的な経緯のなかで続いてきた住民の耕作を完全に否定することはできず、いくつかの条件のもと、演習場内の周囲から五〇ヤードに限って耕作を認めたのである。しかし、その後も、たびたび耕作禁止・立ち入り禁止の指示が出されるなど「一進一退」あるいは「開墾、放棄、開墾」という緊張関係が続いた。日本が独立を回復した一九五二（昭和二七）年当時で、演習場国有地内の耕作地は四〇町歩におよび、耕作者は信太村をはじめ八坂町、和泉町、北池田村、福泉町、美木多村の三〇〇名近くであった。

なお、信太山に進駐した占領軍との間で、危惧されたようなトラブルは少なかったようである。信太山キャンプの門前には、占領軍を相手とする店が並び、バーや米兵を相手とする女性も多数出現したという。

買収面積　　単位：反

	田	畑	宅地	建物	溜池
信太村	762.224	47.725	5406.30	——	0.127
八坂町	7.515	1.222	1541.31	10.40	——
和泉町	1118.317	137.219	5033.67	39.18	——

売渡面積　　単位：反

	田	畑	宅地	建物	溜池
信太村	748.805	32.819	5470.30	——	0.127
八坂町	7.515	1.222	1541.06	10.40	——
和泉町	1122.527	132.311	5032.96	39.18	——

買収面積別農家数

	～5反	5反～1町	1～2町	2～3町	3～5町	5～10町	計
信太村	25	8	6	5	2	1	47
八坂町	2	1	1	1	0	0	5
和泉町	79	27	31	13	10	0	160

表18　八坂町・信太村における農地改革　『大阪府農地改革史』1952および南清彦『和泉市の地域開発と農業』1977から作成。

農地改革

戦後、GHQの占領のもと、日本の民主化、非軍事化が進められた。その柱の一つが農地改革である。寄生地主制の解体と自作農創設による農村の民主化をめざして、不在地主の全所有地、在村地主の六反以上の小作地、宗教法人の所有する全農地などが解放された。信太村、八坂町における農地改革の状況は表18のとおりである。後述するように八坂町民の所有地、小作地は周辺地域に広がっていたので、あわせて和泉町のデータも掲載しておく。買収対象となった地主は、信太村四七戸、八坂町五戸あわせて五二戸であった。そのうち買収地五反以下が二七戸と半数以上を占める。三町以上買収されたのは三戸で蔭涼寺と奥野家（二家）でいずれも信太村である。奥野家は、第2章でみたように、泉北郡でも最大級の地主であり、五町を超える農地が買収された。また、蔭涼寺は、宗教法人の農地がすべて買収される方針だったこともあり、八〇筆四町近くが買収されている。大半が田で、売り渡した相手＝小作人二十数人はすべて山ノ谷の人びとであった。山ノ谷の耕地の多くは蔭凉寺が所有し、山ノ谷の住民が小作してきたが、農地改革によって、山ノ谷住民の多くが自作地を手に入れることになったのである。

一方、八坂町の場合、狭い町域に人口が密集しており、町内には田五町六反余、畑八反余の耕地しかなく、地主が所有する農地も、小作人が耕作している小作地も、多くは町外に展開していた。小作地の多くは、農地改革法に基づき解放されたが、八坂町の地主が町外にもつ農地の「解放」は、すんなりとはいかなかった。八坂町在住の地主が和泉町内にもつ田畑は一一町五反ほどあったが、最小は五〜六畝、多くても三反程度の小地主であった。農地改革の原則に従えば、たとえ隣接していても八坂町外の土地であるから、不在地主ということになり、すべての農地が買収されることになる。しかし、もし在村地主だと仮定すれば六反までの所有は認められたから、農地改革の対象外となるものであった。

八坂町の地主らは、当初、自作農創設特別措置法第三条第一項第一号による当該市町村の区域に準ずる指定を受けようとしたが、小作人の反対もあって実現しなかったという。そこで、和泉町農地委員会は、一応不在地主と認定し、買収の対象としたが、八坂町の全地主は和泉町農地委員会に対し、「父祖らが懸命の勤労と言語に絶する節約に努め貯蓄を積み立て僅かの農地を買い受けたものである」として買収の猶予を申し立てた。和泉町農地委員会は、八坂町の歴史的な事情を考慮し、買収には慎重な姿勢を示し、八坂町農地委員らと交渉を重ねた。第一回（一九四七年三月）の買収では一一町五反のうち、三町二反余の買収にとどまった。第五回の買収（一九四八年二月）までにようやく六町三反余まで進んだ。一九四八（昭和二三）年四月に残りの農地の買収を地主に通知したところ、ふたたび異議が申し立てられた。地主らは、未買収地は伯太や池上など八坂町に接続する地にあり、町域を拡大して町民の住宅地に供するため、自作農創設特別措置法第五条第五号に指定し、買収計画から除くよう求めたのである。結局、和泉町農地委員会は、二町一反余については五条五号の適用相当と認め、残り三町余は買収することに決めた。ところが、今度は八坂町の耕作者から府農地委員会に対し、五条五号の適用取消の申し入れがあり、府農地委員会の実情調査が行われる一幕もあった。結局、一九五〇（昭和二五）年一月、先の和泉町農地委員会の決定通りの内容で関係者の調停が成立し、一応の「解決」を見た。

戦後民主主義の息吹　聖青年文化連盟『啓蒙』

一九四六（昭和二一）年九月ごろ、聖青年文化連盟という青年団体が産声をあげた。「泉州郷土の青年の文化的啓蒙を通じてその智と熱と意気に基く実践によって郷土の民主主義的文化の建設向上を計り、延いては平和日本の再建に貢献する」ことを目的として、八坂町や信太村王子の青年たちが中心となって結成されたもので、戦後、大阪で新しい部落解放の組織として「部落解放大阪青年連盟」が結成されたのをうけて、和泉の地で組織されたという。

連盟の機関誌『啓蒙』創刊号が現存している。そこには、詩、短歌、俳句、文芸評論等の作品が多数掲載されている。ただし、部落問題に関する記事はみられない。また、体育部と文化部をもち、大阪軟式野球連盟泉北支部を運営したり、軽音楽会やクリスマス茶話会を行っていることもわかる。

会の顧問には、八坂町出身で大阪市水道局に勤める松浦仙逸と旧制鳳中学教諭の辻林富敏が就いた。『啓蒙』創刊号の冒頭には、松浦の「若人に寄せる歌」が掲げられ、辻林と旧制鳳中学教諭原勝人および旧制浪速高校教授落合勇（憲法学）の三人が青年たちに激励の文章を寄せている。そのなかで落合は、「世上民主主義の声は相当高いですが、もとより民主主義の理想とするところのものは、上から与えられたることによって

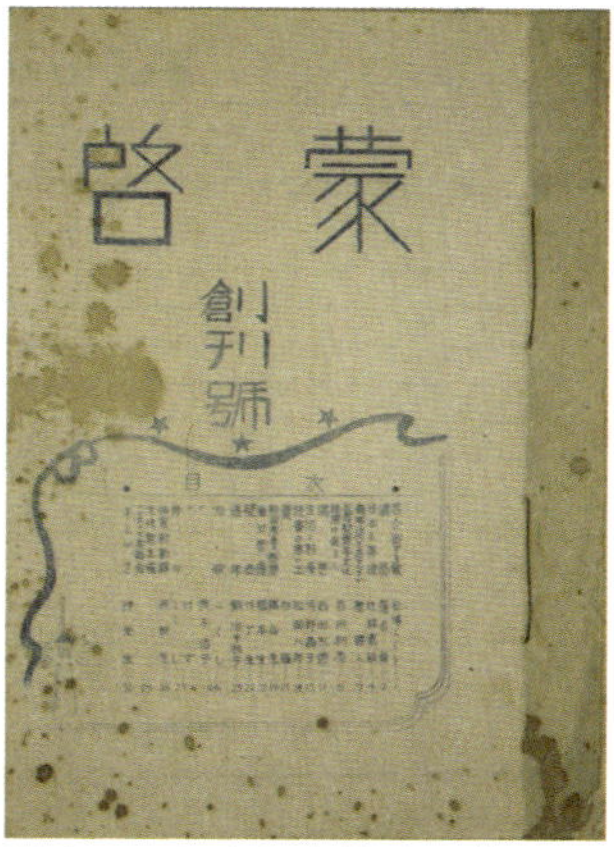

写真31　聖青年文化連盟『啓蒙』創刊号（和泉市教育委員会蔵）

実現するのではなく、我々お互いの自覚的意識的努力によってのみ期しえられるもの」であると、与えられた民主主義を自らのものとしようとする、文化連盟の地域での地道な取り組みに対し、期待を表明した。

『啓蒙』からは、スポーツ、音楽、文芸活動など、戦時体制から解放され、自らの生き方と日本の再生、地域の民主化を模索する青年たちのいきいきとした活動の様子、戦後民主主義の息吹が感じられる。また、そうした活動を地域の「知識人」たる教師たちがサポートしている点が注目される。青年層と教師たちが結びつき、平和や民主主義、日本国憲法に示された理念が、地域社会に徐々にではあるが、うけとめられ、広がりつつあったといえよう。

戦後教育の出発

戦後改革の重要な柱のひとつは、教育の民主化であった。聖青年文化連盟と教師たちの結びつきがみられたように、戦後民主主義の定着に、教育や教員の果たした役割は小さくなかった。一九四六（昭和二一）年七月、八坂国民学校の奉安殿が「進駐軍指令により取除」かれたように、学校設備や教育内容から軍国主義的、国家主義的な要素が一掃されていった。アメリカ・メリーランド大学図書館には、信太小学校の学校新聞『くずのは』二六～二八号が残されている。同大学には、占領軍が出版物の検閲のため収集した数多くの戦後直後の出版物が収蔵されており（プランゲ文庫）、そこに『くずのは』も含まれていたのである。信太小学校には残念ながら実物は残っていない。『くずのは』二六号（一九四九年六月一〇日発行）によれば、文化部（器楽、図工、英語、珠算）、体育部（野球、ソフトボール、陸上）、社会部、報道部など多くのクラブ活動が活発に行われていたことがわかる。こうした活動も戦後民主教育の一環といえよう。

また、軍国主義的教育への反省もあり、教師たちも校長・教頭層を中心に泉北教員組合（泉北教組）を組織し、子どもたちの健やかな成長を願って、教育内容の充実や教育条件の改善に向けて活発な取り組みを行った。泉北教組が取り組んだ教育課題のひとつに、人造真珠業・硝子珠業における児童労働の問題がある。一九五三（昭和二八）年に開かれた日教組第三次教育研究大会では、泉北教組から「S村の実態とその対策」と題する報告を行った。S村とは、信太村のことである。同報告によれば、農家は全戸数の二八パーセント、四〇二戸しかなく、一戸あたりの耕作面積は、三反未満が三分の二を占め、農家の八五パーセントが兼業農家であるという。兼業とは、村の特産である硝子珠業に関係した仕事であった。こうした零細な兼業農家も含め、村の人口六〇〇〇人余のおよそ六割以上が硝子珠業に関係した仕事をしており、小学生四年生以上の小中学生の四割が硝子珠の仕事を手伝い、毎日手伝っているものもそのうちの三五パーセントにも上るという。児童労働は、和泉市内の他地域でも見られたが（綿織物など）、子どももできるという玉仕事の簡易性も手伝って、信太村ではいっそう問題が深刻になっていた。

写真32　信太小学校『くずのは』26号
資料所蔵先：メリーランド大学ゴードンW. プランゲ文庫

そのため、泉北教組では、教研大会の課題のひとつに位置づけ、精力的に調査を進めた。硝子珠業、児童労働の実態調査については、ある程度把握できたが、その対策はなかなか容易ではなく実績は上がらなかったという。村の有力な地場産業で地域の経済基盤ともなっているだけに、正面からそこに切り込むのは難しかったのであろう。とはいえ、教師たちが子どもの成長を願って自主的に教育実践活動に取り組む姿勢は、戦後民主教育の貴重な精神といえよう。

また、戦後も引き続き多くの朝鮮人が集住していたが、一九四五（昭和二〇）年一〇月、八坂町内に泉北朝鮮初級学校を設置し、朝鮮語などの民族教育に取り組んだ。また、信太小学校には朝鮮人講師が置かれた。

信太山演習場の解放運動のはじまり

一九五一（昭和二六）年九月、サンフランシスコで講和条約と日米安保条約が結ばれ、翌五二年四月二八日、日本は独立を回復することになった。講和・独立を迎えるなかで、信太山演習場をめぐる地域と軍とのせめぎあいは、演習場の解放運動となって現れてくることになった。

解放運動が本格化するのは、一九五二年一月のことで、信太村を中心に関係する町村（和泉町、八坂町、北池田村、福泉町、美木多村）が共闘して運動を開始した。その要求は、安保条約による提供施設からの除外＝信太山演習場の全面返還を望むが、それが無理なら一部除外（第二廠舎の返還）すること、また、耕作地、とくに戦時下に強制買収された田畑を元所有者に払い下げることなどを求めるものであった。払い下げを受けた演習場は、植林や牧畜、果樹園などとして活用を図る計画で、農業振興による村の発展を構想していた。

運動は、基本的に信太村が代表して行い、成田村長や田所助役を先頭に、大阪市立大学や大正飛行場など、ほかの大阪府内の米軍基地関係者と情報共有を図りながら、府や国との交渉に臨んでいる。中央交渉の際、信太村当局は、演習場内に民有地や耕作地、溜池、集落などが存在するという「特殊事情」を力説し、演習場の解放を要望した。農林省からは「全面解除到底希望ない、現状維持＝現耕作者の権益保持へ力添へ」するとの回答を引き出した。

結局、全面解除はならず、信太山演習場は安保条約による米軍への提供施設となり、日本の独立後も米軍の使用するところとなった。警察予備隊や保安隊と共用された時期もある。安保発効直後の五月に米軍は、信太山演習場に日本人農夫が許可なく侵入し耕作をしているとして、現作物収穫後は明け渡すようにという厳しい姿勢を示した。関係町村は、さまざまな経緯で耕作を続けてきた歴史的事情を改めて説明し、耕作の継続を要求した。その後の経緯は不明だが、結局、米軍の強硬姿勢にもかかわらず、現状の耕作は継続するということで落ち着いたようである。ただし、この段階はあくまで現状維持であって、耕作権として認められたか否かはあいまいなままであった。

一歩前進の要求　信太山の返還

翌一九五三（昭和二八）年五月に演習場の解放運動が再燃した。そのきっかけとなったのは、信太山演習場の米軍再使用がはじまり、ライフルなど実弾演習も行われ、演習場内への日本人農夫立入禁止措置が取られるなど、ふたたび強硬姿勢を示したことにある。米軍の強硬姿勢に対抗し、信太村では、現状維持から「一歩前進の目標」を掲げていっそう強力な運動を展開した。引き続きこれまでどおり演習場内の耕作を認めさせ、水利権や通行権も従来通り確保し、演習場の新規拡張を行わないことを求める（現状維持）とともに、さらにそこから一歩前進の目標として、墓地・運動場・酪農のために、演習場内の一部国有地と廠舎を提供施設から除外し、村に無償で払い下げること、また、水源維持のための植林を求めることが目標とされた。農業用水の確保が重視されるとともに、信太山を活用した農業以外の村の振興策が登場してきたことが注目されよう。

また、要求内容だけでなく、解放運動のあり方も「一歩前進」した。その背景には、米軍再使用やそれにともなう風紀問題などへの危惧を泉北郡町村

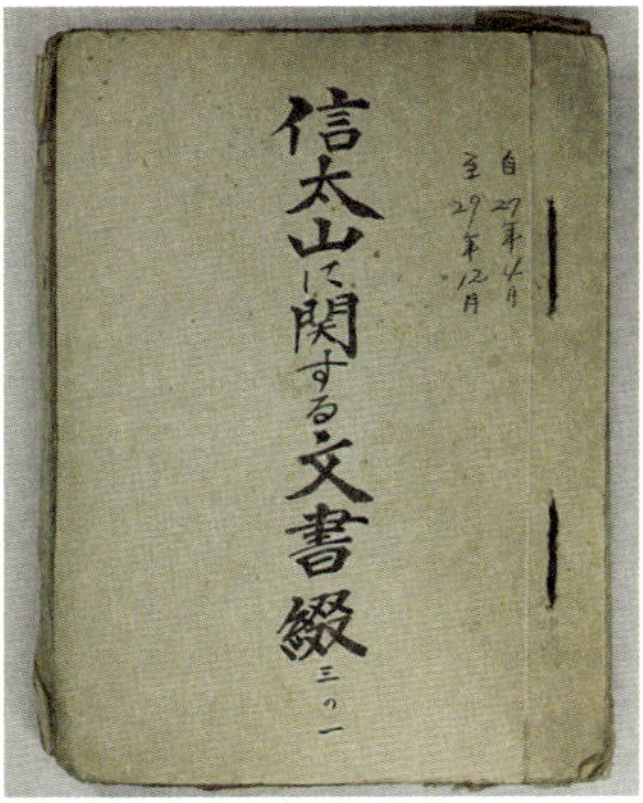

写真33　『信太山に関する文書綴』（坂上家蔵）

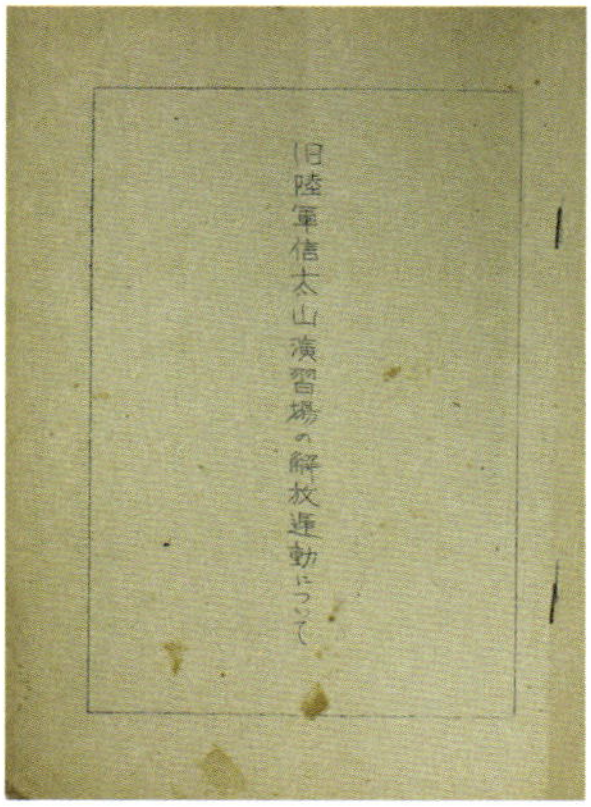

写真34　『旧信太山演習場の解放運動について』（成田家蔵）
信太村当局が運動経過や活動経費をまとめたもの。

長会やＰＴＡも表明するなど、地域の共通した危機感があったといえよう。また、総評大阪地評（日本労働組合総評議会大阪地方評議会）など労働組合を中心とした大阪軍事基地反対懇談会も信太山再使用反対を中心課題の一つに据え、運動を展開していた。信太村当局は、こうした基地闘争とも一定の「交流」「情報交換」があったようである。村議会内では基地闘争は「思想団体の煽動《せんどう》」といった見方も強く、村当局も、運動とは一線を画していたが、中央省庁などとの交渉のなかでは、地域の要求をのまなければ、これら基地闘争などの「運動を刺激」し、また村内にも「思想的悪影響」が広がるおそれがあり、当局の手で制御できなくなる、だからそうなる前に要求を認めよ、と交渉材料に基地闘争を利用する場面もみられた。

さて、その交渉であるが、今回も信太村が関係町村を代表して、中央省庁などとの交渉にあたっており、信太村議会も、信太山特別委員会を設置するなど、議決機関としても積極的に運動に加わり、自弁費用も含めて上京団を派遣している。泉大津選出の代議士・小西寅松を窓口に中央省庁との交渉を重ねた。一九五二（昭和二七）年から五四（昭和二九）年における活動経費九九万円のうち、七八万円は一九五三年一年間の活動費用で、議会費から府庁三回、大蔵省三回、農林省七回、役場費からは村長・助役が上京六回（農林省カ）、大蔵省二回、役場通信運搬費から府庁への陳情一七回、小西代議士宅への陳情・会談五回の経費が支出されるなど、頻繁に府庁、大蔵省、農林省に陳情や交渉を行っている。また、九九万円の経費のうち交際費が四〇パーセントを超えている。在阪新聞各社を伯太の旅館だるま荘で接待していること、農林省などから現地視察が来た場合、食事だけでなくお土産などを用意していること、府庁や中央省庁に陳情に行く際は、担当職員へ酒・煙草などの土産を必ず持参していることなど、関係者へのさまざまな根回しが行われている点が注目されよう。

なお、要望書・陳情書には、山ノ谷など集落独自の要求をまとめたもの、あるいは信太村単独のもの、また、六町村連名のものなどがある。信太村全体で言えば、一九五〇年代に農家戸数は村の三割を切り、しかも、専業農家が激減している。小栗街道沿いの平野部は戦前からいち早く都市化が進行しており、演習場の中に位置する山ノ谷や丘陵上の上代と他集落との間では山の用益の切実度に違いがみられたのである。耕作権の確保だけでなく、病院・墓地・運動場などの建設要求、農業以外の村の振興策が登場する背景にはこうした事情があるのだろう。また、信太村と他町村の場合、耕作権の確保を求める陳情は六町村共通で、信太山演習場の返還を求める要求が信太村単独であることからもわかるように、村民の耕作権要求は各村共通の課題であったが、演習場そのものの返還、およびその活用は、演習場の大半が属する信太村にとってより切実な課題であったといえよう。一方、兵舎門前の伯太や八坂などを中心に、米軍や自衛隊を歓迎する動きがみられたことも注目される。

信太山演習場の一部返還

さて、一九五三（昭和二八）年の解放運動は、翌五四（昭和二九）年にその成果があらわれた。日米合同委員会において信太山演習場の一部返還が合意され、一九五四年六月三〇日付けで、大阪調達局から「信太山訓練場使用条件」が信太村はじめ関係町村へ通知された。それによれば、信太村に耕作地（D地区二九・六町）および病院一五町余、墓地七・五町、運動場一二・九町用地返還（ABC地区）、信太村および周辺町村に五〇ヤードの耕作地（E地区、田一三・五町、畑三四・三町）が演習場から除外され、払い下げられるこ

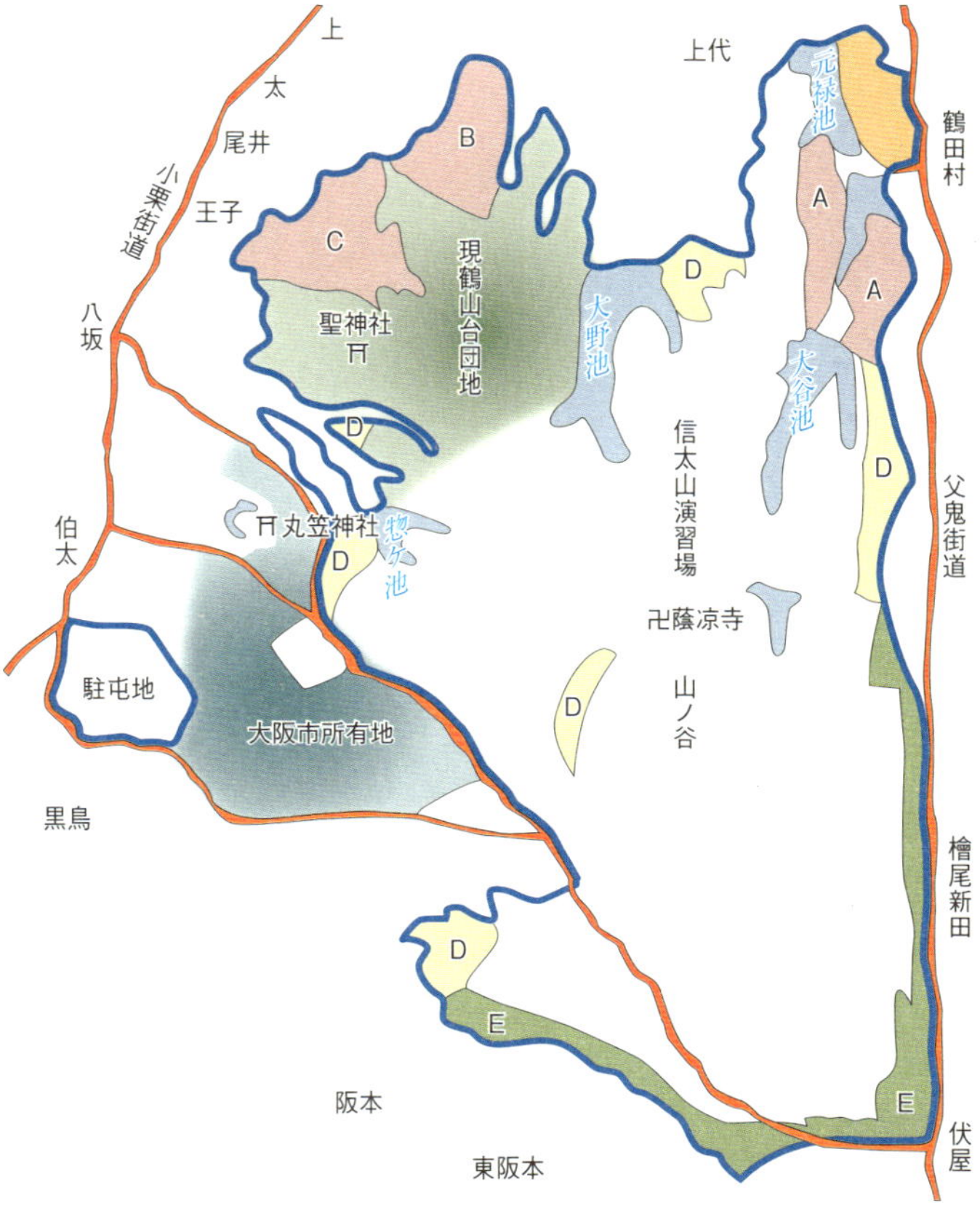

図5　信太村および関係町村への払下予定地（1954年）　青線で囲まれた範囲が信太山演習場。

とになったのである。また、水源確保のための植林や光明池水路の安全も約束され、通行権も認められた。ただし、除外されなかった区域での耕作はすべて禁止され、信太山の名物だった晒《さらし》干しも原則禁止された。

払い下げが決まった耕作地は、関係町村で配分され、一九五五（昭和三〇）年から順次個人への払い下げが進められた。

信太村では、議会および部落会長の合同会議でD地区の配分を議論し、まず山ノ谷に優先的に割り当てたのち、残りを山ノ谷以外の一一部落に世帯数等に応じて「平等」に分配し、その後、山ノ谷・上代に再分配する（山ノ谷、上代が買収する）という経過を取ったようである。部落間の平等性を一定確保しつつ、より耕作権の切実な山ノ谷や上代に優先的に耕地を配分しようとしたものといえるだろう。しかし、山ノ谷にとっては必ずしも満足のいく結果ではなかったようである。山ノ谷に割り当てられた地は、蔭涼寺の門前、集落西の急傾斜地（元田中屋敷）であった。未墾地のため収穫を得られるようになるまでは相当の時間と労力が必要であるので、現在耕作している土地のうち戦時中に強制買収されたところだけでも耕作を認めてほしいと訴え、結局、五年間は、旧耕作地の耕作が認められたようである。ただし、このとき交わされた村長、議長、部落会長の覚書の一部不履行があったため、山ノ谷ではその後も旧耕作地の耕作を継続していたが、一九六六（昭和四一）年国から不法耕作で訴えられ、一九七六年に耕地を明け渡した（なお、上代の耕作地も同様に国から訴えられ、耕地を明け渡した）。

以上、「一歩前進した運動」の結果、演習場の一部返還を勝ち取り、明治初年に上地され国や軍のものとなった信太山の一部が、村（ABC地区）や耕作者（DE地区）の手に戻ることになった。演習場の周縁部E地区が新たに耕作地として割り当てられ、所有権・耕作権を獲得することになったが、耕作地が演習場の外部へと押しやられたともいえよう。歴史的経緯のなかで形成されてきた「耕作権」や「介在民有地」の単純な復活ではない。なお、信太村に払い下げられることになったABC地区の開発をめぐる動きは、町村合併に大きな影響を及ぼすことになる。

2　八坂町・信太村の合併問題

和泉市の誕生と八坂町・信太村

一九五三（昭和二八）年一〇月に施行された町村合併促進法にもとづき、いわゆる「昭和の大合併」が進められたが、泉北郡においては、すでに敗戦直後の時期から町村合併の動きがみられた。

一九四八（昭和二三）年五月から夏にかけて、泉北郡では泉大津市を中心とする合併案、和泉町を中心とする合併案、さらには堺市との合併案などいくつかの構想が持ち上がり、協議が進められていた。八坂町は、

八坂町

字	世帯	人口	男	女
小栗	123	456	213	243
明坂	148	559	269	290
北山	98	339	171	168
阿千里	108	405	184	221
中乃	94	370	181	189
丸山	116	464	228	236
池乃	132	496	239	257
市乃	78	326	165	161
寺地	78	315	154	161
宮乃前	110	450	212	238
昭和	123	463	230	233
宮地	99	392	188	204
平松	118	518	251	267
春日	116	448	230	218
計	1541	6001	2915	3086

信太村

大字	世帯	人口	男	女
上代	105	579	280	299
舞	18	99	42	57
上	99	395	190	205
太	199	878	402	476
尾井	146	730	374	356
山ノ谷	27	141	74	67
富秋	46	233	113	120
中	107	595	276	319
王子	157	586	300	286
二区王子	312	1315	654	661
聖ヶ岡	261	992	491	501
計	1477	6543	3196	3347

表19　八坂町・信太村の大字別人口（1957年）　両町村の事務報告書より作成。

合併に前向きで、信太村とたびたび懇談会を開催し共同歩調をとっている点が注目される。合併問題をめぐって地元選出代議士小西寅松や府会議員が調整にのりだしており、何度か小西代議士宅で関係首長らの協議会も行われたようであるが、合併はまとまらなかった。一九五一（昭和二六）年三月には、信太村と泉大津市との間で合併の仮調印まで行われたが、市長の交代もあり立ち消えになったという。

一九五四（昭和二九）年四月、大阪府町村合併促進審議会は、府知事に対し町村合併案を答申した。それは、泉北郡を①久世、東陶器、西陶器、上神谷、②福泉、美木多、③北池田、南池田、北松尾、南松尾、横山、南横山、④泉大津、和泉、高石、信太、八坂、忠岡の四つに合併する案であった。

①、②の案は答申通り合意が成立し、①一九五五（昭和三〇）年に泉ヶ丘町、②一九五六（昭和三一）年福泉町が誕生したが、③、④の案は町村間の思惑が対立し、容易に事態は進展しなかった。こうしたなかで、府の答申とは異なるが、一九五五年末までに南北松尾両村の間で、両村合併による「松尾町」の合意がほぼできあがっていた。ところが、一九五六年一月、南北松尾村に対して、南北池田、横山、南横山の四ヶ村から非公式に六ヶ村合併が打診された。北松尾村長は、南部六ヶ村合併には反対だが、和泉町を含めた合併であれば賛成

であると答えたという。その後の詳しい経緯は不明であるが、二月一日の関係町村の町村長議長の会合の場で、南北松尾の合併は解消し、七町村の合併を促進する方針が定められ、五月には合併協定書がまとまるなど、和泉町と南部六ヶ村との合併案が急浮上し、和泉市の成立へと事態が急進展していった。こうして、一九五六年九月一日、大阪で二三番目の市として和泉市が誕生したのである。

八坂・信太両町村が和泉市に合併されたのは、和泉市発足から四年後の一九六〇（昭和三五）年八月一日のことであった。和泉市は、両町村との合併にあたって、『市政だより』（現『広報いずみ』）紙上で、市民に説明を行っており、「なぜ三年半前に和泉市が誕生したとき、お隣りの八坂・信太の両町村が加わらなかったのかという疑問」に対して、次のように答えている。

> 両町村が当時和泉市に加入することを嫌っていたわけでもありませんが、当時両町村の内部では和泉市、また泉大津市、高石町に合併しようとうちわもめをしていたのです。ちょうど、このごたごたしている間に、今の和泉市があまりにも早くとんとん拍子に進んだため、八坂信太の両町村は『和泉市誕生』に乗り遅れたといえましょう

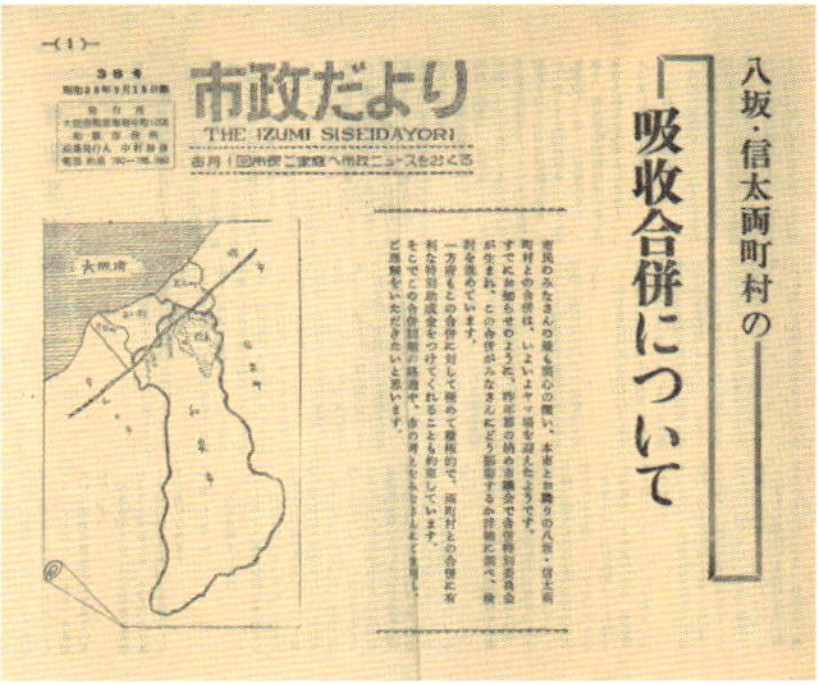

写真35　『市政だより』38号（1960年３月号）
現『広報いずみ』。1957年５月号から1961年６月まで『市政だより』という名称であった。

和泉市合併がとんとん拍子に進んだことは先にみたとおりであるが、広報の説明には一部不正確なところがある。八坂・信太の両町村は、和泉市（和泉町や南部六ヶ村）との合併はそもそも指向しておらず、両町村の「うちわもめ」は、高石町あるいは泉大津市との合併をめぐって起きたものであった。「うちわもめ」はなぜ起こったのか。また、高石、あるいは泉大津との合併を模索していた八坂・信太両町村がなぜ和泉市と合併することになったのだろうか。

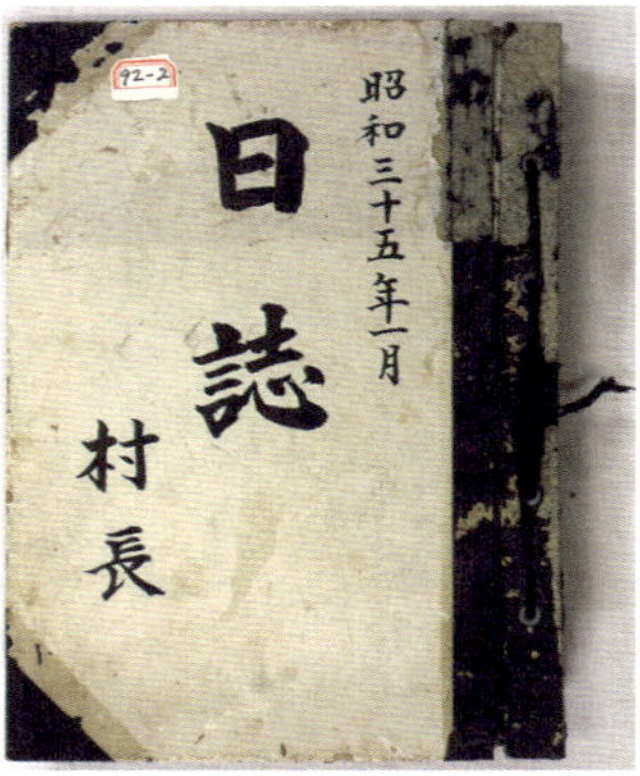

写真36　信太村西本村長が記した『日誌』（西本家蔵）　1959〜60年まで２冊の日誌が残されており、合併問題をはじめとする村政の展開をうかがうことができる。

高石か泉大津か　信太単独か八坂・信太か、あるいは信太村分村か

和泉市との合併に至る経緯を、以下の六期に区分して追ってみよう。

まず第一期は、一九五四（昭和二九）年一月から六月ころまでである。高石町、泉大津市双方から合併の誘いを受けた八坂・信太両町村は、両町村の歴史的一体性を確認しつつ、町村内および両町村間、さらに関係市町と協議を進め、同年五月、高石町、泉大津市を含めた四者合併の線でまとまった。同案については、高石町が強い難色を示すなど、その実現には困難が予想されたが、泉北地方事務所の了解を取りつけ、四者合併に向け本格的に動いていくことになる。

第二期は、一九五四年夏から一九五五（昭和三〇）年春にかけての時期である。四者合併が進展しないなかで、泉大津、八坂町と二区王子（第3章参照）が中心となって高石町を除く三者合併の動きが活発化したが、信太村内には八坂を除き単独で高石と合併しようとする意見も少なくなかった。そのため、信太村を二区王子とほかの大字で分村し、前者は泉大津市、八坂町と合併し、後者が高石町と合併する方向にまとまった。しかし、小西代議士が四者合併の線で高石町を説得するとのことでこの案はしばらく保留されることになった。ちょうど市議会議員の改選時期をむかえたこともあって、合併の話は進展しなかったようである。

第三期は、一九五六（昭和三一）年九月一日の和泉市成立前後の時期である。先にみたように、急ピッチで和泉市合併にむけた話がまとまるなかで、八坂、信太でも合併問題が再び動き出した。八坂町は、三月末ごろ、和泉町との合併に加わろうとしたが、すでに和泉市誕生に向けた合併協議会が誕生していたこともあり、基本的に相手にされていないようである。泉大津市、高石町との合併も進展せず、また和泉町との合併

にも乗り遅れたなかで、五月には八坂・信太両町村の合併協議会が設置されたが、数回の協議を行うにとどまったようで、結局一九五七（昭和三二）年二月信太・八坂両町村は高石との合併を決議し、三者合併をめざすことになった。

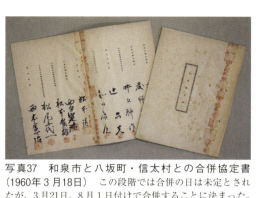

第四期は、一九五七〜八年のころである。一九五六年六月に施行された新市町村合併促進法に基づき、一九五七年三月大阪府は、八坂町、信太村、泉大津市、高石町、忠岡町の五者合併を勧告した。関係町村で協議が進められたが、信太村内には村単独で高石との合併を求める意見と、八坂とともに泉大津と合併しようとする意見とに大きく二分され、村議会のリコール運動や総辞職騒動にまで発展した。結局、五者合併は実現しなかった。

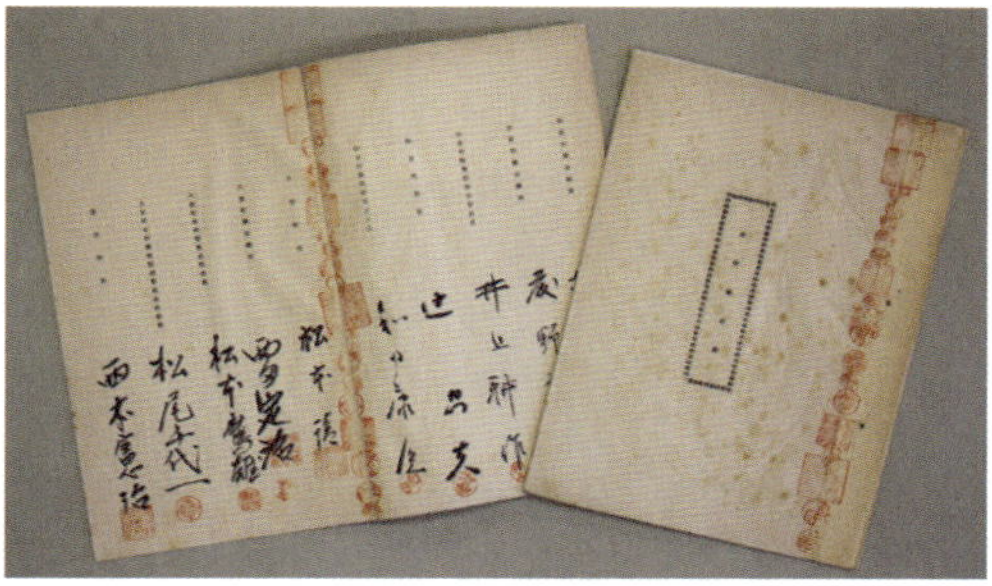

写真37　和泉市と八坂町・信太村との合併協定書（1960年３月18日）　この段階では合併の日は未定とされたが、３月21日、８月１日付けで合併することに決まった。

第五期は、一九五九（昭和三四）年三月から和泉市との合併に合意した一九六〇（昭和三五）年三月までである。五者合併を断念した大阪府は、一九五九年三月、二年前の勧告を変更し、八坂・信太両町村の合併を勧告してきたのである。八坂・信太両町村は、府の勧告通りの二者合併でなく、高石でもなく、泉大津でもなく、また四者合併でもなく、和泉市との合併を選択し、同年七月和泉市に合併を申し入れたのである。これに対し、泉大津市から、同市と和泉市、八坂、信太、忠岡との合併が申し入れられる一幕もあった。和泉市は、新市誕生後まだ日が浅く、新市建設計画にとりかかった矢先でもあったため、合併に慎重な意見も少なくなかったが、府からの積極的な支援の約束もあり、また、一〇万都市をめざすという立場から、申し入れに応じることとし、一九六〇年三月一八日、八坂・信太との合併が仮調印された。

最後が第六期、和泉市との合併に合意した三月から八月一日の合併までである。合

写真38　市制施行５周年　八坂町・信太村合併記念式典

併に合意したとはいえ、まだ紆余曲折があった。合併申請書によれば、合併の理由として、①八坂・信太両町村は和泉市北部と接し、警察署、保健所、郵便局、電報電話局が同一の管轄区域であり、上水道や病院なども組合を設置するなど広域行政の面ではすでに一体として活動を進めており、相互の関係は密接不可分で、生活圏が一本化していること、②和泉市は一〇万都市をめざしており、隣接町村を合併し、市域の拡張・適正化と行財政力の充実をはかる必要があること、③八坂・信太両町村も合併により行財政力の強化が必要であること、などの点が挙げられている。また、合併協定書や覚書によれば、合併の形式は、八坂町・信太村の和泉市への編入合併とされ、合併後は和泉市ですでに進めている新市建設計画を優先施行すること、そのため八坂、信太地区については当分の間、道路橋梁、教育施設等の新設事業はできないこと、火葬場を信太地域に設置することが定められた。合併に至る経緯もあって、八坂・信太にとって厳しい内容となっていた。そのため、信太村では合併条件をめぐって激しい抗議運動が起こり、村政が混乱した。結局、信太地域に割当てられた市会議員定数が増員されるなど一部条件が修正され、八月一日の合併を迎えることとなったのである。

九月一日には、八坂町・信太村合併および市制施行五周年を記念して、和泉中学校講堂で祝賀行事が行われ、また幸小学校、信太小学校でも祝賀演芸会が催され、新しい和泉市の門出を祝った。合併によって、市の面積は八五・四六平方キロメートル、人口は七万人を超えた。こうして、現在の和泉市域が固まり、市の発展の基礎が築かれたのである。

紆余曲折の背景

以上、和泉市との合併に至る経過を概観したが、そこからいくつかの注目点が浮かびあがる。

まず第一は、先にも指摘したが、基本的に八坂・信太が合併の相手として想定していたのは、高石町あるいは泉大津市であって、和泉市ではなかったことである。

第二は、八坂と信太は、両町村の歴史的なつながりをふまえ、節目節目に両者の一体性を確認し、常に連携をとりながら合併問題に対処しようとしたことである。しかし、高石町は、信太のみとの合併で市制施行が可能となるため、八坂との合併には消極的であった。信太村内にも、八坂との一体性にこだわらず、単独で高石町との合併を求める動きが一貫してみられたことにも注意がいる。

第三は、八坂と信太との一体性を担保したのが、二区王子の動向であった。当時、二区王子からは二二名中五名の村会議員を輩出するなど、信太村政に大きな影響力をもっており、二区王子独自で八坂町と合併問題を協議することもしばしばみられた。信太村内であくまで単独で高石町との合併を求める意見が強まった際には、信太村を分村し、二区王子は八坂とともに泉大津市と、ほかの大字は高石町と、それぞれ合併する案が決議されるほどであった。

第四は、信太村による信太山の開発計画＝「持参金」問題が合併問題に影を落としていたことである。先に見たように、信太山演習場解放運動の結果、信太村にはＡＢＣの三五町余が払い下げられることが決まっていた。信太村はＡ地区に病院、Ｂは公園墓地、Ｃは運動場として開発する意向を持ち、一九五五（昭和三〇）年には泉大津、高石と墓地組合を発足させていた。この墓地組合は当然、町村合併をもにらんでのことであろう。また、大阪府や泉北各市町村らで構成される泉北地方振興委員会も、臨海開発の後背地として信太山の振興計画を立案するなど、信太山の開発による地域振興が注目されるなか、その「権利」をもつ信太村の

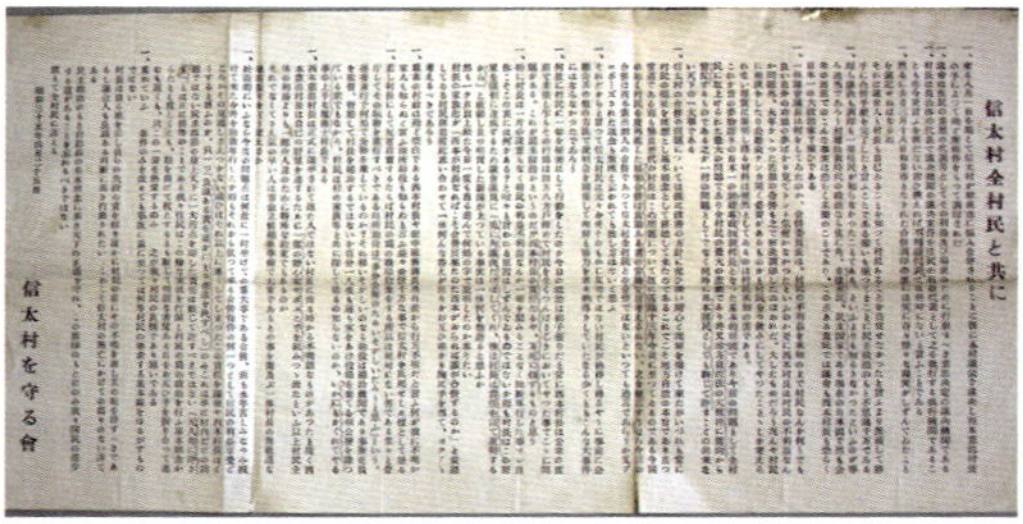

写真39　信太村を守る会「信太村全村民と共に」（1960年４月25日）

動向が注目されることになったのである。

第五は、部落問題の位置である。先にみたように、昭和初年、南王子村は村民の居住域の拡大という状況を踏まえ、伯太・信太両村との合併を指向したが、結局、伯太村との間で境界変更することとなった（第3章参照）。その際、南王子村は、それまで「地域狭小」のまま「放任」されてきた原因として、「賤民ノ地ナルガ為」という「陋習《ろうしゅう》」があることを挙げていた。戦後の合併問題のなかで、周辺町村から部落問題についての直接的な言及はみられないものの、合併の動向になんらかの影響を与えたことだろう。また、合併後の市政にも大きな影響を与えることになる（後述）。

最後に、和泉市との合併条件が持った意味の大きさを指摘できよう。八坂・信太両町村は、紆余曲折を経て、結局、和泉市に吸収合併されることになり、たいへん厳しい合併条件が突きつけられることになった。信太村内の強力な反対運動で若干の修正が加えられたものの、この合併条件が、その後の和泉市政を規定していくことになった。

3　高度成長期の地域開発

信太山の開発構想

先にみたように、一九五四（昭和二九）年信太山演習場の一部三五町余（ＡＢＣ地区）が信太村に払い下げられることになり、村では、病院、公園墓地、総合運動場用地としての開発計画を立案した。墓地公園をめぐっては、さっそく一九五五（昭和三〇）年に泉大津市、高石町と墓地組合を設立し、協議を開始していた。

しかし、払い下げを受け、開発事業を実施するだけの財政的余裕が村に十分ではなかったこと、また町村合併をめぐる混乱がみられたことなどもあり、ＡＢＣの計画いずれも実現しなかったようである。また、泉北地方振興委員会は、一九五〇年代に信太山を泉北臨海開発の後背地として位置づけ、信太山演習場の全面返還も展望した振興策を計画している。それによれば、住宅地、公園墓地、総合グラウンド、貯水池、酪農などを行おうというものである。

信太山解放運動の際は、地域の要求の主眼は、あくまで演習場内に展開する耕地の所有権、耕作権を求めることにあったが、信太村の案も、泉北地方振興委員会の案も、公園墓地や運動場、あるいは住宅地などの計画が全面に出ており、山の用益や耕作権・所有権の確保、水源地の維持などを通じた農業振興策が次第に後景に退いている点が注目されよう。

信太山の返還　米軍から自衛隊へ

一九五七（昭和三二）年、信太山演習場や兵舎、さらに大阪市所有地などが米軍から日本に返還されることとなった。大阪市所有地は大阪市に返還され、信太山青少年野外活動センターや信太山老人ホームとなったが、演習場や兵舎の大部分は、引き続き自衛隊に引き継がれることになった。当時の新聞記事などよれば、地元では、せっかく米軍から日本に返還を受けても自衛隊が駐屯すれば、信太山の全面的な開発計画の実施が難しくなるという受け止め方が主流だったようである。ただし、兵舎の門前に位置する伯太商業会は、一九五五（昭和三〇）年ころから自衛隊誘致促進会を結成し、米軍の返還をすみやかにし、また建物を最高度に活かし街に賑やかさをとりもどすために、自衛隊の誘致を和泉町当局や町議会に働きかけており（写真40）、米軍や自衛隊の駐留を希望する動きがみられたことも注目される。実際、一九五七年に自衛隊が信太山に駐

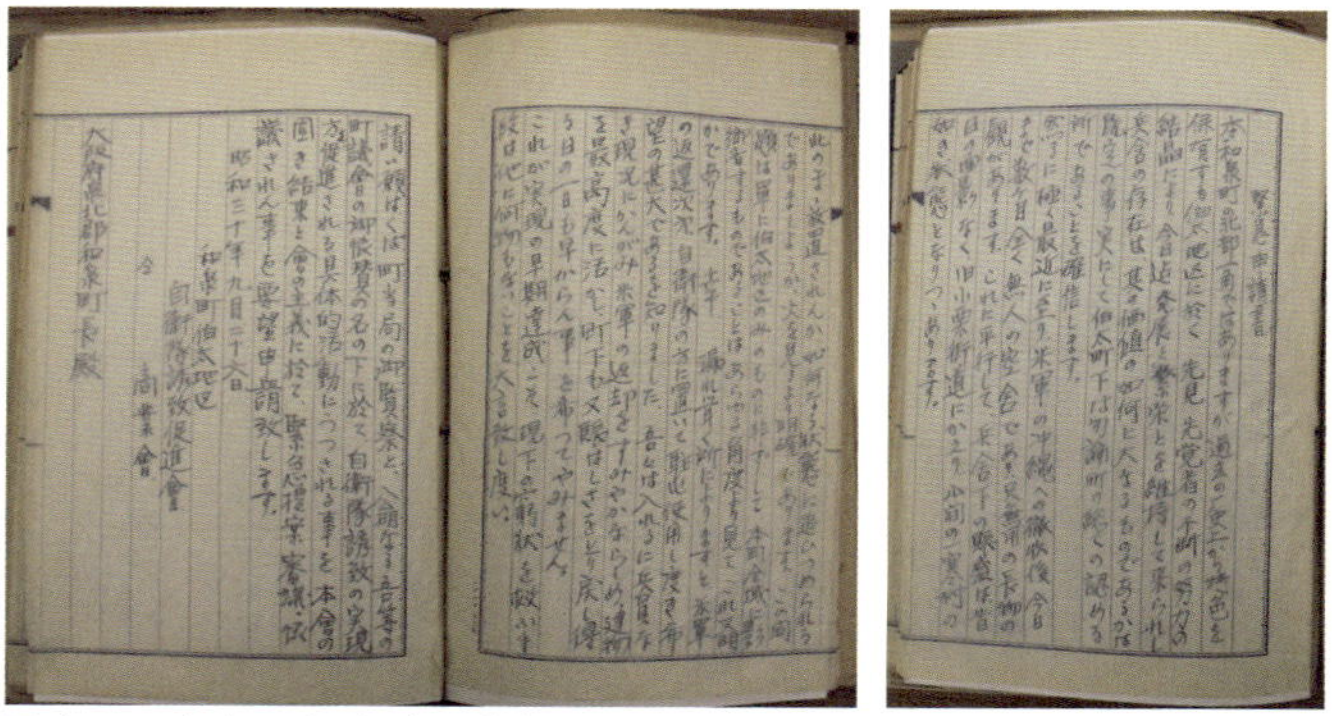

写真40　和泉町伯太地区自衛隊誘致促進会・伯太商業会による「緊急申請書」（1955年９月26日）

屯を開始した際、商業会は歓迎のアーチで自衛隊を出迎えている。

鶴山台の開発

自衛隊の駐屯によって、信太山の全面返還は難しくなったが、その後も、泉北地方振興委員会による総合運動場計画や大阪府企業局による信太山全域を対象とした住宅開発計画などが立案されている。

たとえば、一九六二（昭和三七）年の大阪府企業局が作成した泉北丘陵住宅地区開発計画書によると、現在の泉北ニュータウンだけでなく、信太山地区（演習場全域）および和泉地区（現トリヴェール和泉）も含めて泉北ニュータウンとして開発するプランであった。結局、一九六四（昭和三九）年に信太山地区は泉北ニュータウンから除外されるが、一九六五（昭和四〇）年段階のプランでは、信太山地区として、演習場に南接する池田下から東阪本一帯がニュータウン計画の一角に組み込まれていた。

一方、和泉市は、一九六二（昭和三七）年、信太村に払い下げられる予定であったBC地区を中心に、二〇〇〇戸の住宅開発を計画し、住宅公団と折衝した。翌一九六三（昭和三八）年から新住宅市街地開発事業として宅地開発がはじまった。BC地区を含む国有地を中心に七七万九二二五平方メートルに及び、四一〇〇戸一万六〇〇〇人の入居が予定された。和泉市議会は、人口増に伴う社会資本整備の負担が大きいとして開発に反対の姿勢を示したが、一九六五年から六七（昭和四二）年にかけて、公共施設への公団負担のルールが確立し、地元負担の問題は解決をみた。一九六八（昭和四三）年に正式に事業が認可され、開発地内にある「鶴の山」にちなみ、鶴山台と名付けられた。

一九七一（昭和四六）年九月鶴山台第一団地の入居がはじまり、同年一〇月、市の人口が一〇万人を突破した。第二団地の入居は一九七四（昭和四九）年一月である。団地開発にともない、一九七一年一〇月に新しく鶴山台南小学校が開校し、山ノ谷と王子の一部も校区に編入された。また、一九七三（昭和四八）年には鶴山台北小が開校し、舞、上代、小野、上の一部が校区に編入された。それまでは、信太村の範囲が基本的に信太小学校・信太中学校の校区であったが、鶴山台の開発によって、そのまとまりが解体・再編されることとなったのである。なお、富秋は、一九八〇（昭和五五）年に開校した池上小学校校区となった。また、中学校区の再編も進んだ。一九七六（昭和五一）年、富秋中学校が開校したが、同校の校区は旧山手中学校区と、信太中学校区内の葛の葉町と富秋町、および和泉中学校区の池上町を合わせ再編したものである。信太中学校は、葛の葉と富秋を除く旧信太村と鶴山台が校区となった。

写真41　鶴山台団地　1972年ころの様子。

文化財保存運動

鶴山台の開発にあたっては、開発に先立って埋蔵文化財の調査が行われるとともに、文化財保存運動が展開されたことも注目される。一九六四（昭和三九）年住宅公団から和泉市教育委員会に鶴山台の開発予定地内の埋蔵文化財についての問い合わせがあった。市教委は、公団と協議し、二ヶ所の古墳は緑地帯に組み入れて保存し、そのほかは発掘調査を行うこととした。一九六五年、和泉市史編纂《へんさん》委員や文化財保護委員の有志らによって信太山遺跡調査会が組織され、調査団長末永雅雄、調査主任森浩一、副主任石部正志、調査本部三浦圭一（市史編纂室内）

写真42　惣ヶ池遺跡の見学会　城前伊佐雄氏提供。惣ヶ池遺跡保存運動の一環として、遺跡を「見に行く運動」が取り組まれた。

のもと、一二月から翌年四月まで調査が実施された。その結果、初現期の須恵器窯のひとつである濁り池遺跡や弥生時代の高地性集落惣ヶ池遺跡ほか一六の古墳、遺跡、窯跡がみつかるなど多くの成果を挙げた。国・府・市・調査団と公団で協議した結果、惣ヶ池遺跡のおよそ三分の一、三五〇〇坪を保存することに合意した。

しかし、一九六八（昭和四三）年から団地の造成工事が本格化すると、いったんは保存で合意したはずの惣ヶ池遺跡も破壊の危機に見舞われた。このころ、和泉市では第二阪和国道にともなう池上曽根遺跡の保存問題、弥生町の開発にともなう観音寺山遺跡の保存問題も起きており、泉州文化財を守る連絡会や三大弥生遺跡を守る実行委員会を中心に三つの遺跡の保存運動が展開されていた。一九六八年には、和泉市議会も三大弥生遺跡保存要請決議を挙げている。

一九七〇（昭和四五）年二月、和泉中学校の郷土研究部の遺跡パトロール隊が現惣ヶ池公園の工事現場から竪穴住居跡を発見したことをきっかけに、同年八月緊急発掘調査が行われ、新たに四つの竪穴住居跡がみつかった。三大遺跡を守る実行委員会は、発掘現場を見に行く運動や署名活動を展開した。また和泉市文化財保護委員会も一一月に惣ヶ池遺跡の保存を答申した。こうして惣ヶ池遺跡の保存が決まり、一部道路の設計を変更し、公園内に四つの住居跡を残すことになったのである。

なお、惣ヶ池遺跡は、弥生時代後期の高地性集落として重要であることに加え、和泉市での文化財保存運動の先駆けとなった遺跡のひとつであること、また、鶴山台団地の中で開発前の旧地形をよく残す数少ない場所であることなども評価され、二〇一四（平成二六）年三月和泉市史跡に指定された。

公共施設の進出

信太山丘陵とその周辺には、鶴山台団地のほかにも、多くの公共施設が建設された。一九六二（昭和三七）年には泉北用水組合浄水場（和泉市・泉大津市・高石町）が伯太町に、一九六四（昭和三九）年には和泉市・泉大津市清掃施設組合ごみ処理施設（現、泉北環境整備施設組合／和泉市・泉大津市・高石市）が舞町に建設された。一九七二（昭和四七）年には、和泉市と八坂・信太との合併条件に基づき、いずみ霊園が小野町にオープンした。また、一九六八（昭和四三）年、伯太町に同和対策事業の一環として丸笠団地が建設された。丸笠団地に続く同和対策住宅を信太山丘陵に建設する案もあったようであるが、これは実現しなかった。このほか、運輸省の航空レーダーや自動車検査登録所なども設置されている。

以上のように、高度成長期に、信太山丘陵は、自衛隊の演習場として引き継がれた地を除き、地域の再生産に不可欠な用益地（耕地、水源、下草など）から開発の絶好の対象地へと変貌をとげていったのである。

歴史的課題としての部落問題

高度成長期に信太山の開発が進む一方で、同和対策事業も本格化し、幸・王子地域の環境改善が進んだことも注目される。

近世社会以来の身分的遺制と近代資本主義社会の諸矛盾が結びつき、近代日本の大きな社会問題となった部落問題は、日本社会が解決しなければならない歴史的課題であった。すでに見たように、近世のかわた村・南王子村は一八八九（明治二二）年に行政村・南王子村に再編され、同村は戦時中に八坂町となり、戦後、一九六〇（昭和三五）年に信太村とともに、和泉市に編入合併された。部落問題の解決は、和泉市及び地域住民にとっても大きな歴史的課題であった。

一九六五（昭和四〇）年、同和対策審議会は「その早急な解決こそ国の責務であり、同時に国民的課題であるとの認識に立って」、部落問題（同和問題）の解決のための具体的答申を行った。それに基づき、一九六九（昭和四四）年に同和対策事業特別措置法（同特法）が一〇年の時限立法として制定された。和泉市においても、同法（およびその後継法）に基づき「対象地域における経済力の培養、住民の生活の安定および福祉の向上等に寄与することを目的とする」（同特法第一条）同和対策事業が実施に移された。和泉市の事業の特徴に留意しつつ、事業の中心となった環境改善整備事業の概要をみることにする。

幸・王子地域の人口過密問題と人造真珠業

和泉市への八坂町・信太村の編入合併に際し、大阪府知事に提出された「合併申請書」では、八坂町について「人口は、昭和三十五年二月末現在で、五、九三五人で、その密度は一平方キロメートル当たり一万六九五七人できわめて高率を示している。面積は〇・三五平方キロメートルできわめて狭小で、産業は人造真珠製造業を主要産業としている」と述べ、八坂町地域の人口過密状態が深刻であることを指摘し、同時にそれが人造真珠工業の存在と密接に関わることを示唆した。しかし、前述のような合併の経緯もあって、八坂、信太地区の道路橋梁、教育施設等の新設事業は後回しにされ、歴史的懸案解決への着手は先送りされる形となった。

八坂地域の人口過密問題は、近世以来地域で繰り返し問題となった。戦時中には多数の朝鮮人移住者も加わって過密化が進み、過密状態が頂点に達した（第3章参照）。同地域の近代以降の人口過密問題は、外貨獲得の役割も期待された輸出産業としての人造真珠製造業の発展と深く結びついていた。人造真珠業は、かならずしもいわゆる部落産業ではないが、八坂・王子地域は日本の人造真珠業発祥の地のひとつであり、大正

年	事業所	従業者	男	女	出荷額(万円)
1957(昭和32)	7	98	52	46	99,614
1960(昭和35)	236				
1963(昭和38)	167	873	491	382	153,865
1966(昭和41)	127	984	552	432	245,642
1969(昭和44)	62	520	316	204	140,826
1972(昭和47)	46	308	164	144	110,004
1975(昭和50)	39	250	132	118	154,532
1978(昭和53)	31	197	122	75	158,213

表20　和泉市における窯業・土石製品製造業　『統計いずみ』各年版より作成。

大字		工場数	A	B	C	D
旧八坂町	旭	5	3	1	1	
	幸	14	11	2	1	
	山手	6	3	2	1	
旧信太村	上	6	1	4	1	
	富秋	2	2			
	尾井	5	5			
	王子	20	9	5	5	1
	葛の葉	8	4	2	2	
	太	9	6	2	1	
旧和泉町	伯太	14	3	5	6	
	肥子	1	1			
計		90	48	23	18	1

表21　人造真珠·硝子珠関係工場　従業員数　A：0～5、B　6～10、C　11～20、D　21～30　和泉市、和泉商工会『商工名鑑　19の72』より作成。

末期には技術的発展により分業化が進み、単純作業を零細な家内工業が担う生産構造ができあがり、同地域は地域の豊富な低廉労働力を武器として日本の人造真珠業の中心的生産地に発展した。八坂・王子地域は、人造真珠業に従事する多数の労働力を他地域から吸引し、過密化が進んだのである。近代の八坂・王子地域の部落問題は、人造真珠業の発展と深く結びついていた点に大きな特徴があった。

人造真珠業は対米英戦開始で打撃を受けたが、戦後復活し、一九五四（昭和二九）年ころに第一次「パールブーム」、一九六〇（昭和三五）年ごろには第二次のブームが起こり、八坂・王子地域は経済的に大いに潤った。『統計いずみ』から和泉市の窯業・土石製品製造業の事業所数・従業者数・出荷額を示すと、表20のようになる。一九六〇年に事業所数が激増するのは、人造真珠業で圧倒的地位を占めた八坂町・信太村を合併したためである。一九六六年に出荷額がひとつのピークに達し、従業者数も戦後もっとも多い九八四人となったことがわかる。従業者数、事業所数ともやや減少した一九七二（昭和四七）年段階では、表21のようになる。旧八坂町（幸・旭・山手）

と王子町（「二区王子」）に多数の工場が存在し、とくに王子地域には比較的大きな工場が集まっていた。しかし、「二区王子」以外の王子、上、尾井、葛の葉、太にも相当数の工場があることも見落とせない。このほか、表にはでてこないような、零細な下請け業者・家内工業者が広く存在しており、幸・王子地域に人造真珠業の分厚い集積があった。

幸・王子地域は、近世社会以来の身分的遺制と人造真珠業の発展に規定され、大都市過密地域並みの過密状態となっていたが、和泉市との合併後、それが学校教育の面からも社会問題化した。同和地域で、人口過密地域の中学校である山手中学校が、他地域と比べ教育条件がきわめて劣悪であることが問題化したのである。一九六一（昭和三六）年に全国学力テストが実施されたが、山手中の教員は、劣悪な教育条件下でのテストは生徒の将来に不利益をもたらしかねないとして反対した。実際に山手中卒業者で一般大手企業に就職する生徒もあった。テストは実施されたが九割以上の生徒が白紙答案を出したため、社会の注目を集めることになった。

泉北教組の山手中分会が一九六二（昭和三七）年に作成した「学校白書」によれば、山手中学校の長欠生徒は在籍生徒三一九人中三四人（一〇・七パーセント）で、全国平均一・六八パーセント、大阪府平均二・八七パーセントに比べて際立って高かった。同校生徒は、多くが家庭で人造真珠関連の仕事に従事し、調査対象二二四名のうち、平日三時間以上仕事をしている生徒が一三八人、そのうち五時間以上が三四人もあって、それが長欠・早退の理由と考えられた。月収二〜三〇〇〇円のものが多く、その全部または九割を家に渡すものが約半数であったが、全部小遣いにするものも二割以上あった。同時期の別の調査では、生産の塗装工程の枠付け・枠外し作業は年少者が多かったといわれ、当時それは一〇時間労働で平均月収六二五〇円という報告もある。多くの家庭で、中学生も労働力として不可欠の存在であった。

激しい景気変動に生産が左右される人造真珠業の発展に対応し、豊富かつ低廉な労働力の集積地であった幸地域では、労働力の濫用が中学生にまで及んだのである。それが一九六〇年代はじめに社会問題化した背景として、当時、中卒労働者が「金の卵」といわれた高度成長期の労働力需要も考慮しなければならない。

しかし、一九七〇年代半ばころ人造真珠業は斜陽化し、同業従事者は他業種に転業し、地域から流出するものも増大した。幸・王子地域の人口過密状態を生み出した大きな歴史的要因が小さくなり、地場産業の衰退、空洞化が深刻な問題となるのである。

写真43　同和対策事業実施前の幸・王子地域の様子　『生まれかわる町』1971より。

和泉市における同和対策事業のはじまり

一九六九（昭和四四）年四月、和泉市に同和対策室（翌年、同和対策部）が設置され、国や府と連絡を取りつつ、同和対策事業のマスタープランの策定が進められた。

当時、幸・王子地域の人口過密状態は、和泉市と合併時よりもさらに上昇していた。和泉市が同和対策事業を本格化させた一九七五（昭和五〇）年の数字であるが、「事業区域」（幸・王子地区）では人口約九〇〇〇人、世帯戸数約三〇〇〇戸、人口密度は一ヘクタール当たり二一五人に達した。

これより先、一九六二（昭和三七）年に結成された部落解放同盟和泉支部は、同対審答申が出されるなか、一九六六（昭和四一）年に「幸地区住宅要求者組合」を組織し、和泉市と交渉して二百戸の住宅建設を約束させた。この結果、一九六八（昭和四三）年に伯太町に特定目的公営住宅丸笠団地として二〇〇戸が建設された。しかし、丸笠団地の建設は、地元幸地区町会の十分な理解を得られないこともあり、かならずしも幸・王子地区の住宅環境改善事業にはつながらなかった。

そのなかで、一九七〇（昭和四五）年六月、幸地区連合町会長が部落解放同盟和泉支部長に就任すると、地域での支部の組織力、動員力が強化され、行政に対する交渉力も強まった。マスタープランの議論をへて、一九七一（昭和四六）年八月には「環境改善整備事業計画（生まれかわる町）」が策定された（写真44）。それによれば、事業の範囲は同和地区を中心として周辺部を含む七二・八ヘクタールに及び、住環境の改善整備を主としたまちづくりを行うとされた。対象地域は、大きく「住宅地区」（面積五五・八二ヘクタール）と「駅前地区」（面積一七ヘクタール）に分かれ、総事業費は約七〇〇億円と見積もられた。

「住宅地区」の約七八パーセントにあたる四三・七ヘクタールについて、住宅地区改良法の指定を受けて住宅改良事業の実施をめざす事業計画が立案され、改良地区名「幸地区」、含まれる地域は「和泉市の幸町　山手町　旭町　王子町　伯太町地内」として、和泉市都市計画審議会（都計審）に付議された。しかし、一

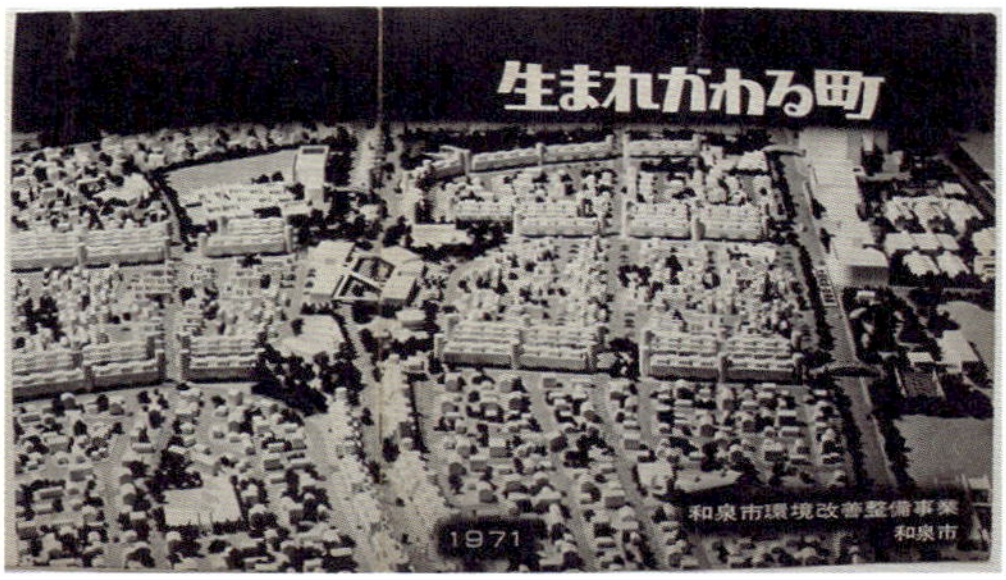

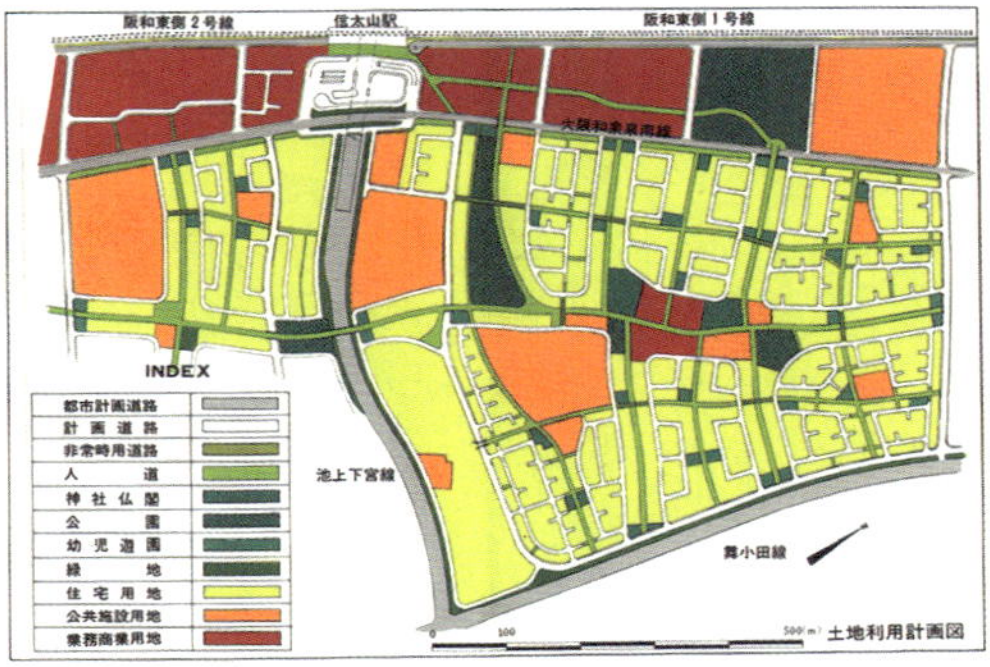

写真44　和泉市『生まれかわる町』和泉市環境改善整備事業（1971）　表紙写真（上）から、集合住宅だけでなく戸建住宅も相当の割合で確保されていたことがうかがえる。また、土地利用計画図（下）には、信太山駅前など周辺部も含めた構想であったことが示されている。

	親の代から	戦前	1950年以前	その他	計
世帯数	500	136	160	588	1384
割合（%）	36.1	9.8	11.6	42.5	100

表22　幸・王子地区住民の来住時期　『和泉市北部地区環境改善事業基本計画 計画概要書』1974年７月より作成　このほかに無回答250世帯あり。

九七一（昭和四六）年八月二四日の審議会では、「一、不良度調査について不十分な点が多い　二、地元の意見を聞かずに審議会で答申するのは事業の性格上行過ぎである」として、継続審議扱いとなった。周辺地域、とくに伯太町会は「和泉市環境改善整備事業計画（生まれかわる町）」（パンフレット）の配布も認めなかった。

当初計画は変更を余儀なくされ、市は、改良地区名「幸第一地区」、含まれる地域は「幸町、山手町、伯太町の各一部」とし、面積一三・二七ヘクタール、買収方式を「オールクリアランス方式」とする事業計画を都計審に付議した。伯太町側は同案にも反対した。修正案は、都計審で決定され、翌一九七二（昭和四七）年四月には建設大臣の認可を受け、不良住宅買収推進の受け皿として、事業区域外（旭町）で和泉第一団地の第一期工事が一九七三（昭和四八）年二月に始まった。

この過程で、幸・王子地区の町会長から、基本的に同和対策事業促進の立場に立ちつつ、「改良住宅」建設に疑問、反対の意見表明があったことが注目される。一九七一（昭和四六）年一一月、都計審は幸・旭・山手・王子各町の町会長などに出席を求めて小委員会を開いた。そこで町会長側から、幸地区は流入人口が多く、「大手術」が必要であるが、他の同和地区と異なる歴史と伝統、とくに住民の自力向上の歩みがあるという意見、また極端な低家賃の「改良住宅」では将来「スラム化」の懸念があるなどという意見も出された。

一九七一年の幸地区および王子地区住民の来住時期調査によれば（表22）、一六三四世帯中「親の代から」が五〇〇世帯、「戦前」が一三六世帯であり、無回答を除けば、合わせて全体の四六パーセントとなる。古くからの住民と新たな移住者では居住条件も違いがあり、地元有力者には地域の自主性を重視する立場も強かったといえよう。

写真45　環境改善事業の進展（1983年）　中川忠志氏提供。後ろに見えるのは、和泉第一団地。

第二次地区指定と環境改善事業の本格的実施

市としては、同和対策事業として改良住宅建設を含む総合的環境改善計画を実行に移すために、地区改良法による全面地区指定が必要であった。それについては地元の要望も強かったが、同時に地元住民全体の同意を得ることが不可欠であった。

一九七三（昭和四八）年度に第二次地区指定への動きが本格化した。そのためマスタープランの改定も必要であり、一九七四（昭和四九）年七月には、詳細な「和泉市北部地区環境改善事業基本計画」が作成された。最初のマスタープランとの一つの違いは、「『和泉府中』『北信太駅』前の再開発を重点的に行い、本駅前（信太山）は現況程度に止める」として、信太山駅前の再開発が断念されたことである。幸・王子地区の周辺地域が、第一次マスタープランに反対したことがそこに反映している。

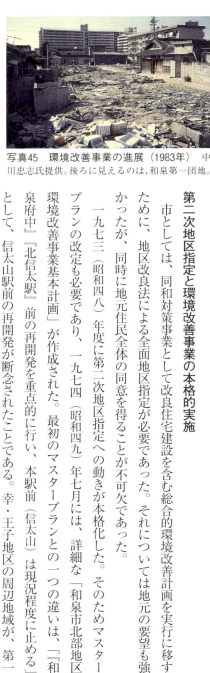

地域環境改善計画は、地域住民のあらゆる生活にその影響が及ぶ計画であるため、前述のように地元住民全体の同意が不可欠であった。同和地区の幸地域と王子地域の間の調整も必要であった。一九七三年一〇月、市長以下と支部、町会によって「部落解放総合事業計画推進委員会」が設立され、「総合事業の計画を推進するための調査と審議をする組織設立」と位置づけられた。王子地域と幸地区それぞれの解放同盟組織、それに町会も加わることによって地元全体の同意を取り付ける態勢整備がなされたものといえよう。

環境改善事業の中心をなす住宅問題の解決については、地域の実態も反映して多様な住宅要求が存在した。第一次マスタープランでも、それを考慮し、多様なタイプの住宅配置が計画に盛り込まれていた。第二次地区指定のため、一九七三（昭和四八）年四月に実施された「希望住宅調査」によれば、「不良住宅」二六三一戸のうち、改良住宅入居希望は一〇四三戸（三九・七パーセント）、持家希望四七一戸（一七・九パーセント）、

事業名	事業費(千円)	主な事業内容
改良住宅等建設	41,766,857	改良住宅建設1,620戸、店舗134戸、作業所33戸、集会所９ヶ所、管理事務所９ヶ所、子どもの遊び場17ヶ所、不良住宅除却事業買収1,864戸、除却1,819戸、地区内代替用地110区画、道路築造　3,736m
道路整備	2,536,249	道路築造　用地取得30,292.54㎡ 合計延長2,654.2m
公園整備	1,253,195	児童公園３ヶ所、近隣公園１ヶ所
公共下水道整備	2,354,256	都市下水路L＝1,214.4m 公共下水道整備L＝10,997m
配水管整備	213,749	配水管布設合計L＝8,730m　消火栓81栓
既設公営住宅改善	782,850	丸笠団地住宅改良事業
消防設備整備	202,941	旭出張所庁舎、消防分団車庫、防火水槽
解放総合センター建設整備	2,730,185	解放総合センター、幸会館、王子町会館
保育所整備	1,567,505	保育所４園
老人解放センター建設整備	379,181	
身体障害者解放会館建設	380,565	
和泉診療所建設整備	659,209	
共同浴場整備	356,557	旭温泉新設、旭・王子・中央・丸笠各温泉の改修
義務教育施設整備	8,731,690	幸小、信太小、信太中整備、富秋中新設
幸青少年センター整備	228,721	
幸幼稚園整備	26,037	
その他施設整備	124,543	隣保館整備その他
共同作業所整備	8,691	
幸・王子共同墓地整備	140,976	
計	64,443,957	

表23　和泉市における同和対策事業　和泉市『環境改善整備事業のあゆみ』1991より。

地区外転出希望五三戸、未定三七五戸、不明が六八九戸であった（「和泉市北部地区環境改善事業基本計画　計画概要書」）。他方、「良住宅」三八六戸のなかでは、「持家希望」の割合はいっそう多く、一五四戸（三九・九パーセント）となっていた。

一九七四（昭和四九）年七月三一日、和泉市は、和泉市都計審に「北部第一改良地区指定変更（追加）」を付議した。その事業範囲四二・三六ヘクタールは、既指定分一三・二七ヘクタールと追加指定分二九・〇九ヘクタールを合わせた範囲で、「地区に含まれる地域の名称」は、幸町、山手町、旭町、王子町、伯太町四丁目、六丁目、尾井町、葛の葉町であった。地区の住宅総数は三〇一七戸、うち不良住宅数は二六三一戸（八七・二〇パーセント）であった。従来の「オールクリアランス方式」から地域の一部を存置する「存置修復型」に事業内容を変更した計画であった。和泉市都計審では原案通り承認され、さらに大阪府を経由して国に申請が行われ、一九七六（昭和五一）年二月に建設大臣の認可がなされた。

府の地方都市計画審議会では、当時問題化していた同和対策事業における「逆差別」問題を意識して、事業計画に含まれた小学校整備や保育所建設に関していわゆる「逆差別」のおそれがないか、繰り返し質問が出され、和泉市としてそれに対応する必要があった。また、地域ではいわゆる「窓口一本化」によって、同和地区住民であっても便宜を受けられない事態が生じたというケースもあった。

一九七四年度に地区内での改良住宅建設として、はじめて幸団地の建設が始まり、同時に地区内幹線道路、地区内1号線の築造にはいった。それ以降、一九八九（平成元）年度までに北部第一住宅地区改良事業によって、住宅一六二〇戸、店舗一三四戸、作業所三三戸、集会室九戸、子どもの遊び場一七ヶ所などが建設されていった（表23）。一九九〇（平成二）年度までに、その面積は二万九九六一平方メートル、道路の延長は三九九五メートルに達した。住宅整備事業のほか道路整備、公園整備、下水道整備、社会福祉施設整備、教育施設整備、産業施設整備などが実施され、和泉市同和対策事業に投じられた事業費は、一九九〇年度までで約六四四億円に達した。内訳は、国庫支出金約二五一億円、府支出金約一一〇億円、起債二五九億円、一般財源約二五億円であった。

環境改善整備事業によって、幸・王子地域の居住環境はいちじるしく改善され、地域の景観もまた大きく変貌した。

むすび　信太山地域の現在

信太山丘陵の現況　2011（平成23）年９月７日撮影

むすび　信太山地域の現在

本書では、信太山丘陵とその周辺の村むらにおける人びとの生活構築の歴史を、信太山丘陵の多様な用益のあり方を軸にすえ、信太山地域の持つ開放性に留意しながら明らかにしてきた。むすびにあたり、こうした歴史展開のうえに位置する信太山地域の現在を確認しておこう。

高度成長期以降、鶴山台の開発、第二阪和国道（国道二六号）や堺泉北有料道路の開通にみられるように、平野部も、また丘陵部（の一部）においても都市化、宅地化が一段と進行した。また、幸・王子地区では、同和対策事業の実施によって地域環境がいちじるしく改善された。さまざまな問題を残してはいるが、歴史的懸案である「同和問題」の解決にむけて、広く地域住民が協働・交流・融和する基礎となりうる前進を遂げたといえよう。

高度成長期以降の人口の推移（表1）をみると、マンション建設や宅地開発が集中した上代、富秋、上などでは、二〇一五（平成二七）年の人口が一九七〇（昭和四五）年と比べて二〜三倍に増加している。土地区画整理事業による大規模な宅地開発が進行中の葛の葉の場合、二〇一〇（平成二二）年から二〇一五年にかけての五年足らずの間に人口が一・五倍となっている。その一方、尾井や太などは、六〜七割程度に落ち込んでおり、鶴山台でも、一九九〇年代以降減少傾向に転じ、一九八〇年と比較すると七割弱となっている。また、幸地区の場合、環境改善事業がはじまる直前の一九七〇年と比べて半減している点に注意がいる。

人口の推移からは、「地域開発」のもとで農業の衰退・消滅や地場産業の衰退が進んだだけでなく、「同和住宅」を含む新旧の住宅地域において、いちじるしい過疎化や高齢化が進んでいることがうかがえよう。人

	1970 (S45)	1980 (S55)	1990 (H2)	2000 (H12)	2010 (H22)	2015 (H27)
舞	162	143	111	128	114	211
尾井	1,916	1,530	1,786	1,217	1,096	1,172
太	2,576	2,804	2,701	2,574	2,057	1,703
富秋	1,344	3,394	3,727	3,530	3,818	2,957
上	2,022	2,133	2,341	3,838	4,165	4,185
葛の葉	2,188	1,917	1,588	1,692	2,251	3,327
上代	757	1,790	2,996	3,052	2,844	2,652
王子	3,453	3,166	3,050	3,268	3,537	3,487
小野	45	36	172	148	139	165
旧信太村	14,463	16,913	18,472	19,447	20,021	19,859
鶴山台	—	13,462	13,434	12,072	9,755	8,962
幸（旧八坂町）	5,637	3,647	3,159	2,402	2,884	2,780
伯太	10,060	10,009	9,542	10,056	9,828	8,982
黒鳥	4,311	4,592	4,217	4,314	4,014	3,768
池上	2,805	3,488	3,553	3,534	3,783	4,664
旧伯太村	17,176	18,089	17,312	17,904	17,625	17,414

表１　旧信太村、八坂町、伯太村の人口　『統計いずみ』各年版より作成。

口が減少している地域はもちろん、人口の増加がみられる地域においても、旧集落の人口停滞などの課題をかかえており、あらたに移り住んだ住民もふくめて、どのようにして地域社会を維持・再生産していくかが問われている。そのためには、地域住民の融和と自治能力を強めることが必要になってお り、幸・王子地区のこれからのあり方も、周辺地域全体のなかで展望していくことが必要であろう。

小栗街道沿いの平野部は、和泉市内でも戦前からいち早く都市化が進んだ地域であって、農家の占める割合も相対的に低かったとはいえ、八坂町・信太村が和泉市と合併した一九六〇（昭和三五）年当時、信太村では農家戸数三七四戸、耕地面積一一八・二ヘクタール、八坂町は一三七戸、二八・七ヘクタール、旧伯太村（伯太・黒鳥・池上）をふくむ旧和泉町では八九四戸、耕地面積三一七ヘクタールを数えた。表2をみると、農家戸数、耕地面積とも減少傾向にはあるものの、一九八〇年代半ばまでは一定程度維持されていたことがうかがえる。しかし、一九八五年から九五年にかけての一〇年の間に、農家戸数、耕地面積ともに激減し、旧信太村域では、二六九戸、六二ヘクタールから一五五戸、一九ヘクタール、

旧八坂町

年	農家数（戸）				経営耕地面積（単位：ha）			
	農家数	専業	1兼	2兼	面積	田	畑	樹園地
1960	137	8	7	122	28.7	28.2	0.5	—
1975	82	10	3	69	17.42	15.43	1.61	0.38
1985	54	3	—	51	9.36	8.56	0.69	0.11
1995	17	3	2	12	1.8	1.35	0.35	0.1
2005	5	—	5		—	—	—	—
2010	5	—	5		—	—	—	—

旧信太村

年	農家数（戸）				経営耕地面積（単位：ha）			
	農家数	専業	1兼	2兼	面積	田	畑	樹園地
1960	374	29	97	248	118.20	114.80	2.90	0.30
1975	305	9	9	287	82.14	75.54	5.43	1.17
1985	269	13	14	242	62.25	58.14	2.84	1.27
1995	155	12	8	135	19.85	17.83	2.02	—
2005	101	21	80		9.94	9.24	0.70	—
2010	102	20	82		9.00	8.00	1.00	—

旧和泉町

年	農家数（戸）				経営耕地面積（単位：ha）			
	農家数	専業	1兼	2兼	面積	田	畑	樹園地
1960	894	191	181	522	317.00	282.90	31.90	2.10
1975	708	43	42	623	211.34	192.68	16.19	2.47
1985	584	66	50	468	160.91	151.79	5.49	3.63
1995	389	53	30	306	108.95	96.08	11.80	1.07
2005	287	136	151		69.19	66.71	1.35	1.13
2010	261	124	137		110.00	103.00	7.00	1.00

表２　旧八坂町、旧信太村、旧和泉町の農家数と耕地面積　農業センサス各年度版より作成。なお、2005年からは農家数の内訳が変わっており、「専業」欄に「販売農家」、「兼業」欄に自給的農家数をいれた。

幸地区（旧八坂町）の場合五四戸、九ヘクタールから一七戸、一・八ヘクタール、旧和泉町域は、五八四戸、一六〇ヘクタールから三八九戸、一〇八・九ヘクタールとなった。二〇一〇年現在、旧信太村域の耕地面積は九ヘクタールにすぎず、幸地区ではゼロとなっている。ただし、旧和泉町域は、依然一〇〇ヘクタール余の耕地が維持されている。

高度成長期から今日にいたる農業の急激な衰退、あるいは生活様式の近代化・現代化にともない、山の用益をめぐる信太山と地域住民との関係も変容を遂げた。本書でみてきたように、信太山丘陵のもたらす多様な山の用益は、住民生活に欠くことができないものであって、演習場内の耕作権の確保を巡って米軍や日本政府を相手に村をあげて闘い、住民の権利を認めさせてきた歴史をもつ。近年まで、演習場内への出入りが比較的自由であったのも、こうした住民の要求があってのことである。しかし、農業の衰退とともに、山の用益の重要度は低下し、逆に、信太山演習場は、ごみの不法投棄や不審火、不審者など治安、防犯上の問題地点となり、住民の要望によって演習場にフェンスが設置されることになったという。また、山の用益のひとつに信太山丘陵内に点在する溜池があったが、農業の衰退によって必要性が失われ、池の壊廃もすすんだ。

こうして信太山丘陵の持つ多様な山の用益の意義は急速に失われていったが、その一方、都市化の進展は、信太山丘陵に残る自然と緑の持つ意義を浮き彫りにする役割も果たした。丘陵の大部分が軍用地であったため、結果として大規模な開発から免れ（軍や自衛隊の演習等により地形や植生に変化が見られることに留意する必要があるが）、市街地の近くでありながら、湿原や草地といった貴重かつ多様な自然環境が維持されてきたのである。こうした信太山の緑と自然は、守り育てるべき、あらたな山の「用益」といえよう。

一九八〇年代にはいって、信太の森にのこるシリブカガシの群生林や鏡池の保存問題が起きた。鏡池は、葛の葉に化けた白狐とその子童子丸（のちの安倍晴明）が別れを惜しんだ物語の舞台として知られる、葛の葉伝説ゆかりの池である。地元では農業用の溜池として活用されていたが、先に見たように耕地面積が激減するなかで、売却の話が持ち上がったのである。これに対して、信太の森シリブカガシを守る会を中心に、多くの文化人、芸能関係者、文学者らの支援のもと、鏡池の保存運動が展開された。売却か保存かをめぐって法廷の場で争われたが、結局、一九九六（平成八）年、市が鏡池を買い取り、保存することで合意した。

翌年には、和泉市文化財保護条例が制定され、和泉市の市指定文化財第一号として、鏡池が市史跡に指定された。こうして鏡池は、伝説の故地として整備され、二〇〇二（平成一四）年六月、信太の森の鏡池史跡公園ならびに信太の森ふるさと館がオープンしたのである。史跡整備やふるさと館の運営に当たっては、「地域の人自らが創っていく地域に密着した資料館」を目指し、地元住民らで組織される協力会が積極的に企画運営に関わっている点が注目される。

急速な都市化の波は和泉黄金塚古墳のすぐそばにも迫っていた。和泉黄金塚古墳は、信太山丘陵の先端部に位置し、その周囲には、美しい棚田の景観が広がっているが、堺市側を中心に宅地化が進行しつつあった。和泉市教育委員会では、和泉黄金塚古墳の保存と活用を図るため、二〇〇一（平成一三）年度から二〇〇四（平成一六）年度にかけて発掘調査を実施した。こうした成果も踏まえ、二〇〇八（平成二〇）年三月、和泉黄金塚古墳は、国史跡に指定された（二〇一二年追加指定）。史跡指定に際しては、考古学上の意義はもちろんのこと、あわせて「墳丘だけでなくその周辺の地形もふくめて良好に遺存している」ことも高く評価された点が注目されよう。現在、市では史跡指定地の公有化をすすめるとともに、棚田をふくめた周辺の自然景観を活かした史跡整備方針の策定をすすめている。

また、信太山演習場内に点在する民有地をめぐっては、一九九七（平成九）年度から防衛庁（当時）により、介在民有地と演習場縁辺とを交換する「介在民有地解消事業」が進められた。また、和泉市も、一九九八（平成一〇）年より介在民有地を買収し、演習場用地と交換する「北部地域公共施設整備事業」に取り組み、二〇〇四（平成一六）年に、和泉市土地開発公社と大阪防衛施設局（当時）との間で土地交換が行われた。公社の取得面積は、およそ一六ヘクタールにおよんだ。市は、スポーツ・レクリエーション施設を整備し、あわせて信太5号線を拡幅する計画をたてた。この計画に対して、信太山丘陵市有地には、絶滅危惧種を含む多様な野生動植物が確認されたこともあり、自然環境の保護を求める声が起こった。市議会も、二〇一一（平成二三）年の第三回定例会で「信太山丘陵の市有地（一六ha）自然環境の保全に関する請願」を採択。これを受け市は、二〇一二（平成二四）年五月に開催した庁議で、スポーツ・レクレーション施設の整備から自然環境の保全と市民の財産としての活用へと方針を転換した。二〇一三（平成二五）年二月には、「和泉市信太山丘陵市有地保全活用基本方針」（案）答申が出され、二〇一五（平成二七）年二月には、「和泉市信太山丘陵市有地保全・活用基本構想」がまとめられるなど、公民協働の手法を用い、自然と向き合いながら継続して里山的環境を保持し、市民の憩いの場、自然体験の場、環境学習の場として活用していくための具体的な検討がはじまっている。なお、信太山丘陵市有地に隣接して惣ヶ池湿地がある。ここは、絶滅危惧種を含む多様な動植物の生息地として知られており、一九九八（平成一〇）年から環境庁の補助を得て整備され、財団法人大阪みどりのトラスト協会が保全・管理を担当している。

このように、信太山丘陵は、美しい自然と緑、豊かな歴史遺産・文化財を伝える地としてあらためて注目を集めており、今後、和泉黄金塚古墳の整備事業、および信太山丘陵市有地の保全活用事業が本格化していくであろう。また、北部地域のコミュニティ拠点機能、生涯学習拠点機能、図書館機能、防災機能、行政窓口機能などを併せ持つ北部リージョンセンターもまもなくオープンする。信太山地域が大きく発展しようとしている今、本書で明らかにした、地域の人びとが築いてきた歴史の蓄積の上にたって、どのような地域の未来を構想することが出来るのか、問われているのではないだろうか。

関連年表

西暦	和暦	事柄
約二万年前		大園遺跡に短期的なキャンプが営まれ、人びとの生活の痕跡があらわれる
一〜三世紀		信太山丘陵の惣ヶ池遺跡で大規模な集落が営まれる
四世紀後半		和泉黄金塚古墳が築かれる
五世紀前半		信太山丘陵で須恵器生産が開始される（〜六世紀後半）
六世紀後半		大園遺跡の集落が最盛期をむかえ、信太山丘陵では群集墳が築かれる
七世紀中頃		高脚海が天皇直轄の禁漁区になる
七世紀後半		信太山丘陵に古代寺院の信太寺が建立される
八世紀		大園遺跡周辺に和泉宮が造営される
七一六	霊亀　二	河内国から大鳥・和泉・日根の三郡が割かれる 和泉宮の維持・管理のために和泉監が設置される
七一七	養老　元	元正天皇が和泉宮へ行幸する。以後、養老三（七一九）、天平一六（七四一）にも行幸する
七三七	天平　九	「和泉監正税帳」が作成される。このころ鶴田池が築造される
七四〇	天平一二	和泉監が廃止され、河内国へ復する
七五七	天平宝字元	和泉国として分国される
八三九	承和　六	安楽寺が昇格し、国分寺となる
一一五八	保元　三	信太寺が石清水八幡宮宿院極楽寺領として記録される
一一六五	永万　元	「神祇官諸社年貢注文」に、神祇官に櫛を進上する神社として和泉五社が書き上げられる
一二〇一	建仁　元	後鳥羽上皇が熊野詣に赴き、篠田王子・平松王子で禊を行う
一三世紀		このころ「和泉国神名帳」が成立する
一二五四	建長　六	叡尊が信太社（聖神社）を訪問し、中尾寺と聖神社拝殿において布教活動を行う
		信太光久が河内金剛寺に六斗の米を寄進する
一二五六	建長　八	黒鳥村と安明寺の僧が上泉郷の山林荒地を購入する（黒鳥村の初見）
一二五八	正嘉　二	後嵯峨上皇による高野山行幸の際に信太氏ら和泉国の地頭御家人三〇名が政所御所の宿居を務める

一二七二	文永　九	京都守護のため信太氏ら和泉国御家人が上洛する
一二八二	弘安　五	叡尊が久米田寺から大鳥の長承寺へ行く途中で取石に立ち寄る
一二八九	正応　二	大鳥神社禰宜橘朝臣高信により「和泉国神名帳」が写される
一三六〇	延文　五	和田蔵人が信太神主職を畠山国清から宛てがわれる
一三六九	応安　二	黒鳥村座において麹に関する取り決めをする
一三七二	応安　五	長慶天皇から善法寺に凶徒退治の祈祷を求めた綸旨が出される
一三九二	明徳　三	南北朝が合体。和泉守護を細川氏が受け継ぐ
一三九五	応永　二	成田一族に地頭職を返却するよう、和泉国国人が共同で室町幕府に要求する
一四四四	文安　元	京都東寺（教王護国寺）の堂塔修理を目的とする勧進がはじまり、信太の菩提院が奉加に参加する
一四五〇	宝徳　二	細川常有が和泉国上半国守護になる
		守護代の信太遠江守忠俊が建仁寺大書記にたいして、中尾寺の後山を一代限りで寄進をする
一四七一	文明　三	富秋氏が青蓮院門跡領上泉郷内の包近名代官職に補任される
一四七四	文明　六	中尾寺が永源庵の支配下となる
一四七七	文明　九	応仁の乱信太城合戦。西軍の畠山義就方が信太城を攻撃する
一四八三	文明一五	聖神社の神輿が大工穴師宗重によってつくられる
		成田忠宗が大鳥郡上条内殿木の田地を田代氏に売却し、その証拠文書を松尾寺に預ける
一五〇〇	明応　九	守護細川元有の遺骨が永源庵と善法寺に分骨される
一五〇四	永正　元	守護方（東軍）が「阿伽太」（伯太）と「信田」（信太）に築城する
一五八四	天正一二	翌年にかけて和泉国で天正検地が実施される
一五八六	天正一四	池上村（本郷）、黒鳥坊村が片桐且元領になる
一五九四	文禄　三	和泉国で文禄検地が実施される（太閤検地）
一六〇四	慶長　九	岸和田城主小出氏の指示により信太郷などで指出検地が実施される
		豊臣秀頼が片桐且元を奉行として信太明神社（聖神社）社殿を再建する。現存する本殿、末社三神社本殿、滝神社本殿が建立される
一六一一	慶長一六	片桐且元により慶長検地が実施される
一六四二	寛永一九	幕領代官山田五郎兵衛が伯太村・池上出作の水利立会割を定める
一六四三	寛永二〇	大鳥池郷の村むらが上代村に「水ひたり米」を納めるようになる

西暦	和暦	事柄
一六四四	正保　元	幕府が全国に国絵図・郷帳の作成を命じる（正保国絵図・郷帳）
一六四六	正保　三	このころ和泉国の郷帳作成を統括する堺奉行石河勝正の指示により、泉郡平野部一帯で「出作」の切り分けが進む
一六六一	寛文　元	伯太村・黒鳥辻村・池上村出作（上泉郷）が、渡辺家領となる
一六六四	寛文　四	信太郷七ヶ村と黒鳥村・一条院村の間で信太山丘陵の山境論が起こる
		堺の町人が平野部の開発計画と連動して信太山内の大野池拡充を目論み出願する
一六六六	寛文　六	鉄心が信太郷七ヶ村・社僧善提院から、信太明神境内山の一部を蔭涼寺の境内地として買い取る
一六七〇	寛文一〇	西本願寺より南王子村の惣道場に「西教寺」の寺号と木仏が免許される
一六七一	寛文一一	信太明神社の別当善提院が、寺社奉行に退寺を申し出る
一六七七	延宝　五	同七年にかけて畿内幕領の検地が実施される（延宝検地）
一六七八	延宝　六	黒鳥村（三ヶ村）と伯太村の間で伯太山をめぐって境界争論が起こる
一六八一	天和　元	池上村本郷の大村・かいと村が一村に統合される
一六八三	天和　三	中央寺と信太郷七ヶ村の間で、中央寺境内地の範囲が確認される
一六八六	貞享　三	このころから、かわた村が「南王子村」と呼ばれるようになる
一六八七	貞享　四	伯太村と池上村の間で虫送りをめぐる争論が起こる
一六八八	貞享　五	南王子村で村内取り締まりのための一札が作成される
一六九一	元禄　四	堺奉行により泉州の寺社改めが行われる
一六九六	元禄　九	黒鳥辻村で村方騒動が起こり、太郎右衛門が庄屋を罷免される
		堺奉行が廃止され、その機能が大坂町奉行所に併合される
一六九八	元禄一一	南王子村が上泉郷内に居村（集落）の移転を行う
一六九九	元禄一二	大鳥池郷が元禄池を築造する
一七〇〇	元禄一三	坂本村が信太山丘陵の芝場を切り拓こうとして、信太郷と争論になる
一七〇一	元禄一四	池上出作（信太郷側）が渡辺家（後の伯太藩）領となる
一七〇二	元禄一五	堺奉行が再設置される
一七〇九	宝永　六	黒鳥辻村で、甚太夫が庄屋に就任する
一七一三	正徳　三	黒鳥辻村の黒川武右衛門が日光・月光菩薩像などを寄進する

一七一四	正徳四	上代村三郎兵衛が同村善右衛門より水ひたり米の権利を買い取る
一七一八	享保三	このころ黒鳥辻村が山年貢・糀年貢の助成として草刈場の新開を出願する
一七二〇	享保五	惣ノ池の脇樋普請をめぐって、南王子村と王子村の間に争論が起こる
一七二二	享保七	大坂町人が信太山の開発を出願する
一七二八	享保一三	伯太村に譜代大名伯太藩渡辺家の陣屋が置かれる（移転許可は前年）
一七二九	享保一四	惣ノ池をめぐって南王子村と王子村の間で争論が起きる
一七三一	享保一六	黒鳥辻村と坂本村の間で水掛をめぐる争論が起こる
一七三七	元文二	黒鳥村草刈場において「山畑新開改帳」が作成される
一七三九	元文四	黒鳥辻村の庄屋黒川武右衛門が、槇尾山に二十八部衆像を施入する。寛保三（一七四三）年には、黒鳥辻村長楽寺に仏涅槃図を寄贈する
一七四七	延享四	黒鳥上村・舞村・南王子村、信太郷七ヶ村を含む、泉州の五四ヶ村が一橋家領知となり、府中村に役所がおかれる
一七四九	寛延二	南王子村で大規模な村方騒動が起こる
一七五〇	寛延三	黒鳥辻村が黒鳥村草刈場の新開願を伯太藩に提出し、認められる
一七五一	寛延四	黒鳥辻村の新開分について、伯太藩が糀役に当てるため年貢免除とする
一七五二	宝暦二	黒鳥辻村と上村・坊村の間で、草刈場の開発をめぐる争論が起こる
一七五四	宝暦四	信太明神社の大鳥居が建立される。信太山見廻りのための番人小屋が設置される
一七五五	宝暦五	信太明神社の神主・田辺宮内が白川家（伯家神道の本所）に入門する
一七五六	宝暦六	蔭凉寺住職絶宗の不在中に什物が紛失する
一七五七	宝暦七	蔭凉寺の僧呑了が寺を追放される。この一件をめぐり、蔭凉寺門前の「原作百姓中」が府中役所に一札を提出する
		信太明神社僧万松院が御室御所（仁和寺）の直末寺になる。これ以降、信太明神の支配をめぐり、社僧、社家、信太郷との間で争論が続く
一七五八	宝暦八	蔭凉寺住職絶宗が、信太明神社社僧の万松院に、灯明料に関する一札を出す
一七五九	宝暦九	寺社奉行所が、信太明神争論の裁許を下す
一七六二	宝暦一二	江戸評定所が、信太明神争論の裁許を下す
		蔭凉寺住職絶宗が、信太郷七ヶ村の庄屋に、灯明料に関する一札を出す

西暦	和暦	事柄
一七六七	明和 四	天満宮の祭礼やかがりの祭礼に関し黒鳥三ヶ村で争論が起こる
一七七〇	明和 七	伯太藩が伯太村に対し、家臣の逸脱行為取り締まりのための触を出す このころ、伯太陣屋で大規模な修復普請が行われる
一七八二	天明 二	千原騒動が起こる
一七八二	天明二～八	天明の大飢饉
一七八四	天明 四	南王子村で大規模な村政改革が行われる
一七八五	天明 五	一橋家の府中役所が、大坂の川口へ移転する
一七九七	寛政 九	幕府勘定方役人が、開発を目的に信太山・黒鳥山の見分を実施する
一八〇八	文化 五	南王子村の西教寺本堂が完成し、遷仏法要が行われる 伯太村称念寺において、肝煎や修復大工の選定をめぐりもめごとが起こる
一八二六	文政 九	南王子村において、牛頭天王社（現八阪神社）が完成する
一八二七	文政一〇	南王子村西教寺の再建工事が行われる
一八二八	文政一一	南王子村で、社勧請・寺再建に要した村借の返済仕法が定められる 南王子村で風呂の利用に関する申し合わせが作成される 信太明神社が御室御所の祈願所になる
一八三一	天保 二	南王子村において村方騒動が起こる（村方騒動Ⅰ）
一八三三	天保 四	一橋家の郡奉行による領内巡見が行われる
一八三三	天保四～七	天保の大飢饉
一八三七	天保 八	南王子村において村方騒動が起こる（村方騒動Ⅱ）
一八五二	嘉永 五	アメリカ使節ペリーが浦賀へ来航する
一八五三	嘉永 六	南王子村において村方騒動が起こる（村方騒動Ⅲ）
一八六八	慶応 四	江戸幕府が倒れる
一八六九	明治二～四	南王子村を信太明神社（聖神社）の氏子から排斥する動きが起こる
一八七〇	明治 三	社寺朱印地・除地の上地を命じる太政官布告が出される
一八七一	明治 四	前年の太政官布告をうけ、信太明神社（聖神社）の境内地も国有地となる（堺県管轄） 廃藩置県。堺県下に入る。伯太藩の陣屋は行政的には「伯太在住」と呼ばれるようになる

一八七二	明治　五	太政官が賤称廃止令を公布 堺県が信太山開発のため実地見分を行い、開発の入札を実施する（小野組が落札） 堺県の郷学校制度により、信太地域を含む泉郡第一一区内に、本校（旧伯太藩校跡）と出張所（王子や南王子など）が置かれる このころ、信太山に大阪鎮台の大砲射的場が設置され、「大砲試験打」が行われる 南王子村で「祝恐相撲」が興業される。この年以降、南王子村では連続的に村方騒動が発生する
一八七三	明治　六	学制発布。太陽暦が採用される 大阪鎮台の大砲射的場が信太山に設置される 地租改正が始まる 京都の豪商小野組が信太山を開発し、小野新田が成立する 学制にもとづく小学校として、第一七番小学（伯太村）が置かれる。第九七番小学が西教寺仮校舎で開校する（現幸小学校）
一八七四	明治　七	第八三番小学が太村光受寺で開校する（現信太小学校） 大区小区制施行 小野組が破産閉店し、信太山開発地の再入札が実施される
一八八〇	明治一三	大区小区制廃止
一八八一	明治一四	堺県廃止、大阪府となる
一八八三	明治一六	南王子村において共有風呂が廃止される
一八八五	明治一八	射的場からの被弾をうけた池田下村が、大阪府長官に射的場移転を訴える 組合立養徳高等小学校（大鳥郡・信太郷二六ヶ村）が開校する
一八八六	明治一九	小野新田の過半および中心部が陸軍野営演習場用地として買収される
一八八七	明治二〇	組合立芦部高等小学校（南王子村、伯太村、府中村ほか）が開校する
一八八九	明治二二	町村制施行。行政村信太村・南王子村・伯太村ができる。南王子村において共有風呂が再建される
一八九八	明治三一	摂津・河内・和泉で陸軍大演習が実施され、明治天皇が黒鳥山で演習を観覧する
一八九九	明治三二	耕地整理法公布
一九〇一	明治三四	南海鉄道葛ノ葉駅が開業する
一九〇八	明治四〇	池上の養福寺において社会主義大演説会が開かれる

西暦	和暦	事柄
一九〇九	明治四二	信太村において神社合祀がはじまる 信太村内の各大字において青年会の結成が進む（〜一九一一年ごろ）
一九一〇	明治四三	大逆事件。韓国併合
一九一一	明治四四	南王子村の共有風呂が村営風呂となる
一九一三	大正　二	信太村農産米品評会において泉北郡役所から表彰をうけた自作農・小作農に対し、奥野徳太郎が自らの負担で副賞を授与
一九一六	大正　五	信太村で各大字の部落有財産が統合され、その半分が青年会に寄付される 南王子保育院・裁縫教授所が設立される 大阪府訓令により、南王子村青年会が改称し南王子村青年団となる
一九一八	大正　七	米騒動。南王子村や伯太村黒鳥などでも騒動が起こる。信太村では米廉売事業などを実施
一九一九	大正　八	野砲兵第四聯隊が大阪法円坂より伯太村に移設される
一九二〇	大正　九	奥野徳太郎らが日本硝子珠株式会社を創立する 南鼎三が、総選挙において普選実施や中農擁護などを主張し、当選する 泉北郡に府立中学校の新設が決定される（のちの鳳中学校。一九二二年開校）
一九二一	大正一〇	南王子青年団が機関誌『国の光』を刊行する
一九二二	大正一一	全国水平社創立 信太小学校・南王子小学校に高等科が併設される 信太村内の「新王子」が正式に「王子第二区」となる
一九二三	大正一二	南王子で南王子水平社が創立される
一九二五	大正一四	南王子青年団が泉北郡連合青年団陸上競技会で優勝する
一九二六	大正一五	阪和電気鉄道株式会社（以降、阪和電鉄と記す）が創立される 泉北郡朝鮮人共済会が組織される 大阪府内務部長より、南王子村の村域を拡張するため、信太・伯太両村との境界を変更する措置をとるよう通牒が出される
一九二八	昭和　三	泉北耕地整理組合が発足し、光明池造成事業がはじまる
一九二九	昭和　四	阪和電鉄、天王寺―和泉府中間開通し、信太山停留場が設置される

一九三〇	昭和 五	黒鳥山荘の開発がはじまる 南王子村が新伯太浴場を買収し、村営浴場・昭和湯ができる 信太小学校の新築にむけ寄付金が集められる
一九三一	昭和 六	南王子村と伯太村との村域が変更される 光明池造成工事が着工される 南王子小学校が焼失し、再建にむけ寄付金が集められる
一九三二	昭和 七	阪和電鉄に葛葉稲荷停留場が設置される（同年、阪和葛葉停留場へ改称） 満州事変勃発、十五年戦争はじまる
一九三三	昭和 八	和泉町が成立する（国府・伯太・郷荘三村合併）。泉北郡朝鮮（内鮮）相助会が南王子村に教育会館を建て、夜間学級を開設
一九三四	昭和 九	信太村営浴場の建設計画が持ち上がり、南王子村村会が建設反対を決議する
一九三五	昭和一〇	阪和電鉄により葛葉稲荷駅前周辺が聖ヶ丘住宅地として売り出される 信太村二区王子に信太村営浴場が建設される
一九三六	昭和一一	信太山ゴルフリンクスがオープンする 光明池本堤防が完成する
一九三七	昭和一二	日中戦争はじまる。信太小学校に奉安殿が建設される
一九三八	昭和一三	泉北郡朝鮮相助会が「内鮮一体化」をめざすため解散を決議
一九三九	昭和一四	南王子村営浴場が南王子信用販売購買利用組合に譲渡される
一九四〇	昭和一五	大政翼賛会結成。光明池造成工事が竣工する。南王子小学校に奉安殿建設される 戦時体制下の陸運統制令により阪和電鉄が南海鉄道と合併、南海鉄道山手線となり、阪和葛葉停留場も葛葉稲荷停留場と改称する
一九四一	昭和一六	国民学校令公布。真珠湾攻撃、アジア太平洋戦争はじまる
一九四二	昭和一七	黒鳥山に信太山忠霊塔が竣工する。大阪府青少年滑空訓練場が設置される 信太山ゴルフリンクスが閉鎖され、跡地を大阪市が買収する
一九四三	昭和一八	南王子村が町制施行により八坂町となる
一九四四	昭和一九	南海鉄道山手線が国鉄へ移行、葛葉稲荷停留場が北信太駅となる
一九四五	昭和二〇	堺空襲の際、信太村にも焼夷弾が落とされる

西暦	和暦	事柄
一九四六	昭和二一	十五年戦争終結。信太山演習場や野砲兵衛戍地はアメリカ進駐軍に接収される。演習場内の耕作をめぐって緊張が続く。八坂町内に泉北朝鮮初級学校が設置される
一九四七	昭和二二	聖青年文化連盟が結成される
一九五一	昭和二六	農地改革はじまる サンフランシスコで講和条約と日米安保条約が結ばれる
一九五二	昭和二七	和泉黄金塚古墳の後円部の発掘調査が行われ、景初三年銘鏡が発見される 信太山演習場の解放運動が本格化するが、安保条約による米軍への提供施設とされ、米軍の使用が継続する
一九五四	昭和二九	大阪府町村合併促進審議会が府知事に対し町村合併案を答申する 日米合同委員会において信太山演習場の一部返還が合意される。翌年から耕作地など三七町余の払い下げが進められる。このころ、伯太商業会が自衛隊誘致促進会を結成
一九五六	昭和三一	第一次パールブーム起こる 和泉町と南部六ヶ村が合併し、和泉市が成立
一九五七	昭和三二	信太山演習場や兵舎、元大阪市所有地などが米軍から日本に返還され、その大部分が自衛隊に引き継がれる
一九六〇	昭和三五	八坂町・信太村が和泉市に合併される
一九六二	昭和三七	第二次パールブーム起こる 伯太町に泉北用水組合浄水場が建設される。部落解放同盟和泉支部が結成される
一九六三	昭和三八	信太山で新住宅市街地（のちに鶴山台と名付けられる）の開発がはじまる
一九六四	昭和三九	府立和泉工業高等学校（現和泉総合高等学校）が開校する 舞町に和泉市・泉大津市清掃施設組合ごみ処理施設が建設される
一九六五	昭和四〇	信太山遺跡調査会が組織され、発掘調査が開始される 同和対策審議会が部落問題解決のための具体的答申を出す
一九六八	昭和四三	伯太町に特定目的公営住宅丸笠団地が建設される
一九六九	昭和四四	同和対策事業特別措置法が時限立法として制定される
一九七一	昭和四六	鶴山台第一団地の入居開始。鶴山台南小学校が開校する

一九七二	昭和四七	同和対策事業として「環境改善整備事業計画（生まれかわる町）」が策定される
		建設大臣から住宅改良事業の第一次地区指定（幸地区）の認可を受ける
		小野町にいずみ霊園ができる
一九七三	昭和四八	鶴山台北小学校が開校する
一九七四	昭和四九	鶴山台第二団地の入居開始
一九七六	昭和五一	富秋中学校が開校する
		建設大臣から第二次地区指定（北部第一改良地区）の認可をうける
一九七八	昭和五三	府立伯太高等学校が開校する
一九八〇	昭和五五	池上小学校が開校する
一九八三	昭和五八	府立信太高等学校が開校する
一九九七	平成　九	信太の森の鏡池が、和泉市史跡に指定される
二〇〇二	平成一四	信太の森の鏡池史跡公園と信太の森ふるさと館ができる
二〇〇八	平成二〇	和泉黄金塚古墳が国史跡に指定される
二〇一四	平成二六	惣ヶ池遺跡が和泉市史跡に指定される

主要参考文献

▼全体を通じて

『和泉市史』第一巻・第二巻　一九六五・一九六八
『和泉市の歴史1　横山と槙尾山の歴史』二〇〇五
『和泉市の歴史2　松尾谷の歴史と松尾寺』二〇〇八
『和泉市の歴史3　池田谷の歴史と開発』二〇一一
『和泉市の歴史6　和泉市の考古・古代・中世』二〇一三
「和泉市池上町における総合調査」『市大日本史』9　二〇〇六
「和泉市上代町における総合調査」『市大日本史』10　二〇〇七
「和泉市富秋町における総合調査」『市大日本史』14　二〇一一
「和泉市尾井町における総合調査」『市大日本史』15　二〇一二
「和泉市伯太町における歴史的総合調査」『市大日本史』17　二〇一四
『泉大津市史』全五巻　泉大津市
『大阪府史』第一巻　大阪府　一九七八
『大阪府全志』井上正雄　一九二二
『角川日本地名大辞典27　大阪府』角川書店　一九八三
『岸和田市史』第二巻　岸和田市　一九九六
『黒鳥郷土史』黒鳥郷土誌編集委員会編　一九八四
『信太郷土史』中塚喬清　一九八七
『信太の森の鏡池　—「葛の葉」ゆかりの地—』和泉市教育委員会　信太の森の鏡池史跡公園編　二〇一二
『新修　泉佐野市史』全十三巻　泉佐野市
『高石市史』第一巻・第二巻　高石市　一九九〇・一九八六
『日本歴史地名体系28　大阪府の地名Ⅱ』平凡社　一九八六
『私たちの郷土伯太・池上』和泉市立伯太小学校ＰＴＡ、一九八〇

▼第1部

和泉市教育委員会『和泉市史紀要第11集　古代和泉郡の歴史的展開』二〇〇六
和泉市教育委員会『和泉黄金塚古墳発掘調査報告書』二〇〇五
和泉市教育委員会『カニヤ塚古墳発掘調査報告書』二〇〇二
和泉市教育委員会『惣ヶ池遺跡の発掘調査』二〇一四
市川実「近畿の丘陵—大阪層群と古琵琶湖層群—」『アーバンクボタ』23　久保田鉄鋼株式会社　一九八四
稲城信子『日本中世の経典と勧進』塙書房　二〇〇五
井上薫『行基』吉川弘文館　一九五九

井上勝博「「葦屋の乙女」と「茅渟男」―西摂と和泉―」『神戸・阪神間の古代史』神戸新聞総合出版センター　二〇一一
今井啓一『帰化人』綜芸社　一九七四
大阪府教育委員会『観音寺遺跡発掘調査報告書』一九八二
大阪府立泉大津高校『泉大津高校考古資料室図録』二〇〇六
大阪府立泉大津高校地歴部『信太山聖神社一号墳』一九六五
大阪府立近つ飛鳥博物館『横穴式石室誕生―黄泉国の成立―』二〇〇七
岡田隆夫「和泉国大鳥郷における開発と展開」『日本社会経済史研究　古代中世編』吉川弘文館　一九六七
奥村恒哉『枕詞』平凡社　一九七七
窯跡研究会編『古代窯業の基礎研究』真陽社　二〇一〇
岸本直文編著『史跡で読む日本史２　古墳の時代』　吉川弘文館　二〇一〇
神戸市教育委員会『史跡処女塚古墳』一九八五
神戸市教育委員会文化財課『西求女塚古墳発掘調査報告書』二〇〇四
栄原永遠男「郡的世界の内実」『人文研究　大阪市立大学文学部紀要』五一―二　一九九九
信太山遺跡調査団『信太山遺跡調査概報―大阪府和泉市―』一九六六
重要文化財聖神社末社修理委員会『重要文化財聖神社末社三神社滝神社本殿修理工事報告書』真陽社　一九七九
新谷和之他「池田下地域の古代・中世」『市大日本史』一一　二〇〇八
末永雅雄・島田暁・森浩一『和泉黄金塚古墳』綜藝社　一九五四
菅原準「虫麻呂関係文献目録」『セミナー万葉の歌人と作品　第七巻　山部赤人・高橋虫麻呂　和泉書院　二〇〇一
田中晋作『百舌鳥・古市古墳群の研究』学生社　二〇〇一
田中秀夫『濁り池須恵器窯址』一九九九
塚口義信『ヤマト王権の謎をとく』学生社　一九九三
土屋佳邦『和泉国五社惣社の研究』二〇一二
菱田哲郎『須恵器の系譜』講談社　一九九六
平岡定海・中井真孝編『日本名僧論集　第一巻　行基　鑑真』吉川弘文館　一九八三
福永伸哉『三角縁神獣鏡の研究』大阪大学出版会　二〇〇五
三橋健『国内神名帳の研究　論考編』『同　資料編』おうふう　一九九九
三好玄「大園遺跡出土埴輪の再検討」『百舌・古市古墳群出現

前夜』大阪府立近つ飛鳥博物館　二〇一三
森浩一「大阪府和泉市聖神社カマド塚」『考古学年報』一二　一九五九
吉田靖雄「行基集団と和泉国」『新版　古代の日本　第六巻　近畿Ⅱ』角川書店　一九九一
吉田晶「和泉地方の氏族分布に関する予備的考察」『国史論集』一九七〇

▼第2部

和泉市教育委員会『旧和泉郡黒鳥村関係古文書調査報告書―現状記録の方法による―』一九九五
『和泉市史紀要第1集　旧泉郡黒鳥村関係古文書調査報告書第2集―現状記録の方法による―』一九九七
『和泉市埋蔵文化財調査報告7　伯太藩陣屋跡発掘調査報告書』二〇一二
大越勝秋「泉州伯太陣屋村の研究」『地理学評論』35―9　一九六二
齊藤紘子「陣屋元村と伯太陣屋」塚田孝編『近世大坂の法と社会』清文堂出版　二〇〇七
齊藤紘子「近世泉州泉郡平野部における水利と生産―池上村の稲・綿輪作を素材として」『市大日本史』13　二〇一〇
齊藤紘子「和泉国伯太藩の陣屋奉公人と在地社会」『史学雑誌』119―11　二〇一〇
齊藤紘子「近世和泉国における村落社会と領主支配―泉郡伯太藩領を中心に―」二〇一〇年度大阪市立大学大学院文学研究科提出博士論文
『白川家門人帳』清文堂出版　一九七二
西尾泰広「安政年間村方入縺一件よりみた南王子村」『部落問題研究』162　二〇〇二
西尾泰広「かわた村―和泉国南王子村の一九世紀」塚田孝編『身分的周縁と近代社会4　都市の周縁に生きる』吉川弘文館　二〇〇六
日本史講読Ⅲ（担当塚田孝）受講生・山下聡一「蔭凉寺と地域社会―『山門要用留書』に見る―」『市大日本史』15　二〇一二
日本史講読Ⅲ（担当塚田孝）受講生・三田智子「近世伯太村の寺と座」『市大日本史』17　二〇一四
畑中敏之『近世村落社会の身分構造』部落問題研究所　一九九〇
畑中敏之『「かわた」と平人―近世身分社会論―』かもがわ出

版　一九九七
藤本清二郎『近世賤民制と地域社会』清文堂出版　一九九七
町田哲『和泉市史紀要第4集　近世黒鳥村の地域社会構造』一九九九
町田哲『近世和泉の地域社会構造』山川出版社　二〇〇四
町田哲「新田請負人」後藤雅知編『身分的周縁と近世社会1　大地を拓く人びと』吉川弘文館　二〇〇六
三田智子「十八世紀中期の南王子村の村落構造」『部落問題研究』175　二〇〇六
三田智子「上代町の調査と和泉の近世村落」『市大日本史』11　二〇〇八
三田智子「泉州南王子村における村落構造の変化」『部落問題研究』185　二〇〇八
三田智子「近世和泉国におけるかわた村の研究―泉郡南王子村を中心に―」二〇〇九年度大阪市立大学大学院文学研究科提出博士論文
三田智子「泉州南王子村における人口増加と出作・小作」『部落問題研究』194　二〇一〇
三田智子「泉州南王子村と地域社会―文政十一年信太明神御室御所一件を通して」塚田孝編『身分的周縁の比較史―法と社会の視点から―』清文堂出版　二〇一〇
三田智子「信太明神社と信太郷―宝暦期の社僧・社家・氏子間争論―」『市大日本史』15　二〇一二
三田智子「十九世紀泉州南王子村の村落構造―博奕問題を手がかりに―」『ヒストリア』241　二〇一三
盛田嘉徳ほか『ある被差別部落の歴史―和泉国南王子村―』岩波新書　一九七九
横山芽衣子「維新変革期の地域と民衆」『部落問題研究』170　二〇〇四

▼第3部

朝治武「南王子水平社創立の歴史的意味」和泉市立人権文化センター編『南王子村の水平運動』二〇〇三
荒木傳『大阪の寺：近代こぼれ話』東方出版　一九九二
飯田直樹「賤称廃止令前後の地域社会」『歴史評論』611　二〇〇一
飯田直樹「明治前期の南王子村の社会構造」『部落問題研究』164　二〇〇三
飯田直樹「近代大阪における警察社会事業と方面委員制度の創設」『社会政策』4―1、二〇一二

和泉市立幸小学校編『創立百周年』一九七三
『和泉市における在日コリアンの歴史』同編集委員会　二〇〇三
和泉市立人権文化センター編『信太山盆踊りの位相』二〇〇五
同『和泉の人造真珠産業』二〇〇七
同『人造真珠・ガラスの仕事』二〇〇七
井上清・渡部徹編『米騒動の研究』第二巻　有斐閣　一九五九
大谷渡『管野スガと石上露子』東方出版　一九八九
大西祥恵「被差別部落における地場産業の存立基盤—大阪府和泉地区人造真珠産業のケース・スタディより—」『アジア新時代の中小企業』同友館　二〇〇四
大西祥恵「戦後被差別部落の就業構造の変化—人造真珠産業をもつ部落の事例分析を通じて—」大阪市立大学経済学会『経済学雑誌』一〇三巻二号　二〇〇二
信太の森の鏡池史跡公園協力会研究グループ編『信太・幸地域小学校の歩み』信太の森の鏡池史跡公園信太の森ふるさと館　二〇一四
「戦後の解放運動・同和行政三十周年」記念事業推進委員会『私達のねがいを聞いて下さい　戦後和泉の部落解放運動のあゆみ』一九九六
竹田辰男『阪和電気鉄道史』一九八九
竹永三男『近代日本の地域社会と部落問題』部落問題研究所　一九九八
『太政類典』第二編二一三巻
西尾泰広「近代前期南王子村の社会構造」『部落問題研究』172　二〇〇五
西尾泰広「戦間期における未開放部落の社会構造と地域支配構造」広川禎秀編『近代大阪の地域と社会変動』二〇〇九
西尾泰広「史料紹介　中野三憲著「概況一班大阪府泉北郡南王子村」」『部落問題研究』175　二〇〇六
藤井正太・日本史演習Ⅳ（担当佐賀朝）受講生「明治～大正期の奥野徳太郎家と信太周辺地域の諸相—奥野紀代子氏所蔵文書の検討から—」『市大日本史』14　二〇一一
藤野豊「米騒動参加と水平社結成の条件：大阪府救済課「部落台帳」の分析をとおして」『米騒動と被差別部落』雄山閣　一九八八
三田智子「明治前期における泉州泉郡南王子村と信太地域」塚田孝・吉田伸之編『身分的周縁と地域社会』二〇一三
南王子水平社創立六十周年記念誌編集委員会編『吾等の叫び：南王子水平社のたたかいに学ぶ』一九八三

宮地正人『日露戦後政治史の研究』東京大学出版会　一九七三
村田文幸「大津川大砲試験場の機能と変遷」『おほつ研究』vol.1　二〇〇四
森下徹「個人墓碑から忠霊塔へ」小田康徳他編『陸軍墓地がかたる日本の戦争』ミネルヴァ書房　二〇〇六
山中栄之佑編「堺県公文録」1～10　堺市立中央図書館編『堺研究』5～15　一九七〇～八四
山中栄之佑編『堺県法令集』羽曳野資料叢書五～八巻　一九九二

▼本書で使用した主な史料群

青木家文書（『和泉市史』第二巻所収）・赤井基純氏所蔵史料（上代町）・浅井市次氏所蔵文書（黒鳥町）・浅井竹氏所蔵史料（黒鳥町）・明坂家文書（伯太町）・蔭涼寺所蔵史料（尾井町）・遠藤健治郎氏所蔵史料（黒鳥町）・『大阪府南王子村文書』（南王子村文書刊行会編、全五巻）・『奥田家文書』（奥田家文書研究会編、全一五巻）・奥野紀代子氏所蔵史料（富秋町）・河野家文書（内田町）・旧和泉町役場公文書（教育委員会蔵）・旧信太村役場公文書（教育委員会蔵）・旧伯太村役場公文書（教育委員会蔵）・旧八坂町役場公文書（教育委員会蔵）・小谷家文書（国文学研究資料館蔵）・坂上将博氏所蔵文書（尾井町山ノ谷）・称念寺所蔵史料（伯太町）・天神団所蔵史料（伯太町）・成田雅彦氏所蔵史料（太町）・西本永憲氏保管赤井家文書（上代町）・伯太実行組合所蔵文書・林和男氏所蔵史料（尾井町）・林宏明氏所蔵史料（尾井町）・一橋徳川家文書（茨城県立歴史館蔵）・前岡家文書（伯太町）・南清彦氏所蔵史料（池上町）・山千代重榮氏所蔵史料（王子町）・米田桂二氏所蔵史料（王子町）

史料所蔵者・協力者一覧（敬称略）

個人

赤井基純　浅井　竹　浅井市次　遠藤健治郎　奥野紀代子
奥野智恵子　小川幸一　一井正好　片山喜一　片山　浩
川合伸治　河野輝夫　黒川広行　坂上将博　城前伊佐雄
杉浦重道　高橋昭雄　立石康二　立石吉正　中川忠志
成田雅彦　西本永憲　原野昌子　堀内陽子　南　清彦
南　邦子　向山　健　山千代重榮　米田桂二

（池上合同調査）

出原鼎三　伊藤感道　神山喜代治　神山秀夫　橘　俊次
田中耕作　西山博昭　藤原　保　道井新直　南　乙文
南　和夫　南　次郎　南　清彦　南　兆子　南　肇
桃田喜八　山千代一臣

（上代合同調査）

赤井三四子　赤井康祐　大門　勉　金澤志希子　川端義治
清水正一　清水武雄　清水好文　辻中健治　辻　吉重
辻中照幸　中　光子　西本孝男　西本永憲　藤原　寛
増田章子　松本君江　松本徳之　松本富雄　渡辺光康

（富秋合同調査）

飯尾和彦　伊藤利貞　伊藤房子　奥野紀代子　奥野慶三
奥野佐喜男　奥野三九三　奥野サダ子　奥野幸代　奥野繁雄
奥野佳子　奥野節子　奥野幸雄　奥野嘉彦　奥野陸雄
左近洋子　嶋田千代子　西川いつ子　西川　孝　西野茂喜
西野末子　西野千広　沼間洋子　半野咲子　福井けい子
福西悦三　福西ミキ代　福西幸男　安井忠博

（尾井合同調査）

池尾ミヨ子　岡田太一　喜多　勇　是枝綾子　寒川靖弘
清水喜一郎　清水智良　豊岡育子　林　和男　林　久一
林　宏明　原野昌子　原野　稔　福田久子　山田美智枝

（山ノ谷合同調査）

石坂静子　石坂　隆　猪上笑子　加藤千春　坂上和一
坂上勝世　阪上清和　阪上誓子　阪上敏夫　阪上洋光
坂上政巳　清水　勉　清水トシ子　名倉克己

（伯太合同調査）

青木喜太郎　穴瀬伸二　尼崎明夫　尼崎敏治　依田広次
伊東恵子　片山喜一　川上雅子　岸田政則　岸脇善三郎
北口吉輝　北根珠子　工藤和美　小門勝彦　坂上英彦
坂口孝男　澤村　悟　澤村定征　澤村誠一郎　澤村　亨

田中芳信　新見伊代子　藤井謹市　藤澤聡（証龍）
藤野博　藤野正績　藤野守　藤野吉男　藤本光夫
松尾綾　松下元　松下誠　山村哲也　八木淳二郎

機関・団体

池上町会　泉井上神社
和泉市立池上小学校　和泉市立幸小学校
和泉市立信太小学校　和泉市立鶴山台北小学校
和泉市立鶴山台南小学校　和泉市立富秋中学校
和泉市立伯太小学校
和泉市立人権文化センター人権資料室
茨城県立博物館　蔭凉寺（尾井町）
上代町会　大阪府立岸和田高等学校
大阪府立狭山池博物館　大阪府立弥生文化博物館
大阪歴史博物館　尾井町会
観音寺（上代町）　宮内庁書陵部
黒鳥町会　神戸市教育委員会
光明池土地改良区　光楽寺（池上町）
国文学研究資料館　国立国会図書館
小谷城郷土館　西教寺（幸）
西光寺（黒鳥町）　西光寺（伯太町）
堺市教育委員会　佐竹ガラス株式会社
常光寺（伯太町）　称念寺（伯太町）
常念寺（王子町）　太町会
中央寺（王子町）　長徳寺（葛の葉町）
長楽寺（黒鳥町）　東京国立博物館
東京大学史料編纂所　同志社大学歴史資料館
徳川ミュージアム　富秋町会
伯太実行組合　伯太神社
伯太天神団　伯太町会
聖神社　部落解放同盟和泉支部
部落問題研究所　菩提寺（太町）
妙福寺（黒鳥町）
メリーランド大学図書館プランゲ文庫
山ノ谷町会　養福寺（池上町）

調査参加者（敬称略）

大阪大谷大学文化財学科吉原研究室・田中研究室
大阪市立大学文学部・同大学院文学研究科日本史学教室

飯田直樹	伊崎文彦	石部正志	乾　哲也	磐下　徹
内垣内雅子	梅本美奈子	大澤研一	大向智子	岡本一也
岡本　浩	小川　敦	奥村光見	門林真由美	川崎文子
川名　俊	木上由梨佳	岸本直文	北野智也	熊谷光子
小橋勇介	齊藤紘子	佐賀　朝	酒井健治	栄原永遠男
佐原由起	島﨑未央	島田克彦	下田　実	
ジョン・ポーター		白石耕治	新谷和之	鈴木　実
竹内ひとみ	田中健一	田中ひとみ	田之上裕子	千葉太朗
塚田　孝	辻喜代美	徳満　悠	中　紀子	中西威晴
中濵　涼	中村　浩	永堅啓子	中森晶子	仁木　宏
西尾泰広	西川陽子	西村幸信	灰掛　薫	橋本直子
羽田真也	濵道孝尚	板東瑞帆	東千恵子	東野良平
久角健二	平田知也	広川禎秀	廣田浩治	深川拓実
藤井正太	藤岡　玄	藤本史子	細田慈人	本城桃子
町田　哲	松尾　悟	松岡隆史	松岡弘之	三田智子
宮本尚貴	森下　徹	八木　滋	屋久健二	山崎竜洋
山下聡一	山下有美	山本紀美	吉原忠雄	吉元加奈美
渡辺恒一	渡辺祥子			

執筆者一覧（執筆順）

塚田　孝	和泉市史編さん委員（大阪市立大学大学院教授）
石部正志	和泉市史編さん委員（元五條市立五條文化博物館館長）
千葉太朗	和泉市教育委員会
岸本直文	和泉市史編さん専門委員（大阪市立大学大学院准教授）
白石耕治	和泉市教育委員会
栄原永遠男	和泉市史編さん委員（大阪市立大学名誉教授・大阪歴史博物館館長）
乾　哲也	和泉市教育委員会
磐下　徹	和泉市史編さん調査執筆委員（大阪市立大学大学院准教授）
濵道孝尚	和泉市史編さん調査員（大阪市立大学大学院生）
仁木　宏	和泉市史編さん委員（大阪市立大学大学院教授）
大澤研一	和泉市史編さん専門委員（大阪歴史博物館学芸員）
吉原忠雄	和泉市史編さん調査執筆委員（元大阪大谷大学教授）
東野良平	和泉市史編さん調査執筆委員
三田智子	和泉市史編さん調査執筆委員（大阪市立大学都市研究プラザ博士研究員）
齊藤紘子	和泉市史編さん調査員（大阪市立大学都市研究プラザ博士研究員）
町田　哲	和泉市史編さん専門委員（鳴門教育大学准教授）
森下　徹	和泉市教育委員会
飯田直樹	和泉市史編さん調査執筆委員（大阪歴史博物館学芸員）
佐賀　朝	和泉市史編さん専門委員（大阪市立大学大学院教授）
西尾泰広	和泉市史編さん調査執筆委員
広川禎秀	和泉市史編さん委員長（大阪市立大学名誉教授）

▼執筆分担

序	塚田　孝
第1部第1章	石部正志・千葉太朗
第2章	岸本直文・千葉太朗
コラムⅠ	岸本直文
コラムⅡ	白石耕治
第3章	栄原永遠男・乾　哲也・磐下　徹・濵道孝尚
第4章	仁木　宏・大澤研一
コラムⅢ	吉原忠雄
コラムⅣ	東野良平
第2部第1章	三田智子
第2章	三田智子・齊藤紘子
第3章	塚田　孝・町田　哲・齊藤紘子
第4章	三田智子
コラムⅤ	東野良平
コラムⅥ	塚田　孝
第5章	三田智子
コラムⅦ	三田智子
第3部第1章	森下　徹・飯田直樹
第2章	佐賀　朝・飯田直樹・森下　徹
第3章	西尾泰広・森下　徹
第4章	森下　徹・広川禎秀
むすび	広川禎秀

内容調整　市史編さん委員会事務局（森下　徹・千葉太朗・永堅啓子・山下聡一）
編集　和泉市史編さん委員会

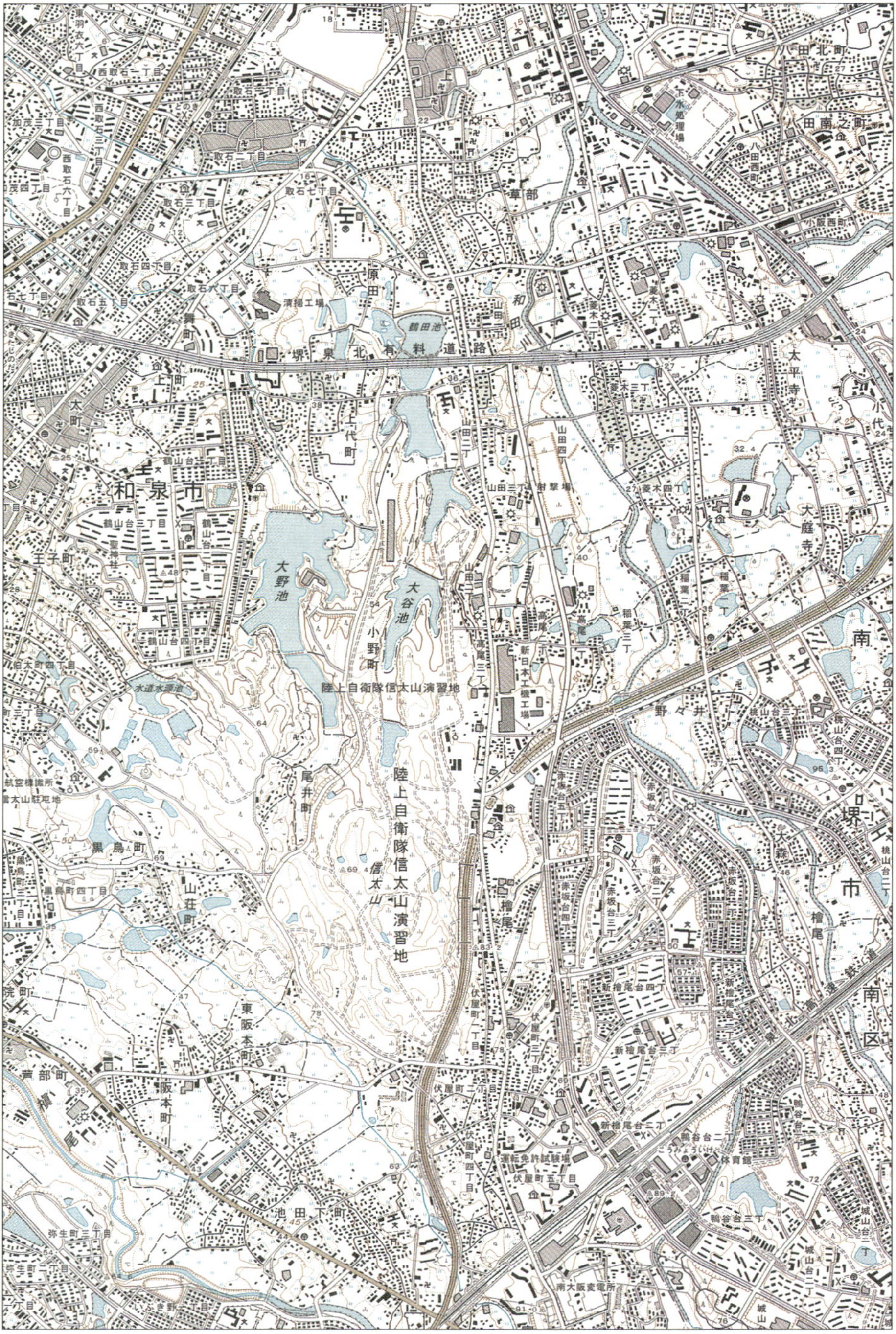
和泉市
堺市
南区
堺泉北有料道路
西取石一丁目
取石二丁目
取石一丁目
取石七丁目
取石三丁目
取石四丁目
取石六丁目
取石五丁目
加茂三丁目
清掃工場
舞町
上町
太町
上代町
鶴山台三丁目
鶴山台四丁目
王子町
水道水源池
航空標識所
黒鳥町
黒鳥町四丁目
山荘町
尾井町
小野町
大野池
大谷池
鶴田池
陸上自衛隊信太山演習地
陸上自衛隊信太山演習地
信太山
東阪本町
阪本町
芦部町
池田下町
弥生町三丁目
弥生町二丁目
草部
原田
山田
和田
八田北町
八田南之町
八田西町
小阪西町
下水処理場
菱木二丁
菱木三丁
菱木四丁
太平寺
小代
大庭寺
山田四丁
山田三丁
射撃場
稲葉一丁
稲葉二丁
稲葉三丁
高尾
新日本工機工場
野々井
桃山台
大森
檜尾
赤坂台
新檜尾台四丁
新檜尾台三丁
新檜尾台二丁
伏屋町一丁目
伏屋町二丁目
伏屋町四丁目
伏屋町五丁目
運転免許試験場
鴨谷台二丁
鴨谷台三丁
体育館
城山台二丁
城山台三丁
南大阪変電所
500m
0
500
1000
1500

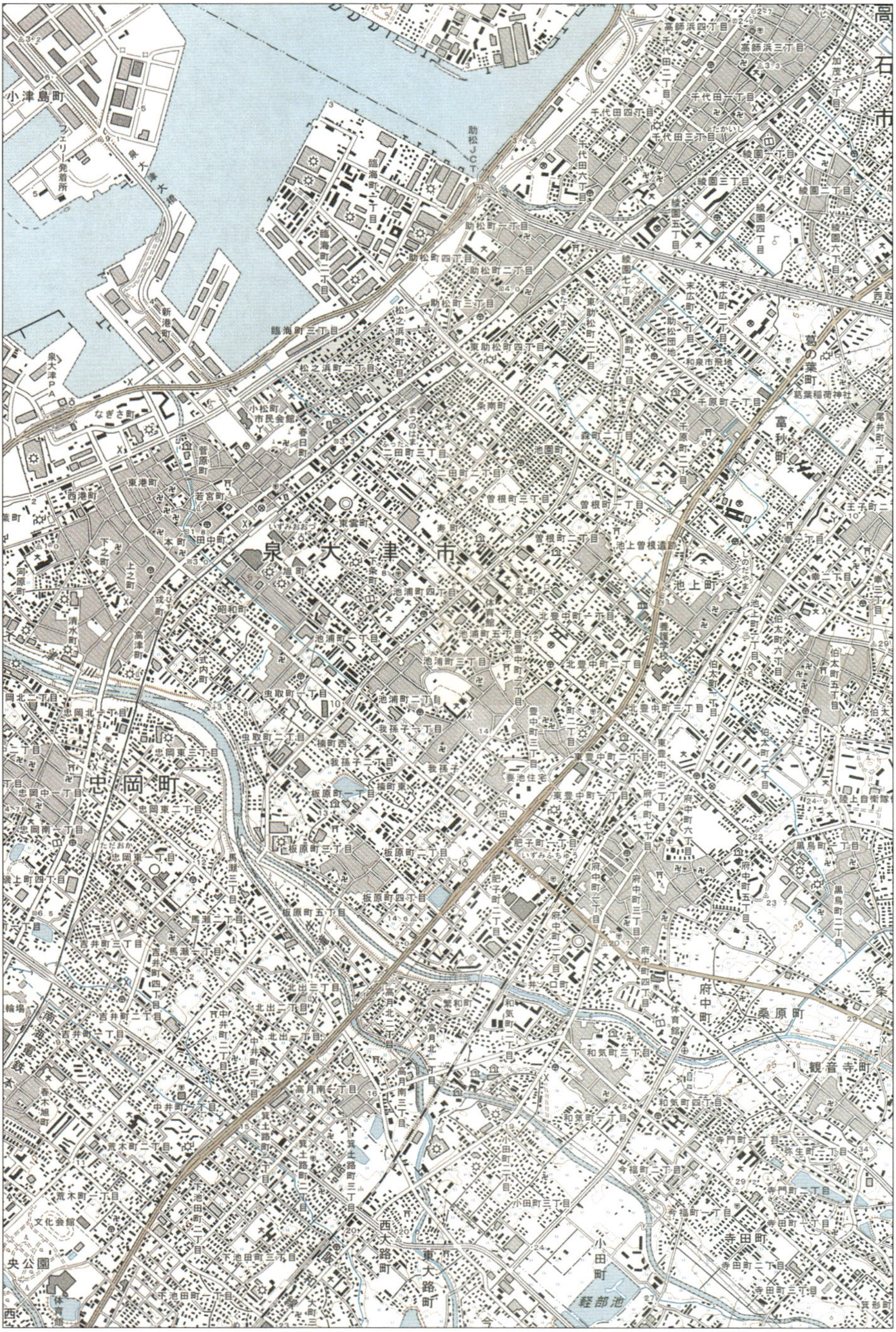

信太山地域現況図　国土地理院2007年６月および2008年３月発行の２万５千分の１地形図を縮小複製した。

あとがき

本書は、『和泉市の歴史』第四巻「信太山地域の歴史と生活」である。第六巻テーマ叙述編「和泉市の考古・古代・中世」に続く五冊目の刊行で、地域叙述編としては四冊目にあたる。

序章でも述べたように、本書は信太山丘陵の多様な用益のあり方を軸にすえ、信太山丘陵とその周辺に広がる信太山地域の歴史を描き出そうとしたものである。これまでと同じく綿密な史料調査と新しい研究成果をふまえた叙述がなされており、池上町（二〇〇五年）、上代町（二〇〇六年）、富秋町（二〇一〇年）、尾井町（二〇一一年）、伯太町（二〇一三年）において和泉市教育委員会・大阪市立大学日本史研究室と各町会が協力して行った合同調査をはじめとして、大阪大谷大学文化財学科と合同で行った仏像調査や信太山地域の多くの方がたの協力を得て行ったさまざまな調査の成果が活かされている。

本書の刊行は、史料所蔵者の方がたはもちろん、合同調査を受け入れていただいた町会の皆さんをはじめ、調査に協力いただいた多くの市民の皆さんの理解と協力があってはじめて実現したものである。それらの方がたに心からお礼申し上げたい。

本書も、執筆者による研究会を重ね、通説にとらわれず、信太山丘陵を取り巻く人びとの生活や歴史をどのように描くのか繰り返し討論し、水準の高い内容ある市史となったと考えている。できるだけわかりやすい叙述をこころがけ、市民の皆さんが親しみをもてるように、写真や図表にも工夫をこらしたつもりである。

とはいえ、本を刊行したことで満足することなく、本書の中身を広く市民のみなさんにお伝えするために、いっそうの努力を引き続き行っていきたい。二〇一三年度から、市の文化財活性化事業の一環として、地域に出掛け、調査成果やそれに基づく研究内容を紹介する講演会「いずみ歴史トーク」事業がはじまっている。

われわれも、皆さんのもとへもっと出掛けていって、本書の中身をお伝えしたいと考えている。「いずみ歴史トーク」開催の希望があれば、気軽に市史編さん室まで問い合わせてほしい。

また、市史編さん事業を通じて調査・収集した歴史資料を市民のみなさんに公開できるような体制の整備にも着手していきたい。幸い、市史編さん室が市役所分館に移転し、資料の収集保存のスペースを拡充することができた。また、「和泉躍進プラン（骨子案）」において、歴史資料公開事業に取り組み、「市史編さんで収集・保管する古文書・歴史資料や旧町村役場公文書（市指定文化財）を広く市民に公開するため、市史編さん室（市役所分館）に公開・閲覧スペースを整備するとともに、（仮称）文書館の開設を検討する」ことが明記された。市史の成果を広く還元できるよう、具体化を図っていきたいと考えている。

冒頭で述べたように、本書の刊行で、『和泉市の歴史』全九巻のうち五巻が刊行されたことになる。ようやく折り返し地点を過ぎたところである。全巻の刊行までまだ先は遠いが、努力を重ねていきたい。引き続き、市民の皆さんと関係者の皆さんのご理解とご協力をお願いする次第である。

和泉市史編さん委員会　委員長　広川禎秀

や　行

ら　行

わ　行

ま　行

な　行

は　行

た　行

さ　行

か　行

索　　引

あ　行

和泉市の歴史4　地域叙述編

信太山地域の歴史と生活

2015（平成27）年3月

編　集　　和泉市史編さん委員会

発　行　　和　泉　市

大阪府和泉市府中町2-7-5（〒594-8501）

電話（0725）41-1551

発　売　　株式会社ぎょうせい

東京都江東区新木場1-18-11（〒136-8575）

電話（03）6892-6666

＊乱丁、落丁はおとりかえします。印刷　ぎょうせいデジタル㈱

ISBN978-4-324-80078-2　©2015 Printed in Japan.

（5300245-00-000）

〔略号：和泉市の歴史第4巻〕

和泉市の歴史4　『信太山地域の歴史と生活』正誤表

	誤	正
64頁 図13	取石連	取石造
89頁 図15	（南海本線）羽衣駅	（南海本線）北助松駅
同前	富木東塚古墳	富木車塚古墳
109頁 表3 No.24	延暦3年（784）閏9月戊辰申（10日）条	延暦3年（784）閏9月戊申（10日）条
131頁 7行目	慶長一一（一六九八）年	慶長一一（一六〇六）年
171頁 後3行目	しんげ（新家村のルビ）	しんけ
172頁 表1 村名	尾井村	尾井村 ※3
177頁 3行目	速見甲斐守守久	速水甲斐守守久
179頁 表4	正保4年（1646）	正保4年（1647）
188頁 2行目	差出人はどちらも村内で五番目の所持高	差出人は、中村では五番目、王子村では六番目の所持高
193頁 表7 慶長9年指出帳村高	出作高石村　114.32	出作高石村　114.969
同前 正保郷帳	中村　代官：中坊　294.873	中村　代官：中坊　294.622
同前 脚注	かハた	かハた村
193・194頁 表7	延宝検地	泉邦四県石高寺社旧跡并地侍伝
194頁 表7 古検高 新検高	太村　455.9　424.2	太村　455.92　424.212
199頁 表8 一条院村	長7町	長7町半
206頁 表9	宝暦・明和年中（1751～1773）	宝暦・明和年中（1751～1772）
208頁 後2行目	かいいけ（会池のルビ）	がいけ
210頁 表11	宝永5（1720）年	宝永5（1708）年
224頁 1行目	かわたの所持地	かわた分の所持地
224頁 後5行目	かわた所持分は九筆二石余と	かわた所持分は八筆二石余と
225頁 後7行目	王子村が名請人三六人	王子村が名請人三三人
231頁 7行目、写真	『和泉名所図絵』	『和泉名所図会』

	誤	正
232頁 後7行目	黒鳥村には	黒鳥村は
235頁 9行目、269頁 後6行目	畿内八ヶ国	上方八ヶ国
268頁 7行目	特記しない限り	基本的に
274頁 5行目	てんぷう（転封のルビ）	てんぽう
278頁 10行目	六二軒と	六八軒と
282頁 4行目	…重なる家を挙げたが、Dと仁兵衛家には親戚関係はない。	…重なる家を挙げた。
292頁 図21	Ⅱ利右衛門 宝暦12年～	Ⅱ利右衛門 宝暦11年～
294頁 後5行目	利右衛門（Ⅲ）も一七石余から九石余、儀兵衛も九・四石余から…	利右衛門（Ⅲ）も二〇石余から九石余、儀兵衛も九石弱から…
295頁 5行目	寛政八（一七九六）年まで儀兵衛を名のり、年寄を務めている。	寛政八（一七九六）年まで年寄を務めている（明和七年三月までに儀兵衛と改名）。
295頁 後6行目	文次	文治
298頁 後5行目	江戸	大坂町奉行所
298頁 後4行目	高持全員に過料銭二貫文という裁許が下った。	村高に応じて過料銭二貫文余（高持が負担）という裁許が下った。
298頁 最終行	府中役所は	堺奉行所は
301頁 後5行目	寛延二（一六二五）年	寛延二（一七四九）年
302頁 後6行目	高持一一七人のうち	高持一一七人（表36の典拠史料とは基準が異なる）のうち
302頁 後6行目	次兵衛捌高所持者は八二人、また双方の捌高を所持している者は二七人	次兵衛捌高所持者は八一人、また双方の捌高を所持している者は二六人

	誤	正
303頁後6行目	村全体の三分の一	村全体の四分の一強
304頁表38	利右衛門　7.249	利右衛門　7.294
同前	利右衛門　12.069	利右衛門　12.302
305頁後4行目	幕末には	明治二年には
305頁表39 三郎右衛門	雪踏表	雪踏
同前新助	金80両・銀15匁	金65両・銀15匁
同前仁兵衛	0.308	0.130
306頁表40 文政3年	16人	17人
同前文政10年	14人	16人
同前天保2年	53人	57人
309頁後5行目	村預けになっているが	処罰されているが
313頁表41	角右衛門　1貫356文	角右衛門　1貫352文※3
同前脚注	（追加）	※3　1貫356文の誤記ヵ
324頁後3行目	擬宝殊	擬宝珠
349頁表44	天保3（1837）年	天保3（1832）年
376頁後5行目	寛政五年	寛政七年四月
394頁後4行目	親分松の音（三八歳）やその子分	親分松の音（三八歳）の子分
396頁最終行	おおじ（王子のルビ）	おうじ
404頁後6行目	三四五戸	三四七戸
405頁表5 南王子　人口男	1,047	1,147
430頁12行目	地車の世話	神輿・地車の世話
431頁10行目	一頁一面	一頁一回
431頁11行目	中田製靴、九月号には奥田靴店（奥田浅夫）	中田製靴店、翌年九月号には製靴店（奥田浅夫）

	誤	正
432頁2行目	岸田岡太郎（一八九三～一九二三、写真16）	岸田岡太郎（一八九三～一九二四、写真16）
456頁8行目	説教師	説経師
459頁後3行目	小学校	国民学校
476頁写真34	『旧信太山演習場・・・』	『旧陸軍信太山演習場・・・』
508頁後13行目	天平一六（七四一）	天平一六（七四四）
512頁後7行目	一八五二　嘉永五	一八五三　嘉永六
513頁最終行	一九〇八　明治四〇	一九〇八　明治四一
520頁▼第2部	（追加）	大阪の部落史委員会編『大阪の部落史』第2巻・第9巻　部落解放・人権研究所　二〇〇六・二〇〇八

＊富木（とのき）99頁後3行目・173頁1行目・209頁6行目、南出（みなみで）171頁後3行目、野代（のしろ）99頁後3行目・173頁1行目は、富木（とのぎ）、南出（みので）、野代（のだい）ともいう（『角川日本地名大辞典27　大阪府』、『日本歴史地名大系　大阪府の地名Ⅱ』平凡社参照）。

177頁

	番号	表　題	高（石）	差　出　人	筆数（田）	畠	屋敷	計
信太郷	1	泉州泉郡信太郷上田井（上代）村御指出	65.267	善衛門	60	35	3	98
	2	泉州泉郡信太郷中村御指出之事	287.873	与八郎	204	86	24	314
	3	泉州泉郡信太郷太村御指出之事	426.700	彦九郎	321	180	9	510
	4	泉州泉郡信太郷尾井村御指出之事	149.303	与三郎	136	46	5	187
	5	泉州泉郡信太郷富秋村御指出事	89.391	太郎左衛門	84	43	8	135
	6	泉州泉郡信太郷わうし（王子）村御指出之事	202.591	藤兵衛	189	102	12	303
	7	泉州泉郡信太郷かわた村御指出	59.162	甚五郎	48	3	2	53
	〔14〕	［上村］		［若左衛門］				
	小計		1280.287					
出作	8	泉州泉郡信太郷出作はふ村舞村御指出	16.764	若左衛門［上］	14	31	0	45
			30.111		21	30	10	61
	9	泉州泉郡信太郷出作千原村御指出事	230.422	与三郎（尾井）	138	27	0	165
	10	泉州泉郡信太郷出作森村助松村御指出	128.633	太郎左衛門（富秋）	73	2	0	75
			97.738		54	2	0	56
	11	泉州泉郡信太郷出作綾井村御指出事	95.135	彦九郎（太）	53	8	0	61
	12	泉州泉郡信太郷出作高石村御指出之事	114.969	与八郎（中）	61	1	0	62
	〔15〕	［出作夙村］		［善衛門（上代）］				
	〔16〕	［出作池上村］		［藤兵衛（王子）］				
	〔17〕	？		？				
	小計		713.772					
無地	13	泉州泉郡信太郷無地之帳事	33.660	与三郎　彦九郎	21	1	0	22
総　計			2027.719					

表3　慶長9（1604）年「信太郷指出帳」一覧　13冊の宛先はいずれも小出将介・小川久介・小林九郎兵衛。番号の1～13が現存する史料。〔14〕～〔17〕は作成されたはずだが現存しないものを推定した。太村には他に「弐町　弐拾石　山田原作」あり。

185頁

村名	筆数	ぬま	あまくす あまくそ	小字なし
王子村	303	8	5	38
尾井村	187	5	10	19
太村	510	0	0	4
富秋村	135	0	52	32
上代村	98	0	0	20
中村	314	78	2	26
かわた	53	0	1	2
無地	22	6	0	1
出作森村	75	50	7	1
出作千原村	165	58	21	19
出作土生村	45	0	0	7
出作綾井村	61	21	0	2
出作舞村	61	0	0	27
出作高石村	62	60	0	0
出作助松村	56	34	18	0

表5　慶長9（1604）年信太郷指出帳における小字ぬま・あまくす

＊177頁表3、185頁表5、187頁表6、279頁表25、281頁表26、283頁表27、同表29、293頁表33、303頁表36については別表に差し替え。

187頁

＜太村＞

石高	人数
60石以上*	1
20～60石	0
15～20石	5
10～15石	8
5～10石	14
1～5石	19
0～1石	8
計422.3484石	55

*彦九郎62.317石
永荒（無主）20.202石
屋敷9筆

＜出作綾井村＞

5～10石	5
1～5石	19
0～1石	6
計95.145石	30

＜王子村＞

15石以上	3
10～15石*	5
5～10石	7
1～5石	9
0～1石	9
計202.686石	33

*藤兵衛12.891石
永荒（無主）8.999石
屋敷12筆

＜かわた＞

5石以上	2
1～5石	19
0～1石	8
計59.1686石	29

永荒（無主）0.037石
屋敷2筆

＜出作池上村＞

＜尾井村＞

40石以上*	1
15～40石	0
10～15石	4
5～10石	5
1～5石	3
0～1石	1
計149.364石	14

*与三郎40.105石
永荒（無主）10.636石
屋敷5筆

＜出作千原村＞

20石以上	1
15～20石	2
10～15石	4
5～10石	14
1～5石	7
0～1石	1
計230.426石	29

＜富秋村＞

15石以上*	1
10～15石	1
5～10石	4
1～5石	9
0～1石	11
計88.958石	26

*太郎左衛門18.574石
永荒（無主）2.839石
屋敷8筆

＜出作森村＞

5石以上	7
1～5石	26
0～1石	1
計128.629石	34

＜出作助松村＞

10石以上	1
5～10石	4
1～5石	29
0～1石	0
計96.424石	34

＜中村＞

15石以上	4
10～15石*	8
5～10石	11
1～5石	12
0～1石	12
計287.789石	47

*与八郎14.102石
永荒（無主）3.624石
屋敷24筆

＜出作高石村＞

5石以上	6
1～5石	29
0～1石	0
計114.779石	35

＜上代村＞

20石以上*	1
10～20石	1
5～10石	4
0～5石	0
計65.799石	6

*善衛門20.579石
永荒（無主）なし
屋敷3筆

＜出作夙村＞

＜上村＞

＜出作土生村＞

5石以上	1
2～5石	0
1～2石	4
0～1石	11
計16.744石	16

永荒（無主）1.368石

＜出作舞村＞

4石以上	1
2～4石	6
0～2石	11
計30.112石	18

永荒（無主）2.41石
屋敷10筆

表6　慶長9（1604）年の各村の村落構造
*は差出人の位置する階層。合計高は、計算上のもの。帳末に記載された合計高は表3を参照。永荒は合計高に含まれる。

279頁

年	西暦	総軒数	（軒）		五人組組数	総人口	（人）		
			高持	無高			男	女	出家
慶長9年	1604	信太郷王子村内の土地の名請人　28人							
延宝7年	1679	上泉郷出作王子村の名請人　約40人							
元禄元年	1688	58			11				
元禄8年	1695	死牛馬取捌権利者　24人							
宝永元年	1704	75前後							
正徳3年	1713	93	35	58		403	203	199	1
享保8年	1723	93			19				
元文3年	1738	106				520	282	238	1
寛延3年	1750	134	56	78		661	307	351	3
寛政4年	1792	203	86	117	31カ	909	474	435	1
天保7年	1836	333	88	246	33カ	1784	910	873	1
安政6年	1859	347	78	269	24	1990	995	1029	6

表25　南王子村の家数・人口変遷　総人口には、出家を含む年とそうでない年がある。また安政6年は計算が合わない（実数は男955人）。史料の表記と実数が異なる箇所は、いずれも史料のまま表記した。

281頁

年	西暦	A	B	C	D	E
寛延3年	1750	仁兵衛(54)		又右衛門(47)	四郎兵衛(52)	
宝暦2年	1752	仁兵衛(21)		〃 (49)	〃 (54)	
宝暦4年	1754	〃 (23)		〃 (51)	四郎兵衛(19)	太右衛門(30)
宝暦12年	1762	四郎兵衛(29)	仁兵衛(38)	〃 (59)	伊兵衛 (27)	〃 (34)
宝暦14年	1764	太右衛門(21)	〃 (39)	四郎兵衛(31)	〃 (29)	太右衛門後家
明和3年	1766	〃 (22)	〃 (42)	〃 (33)	〃 (31)	〃
明和5年	1768	〃 (24)	〃 (44)	〃 (34)	〃 (31)	〃
明和7年	1770	〃 (26)	〃 (46)	〃 (36)	〃 (33)	〃
明和9年	1772	太四郎 (28)	〃 (48)	〃 (38)	〃 (35)	〃
安永3年	1774	〃 (30)	←同家	〃 (40)	〃 (37)	〃
安永5年	1776	〃 (32)	仁兵衛(18)	〃 (42)	〃 (39)	〃
安永9年	1780	〃 (36)	〃 (22)	〃 (46)	〃 (43)	惣吉 (18)
天明2年	1782	太右衛門(38)	〃 (23)	〃 (48)	〃 (48)	〃 (20)

表26　南王子村の名前人推移　（　）内は年齢。数値が合わない箇所は史料のままとした。同色は、同一人物。

283頁

国名	郡村名	人数
和泉	大鳥郡塩穴村	9
	南郡嶋村	3
	日根郡布村	9
	日根郡瀧村	5
	日根郡樫井村	1
	合計	27
紀伊	名草郡北野村	4
	名草郡中村	1
	那賀郡古和田村	4
	那賀郡国分村	1
	合計	10
河内	石川郡富田林村	4
	若江郡八尾村	4
	若江郡荒本村	1
	志紀郡瀬ヶ井村	2
	丹北郡布忍村	4
	丹北郡富田新田	1
	合計	16
大坂	渡辺村	2
京都	六条村	1
大和	葛上郡小林村	1

年	渡辺村	摂津	京都	合計
寛延3年	4	1	1	6
宝暦2年	5			5
宝暦4年	2			2
宝暦12年	2			2
宝暦14年	3			3
明和3年	3			3
明和5年	2			2
明和7年	1			1

表29　南王子村からの奉公先

表27　村外出身の女房の出身地　表27～29は、奥田家文書より、寛延3～明和7年で判明する分を表した。村名には、かわた村を内に含む百姓村名、かわた村名、あるいはかわた村間で用いられた通称名が含まれているが、原則的に、史料の表記のままとした。

303頁

年（西暦）	総戸数	総戸数内訳		無高内訳		人口
		高持	無高	借地	借家	
寛政12(1800)年	230	98	132	101	31	1112
文化7(1810)年	241	90	151	116	35	1243
文政3(1820)年	260	89	171	124	47	1380
天保元(1830)年	301	88	213	162	51	1753
天保10(1839)年	266	78	188	118	70	1425
嘉永2(1849)年	356	84	272	121	151	1793
安政6(1859)年	347	78	269	134	135	1990
明治2(1869)年	394	77	317	96	221	1961

表36　南王子村における19世紀中の人口増加　総戸数に西教寺は含まない。

293頁

家筋	寛延4年 1751	宝暦2年 1752	宝暦3年 1753	宝暦4年 1754	宝暦6年 1756	宝暦12年 1762
利右衛門筋	★利右衛門Ⅰ(64) 26.221	★ 〃 (65) 26.221	★ 〃 (66) 22.262	★ 〃 (67) 22.262	(★) 〃 (69) 22.262	
		4.519	0.560			九市郎(17) 22.262
	為右衛門(35) 6.326	〃 (36) 6.326	〃 (37) 10.257	〃 (38) 10.257	〃 (40) 10.257	★利右衛門Ⅱ(46) 10.257
儀兵衛筋	☆儀兵衛(60) 13.362	☆ 〃 (62) 13.362	☆ 〃 (63) 13.390	☆ 〃 (64) 13.390	☆ 〃 (66) 9.545	☆ 〃 (72) 8.895
			0.028	分家	文治(28) 3.845	0.650 〃 (34) 4.495
合計	45.909	45.909	45.909	45.909	45.909	45.909

家筋	明和元年 1764	明和3年 1766	明和8年 1771	明和9年 1772	安永3年 1774	安永5年 1776
利右衛門筋	武八郎(19) 22.262					
	分家	平次(17) 15.690	武兵衛(23) 15.690			
	養子 6.012		分家	伝次(17) 10.937	〃 (19) 10.937	〃 (21) 10.675
				武兵衛 4.753	×	武兵衛後家 1.683
	★利右衛門(48) 10.257	★ 〃 (50) 16.269	★ 〃 (55) 14.814	★ 〃 (56) 14.814	同家 0.262	分家
	0.560	理平(21)	利平(26)	利平(27)	★利右衛門Ⅲ(29) 20.164	★ 〃 (31) 17.79
儀兵衛筋	☆助右衛門(30) 8.895	☆ 〃 (32) 9.455	☆儀兵衛Ⅱ(35) 8.998	☆ 〃 (37) 8.998	☆ 〃 (40) 8.998	☆ 〃 (42) 9.455
	文治(36) 4.495	〃 (38) 4.495	〃 (43) 4.952	〃 (44) 4.952		
		0.457			文治(22) 2.215	0.457
合計	45.909	45.909	44.454	44.454	42.314	39.603

家筋	天明2年 1782	寛政2年 1790	寛政4年 1792	寛政6年 1794	寛政10年 1798	享和2年 1802
利右衛門筋	伝次(27) 7.132	〃 (35) 5.417	〃 (37) 3.462	〃 (39) 3.462	☆ 〃 (43) 1.804	☆ 〃 (47) 1.404
	同家	分家	武兵衛(24) 0.088	武平(26) 0.088	元次(31) 0.088	〃 (35) 0.088
	★利右衛門(37) 14.786	★ 〃 (45) 12.536	★ 〃 (47) 12.273	★ 〃 (49) 12.273	★ 〃 (53) 12.273	★ 〃 (57) 9.208
儀兵衛筋	☆儀兵衛(48) 7.545	☆ 〃 (57) 2.822	☆ 〃 (59) 2.822	☆ 〃 (61) 2.822	×	
					儀兵衛(27) 2.174	〃 (31) 2.174
合計	29.463	20.775	18.645	18.645	16.339	12.874

表33　三家の高推移　★…庄屋　☆…年寄（　）…年齢　数値は石高　◯は三家内での高移動　点線矢印は、分家・同家による高移動。三家以外の高移動は略した。